国家林业和草原局普通高等教育“十三五”规划教材

林学概论

马履一　彭祚登　主编

中国林业出版社

图书在版编目(CIP)数据

林学概论 / 马履一，彭祚登主编．—北京：中国林业出版社，2020.5(2024.2 重印)
ISBN 978-7-5219-0566-3

Ⅰ．①林…　Ⅱ．①马… ②彭…　Ⅲ．①林学－高等学校－教材　Ⅳ．①S7

中国版本图书馆 CIP 数据核字(2020)第 079300 号

审图号：GS(2020)4716 号

《林学概论》慕课

中国林业出版社教育分社

策划编辑：肖基浒　　**责任编辑：**肖基浒　洪　蓉
电话：(010)83143555　　**传真：**(010)83143516

出版发行　中国林业出版社(100009　北京市西城区德内大街刘海胡同 7 号)
E-mail：jiaocaipublic@163.com　　电话：(010)83143120
网址：http://www.forestry.gov.cn/lycb.html
经　　销　新华书店
印　　刷　河北京平诚乾印刷有限公司
版　　次　2020 年 5 月第 1 版
印　　次　2024 年 2 月第 3 次印刷
开　　本　850mm×1168mm　1/16
印　　张　32.75
字　　数　771 千字
定　　价　80.00 元

《林学概论》编委会

主　编： 马履一　彭祚登

编　者：

绪　论　彭祚登

第一篇　陈　仲　敖　妍　彭祚登　段　劼　杨　华

第二篇　陈　仲　彭祚登　贾忠奎

第三篇　贾忠奎　段　劼　张新娜

第四篇　段　劼　彭祚登　熊典广　史宏亮　陈　锋

第五篇　杨　华　贾黎明

《林学概论》审稿专家组

组　长： 翟明普　罗菊春

专家组成员：（按姓氏笔画为序）

刘　勇　孙玉军　李　悦　李镇宇　罗菊春

张志翔　曹金珍　蒋湘宁　彭道黎　翟明普

前 言

森林是地球上最大的陆地生态系统，对维系整个地球的生态平衡起着至关重要的作用，它是地球生物圈中重要的一环，是基因库、碳贮库、蓄水库和能源库，它提供了人类赖以生存和发展的重要资源和环境。森林是人类生存和发展的摇篮，森林哺育了人类，也为森林文化的诞生和兴起奠定了基础。人们热爱森林、珍视森林，把培育和保护森林作为提高人民生活质量、建设美丽家园和促进社会经济可持续发展的重要途径。认识树木和森林，熟悉和了解培育、管理与利用森林的基本理论和技术，不仅是林业工作者的要求，也是全社会每一个公民都应该具备的最基本的知识和科学素养。

林学是研究森林的形成、发展、管理以及资源再生和保护利用的理论与技术的科学，是有关林业生产的基础理论与技术知识体系的集合。林学中所包含的各个学科方向，有的侧重基础理论，有的则以应用技术为主，但相互间又有密切关系。林学概论即是林学各部分知识的综合性、概括性的阐述，它可以为从事与林业有关工作的人们提供林学常识性的基本知识。基于林业科学研究的内容和方向，林学概论的知识体系通常应由林学基础、森林培育、森林经营管理、森林利用等几部分构成。

林学概论是高等农林院校非林学专业学生了解林学知识的一门重要基础课程。对于绝大多数学生来说，这门课程是其在校唯一一次系统了解林业和学习林学知识的机会。课程教学内容应使学生较系统地了解和熟悉林学各方面的基本理论知识和应用技术，并能够初步应用这些专业知识解决林业生产中存在的一些常见的实际问题。部分专业，如林业经济管理等，还能为其所学专业的其他课程学习和今后的工作提供林学常识性的知识内容。学生通过课程的学习，除了能够概括地了解和掌握林学的知识体系外，还应该从中领悟到树立环境意识和生态保护的意义，有利于增强学生的自我修养和树立生态文明的理念。因此，对于非林学专业学生来说，林学概论应是提高学生个人林学情怀和修养的基础课程。

林学概论教材一直是高等农林院校的重要林学类教材。早在 1946 年我国著名林学家郝景盛就编著出版了我国第一部《林学概论》教材。中华人民共和国成立之初，该教材经徐善根修订后成为新中国早期部分农林院校使用的教材。从 1953 年开始，中国林业出版社陆续出版了由蔡以纯、吴保群翻译的苏联林学家 В · Г · 聂斯切洛夫所著的《林学概论》共 6 分册，该教材曾作为正式教材在我国各农林院校使用过相当长时间。20 世纪 80 年代随着我国农林高等教育的全面恢复和发展，各农林高校开始在部分非林专业开设林学概论课程，特别是部分学校承担了大量培训林业干部的任务。由于当时还没有全国统一的《林学概论》教材，因此各高校自行主持编写了多部《林学概论》，如原东北林学院邹铨和北京林业大学沈国舫分别于 1981 年和 1988 年主编出版的《林学概论》，用于各自学校林业干部培训，后者也长期作为农林高校林业相关专业的本科生教学用书。进入 21 世纪后，随着农林教育事业的快速发展，林业科学技术不断推陈出新，原有的《林学概论》已经远远不能满足教学需要，为此东北林业大学陈祥伟等(2005)、安徽农业大学徐小牛(2008)、山西农业大学姚延梼等(2008)、西北农林科技大学赵忠(2008)分别主编了《林学概论》作为高等农林院校教材，这些教材距今也都已经10余年了。

在新时代随着生态文明建设日益深入人心，“绿水青山就是金山银山”的发展理念被作为推进现代化建设的重大原则，人们对林业的发展思路也逐渐归于理性，林学概论的教学在各农林高校得到越来越高的重视，北京林业大学甚至将其作为全校通识性必修课程，因此，编写一本反映新时代林业发展和林学基本知识的《林学概论》教材已经迫在眉睫。

由于林学涉及的内容广泛，编写这样的教材需要多学科领域专业人员的通力合作，组织编写的难度还是比较大的。在教材编写过程中，编者重点考虑了以下编写原则：

首先，现代的文献信息检索系统虽然十分便捷，但是考虑到林学概论作为通识课程，修课的学生多为刚入学的大一学生，学生检索、分析资料的能力和时间有限，因此，林学概论的教材编写力求以知识的系统性、完整性为基本原则，展现全面的林学知识体系，让学生通过本教材的学习能够对林业各生产环节和林学基本技术知识有系统的了解。

其次，教材应具有知识性和科普性，避免将没有定论的理论和不太成熟、假设性、应用较少的技术知识等编入教材。内容要立足于林业生产实践，应强调基础性，以成熟的技术知识介绍为主，注重可操作性和实践性。选入教材的材料，尤其是一些基本概念、理论和方法等，是在当前研究相对成熟的、人们的看法比较一致的内容。

第三，教材编写力求语言简练，通俗易懂，注重图表的应用。基本林学概念和术语的解释应规范准确，解释应尽量以发布的国家标准或规范为准。如概念和术语目前还没有制定标准，应以有权威的专家所做专门论述或经过验证的结论为准。

最后，对于无法回避的技术环节而又有不同的结论，在编写时力求客观地介绍。在遇到有很大争议的问题时，对主要的不同观点客观地加以阐述，忌只讲其中的一种。努力处理好继承与发展的关系，使教材具有基础性、丰富性和发展性。注意对传统的技术经验进行认真、慎重的总结和取舍，同时努力汇总和体现与时代发展相适应的林业新技术成果。

本教材的编写人员主要来自林学概论教学一线的骨干教师，并根据个人研究方向和业务专长分别承担相应编写任务。编写人完成初稿后经由主编审阅，交换意见并修改完善后形成送审稿。然后主编将送审稿根据专业方向分别选送相关领域知名专家进行审定。编者根据专家评阅后的修改意见再次修改，最后经主编确认形成定稿。

各章节具体编写人员为：彭祚登编写绪论、第二章第三节和第四节、第四章、第七章、第十三章第一节和第二节(三)，陈仲编写第一章、第二章第二节、第六章，敖妍编写第二章第一节、第三章，段劼编写第五章、第九章、第十章、第十二章，贾忠奎编写第七章、第八章，张新娜编写第十一章，熊典广编写第十三章第二节(一)，史宏亮编写第十三章第二节(二)，陈锋编写第十三章第三节，杨华编写第五章、第十四章，贾黎明编写第十五章。

教材审定专家组由翟明普、罗菊春担任组长，各章节审稿专家为翟明普(绪论、第八章、第九章、第十章、第十一章、第十二章)，罗菊春(第一章、第三章、第四章)，张志翔(第二章第一、三、四节)，蒋湘宁(第二章第二节)，孙玉军(第五章)，李悦(第六章)，刘勇(第七章)，李镇宇(第十三章)，彭道黎(第十四章)，曹金珍(第十五章)。

全书由马履一、彭祚登负责教材体系的设计、制定编写大纲、统稿及最终审定。

本教材是作为林学基本知识的概括介绍，内容力求系统全面，但内容深度不高，适宜作为学生学习与教师教学使用的基本教材，是指导性(引导型)教材，也是学生课程学习的必备资料性教材。为了满足不同学生对林学科学知识探究的兴趣，本教材在各章之后都推荐了一些学习资料或专业教材目录，以为对有深入探究兴趣的学生学习参考。

为完成本教材，编者查阅了国内不同时期出版发行的各类林学概论教材，也参考了国内同类性质的部分教材，力求使本教材尽可能符合时代发展要求。尽管编者投入了较大的精力，用心收集资料，反复修改文稿，历经数年才得以完成，但是林学发展变化日新月异，新的概念和技术不断涌现，本书中出现知识的陈旧、错误和不足是难免的，敬请读者在使用中不吝批评指正。

编　者

2019 年 11 月 25 日

目　录

第一篇　认识森林

绪论

【内容提要】本章阐述了林业和林学的概念及内涵；国内外林学发展的历史与进程；我国林业生产的现状；林学的任务与学科发展；林学概论的课程体系及学习要求。

一、林业和林学的概念

1. 林业的定义及内涵

一般认为，培育和保护森林以取得木材和其他林产品、利用林木的自然特性以发挥森林的多种生态功能及社会作用的社会生产部门或产业即为林业，包括造林、育林、护林、森林采伐和更新、木材和其他林产品的采集和加工等生产环节。林业是国民经济的重要组成部分，有计划地发展林业，不仅可以提供经济建设和人民生活所需的建筑材料、工业原料、燃料、药材及食用材料等产品，而且还可以保持水土、防风固沙、调节气候、保护和美化环境等。在国外，也有学者认为林业是涉及自然科学、商业、艺术，有目的地组织、经营和利用森林和森林资源的实践（R. D. Nyland，2002；J. P. Kimmins，2004）。林业生产的目的是提供源源不断的林产品、森林环境及其他森林所有者所期望的森林价值。

当今人们普遍认识到，林业是一项重要的公益事业和基础产业，承担着一个国家或地区的林产品供给、生态保育以及保障社会经济可持续发展的重要任务。然而，林业的内涵是随着时代的变迁逐渐发展形成的。在古代，林业主要是开发利用原始林，以取得燃料、木材及果品等。随着地球上人口的不断增加、社会的发展和人类文明的进步，特别是工业革命之后，对森林资源的消耗和破坏造成局部地区出现缺林少林现象，环境问题逐渐突出，人们开始关心森林的恢复和培育，保护森林和人工种植森林逐渐成为林业的经营范畴。现代林业更是被人们视为关系到人类长久生存与发展的行业，把整体考虑森林各种潜质利用的实践上升到了哲学层面，林业工作者被要求和谐地开发利用森林资源，林业生产活动不对森林环境造成有害的影响，强调重视森林的多功能作用，要求森林经营者多目标经营森林、高效深度利用森林资源，实现林业健康、稳定、可持续发展。1992 年在巴西召开的联合国环境与发展大会通过了有关森林保护的非法律性文件《关于森林问题的政府声明》，把森林问题列为全球性的资源和环境问题的重点，森林的生态服务效益被放在了经济效益之上，充分发挥森林的生态服务功能成为培育和经营森林的主要目的。在此之后，林业的地位和作用发生了重大变化，森林问题越来越受到国际社会的高度关注。

与农业一样，林业生产以土地为基本生产资料，都是利用土地资源进行种植的生产部门，也称种植业。从广义上讲林业属于大农业的一部分。林业以森林为主要经营利用对象。林业和农业有很多联系，许多农业中的种植对象也是林业的对象，比如经济作物中的橡胶、茶叶、竹子、咖啡、可可等。在农业中，很多种植对象既属于种植业也是林业的。林业生产与农作物栽培既相似又有区别。虽然林业有人工种植，但不是在耕地，多是在山地，故两者有区别。同时，它还具有生产周期长、见效慢、商品率高、占地面积大、受地理环境制约、资源可再生等特点。

科学地培育、经营管理、保护和利用现有森林资源是林业生产的根本任务。主要包括：有计划地植树造林，扩大森林面积，增加木材和其他林产品的生产；根据林木的自然特性，保护和科学地经营管理森林使之更好地发挥在改造自然、调节气候、保持水土、涵养水源、防风固沙、保障农牧业生产、防治污染、美化环境等多方面的效益。

2. 林学的定义及内涵

林学是研究森林的形成、发展、管理以及资源再生和保护利用的理论与技术的科学，是有关林业生产的基础理论与技术知识体系的集合。人们对林学概念的理解也是发展的，20 世纪国外一些词典曾对林学提出许多不同的定义，如 1971 年出版的《韦伯斯特第三版新国际词典》(*Webster's Third New International Dictionary*)将林学定义为一门营造、抚育森林，对不断增长的木材进行管理的科学。1988 年出版的《韦伯斯特新世界词典》(*Webster's New World Dictionary*)将林学定义为种植和抚育森林的科学。《拉鲁斯大字典》(Petit Larouse，1980)在解释林学概念时是指对森林的利用和抚育。日本林学家(卢天良吉，1979)把林学看作人类管理森林的技术体系。国内主要将林学定义为有关林业生产(特别是营林生产)科学技术的知识系统及与其有关的科学基础知识系统的集合(沈国舫，1988)。进入 21 世纪，林学的概念有所发展，有学者(Young & Giese，2003)定义林学为研究森林及其与森林有关的自然资源，使之可持续经营的学科，是一门涉及生物学、物理学、经营学、社会学和政策学的综合性科学。国内也有学者基于森林的多种功能，提出林学应是研究森林的生长发育规律和结构功能，以及对森林进行培育、管理、保护和利用的科学(赵忠，2007)。

林学的主要研究对象是森林，森林包括天然林和人工林。其中：天然林根据起源可以细分为原始天然林、天然次生林及过渡类型的原始次生林。人工林根据培育方式可细分为飞播林、粗放经营人工林、集约经营人工林、近自然经营人工林和结合天然更新培育的人工林。

林学属于自然科学范畴。它是在其他自然学科发展的基础上，形成和发展起来的综合性的应用学科，主要研究认识森林、培育森林、森林资源管理和森林保护与科学利用等方面的内容，主要包括森林植物、森林生态、林木育种、森林培育、森林资源管理、森林保护以及木材采运和加工工艺为中心的森林工业等学科方向。

林学中所包含的各个学科方向，有的侧重基础理论，有的则以应用技术为主，但相互间又有密切关系。各学科自身的不断发展都将促进邻近学科的进一步深化，围绕科学培育和经营森林资源、建设森林生态保障体系和林业可持续发展的总任务，发挥各自的作用。例如，林木育种学是利用林木遗传与变异的基本原理，研究建立和培育林木良种与繁育的技术体系，对林木进行遗传改良和对森林进行遗传管理，遗传学是林木育种学的重要基础；森林培育学是研究森林营造和抚育更新的理论和技术，树木学、土壤学、生态学和树木生理学原理是森林培育学的基本理论；森林保护学是关于森林病虫害及有害生物防治的理论与技术，肩负保护森林的重要任务；森林经理学则以研究森林区划、森林资源调查、制订森林经营方案为主。

我国从事林业科学研究的机构有林业科学研究院(所)、相关大中专学校以及一些林业生产与管理部门，其中，高校和林业研究院(所)是林业科学研究的主要机构。根据国务院学位委员会学科评议组颁布的《授予博士、硕士学位和培养研究生的学科、专业目录》，在中国的高等教育学科体系中，林学是农学(门类)下属的其中一个一级学科，林学一级学科下属有七个二级学科，分别是：林木遗传育种学、森林培育学、森林保护学、森林经理学、野生动植物保护与利用、园林植物与观赏园艺、水土保持与荒漠化防治。

二、国内外林学发展历程

1. 国外林学发展进程和特点

在人类社会发展的历史长河中，木材曾是遍及人类家庭生活和生产活动各个领域的主要物质材料，从森林里获取木材是相当长时期人类的重要行为。由于人口增长以及工业的发展，加之战争等破坏性损耗，大量森林资源消失，致使木材短缺。德国林学家柯塔(Cotta)在《林学浅说》序言中说“由于缺乏木材，所以我们才有林业科学”。18 世纪工业革命之后，环境问题逐渐成为影响人们生活的重要因素，林业开始被赋予新的使命，林业科学研究也进入了一个新的发展阶段。其发展大体上可以归纳为以下几个阶段。

(1)形成时期

林业科学最早起源于欧洲，尤其是德国。在 18 世纪以前，人们对于森林的认识和经营活动只是从森林里获取木材。随着欧洲人口的增长，加上资本主义工业革命的逐步兴起，大量森林资源被消耗，致使木材供应短缺，作为能源的薪柴出现匮乏，影响到人们的生活和工业生产。人们开始对以森林采伐为中心的林业生产活动逐渐产生质疑。这种情况促使林业工作者开始有计划地经营森林，控制森林的采伐量，保护森林面积等。到 18 世纪初，德国出现了历史上第一次恢复森林的运动，提出了在破坏的林地上重新造林的计划和措施，由此开始了有关森林经营与培育科学技术的研究与实践。

从 18 世纪初到 19 世纪末，一批林学家通过著书立说，提出了从森林培育、经营及保护等森林科学管理的思想。1713 年，卡洛维茨(Carlowitz)鉴于德国大量原始林被采伐利用，出现了第一次“木材危机”，提出了人工造林思想，被德国人奉为“森林永续利用理论”的创始人，这个时期的永续原则是追求最高木材产量的持续性和稳定。1764 年黑格(R. Hager)《造林学》的出版，开创了造林科学技术成为一门独立科学的先河；18 世纪末，哈廷(T. Harting)出版了《森林估价指南》，提出了森林永续经营的思想，创立了“材积定期法”。19 世纪初，柯塔先后发表了《森林估价系统》和《造林学浅说》，进一步推动了造林科学和森林计测的发展。1819 年，洪德斯哈根(J. C. Hundeshagen)出版《林业科学方法和概念》并提出了“法正林”学说，对推动森林的永续采伐利用产生了深远的影响。之后海耶尔(C. Heyer)又对法正林思想进行了补充和完善。

出于恢复森林的需要，这一时期德国对一些林学基础学科也开展了较广泛的研究，发表了有关森林立地分类和评价、树木生理学、森林土壤学、测树学及森林昆虫学等方面的较多科学著述。重要的有：1856 年海耶尔出版的《森林土壤学和气候实用手册》，1893 年拉曼(E. Ramann) 出版的《森林土壤学与立地学》，1878 年哈廷出版的《木本植物解剖学与生理学》，拉泽布格(J. T. C. Ratzebug) 在 1837—1844 年出版的《森林昆虫》和《森林害虫及其天敌》。坤泽(M. Kunze)于 1873 年、鲍尔(F. Baur)于 1875 年出版的《测树学》。

在 19 世纪中叶以前，德国在林业科技及森林经营管理上处于领先地位，并逐渐被欧洲森林资源丰富的一些国家接受，形成了近代林业科学经营的基本思想。同时，由于英国在本土之外拥有许多森林资源丰富的殖民地，他们也把当时欧洲形成的林业科技知识和经营管理方法引进到世界其他一些地区。到 19 世纪末，美国和日本通过派遣留学生到德国等欧洲国家学习森林经营经验和技术，回国后创立本国的林学学科，建立实验林、教习林，培养林业科技人才，推广先进森林经营技术，使当时的林业科学技术得以在世界一定范围内推广。

(2)发展时期

从 19 世纪末到 20 世纪 50 年代，由于林业生产活动范围的扩大，林业科技知识与实践经验得到进一步积累，技术知识得到更加全面系统的总结，生物科学等基础科学和林业科学研究在较多国家开展并不断深化，逐步建立和形成较完整的近代林业科学技术体系，出现了较多理论与实践的著述。以育林学为例，在这一时期，逐渐分化为育林学原理、育林学实践、育林制度及造林学各论等。最重要的著述包括 1920 年苏联学者莫洛佐夫(Георгий Фёдорович Морозов)的《森林学说》，1921 年霍利(R. C. Hawley)发表的《森林培育学实践》，1928 年托尼(J. W. Tourney)和特鲁普(R. S. Troup)分别发表的《森林培育学生态基础》与《育林制度》，本多静六根据日本的林业实践总结出的《造林学前论》《造林学本论》《造林学后论》及《造林学各论》等巨著，1950 年贝克(F. S. Baker)发表的《森林培育学原理》。这一时期，森林培育学研究领域得到拓宽，研究对象从更新造林扩展到水土保持林、防风固沙林、农田防护林及海防林等各种防护林的营造。森林经理技术逐步形成了专门科学，德国尤代希(J. F. Judeich)、瓦格纳(C. Wagner)、美国查普曼(H. H. Chapman)、日本吉田政男、俄罗斯巴依金等相继对各国森林经理做了全面系统总结，各自出版了《森林经理学》。1898 年，德国林学家盖耶尔提出了“接近自然的林业”理论，该理论的研究随后不断升温直至今天仍然为世界各国林业科学研究热点。另外，木材利用科学在这一时期也开始形成。

在这一时期，在林学基础领域，树木生理学、林木遗传学也得到一定的发展。1959 年第一次出版了国际树木生理讨论会论文集《森林树木生理学》，1960 年克雷默尔(P. J. Kramer)与考茨洛夫斯基(J. U. Kozlowski)合著《树木生理学》出版。在林木遗传学领域，自 1937 年拉森(C. S. Larsen) 发表《种、类型和个体在林业上的应用》之后，遗传学原理开始普遍应用于森林培育学。森林立地研究在这一时期得到广泛重视，诞生了多个立地分类学派，提出了不同的森林立地分类方法。其中，具有重要影响的有 1926 年卡詹德(A. G. Cajander)发表的以指示植物为途径的立地分类；德国的克劳斯(C. A. Krauss)倡导的综合多因子立地分类；加拿大的希尔斯(Hills)提出的“全生境”自然地理立地分类方法；俄罗斯的苏卡乔夫以生物地理群落为基础的林型分类和波格来勃涅克的以生态学为基础的立地条件类型分类系统。

(3)现代林学时期

进入20世纪60年代之后，科技发展日新月异，对林业科学的研究不断深入，林业生产实践经验进一步总结，林业科学技术在深度、广度及系统性、科学性上得到新的提高，学科的分化更趋明显，不断出现一些新的学科和新的研究领域。

作为林学基础的森林生态、树木生理及林木遗传育种学等均发展成为独立的科学体系。森林培育与保护的研究范畴不断扩大，良种选育、生物技术在抗性育种中的应用、人工林集约栽培、农林复合经营、困难立地造林、设施育苗和苗木质量调控、机械化和信息化技术、城市森林培育技术、森林病虫害综合管理等取得很大进步并成为林学的重要研究方向。森林资源管理的可持续经营理念、信息化管理、数字林业等快速发展，森林的各种生长经营模型、资源的信息化管理已得到实现，数字林业已成为新兴技术科学。木材科学发展为木材学和木材加工学，现代科学的进步推动了木材综合利用领域科技水平的快速提高。

20世纪90年代，一场新的林业科技革命正在全球兴起，特别是信息技术、生物技术、新材料技术、纳米技术、遥感技术及航天育种技术等高新技术不断发展，对森林资源管理和林业发展产生了巨大影响。进入21世纪，人们对森林在全球气候变暖、干旱和荒漠化加剧及生物多样性锐减等一系列危机中的重要作用加深了认识，开始意识到人类生存兴亡与森林的密切关系，林业不再是以木材生产为单一目标的粗放产业，林产品生产多样化和森林效益多元化，在很大程度上必将代表林业发展的主流。由于森林在人类生存环境保护中的重要作用日益受到重视，推动了现代林业科学技术的革命，以遗传育种技术和集约经营技术为主导的人工林技术转变为以森林资源的系统管理技术以及生态系统管理技术为基础，以森林作为全球可持续发展的保障为目标，研究向多功能、多价值和多目标经营森林的综合技术方向转化。

为解决日益复杂的林业科技问题，当代林业科学研究不断深化，学科间的合作愈加紧密，林学学科内部以及林学与其他技术科学间相互渗透与交叉。例如，1975年，国际林业研究机构联合会(IUFRO)在苏格兰召开以“森林树木产量的生理遗传”为主题的会议，研讨遗传、生理与产量的相互关系，反映生理学渗透到遗传学中，逐渐形成了遗传生理学，而遗传学渗透到生态学科，发展为遗传生态学。这种学科间的不断地相互渗透、交叉，成为现代林学发展中的一个重要特点。一些重大的、全球性的林业科技问题，特别是与气候变化、森林与环境、森林资源发展密切相关的科学领域更需要集中国际共同积累的知识、先进的研究手段和制定统一的方法才能获得解决，需要跨国界的科技合作、跨学科的综合研究和研究的网络化，因此，当今国际上林学的学术交流越来越频繁。

2. 中国林学发展的历史进程

中国具有源远流长的历史文化，先民们在这片土地上曾创造过辉煌的农业文明。在中国特定的自然和社会条件下，中华民族曾创造和发展了独特和完整的林业科学技术体系，其技术水平曾长期居于世界前列。历史上，作为传统农业科学技术的重要组成部分，传统的林业科学技术知识及内容多见于古代农书等文献中，这些林业科学技术是长期实践经验的总结，许多内容至今仍具有实用价值。总结中国林业科学技术的发展，大致可以分为以下3个阶段。

(1) 古代林学的形成、发展和成熟

从远古到三国时期，人们通过求生存与生产实践创造了识别树木和野生动物、根据树木和野生动物物候进行生产、根据“土宜之法”植树木、适时种植树木、留宿土植树、树木掩枝插植和接缚、林木修枝和间伐、树木病虫识别和防除、适时伐木、林木轮伐、生漆松脂等采割加工、白蜡虫放养和白蜡采集加工等林业技术。尤为突出的是，东汉发明了用穀树皮造纸，西晋发明了用黄蚁治柑橘害虫，宋代发明了襞叠板等林业实用生产技术。在此基础上，逐渐形成了“顺木之天，以致其性”，“斧斤以时入山林，材木不可胜用”等学说，出现了包括森林性质、林木栽培、森林采伐利用等方面比较系统的理论和一系列技术措施，形成了中国古代林业科学技术体系。

从两晋至元代，中国封建制度逐渐进入兴盛时期，农业逐渐出现繁荣。封建统治者实行永业田制度，劝课农桑，宋、元还鼓励百姓植树种果。这一时期林业科学技术有很大进步和发展，学者重视对农林生产技术经验的总结，出现较多农林科学技术专著。例如，西晋郭义恭著《广志》、嵇含著《南方草木状》，东晋戴凯撰《竹谱》，北魏贾思勰著《齐民要术》，唐代柳宗元著《种树郭橐驼传》，宋代罗愿著《尔雅翼 · 释木》、陈景沂编《全芳备祖》、陈翥撰《桐谱》、蔡襄《荔枝谱》、韩彦直《橘录》，元代官修《农桑辑要》、王祯著《王祯农书》等。这一时期为中国古代林业科学技术史写下了光辉的篇章。

明清时期处于中国封建社会后期，统治者为维护统治地位，禁锢人们思想，林业科学技术很少创新，林业科学技术的发展受到阻碍，学者主要选择编纂、考订和补充前人资料为主。但正是这些去伪存真、补充完善的工作，使得中国古代林业科学技术更加成熟。

(2) 近代西方林学的引进、中西交融与发展

鸦片战争以后，中国的国门被武力打开。来华的外国商人、传教士和学者带来一些西方林业科学技术及思想。一些青年学生也赴欧美和日本攻读林学，如凌道扬、姚传法、陈嵘、梁希、李寅恭等，回国后从事林业教育科研工作，逐渐形成了中国近代林业科学技术中西交融发展的阶段。

清末民初在国外专攻林学的学者，回国后也为中国高等林学学科的发展奠定了基础，成为中国高等林学学科的开拓者和奠基人。1917 年春，凌道扬等人组织成立中华森林会，这是中国历史上最早的林业学术团体，将林学研究从农学研究中分离出来，成为中国传统林学向近代林学过渡的重要标志。中华森林会的核心成员和众多会员多数为留学回国人员，他们用带回的国外林学科学技术知识和林学教育方法培养人才，成为中国林学众多分支学科与课程的首创者。例如，陈嵘创建了树木分类学、造林学、林业史；李继侗创建了植物生理学、植物生态学；陈植创建了造园学；姚传法创建了木材学、森林法学；凌道扬创建了水土保持科学；梁希创建了林产化学工程学；黄范孝创建了森林经理学；叶培忠创建了树木育种学等。

随着西方的林业科学技术不断传入以及中国林学科学研究和教育的开展，在部分林学研究领域曾取得突出成就。例如，陈嵘著《中国树木分类学》的出版和水杉的发现，标志着当时我国的树木分类研究已经跻身世界先进行列。李寅恭编撰《森林立地学(讲义)》，陈嵘著《造林学概要》《造林学各论》，郝景盛著《造林学》，陈植著《造林学原论》，唐耀著《中国木材学》，梁希编著的《林产制造学(讲义)》等，都成为推动中国林学发展的重要著作。

从鸦片战争到20世纪40年代末的中国近代历史短暂，但是中国的林业科学技术通过引进西方的林学思想，形成中西林学的交融，带动了中国近代林学的较大发展。

(3)现代林学的奠基、形成和发展

从20世纪50年代开始，中国林业科学技术有了新的发展。50年代初，我国在树木生理生化、森林生态、林型、森林气象等进行一些开创性的研究。伴随着国家开始大规模的经济恢复建设，林业实行“普遍护林、重点造林，合理采伐和合理利用”的方针，森林防护、防护林和经济林营造、华南橡胶林基地建设、森林航空测量、木材采运机械化等技术得到开发与应用。同时全面学习苏联的林业科学技术，一批苏联的林业科学技术书籍被翻译成中文出版，一批林业专家来华传授林业科学技术知识，一批青年学生被选派到苏联学习林学。这一时期林业科学技术的学习、研究和实践，奠定了中国现代林学发展的基础。

从20世纪50年代末至70年代末，中国林业科学经历了一段曲折发展时期，一些林学基础研究工作进展缓慢。但这一时期国家强调面向生产实际，重视林业生产技术研究和开发，在推广速生丰产林栽培技术、小黑杨和群众杨等杨树杂交育种、桐农间作、固沙防护林营造、飞机播种造林、航空护林、生物防治病虫害、大熊猫及丹顶鹤等野生动物保护、木材加工和林产化学工业、林业机械化等领域都取得了一些重要技术成果。这一时期形成了较为完备的林业生产与产业发展体系，积累了较为丰富的林业生产经验和技术基础，出版了《中国高等植物图鉴》(1～5册)等少量的专业性著作。

到20世纪70年代末期，国家的工作重点转移到经济建设方面，实行改革开放的政策，之后中国的林学进入了新的发展阶段。目前已经形成了具有坚实的专业基础理论知识、协作精神和创新精神的林学学术研究团队，建成了一些设备精良、具有国际水准的实验室，取得了一大批在世界上有一定影响的科技成果。在林学基础研究方面，树木抗逆与生长的生物学基础、森林生态系统网络监测与服务功能评价、森林健康评价、森林与气候变化等方面的研究都取得了长足的进步。《中国植物志》《中国森林》《中国树木志》以及各地方树木志相继出版。记述森林地理分布、类型划分、更新演替和生长规律、合理经营措施的专著，以及有关红松、杉木等重要树种的研究专著大量问世。在森林培育方面，系统开展了良种选育及主要树种的种源试验研究；工厂化设施育苗技术、造林立地分类及质量评价、困难立地造林、基于树种间关系的混交造林理论与技术、大规模工程造林的技术措施等取得重要成果；林业生产技术标准的制订、修订以及《中国主要树种造林技术》等技术著作出版。在森林经理领域，开展了林业可持续发展和多功能森林经营等理论研究，“3S”技术在森林资源监测、评价、预测预警、决策及管理中得到应用，研建了现代信息技术支持的森林经营和林业重点工程信息管理系统集成技术平台。在森林利用方面，森林旅游与游憩为主要途径的森林综合开发利用被重视；以森林中松香、松节油等原料的深度加工为主的林产工业快速发展；紫胶、活性炭、林木纸浆生产技术、林业生物质能源的开发利用技术有很大提高。这一时期，中国借鉴国外林业理论研究成果，提出可持续发展战略，强化了林业的生态功能定位及其在生态文明建设中的作用，开展森林分类经营和近自然经营，提出多功能林业发展的思想，使中国的林业科学从理论到技术研究都快速跟上了林业发达国家。

面对社会经济的快速发展，人们对森林的功能需求越来越多样，我国林学的技术发展还存在若干不足。表现在：一是基础研究与战略性研究相对薄弱，且跟踪模仿研究多，创新性研究弱，具体体现在林木抗性品种的选育与生产潜力及可持续利用的机理、林木病虫害成灾机理、森林生态系统与病虫害发生、林业生态工程和资源培育的生理生态基础等方面；二是应用研究滞后，表现在森林培育中良种化程度低，已经选育出的新品种在数量上和质量上均难以满足高速发展的林业生产需求，人工林的立地控制和地力维护技术不系统、不健全，天然林经营培育技术更显不足；三是平台建设与支撑条件不足，缺乏长期设置、连续观测、反映不同生态类型、不同森林及其经营类型的系列试验基地。

三、国内外林业发展现状与林学的任务

1. 全球森林资源现状与林业发展趋势

(1)全球森林现状及其变化

据联合国粮食和农业组织(UNFAO)《2018 年世界森林状况》，2015 年全球森林面积 $39.99\times10^8 hm^2$，其中，天然林面积 $37.13\times10^8 hm^2$，占全球森林面积的 93%。人工林(含橡胶林)面积 $2.90\times10^8 hm^2$，占全球森林面积的 7%。森林覆盖率 30.6%，人均森林面积 0.6 hm^2，森林蓄积量 $4310\times10^8 m^3$，碳储量约 $2500\times10^8 t$(含地上、地下生物量)。森林资源在各大洲的分布各有不同，其中欧洲 $10.15\times10^8 hm^2$，南美洲 $8.42\times10^8 hm^2$，中美洲、北美洲 $7.51\times10^8 hm^2$，非洲 $6.24\times10^8 hm^2$，亚洲 $5.93\times10^8 hm^2$，大洋洲 $1.74\times10^8 hm^2$。前 5 位森林资源最丰富的国家依次是：俄罗斯、巴西、加拿大、美国和中国，合计占全球森林总面积的 54%；森林覆盖率低于 10% 的国家有 64 个；另外，马尔维纳斯群岛、卡塔尔、摩纳哥等 10 个国家和地区几乎完全没有森林。全世界有 34% 的森林是以生产木材和非木质林产品为目的。

总体来看，全球森林和林业呈现以下变化：

一是森林面积不断减少，但减速趋缓。世界森林已从人类文明初期的 $76\times10^8 hm^2$下降到 1990 年的 $41.28\times10^8 hm^2$、2015 年的 $39.99\times10^8 hm^2$，年均森林损失率从 20 世纪 90 年代的 0.18% 下降至近 5 年的 0.08%。从国家发展与森林变化趋势看，低收入国家年森林损失率在过去 25 年始终徘徊在 0.57% 到 0.64% 之间，中等收入国家则从 0.60% 减小至 0.35%，高收入国家已由过去的面积削减扭转为正增长态势。

二是由于森林退化等原因导致的森林质量下降日趋严重。全球森林退化和消失的原因有很多，包括农业扩张、采矿、基础设施建设、森林火灾、病虫害和其他自然灾害等。而造成全球森林破坏的最主要原因仍是大规模的工业性采伐。

三是永久性森林的划定促进了森林保护和可持续经营。为了抑制森林转化为农业用地或其他用途而导致的毁林，政府将国家所有的森林划定为永久性森林是重要措施。高收入国家永久性森林面积所占比例更高。目前，几乎所有拥有永久性森林的国家都制定了促进开展森林可持续经营的法律法规与政策，覆盖了全球约 98% 的永久性森林。未来这些森林将按照可持续经营方式进行管理。

四是保护性森林及具有环境服务功能的防护林越来越受到重视。2015 年，全球依法设立的森林保护区面积为 $6.51\times10^8 hm^2$，占全球森林面积的 17%，比 1990 年增长了 $2.1\times10^8 hm^2$。目前，世界上面积最大的用于生物多样性保护的森林位于美国和巴西，分别占国

土面积的21%和10%。

五是森林产权进一步明晰化。1990—2010年，全球森林面积中公有林比例从64%增加到74%，私有林比例从13%增加到19%，而产权不清或未报告的森林比例从24%下降至7%，森林权属呈现逐渐明晰的趋势。

六是全球主要林产品(包括工业原木、锯材、人造板、纸和纸浆)的产量稳定上升。2015年，全球木材总产量已达$37.14\times10^{8}m^{3}$。其中，工业用材产量为$18.48\times10^{8}m^{3}$，薪炭材产量为$18.66\times10^{8}m^{3}$。2015年，其他主要木质林产品产量为：锯材$4.52\times10^{8}m^{3}$，人造板$3.99\times10^{8}m^{3}$，纸和纸板$4.06\times10^{8}t$。

(2)世界林业发展的趋势

纵观世界林业的发展历程，人类对森林的利用经历了从单一利用，到多元利用，再到可持续利用的变迁；林业发展的目标也从单纯的木材生产到经济、环境和社会效益并重，再到生态系统一体化功能的整体实现。尤其在当前全球化的时代，国际社会日益认识到森林和林业在人类可持续发展和全球绿色发展中的基础性作用，对森林资源进行可持续利用和生态系统经营，已经成为世界各国的理念共识与实践准则，林业的可持续发展已成为国家文明、社会进步的重要理念。联合国提出的2030年可持续发展目标是保护、恢复和促进可持续利用陆地生态系统，可持续经营森林，防治荒漠化，制止和扭转土地退化，遏制生物多样性丧失。围绕这一目标，世界林业呈现以下发展趋势：

一是应对气候变化和低碳发展理念导致重构林业概念，是国际社会当前和未来的历史使命，也是发展低碳经济、促进经济可持续发展的必由之路。当今世界，各国都在积极追求绿色、智能、可持续的发展，以便减轻工业、能源领域的减排压力。低碳林业、低碳造林、低碳经营、碳汇造林、生物质能源林等新概念不断涌现。绿色经济、循环经济、低碳经济等概念也纷纷出现并付诸实践。绿色发展是人类共同的价值诉求，林业将在实现全球绿色发展中承担特殊的历史使命。林业新概念是对林业的重新定位，是森林经营目标的拓展和选择标准的变革。

二是森林的分类管理模式受到普遍重视和认可。每个森林区域都被赋予了特殊的管理和经营目的。在保护区，任何采伐行为和工业化经营措施都是被禁止的，森林经营仅以保护为目的开展。在生态系统管控区，生态保护与森林资源的持续经营利用同等重要，鼓励以促进林木生长及提高林分质量为前提的经营活动。在木材生产区，因地制宜地采取任何森林经营方式均被允许，以实现经济效益最大化。

三是近自然经营和森林生态系统经营将成为森林可持续经营的主流模式。德国对森林的近自然多功能经营孕育了上百年时间。目前，主要欧洲国家普遍接受了近自然的森林经营思想，并不同程度地付诸实践。实践证明，近自然的森林经营技术不仅适于一般用材林经营，也适于风景林、生态公益林以及各类保护区林的经营。一般认为，生态系统经营是景观尺度经营，而近自然经营为林分或区域尺度经营。目前，各国大范围的生态系统经营实例还不多见，但这种经营设计理念具有广泛的认可度。

四是全球森林治理(环境治理)成为各国林业发展的共同诉求。当前，森林在促进人类可持续发展中的战略作用已经得到国际社会的广泛认可，森林问题因其全球性的影响而引起全世界的广泛关注。在此背景下，有效应对生态危机的全球森林治理，将成为今后世界林业政策新的关注点。随着国际社会对森林问题的共识日益增强，对森林问题做出的政治承诺日渐明晰，建立公平高效的全球森林治理体系将是今后世界林业发展的焦点问题之一。

五是林业产业化的内涵和绿色制造技术的应用不断扩大。林业产业的内涵已延伸至林业资源生物利用、森林游憩资源开发、野生动植物保护繁育、森林生态食品、森林文化创意等领域。在技术应用方面，以节能降耗、清洁生产、增值高效、综合利用为核心的林产加工技术，以木基纳米材料、木基结构材料、木制品生产有机挥发物减控、活性物绿色提取与利用等为代表的绿色制造技术，以木制品数控加工和柔性制造等为标志的智能制造技术，正得到广泛应用。遥感、全球定位、数字模拟等信息化技术在林业资源管理、生态监测、灾害防控等领域发挥了日益重要的作用，开发具有林业特色的天地一体化林业空间信息采集、加工、分发、表达和决策支持系统，已成为世界林业发展的必然趋势。

2. 中国林业发展现状与趋势

(1) 中国森林资源现状与问题

自 20 世纪 90 年代以来，中国的森林面积和蓄积连续 30 多年保持“双增长”。特别是进入 21 世纪后，我国森林资源进入快速增长时期。中国成为全球森林资源增长最多、最快的国家，对于维护全球生态平衡、保护生物多样性、应对气候变化促进全球经济、生态和社会的可持续发展发挥着重要作用。据第九次全国森林资源清查(2014—2018)，我国森林覆盖率 22.96%，5 年间提高 1.33%（图 0-1）；森林面积 $2.2\times10^8\ hm^2$，5 年间净增 $1266.14\times10^4\ hm^2$；森林蓄积量已达 $175.6\times10^8 m^3$。全国森林面积中，天然林 $13867.77\times10^4 hm^2$，人工林 $7954.28\times10^4 hm^2$，分别占 63.55% 和 36.45%。森林蓄积量中，天然林 $136.70\times10^8 m^3$，人工林 $33.88\times10^8 m^3$，分别占 80.14% 和 19.86%。

从第九次全国森林资源清查结果可以看出，我国森林资源特征表现为：森林面积稳步增长，森林蓄积量快速增加(图 0-1)，森林覆盖率稳步提高；森林结构有所改善，森林质

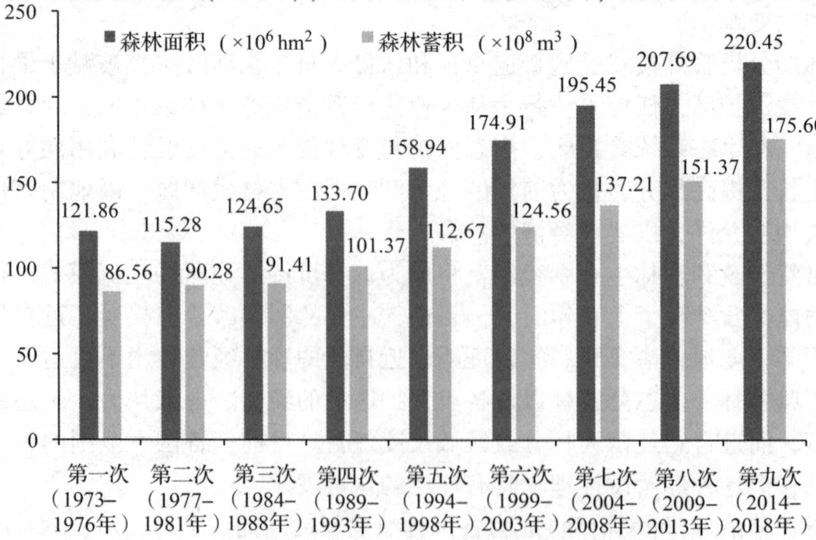

图 0-1　中国历次森林资源清查森林面积和蓄积变化(引自《中国森林资源报告(2014—2018)》)

量不断提升；天然林持续恢复，人工林稳步发展；商品林供给能力提升，公益林生态服务能力增强。但是我国依然是一个缺林少绿的国家，全国森林覆盖率还低于全球30.7%的平均水平，特别是人均森林面积不足世界人均森林面积的1/3，人均森林蓄积量仅为世界人均森林蓄积量的1/6。森林资源总量相对不足、质量不高、分布不均的状况仍然存在，林产品供需矛盾仍然突出，森林生态系统功能脆弱的状况尚未得到根本改变，生态产品短缺的问题，依然是制约我国可持续发展的突出问题。

我国森林资源的现状说明，加大森林资源保护和生态修复力度仍然是我国在当前和今后一段时期最重要的任务。在新的历史时期，全社会都要以习近平生态文明思想为指导，认真践行"绿水青山就是金山银山"的理念，按照"山水林田湖草"系统治理的要求，加快推进国土绿化和生态修复进程，健全生态保护制度，严格森林资源监督管理，强化森林资源保护和科学经营，高质量高水平推进林业现代化建设，为决胜全面建成小康社会、建设生态文明和美丽中国提供良好生态保障。

(2)中国林业发展趋势

当前，在生态保护、节能减排、绿色发展成为全球共识，作为全球林业大国和林产品产销大国，中国需要着眼当前，照顾长远，通过科技创新，更大限度地发挥优势，提高林产品供给和生态服务能力。未来中国林业的发展总体将呈现以下趋势。

①森林资源培育将持续推进，森林经营将更备受关注，其理念与思想将逐渐多元化 虽然我国森林面积位居世界第5位，但森林覆盖率比世界平均水平低了近7个百分点；蓄积量仅约世界森林蓄积总量的3.3%，森林资源总量严重不足。同时，我国的森林资源分布不均，主要集中在东部地区，而在东部地区森林资源又集中分布在东北林区和东南沿海。此外，我国森林资源质量不高，全国现有单位面积森林平均蓄积量94.83 m^3/hm^2，只有世界平均水平131 m^3/hm^2的72.38%，仅相当于巴西的1/2，不足德国的1/3。人工林每公顷蓄积量更低，只有59.30 m^3，且纯林比率超过80%。乔木林平均胸径仅为13.4 cm。因此，为解决我国森林资源总量不足、分布不均、质量不高的问题，在相当长的一段时间内，增加森林数量和质量仍将是我国林业发展中的重要任务。结合我国地域辽阔，各地环境差异大，森林的服务功能存在差异的特点，在林业建设中针对地区特点采取不同的森林培育与经营思想也是必然的。

②林业在生态环境建设中的主体作用将会进一步维持和发挥 生态环境建设是新时期我国经济社会发展对林业的新要求，是在实现可持续发展中面对资源匮乏和各种自然灾难肆虐中的顿悟。由于森林是地球陆地生态系统的主体，是自然界生物生产力最强且可再生的生态系统。开展对退化生态系统的恢复与重建、生态环境最脆弱地区的重点治理、生物多样性保护等生态建设都离不开林业的主体作用。

③林产品的旺盛需求将推动林业产业的发展 随着社会经济的发展，人们生活水平的不断增长，对林产品的需求也更加旺盛，林业资源开发和林产品消费水平也出现了多样化。我国是世界林产品生产和贸易大国，也是全球林产品贸易链中举足轻重的一环，林业生产和消费具有巨大的发展潜力。近年来，中国与世界许多国家签署了林业双边合作协议，在热带珍贵树种高效培育、经济树种良种选育与加工利用、制浆造纸、竹产业发展等方面开展国际合作。同时，中国森林认证体系与世界森林认证体系认可计划实现互认，为

我国林产品进入国际市场取得了“绿色通行证”，提高了我国在林业国际标准领域的话语权。这都为今后我国林业的发展提供了巨大的空间。

④城市林业和社会林业必将得到快速发展　城市林业是当今世界城市建设的一个重要内容。随着城市化的不断发展和人们对改善城市生活环境质量的强烈意愿，发展城市林业已逐渐为我国所接受并成为各地区城市管理者和居民的共同愿望。城市林业以注重林业的生态和社会效益为主，兼顾经济效益。城市林业在改善城市生态环境、减少空气污染、缓解交通和工业及居民生活噪音、调节小气候、提供优美生活环境和游憩休闲场所、开展林业科普教育等方面起着越来越重要的作用，以城市森林的培育与管理为主要内容的城市林业发展也越来越受到政府和公众的重视。

社会林业，又称乡村林业，是在一个具体的社会、经济、生态范围内，由当地居民自主或直接参与植树造林和经营管理森林资源，按照森林生态系统平衡的原理和森林与社会协调发展的规律，力求获得并维持最大生产力和最大效益，以达到永续地、最适度地满足当地居民多种需求及持久地改善居民生活条件，发展社会经济，改善生态环境的目的。社会林业由最初的单一经济目标向生产、农村经济发展和生态等多目标方向发展。近年来，中国政府提出的乡村振兴和美丽乡村建设，把乡村环境治理列为主要内容，社会林业更加受到各级政府的高度重视和广大农民的积极参与，对于国土森林资源的恢复与乡村环境的改善发挥着愈来愈重要的作用。

⑤林业教育将保持稳定，林业科学研究将更加重视创新与技术的推广　中国的林业建设正处于有计划、有步骤的全面发展阶段，各地林业生产部门、林业教育与科学研究机构及其相关领域将持续需要大量的掌握林业专业知识和技能的人才，因此，林业专业人才的培养在今后较长时期内将保持稳定。林业教育机构也需要通过改革，使林业教学更好地适应培养高质量人才的需要，为实现林业现代化服务。

由于当代林业科学技术研究领域已由传统林学走向更广泛的科学，研究手段向宏观和微观两极化发展，研究目的已经远远超出了森林经营本身，因而必然导致了传统林学学科的分化、重组、融合、消亡或新生。正如传统森林经理学的“法正林”思想从未变成现实，但通过最现代化的森林培育业——无性系林业而得到了准确的体现。当代林业科学研究很活跃，固守旧观念、拒绝新事物已没有前途，只有创新、超前才是现代林业科学研究的出路。据研究，我国林业科学技术对林业经济增长的贡献率只有21%，同发达国家相比有很大差距。因此，应加快建立林业工程技术中心、中试基地，建立各种类型的示范网络，加快科技成果转化的速度。通过技术开发和推广，切实改变林业经济增长的方式，促进传统产业向现代林业的转变和粗放经营向集约经营的转变，是今后提高我国林业整体实力必由之路。

3. 林学的任务与学科发展

(1)我国林学的任务

按照林业的基本属性和内在规律，构建现代林业的生态、产业和文化体系，通过提升森林的生态、经济、社会效益水平，以多种功能满足全社会对林业的多样化需求，这既是我国现代林业建设的基本内容和根本任务，也是我国生态文明建设的要求。林业科学是支撑实现林业建设任务的保障和前提；林学学科发展所产生的新概念、新理论、新方法、新材料是推动林业科技进步和创新的原动力，也是衡量国家林业科技水平的重要标志。林学科技积累和产生的基础数据是国家宏观决策的科学依据；林学学科的人才建设是提高林业行业从业人员整体素质的主要途径。林学学科在我国科技、经济、社会发展中占据极其重要的地位。未来我国林学研究优先领域及技术关键将体现在以下方面：

第一，从全球气候变化和环境污染对森林生态条件的影响，开展林业应对气候变化的基础科学研究。研究逆境条件下乔、灌木功能性状及其环境和进化调控机理，个体至区域水平的林木功能性状的尺度转换方法；树木高抗、高效水分利用效率，森林生长、发育及培育管理方式、病虫害种类及发生发展的关系。

第二，面向我国林业重点工程建设中存在的技术难题和生态问题，进行联合攻关与技术集成，为我国重大生态工程建设提供科技支撑，这些工程主要有天然林保育工程、防沙治沙工程、退耕还林工程、工业用材林建设工程及三峡水库等大型水利工程中的林业生态工程等。

第三，以应用生物学为基础，开展种质创新与良种选育。通过研究速生、优质生长与木材性状形成的生物组学基础，树木特有生物化学与分子生物学次生代谢过程以及树木生物质材料定向代谢途径重构的基础理论，为我国重要林木抗逆、水分高效利用的种质资源、基因资源的评价与鉴定以及优质、速生、高产、抗逆林木新品种研发与培育提供基础。

第四，森林高效培育与科学经营。重点解决困难立地森林营建技术，低效林改造技术；研究以速生丰产林、珍贵用材林、天然林、城市森林、竹藤等为对象，多目标、高效、可持续经营的理论与技术；森林有害生物的无公害防治技术。

第五，研究脆弱生态系统退化过程及退化系统生态修复与重建机制。建立生态系统退化的评价指标体系和预警预报模型，提出干旱半干旱荒漠化地区和严重水土流失区等典型生态脆弱区土地资源、水资源和植被资源的优化利用技术。

第六，林业生物质材料与利用。以木质资源材料的高效能化、多功能化和环境友好特性为核心，开展木质材料保护与性能改善、林业废弃物资源化利用、木质与非木质生物质能源利用等的研究。

第七，高新科技的引进与应用。以生物科技、信息科技和材料科技为代表的高新科技；林木基因工程；林木细胞工程；林木生长信息、林业系统模拟原理与可视化技术；精准林业、数字林业、虚拟林业的交叉渗透，空间信息技术在林业中的应用等。

(2)林学学科的发展趋势

林学学科的发展是多元化的，当前世界林学领域已经呈现多学科、多层次、多角度、多时空(发育和进化)的整体研究格局，学科发展已经表现出基础研究与应用研究并重、宏观研究与微观研究同步、学科间的交叉与渗透增强，以及先进性与普及性结合的趋势。具体表现在以下 3 个方面：

第一，基础研究与应用研究结合推进了我国林学学科的发展。为加强林业应对气候变化和森林生态系统功能定位监测等基础研究，为我国重大生态工程建设提供科技支撑；以树木速生、抗逆、水分高效利用和优良材性性状形成过程中生物组学及林木育种与生长发育调控机制的研究，为选择抗逆、水分高效利用、速生和优质生长的树木提供依据；以林业生物质材料形成与转化的基础研究，为林业生物质资源的培育与开发利用技术提供了保障。

第二，涉及不同尺度、多个领域的特点使宏观与微观结合成为林学发展的重要趋势。为应对全球气候变化和经济发展对森林和木材需求等一系列问题，既需要大至国家尺度的研究，也需要不同地域尺度的研究，以及群体、个体和分子水平的微观研究。多尺度的研究可能更加深刻地揭示林学各领域的内在规律，并制定其相应的应对策略，提出控制生态环境、发展森林碳汇、发展生物质可再生能源、加强多功能森林营造的理论与技术。

第三，林学学科与相关学科交叉与渗透对林学发展显现出巨大的推动作用。学科的交叉与渗透，包括林学与其他学科的交叉与渗透，以及林学中二级学科之间的交叉与渗透已经成为科技发展的重要特征和常态。随着学科间的交叉与渗透和高新技术在林学中的应用，必将使林学继续产生深刻变革。

四、林学概论知识体系与学习要求

1. 林学概论的课程体系

林学是研究有关认识森林、培育森林、经营管理和合理利用森林的应用学科，林学概论是林学各部分知识的综合性、概括性的阐述，它是为从事与林业有关的工作的人们提供林学常识性的基本知识，也是高等农林院校非林学专业的一门重要专业基础或通识性课程。基于林学的范畴，林学概论这门课程涉及相当广阔的知识，但主要由林学基础、森林培育、森林经营管理、森林利用等的基本知识构成(图 0-2)。

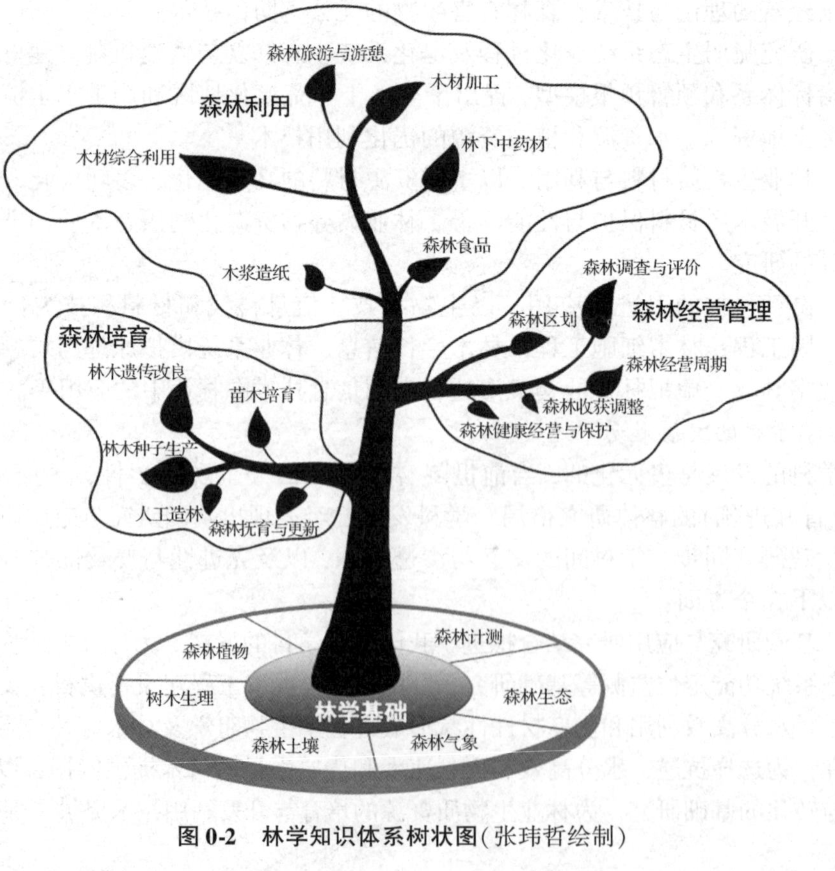

图 0-2　林学知识体系树状图(张玮哲绘制)

林学基础是认识和了解森林、学习林业科学技术必须具备的基本知识，主要包括对森林植物及在森林中组成的认知；了解林木和森林的生长发育及种群与群落的演变规律；森林与大气、土壤、动物微生物及人类等环境因子的关系；人类在认识和利用森林的过程中创立的衡定森林的指标及测定方法等。

森林培育是以人类对森林的高效利用为目标，以林木的良种选育为基础，通过采用科学的种子生产技术、苗木培育技术、林木种植技术、森林的抚育更新技术等为主要内容的森林建植与管理的生产过程。

森林经营管理是以森林资源的可持续经营为基础，重点以森林调查与评价、森林区划、森林经营周期与森林收获调整、森林健康经营和保护管理等为主要内容，通过制订森林经营方案，达到科学地管理森林资源。

森林资源利用涉及很多内容，传统的利用途径主要包括木材加工利用、木材综合利用、木材制浆造纸、森林食品与药材开发利用、森林旅游与游憩等。这是广义的林学在知识体系上不可缺少的部分。

2. 林学概论的学习要求

林学概论作为一门实践性很强的课程，讲授与学习林学概论均力求理论联系实际，应使学习者了解和掌握林学方面的基本理论知识和应用技术，能够应用这些专业知识解决林业生产中常见的技术问题。在学习过程中逐步树立热爱大自然，爱护环境的意识，帮助树立正确的人生观和生态伦理观。

林学是一门与浩繁的生物界及多变的环境密切相关的学科，要掌握这门学科必须要深刻理解其基本原理，具备必要的基本知识，并善于灵活地运用这些基本原理和知识。结合具体地区的条件和特点，进行全面周密的分析和综合，得出适当的结论，以解决林业生产上的问题。

课程学习的基本要求是：学习者应从了解林学基本原理和主要技术环节出发，领会森林概念、森林植物、森林生态、森林与环境作用、森林计测与效益评价的基本知识；熟悉和掌握林木遗传改良、良种生产与经营、苗木培育的基本理论与技术；熟悉和掌握人工林栽培农林复合经营、封山育林与低效林改造、城市森林营造的理论与技术；了解和熟悉森林抚育与主伐更新、森林健康经营与保护的基本方法；了解和熟悉森林资源管理、森林资源综合利用的基本知识。学生通过本课程的学习，能够初步学会运用基础理论分析和解决林业生产中，尤其是森林培育和管理中的实际问题的方法。

（彭祚登）

复习思考题

1. 基本概念解释

林业　林学　林学概论

2. 基本知识解答

(1)简述林业的内涵与林业生产的任务。

(2)试述林学研究的对象和内容。

(3) 简要介绍现代林学发展的特点与趋势。

(4) 试述世界林业发展的现状与潜力。

(5) 简述中国林业发展的现状、问题与未来的任务。

推荐阅读书目

中国林业科学技术史．熊大桐．中国林业出版社，1995.

第一篇

认识森林

本篇以认知森林及森林生态系统为核心，温故和熟悉有关森林的概念和特征、人们认识和管理森林常用的术语和方法等，所包含的知识内容是奠定林业科学体系的重要基础。本篇共分5章，包括：森林概说、森林植物、森林结构与生态系统、森林与环境作用、森林计测与效益评价。

第一章　森林概说

【内容提要】本章介绍森林、林分及森林资源的概念及内涵；森林的基本特征；森林的类型；森林的地理分布规律；世界及中国森林植被的地带性分布特点；森林的作用。

第一节　森林的概念与类型

一、有关森林的概念

1. 森林及其特征

(1)森林的概念及范畴

森林是人们所熟悉的，但人类对于森林的认知却是由浅入深的。最初人们把“木丛曰林”(汉·《淮南子》)作为森林的定义，这里只考虑了存在的树木，是单纯以森林植物或优势树种来区分和界定森林。随着人们对森林中有机体之间、有机体和无机环境之间相互关系的理解更加深入和全面，森林逐渐被人们看成林木与周围环境的统一体，即包括林木、其他植物、栖身的动物、微生物和林地构成的复杂生态系统，亦即生物地理群落。从生态学意义上讲，森林最准确的定义应是指一定面积的地理空间中，以乔木树种为主体，有其他植物、动物、微生物共同生存，与气候、土壤等外界环境相互影响的生态系统。

从林学上讲，森林一般以面积和郁闭度两个指标确定。在我国，1994 年以前规定郁闭度 0.3 以上(不包括 0.3)为有林地；1994 年以后规定郁闭度达到 0.2(包括 0.2)或林木树冠层覆盖度不小于 20%，人工林面积达 1 亩(合 0.067 hm^2)，天然林面积达 0.1 hm^2以上，附着有森林植被的林地，包括乔木林(含行数在 2 行以上且行距≤4 m 或林冠冠幅投影宽度在 10 m 以上的防护林带)、红树林和竹林。林木树冠层覆盖度暂未达到 20%，但保存率达到 80%(年降水量 400 mm 以下地区 65%)以上，面积大于 0.067 hm^2的人工幼林。年降水量 400 mm 以下地区，或乔木垂直分布界线以上，或热带、亚热带岩溶地区、干热河谷等生态环境脆弱地带，覆盖率大于 30% 的灌木林，以及以获取经济效益为目的进行经营的灌木经济林，也被界定为森林。

世界各国执行的标准并不统一，例如，美国等国家规定郁闭度达到 0.1 以上为森林。北欧各国规定每公顷林木蓄积生长量达到 1 m^3以上为森林。联合国粮食和农业组织(FAO)和许多国家规定郁闭度达到 0.2 以上为森林。除郁闭度之外，FAO 及其他一些国际组织还提出过界定森林的其他指标及标准，例如：乔木覆盖面积至少 10%(一般达到 20%)，树高要达到 7 m 以上(择伐林)，能够生产木材的林分。用于生产木材和其他林产品或用于其他服务的天然及人工幼林，包括林道、防火道、林中空地和森林苗圃地/国家公园和自然保护区内的风景林/面积大于 0.5 hm^2的防护林。也有将原有森林由于人为或自然的原因变成无林地，但预计能够恢复成森林的林地界定为森林的。

森林边界的确定通常是按生态环境和土地用途划分。前者主要应用于天然森林边界的判定，后者主要应用于人工培育森林边界的确定。长期以来，对高山森林上限的研究较多，附近植被界线的称谓也很多。如对高山森林—苔原(forest-tundra)的称谓有高山林线(alpine timberline)、森林界限(forest limit)、森林边界(the edge of forest)、森林上界(forest border)、森林上部界限(the upper limit of forest)，甚至还有人称高山林线以上森林(forest above treeline)、树木线(tree-limit)和树线(tree-line)等(戴君虎，1999)。林线是森林垂直地带谱中一条重要的生态界限，这条界线以下发育着以乔木为主的郁闭的森林带；而界线以上则是无林带，发育着灌丛或草甸常形成垫状植物带。高山森林上限(高山林线)的位置一般认为有两种表现形式：一种是指一个生态过渡带，即过渡性林线；另一种是指郁闭型林线，即森林突然在林线位置停止向上爬升，使林线成为一条划分树林与草甸的截然界限。气温、水分和风都有可能决定和影响树线和林线的位置。

(2)森林的基本特性

森林的基本特征可以从以下几方面来认识，即：具有一定的物种组成(又称种类组成)；具有一定的结构和外貌；具有一定的动态特征；与环境具有不可分割的联系；具有一定的分布范围。

①种类组成的确定性和多样性　森林是分布在一定生境下的所有森林相关的生物种群的集合，因此种类组成的不同和变化是确定森林的重要依据。任何一个森林必然具有其一定的种类成分，而这些非任意组合，而是通过复杂的种内和种间关系，多种成分并存的结果。森林最主要的生物种群是植物，各种植物成分反映着森林植被的特点。根据植物在森林中所处的地位和作用可以分为乔木(林木)、下木(灌木和小乔木)、更新幼树、地被植物、层外植物(层间植物)。乔木(林木)是构成森林上层和中层林冠的树种，一般可分为优势树种、主要树种、次要树种、伴生树种、先锋树种等。下木(灌木和小乔木)是林内植物中在其生命史上最大高度不超过成熟林木平均高 1/2 的木本植物。更新幼树是林下天然更新的第二代之幼龄树木。地被植物是森林中除竹类以外的草本植物，居林内最下层。层外植物(层间植物)是林内没有固定层次分布的植物，例如：藤本植物、附生植物、寄生和半寄生植物。森林中的优势乔木常与一定的灌木和草本植物共同出现，同时可能还与一定的动物相伴，以我国北方地区的红松(*Pinus koraiensis*)林为例，红松林下常常出现毛榛子(*Corylus mandshurica*)、绣线菊(*Spiraea* sp.)、薹草(*Carex* sp.)和舞鹤草(*Maianthemum bifolium*)等，同时松鼠(*Sciurus vulgaris*)也必然是这个森林群落不可缺少的生物类群。这就是所谓的森林种类组成的确定性，我们可以通过种类组成来识别不同的森林类型。

②结构和外貌特征　森林中各类生物种群从水平到垂直空间上的分布，都是按着一定的规律进行排列和组合的，且各个生物组成成分之间以一定的结构相互联系。森林的组成和结构最为复杂，因为高大的树木与林下的各种灌木和草本植物之间有着复杂的相互关系。不同的种类成分在空间上占据不同的位置，例如，乔木、灌木和草本植物的地上部分

分别处于不同的高度、地下的根部也集中分布于不同的深度，形成森林群落的成层现象。此外，随着一年四季的变化、不同植物具有不同的萌发和生长时间，使得群落具有季相。这种空间和时间上的结构特征与变化、使群落在外部形态上表现出一定的外貌。森林的外貌是由各种植物的基本生活型决定的，也是群落对环境综合作用的反应，是长期适应的结果。

③动态特征　森林是各种生物及其所在环境长时间相互作用的产物，森林随时间不断地发生变化，同时为下一个群落的出现准备条件。森林的变化包括季节变化、年际变化和演替。由于所处的生长发育阶段、周围的环境条件和历史发展时期的不同，每个森林都具有一定的动态特征，或向一个固定的方向演化，或缓慢地衰退，或维持一定范围的稳定。

④与环境的关系　与其他群落一样，森林的出现是与一定的环境条件相联系的，即森林在一定条件下才能形成。同时，森林的形成对环境会产生很大的影响，例如，高大乔木对光的遮蔽使得群落内光照环境发生重新分配；森林群落中物种的生长和死亡、动植物残体的分解等，形成了不同于森林群落外部环境的特殊环境。

⑤分布范围的区域性　任何群落都具有一定的分布范围，即群落具有区域性。没有在任何地方都能分布的植物种类，更没有在任何地方都能分布的森林。森林的自然分布范围具有一定的局限性，不同的森林群落只能在某一些地理范围内分布。同时，在一定的地理范围内，也必然有相应森林的出现，这是地理环境和历史发展综合作用的集中表现。森林更是一种地理现象，其分布的确定性表明森林产生的必然性及其对新环境的影响和适应范围。

2. 林分及其特征指标

为了研究和揭示森林的内在规律以及为经营、管理和利用森林的便利，人们往往将大面积的森林按内部特征基本相同且与周围相邻区域有明显区别的森林地段划分为林分。任何一个林区，乃至整个森林植被，都是由一个个林分构成的。要认识森林，首先就要从划分林分开始。

反映林分特征的指标很多，常用的有林分起源、林相、树种组成、林龄、林分密度、林分平均高、林分平均胸径、平均单株材积、蓄积量、出材量等。所有这些能客观反映林分特征的指标统称为林分调查因子。只有通过林分调查测定林分的调查因子才能掌握林分的质量和数量特征，主要调查因子的定义及计测方法详见第5章。

3. 森林资源

森林资源是可再生的自然资源，是林业和生态建设的物质基础，是国家自然资源的重要组成部分。森林资源与森林是两个密切相关而内涵又有区别的概念。森林资源通常包括物质资源和非物质资源，其中物质资源包括林木资源、林地资源和野生生物资源；非物质资源包括森林景观资源、生态效能资源和社会效能资源。从森林可持续经营和森林资源开发利用的角度看，林地资源、林木资源、野生生物资源和森林景观资源是森林资源最主要部分。

《中华人民共和国森林法》(以下简称《森林法》)第二条规定，森林资源包括森林、林木和林地。《中华人民共和国森林法实施条例》(以下简称《森林法实施条例》)第二条更进一步明确："森林资源，包括森林、林木、林地以及依托森林、林木、林地生存的野生动物、植物和微生物。森林，包括乔木林和竹林。林木，包括树木和竹子。林地，包括郁闭度0.2以上的乔木林地以及竹林地、灌木林地、疏林地、采伐迹地、火烧迹地、未成林造林地、苗圃地和县级以上人民政府规划的宜林地。"这些法律规定，实际上明确了森林资源的内容，即森林资源是林地及其所生长的森林有机体的总称。包括森林、林木、林地以及依托森林、林木、林地生存的植物、野生动物、土壤微生物及其他自然环境因子。林木、林地资源是构成森林资源的主体，一般情况下所讲述的森林资源，如果没有特别说明，大部分是针对林木和林地资源而言。

按照2003年原国家林业局颁布的《森林资源规划设计调查主要技术规定》(林资发〔2003〕61号)和2004年颁布的《国家森林资源连续清查主要技术规定》对中国森林资源基本属性所作的规定，森林资源所包含的森林、林地、林木和森林景观资源的具体内容如下：

森林分为天然林和人工林。天然林包括由天然下种或萌生形成的森林、林木、灌木林；人工林包括由人工直播(条播或穴播)、植苗、分殖或扦插造林形成的森林、林木、灌木林。

林地是用于培育、恢复和发展森林植被的土地。林地资源包括以下内容：

①有林地　是指连续面积大于0.067 hm^2、郁闭度0.2以上、附着有森林植被的林地，包括乔木林、红树林和竹林。

②疏林地　由乔木树种组成，连续面积大于0.067 hm^2、郁闭度在0.10～0.19之间的林地。

③灌木林地　由灌木树种或因生境恶劣矮化成灌木型的乔木树种以及胸径小于2 cm的小杂竹丛组成，以经营灌木林为目的或起防护作用，连续面积大于0.067 hm^2、覆盖度在30%以上的林地。

④未成林造林地　包括人工造林(包括植苗、穴播或条播、分殖造林)和飞播造林(包括模拟飞播)后不到成林年限，造林成效符合一定标准，分布均匀，尚未郁闭但有成林希望的林地，以及采取封山育林或人工促进天然更新后，不超过成林年限，天然更新等级中等以上，尚未郁闭但有成林希望的林地。

⑤苗圃地　固定的林木、花卉育苗用地。

⑥无立木林地　包括采伐后保留木达不到疏林地标准，且尚未人工更新或天然更新达不到中等等级的林地；火灾后活立木达不到疏林地标准，且尚未人工更新或天然更新达不到中等等级的林地等。

⑦宜林地　经县级以上人民政府规划为林地的土地。主要包括未达到有林地、疏林地、灌木林地和未成林造林地的标准，但规划为林地的荒山、荒(海)滩、荒沟、荒地等。以及未达到有林地、疏林地、灌木林地和未成林造林地的标准，但造林可以成活，规划为林地的固定、半固定沙地(丘)、流动沙地(丘)、有明显沙化趋势的土地等。

⑧辅助生产林地　指由森林经营单位或林业部门管理，直接为林业生产服务的工程设施与配套设施用地和其他有林地权属证明的土地。

林木资源主要包括：

①乔木林　由乔木树种组成的片林或林带。按照其生长和分布地段可分为林木、散生木和四旁树。

林木：指生长在有林地(不含竹林)和疏林地中的树木。

散生木：指生长在竹林、灌木林地、未成林地、无立木林地、宜林地和非林地上的树木以及幼、中林上层不同世代的高大树木(霸王木等)。

四旁树：指生长在非林地中的村(宅)、路、水、田旁的树木。

②红树林　生长在热带和亚热带海岸潮间带或海潮能够达到的河流入海口，由红树科植物和其他在形态上和生态上具有相似群落特点的科属植物组成的林地。

③竹林　由胸径 2 cm 以上的竹类植物组成的林地。

森林生态景观资源主要指森林资源及其环境要素中诸如互惠共存、生态位、竞争、物种多样性、化感作用等，以森林生态学原理为指导能引起审美与欣赏活动，可以作为风景游览对象和风景开发利用的事物与因素的总称。它是构成风景环境的基本要素，能产生环境效益、社会效益、经济效益的物质基础。森林生态景观资源，可以概括为 5 个类型，即地文资源，如山地、奇峰等；水文资源，如江河、溪流等；天象资源，如日月星光、冰雪霜露等；生物资源，如植物、动物等；人文资源，如民俗风情、图腾古迹等。

二、森林类型

森林是植被的主要类型之一，几乎所有的植被分类方法都涉及森林类型。森林类型是指根据森林的不同特征而对森林进行的分类。

1. 根据森林发生形成的原因分类

根据森林发生形成的原因可分为天然林和人工林。正如前文所述，天然林是由树木自然落种或由根茎萌生形成的森林；人工林是为满足经济、环境和社会需要而人为营建的森林。

天然林有多种分类方法，一般分为原始林和次生林两种类型。原始林是在原生裸地上经过演替形成的地带性(或区域性)稳定的森林植被。原始林具有在年龄结构上呈异龄性；具有多层次的林层结构；有复杂的灌木与草本植物及多样的野生动物；林分上层有高大的枯立木，地面上有腐朽程度不同的粗大倒木与松软深厚的枯落物层等基本特征。次生林是原始林经过大面积的彻底破坏或者严重的反复破坏后，在次生裸地上形成的次生森林群落。次生林具有组成树种多为喜光和中性树种；林木无性起源多，早期生长迅速，但衰退早；群落层次结构简单，水平结构多样；植物群落稳定性差，演替速度快等特征。根据干扰破坏程度的大小，次生林又可分为原始次生林和天然次生林。原始次生林一般多由原始林经强度择伐或多次择伐、火烧之后形成，在伐区或迹地上保留有一定数量的原始林木与原有的土壤和小气候环境；有大量恢复生长的次生林木；在封禁条件下，原始次生林可自然恢复演替形成原始林的结构特征。天然次生林是原始林在经过强度干扰后，已经丧失了原始林的森林环境，主要由先锋树种组成，生态稳定性和生态功能较差，依靠森林自身演替恢复到原始林的特征需要极其漫长的时间。

人工林因其培育方式不同可细分为飞播林、粗放经营的人工林、集约经营的人工林、近自然经营的人工林以及在培育中充分利用了天然更新的人工林。

2. 根据森林中主要树种的叶型分类

根据森林中主要树种的叶型特征，森林可分为针叶林、阔叶林和针阔叶混交林。

针叶林是由针叶乔木树种为主体的植物群落组成的森林类型，包括各种针叶纯林、针叶树种间的混交林以及以针叶树为主的针阔叶树种混交林。针叶林在寒温带有着广泛的分布，云冷杉和落叶松是寒温带的地带性植被，是分布最靠北的森林，针叶林的北界就是森林的北界。在寒温带以外的地方，也生长着很多不同类型的针叶林，但是面积比起寒温带的针叶林要小很多了。我国针叶林植被类型非常丰富，广泛分布在从兴安岭到喜马拉雅山、从台湾到新疆阿尔泰山地区，其中既有与欧亚大陆以及北美洲所共有的类型，又有许多我国特有类型。针叶林建群种主要是古老的松柏类树种，大多数属于北温带或亚热带的性质，并多属孑遗植物。例如，松科的冷杉林、云杉林、红松林、落叶松林等；柏科的侧柏林、圆柏林、柏木林、福建柏林等；杉科的杉木林；罗汉松科的罗汉松林等。针叶林又分为寒温性针叶林、温性针叶林、温性针阔叶混交林、暖性针叶林和热性针叶林。

阔叶林是以阔叶树种为主所组成的森林群落。相对于针叶林而言，我国阔叶林类型更为丰富，分布的范围更广。《中国植被》将我国的阔叶林分为 7 个植被型，即：落叶阔叶林、常绿落叶阔叶混交林、常绿阔叶林、硬叶常绿阔叶林、季雨林、雨林和红树林。

针阔叶混交林是森林中针叶树种和阔叶树种比例相当的森林群落类型，是寒温带针叶林和夏绿阔叶林间的一种过渡性的植被类型。通常由栎属（*Quercus*）、槭属（*Acer*）、椴属（*Tillia*）等阔叶树种与云杉（*Picea*）、冷杉（*Abies*），松属（*Pinus*）的一些种类混合组成。在欧亚大陆的中高纬度形成一条不连续的混交林带。受不同地区落叶阔叶林和针叶林种类组成不同的影响，针阔叶混交林的种类组成在不同地区存在明显的差别。

3. 根据森林的外貌特征划分

根据森林的季节性外貌特征可分为常绿林和落叶林。

常绿林由冬季不落叶树种为主组成的森林，又分为：常绿阔叶林和常绿针叶林。常绿阔叶林主要分布在大陆东部的亚热带湿润气候区，通常又称亚热带常绿阔叶林。常绿阔叶林所含物种丰富。常绿阔叶林的优势树种不明显，经常由多种共建种组成。常绿针叶林是以四季常绿的针叶树种构成的森林，主要分布在热带和亚热带地区；在寒温带有由常绿的云杉、冷杉、松柏所组成的常绿针叶林。我国的云杉、冷杉林是属于山地垂直带上的植被类型，广泛分布于东北、华北、秦巴、蒙新以及青藏高原。落叶林是由冬季落叶树种为主组成的森林，又分为落叶阔叶林和落叶针叶林。落叶阔叶林广泛分布在温带、暖温带和亚热带的广阔范围。例如，分布于华北、西北地区的落叶阔叶混交林、栎林、赤杨林、钻天柳林；亚热带地区的赤杨林、枫香林、化香林、青檀林、榆树林和黄连木林等。落叶针叶林是由冬季落叶的各种落叶松所组成的落叶松林，又称为明亮针叶林，是北方和山地干燥寒冷气候下最具代表性的植被。

4. 根据森林中主要树种的年龄分类

按森林中主要树种的年龄龄级分布，森林可分为同龄林和异龄林。

同龄林是指林木的年龄相差不超过一个龄级期限的林分。还可以划分为绝对同龄林和相对同龄林。林木年龄完全相同的林分称为绝对同龄林，绝对同龄林多见于人工林；林木年龄相差不足一个龄级的林分称为相对同龄林。

异龄林是主要树种年龄不相同或不一致的森林。具有所有龄级林木所构成的森林称为全龄林，全龄林的林木年龄分布范围中一定有幼龄林木、中龄林木、成熟龄林木及过熟龄林木。一般耐阴树种构成的天然林，尤其是择伐后形成的林分，通常为异龄林，多数天然林分一般为异龄林。与同龄林相比，异龄林的防护作用和对风、雪等自然灾害以及病虫害的抵抗能力强，但是经营管理技术比较复杂。

5. 根据林木生长发育阶段分类

按照森林中主要树种的生长发育所处的阶段可分为幼龄林、杆材林、中龄林、近熟林、成熟林和过熟林。

幼龄林是林龄为最幼小的森林，森林中绝大多数树木处于Ⅰ龄级；杆材林是树木生长发育较年青，高生长迅速，绝大多数树木处于Ⅱ龄级的森林；中龄林是树木生长发育旺盛，径生长迅速，绝大多数树木处于Ⅲ、Ⅳ龄级的森林；近熟林是处于Ⅴ龄级，林木生长开始下降，接近或低于主伐年龄 1 个龄级的森林；成熟林是林木已达到完全成熟，可以采伐利用的森林，通常指林龄为Ⅵ龄级或达到主伐年龄的森林；过熟林是年增量低于枯损量的森林。

除此之外，森林还有多种划分类型的方法，如按照主要树种的组成成分分为纯林和混交林；根据森林地带性特征分为热带雨林、季雨林、亚热带常绿阔叶林、暖温带落叶阔叶林、温带针阔叶混交林、寒温带针叶林等。

第二节　森林的地理分布

一、森林分布的地带性规律

森林是一种自然地理历史的产物，其类型特征和分布规律主要受地理位置、气候、地形土壤等因素的影响，也就是说一定的环境条件孕育一定的森林类型分布，任何类型的森林都与其生存的环境条件有着紧密的联系，其中气候和土壤因素是影响森林类型及其分布特点的最重要因素。森林的分布是气候和土壤的综合反映，地球上气候带、土壤带和森林植被带相互对应形成一定的分布规律。在地球表面作为气候条件的热量和水分条件按纬度、经度和海拔高度呈现出一定的地带性变化特征，森林植被也沿着这 3 个方向呈现出交替分布的地带性规律。

1. 森林分布的水平地带性规律

在地球表面，气候条件特别是热量和水分状况随纬度和经度呈现出有规律的递变，从而引起森林在水平方向上随经纬度呈现出有规律的变化，这一现象称为森林分布的水平地带性。

(1) 纬度地带性

森林分布的纬度地带性主要是地球表面的热量差异造成的。太阳辐射是地球表面热量的主要来源，到达地球表面的太阳辐射随着地理纬度高低的不同，提供给地球表面的热量从南到北呈规律性的差异。低纬度地区接受太阳总辐射量大，季节分配较为均匀，终年高温无冬季；随纬度的增高，地面接受太阳总辐射量减少，热量的季节差异增大，一年中春夏秋冬四季分明；到了高纬度地区，特别是极地这样的极端环境，地面受热量最少，终年寒冷积雪以至于森林无法生长。一般纬度每增高 1°(约 111 km)，年平均气温下降 0.5～0.9 ℃。这样从赤道向两极形成了依次变化的热量带和气候带。

我国地域辽阔，从南到北根据≥10 ℃积温和低温指标，可以将我国划分为赤道带、热带、亚热带、暖温带、温带、寒温带等 6 个热量带(高原和高山除外)，每个带内气温不同，相应的树种和森林类型也存在很大差异。森林沿纬度方向呈规律分布的现象称为森林分布的纬度地带性。由于地形的复杂，我国森林植被水平分布的经向变化可分为东、西两部分。

我国东部由于气温随着纬度的增加而逐渐降低，在气候上自北向南依次出现寒温带、温带、暖温带、亚热带和热带气候。受气候影响，植被类型自北向南依次分布着落叶针叶林、温带针叶落叶阔叶林、暖温带落叶阔叶林、北亚热带含常绿成分的落叶阔叶林、中亚热带常绿阔叶林、南亚热带常绿阔叶林、季雨林、热带雨林。

西部由于位于亚洲内陆腹地受强烈的大陆性气候影响，再加上从北向南出现了一系列东西走向的巨大山系，如阿尔泰山、天山、祁连山、昆仑山等，打破了纬度的影响。因此，西部从北到南的植被水平分布的纬向变化为：温带半荒漠、荒漠带、暖温带荒漠带、高寒荒漠带、高寒草原带、高原山地灌丛草原带。

(2)经度地带性

森林分布的经度地带性是由于水分因子作为驱动力而形成的，我国位于欧亚大陆东南部的太平洋西岸，由于受东南海洋季风气候的影响，由近海到内陆、自东南向西北降水量逐渐减少，在水分指标上可以根据干燥度系数来划分湿度气候区域。如干燥度系数 16.0 等值线恰好与塔里木盆地边缘、柴达木盆地边缘以及巴丹吉林、腾格里沙漠边缘一致，该等值线的西北地区为荒漠景观，属于极干旱区。干燥度系数 1.0 等值线为湿润区和半湿润区的分界线(表 1-1)。可明显地看出，我国从东南沿海到西北内陆受海洋季风和湿气流的影响程度逐渐减弱，其水分指标的分布规律为湿润区、半湿润区、半干旱区、干旱区、极端干旱区。相应的植被类型也由东南沿海到西北内陆依次出现为东部湿润森林区、森林草原区、中部半干旱草原区、西部内陆半荒漠和荒漠区 4 大植被区域。

表 1-1　水分指标与植被类型

水分指标	干燥度系数	植被类型
湿润	<1.0	森林
半湿润	1.0～1.6	森林草原
半干旱	1.6～3.5	草原
干旱	3.5～16.0	半荒漠
极干旱	>16.0	荒漠

注：引自赵忠等，2007。

2. 森林分布的垂直地带性规律

森林分布除受纬度和经度影响而具有水平地带性分布规律外，森林在山地上也呈有规律分布。在山地由于受海拔高度的影响，随着海拔的升高，环境梯度发生有规律的变化，表现在年平均气温逐渐降低、生长季节逐渐缩短，通常海拔每升高 100 m，气温下降0. 5 ~ 0. 6 ℃；在一定的海拔范围，随着海拔的升高降水量增加，太阳辐射增强，风速增大。综合环境因子沿海拔梯度的垂直变异引起山地森林在垂直分布上的相应改变。在一定纬度地区的山地，森林类型随着海拔高度的变化而发生更替的现象称为森林分布的垂直地带性。随海拔升高依次出现的森林植被带的具体顺序叫做森林植被的垂直带谱。例如，珠穆朗玛峰南坡的森林植被垂直带谱如下(图 1-1)：

海拔 1000 m 以下是娑罗双树季雨林带；

海拔 1000 ~ 2500 m 是山地常绿阔叶林带，其中 2000 m 以下以印栲、木荷为主；以上则是铁椆、穗果柯占优势；

海拔 2500 ~ 3000 m 是山地针叶阔叶(常绿、落叶)混交林带，主要有铁杉和高山栎；

海拔 3000 ~ 3800(4100) m 是亚高山冷杉针叶林带；

海拔 3800(4100)~ 4500 m 分布有杜鹃、桧柏高山灌丛；

海拔 4500 ~ 5200 m 是嵩草、冰川薹草高山草甸；

海拔 5200 ~ 6000 m(雪线)属地衣砾石带；

海拔 6000 m 以上属永久冰雪带。

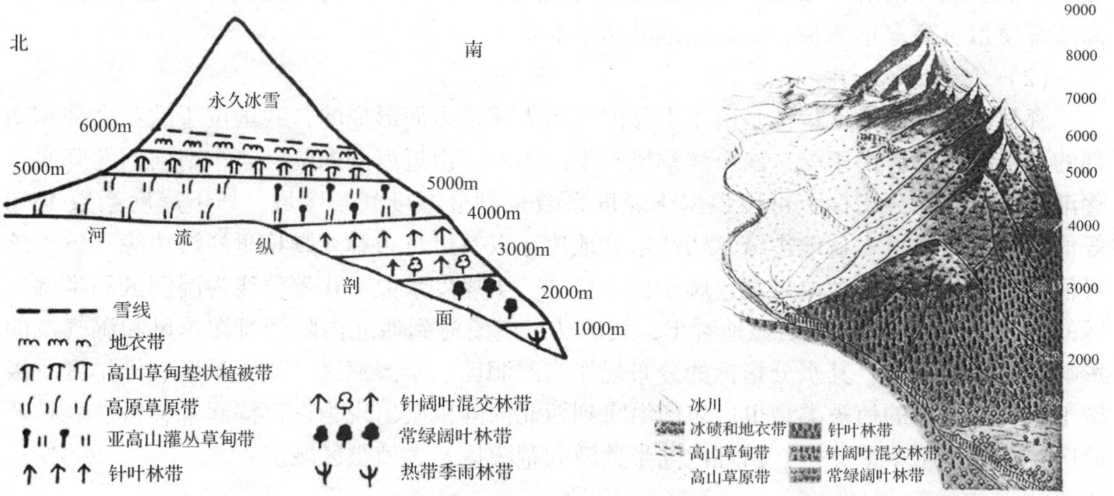

图 1-1　珠穆朗玛峰的植被垂直带谱

在珠穆朗玛峰北坡，由于喜马拉雅山与西藏高原阻截了南来的印度洋湿暖季风和削弱了北下的寒流，其植被垂直带谱表现出了如下的特征：

海拔 3900(雅鲁藏布江南岸)~ 4400 m 分布有白草、固砂草草原；

海拔 4400 ~ 5000 m 是紫花针茅等高山草原带；

海拔 5000 ~ 5700 m 分布有冰川薹草、嵩草高山草甸；

海拔 5700 ~ 6200 m(雪线附近)为地衣砾石带；

海拔 6200 m 以上为永久冰雪带。

3. 森林垂直分布与水平分布关系规律

由于山地所处的地理纬度、山地高度以及距离海洋的远近等的差异，在不同山地上各自形成不同特点的植被垂直带谱。森林垂直带谱的基带与山地所在区域的水平地带性植被相一致。如某山地位于热带地区，则森林垂直分布的基带只能是热带雨林，而不可能是常绿阔叶林或落叶阔叶林。同样温带山地的垂直分布的基带只能是针阔混交林，而不可能出现热带和亚热带的植被类型。这样不同纬度带的山地其垂直植被带的多少并不相同，以热带最为完整。如珠穆朗玛峰地区的南坡基带(北纬 27°)就属于热带(北缘)植被垂直带的范畴，而我国东北地区的长白山(北纬 42°)，其基带为温带植被范畴。

森林垂直带谱愈近赤道愈完整，愈向极地愈少。森林垂直带幅窄，而水平带幅宽。

山地的森林垂直带谱反映了该山地所在纬度和经度的水平地带特征，即森林分布的垂直地带性的表现从属于水平地带性特征，在两者的相互关系中水平地带性是基础。

二、森林分布的地域性规律

任何一个森林植被带内，都可能有两类或更多类的森林类型或森林生态系统同时存在，但其中只有一个处于优势地位。处于优势地位的森林类型或森林生态系统应是在相应气候带下形成的地带性类型。某一地域内的次级森林类型属于隐域植被，是非地带性的。

三、世界森林分布

森林分布与环境条件密切相关，尤其是气候和地貌在全球范围内的分异极其深刻地影响着森林植被的类型及其分布。气候资源中又以水分与气温因子对植被分布的影响最为深刻。气候特征决定了区域植被类型的基本特征。因此，与全球气候分布格局相对应，地球表面不同的区域分布着具有不同特征的植被类型。

1. 世界森林分布特征

除了自然火情频发或者其他干扰(包含人类活动)过度的情况之外，陆地上凡是自然条件足以支持树木生长的地方都有森林的分布，其海拔高度范围可从海平面一直到树线。热带森林广泛分布在从赤道开始向两侧延伸到南、北纬 10°的热带大陆和岛屿上，包括热带雨林、热带季雨林和干旱雨林(dry rainforest)。高纬度地区，比如北纬 53°~67°之间广袤的陆地则被北方针叶林所覆盖。两者之间的温带地区，主要分布着季相明显的落叶阔叶林或各种类型的混交林。

2. 世界主要森林类型及其分布

森林群落类型、结构特征及其分布规律主要受气候、土壤等环境因素的影响，在地球表面由于各个地域的气候、土壤、地形等因子的不同形成了不同的森林类型，其分布都是在一定的地带与该气候相适应的地带性植被类型，可划分为 5 个类型：热带雨林和季雨林、亚热带常绿阔叶林、温带混交林和温带落叶阔叶林、北方针叶林和红树林。

(1)热带雨林和季雨林

热带雨林与季雨林分布在赤道两侧 10°的范围内，该区域森林面积约为 $18.18 \times 10^8 hm^2$，占世界森林总面积的 47%。集中分布区域包括南美洲热带雨林区、印度—马来雨林区和非洲热带雨林区。

热带雨林分布区气候具有两个非常明显的特征：高温(年平均气温 25～30 ℃)和高湿(年降水量 2000 mm 以上)。最明显的植被特点则是物种多样性高、层次复杂、生物量大、各层次间连续性高，主要树种为喜湿常绿树。除草本植物层外，其他层次的密度都很大，层间植物高度发育，有些藤本植物可蔓延长达 100 m。科特迪瓦有 600 多种乔木，马来西亚树种超过 2000 种，亚马孙树木平均密度为 423 株/hm^2，分属于 87 个种，印度—马来西亚地区也达到 200 种/hm^2。

季雨林树木每年在干旱季节落叶，雨季出叶，季相变化明显，也称“雨绿林”；种类组成较雨林少。季雨林的集中分布区在印度、东南亚、非洲西部和东部、南美洲和中美洲、西印度群岛和澳大利亚北部等地。同样属于湿润热带气候条件，但受季风气候盛行的影响，降雨季节分配不均，有明显的干、湿季节交替现象。季雨林在气候变得干旱、土壤变得瘠薄时通常被热带阔叶疏林所取代，在南美洲的北部、印度的西部、南非和缅甸有典型分布，由高 3～10 m、主干矮曲、叶片厚和树皮抗火烧的树木或灌木组成。在气候更为干燥的地方，如夏威夷群岛主岛群的背风坡、尼豪岛和卡霍奥拉韦岛的顶峰部位，每年 11 月到翌年 3 月整个雨季期间降水总量不足 1270 mm，极端情况可低至 250 mm，则出现硬叶林(sclerophyll)或多刺疏林(thorn wood)，夏威夷热带干林(Hawaiian tropical dry forest)便是其中的典型代表。这一类森林是热带地区旱生性最强的森林群落，在非洲、美洲、大洋洲及亚洲都有分布。

(2)亚热带常绿阔叶林

亚热带地区的大陆东岸，东部地区，我国秦岭—淮河以南的广大地区是世界上亚热带常绿阔叶林分布最大的地区；日本和朝鲜南部，美国东南部的佛罗里达半岛，墨西哥和巴西东南，澳大利亚东南部等地均有分布。亚热带地区气候温暖，四季分明，夏季高温潮湿，冬季降水较少。亚热带森林四季常绿，生物种类组成丰富，建群种明显，林冠整齐一致，树木个体高大，群落结构较复杂。壳斗科、樟科、山茶科、木兰科等是最基本的组成成分，也是亚热带常绿阔叶林的优势种和特征种。在常绿阔叶林分布区内，越是南方，水、热条件越好，森林组成更多地以栲属(*Castanopsis*)和石栎属(*Lithocarpus*)的树种为主；在偏湿润生境中，樟科以厚壳桂属(*Cryptocarya*)种类更为丰富。常绿阔叶林树木叶片多革质、表面有光泽，叶片排列方向垂直于阳光，故有“照叶林”之称。

(3)温带混交林和温带落叶阔叶林

温带混交林和温带落叶阔叶林主要分布在北半球中纬度地区，该区域属温带海洋性气候，夏热冬寒。温带混交林包括落叶阔叶混交林、针阔叶混交林和阔叶纯林等。温带阔叶林主要有两大林区：一是在欧洲(到北纬 60°)；另一是在远东，主要分布在中国和日本北部。在针叶林和阔叶林之间分布着一条很宽的针阔叶混交林带。针叶林树种占优势的混交林主要分布在俄罗斯针阔叶混交林的北部和北美西海岸，其次是在欧洲山区、墨西哥和喜马拉雅山。

森林植被的主要特征是群落外貌有明显的季相更替，乔木组成单纯，森林成层现象明显，森林内植物种类资源丰富。

(4)北方针叶林

北方针叶林又称为“寒温带明亮针叶林”或“泰加林”，分布于北纬 45°～70°之间的广阔区域，几乎占据了北半球高纬度地区。从欧亚大陆北部到北美洲北部均为北方针叶林带，面积约 12.77×10^{8} hm^{2}，占世界森林总面积的33%，仅次于热带雨林，居第二位。北方针叶林是世界重要的用材林基地。

森林植被的主要特征是寒温地带性植被，主要由耐寒的针叶乔木组成。主要的树种有云杉、冷杉、落叶松等，而且多为单优势种森林，群落结构简单。

(5)红树林

红树林为沿海常绿灌木和小乔木群落，主要有分布于亚洲、大洋洲和非洲东部的东方类群和分布于美洲、西印度群岛和西非海岸的西方类群两个分布中心。

森林植被主要由草本、藤本与红树科等植物组成。其根系发达，能在海水中生长。常生长于陆地与海洋交界带的滩涂浅滩，是陆地向海洋过渡的特殊生态系。

四、中国森林植被分布

中国森林分区隶属中国植被分区。植被分区是以各区域内的综合自然条件特点和该区内的地带性典型植被类型为依据。各区在地图上自成一片，原则上不能在不同地理位置上重复出现，垂直带应从属于水平带。《中国植被》(1983)将我国植被划分为8个植被区。

1. 寒温带针叶林区

主要分布于我国东北隅的大兴安岭北部山地丘陵区，一般海拔700~1100 m。气候属寒温带季风类型，冬季漫长，寒冷少雪，春秋季短。年平均气温0 ℃，极端最低气温-60 ℃，生长期90~110 d，年降水量400~500 mm。土壤为山地棕色针叶林土、草甸土、沼泽土。我国的寒温性针叶林与欧亚大陆北部的泰加林带有着密切关系，大兴安岭北部的寒温性针叶林便是后者向南延伸的部分。其主要森林特点是以兴安落叶松为主混生樟子松的针叶林，林下植被以杜鹃、越橘为主。

在我国温带、暖温带、亚热带和热带地区，在山地的高海拔带也分布有寒温性针叶林，由北向南分布带逐渐上升，称为山地寒温性针叶林带。按其生活型不同，可分为四个群系组，分别是落叶松林、云杉—冷杉林、寒温性松林和圆柏林。

2. 温带针阔混交林区

主要分布于东北和西南，共两个群系组。在东北地区，分布在东北平原以北、以东的广阔山地，南端以丹东到沈阳为界，北部延至黑龙江省的小兴安岭山地。年平均气温-6~-1 ℃,生长期125~150 d，年降水量600~800 mm。土壤类型有暗棕壤、草甸土、沼泽土。森林主要以红松为主要树种，包含的群系有鱼鳞云杉—红松林、蒙古栎—红松林、紫椴—红松林、枫桦—红松林、云杉—冷杉—红松林等；林下灌木以毛榛、刺五加、暴马丁香等为主。在西南地区，温带针阔叶混交林主要分布在我国西南山地亚高山和中山林区，是山地阔叶林带向山地针叶林带过渡的植被类型，主要树种是铁杉(*Tsuga* spp.)，由铁杉与其他针、阔叶树种混交组成的森林群落，包括有云南铁杉针阔叶混交林和铁杉针阔叶混交林两种群系类型。

3. 暖温带落叶阔叶林区

我国暖温带地区地理范围在北纬32°30′~42°30′、东经103°30′~124°10′之间，其北界大致以沈阳、丹东一线为界，南界止于淮河、秦岭分水岭，含渭河平原和黄淮海平原，气候属于暖温季风气候带，四季明显，年平均气温 8～14 ℃，生长期 150～210d，年降水量 500～1000 mm。该区域地貌类型有华北石质山地、丘陵、黄土高原和华北大平原。地带性土壤为褐土或淋溶褐土和棕壤或暗棕壤，黄土高原为黑垆土，平原湖泊和低洼地分布有盐土和沼泽土，沿河泛地零星分布有湖土和风砂土。森林主要是以栎类为主的落叶阔叶林，多数树种以休眠芽的形式度过寒冷干旱的冬季，秋季落叶后待春季转暖、降水增加时再纷纷展叶，开始旺盛的生长发育过程，主要树种有栎属(*Quercus*)、水青冈属(*Fagus*)、杨属(*Populus*)、桦属(*Betula*)、榆属(*Ulmus*)、桤属(*Alnus*)、朴属(*Celtis*)和槭属(*Acer*)等；林下灌木以落叶灌木为主，组成复杂。

4. 亚热带常绿阔叶林区

亚热带常绿阔叶林是我国亚热带地区最具代表性的森林类型。分布区域北起秦岭—淮河一线(大致相当于北纬 34°)，南抵北回归线附近，东到台湾及沿海诸岛，西至西藏高原东坡，南北跨纬度 11°～12°，东西跨经度 28°，分布区域约占国土总面积的 1/4。气候属东亚热带季风气候类型，最冷月平均气温 0～15 ℃，生长期 250～350 d，年降水量高于1000 mm。地类型复杂、多样，山地、丘陵、平原、盆地和高原兼具，气候存在明显差异。土壤类型种类繁多，以红壤和黄壤为主，北有黄棕壤。以壳斗科树种为主构成多样的植被类型。

5. 热带雨林、季雨林区

分布于我国最南端，北界回归线以南地区，大致东起东经 123°附近的台湾静浦以南，西至东经 85°的西藏南部亚东、聂拉木附近。气候属热带季风气候类型，年平均气温 20～22 ℃，全年无霜，年降水量超过 1500 mm。土壤类型以砖红壤或砖红壤性土为代表。森林植被组成复杂，地带性森林植被为热带半常绿季雨林，海滨分布着红树林。

6. 温带草原区

主要分布于松辽平原、内蒙古高原、黄土高原等地，面积辽阔。年降水量 200～400 mm。土壤类型以栗钙土和黄土为主。森林植被以灌木为主。

7. 温带荒漠区

主要位于西北几个沙漠盆地，阿拉善平原以及鄂尔多斯台地西端。年降水量低于 200 mm。土壤类型为沙漠和戈壁。森林因山系变化大，垂直变化明显。

8. 青藏高原高寒植被区

位于世界的屋脊青藏高原，该区虽地处亚热带纬度范围，但强烈隆起的高原削弱了水平纬度地带性变异，加上高原本身剧烈的加热作用与强烈的大陆性，使高原形成与同纬度亚热带高山植被有较大差异，相对独立的高寒草原植被体系。区域内变化大，森林类型复杂多样。水平地带性植被从东南向西北依次出现山地森林、高寒灌丛与草甸、高寒草原、荒漠与高寒荒漠的地带性递变。森林主要分布在东部和东南部向高原过渡的边缘地带，海拔 3000～4000 m 范围，其基带为亚热带湿性常绿阔叶林，但分布面积最大的是针阔混交林和寒温性针叶林。

第三节 森林的作用

一、森林在经济价值方面的作用

森林的经济效益可概括为直接经济效益与间接经济效益两大类。森林的直接效益是指人类对森林生态系统进行经营活动时所取得的，并已纳入现行货币计量体系，可在市场上交换而获利的一切收益，也称经济效益。森林的直接经济效益包括木材收益、能源收益、林副特产品收益3个方面，包括以森林资源为原料的一切产品收入，以营利为目的的利用森林非原料功能的收益，如森林公园、森林旅馆、疗养院、森林旅游业中相关的收益。

森林的间接经济效益主要来自于蔽荫和防风带来的能源节省，防火、贮水保土和净化环境所带来的损失减少，绿地所带来的财富增值，以及环境改善所带来的经济效益等。

二、森林在生态方面的作用

森林是陆地生态系统的主体和地球生命系统的支柱，同时也是陆地生态系统平衡的调节中枢。森林是自然界最丰富、最稳定和最完善的碳储库、基因库、资源库、蓄水库和能源库，具有调节气候、涵养水源、保持水土、防风固沙、改良土壤、减少污染等多种功能，对改善生态环境、维持生态平衡、保护人类生存发展的“基本环境”起着决定性的和不可替代的作用。在各种生态系统中，森林生态系统对人类的影响最直接、最重大，也最关键。离开森林的庇护，人类生存与发展就会失去依托。

1. 森林陆地生态系统的主体和地球生命系统的支柱

森林是CO_2的主要消耗者，它主要以CO_2为原料进行光合作用，固定和储藏碳，同时释放出O_2。研究表明，森林每生产10 t干物质，可吸收16 t CO_2，释放12 t O_2；森林每长1 m^3的蓄积量，大约可吸收固定350 kg CO_2。据测算，林木的碳含量可高达43%~58%。陆地生态系统碳储量为600×10^8~8300×10^8 t，其中90%的碳自然存储于森林之中，森林就是一座巨大的碳储库。

基因是生命系统最基本的遗传单元。森林保存着地球生命系统最丰富的遗传基因，是地球生命的支撑系统。目前普遍认为，世界上约有530万种物种，包括25万种植物，4.5万种脊椎动物和500万种非脊椎动物，其中大部分在森林中栖息繁衍。

地球上一切生命都离不开能量的利用。生物所利用的能源基本上来自太阳能，其途径是：绿色植物通过光合作用，将太阳能转化为化学能，动物依靠这些化学能转化为机械能和热能，来完成生命活动的整个过程。森林作为陆地生态系统的主体，承担着太阳能转换的主体任务，成为地球生命系统的能量库。

2. 涵养水源，净化水质

森林凭借它庞大的林冠、深厚的枯枝落叶层和发达的根系，能够起到良好的涵养水和净化水质的作用。一般意义上的一场暴雨，几乎可被森林完全吸收；而在没有森林的情况下，降水通过江河很快流走。森林改变了降水的分配方式，其林冠层、林下灌草层、枯枝落叶层、林地土壤层等通过拦截、吸收、蓄积降水，涵养了大量水源。根据我国现有森林生态定位监测结果，我国热带、亚热带、温带和寒温带4种气候带54种森林综合涵蓄降水能力的值在40.93～165.84 mm，中间值为103.40 mm，即森林涵蓄降水能力在100 mm左右，相当于1000 t/hm^2。华南、东南、西南等地区一般在100 mm以上，华北、西北、华中等地区在100 mm以下。

3. 保持水土、控制风蚀、防风固沙

森林具有复杂的垂直结构，浓密的林冠层和林下枯枝落层能够有效地截流降水，缓解雨水对地表的直接冲刷。同时，森林具有庞大的根系，能起到改善土壤结构和固土的作用。林地土壤渗透力更强，一般为250 mm/h，超过了一般的降水强度。据测定，地表1 cm厚的枝落叶层，就可以把地表径流减少到裸地的1/4以下，泥沙减少到裸地的7%以下。此外，森林枯枝落叶层的分解和土壤微生物的活动等，能有效补充土壤养分，改良土壤质地。森林地上和地下部分可防止土壤侵蚀，主要表现以下几个方面：林冠可以拦截相当数量的降水量，减弱暴雨强度和延长其降落时间，可以保护土壤免受破坏性雨滴的机械破坏作用(溅蚀)；可以提高土壤的入渗力，抑制地表径流(坡面面蚀)的形成，可以调节融雪水，使吹雪危害的程度降到最低；可以减弱土壤的冻结深度，延缓融雪，增加地下水储量；根系和树干可以对土壤起到机械固持作用；林分的生物小循环对土壤的理化性质、抗风蚀和水蚀能力起到改良作用。

森林的固沙作用主要体现在组成森林的乔木和灌木，还有林下草本植物，可通过枯枝落叶和根系固着土壤颗粒，被固定的砂土经过生物改良，成为具有一定肥力的土壤，改善沙地土壤状况，减少风蚀，阻止流沙扩散。同时，也通过冠层的作用减少流沙迁移。大片固沙林实验表明，在林分有叶期，由于对气流的阻挡和摩擦作用，绿洲上空常呈现不稳定层结、风速降低30%左右。在强风季节，绿洲边缘降低风速28%，绿洲中心地带降低风速37%。一条疏透结构的防护林带，迎风面防风范围可达林带高度的3～5倍，背风面可达林带高度的25倍。研究表明，大范围绿化工程可以改变原始风沙流结构，迫使沙尘在垂直高度(0～60 cm)上分布趋于均匀，林网内的沙尘减少80%，绿化区的降尘量比未绿化的荒漠区降低40%，大气浑浊度下降35%。

4. 调节气候、减灾防灾

自工业革命以来，人类开始大量使用化石燃料，如石油、煤炭、天然气等，使得大气中CO_2的浓度不断升高。当前，由于CO_2浓度升高而引起的“温室效应”已成为世界各国最关注的环境问题。大气中CO_2等温室气体浓度不断增加产生的温室效应引起了全球气候变化，在过去的100年里全球平均气温升高了0.6 ℃±0.2 ℃。最新的全球气候变化模型预测，全球变暖趋势将进一步加剧，在未来100年里全球平均地表气温将上升1.4～5.8 ℃。全球气候的变化，将给世界经济和生态环境带来灾难性后果，同时将对农业、林业和水资源利用产生很大的影响。温室效应的产生与全球碳循环的关系非常密切。森林能够有效地缓解由于大气中CO_2、甲烷等温室气体浓度升高而引起的温室效应。森林既能固定CO_2，但森林破坏后又能向大气中释放CO_2。有人估计，CO_2浓度增加的量中有30%～50%是由于森林面积的减少引起的。单位面积森林平均每年可吸收CO_2 20～40 t/hm^2。营造森林是目前世界上成本最低的控制 CO_2、维持碳氧平衡的措施。因此，保护森林资源，使经济建设与资源、环境协调发展，是关系到人类生存和发展的重大问题。

5. 保护生物多样性

森林因其复杂的结构，成为自然界物种生存和栖息的庇护所，同时，也调节着自然界的生态平衡，有效地保护生物多样性。森林是一个庞大的生物世界，森林中除了各种乔木、灌木、草本植物外，还有苔藓、地衣、蕨类、鸟类、兽类、昆虫和微生物等。目前地球上所存在的生物中，有一半以上在森林中栖息繁衍。所以，保护物种的最有效办法就是保护和发展森林。中国生物多样性具有物种高度丰富、生物特有性高、生物区系起源古老、经济物种的种质资源异常丰富、生态系统复杂多样、空间格局多种多样等特点。中国生态系统丰富多彩，具有地球陆生生态系统各种类型(森林、灌丛、草原和稀树草原、草甸、荒漠、高山、冻原等)。

中国有乔灌木树种 8000 余种，其中乔木 2000 多种，灌木 6000 多种，中国的树种大多数地理成分为热带、亚热带性质，同时也几乎包括了世界温带分布的所有木本属，如槭、桦、胡桃、栎、云杉、冷杉等。还保存了许多中国特有的孑遗种，如石炭纪、二叠纪之前的银杏，中生代至第三纪的罗汉松、陆均松、三尖杉、红豆杉等。

6. 净化大气、防治污染

森林还具有净化空气，治理工业污染，减少噪声，促进人体健康，满足人类精神享受的作用。据研究，1 hm^2森林每年能吸收 $SO_2$7010 kg，可明显减轻工业酸雨的危害；城市行道林带的滞尘率更是高达 70%~90%；噪声经过 30 m 宽的林带，可降低 6~8 dB(A)。清洁优美宁静的环境，不仅有益于人们的身心健康，而且可以明显提高人们的学习和工作效率。

三、森林在发挥社会效益方面的作用

森林的社会效益是指在森林生态系统及其影响所及范围内，被人们认识且为社会服务的那部分效益。一是指是否对绝大多数人有益；二是指是否已经为社会服务、为社会所利用。包括对人类身心健康的促进、对人类社会结构改进和对人类社会精神文明状态的改善。它是森林效益的最终归属，是林业经营的最后目标。

森林是陆地生态系统中的主体，森林释放的氧气比其他植物高 9~14 倍，在全球大气平衡中起主导作用，对全人类有益，因此从宏观的角度看，森林释放氧气的社会效益是好的；从微观的角度看，如将疗养院设在森林中，或在城市中建森林公园等，除了表现为经济形态的那部分效益以外，都属于森林社会效益的范畴。森林的社会公益作用是为人类的身心健康和精神文化生活提供服务并为人们所认识和利用的功能。主要体现在教育文化、健康保健、社会发展保障等方面。

1. 森林的教育文化功能

森林是一座丰富的知识宝库。森林所包含的许多生物种类，它们各具特点的形态特征、生态习性、观赏价值以及养护管理等方面的知识，都永远值得人们研究和探索，因此森林是人们增长知识，进行研究、学习和开展科普教育的最直接的场所。在文学艺术方面，森林除了为文学家、艺术家提供安静、舒适、优美的创作环境外，还为他们的创作灵感提供了很好的素材和对象。

2. 森林能产生有益于健康的物质，具有医疗保健作用

森林旅游和游憩是人们重要的休闲娱乐、保持身心健康的重要活动，森林康养业已经成为旅游业的热点。森林产生的芬多精即精气、香气，有天然杀菌作用，可净化人体、预防各种疾病。森林中丰富的阴离子，可使人增强健康活力。在森林中漫步能恢复身体韵律，有利于形成优美、健康的身体。森林中优美的自然景色，可使人心旷神怡，精神清爽，因此，森林已经成为当今人们最重要休憩场所和旅游目的地。

3. 森林是国土安全和社会可持续发展的重要保障

森林对人类的影响最直接、最重大，也最关键的。离开森林的庇护，人类生存与发展就会失去依托。森林对保护人类生存发展的基本环境和提高生活质量起着决定性的和不可替代的作用，直接影响着社会发展的形态，对国土安全、社会进步和可持续发展具有重要的保障作用。

（陈　仲）

复习思考题

1. 林学术语解释

森林　林分　森林资源

2. 基本知识解答

(1)森林有哪些基本特性？

(2)森林有哪些类型？各有什么特点？

(3)森林的地理分布规律和特点是什么？

(4)森林的作用有哪些？请具体描述。

推荐阅读书目

1. 林学概论．万福绪．中国林业出版社，2003.

2. 林学概论．姚延梼，杨秀清，杜鹃，等．中国农业科学技术出版社，2008.

3. 树木学(北方本)(第2版)．张志翔．中国林业出版社，2010.

第二章　森林植物

【内容提要】本章主要介绍植物的细胞和组织、高等植物的器官形态及其功能；植物光合和呼吸作用、水分和养分代谢、生长和发育的生理过程、影响因子及生产力形成的基本原理；植物分类、命名、检索及描述的基本知识；植物类群及其特征；我国常用造林绿化树种的关键识别特征。

第一节　植物的结构、形态与功能

一、植物的细胞与组织

（一）植物细胞

1. 植物细胞的概念

1665 年英国人罗伯特・胡克（Robert Hooke）用自制的复式显微镜观察了软木的结构（木栓），发现软木是由蜂巢式的小室构成，定名为细胞。胡克看到的细胞实际上是一个没有任何内容物的细胞空壳。之后人们的研究证实，除病毒外，所有的植物和动物都是由细胞组成的，细胞是一切动植物体的基本结构单位。

植物体都是由细胞组成的，植物的生命活动也是通过细胞的生命活动体现出来的。单细胞的低等植物的各种生命活动，如新陈代谢、生长发育，甚至繁殖都由一个细胞完成；多细胞的植物个体，则由许多形态各异、大小不同的细胞组成，不同的细胞在植物体中具有各自的功能和作用，共同完成植物生长发育的复杂生命活动。构成多细胞植物体不同类型的细胞，既相互联系、相互配合，又能相互独立，各自体现自身特点。

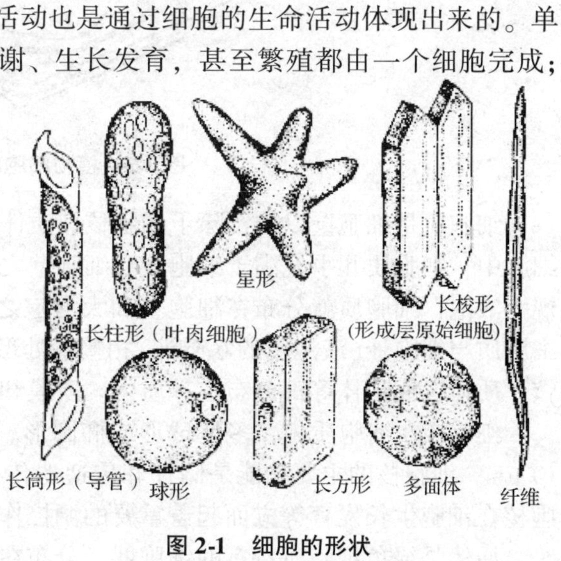

图 2-1　细胞的形状

植物细胞的形状多种多样（图 2-1）。一般有类圆形、椭圆形或球形（如单细胞植物、薄壁细胞）；多面体形（如表皮细胞）；纺锤形（如纤维细胞）；长管状（如导管分子、筛管分子）。

细胞一般都很微小，用显微镜才能看到，它们的直径一般 20～50 μm。也有少数巨大的细胞，我们用肉眼都能看到，如棉花种子上的表皮毛最长可达 75 mm；苎麻纤维细胞最长可达 550 mm。

2. 植物细胞的基本结构

细胞的形状和大小虽然互不相同，但它们的基本构造是一样的，都是由原生质体、液泡和细胞壁三部分组成。

(1)原生质体

原生质体是细胞壁内物质的总称，是细胞最主要的结构。构成原生质体的物质叫原生质，原生质中最主要的成分是蛋白质和核酸，还有脂类、无机盐和较多的水分，它是一种无色半透明、半流动性的胶体物质。原生质进一步分化形成各种细微结构，在光学显微镜下可以看到细胞质、细胞核、质体和线粒体等(图 2-2)。

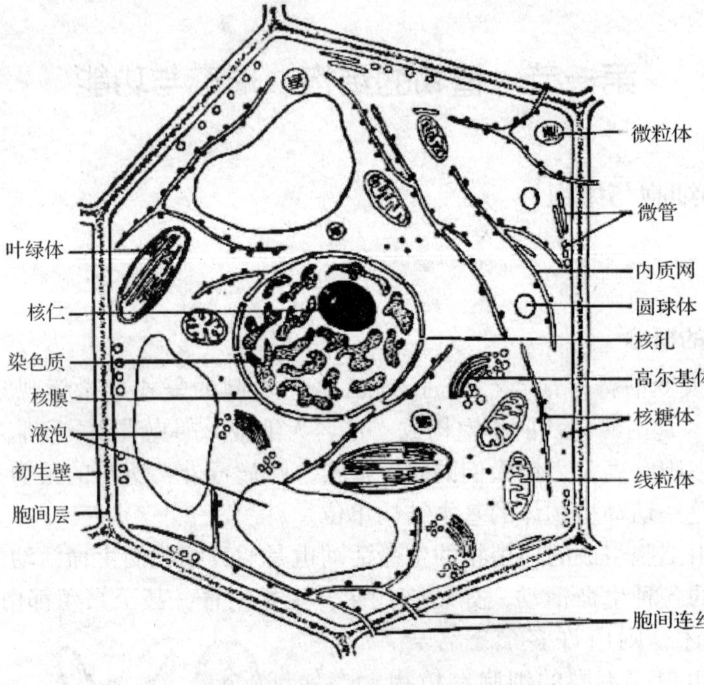

图 2-2 植物细胞的超微结构图解

细胞质是细胞壁以内，除了细胞核、质体、线粒体及液泡以外的原生质部分。在幼小细胞中，细胞质几乎充满于细胞核和细胞壁之间的空间。在成熟的细胞中，因细胞中央出现大液泡，细胞质就分布在细胞壁和大液泡之间。细胞质紧贴着细胞壁形成的膜为质膜，细胞质与细胞液(液泡内的水溶液)相接触处形成的膜为液泡膜，两种膜之间为基质。细胞核、质体、线粒体等都分布在基质内。质膜和液泡膜可以控制细胞内、外物质的交换。

细胞核在细胞质内，多呈球形或椭圆形。通常每个细胞中只有一个细胞核，直径 5～10 μm。细胞核的主要功能是储存和传递遗传信息，在细胞遗传中起重要作用。此外，细胞核在细胞生长发育等方面起着重要的调控作用。

质体是绿色细胞所特有的细胞器，分布在细胞质基质中，是一类合成和积累同化产物的细胞器。根据色素和功能，质体分为叶绿体、有色体和白色体 3 类。

叶绿体广泛存在于植物绿色细胞中，通常为橄榄形或椭球形，每个绿色细胞含有数十个到数百个(图 2-3)。高等植物叶绿体中主要含有 4 种色素(表 2-1)，是光合作用进行光能吸收和转化的场所。

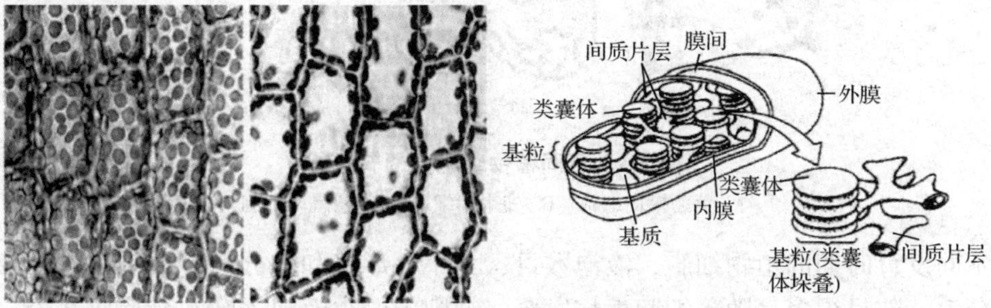

图 2-3　植物叶面皮中叶绿体(左)及其超微结构(右)

表 2-1　高等植物的叶绿体内色素种类

色素类	色素种	分子式	色素种颜色	色素类颜色
叶绿素	叶绿素 a	$C_{55}H_{72}O_5N_4Mg$	蓝绿色	绿色
	叶绿素 b	$C_{55}H_{70}O_6N_4Mg$	黄绿色	
类胡萝卜素	胡萝卜素	$C_{40}H_{56}$	橙黄色	黄色
	叶黄素	$C_{40}H_{56}O_2$	金黄色	

白色体常存在于幼嫩的细胞和根、茎、种子等无色的细胞中，通常为球形并集聚在细胞核的附近(图 2-4)。按照功能可划分为 3 种类型：造粉体，积累淀粉，发育形成淀粉粒；造蛋白体，含有结晶状蛋白质；造油体，参与油脂的形成。

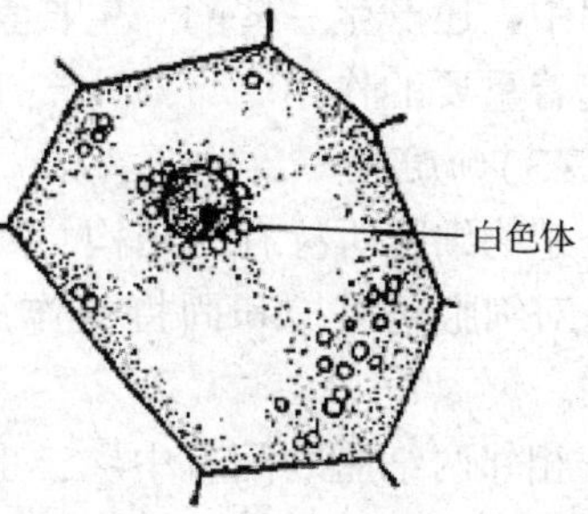

图 2-4　乌桕嫩茎髓细胞中的白色体

有色体含有胡萝卜素和叶黄素，常呈红色或橙黄色。它呈不规则颗粒状，通常存在于花瓣和果实中(图 2-5)，但有时营养器官中也有。成熟的番茄、辣椒的果实呈现红色就是由于其中含有有色体的缘故。

质体在一定条件下可以互相转变。白色体见光后可变成叶绿体，如马铃薯块茎见光后变绿。而叶绿体在某些条件下可变成有色体，如番茄和辣椒果实成熟时由绿色变成红色。

线粒体普遍存在于植物细胞中，为棒状或圆球形小颗粒。线粒体是生活细胞进行呼吸作用的主要场所，是细胞能量代谢中心。

在电镜下观察植物细胞，可以看到在细胞质内还分布着许多更为细微的细胞器，如内质网、核蛋白体、高尔基体、溶酶体、微管等。这些细胞器，在细胞内也各有其特殊而重要的生理功能。

(2)液泡及其内含物

液泡及其内含物都是原生质体生命活动的产物。液泡是植物细胞所特有的结构。不同

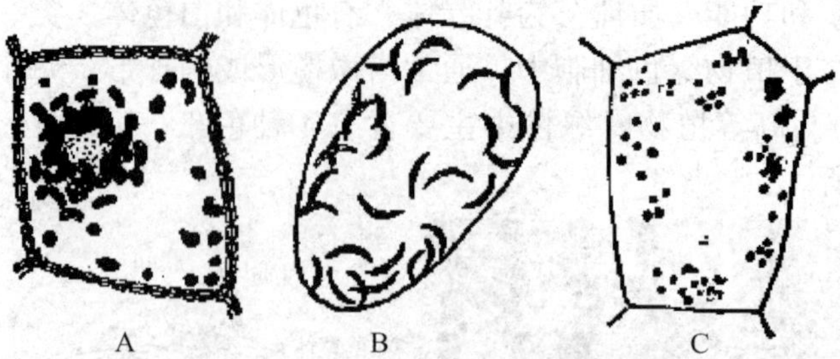

图 2-5　不同植物细胞中的有色体

A. 荚蒾果皮细胞　B. 柿果肉细胞　C. 橘果肉细胞

类型和不同发育时期的植物细胞，液泡数目、大小、形态和成分都有差别。幼期细胞，液泡小而分散，数目很多。随着细胞生长发育，细胞中的小液泡逐渐并合形成几个，甚至一个中央大液泡。这时的细胞质和细胞核被挤压，并紧紧贴着细胞壁。液泡里的水溶液称细胞液，其成分以水为主，此外，还有糖、有机酸、单宁、植物碱、花青素和无机盐类等。植物的果实、叶或茎具有甜、酸、涩、苦等味道，都是由于细胞液所含物质成分的缘故。液泡在植物的生命活动中起着重要的作用，可以调节渗透压，维持细胞内环境的稳定；维持膨压，以保持细胞形态；它还是各种养料及代谢产物的贮藏场所。

生活细胞在进行各种生命活动时，会产生代谢产物。这些物质除了用于建造植物体自身和作为能源外，还有一部分有机物在细胞内贮存起来，有的在液泡中，有的分散于细胞质中，这些有机物统称为后含物，主要有淀粉、脂肪和蛋白质。此外，原生质在生命活动过程中，还产生一些酶、生长素、维生素等，这些物质虽含量极少，但在新陈代谢过程中却起着重要的作用。

(3) 细胞壁

植物细胞所特有的结构，具有一定的硬度和弹性，包在原生质的外面，决定细胞的形态，对细胞起保护和固持的作用，也与植物的吸收、运输、蒸腾、分泌等生理活动密切相关。

相邻两细胞之间有中层，也称胞间层，是细胞分裂时最初形成的一层，它主要的成分是果胶质。果胶质是一种无定形的胶状物，能将相邻的细胞黏连在一起，同时又能缓冲细胞之间的挤压。

细胞壁是由原生质所分泌的物质形成的。随着细胞的生长，由原生质体分泌纤维素和少量果胶质，增加在胞间层的两侧形成初生壁。随着植物细胞的分化成熟，原生质体继续分泌纤维素沉积在初生壁内叫做次生壁(图 2-6)。次生壁一般较厚而硬，它使细胞有很大的机械强度。

由于细胞在植物体上的生理功能不同，原生质体常分泌出不同性质的化学物质填充在细胞壁中，从而引起细胞壁发生各种变化，主要有木化、栓化、角化、矿化等。

细胞间有许多纤细的原生质丝穿过细胞壁和胞间层而相互联系着，这种原生质丝称为胞间连丝(图 2-7)。胞间连丝穿过纹孔和细胞壁上微小的孔隙，使细胞间的各种生理活动密切地联系起来，使整个植物体成为一个有机整体。

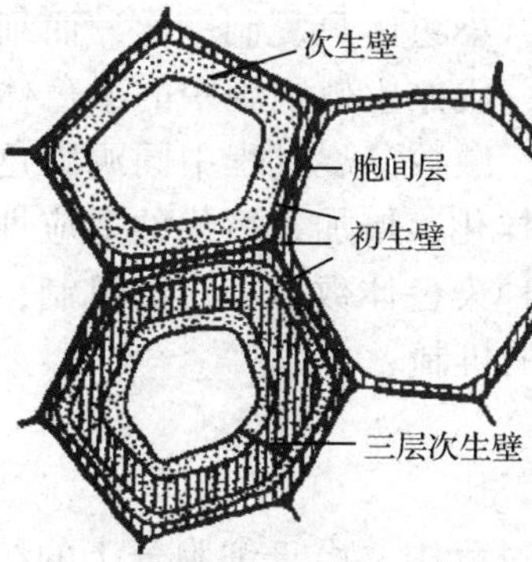

图 2-6 细胞壁的结构

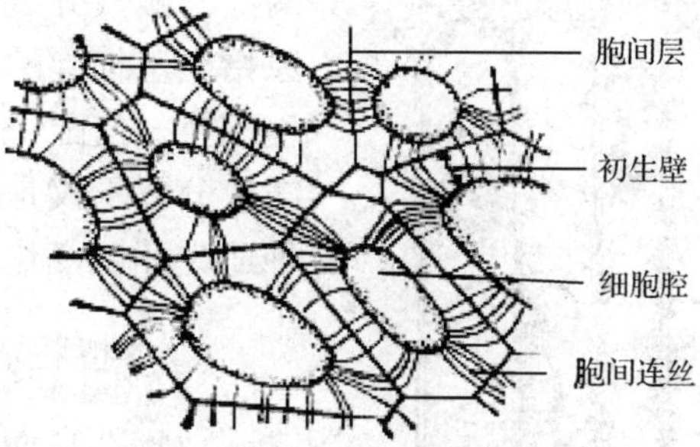

图 2-7 柿胚乳细胞的胞间连丝

3. 植物细胞的繁殖方式

植物的生长主要是植物细胞的繁殖、增大和分化的结果。细胞的繁殖是以分裂的方式进行的，分裂方式分为有丝分裂、减数分裂、无丝分裂三种。

有丝分裂是真核细胞分裂方式中最普遍、最常见的方式，主要发生在植物根尖、茎尖及生长快的幼嫩部位的细胞中。一个细胞经过有丝分裂，在遗传物质复制一次的基础上，产生染色体数目和母细胞相同的两个子细胞。一般把它分为分裂间期、前期、中期、后期和末期(图 2-8)。

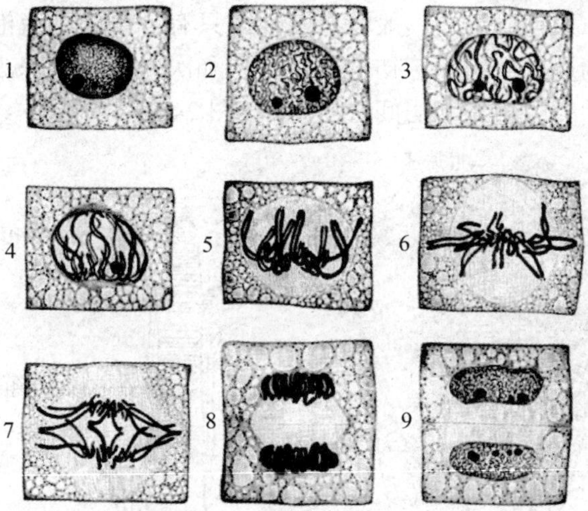

图 2-8 植物细胞的有丝分裂(引自 Strasburger)
1～4. 前期 5、6. 中期 7、8. 后期 9. 末期

无丝分裂是最简单的分裂方式。在分裂过程中，没有染色体的出现。细胞在分裂时，细胞核首先伸长，中间凹陷并断裂成为两个核。然后，在两个核之间产生新的细胞壁，把细胞质也隔开为两半，成为两个子细胞(图 2-9)。无丝分裂是常见的一种分裂方式，如不定根的产生和愈伤组织的形成等，都有这种分裂方式。

减数分裂是进行有性生殖的植物在产生成熟生殖细胞时进行的染色体数目减半的细胞

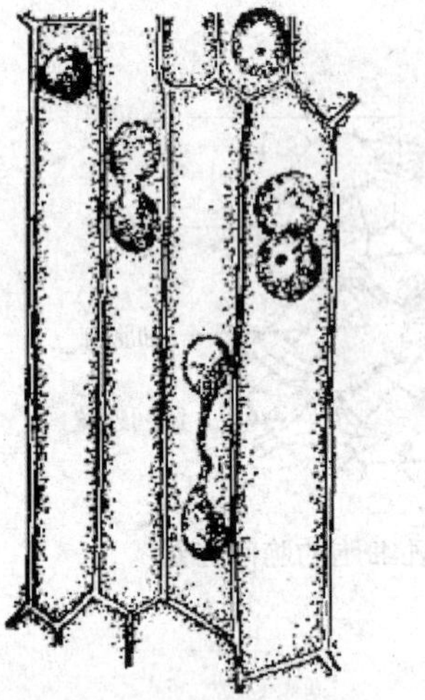

图 2-9 鸭趾草细胞的无丝分裂

分裂。在减数分裂过程中，染色体只复制一次，而细胞分裂两次。减数分裂的结果是，成熟生殖细胞中的染色体数目比原始生殖细胞的减少一半。减数分裂过程中同源染色体间发生交换，使配子的遗传多样化，增加了后代的适应性，因此减数分裂不仅是保证植物种染色体数目稳定的机制，也是物种适应环境变化不断进化的机制。

（二）植物的组织

植物在长期进化发展过程中，由于细胞分工的结果，在高等植物体内形成不同结构和形态的细胞群。这些来源和功能相同，形态构造相似，而且彼此联系的细胞群称为组织。根据其担负的主要功能和结构特点可分为分生组织、薄壁组织、保护组织、输导组织、机械组织和分泌组织。后五种组织都是由分生组织形成的细胞发育分化而来，所以又统称为成熟组织。

1. 分生组织

由具有分裂机能的细胞组成的，位于植物体生长的部位。根和茎的伸长生长和加粗生长，都与分生组织有直接关系。组成分生组织的细胞小，排列紧密，壁薄，细胞核相对较大而位于细胞的中央，原生质浓，一般没有液泡或只有分散的小液泡。根据分生组织的来源和性质不同，可分为原分生组织、初生分生组织和次生分生组织；依发生的部位则可分为顶端分生组织、侧生分生组织和居间分生组织(图 2-10)。

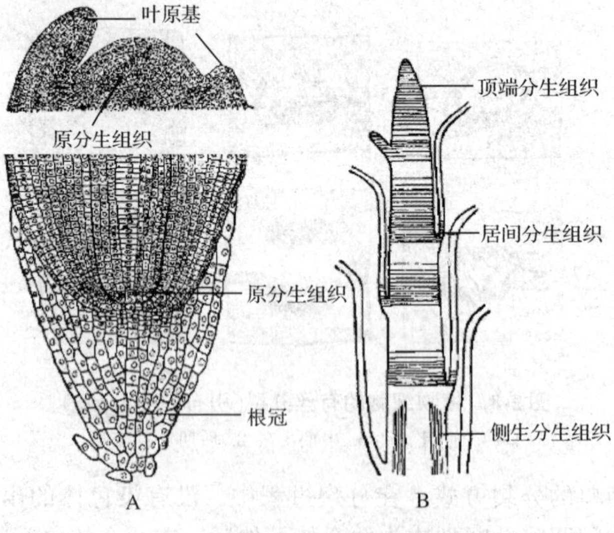

图 2-10 分生组织

A. 根尖分生组织 B. 茎尖分生组织

2. 薄壁组织

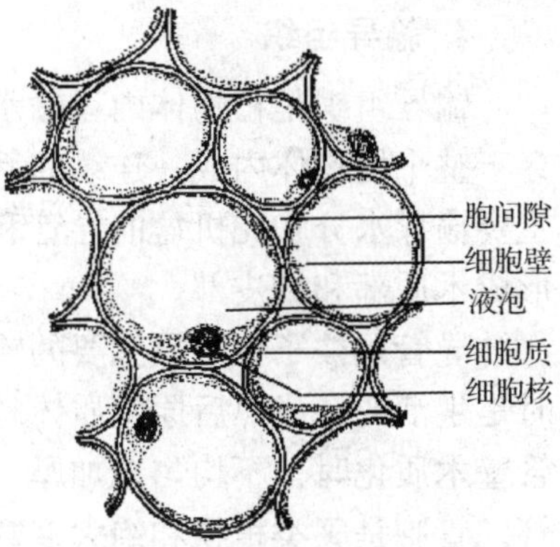

图 2-11　薄壁组织

广泛分布于植物体的各个器官内，是构成植物体最基本的一种组织，因此，也叫基本组织。其特点是细胞壁薄，细胞之间常有间隙(图 2-11)。细胞分化程度较低，可塑性很强，容易发生脱分化，恢复分生能力，对扦插、嫁接和组织培养具有实际意义。

根据薄壁组织的功能不同，又可分为同化组织、贮藏组织、贮水组织和通气组织。

3. 保护组织

位于植物体表面，控制蒸腾，防止体内水分过度散失，避免虫、菌侵害和机械损伤等。根据来源和形态特征的不同，可分为表皮和周皮两种类型。

表皮是一层连续的组织，包被在植物幼茎、叶和花等器官的表面，一般由一层排列紧密的细胞组成。表皮细胞一般不含叶绿体，细胞外壁通常较厚且角质化，形成角质层。叶表皮上尤其是下表皮有许多小孔，是植物与外界气体交换的通道，这就是气孔，由两个肾形的保卫细胞组成(图 2-12)。

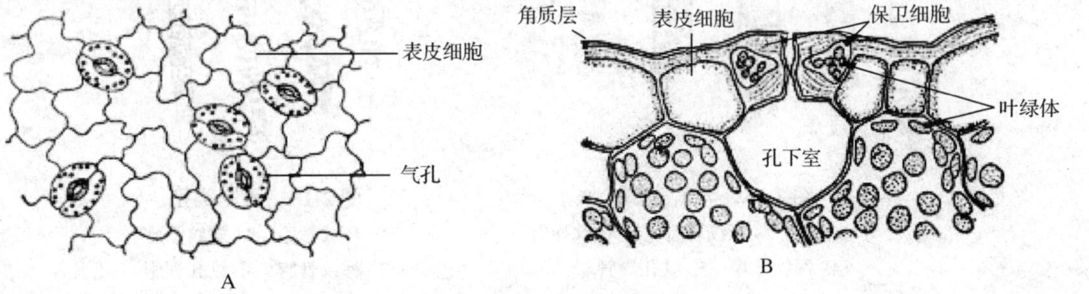

图 2-12　双子叶植物表皮及气孔

A. 表面观　B. 切面观

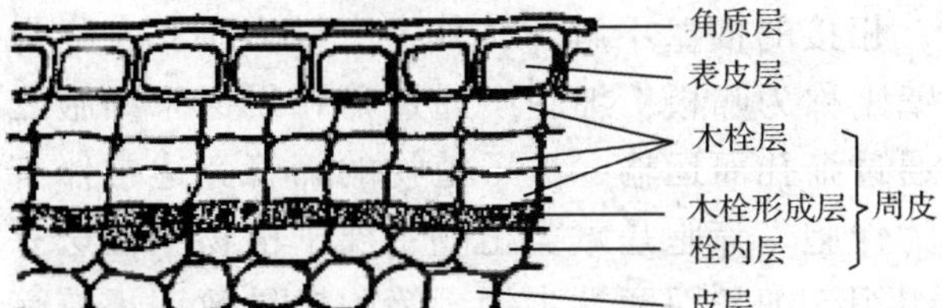

图 2-13　茎的一部分横切(示周皮)

周皮是在表皮遭受破坏后代替表皮起保护作用的组织，是由木栓形成层活动产生的。它包括三部分：木栓层、木栓形成层和栓内层(图 2-13)。在已经形成周皮的茎上，经常可以看到一些突起的斑点，即皮孔。它是周皮形成后植物体与外界进行气体交换的通道。当树木不断增粗时，原来的周皮会逐渐失去保护作用，形成新的周皮，并将原来的周皮推到外方。在老的树干上，无数次周皮的积累以及形成层以外的韧皮部一起称为树皮。它是树干外围的保护结构。

4. 输导组织

输导组织是植物体内运输水分和各种养料的组织。输导组织的细胞一般呈长管形，贯穿于整个植物体内成一连续的系统。根据运输物质的不同，输导组织又分两大类：一类是主要输导水分和无机盐的导管和管胞；另一类是主要输导有机物的筛管和筛胞。它们分别形成木质部和韧皮部。

导管是被子植物最主要的输水管道，由许多长柱形的细胞纵行连接而成。这些细胞幼时是生活的，成熟后原生质体解体消失，相接的横壁形成穿孔，成为一个连通的管道。导管壁木质化时，不均匀地加厚，因而形成环纹、螺纹、梯纹、网纹和纹孔等各种类型的导管。管胞是蕨类植物和绝大多数裸子植物唯一的输水组织，同时也兼有支持作用。它是一种狭长而两端尖细的管状细胞，壁厚且木质化，亦具有各种花纹，其上并有具缘纹孔，但不形成穿孔(图 2-14、图 2-15)。

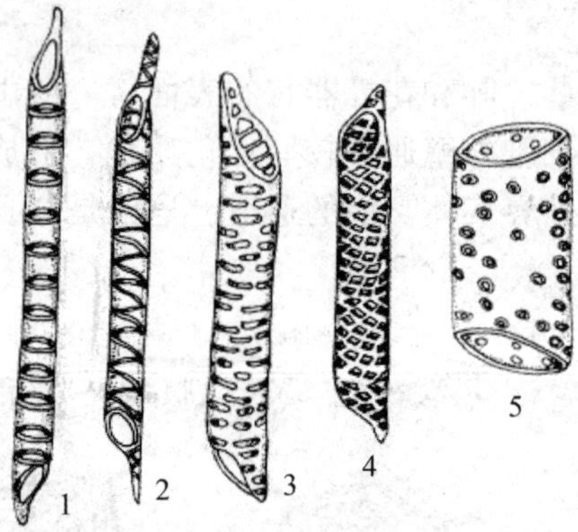

图 2-14　导管类型

1. 环纹导管　2. 螺纹导管　3. 梯纹导管
4. 网纹导管　5. 纹孔导管

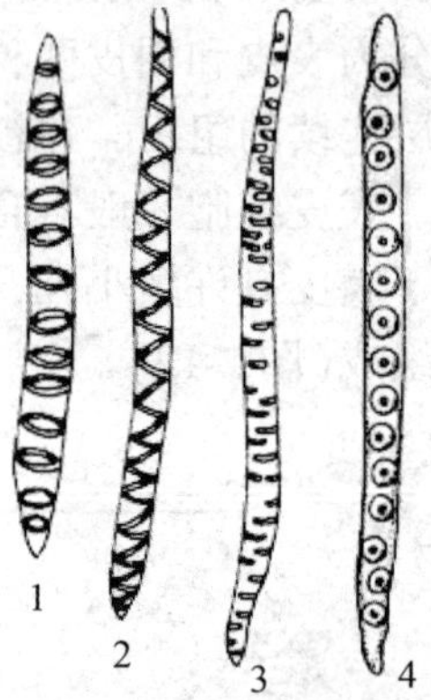

图 2-15　管胞类型

1. 环纹管胞　2. 螺纹管胞
3. 梯纹管胞　4. 纹孔管胞

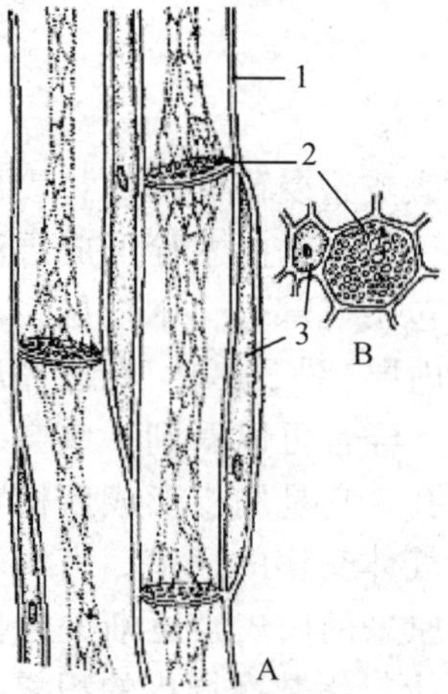

图 2-16　筛管和伴胞

A. 纵切面　B. 横切面
1. 筛管　2. 筛板　3. 伴胞

筛管是被子植物中输送有机养分的输导组织(图 2-16)，也是由许多长柱形细胞上下连接而成，但它是生活细胞，有丰富的原生质，相接的横壁不解体，其上有许多小孔，称为筛孔，整个横壁则称为筛板，细胞质通过筛孔贯穿于细胞之间，养分也是通过筛孔而运输。被子植物的筛管旁边常伴有薄壁细胞，称为伴胞。筛胞是蕨类植物、裸子植物中输送有机养分的输导组织，细长而两端尖锐。筛胞输导效率远较筛管低，是比较原始的输导组织。

5. 机械组织

机械组织有支持和巩固植物体的作用。根据细胞形状、加厚程度和加厚方式的不同，可分为厚角组织和厚壁组织两类。

厚角组织是生活的细胞，常含叶绿体，其特点是细胞壁在角隅处加厚，故称为厚角组织(图 2-17)。一般分布于幼茎和叶柄内。如芹菜的叶柄棱线，就是厚角组织密集的部位。

厚壁组织的细胞壁强烈加厚，细胞腔小，成熟细胞一般没有原生质体，为死细胞。

6. 分泌组织

植物体的表面或体内常有一些分散的、具有分泌蜜汁、黏液、挥发油、树脂、乳汁等物质的细胞群，称为分泌组织。根据分泌组织分布在植物的体表或植物的体内，可分为外部分泌组织(如腺毛和蜜腺等)和内部分泌组织，如树脂道(松柏类)和乳汁管(橡胶)等(图 2-18)。

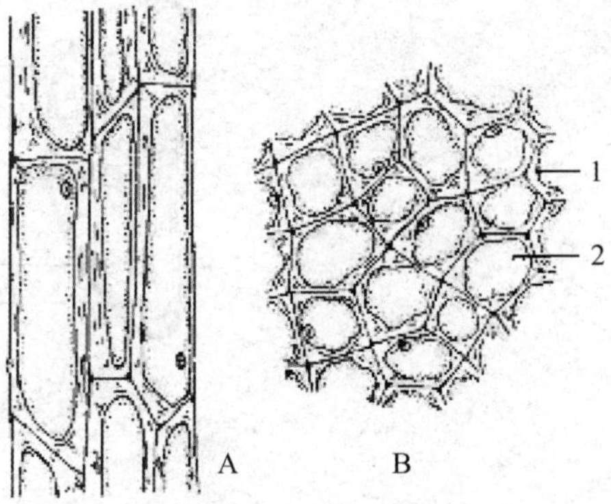

图 2-17　厚角组织

A. 纵切面　B. 横切面

1. 不均匀增厚的细胞壁　2. 细胞质

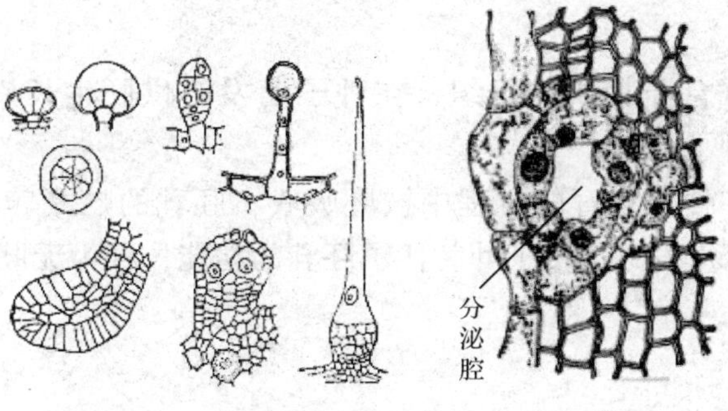

图 2-18　各种分泌组织

A. 各种腺毛　B. 松树的树脂道

二、高等植物的器官形态与功能

高等植物是由无数细胞所组成的完整有机体，细胞之间不仅有密切的联系，而且有一定的分化，在分化过程中，形成了各种组织。由多种不同的组织构成具有一定形态结构和生理功能的器官。

(一)种子和幼苗

1. 种子

种子是指由胚珠发育而成的繁殖器官，它和植物繁衍后代有密切联系。一般种子都由胚、胚乳和种皮三部分组成(图 2-19)。但也有一些植物的种子由种皮和胚两部分构成，种子内没有胚乳。

(1)种皮

种皮是种子最外面的保护层。成熟的种子在种皮上有种脐，它是种子从种柄脱落时留下的痕迹。种皮上还有种孔，是种子萌发时胚根穿出的孔道。

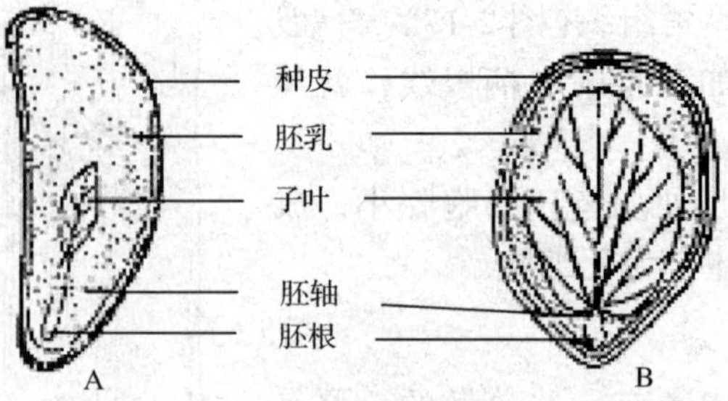

图 2-19　种子纵剖面

A. 黑枣　B. 油桐

(2)胚

胚是种子最重要的部分，它由胚芽、胚根、胚轴和子叶四部分组成。植物的胚有两片子叶的称为双子叶植物，如刺槐。胚具有一个子叶的叫做单子叶植物，如竹类等。裸子植物种子的子叶数通常在两个以上，也称为多子叶植物。

(3)胚乳

胚乳是种子内贮藏营养物质的组织，在种子萌发时供胚生长用，如油桐、橡胶树、松、柏等都是有胚乳种子。

有些植物的胚乳在种子发育的过程中被胚吸收，胚乳的贮藏养料则转移到胚的子叶中，因此，它的子叶肥厚发达，由子叶替代了胚乳的功能，称为无胚乳种子，如栎树、核桃、刺槐等。

2. 幼苗

植物种子在获得适当的水分、适宜的气温和充足的氧气以后，胚便由休眠状态进入活动状态，开始生长，这个过程叫做萌发。种子萌发时通常是胚根先突破种皮向下生长，形成根；然后胚芽突出种皮向上生长，伸出土面形成茎和叶。至此，一株能独立生活的幼植物体完全形成，即为幼苗(图 2-20)。

各种不同的植物有不同形态的幼苗。常见的幼苗主要有两种类型：子叶出土的幼苗和

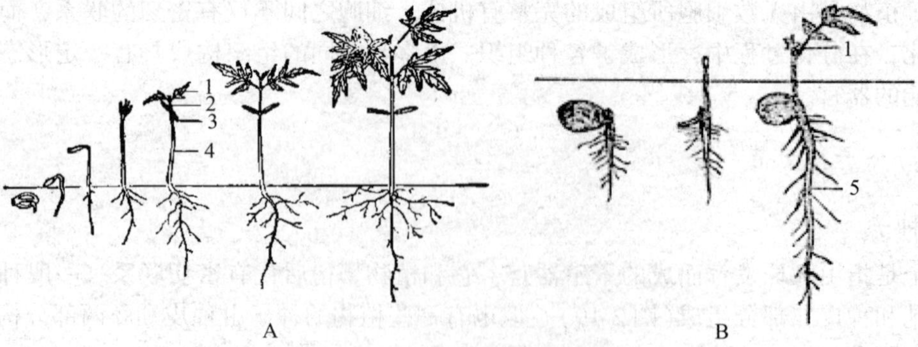

图 2-20　种子萌发及幼苗生长

A. 楝树种子萌发(示子叶出土幼苗)　B. 核桃种子萌发(示子叶留土幼苗)

1. 真叶　2. 上胚轴　3. 子叶　4. 胚轴　5. 主根

子叶留土的幼苗。种子萌发时，下胚轴伸长，将子叶和胚芽推出土面，称为子叶出土，大多数裸子植物和双子叶植物的幼苗都是这种类型的，如油松、楝树(图 2-20A)和刺槐等。另一些种子萌发时，下胚轴并不伸长，子叶留在土中，胚芽伸出土面，称为子叶留土，如核桃(图 2-20B)等。

子叶出土与子叶留土，是植物体对不同外界环境条件的一种适应性。了解幼苗的类型，对林业生产有指导意义。一般情况下，子叶出土的种子播种宜浅，否则子叶出土困难；子叶留土的种子，播种可以稍深。

(二)根的功能与形态

1. 根的功能

根是植物体的地下营养器官，它的主要机能是从土壤中吸收水分和无机盐，并使植物固定在土壤中，有些植物的根还具有贮藏养料和繁殖的作用。

2. 根的结构和形态

植物的根分为根尖、初生结构和次生结构三部分。根尖是根尖端最幼嫩、生命活动最旺盛的部分，也是根的生长、延长及吸收水分的主要部分。根尖分为根冠、分生区、伸长区和成熟区(根毛区)四部分(图 2-21A)。根生长最快的部位是伸长区。伸长区的细胞来自分生区。由根尖顶端分生组织经过细胞分裂、生长和分化形成了根的成熟结构，这种生长过程为初生生长。在初生生长过程中形成的各种成熟组织构成的根结构，即为根的初生结构。若从根尖成熟区作一横切面可观察到根的全部初生结构，从外至内分为表皮、皮层和中柱(微管柱)三部分(图 2-21B)。木本双子叶植物及裸子植物的根，在初生结构形成后，还要进行由形成层细胞分裂发生的次生生长，由维管形成层向侧方产生次生维管组织使根增粗，木栓形成层形成新的保护组织，即周皮。由次生维管组织和周皮组成根的次生结构

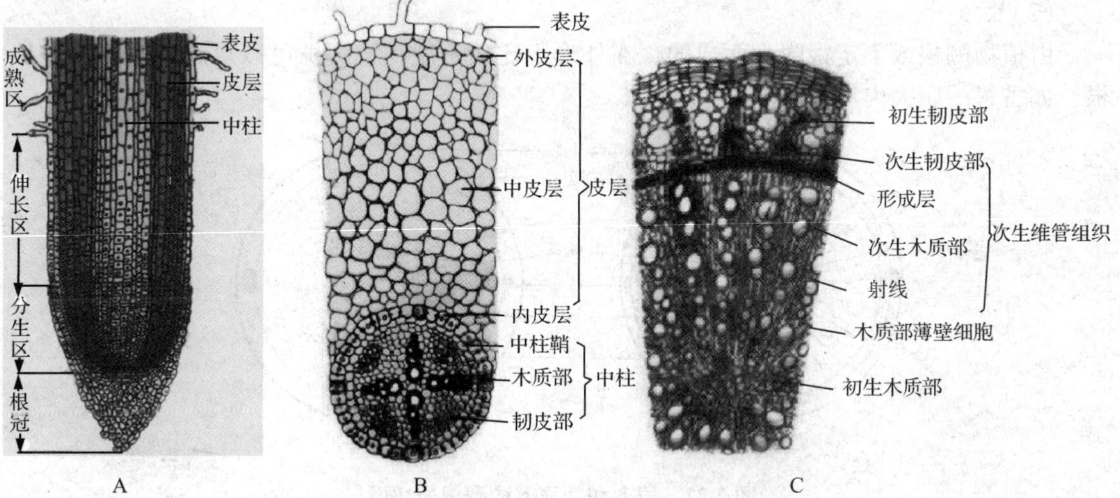

图 2-21　根的结构

A. 根尖的结构　B. 棉花根的初生结构　C. 棉花根的次生结构

(图 2-21C)。

种子萌发时，胚根首先突破种皮，向下生长，形成主根。后来当植物发育到一定阶段，中柱的中柱鞘活动产生侧根。一株植物所有根的总和称为根系。主根和侧根都来源于胚根，统称定根。有些植物可以从茎、叶等部位上产生根，这种不是由胚根发生，位置也不一定的根，称为不定根，无论是主根、侧根，还是不定根都具有根尖。

按其形态，种子植物的根系分为直根系和须根系两种类型。有明显的主根和侧根，主根发达，并保持垂直向下生长，称为直根系。大部分双子叶植物和裸子植物的根系都是直根系，如麻栎、马尾松。有些植物由胚根发展而成的主根极不发达，由茎部产生出大量粗细相近的不定根，整个根系呈胡须状，称为须根系。大部分单子叶植物和某些双子叶植物的根系属于此类，如棕榈、竹类等植物的根系。

根系在土壤中的分布状况，因植物种类而异。一般木本植物的根深达 10 ~ 12 m，而生活在沙漠地区的骆驼刺根可深入地下 20 m，以吸收地下水。有些植物的根，垂直方向的生长占优势，在土层中分布较深，叫深根系；有些植物的根，水平方向的生长占优势，主要分布在土壤浅层，叫浅根系。混交、间作就是根系分布深浅的不同植物配合种植，有效地利用土壤中的水分和养料。

3. 根的变态

正常的根生于土壤中，具有吸收及支持的功能，在外形上，根无节与节间的区别，没有叶和腋芽，根据这些形态特征，以识别变态的根。常见的根变态有以下类型：

(1) 贮藏根

常见于二年生或多年生的草本植物，这些根中贮藏大量养料以供抽茎开花时所需，如木薯、胡萝卜、大丽菊等。根据来源分肉质直根和块根两种类型。肉质直根主要由主根发育而成，所以一株上仅有一个肉质直根，并包括下胚轴和节间极短的茎，如萝卜和胡萝卜(图 2-22)。

(2) 块根

由植物侧根或不定根膨大而成的，在外形上比较不规则，一株可以形成许多膨大的块根，如番薯的肥大肉质根(图 2-23)。

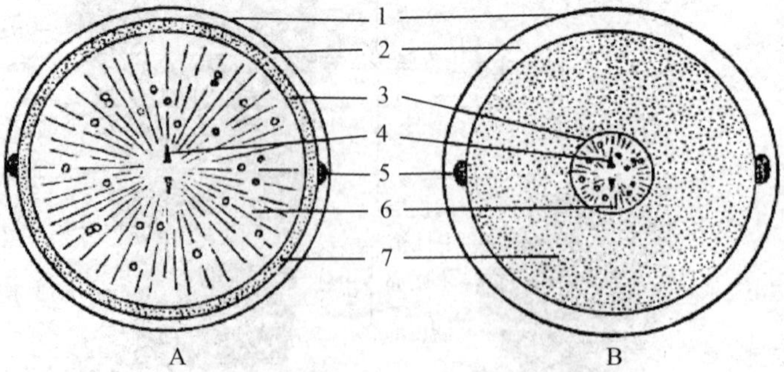

图 2-22　萝卜和胡萝卜贮藏根横切面

A. 萝卜根横切面　B. 胡萝卜横切面

1. 周皮　2. 皮层　3. 形成层　4. 初生木质部　5. 初生韧皮部

6. 次生木质部　7. 次生韧皮部

图 2-23 番薯块根的外形

图 2-24 红树的支柱根和呼吸根

(3) 支柱根

在植物的根系不能支持地上部分时，产生的具有支持作用的不定根。如红树、玉蜀黍等近茎基部的节发生的不定根伸入土中以加固植株(图 2-24)。榕树常在侧枝上产生下垂的不定根(也称气根)，进入土壤，形成“独木成林”的特有景观。很多热带树木的树干基部发生不均匀的生长，形成板壁状的部分称为板根。板根能够增加树木的稳固性，支持着巨大的树冠，是支柱根的又一种形式，如我国南方生长的人面子，有宽 2～3 m 的板根。

(4) 呼吸根

生长在海岸腐泥中的红树和河岸、池边的水松，它们有许多支根，从腐泥中向上生长，挺立在空气中(图 2-24)。呼吸根外有呼吸孔，内有发达的通气组织，有利于通气和贮存气体，以适应在缺氧的土壤条件下维持植物的正常生长。

(5) 攀缘根

一些植物的茎细长柔弱，不能直立，茎上产生不定根以固着在其他树干、石山或墙壁等表面而攀缘上升，如常春藤的攀缘根(图 2-25)。

(6) 寄生根

有些寄生植物的叶片退化成小鳞片，不能进行光合作用，而是借助于茎上形成的不定根，伸入寄主体内吸收水分和养分，如桑寄生属、槲寄生属、菟丝子属植物(图 2-26)。

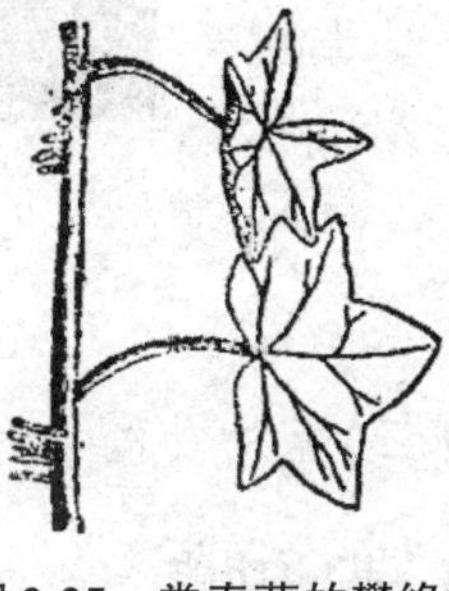

图 2-25 常春藤的攀缘根

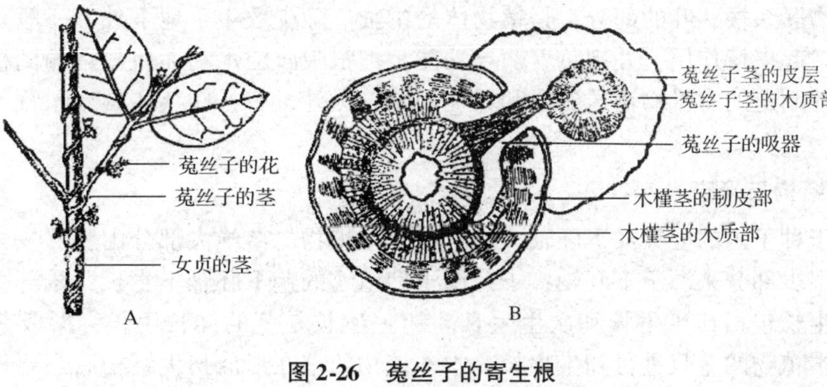

图 2-26 菟丝子的寄生根

A. 缠绕在寄主女贞枝条上 B. 菟丝子寄生木槿茎部横切面

4. 根瘤和菌根

根瘤是由生活在土壤中的根瘤菌侵入到根内而形成的，在根的表面形成很多小突起(图 2-27)。根瘤菌是一种固氮细菌，它能将空气中游离的氮固定转化为含氮化合物，供植物吸收利用，同时从根的皮层细胞中取得水分和养料。有根瘤菌的植物有豆科植物、桤木、苏铁、沙棘、胡颓子、木麻黄等。

菌根是真菌和植物根建立的共生体，它比根瘤还普遍。许多木本植物都有菌根，如侧柏、油松、云杉、冷杉、栓皮栎、桦木、五角槭等。真菌的菌丝大部分生长在幼根的外表，少数菌丝侵入皮层细胞间隙中。真菌与高等植物共生，不但能加强根的吸收能力，而且能分泌多种水解酶类，促进根周围有机质的分解。同时，真菌还可分泌维生素 B_1，刺激根系的发育。很多能够形成菌根的树种，如果没有相应的真菌存在，就不能正常生长，甚至死亡。因此，在林业生产上，进行播种育苗和造林时，常用菌根菌接种，从而提高苗木的成活率。

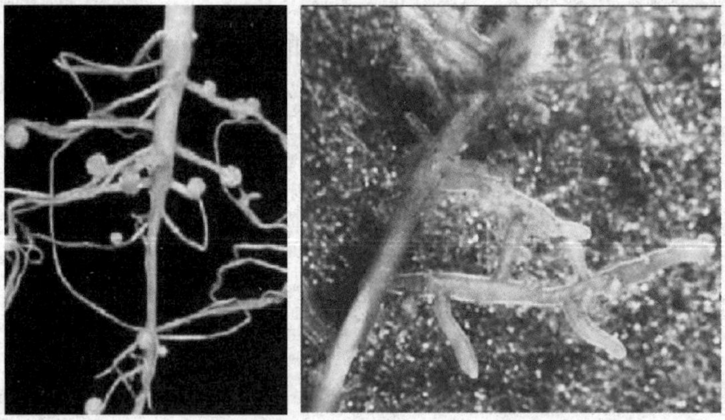

A　　　　B

图 2-27　根瘤和菌根形态

A. 根瘤　B. 菌根

(三)茎的功能与形态

1. 茎的功能

茎是植物联系根、叶的部分，是植物体的中轴。除少数生于地下外，一般是组成地上部分的枝干，起支持作用，并担负着输导功能，把根吸收的水和无机盐运输到枝、叶和其他部分，把叶制造的有机物输送到根和其他部分。另外，有一些茎还具有贮藏养料和繁殖的作用。

2. 茎的结构与形态

茎起源于种子内的胚芽或下胚轴。子叶出土型植物的茎绝大部分由胚芽发育而来，只有茎基部的很少部分来源于下胚轴；子叶留土型植物的茎下胚轴不生长，全部由胚芽发育而来。茎的生长包括初生生长和次生生长。初生生长是茎的伸长生长，形成茎的初生结构，一般草本植物的茎只进行初生生长；木本植物的茎在形成初生结构后还要进行次生生长，次生生长形成茎的次生结构，并使茎增粗(图 2-28)。

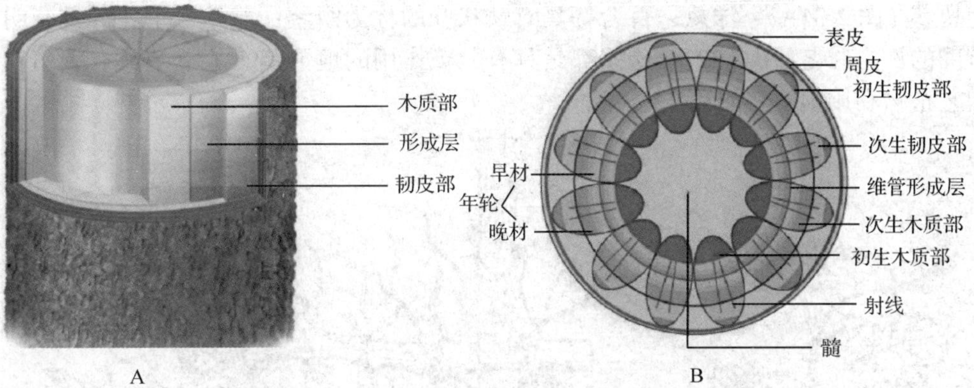

图 2-28 木本植物茎的次生结构模式图

A. 纵断面 B. 横截面

植物的茎多为圆柱形，也有三棱形、四棱形、多棱形和扁平形。茎长差异非常大。正常的茎外形上具有节与节间。着生有叶的木本植物的茎叫做枝条。叶着生的部位叫节，相邻两节之间部分叫做节间。木本植物的叶脱落后，在节上留有一定形状的疤痕，叫叶痕。叶痕中突起的小点是茎与叶柄维管束断离后留下的痕迹，叫维管束痕，也称叶迹。枝条上还有皮孔，它是茎内组织与外界气体交换的通道。

根据芽在植物体上的着生位置，可分为顶芽、腋芽和不定芽。根据芽发育后所形成的器官，芽又可分为叶芽、花芽和混合芽。萌发后长成枝叶的叫叶芽；长成花或花序的叫花芽；既长叶子，又形成花序的叫混合芽。

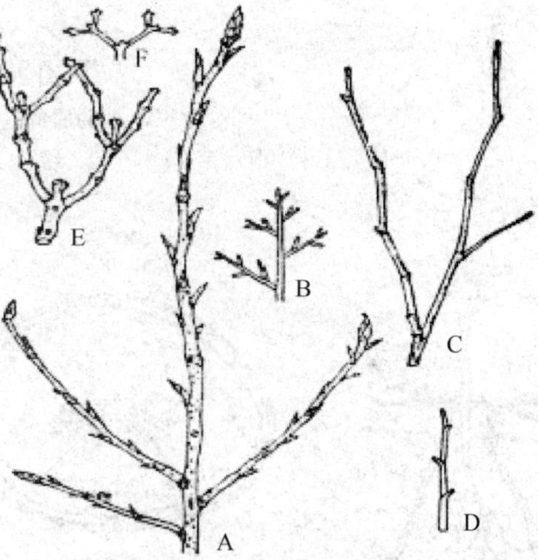

图 2-29 分枝的类型

A、B. 总状分枝 C、D. 合轴分枝

E、F. 假二叉分枝

茎的分枝是有规律性的，不同植物有不同的分枝，常见的分枝方式有总状分枝（如松树）、合轴分枝（如悬铃木）和假二叉分枝（如丁香）三种（图 2-29）。

3. 茎的变态

一些植物的茎有各种变异的形态，如根状茎、卷须茎、叶状茎、刺状茎等。

根状茎是生长于地下与根相似的地下茎。例如，竹类、芦苇、鸢尾等植物的茎。根状茎具有明显的节和节间，节部有退化的叶，在退化的叶的叶腋内有腋芽，可发育为地上枝，顶端有顶芽，可以继续生长。根状茎上可以产生不定根，成为具繁殖作用的茎的变态。

攀缘植物的部分枝条变成卷须，以适应攀缘功能，称为卷须茎。如葡萄的卷须（图 2-30A）。生长在地下具有贮藏养料功能的地下茎，称为贮藏茎，如马铃薯，节不明显成块状称为块茎（图 2-31A）；洋葱、百合等具有鳞状叶的称为鳞茎；慈姑、荸荠等具有明显的节与节间的称为球茎(图 2-32)，这些都是具有贮藏作用的地下茎。地下茎具有繁殖功能，很多园艺植物利用地下茎繁殖。

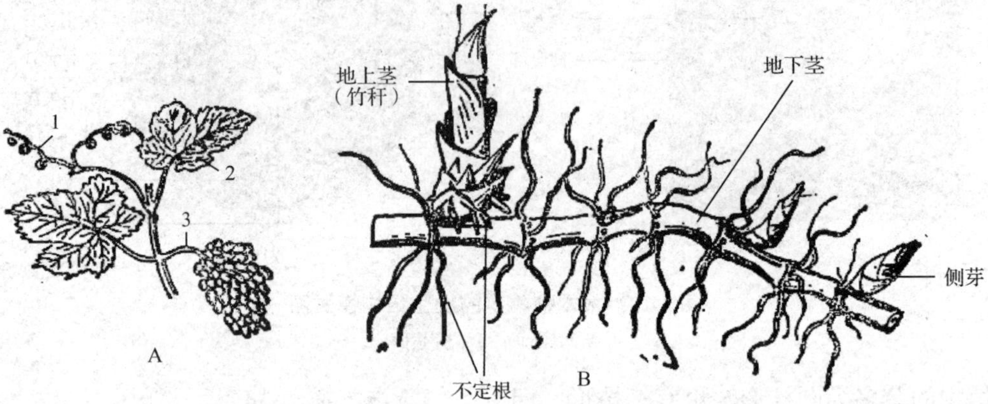

图 2-30　茎的变态

A. 葡萄属的茎卷须　B. 毛竹的根状茎

1. 卷须　2. 叶片　3. 叶柄

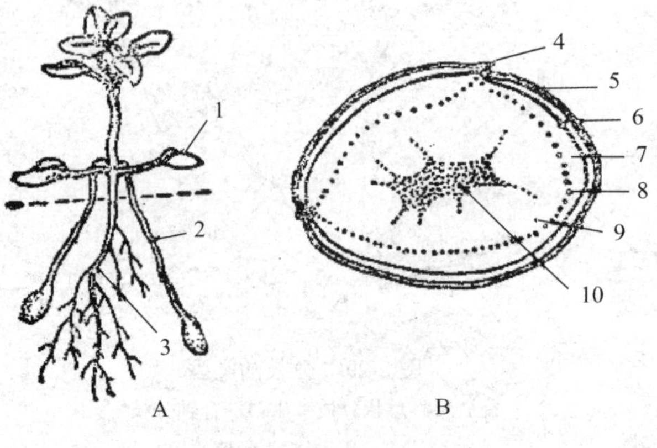

图 2-31　马铃薯的块茎

A. 幼苗　B. 块茎横切面结构的图解

1. 子叶　2. 由幼苗腋内所产生的枝(末端已具有块茎)

3. 根　4. 芽　5. 木栓　6. 皮层　7. 外韧皮部

8. 木质部　9. 内韧皮部　10. 髓

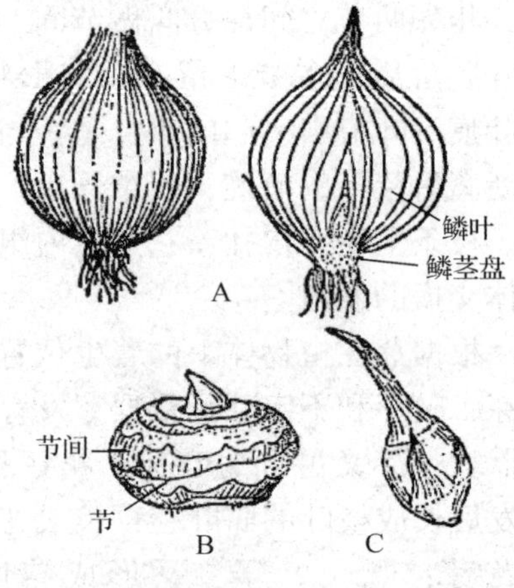

图 2-32　茎的变态(地下茎)

A. 鳞茎(洋葱)　B、C. 球茎

(B. 荸荠　C. 慈姑)

茎变态成叶片状代行叶的生理功能称叶状茎，也称叶状枝，如假叶树、竹节蓼等(图 2-33A、B)。茎转变为具有保护功能的刺，称茎刺或枝刺，如山楂、酸橙的单刺，皂荚的分枝刺。以其位于叶腋的位置而区别于叶刺(图 2-33C、D)。蔷薇茎上的皮刺是由表皮形成的，与维管束无联系，与茎刺有显著区别(图 2-33E、F)。

4. 木材的构造

木本植物由于形成层的活动，不断产生次生木质部，它主要由木化细胞组成，因此形

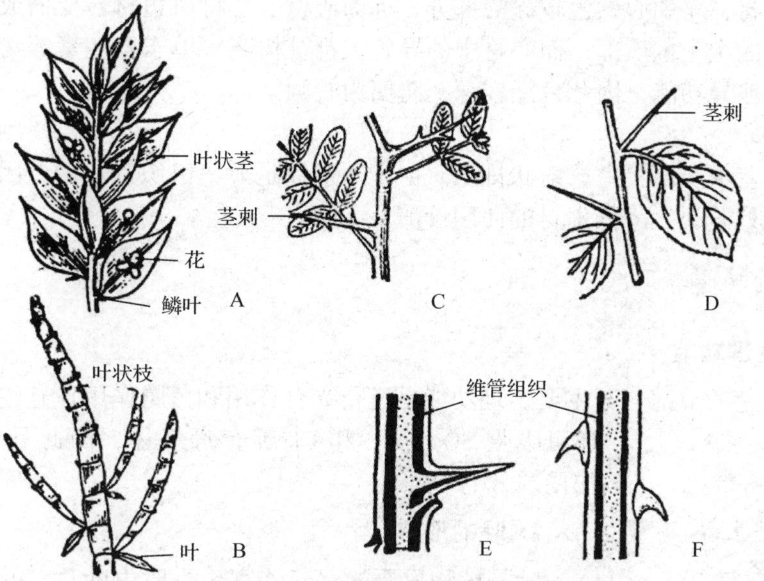

图 2-33　茎的变态(地上茎)

A、B. 叶状茎(A. 假叶树　B. 竹节蓼)　C、D. 茎刺(C. 皂荚　D. 山楂)

E. 茎刺　F. 皮刺

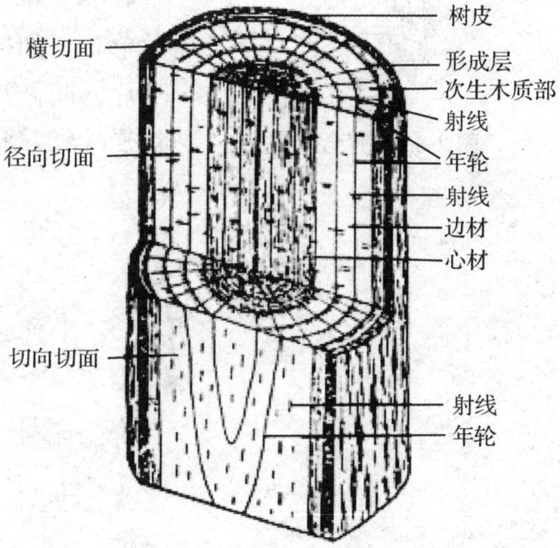

图 2-34　茎的三切面

成坚实的木材。木材的构造一般是通过茎的横切面、径向切面和切向切面(弦切面)三个切面来了解的(图 2-34)。在茎的横切面上，可以看到下列构造：

(1)年轮(生长轮)

在茎的横切面上，常可以看到一圈一圈的同心环，通常每年一轮，因此，称为年轮。它是维管形成层受季节影响而周期性活动的结果。在温带生长的树种，在春季，气候和水分较为适宜，形成层活动旺盛，所形成的导管细胞直径大，木纤维少，管壁较薄，材质显得疏松而颜色较浅，称为早材或春材；入秋以后，形成层活动逐渐减弱，形成的导管直径较小，木纤维较多，管壁较厚，细胞排列紧密而颜色较深，称为晚材或秋材。由于气候从春到秋是渐次过渡的，因此，同年的早材和晚材没有截然的界限，但经冬季休眠，第一年的晚材和第二年的早材界限分明，这就是年轮线。由于每年形成一个生长轮，故可以根据生长轮的数目测定树木的年龄，但有时也可因气候的异常变化或病虫害的影响而形成假年轮。

(2)心材和边材

茎的横切面上，次生木质部从颜色上可以区分为两个明显的部分，靠茎周颜色较浅的部分，称为边材；靠中心颜色较深的部分，称为心材。心材由边材转变而成。边材是具有生理活动功能的次生木质部，而心材中的导管大都被树脂、单宁及色素等物质所填充而死亡，并失去了输导功能，因此色泽较深，防腐力较强。

(3) 木射线

木射线在茎横切面上呈放射状排列。由于木射线是薄壁组织构成的，因此，木材干燥时常沿木射线处开裂，降低木材的使用价值。

(四) 叶的功能与形态

1. 叶的生理功能

叶着生在茎的节部，其主要生理功能是进行光合作用和蒸腾作用。有些植物的叶片，还可吸收 SO_2、HF 和 Cl_2 等有毒气体，因此具有改善环境的作用。

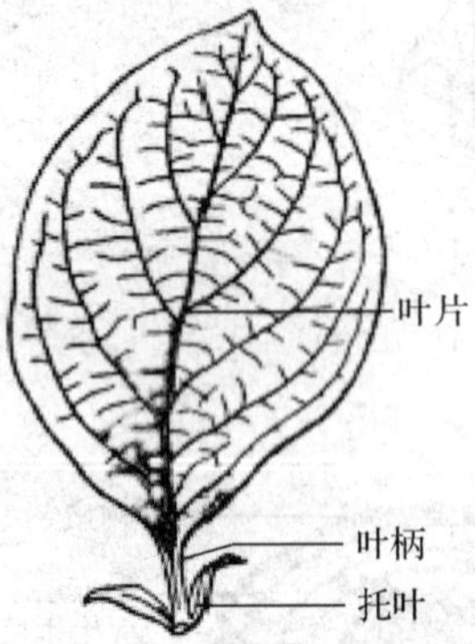

图 2-35　完全叶

2. 叶的形态

叶是植物重要的营养器官，一般由叶片、叶柄和托叶三部分组成(图 2-35)。完全具备这三部分的叶，称为完全叶，如山楂、杨树的叶。缺少其中任何一部分的叶，称为不完全叶，如白蜡、杜仲等。

叶分为单叶与复叶两大类，如果一个叶柄上只生一个叶片，叫做单叶，如杨树、榆树的叶。如果一个叶柄上着生两个以上的小叶片，叫做复叶。根据复叶中小叶排列的方式不同，又可分为羽状复叶和掌状复叶(图 2-36)，前者如月季，后者如七叶树。

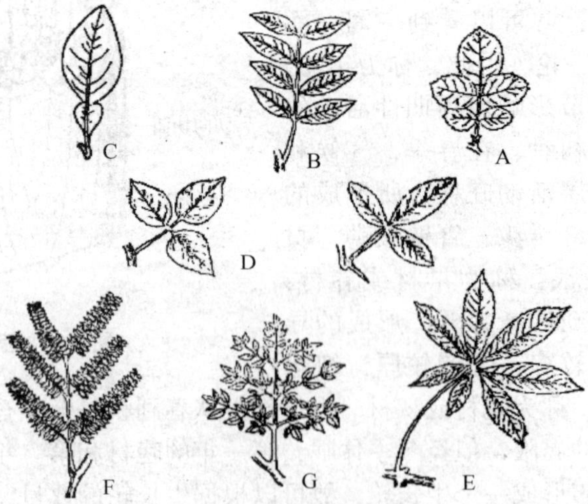

图 2-36　复叶的类型

A. 奇数羽状复叶　B. 偶数羽状复叶　C. 单身复叶　D. 三出复叶　E. 掌状复叶　F. 二回羽状复叶　G. 三回羽状复叶

高等植物的叶片，一般有明显的叶脉(图 2-37)。叶脉是叶中的维管束，具有输导水分、养料及机械支持的作用。叶脉有网状脉(如槲树、蓖麻)、平行脉(如竹、香蕉)、射出脉(如蒲葵)。由叶柄伸入叶片中部的叶脉较为粗大，称为中脉。中脉向两侧分出侧脉，再分出细脉。

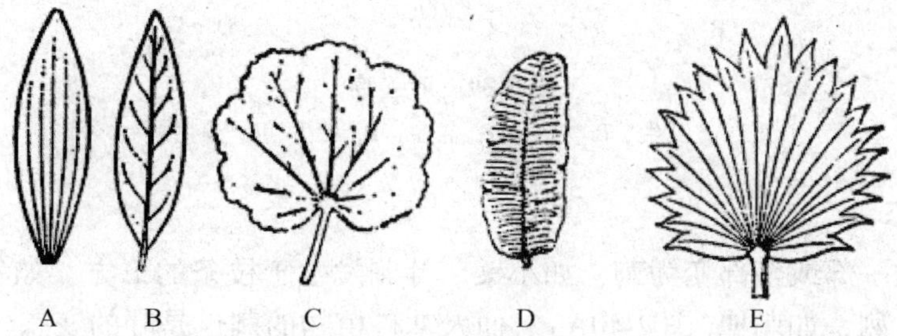

图 2-37　各种脉序

A、D. 平行脉　B、C. 羽状网脉　E. 射出脉

按照叶片长度和宽度的比例及最宽处的位置可将叶片划分为阔卵形、圆形、倒阔卵形、卵形、椭圆形、倒卵形、披针形、长椭圆形、线形(如水杉)、鳞形叶(如侧柏)等(图 2-38)。

叶在茎或枝上排列的方式称为叶序(图 2-39)，常见有互生(如杨、柳等)、对生(如丁香、白蜡等)、轮生(如荚竹桃、茜草等)、簇生(如落叶松、银杏等)。

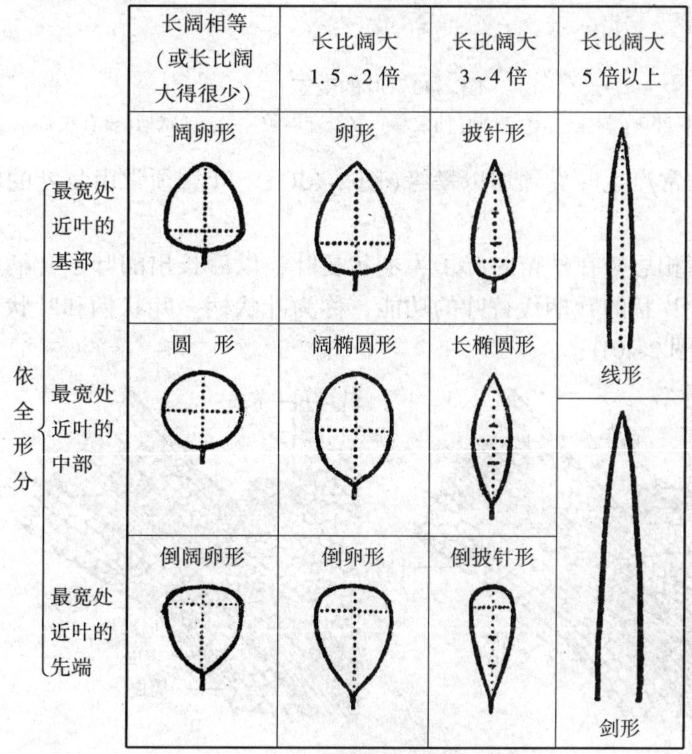

图 2-38　叶型基本类型图解

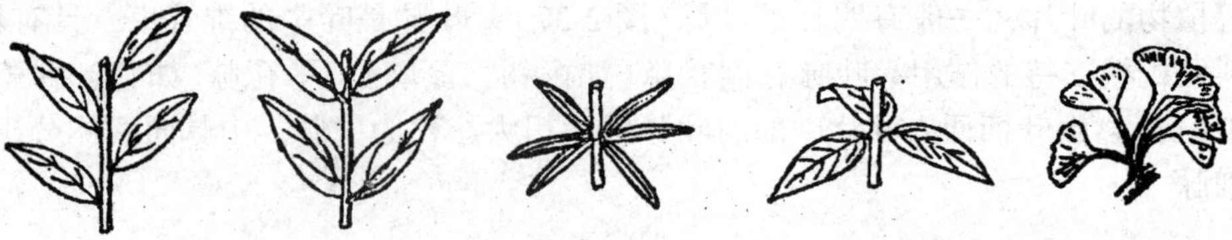

图 2-39　叶　序

A. 互生　B. 对生　C. 轮生　D. 轮生　E. 簇生

3. 叶的变态

叶刺，叶的一部或全部变为刺，如小檗。叶刺发生于枝条的下方，如发生于枝条基部两侧，则为托叶刺，如刺槐(图 2-40A)。仙人掌科植物的刺也是叶的变态(图 2-40B)。

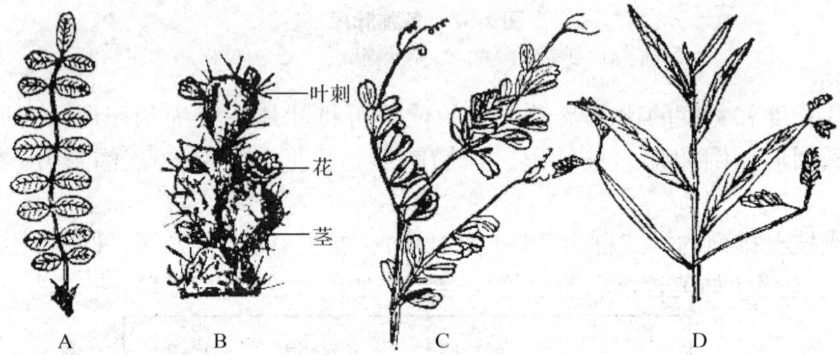

图 2-40　叶的变态

A. 托叶刺(刺槐)　B. 叶刺(仙人掌)　C. 叶卷须　D. 叶状柄(金合欢)

纤细柔软的植物常产生叶卷须用以攀缘(图 2-40C)。叶卷须常由复叶的叶轴、叶柄或托叶转变而成。

我国南方的台湾相思树在幼苗时叶子为羽状复叶，以后长出的叶子叶柄变扁，小叶片逐渐退化，只剩下叶片状的叶柄代替叶的功能，称为叶状柄。叶状柄和叶状茎一样，是干旱环境的适应性状(图 2-40D)。

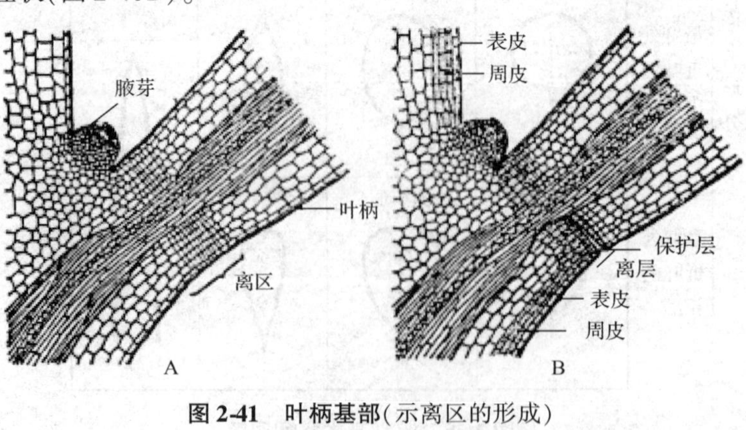

图 2-41　叶柄基部(示离区的形成)

A. 离区的形成　B. 离层和保护层

4. 落叶与离层

叶生活到一定时期便会自然脱落的现象，叫做落叶。在落叶之前，叶柄基部产生几层薄壁细胞，称为离层。离层的薄壁细胞之间的胞间层，其果胶酸钙转化为可溶性果酸和果胶酸，使这几层细胞彼此分离，当叶片受到重力或风雨等外力作用时，便从离层脱落。与此同时，离层下面的几层细胞栓化，在叶柄的断面处，形成保护层(图2-41)。

(五)花和果实

1. 花的形态结构及其功能

(1)花的组成结构

花是不分枝的、节间极度缩短的变态枝条。一朵完整的花可分为六个部分：花梗、花托、花萼、花冠、雄蕊和雌蕊(图2-42)。

花梗，又称花柄，是着生花的小枝。它支持着花，使花向各方展布；同时又是各种营养物质由茎转运到花的通道。果实成熟时，花柄成为果柄。

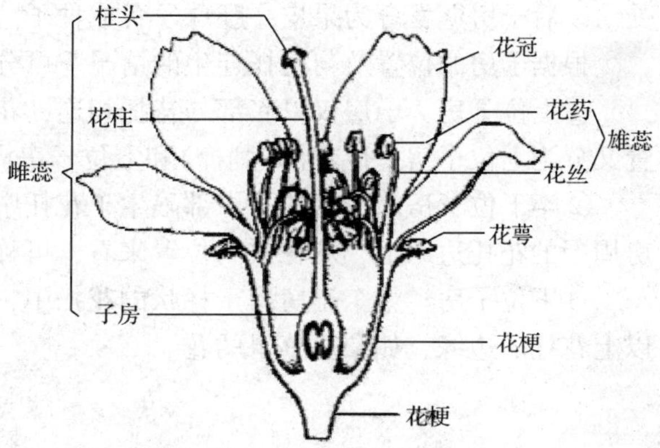

图2-42　花各部分模式图(引自杨继)

花托是花柄顶端略微膨大的部分，是花萼、花冠、雄蕊、雌蕊着生的地方。花托的种类较多：有些植物的花托隆起呈圆柱状，如木兰科；有的花托中央凹陷而呈碗状，如桃花。

花萼是花的最外一轮变态叶，由若干萼片组成，环列在花的最外围，通常呈绿色，能进行光合作用，并有保护幼花的功能。

花冠位于花萼内方，由若干花瓣或花冠裂片组成，呈各种鲜艳的颜色，是花中最显著的部分，有引诱昆虫传粉和保护雌雄蕊的功能。花冠互相分离，称为离瓣花(如月季、桃树等)；花冠全部或部分联合，称为合瓣花(如泡桐、楸树等)。

花萼与花冠总称为花被，同时具有花萼和花冠的花叫两被花，如桃、梨树的花；缺少花萼或花冠的花，叫单被花，如榆、桑等的花；完全没有花被的花，叫无被花或裸花，如杨、柳的花。

雄蕊由花丝和花药两部分组成。花药为花丝顶端膨大成的囊状物，是雄蕊的主要部分。花药成熟时，花粉囊破裂，散放出花粉粒。花丝细长，基部着生在花托上，或贴生在花冠上(图2-43)。

雌蕊位于花的中央部分，由柱头、花柱和子房组成。

柱头位于花柱的顶端，是承受花粉的地方，常扩大呈各种形状。柱头的形状与传粉的方式有密切关系。

花柱介于柱头和子房之间，一般较细长，是花粉萌发后，花粉管进入子房的通道。

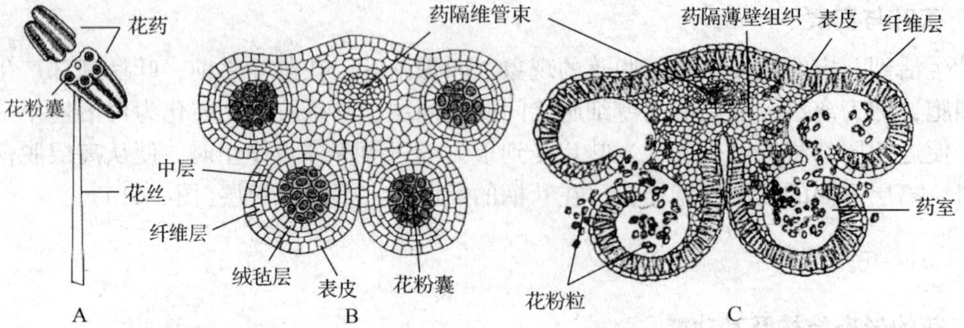

图 2-43　雄蕊及花药结构(引自 T. E. Weier)

A. 雄蕊　B. 花药横切面　C. 成熟花药横切面

子房是雌蕊基部膨大的部分，外为子房壁，内为一至多个子房室。子房室内有胚珠。受精以后子房壁发育为果皮，胚珠发育成种子。

根据子房的位置及与花托连生的情况，可分为下列几种类型(图 2-44)：

①上位子房　子房仅以底部与花托相连，花的其余部分不与子房相连。再根据花被位置又分为上位子房下位花(如刺槐)和上位子房周位花(如桃)两种类型。

②半下位子房　子房的下半部陷生于花托中，并与花托愈合，花的其他部分着生于子房周围的花托边缘上，从花被的位置来看，可称周位花，如马齿苋。

③下位子房　整个子房埋于杯状的花托中，并与花托愈合，花的其他部分着生在子房以上花托的边缘，如梨、苹果的花。

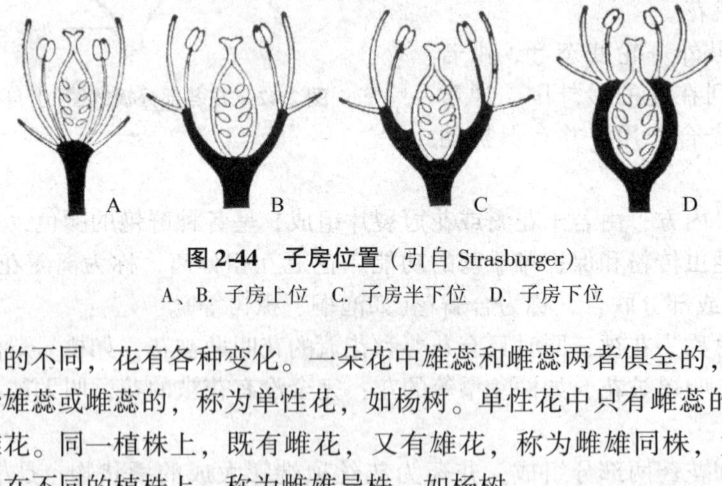

图 2-44　子房位置(引自 Strasburger)

A、B. 子房上位　C. 子房半下位　D. 子房下位

因植物种的不同，花有各种变化。一朵花中雄蕊和雌蕊两者俱全的，称为两性花，如桃花；如缺少雄蕊或雌蕊的，称为单性花，如杨树。单性花中只有雌蕊的，称雌花；只有雄蕊的，称雄花。同一植株上，既有雌花，又有雄花，称为雌雄同株，如栓皮栎；如雌、雄花分别生长在不同的植株上，称为雌雄异株，如杨树。

(2)花序

花序指多数植物的花按一定的次序排列在花轴上。花序的主轴叫做花轴；花轴上着生许多花，花下常有一变态叶，叫做苞片；整个花序基部也有一个或多数变态叶，每一个称为总苞片，有些是数枚集生在花序基部，叫做总苞。

花序可分为无限花序(向心花序)和有限花序(聚伞花序)两大类。

①无限花序　是一种类似总状分枝的花序，花轴顶端可保持生长一段时间，即顶端不

断增长陆续形成花。开花顺序为花序基部的花先开依次向上开放。如果花轴是扁平的，则由外向心开放。因此，无限花序是一种边开花边形成花的花序，根据花排列等特点又分下列几种(图2-45)：

总状花序　花互生排列在不分枝的花轴上，花柄几等长，如十字花科植物的花序。

穗状花序　花的排列与总状花序相似，但花无柄或近无柄，如车前、小麦等。

柔荑花序　与穗状花序相似，但为单性花排列在细长、柔软的花轴上，花序下垂，如杨树、柳树、核桃的花序。

肉穗花序　与穗状花序相似，但花轴肉质肥厚，且花序下有一大型的佛焰苞，如天南星科、棕榈科的花序。

伞房花序　与总状花序相似，但花柄不等长，下部的花花柄较长，向上渐短，因此，整个花序的花几乎排在一个平面上，如山楂、梨、苹果的花序。

伞形花序　花柄几等长，各花均自花轴顶端一点上生出，整个花序的花排在一球面上，形似开张的伞，如报春、三桠绣球的花序。

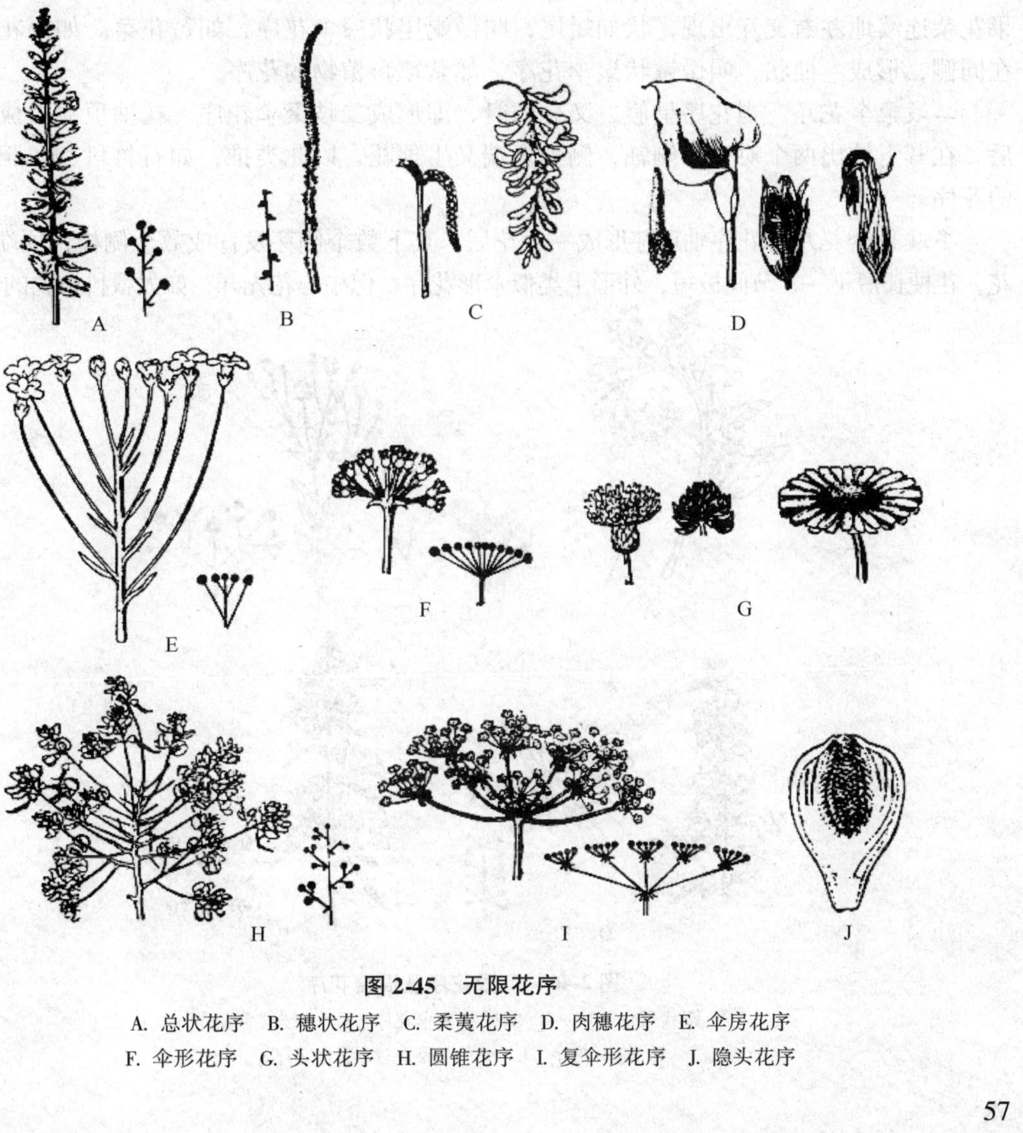

图2-45　无限花序

A. 总状花序　B. 穗状花序　C. 柔荑花序　D. 肉穗花序　E. 伞房花序
F. 伞形花序　G. 头状花序　H. 圆锥花序　I. 复伞形花序　J. 隐头花序

头状花序　花轴成肥厚膨大的短轴，凹陷、凸出或成扁平状，花着生于短轴顶端，花无柄，花序外层有多数苞片集生成总苞片，如菊科植物的花序。

圆锥花序　花轴分枝，每一分枝上形成一总状花序，可称复总状花序。每一分枝若为一穗状花序，则称为复穗状花序。两者均属圆锥花序，整个花序开张成圆锥形状，如女贞、珍珠梅的花序。

复伞形花序　伞形花序的每一分枝不形成一朵花，而又形成一伞形花序，如胡萝卜及伞形科植物的花序。

隐头花序　花序轴肉质膨大而下凹成中空的球状体，其凹陷的内壁上着生许多无梗的单性小花，顶端仅有1小孔与外面相通，如无花果、薜荔等桑科部分植物的花序。

②有限花序　又称聚伞花序，其花轴呈合轴分枝或假二叉分枝式，即花序主轴顶端先形成花，且先开放，开花顺序时自上而下或自中心向周围(图2-46)。

单歧聚伞花序　花序成合轴分枝式。花序的顶端形成一花，在顶花下面侧枝长度超过主枝后枝顶同样形成一花，在它的基部又形成侧枝及花，依此类推形成单歧聚伞花序。如果花朵连续地左右交互出现，状如蝎尾，叫做蝎尾状聚伞花序，如黄花菜。如果花朵出现在同侧，形成卷曲状，叫做镰状聚伞花序，如紫草科植物的花序。

二歧聚伞花序　当花序呈假二叉分枝时，即形成二歧聚伞花序。花轴顶端形成顶花之后，在其下伸出两个对生的侧轴，侧轴顶端又生顶花，以此类推，如石竹科、龙胆科植物的花序。

多歧聚伞花序　花序轴顶芽形成一朵花后，其下数个侧芽发育成数个侧枝，顶端每生一花，花梗长短不一，节间极短，外形上类似伞形花序，但中心花先开，如大戟科植物的花序。

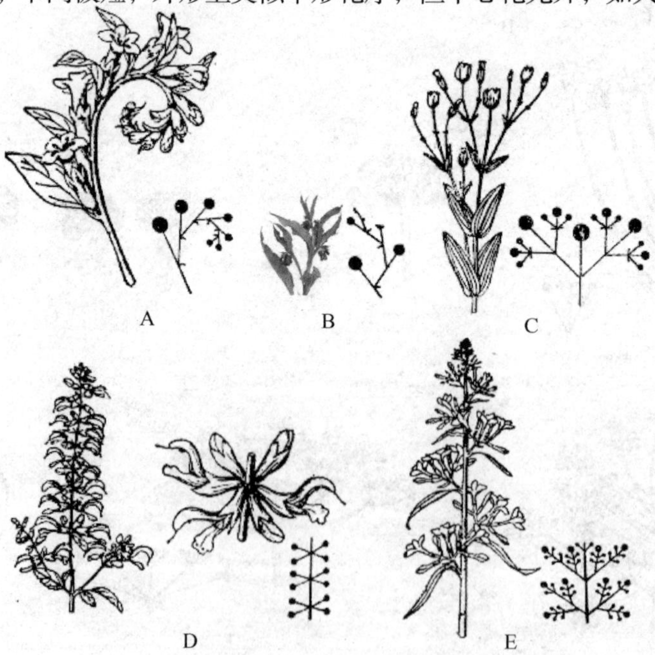

图2-46　有限花序及混合花序

A. 镰状聚伞花序　B. 蝎尾状聚伞花序　C. 二歧聚伞花序

D. 轮伞花序　E. 聚伞圆锥花序(混合花序)

轮伞花序 聚伞花序着生在对生叶的叶腋，花序轴及花梗极短，呈轮状排列，如一些唇形科植物的花序。

很多植物在同一花序上，同时生有无限花序和有限花序，成为混合花序，如主轴为无限花序，侧轴为有限花序。

2. 果实

(1)果实的形成

被子植物受精作用完成以后，子房继续发育增大，形成果实。果实包括由胚珠发育形成的种子和包在种子外面的果皮。果皮是由子房壁发育形成的。

单纯由子房发育而成的果实称为真果，如桃、柑橘等的果实(图2-47A)。花的其他部分，如花托、花萼等参与果实的发育而成为其中一部分称为假果，如梨、苹果等(图2-47B)。

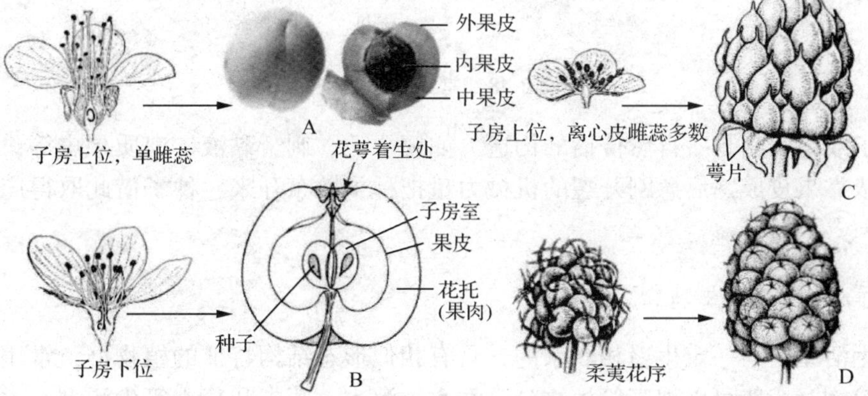

图2-47 果实的形成示意

A. 真果、单果(杏) B. 假果、单果(苹果) C. 聚合果(悬钩子) D. 聚花果(桑)

一般情况下，植物结实一定要经过受精作用，但也有一些植物，可以不经过受精作用，其子房也能发育成为果实，这种现象称为单性结实。这样形成的果实，里面不含种子，因此，又称为无籽果实。

(2)果实的类型

果实可分为单果、聚合果和聚花果(图2-48)。单果是一朵花中只有一枚雌蕊，只形成一个果实。聚合果是一朵花中有许多雌蕊，以后每一雌蕊形成一个小果，相聚在同一花托之上，如悬钩子、玉兰等。聚花果也称果序，果实由整个花序发育而来，如桑、无花果等。

按果皮的来源和性质来分，有肉质多汁的，也有干燥无汁的。前者称肉质果，后者称干果。

肉质果分为浆果(葡萄、柿等)、瓠果(葫芦科植物)、柑果(柑橘、柠檬等)、核果(桃、杏)、梨果(梨、苹果等)。

干果果实成熟后，果皮干燥，有的果皮能自行开裂，也有果实即使成熟，果皮仍闭合不开裂的。前者为裂果，后者为闭果。

果实和种子是植物有性生殖的产物，用以延续后代。在长期的自然选择过程中，各种

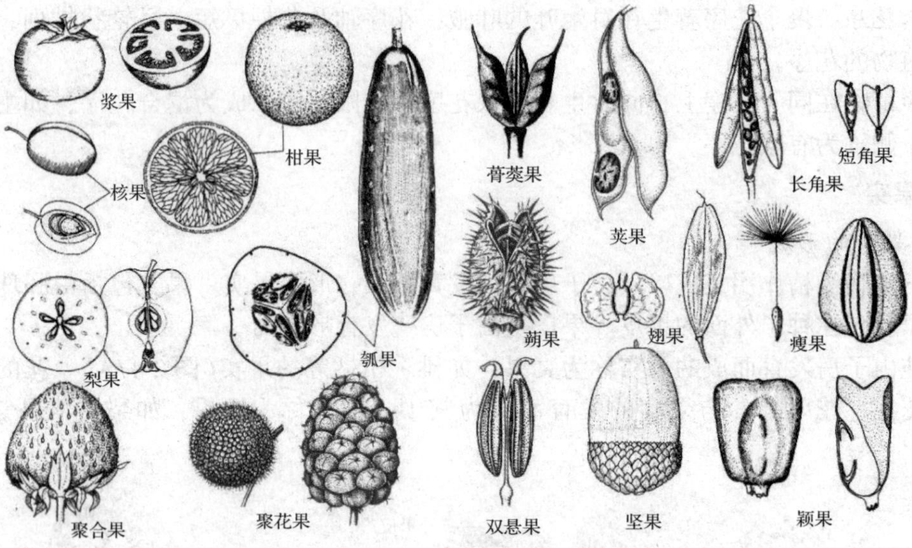

图 2-48　常见果实类型

植物的种子或果实都具备自然传播的构造，如翅、毛、刺、黏液、肉质果皮等；还有些植物的果实依靠果皮成熟后急剧开裂的机械力量把种子散布开来，种子借此取得广为散布的机会。

（六）高等植物的生活型

植物生活型是与一定生境相联系的，具有相似形态结构特征的植物群，常用来描述成熟的高等植物。一般可以把高等植物分为乔木、灌木、藤本和草本等生活型。木本又分阔叶、针叶以及落叶、常绿等；藤本又分为木质藤本和草质藤本两大类；草本又分为一年生、二年生和多年生草本；按越冬休眠芽位置与适应特性，一般将高等植物分成高位芽植物、地上芽植物、地面芽植物、地下芽植物、一年生植物等 5 大生活型类群（详见第三章）。

高等植物的生活型除主要的类型外，有时还用小乔木、亚灌木、垫状草本等次要类型来定义植物的生活型。有些植物生活在不同的环境中生活型会有所变化，在条件好的地方能长成乔木或小乔木，在条件差的地方可能只能成长为灌木。除划分生活型外，描述中有时还要加上株高等信息。

第二节　植物的生命活动与生长发育

一、植物的光合和呼吸

（一）光合作用

绿色植物利用光能，将所吸收的二氧化碳和水合成有机物，并放出氧气的过程，称为光合作用。常用以下化学方程式来表示光合作用总反应。

$$CO_2 + H_2O \xrightarrow[\text{绿色植物}]{\text{光}} (CH_2O) + O_2$$

式中，(CH_2O)代表碳水化合物，它和氧气是光合作用总反应的产物。

植物的光合作用是在绿色细胞的叶绿体中进行的，具有 3 个突出特点：①水被氧化到放出氧气的水平；②二氧化碳被还原到合成碳水化合物的程度；③是地球上最重要的、利用光能的化学(氧化还原)反应过程，即发生了光能的吸收、转换与储存。

1. 光合作用的过程

光合作用的过程在植物体内是连续进行的，但一般认为可分为 2 个反应过程：一是光能的吸收传递与转化和电子传递与光合磷酸化；二是二氧化碳的同化(图 2-49)。其中前者需要在有光的情况下才能进行，称为光反应；后者在光下或暗中均可进行，一般称为暗反应。在绿色细胞内，光合作用各反应过程在空间的位置是一定的。前者是在叶绿体内的类囊体上进行，后者则是在叶绿体的基质中进行。各反应过程既有一定的隔离，又是有条不紊密切联系的。

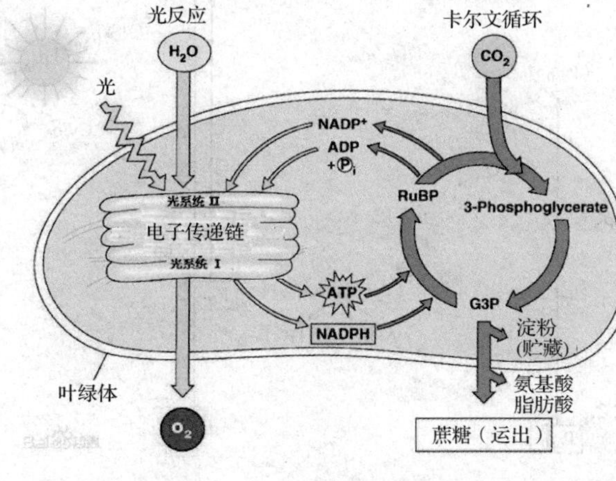

图 2-49　光合作用的过程示意

(1)光能的吸收传递与转化

光能的吸收传递与转化是叶绿素分子被光激发而引起第一个光化学反应的过程，包括：

①光能的吸收与传递　光能被植物体内的色素吸收并传递到一个中心(PS Ⅰ)中。中心以外的所有色素统称为“天线色素”，它们只起吸收光能和传递光能的作用(图 2-50)。

②光能转化成电能　能量传到作用中心的色素光系统Ⅱ(需要较短波长的红光 680nm，简称为 PSⅡ)和光系统Ⅰ(需要长波红光 700nm，简称为 PS Ⅰ)才起光化学反应，引起电荷分离，把电子交给一个受体(A)，再从一个供体(D)取回电子，也就是发生一个还原和氧化的反应。光系统Ⅱ的最终电子供体是水，

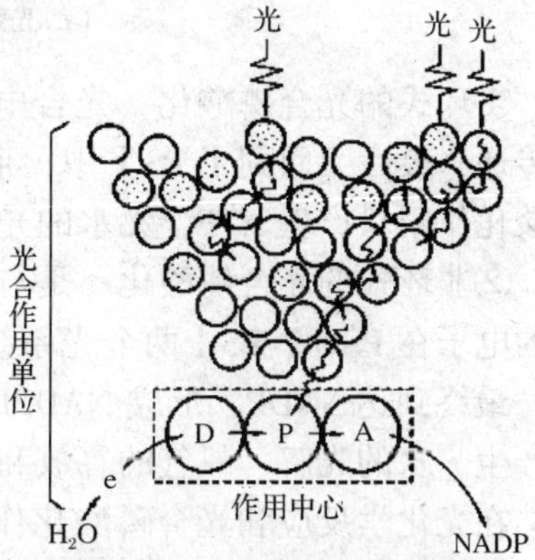

图 2-50　光能的吸收与传递

(引自陈忠辉《植物与植物生理》)

O.“天线色素”；P. 作用中心色素分子；D. 电子供体；A. 电子受体；e. 电子

光系统Ⅰ的最终电子受体是辅酶Ⅱ($NADP^+$)，辅酶Ⅱ得到电子并还原成为还原态辅酶Ⅱ($NADPH + H^+$)。这样光能就转变成了电子的能量，化学能储存在还原态的电子受体中(图2-51)。

(2)电子传递与光合磷酸化

电子传递系统是由PSⅡ、PSⅠ和若干电子传递体，按一定的氧化还原电位依次排列而成的体系(图2-51)。在两个光系统之间，有一系列的电子传递体，如质体醌(PQ)、细胞色素(Cyt)和质体蓝素(PC)形成电子传递链，有的电子传递体在接收和送出电子的同时，还接收和释放氢离子(质子H^+)，如质体醌($PQH^+ + e^- = PQH$)；在传递链的起点，水是最终的电子供体，$NADP^+$是电子的最终受体。

在光下，在叶绿体膜上由光推动的光合电子传递，放能驱动ADP和Pi(无机磷酸)磷酸化成ATP储能的偶联反应，称之为光合磷酸化作用。由于电子传递方式的不同，光合磷酸化过程主要有两种(图2-51)。

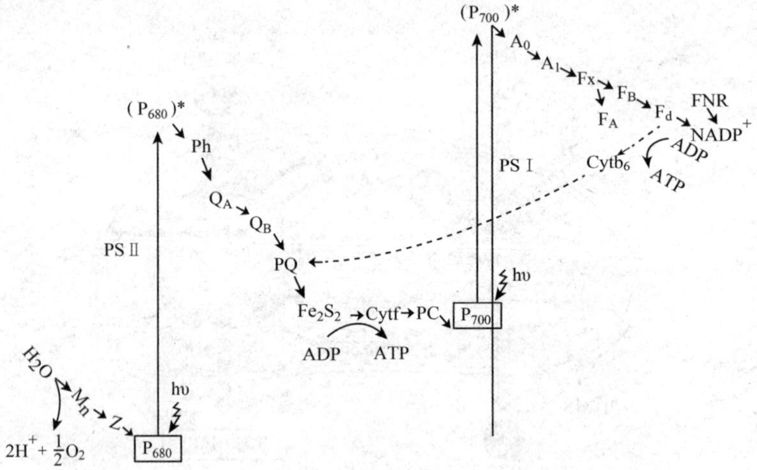

图2-51　光合作用中的两个光化学反应和电子传递(引自沈建忠《植物与植物生理学》)

Q. 光系统Ⅱ的电子受体；PQ. 质体醌；Cyt. 细胞色素；PC. 质体蓝素；

Fx. 光系统Ⅰ的电子受体；Fd. 铁氧还蛋白

①环式的光合磷酸化　光合电子只在PSⅠ中，被光能驱动，经由若干个电子传递体的传递，最后又回到了PSⅠ中，形成一个循环。伴随着这条环式电子传递途径所偶联的磷酸化作用只产生ATP，无水的光解、氧气的释放和NADPH的形成。

②非环式的光合磷酸化　是与开链式的电子传递方式相偶联的磷酸化过程。水光解产生的电子在PSⅡ、PSⅠ两个光系统中，经光的两次加能推动，沿着传递链上的电子传递体，最终到达NADP，形成NADPH。伴随着这条电子传递途径所偶联的磷酸化作用有ATP的产生、水的光解、氧气的释放和NADPH的形成。

在光化学反应和光合磷酸化作用中，形成的还原态辅酶Ⅱ(NADPH)和腺三磷(ATP)均是高能物质，暂时储存着活跃的化学能，在CO_2还原同化过程中，提供氢和能量，进而驱动碳素同化。

(3)光合碳同化

植物在利用形成的高能物质(NADPH 和 ATP)，把 CO_2 还原、转化成为稳定的碳水化合物的过程中，将活跃的化学能转化成稳定的化学能，称为碳同化。根据碳同化过程中最初产物所含碳原子的碳代谢的特点，碳同化途径可分为 C_3 和 C_4 途径。其中，C_3 途径是最基本的碳同化途径。

C_3 途径又称为卡尔文循环，该途径中 CO_2 固定后形成的磷酸甘油酸(PGA)为三碳化合物。只具有 C_3 循环的植物，称为 C_3 植物，如小麦、棉花、大豆和大多数树木等。由于这个循环中的 CO_2 受体是二磷酸核酮糖(RUBP)，也称其为还原的磷酸戊糖途径。

起源于热带的植物，如玉米、甘蔗等，它们固定 CO_2 时其受体是磷酸烯醇式丙酮酸(PEP)，最初产物不是磷酸甘油酸，而是草酰乙酸(OAA)等 4 个碳的二羧酸，因此把这一固定 CO_2 的途径，称为 C_4 途径。而把通过 C_4 途径固定 CO_2 的植物，称为 C_4 植物。这类植物大多起源于热带或亚热带，主要集中于禾本科、莎草科、菊科等 20 多个科的 1300 多种植物中。其中禾本科占 75%，但农作物中只有玉米、高粱等数种适合于高温、强光和干旱条件下生长的植物属于 C_4 植物。C_4 植物具有光合效率高，光呼吸很低的特征。

C_3 植物与 C_4 植物叶片的结构有明显的差异(图 2-52)。C_4 植物叶片围绕着维管束有两类不同功能的光合细胞紧密排列，内层为维管束鞘细胞，其外为一至数层叶肉细胞，两类细胞之间有许多胞间连丝相连，这些维管束鞘发达并内含大型的叶绿体。而 C_3 植物却没有这种结构，维管束鞘细胞小，周围的叶肉细胞排列较松散；只有叶肉细胞内含有叶绿体，因此维管束鞘细胞不积存淀粉。

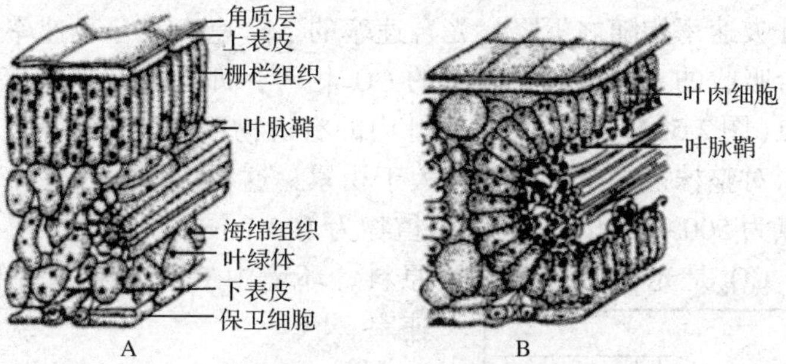

图 2-52　C_3 植物和 C_4 植物叶片解剖结构比较

(引自贾东坡《植物与植物生理》)

A. C_3 植物　B. C_4 植物

2. 影响光合作用的因子

(1)影响光合作用的内部因素

①叶绿素的含量　叶绿素是光合作用的必需条件。在一定范围内，叶绿素含量越高，光合速率越高。但是当叶绿素含量超过一定限度之后，其含量对光合作用就没有影响了。这是因为叶绿素已经过剩，与叶绿素密切相关的光化学反应，已不再是光合作用的限制因子。

②叶片的发育和结构　叶片在幼嫩的时候，光合速率很低，随着叶片的生长，光合速

率不断加强，当叶片衰老变黄时，光合速率则下降。

③光合产物的积累与输出　光合产物(特别是糖)的积累会使光合作用减弱；反之，光合产物运出则会加强叶片的光合速率。同化物的外运和叶片的生长过程联系紧密，只有光合作用足够强时，才可能有大量同化物向叶片外面运输，而同化物的外运反过来又会促进光合作用的进行。

④不同生育期　植物不同生育期的光合速率，从苗期起，随植株的成长逐渐增强，到现蕾开花期达到最高峰。开花后由于收获器官形成期间，同化物大量外运，也促进了光合作用的进行。到了生育后期，随着植株衰老，光合速率逐渐下降。

由于不同植物的内因各有差别，因此，在相同的外界条件下，不同植物的光合速率差异很大。

(2)影响光合的外界因素

①光照强度　光是光合作用能量的来源，又是叶绿素形成的条件，光照通过影响气孔的开闭，从而影响 CO_2 的进入。此外，光照还会影响大气温度和湿度的变化。因此，光照条件与光合速率关系极为密切。光照强度的单位为勒克斯(Lux)，可用照度计来测量，一般夏季晴天中午，地面的光照强度约为 10×10^4 Lux，阴天时光照只有 1×10^4~2×10^4 Lux。

光饱和点　植物在较低的光照强度下就可进行光合作用，但此时光合速率很低，随着光照的增强，光合速率也增强，当光强达到一定强度时，光合速率便达到最大值。以后，即使继续增加光强，光合速率也不再增加，这种现象称为光饱和现象。开始达到光饱和现象时的光照强度，称为光饱和点(图 2-53)，各种植物的光饱和点不同。

光补偿点　光照强度较高时，植物的光合速率要比呼吸速率高若干倍。当光照强度下降，光合速率和呼吸速率均随之下降，光合速率的下降速率较呼吸速率快。当光照降低到一定数值时，光合吸收的 CO_2 与呼吸放出的 CO_2 相等，即净光合速率等于 0，这时的光照强度称为光补偿点(图 2-53)。此时，植物叶内的有机物不但没有积累，相反还会发生其他器官的呼吸消耗，对整株植物来说，消耗大于积累，这对植物生长发育非常不利。一般喜光植物的光补偿点为 500~1000 Lux，耐阴植物为 100 Lux。

②二氧化碳　CO_2 是光合作用的主要原料。环境中 CO_2 浓度的高低显著影响着光合速率。

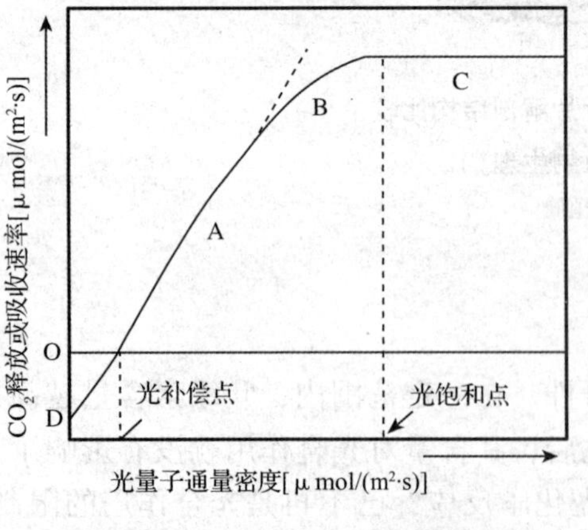

图 2-53　光饱和点和光补偿点示意

(引自陈忠辉《植物与植物生理》)

CO_2 补偿点　植物光合作用吸收 CO_2 和呼吸作用放出的 CO_2 相等时，环境中的 CO_2 浓度。各种植物的 CO_2 补偿点不同。玉米等 C_4 植物为 0~10 μg/g，称为低补偿点植物。小麦等 C_3 植物为 40~100 μg/g，称为高补偿点植物。低补偿点植物能利用较低浓度 CO_2，其利用 CO_2 能力较高补偿点植物强。在光饱和点时，CO_2 低补偿点植物的光合速率可达到高补偿点植物的 2 倍。

CO_2 饱和点　当空气中 CO_2 浓度超过 CO_2 补偿点以后，随着 CO_2 浓度的增高，光合速率也不断增强。当 CO_2 浓度增加到一定限度，植物的光合速率便不再增强，这时环境中的 CO_2 浓度称为 CO_2 饱和点。在光照 $5\times10^4\sim10\times10^4$ Lux 的条件下，大多数植物的 CO_2 饱和点为 800～1800 μg/g。CO_2 浓度超过饱和点后，将引起气孔保卫细胞原生质中毒、导致气孔开度减小、阻力增大，直至气孔关闭，阻止了 CO_2 向叶肉扩散，从而抑制了光合作用。因此，有 CO_2 饱和现象。

③温度　温度对光合碳同化酶系活性的影响甚大，当温度增高时，叶绿体内基质中的酶促反应速度会增强，但同时酶的变性或破坏速度也加快，因此，光合碳同化与温度的关系也和任何酶促反应一样，有最高、最低和最适温度。热带植物在低于 5～7 ℃的气温下，即不能进行光合作用，而温带和寒带植物在 0 ℃以下，都能进行光合作用。光合作用的最适温度也因植物而不同。C_3 植物一般在 10～35 ℃下可正常进行光合作用，最适气温为 25～30 ℃；温度超过 35 ℃，光合作用就开始下降，在 40～50 ℃时光合作用几乎停止。C_4 植物光合作用的最适温度一般在 40 ℃左右。低温影响光合作用，主要是因为酶促反应受到抑制。高温对光合作用的不利影响是多方面的：酶钝化，叶绿体的结构破坏；失水过多，气孔开度减小，CO_2 向叶肉细胞的供应减少；呼吸最适温度高于光合最适温度，呼吸速率的增加幅度大于光合速率，因此较高气温有利于呼吸而不利于光合。

④水分　叶片接近水分饱和时，才能进行正常的光合作用。而当叶片缺水达 20% 左右时，光合作用就会受到明显抑制。虽然水是光合作用的原料，但光合作用所利用的水比起植物所吸收的水来占极小的比例(1%)，因此水分作为光合作用的原料是不会缺乏的。当土壤干旱和大气湿度较低时，叶片组织的含水量直接受到影响。叶片组织缺水时，对光合作用影响也是多方面的，主要表现为：气孔关闭，CO_2 不能进入叶肉细胞，叶肉细胞内淀粉的水解作用加强，光合产物运出速度缓慢，导致糖分累积，从而使光合作用减弱。

⑤矿质元素　矿质元素直接或间接影响光合作用。氮、镁、铁、锰等是叶绿素生物合成所必需的矿质元素；钾、磷等参与碳水化合物代谢，缺乏时可影响糖类的转化和运输，从而间接影响植物光合作用；同时，磷还参与光合作用中间产物的转化和能量传递，对光合作用的影响很大。在一定范围内，营养元素越多，光合速率就越大。

3. 反映光合作用的指标

(1)光合速率

光合速率是单位时间和叶面积同化 CO_2 的量，通常以 CO_2 mg/(dm² · h)或 CO_2 μmol/(m² · s)表示。一般测定光合速率的方法都没有把叶片的呼吸作用考虑在内，因此测定的结果实际是光合作用减去呼吸作用的差数，称为净光合速率。

(2)叶面积指数

叶面积指数是指单位土地面积上植物的总叶面积，叶面积指数越大，叶片交错重叠程度越大，对植物产量影响越大。主要是因为植物的叶面积系数在一定范围内，数值越大，光合积累有机物越多，产量便越高。

$$\text{植株叶片总面积}=\text{叶面积系数}\times\text{所占土地面积}$$

(二)呼吸作用

呼吸作用是指生物体内的有机物在细胞内经过一系列的氧化分解，最终生成二氧化碳或其他产物，并且释放出能量的过程，又称生物氧化。呼吸作用不仅提供植物生命活动所需要的大部分能量，而且还为各种有机物合成提供原料。呼吸作用根据是否有氧气参加，可分为有氧呼吸和无氧呼吸两种类型。

有氧呼吸是指生活细胞在氧气的参与下，在一系列酶的作用下，将有机物彻底氧化降解为二氧化碳和水，并放出全部能量的过程。有氧呼吸是植物进行呼吸的主要形式，其反应式如下：

$$C_6H_{12}O_6 + 6O_2 \rightarrow 6CO_2 + 6H_2O + 2870\ kJ$$

无氧呼吸一般指在无氧条件(如密闭或淹水等)，在一些酶的作用下，细胞利用有机物分子内部的氧，无游离氧参加而使某些有机物氧化分解为不彻底的氧化产物，同时释放能量的过程。无氧呼吸的产物通常有酒精、乳酸。而草酸、苹果酸、酒石酸、柠檬酸等也常是植物无氧呼吸的产物。酵母菌在缺氧的条件下，将糖分解为酒精和二氧化碳，并放出能量的过程称为酒精发酵。乳酸细菌在缺氧的条件下使糖转化为乳酸称为乳酸发酵。

1. 呼吸作用的过程

在高等植物中存在着多条呼吸代谢的生化途径，当一条途径受阻时，可通过另一条途径进行呼吸，以维持正常的生命活动。这是植物在长期进化过程中，所形成的对多变环境条件适应的现象。在缺氧条件下进行酒精发酵和乳酸发酵，在有氧条件下进行三羧酸循环和磷酸戊糖循环途径，还有脂肪酸氧化分解的乙醛酸循环以及乙醇酸氧化途径等。它们之间的关系如图 2-54 所示。

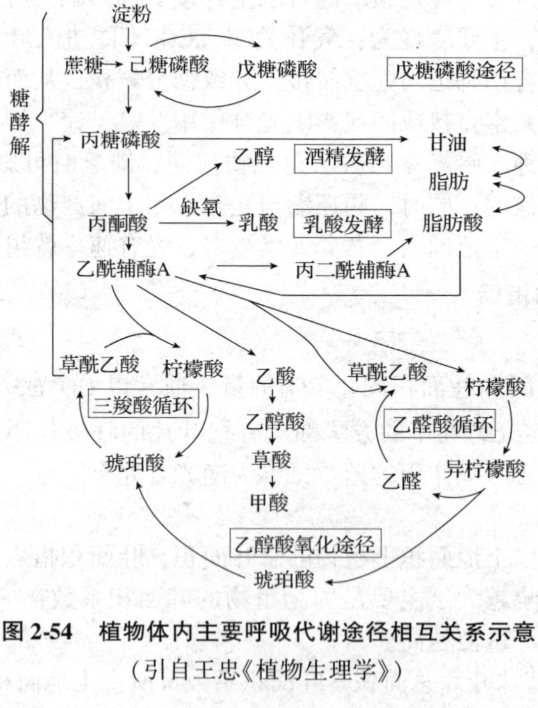

图 2-54　植物体内主要呼吸代谢途径相互关系示意

(引自王忠《植物生理学》)

葡萄糖是最主要、最直接的呼吸基质。现以 1 mol 葡萄糖的氧化降解过程为例，简要介绍这几条途径的呼吸降解过程及其相互关系。

(1) 糖酵解

糖酵解是指己糖降解成丙酮酸的过程(简称 EMP 途径)，即呼吸基质葡萄糖，在一系列酶的作用下，生成丙酮酸，同时释放能量的过程。这个过程不需要游离氧的参与，其氧化作用所需要的氧来自水分子和被氧化的糖分子。如图 2-55 所示，糖酵解途径可分为己糖的活化(①~⑨)、己糖裂解(⑩~⑪)和丙糖氧化(⑫~⑯)3 个阶段，1 mol 葡糖经过糖酵解分解成为 2 mol 丙酮酸。

(2)有氧呼吸系统

①三羧酸循环　糖醇解产物丙酮酸，在有氧的条件下，经三羧酸和二羧酸的循环反

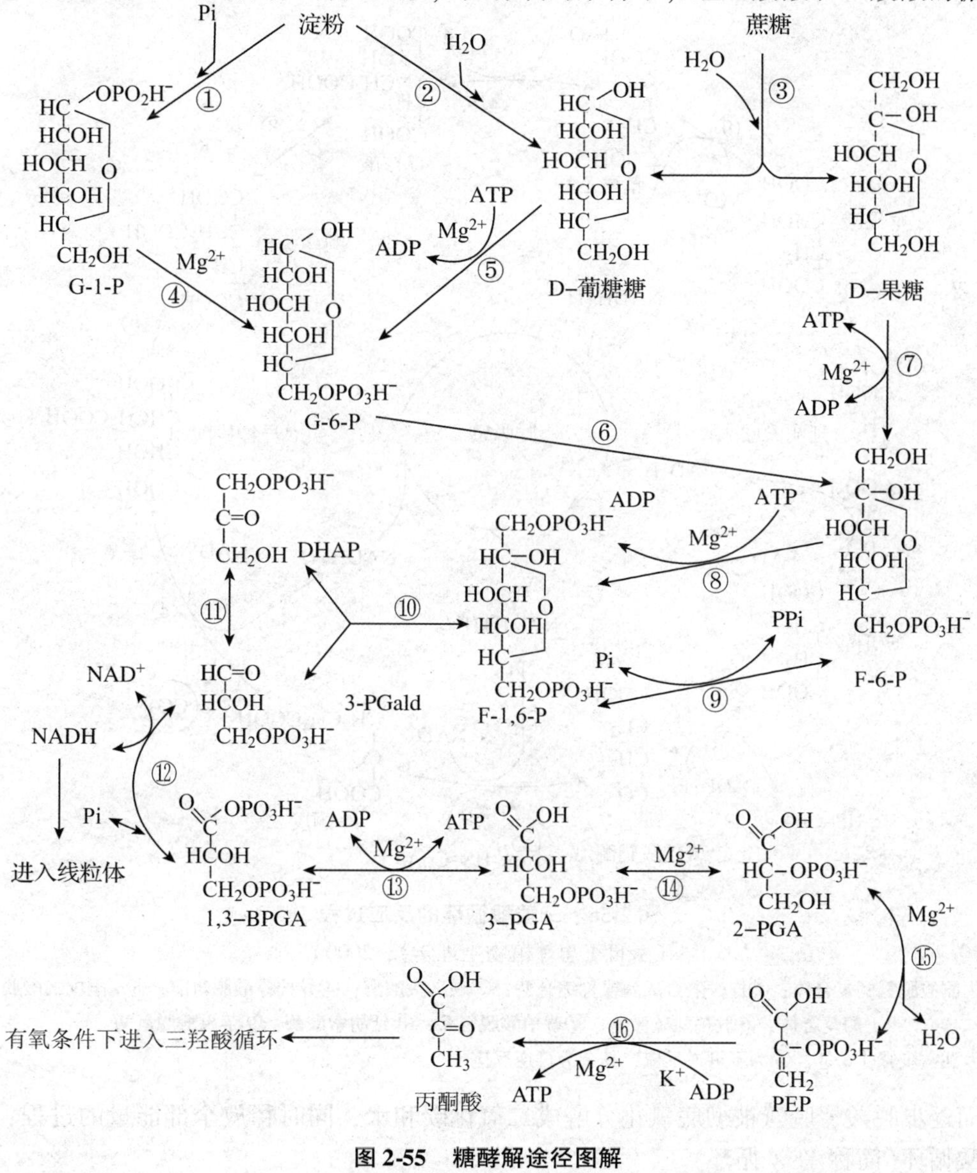

图 2-55　糖酵解途径图解

（引自王忠《植物生理学》，2000）

①淀粉磷酸化酶；②淀粉酶；③蔗糖酶；④磷酸葡萄糖变位酶；⑤己糖激酶；⑥磷酸己糖异构酶；⑦果糖激酶；⑧ATP - 磷酸果糖激酶；⑨焦磷酸-磷酸果糖激酶；⑩醛缩酶；⑪磷酸丙糖异构酶；⑫3 - 磷酸甘油醛脱氢酶；⑬磷酸甘油酸激酶；⑭磷酸甘油酸变位酶；⑮烯醇化酶；⑯丙酮酸激酶

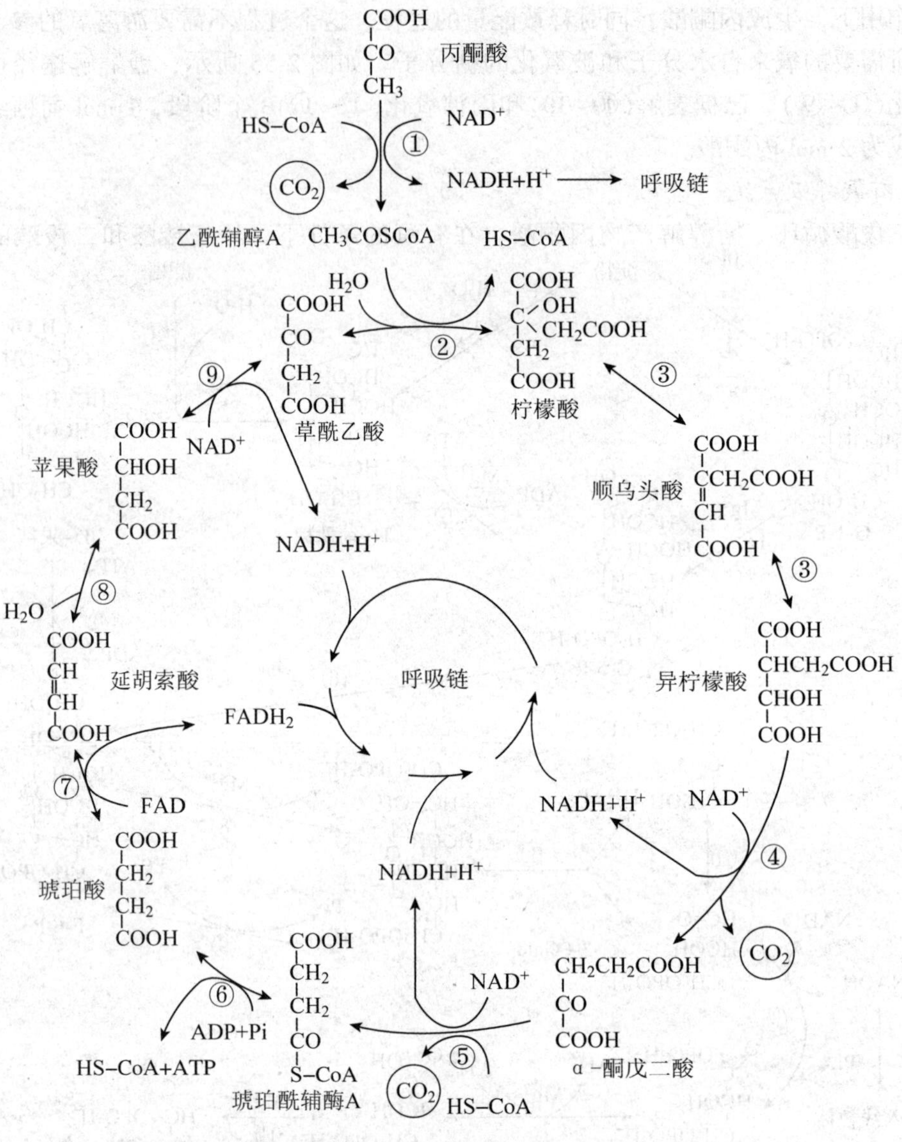

图 2-56　三羧酸循环的反应过程

（引自王忠《植物生理学》，2000）

①丙酮酸脱氢酶复合体；②柠檬酸合成酶或称缩合酶；③顺乌头酸酶；④异柠檬酸脱氢酶；⑤α 酮戊二酸脱氢酶复合体；⑥琥珀酸硫激酶；⑦琥珀酸脱氢酶；⑧延胡索酸酶；⑨苹果酸脱氢酶

注：步骤①、④、⑤为不可逆反应，其余为可逆反应

应，而逐步脱羧、脱氢被彻底氧化分解成二氧化碳和水，同时释放全部能量的过程，称为三羧酸循环(简称 TCA 循环)。

TCA 循环途径的主要生化转化历程共有 9 步反应(图 2-56)。

三羧酸循环过程中，2 mol 的丙酮酸在有氧的条件下，在一系列酶的作用下，经过 FAD，NAD^+脱氢辅酶的脱氢，进一步氧化脱羧、脱氢，产生 CO_2(呼吸作用释放的 CO_2)，同时释放 2 mol 底物水平的 ATP，8 mol 还原态的辅酶 NADH 和 2 mol $FADH_2$。

②磷酸戊糖循环　植物在正常生长的条件下，EMP－TCA 循环是主要的呼吸降解途径。这一途径包括糖酵解、三羧酸循环、电子传递和氧化磷酸化 3 大过程。其中糖酵解是在细胞质中进行的，三羧酸循环、电子传递和氧化磷酸化则是在线粒体中进行的。但是研究表明，EMP－TCA 循环途径并不是高等植物有氧呼吸的唯一途径。在另一途径中，葡萄糖不会预先分解为 2 mol 的丙糖分子，而是磷酸化为磷酸葡萄糖后，直接氧化成磷酸葡萄糖酸，再降解为戊糖以至丙糖。由于在这个循环中，葡萄糖被氧化时产生磷酸戊糖，因此称为磷酸戊糖循环。又因为葡萄糖在反应开始时，直接被氧化脱氢，因此也称为葡萄糖的直接氧化途径(简称 HMP 循环)。磷酸戊糖途径所占的比例较小(一般小于 30%)。催化磷酸戊糖途径各反应的酶和催化糖酵解各反应的酶都存在于细胞质中，因此两大途径的各过程进行的部位一样都是在细胞质中。

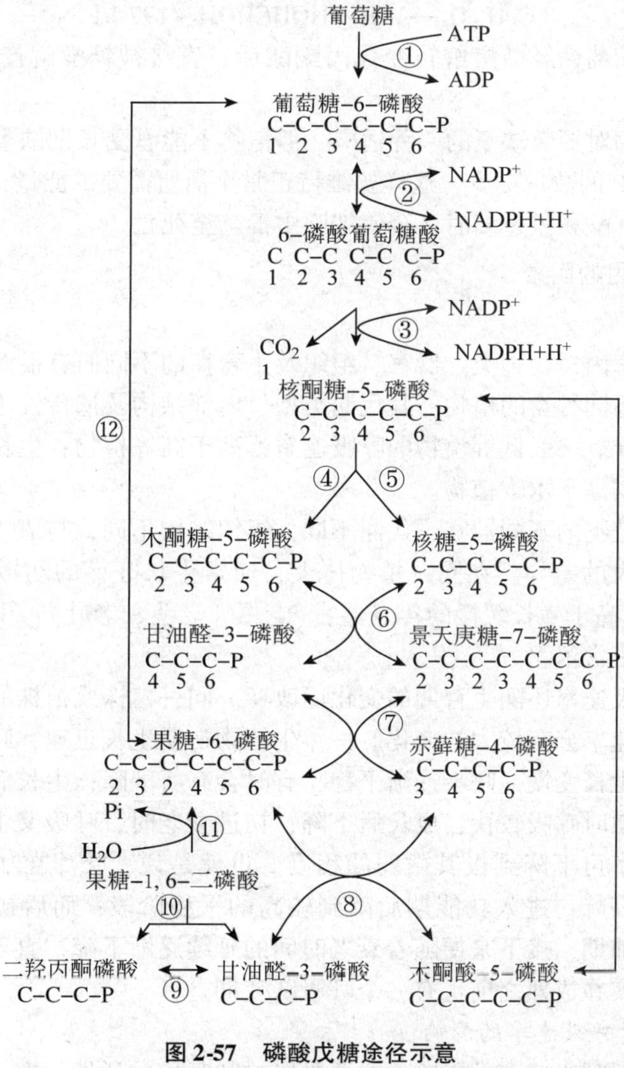

图 2-57　磷酸戊糖途径示意

(引自萧浪涛《植物生理学》，2004)

①己糖激酶；②6－磷酸－葡萄糖脱氢酶；③6－磷酸－葡萄糖酸内脂酶；④磷酸葡萄糖酸脱氢酶；⑤磷酸核酮糖异构酶；⑥磷酸核糖异构酶；⑦转酮醇酶；⑧转醛醇酶；⑨磷酸丙糖异构酶；⑩醛缩酶；⑪磷酸果糖激酶；⑫磷酸己糖异构酶

磷酸戊糖循环途径是葡萄糖在细胞质内直接氧化的途径。其主要生化过程如图 2-57 所示。整个磷酸戊糖循环途径共产生 2 mol NADPH 和 1 mol CO_2。

(3)无氧呼吸

无氧呼吸的最初阶段都要经历糖酵解的过程产生丙酮酸，由丙酮酸开始，再沿不同途径进行。

①酒精发酵　这是一条无氧呼吸的主要途径。反应式如下：

$$C_6H_{12}O_6 \rightarrow 2C_2H_5OH + 2CO_2 + 226\ kJ$$

具体过程是：葡萄糖经糖酵解转变成丙酮酸，丙酮酸脱羧转变成乙醛，乙醛被糖酵解产生的 NADH 还原成为乙醇(酒精)。

②乳酸发酵　反应式如下：

$$C_6H_{12}O_6 \rightarrow 2CH_3CHOHCOOH + 197\ kJ$$

具体过程是：葡萄糖经糖酵解转变成丙酮酸后，直接被糖酵解产生的 NADH 还原为乳酸。

无氧呼吸是植物对短暂缺氧的一种适应，但植物不能忍受长期缺氧。无氧呼吸释放能量很少，转换成 ATP 的数量更少，这样要维持正常生活所需要的能量，就要消耗大量有机物。同时，酒精和乳酸积累过多时，会使细胞中毒甚至死亡。

2. 影响呼吸作用的因素

(1)植物内部因素

植物的呼吸速率因植物种类、器官、组织及生育期的不同而有很大差异。

①植物种类　不同种类的植物，其代谢类型、内部结构及遗传性不会完全相同，必然造成呼吸速率的差异。一般低等植物的呼吸速率远高于高等植物；生长快的植物高于生长慢的植物；草本植物高于木本植物。

②器官　同一植物的不同器官，代谢不同，组织结构不同，与氧气接触程度不同，因此呼吸速率也有很大的差异。在同一植物体上，通常生长旺盛的幼嫩器官(根尖、茎尖、嫩叶等)的呼吸速率高于生长缓慢的年老器官(老根、老茎、老叶)；生殖器官高于营养器官；受伤组织高于正常组织。

③生育期　呼吸速率还随生育期的变化而改变。同一植株或植株的同一器官在不同的生长过程中，呼吸速率会有较大的变化。一年生植物初期生长迅速，呼吸速率升高；到一定时期，随着植物生长变慢，呼吸逐渐平稳，有时会有所下降；生长后期开花时又有所升高。植物的叶片幼嫩时呼吸较快，成长后下降；初进衰老时，呼吸又上升，而后渐降；到衰老后期，呼吸速率可下降到极其微弱的程度。也就是说，叶片在功能前期处于生长阶段，呼吸速率在最高峰；进入功能期后降到较高的平稳阶段；而后初进衰老时又略有升高，但远不及功能前期，接下来便随着衰老时间的延续逐渐下降，直至呼吸停止，叶片脱落。许多肉质类果实在成熟之前也有一个呼吸跃变期。

(2)外界条件对呼吸速率的影响

①温度　温度对呼吸速率的影响，主要是影响呼吸酶的活性。在一定范围内，呼吸速率随气温的增高而加快，超过一定气温，呼吸速率则会随着气温的升高而下降。温度对呼吸作用的影响体现在温度三基点(最高温度、最适温度、最低温度)上。一般来说，植物的

呼吸作用在接近 0 ℃时进行得很慢。大多数温带植物呼吸的最低温度约为 −10 ℃，最高温度一般在 35～45 ℃，呼吸作用的最适温度为 25～35 ℃。温度的另一间接效应是影响氧在水介质中的溶解度，从而影响呼吸速率的变化。

②水分　植物细胞含水量对呼吸作用的影响很大，因为原生质只有被水饱和时，各种生命活动才能旺盛地进行。在一定范围内，呼吸速率随着组织含水量的增加而升高。

③氧气　氧气是植物进行正常呼吸的必要因子。它直接参与生物氧化过程，氧气不足，不仅可以影响呼吸速率，而且还决定呼吸代谢的途径(有氧呼吸或无氧呼吸)。大气中氧含量比较稳定，约为21%，对于植物的地上器官来说，基本能保证氧的正常供应。当氧含量降低到20%以下时，呼吸开始下降。氧含量降低到5%～8%时，呼吸作用将显著减弱。但是，不同植物对环境缺氧的反应并不相同。例如，水稻种子萌发时缺氧呼吸本领较强，所需的氧含量仅为小麦种子萌发时需氧量的1/5。植物根系虽然能适应较低的氧浓度，但氧含量低于5%～8%时，其呼吸速度也将下降。

④二氧化碳　CO_2是呼吸作用的产物，当环境中 CO_2浓度增大时，三羧酸循环运转会受到抑制因而影响呼吸速率。当 CO_2浓度升高到1%以上时，呼吸作用受到明显抑制。

⑤机械损伤　机械损伤会显著加快组织的呼吸速率。由于正常生活着的细胞有一定的结构，其某些氧化酶与底物是隔开的，机械损伤破坏了原来的间隔，使底物迅速氧化，加快了生物氧化的进程；机械损伤使某些细胞转化为分生组织状态，形成愈伤组织去修补伤处，这些分生细胞的呼吸速率当然比原来休眠或成熟组织的呼吸速率快得多。机械刺激也会引起叶片的呼吸速率发生短时间的波动，因此，在测定植物样品的呼吸速率时，要轻拿轻放，避免因机械刺激带来的误差。

影响呼吸作用的外界因素除了上述的之外，呼吸底物(如可溶性糖)的含量、一些矿质元素(如磷、铁、铜等)对呼吸也有影响。此外，病原菌感染可使寄主的磷酸戊糖途径增强，呼吸速率提高。

3. 反映呼吸作用的指标

(1)呼吸速率

呼吸速率是表示呼吸强弱的定量指标。呼吸速率是指单位时间内、单位植物材料所放出的二氧化碳量或吸收的氧气量。时间单位多用小时表示；气体用毫克，也可用微升、微摩尔表示；植物材料可用干重、鲜重或面积表示。常用的单位是 CO_2(或 O_2) μmol/［干重 g(或鲜重 100g) ×h］。

(2)呼吸商

呼吸商又称为呼吸系数，简称 *RQ*，指植物组织在一定时间内放出二氧化碳的量与吸收氧气的量之比。它可以反映呼吸底物的性质和氧气供应状况。例如，多种植物叶片的 *RQ* 约为 1.05，禾谷类种子或其他淀粉类种子萌发时，*RQ* 接近 1。一些含油和脂肪类种子萌发时，*RQ* 约为 0.7。其计算公式为：

$$RQ = [\text{放出的 } CO_2(\text{体积或 mol})] / \text{吸收的 } O_2(\text{体积或 mol})]$$

二、植物水分和养分代谢

(一)水分代谢

植物对水分的吸收、运输、利用和散失的整个过程称为植物的水分代谢。一般来说，生长旺盛和代谢活跃的器官或组织含水量较高。自由水/束缚水是衡量植物代谢强弱和抗性强弱的生理指标之一。其中，束缚水是指细胞内与原生质胶粒紧密结合而不能自由移动的水分；自由水是指细胞内距离原生质胶粒较远而可以自由移动的水分。

1. 水在植物生命活动中的作用

水分在植物生命活动中的作用是多方面的，主要表现如下：

①水分是细胞质的主要成分　细胞质的含水量一般为70%~80%，使细胞质呈溶胶状态，有利于新陈代谢正常进行。在含水量减少的情况下，细胞质变成凝胶状态，生命活动减弱。

②水分是代谢作用过程的反应物质　水参与植物中的光合作用、呼吸作用、有机物质合成和分解等过程。植物细胞的正常分裂和生长都必须有充足的水分。

③水分是植物对物质吸收和运输的溶剂　一般来说，植物不能直接吸收固态的无机物质和有机物质，这些物质只有溶解在水中才能被植物吸收。各种物质在植物体内的运输、分解、合成都需水作为介质。

④水分可以保持植物的固有姿态　由于细胞含有大量水分，维持了细胞的紧张度(即膨压)，使植物枝叶挺立，便于充分接受光照和交换气体；在植物开花时能使花瓣展开，有利于传粉和受精。

⑤水分可以调节植物的体温　水分有较高的汽化热，有利于通过蒸腾作用散热，保持植物适当的体温，避免在烈日下灼伤。

2. 植物细胞对水分的吸收

植物的生命活动是以细胞为基础的，一切生命活动都是在细胞内进行的。植物细胞对水分的吸收有3种方式：渗透性吸水、吸胀性吸水、代谢性吸水。在这3种吸水方式中，渗透吸水是细胞吸水的主要方式。

(1)植物细胞的渗透性吸水

①水的化学势和水势　根据热力学原理，系统中物质的总能量可分为束缚能和自由能两部分。束缚能是不能转化为用于做功的能量，而自由能是在温度恒定的条件下用于做功的能量。任何物质每摩尔的自由能，称为该物质的化学势。当温度、压力及物质数量(水分以外)一定时，由水(摩尔)量变化引起的体系自由能的改变量，称为水的化学势。水的化学势是随着温度、压力、水以外的物质以及其他因素(如吸附力、张力、重力等)的变化而变化。水的化学势用其相对值($\Delta\mu_w$)来衡量。通常把水的化学势除以水的偏摩尔体积$V_{w,m}$使其具有压力的单位，称为水势，即偏摩尔体积的水在一个系统中的化学势与纯水在相同温度压力下的化学势之间的差，通常表示为：

$$\psi_w = \frac{v_w - \mu_w^0 - \Delta\mu_w}{\mu_{w,m} - \mu_{w,m}^0}$$

式中　ψ_w——水势；

$\mu_w - \mu_w{}^0$——化学势差（$\Delta\mu_w$），单位为 J/mol，J = N · m；

$V_{w,m}$——水的偏摩尔体积，单位为 m^3/mol。

则水势：

$$\psi_w = \frac{\mu_w - \mu_w^0}{v_{wim}} = \frac{J \cdot mol^{-1}}{m^3 \cdot mol^{-1}} = \frac{J}{m^3} = \frac{N}{m^2} = Pa$$

水势单位为帕（Pa），一般用兆帕（MPa，1 MPa = 10^6 Pa）来表示。过去曾用大气压（atm）或巴（bar）作为水势单位，它们之间的换算关系是：1 bar = 0.1 MPa = 0.987 atm，1 标准 atm = 1.013 × 10^5 Pa = 1.013 bar。

②细胞的渗透作用　把溶质在溶剂中均匀分散的趋势称为扩散作用。在一个渗透系统中，水的移动方向决定于半透膜两侧溶液的水势高低。发生渗透作用需要两个条件：一是具有半透膜；二是半透膜两侧具有浓度差。水分从水势高的系统通过半透膜向水势低的系统移动的现象，称为渗透作用。具有液泡的细胞，主要靠细胞的渗透作用吸水。

③植物细胞间的水分移动　植物相邻细胞间水分移动的方向取决于细胞之间的水势差，水总是从水势高的细胞流向水势低的细胞。当外界溶液的水势大于植物细胞的水势时，细胞正常吸水；当外界溶液的水势小于植物细胞的水势时，植物细胞失水；当植物细胞和外界溶液的水势相等时，植物细胞既不吸水也不失水，暂时达到动态平衡。

（2）吸胀性吸水（未形成液泡的细胞）

在干燥种子的细胞中，组成细胞壁成分的纤维素和原生质成分的蛋白质等生物大分子都是亲水性的，它们对水分的吸引力很强，这种吸引水分子的力量称为吸胀力，因吸胀力的存在而吸收水分的作用称为吸胀作用。蛋白质类物质吸胀力量最大，淀粉次之，纤维素较小。一般而言，干燥种子在细胞形成中央液泡之前主要靠吸胀吸水。细胞内亲水物质通过吸胀力而结合的水称为吸胀水，它是束缚水的一部分，高温时不蒸发、低温时不结冰。细胞吸水饱和时 $\psi_w = 0$。

（3）代谢性吸水（直接耗能）

利用细胞呼吸释放出的能量，使水分经过质膜进入细胞的过程称为代谢性吸水。不少试验证明：当通气良好引起细胞呼吸速率增强时，细胞吸水加快；相反，减小 O_2 或使用呼吸抑制剂处理时，细胞呼吸速率降低，细胞吸水减少。

水分进入细胞的途径主要有扩散、集流、水孔蛋白 3 种。扩散是单个水分子通过膜脂双分子层的间隙进入细胞（依浓度梯度）。集流是通过质膜上水孔蛋白组成的水通道进入细胞（依靠压力梯度）。水孔蛋白是一类具有选择性地、高效转运水分的膜通道蛋白。

3. 蒸腾作用

植物吸收的水分中仅有 1%～5% 用于代谢，95%～99% 散失到体外。水分散失的途径有液态散失和气态散失两种方式。蒸腾作用是指水分以气态通过植物体表面（主要是叶片），从体内散失到大气中的过程。

（1）蒸腾作用的生理意义

蒸腾作用尽管是散失水分的过程，但它对植物正常的生命活动具有积极的意义。

①蒸腾作用是植物吸水和水分运输的主要动力　如果没有蒸腾作用产生的拉力，植物

较高部位就得不到水分的供应，矿质盐类也不可能随蒸腾液流而分布到植物体的各个部位，蒸腾拉力对高大乔木尤其重要。

②蒸腾作用可降低植物的温度　据测定，夏天在直射光下，叶面温度可达 50～60 ℃。由于水的汽化热比较高，在蒸腾过程中把大量的热量带走，从而降低了叶面的温度，使植物免受高温的伤害。

③蒸腾作用有利于促进木质部汁液中物质的运输，有助于根部吸收的无机离子以及根中合成的有机物转运到植物体的地上部分，满足植物生命活动的需要。

④蒸腾作用使气孔张开，有利于 CO_2 的进入和呼吸作用对氧的吸收。

(2)蒸腾作用的部位

幼小的植物地上部分都能进行蒸腾作用。木本植物长成以后，其茎杆与枝条表面发生栓质化，只有茎枝上的皮孔可以进行蒸腾作用，称为皮孔蒸腾。皮孔蒸腾仅占全部蒸腾的 0.1%，因此，植物的蒸腾作用主要通过叶片进行。

(3)叶片蒸腾的方式

叶片蒸腾有两种方式：一种是通过角质层进行蒸腾；另一种是通过气孔进行蒸腾。这两种蒸腾方式在蒸腾作用中所占的比重，与植物种类、生长环境、叶片年龄有关。其中，角质蒸腾，约占全部蒸腾的 5%～10%，与角质层厚薄有关，成熟叶片的角质蒸腾仅占总蒸腾的 3%～5%；气孔蒸腾是一般中生植物和旱生植物叶片蒸腾的主要形式，效率高，气孔面积一般不超过叶面积的 1%，但通过气孔的蒸腾量却达到叶片同样面积的蒸发量的 50%以上(图 2-58)。如生长在潮湿环境中的植物，其角质蒸腾往往超过气孔蒸腾，幼嫩叶子的角质蒸腾可占总蒸腾量的 1/3～1/2。但一般植物的功能叶片，角质蒸腾量很小。

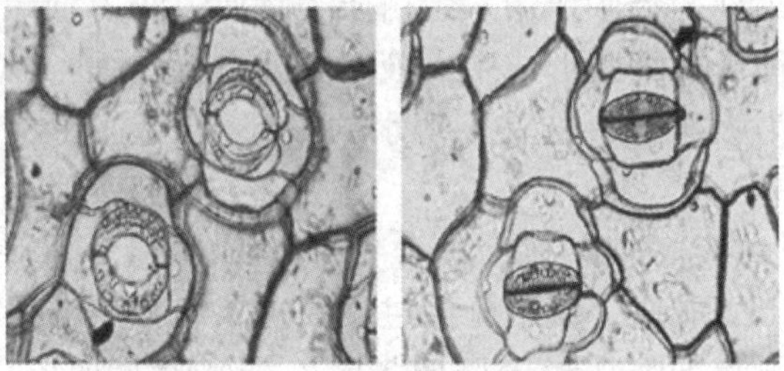

A　　B

图 2-58　双子叶植物气孔的运动

A. 张开　B. 关闭

(4)蒸腾作用的数量指标

常用的蒸腾作用的数量指标有 3 种。

①蒸腾速率　植物在一定时间内单位叶面积上散失的水量称为蒸腾速率，又称为蒸腾强度，常用 g/(dm^2·h)来表示。大多数植物通常白天的蒸腾速率是 0.15～2.5 g/(dm^2·h)，晚上是 0.01～0.2 g/(dm^2·h)。

②蒸腾比率或蒸腾效率　植物每消耗 1 kg 水所形成干物质的量(g)，或者说在一定时间内干物质的累积量与同期所消耗的水量之比，称为蒸腾比率，也称为蒸腾效率。野生植物的蒸腾比率是 1～8 g/kg 水，而大部分作物的蒸腾比率是 2～10 g/kg 水。

③蒸腾系数或需水量　植物制造 1 g 干物质所消耗的水量(g)称为蒸腾系数(或需水

量)。一般野生植物的蒸腾系数是125～1000，而大部分作物的蒸腾系数是120～700，植物不同蒸腾系数也有一定差异。

(5)影响蒸腾作用的环境因素

影响蒸腾作用的环境因素主要有以下几点：

①温度 在一定范围内气温升高蒸腾加快，因为在较高的气温下，水分子汽化及扩散加快。

②大气湿度 大气湿度对蒸腾的强弱影响极大。大气湿度越小，叶内外蒸汽压差越大，叶内水分子很容易扩散到大气中去，蒸腾越快。反之，大气湿度大，叶内外蒸汽压差小，蒸腾受抑制。

③光照 光照加强，蒸腾加快，因为光可促进气孔的开放，并提高大气与叶面的气温，加速水分的扩散。

④风 风对蒸腾的影响比较复杂：微风能把叶面附近的水汽吹散，并摇动枝叶，加快叶内水分子向外扩散，从而促进蒸腾作用；但强风会使气孔关闭和降低叶温，减少蒸腾。

⑤土壤条件 因植物地上部的蒸腾与根系吸水有密切关系，因此，各种影响根系吸水的土壤条件，如土壤温度、土壤通气状况、土壤溶液的浓度等，均可间接影响蒸腾作用。

(6)降低蒸腾的途径

①加强栽培管理措施 通过选用优良品种、合理密植、设施栽培、修剪等措施来实现降低植物蒸腾作用。

②使用抗蒸腾剂 主要有代谢型、薄膜型、反射型抗蒸腾剂几种。其中，代谢型抗蒸腾剂，如脱落酸、阿特拉津、黄腐酸等，能减小保卫细胞膨胀，使气孔开度变小；薄膜型抗蒸腾剂，如硅酮、乳胶、丁二烯丙烯酸等，在叶面形成分子薄层，阻碍水分散失；反射型抗蒸腾剂，如高岭土等，施于叶面后，能反射光，降低叶温，从而减少蒸腾量。

4. 植物根系对水分的吸收

植物根系吸水是陆生植物吸水的主要途径。

(1)植物根系吸水的部位

根系吸水主要在根尖进行，由于根尖的根冠、分生区和伸长区细胞原生质浓，对水分移动阻力大，吸水能力较弱。根毛区已分化的输导组织发达，对水分的移动阻力小，因此根毛区吸水能力最强。

图 2-59 植物的吐水现象

(2)植物根系吸水的方式

植物根系吸水有被动吸水和主动吸水两种方式。被动吸水是以枝叶的蒸腾作用而引起的根部吸水。主动吸水是由植物根系的生理代谢活动形成的水势差使植物产生根压而引起的吸水现象。如伤流、吐水(图 2-59)。

主动吸水和被动吸水在植物吸水的过程中所占的比重，因植物生长状况和蒸腾速率而异。通常正在蒸腾着的植株，尤其是高大的树木，其吸水的主要方式为被动吸水。只有春季叶片未展开或树木落叶后，以及蒸腾速率很低的夜晚，主动吸水才是主要的吸水方式。

5. 植物体内水分的运输

陆生植物根系从土壤中吸收的水分，必须运到茎、叶和其他器官，供植物生理活动的需要或蒸腾到大气中。

(1)植物体内水分运输的途径

水分从被植物吸收到蒸腾到体外，需要经过下列途径：首先水分从土壤溶液进入根部，经根皮层薄壁细胞，到达木质部的导管和管胞中；然后水分沿着木质部向上运输到茎或叶的木质部(叶脉)；最后，水分从叶的木质部末端细胞进入气孔下腔附近的叶肉细胞的蒸发部位，通过气孔蒸腾出去(图2-60)。由此可知，土壤—植物—空气三者之间的水分是具有连续性的。

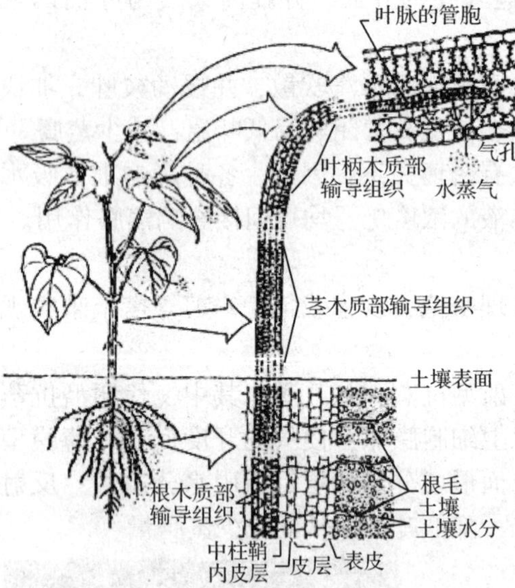

图2-60 植物体内水分运输的途径
[转引自方炎明《植物学》(第2版)]

水分在茎、叶细胞内的运输有两种途径：

①经过死细胞 导管和管胞都是中空无原生质体的长形死细胞，细胞和细胞之间都有孔，特别是导管细胞的横壁几乎消失殆尽，对水分运输的阻力很小，适于长距离的运输。裸子植物的水分运输途径是管胞，被子植物是导管和管胞。管胞和导管的水分运输距离依植株高度而定，有几厘米到几百米。

②经过活细胞 水分由叶脉到气孔下腔附近的叶肉细胞，是经过活细胞的渗透作用进行运输的。尽管这部分在植物体内的间距不过几毫米，但因为细胞内有原生质体，所以阻力很大，不适于长距离运输。没有真正输导系统的植物(如苔藓和地衣)株高仅几厘米。在进化过程中出现了管胞(蕨类植物和裸子植物)和导管(被子植物)，才有可能出现高达几米甚至上百米的植物。

(2)植物体内水分运输的速度

水分通过活细胞的运输速度较慢，一般只有10^{-3} cm/h。通过维管束中的死细胞(导管或管胞)和细胞间隙进行的长距离运输，速度较快，一般为3～45 m/h。

(3)水分运输的动力

水分沿导管或管胞上升的动力有蒸腾拉力和根压两种。

蒸腾拉力是由于叶片的蒸腾失水而使导管中水分上升的力量。对于高大的乔木而言，蒸腾拉力是水分上升的主要动力。如果蒸腾作用减弱或停止，根系的这种吸水就会随之减慢或停止。

由于水分子之间有较强的内聚力，水分子与导管壁之间也有较强的附着力，水分子的内聚力远远大于张力(图2-61)，可以保证在导管中的水柱连续不断上升。这种由于水分子蒸腾作用和分子间内聚力大于张力，使水分在导管内连续不断向上运输的理论，称为蒸腾—内聚力—张力学说，也称内聚力学说。

根压是由于根系的生理活动，使液流从根部上升的压力。伤流和吐水是根压存在的典型现象。不同植物的根压大小不同，大多数植物的根压一般不超过 -0.2 MPa，-0.2 MPa 的根压可使水分沿导管上升到 20.4 m 的高度。在蒸腾作用比较旺盛时根压很小，只在早春树木刚发芽，叶子尚未展开时，根压对水分上升才起主要作用。

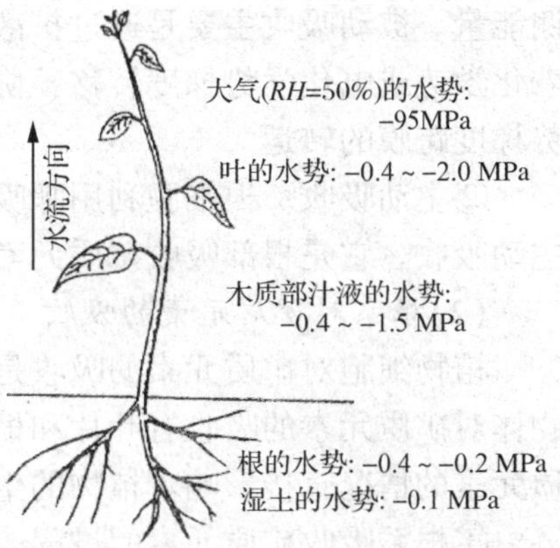

图 2-61　植物体内不同部位的水势

（二）矿质营养代谢

高等植物是自养的有机体，能从周围环境中摄取无机养分，在体内合成它们所需的有机物。植物除了从土壤中吸收水分外，还要从中吸收各种矿质元素和氮素，来维持正常的生命活动。通常把植物对矿质元素的吸收、运转和同化，称为矿质营养代谢。

1. 矿质营养元素及其生理作用

测试分析表明，植物中至少有 70 多种矿质元素，但并不是每一种元素都是植物必需的。已确定植物必需的矿质（含氮）元素有 13 种，它们是氮（N）、磷（P）、钾（K）、钙（Ca）、镁（Mg）、硫（S）、铁（Fe）、铜（Cu）、硼（B）、锌（Zn）、锰（Mn）、钼（Mo）、氯（Cl）；加上从空气和水中得到的碳（C）、氢（H）、氧（O）一共 16 种。根据植物对这些元素的需求量，把它们分为两大类：一类是植物需要较多，有碳、氢、氧、氮、磷、钾钙、镁、硫等称为大量元素，它们约占植物干重的 0.1% 以上；另一类是植物需要量极少，占干重的 0.01% 以下，称为微量元素，有铁、硼、锰、锌、铜、钼、氯等。虽然植物对微量元素的需要量很少，但缺乏时植物不能正常生长；若稍有过量，反而对植物有害，甚至导致植物死亡。

这些植物必需矿质元素在植物体内有 3 个方面的作用：一是植物细胞结构的组成物质，例如，磷存在于作为细胞质和细胞核的组成成分磷脂、核酸和核蛋白中；钙是细胞壁的重要元素。二是植物生命活动的调节者，参与酶的活动，例如，钾是 40 多种酶的辅助因子，还可促进糖类的合成和运输。另外，镁是光合作用过程关键酶的激活剂。三是起电化学作用，即离子浓度的平衡、胶体的稳定和电荷中和等，例如，铁在呼吸、光合和氮代谢等方面的氧化还原过程中起着重要作用。

2. 植物对矿质元素的吸收

植物从外界环境中吸收各种矿质元素是植物维持正常代谢的必要条件。植物吸收矿质元素可以通过叶片，也可以通过根部，但主要是通过根部吸收。

（1）植物细胞对矿质元素的吸收

植物细胞对矿物质的吸收，可通过外部环境（如土壤），也可通过植物的内部环境（如细胞周围的组织）。细胞吸收矿质元素的方式主要有被动吸收和主动吸收两种类型。

①被动吸收　根细胞对溶质的吸收是顺电化学势梯度进行的，这种吸收方式不需要代

谢能量。被动吸收主要是通过扩散作用和协助扩散的方式进行。扩散作用是分子或离子沿着化学势或电化学势梯度转移；协助扩散是小分子物质经膜转运蛋白顺浓度梯度或电化学势梯度跨膜的转运。

②主动吸收　根细胞利用呼吸作用提供的能量逆浓度梯度吸收矿质元素的过程，称为主动吸收。它是根部吸收矿质元素的主要形式。

(2)根系对矿质元素的吸收

植物细胞对矿质元素的吸收是植物吸收矿质元素的基础，而从器官水平来看，整个植物体对矿质元素的吸收有叶片和根系，根系是植物吸收矿质元素的主要器官。根系吸收矿质元素的情况直接影响着植物的生长发育。

①根系吸收矿质元素的过程　第一步：离子被吸附在根系细胞的表面。细胞的主要成分是蛋白质，蛋白质是两性电解质，因而可吸附不同的离子。根部细胞呼吸作用放出的二氧化碳和水生成 H_2CO_3，离解成 H^+ 和 HCO_3^-。这些离子吸附在根系细胞的表面，并和土壤中的无机离子进行交换。第二步：离子进入根部导管。离子从根表面进入根导管的途径有质外体和共质体两种(图 2-62)。

质外体途径　根部有一个与外界溶液保持扩散平衡、自由出入的外部区域称为质外体，又称为自由空间。各种离子通过扩散作用进入根部自由空间，但是因为内皮层细胞上有凯氏带，离子和水分都不能通过，因此自由空间运输只限于根的内皮层以外，而不能通过中柱鞘。离子和水只有转入共质体后才能进入维管束组织。不过根的幼嫩部分，其内皮层细胞尚未形成凯氏带前，离子和水分可经过质外体到达导管。另外在内皮层中有个别细胞(通道细胞)的胞壁不加厚，也可作为离子和水分的通道。

共质体途径　离子通过自由空间到达原生质表面后，可通过主动吸收或被动吸收的方式进入原生质。在细胞内离子可以通过内质网及胞间连丝从表皮细胞进入木质部薄壁细胞，然后再从木质部薄壁细胞释放到导管中。

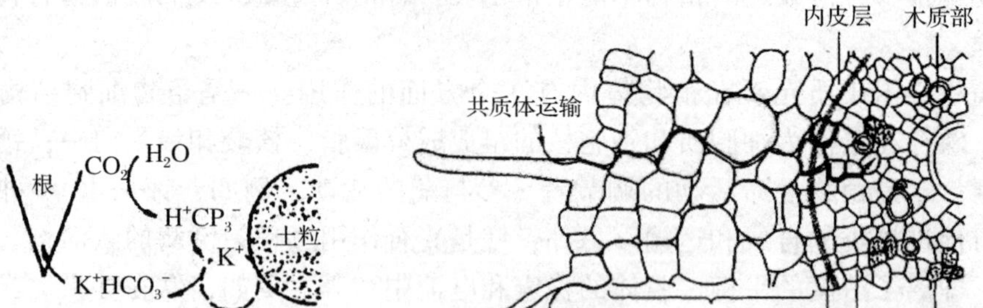

图 2-62　根毛区吸收的离子经共质体和质外体到达输导组织

②植物根系吸收矿质元素的特点　根系吸收矿质与吸收水分相关联。矿质元素必须溶于水后，才能被植物吸收。植物对水分和矿质的吸收既相互关联，又相对独立。前者表现为盐分一定要溶于水中，才能被根系吸收，并随水流进入根部的质外体；后者表现在两者的吸收比例和吸收机理不同：水分吸收主要是以蒸腾作用引起的被动吸水为主，而矿质吸收则是以消耗代谢能的主动吸收为主。

根系对离子吸收具有选择性 植物对同一溶液中不同离子或同一盐的阳离子和阴离子吸收的比例不同。

根系吸收单盐会受毒害 某种溶液若只含有一种盐分，该溶液称为单盐溶液。若将植物培养在单盐溶液中，植物不久就会呈现不正常状态，最后死亡。从而出现单盐毒害。

③影响根部吸收矿质营养的因素

温度 在一定范围内，根部吸收矿质元素的速率随土壤温度的增高而加快，因为温度影响了根部的呼吸速率，也影响主动吸收。但温度过高(超过 40 ℃)，植物吸收矿质元素的速率即下降；温度过低时，根吸收矿质元素的数量减少。

通气状况 根部吸收矿物质与呼吸作用有密切关系。因此，土壤通气状况直接影响根吸收矿物质。

溶液浓度 在外界溶液浓度较低的情况下，随着溶液浓度的增高，根部吸收离子的数量也增多，两者成正比。但是，外界溶液浓度增高到一定程度时，离子吸收速率与溶液浓度便无紧密关系，通常认为是离子载体和通道数量所限。

pH 值 外界溶液的 pH 值对矿物质吸收有影响。一般植物生长最适的 pH 值是 6～7。在土壤溶液碱性的反应加强时，Fe、Ca、Mg、Zn 呈不溶解状态。在酸性环境中，Fe、Al、Mn 的溶解度加大，植物受害。

(3)植物地上部分对矿质元素的吸收

除根部外，植物的地上部分也可以吸收矿质元素。采用给植物地上部分喷施肥料以补充对矿质元素需要的措施称为根外追肥，也称为叶片追肥。营养物质可以通过气孔进入叶内，也可以从角质层透入叶内。溶液到达表皮细胞的细胞壁后，进一步经过细胞壁中通道外连丝到达表皮细胞的质膜。当溶液由外连丝抵达质膜后，就转运到细胞内部，最后到达叶脉韧皮部。

由于叶片只能吸收液体，固体物质是不能透入叶片的，因此溶液在叶面上的时间越长，吸收矿物质的数量就越多。凡是影响液体蒸发的外界环境，如风速、气温、大气湿度等，都会影响叶片对营养元素的吸收量。

3. 矿质元素在植物体内的运输和利用

(1)矿质元素在植物体内运输的形式

根部吸收的氮素，大部分在根内转化成有机氮化物再运向地上部分。有机氮化物包括氨基酸(主要有天门冬氨酸、谷氨酸、丙氨酸和蛋氨酸)和酰胺(天冬酰胺和谷氨酰胺)，还有少量的氮素以硝酸根的形式向上运输。磷主要以正磷酸盐的形式运输，也有一些在根部转变为有机磷化物(甘油磷酰胆碱、己糖磷酸酯等)向上运输。硫主要是以硫酸根离子的形式向上运输，少数以蛋氨酸及谷胱甘肽等形式运输。大部分金属元素是以离子形式向上运输 。

(2)矿质元素在植物体内运输的途径和速度

根部吸收的矿质元素经质外体和共质体进入导管以后，随蒸腾液流上升，或按浓度差而扩散。大量实验证明，根部吸收的矿质元素是通过木质部向上运输的，也可以从木质部横向运输到韧皮部。而叶片吸收的矿质元素向上和向下运输都是通过韧皮部进行的。叶片吸收的矿质元素也可从韧皮部横向运输到木质部，在茎内向上运输是通过韧皮部和木质部。矿质元素在植物体内的运输速度为 30～100 cm/h。

(3)矿质元素的利用

矿质元素到达植物体各部分以后，大部分合成有机物，形成植物结构物质。如氨基酸、蛋白质、叶绿素等。磷合成核酸、磷脂等。有些以离子状态存在，有的则作为酶的活化剂和渗透物质。

已参与到植物生命活动中的元素，经过一段时间后，也可以分解并运到其他部位加以重复利用。例如，氮、磷、钾、镁易于重复利用，因而缺素症状往往表现为下部老叶先发病。

三、植物的生长和发育

植物的个体发育是从合子(受精卵)的第一次分裂开始，但由于林业生产多数是从播种开始，因此，一般认为植物的个体发育开始于种子萌发，进一步表现为根、茎、叶等营养器官的生长，然后进入生殖生长，最后形成新的种子。

(一)基本概念

植物个体从营养生长，到开花结实直至最终死亡的过程称为生活周期。植物生活周期包括种子萌发、幼苗生长、营养体生长、花的发育、受精、种子形成、休眠或衰老、死亡等阶段。生活周期中呈现的个体及其器官的形态结构的形成过程，称为形态发生或形态建成。伴随着形态建成过程，植物个体经历着量变和质变的过程，即生长和分化的过程。

生长是植物的组织、器官及整体由于细胞的分裂和伸长而由小变大，在体积上、重量上发生不可逆的增长，主要指量的变化。细胞水平上，生长是通过原生质的增加，细胞的分裂、伸长和扩大来实现的。

分化是指来自同一合子或遗传上同质的细胞转变为形态、机能和化学构成质细胞的过程，即植物的差异性生长，是一个质变的过程。如受精卵细胞分裂转变成胚生长点转变为叶原基、花原基；形成层转变成输导组织、机械组织、保护组织。

发育是植物生长和分化的总和，是植物生长分化的动态过程。在发育的基础上，通过细胞分化而形成不同的组织和器官，表现出形态建成的过程。例如，分化出叶原基到长成成熟叶片的过程即叶的发育；根原基的发生到形成完整的根系即根的发育；茎端的分生组织形成花原基，转变成花蕾，到形成花序，最后花蕾长大即花的发育；受精的子房膨大，果实形成和成熟则是果实的发育。

生长是量变，是基础。分化是局部的质变，往往是通过生长而表现出来的。发育包含了生长和分化，是生长和分化的必然结果，是整体的质变。如花的发育，包括花原基的分化和花器官各部分的生长。发育必须在生长和分化的基础上才能进行，没有生长和分化就没有发育。但生长和分化又受发育的制约，如植物某些部位的生长和分化往往要通过一定的发育阶段后才能开始。

(二)植物个体的营养生长

1. 植物生长的周期性规律

植物无论是细胞、组织、器官还是个体乃至群体，在其整个生长进程中，其生长都表现出“慢—快—慢”的节奏性变化，这种周期性的规律称为生长的周期性。

如果以时间为横坐标，以生长量为纵坐标作图，就可以得到一条曲线，称为生长曲线。这条曲线呈“S”形(图2-63)。

2. 木本植物个体生长周期性

植物生长的周期性是对环境周期性变化的适应，木本植物生长表现出3种周期性特征：

①全生命大周期　是在树木的整个生命史中所表现出的从种子萌发—慢速生长—快速生长—慢速生长—衰老死亡的过程。

②年生长周期　即季节周期性，是植物一年中生长随季节变化呈现出一定的规律性。年轮的形成是植物生长季节周期性的具体表现。

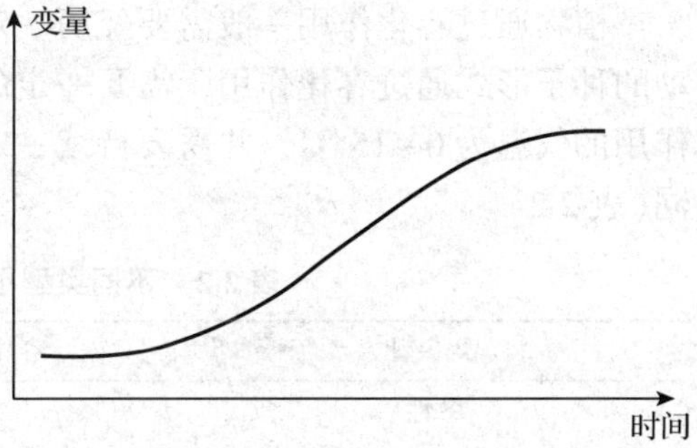

图2-63　“S”形生长曲线

③昼夜周期性　植物生长随着昼夜交替变化而呈现有规律周期性变化的现象。具体表现为植物体内生长节奏调节的近似24 h的周期性变化节律，即生理钟。植物借助生物钟准确地进行测时过程，以保证一些生理活动按时进行。生物钟靠黎明和黄昏为信号，每天重拨和约束，使它配合自然界的节奏变化。

(三)植物的生殖生长

1. 成花机理

高等植物的发育从种子萌发开始，一般要经过幼年期、成熟期、衰老期，最后到死亡，这个过程称为植物的生命周期或生活史。高等植物的生命周期可分为营养生长阶段和生殖生长两大阶段，其中花芽分化是植物从营养生长转向生殖生长的标志和关键。在植物花芽分化之前一段时期，即使外界条件适宜，生殖生长也不能进行，这段时间称为植物的“幼年期”。已经完成幼年期生长的植物，在适宜的外界条件下就可诱导成花。研究表明，植物开花与气温和日照长度密切相关。

(1)花形态建成的顺序

植物花形态建成如图2-64所示。

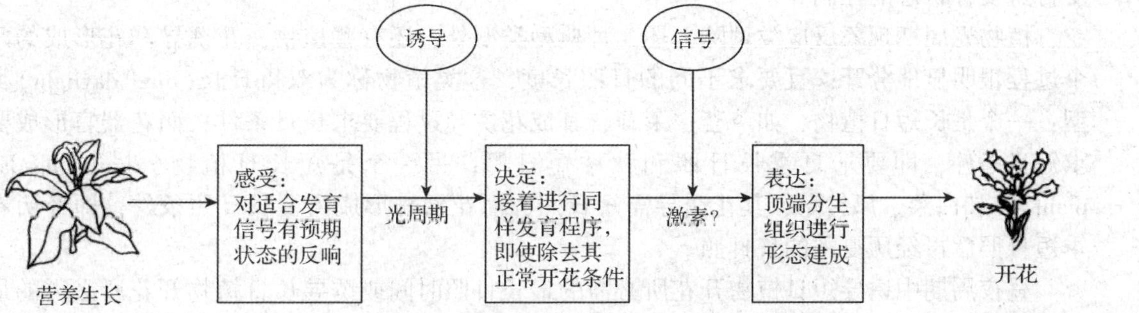

图2-64　植物花形态建成的过程

(2)春化作用

低温诱导植物开花的作用称为春化作用。春化作用是两年生植物和一年生冬性植物成花的常见生理现象。

植物通过春化作用一般需要经历一定时间的低温、足够的氧气和养分。如果植物以萌动的种子形式通过春化作用，需要一定的含水量。低温是春化作用的主导因子。通常春化作用的气温为0~15 ℃，并需要持续一定时间，不同作物春化作用所需要的气温和时间不同(表2-2)。

表2-2　不同类型小麦通过春化需要的气温及天数

类　型	春化气温范围(℃)	春化天数(d)
冬性	0~3	40~45
半冬性	3~6	10~15
春性	3~6	5~8

(3)光周期现象

在一天24 h的循环中，白天和黑夜长度总是随着季节不同而发生有规律的交替变化。一天中白天与黑夜的相对长度，称为光周期。光周期能引起植物内部发生生理变化，调控植物的成花、休眠、落叶、茎的伸长、花色素的形成以及鳞茎、块茎、球茎等地下储藏器官的形成等过程。

根据植物对光周期的反应不同，可将植物分为3大类。

①短日植物(SDP)　是指在昼夜周期中日照长度短于某一临界值时才能开花的植物。对于这种植物适当缩短光照，延长黑暗，可提早开花，在临界日长内，延长光照就延迟开花，如果光照时数大于临界日长，则不进行花芽分化，不开花。

②长日植物(LDP)　是指在昼夜周期中日照长度大于某一临界值时才能开花的植物。在临界日长以上，延长日照，缩短黑暗，可提早开花；如果日照长度短于临界日长，则不进行花芽分化，不开花。

③日中性植物(DNP)　是指在任何日照长度条件下都能开花的植物。这些植物开花对日照长度没有特殊的要求，在任何日照长度下均能开花，因此可四季种植，这种植物开花受自身发育状态的控制。

植物光周期现象反应类型除上述3种典型类型外，还有些植物，花诱导和花形成的两个过程很明显地分开，且要求不同的日照长度，这类植物称为双重日长(dual daylight)类型：一个是长短日植物，如芦荟、茉莉，其成花诱导过程要求长日条件，而花器官形成要求短日条件，即要求夏季长日照和秋季短日照；另一个是短长日植物(Short-long-day plant)，如白菜、风铃草，其花诱导需短日照，而花器官形成需要长日照条件，即经历春季短日照后再经历夏季的长日照。

昼夜周期中诱导短日植物开花所必需的最长日照时间或诱导长日植物开花所必需的最短日照称为临界日长。有些植物具有非常明确的临界日长，这类植物称为绝对长日植物或绝对短日植物；而有些没有明确的临界日长，称为相对长日植物或相对短日植物。同时，临界日长也会随植物的品种、年龄以及环境条件的改变而发生较大变化。

在低纬度区，以短日照条件为主，气温高，以短日和日中性植物为主，基本无长日植物。在中纬度区，短日植物和长日植物均有，长日植物夏季开花，短日植物秋季开花。在高纬度区，以长日照条件为主，气温低，植物中以长日植物为主，基本上无短日植物。

对光周期敏感的植物，植株达到一定生理年龄后，只要经过一定时间适宜的光周期处理，以后即使处在不适宜的光周期条件下，仍然可以长期保持刺激的效果而诱导植物开花，这种现象称为光周期诱导。诱导植物成花所需要的适宜的光周期数(即天数)，称为光周期诱导周期数。

植物感受光周期诱导的部位是叶片(图2-65)，且植株长到一定生理年龄后，叶片才能接受光周期的诱导。植物感受光周期的刺激的部位是叶片，而对光周期进行反应的部位是生长点，由于光周期的感受单位与反应单位存在距离，在两个部位之间存在着某些物质信号传递。

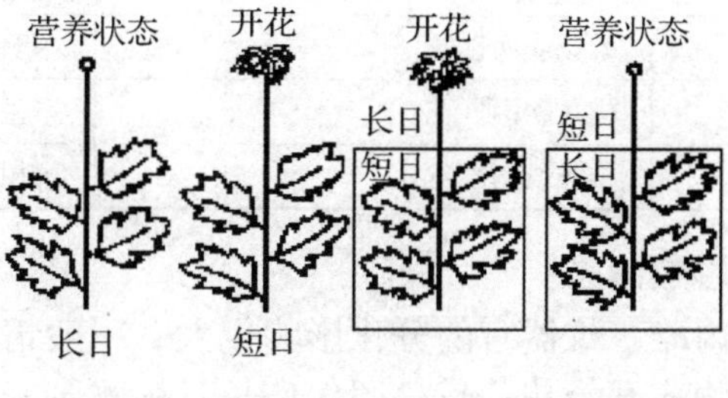

图2-65　叶片和营养芽的光周期处理对菊花开花的影响

2. 植物的生殖过程

植物营养生长到一定阶段，经过适宜条件的成花诱导之后，便具备产生成花反应的条件，可进入成花过程，但花的诱导和花器官形成是不同阶段的两个过程。植物芽的生长点经过生理和组织状态的变化，停止叶芽原基各部分的分化而转化为花原基各部分分化的过程，称植物的花芽分化。

(1)花器官的形成

花器官形成的明显标志是茎尖分生组织在形态上发生变化(图2-66)，从芽原基(营养生长锥)转变成花原基(生殖生长锥)，花器官的分化即从生殖生长锥开始。

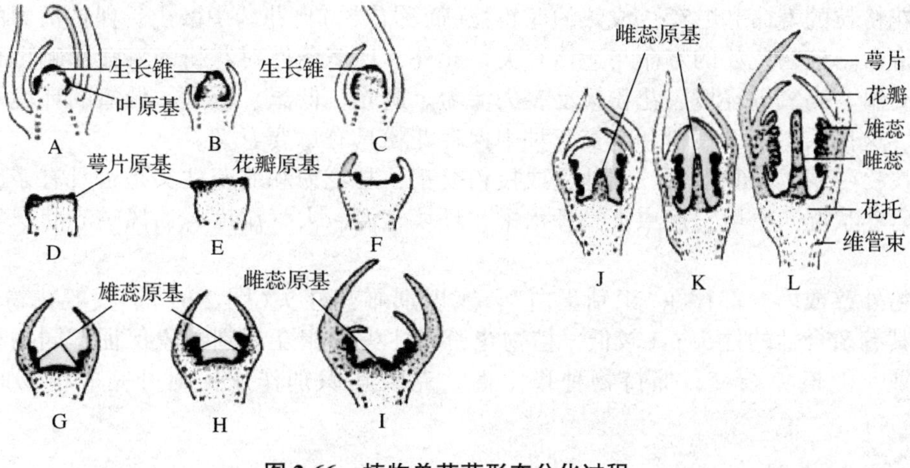

图2-66　植物单花芽形态分化过程

影响花器官形成的外界条件主要有光照、温度、水分和矿质营养等。此外，营养生长和生殖生长的营养分配以及植株的内源激素(GA、IAA)含量是影响花器官形成的重要原因。

(2)植物的性别分化

植物在花芽的分化过程中，同时进行着性别分化。性别分化主要是指花芽分化过程中雌蕊、雄蕊的分化。性别分化的主要类型见表2-3。

表2-3　高等植物性别表现的主要类型

性别表现	同一植株上形成的花型	代表植物
雌雄同株同花型	两性花	小麦、拟南芥
雌雄同株异花型	雄花和雌花	黄瓜、玉米
雌雄异株型	雄花或雌花	杨、柳
雌花两性花同株型	雌花和两性花	金盏菊、灰绿藜
雌花两性花异株型	雌花或两性花	小蓟、蓖麻
雄花两性花异株型厚	雄花和两性花	平基槭、硬毛茄
雄花两性花异株型	雄花或两性花	柿树

外界条件对性别形成影响因素：

①光照　光周期对花内雌、雄器官的分化影响较大。一般情况下，短日照促使短日植物多开雌花，而使长日植物多开雄花；长日照促使长日植物多开雌花，而使短日照植物多开雄花。此外，光质对植物性别的分化也有影响，如红光对葫芦科植物雄花分化有利，蓝光有利于其雌性花分化。

②温度　夜温较低、昼夜温差大时对许多植物的雌花发育有利。

③营养条件　氮肥有利于雌花形成，钾肥有利于雄花形成。在一些雌雄异株的植物中，C/N低时，将提高雌花分化的比例。此外，磷、硼、钾等元素促进糖的合成和运输，提高雌花率。

④植物激素　激素对植株性别表达的影响主要表现在两个方面：一是影响花芽的分化；二是导致性逆转。某些植物激素和人工合成的生长调节剂对植物性别的分化有明显作用，一般赤霉素主要促进雄花分化，乙烯和生长素类促进雌花分化。

(3)传粉与受精

①花粉粒的寿命和贮存　成熟的花粉粒(简称花粉)自花药中散出，保持活力的时间称花粉的寿命。植物花粉的寿命与遗传有关。此外，环境条件对花粉的寿命影响也很大，如果遇到高温、高氧等环境，花粉极易丧失活力。避光、低温、低湿、低氧的环境可延长花粉寿命，这在人工辅助授粉和杂交育种中保存花粉具有重要意义。

②授粉受精　植物能否顺利地完成授粉受精，与花粉和雌蕊柱头是否具有亲合性以及植物体营养状况、密度、病虫害管理水平、环境气温、大气湿度、通风透光状况等因素密切相关。

花粉外壁或内壁都存在“识别蛋白”，能识别雌蕊柱头(图2-67)。一般花粉粒pH较高，与其有亲合性的柱头pH较低。植物花粉和柱头的相互识别现象保证了同物种受精过程的完成，能避免杂交，保持物种稳定性。克服其识别作用，则可完成植物间的远缘杂交。

一般植物花粉萌发的最适气温范围为 20～30 ℃，大气相对湿度为 70%～80%。植物体内糖分、氮素充沛，B、Mn、Mg、Ca、Fe 等矿质元素贮备情况好，有利于授粉受精。特别是 B、Ca 对花粉的萌发和花粉管的伸长有明显的促进作用。

③果实的形成　授粉后，花粉粒和萌发后的花粉管会使雌蕊柱头、花柱、子房和整个植株都产生明显的生理变化，表现在雌蕊的代谢、呼吸都升高，对水和无机盐的吸收能力也加强。植株雌蕊受精后，胚珠发育成种子，子房发育成果实。

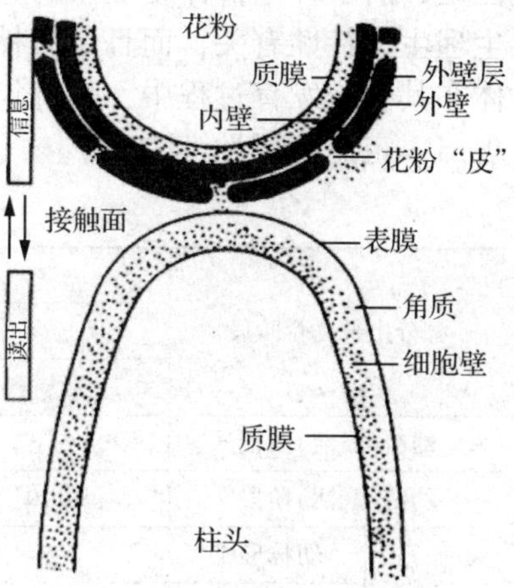

图 2-67　花粉和柱头的相互识别

（四）植物个体生长的相关性

植物生长的相关性是指植物各部分之间相互联系、相互制约、协调发育的现象。是由于两者在营养、激素调节等方面相互依赖与供求矛盾造成的。植物在生长过程中，在多个方面表现出相关性的特征。

1. 地上部分与地下部分的相关性

虽然植物的地上部分和地下部分处在不同的环境中，但两者之间有维管束的联络，存在着营养物质与信息的大量交换。根部的活动和生长有赖于地上部分所提供的光合产物、生长素、维生素等；而地上部分的生长和活动则需要根系提供水分、矿质、氮素以及根中合成的植物激素（CTK、GA 与 ABA）、氨基酸等。地上部分与地下部分的生长还存在相互制约的一面，主要表现在它们对水分和营养的竞争上。

2. 主茎与侧枝的相关性

植物主茎的顶芽有抑制侧芽或侧枝生长的现象，称为顶端优势。除顶芽外，生长中的幼叶、节间、花序等都能抑制其下面侧芽的生长，根尖能抑制侧根的发生和生长，冠果也能抑制边果的生长。

3. 营养生长与生殖生长的相关性

当植物的营养生长进行到一定程度后，就会转入生殖生长，通常以花芽分化作为生殖生长开始的标志。在植物的生长发育进程中，虽然营养生长和生殖生长是两个不同阶段，但彼此不可截然分开，存在着既相互依存又相互制约的关系。

首先，生殖生长必须以营养生长为基础，只有在一定的营养生长的基础上花芽才能正常分化。生殖器官生长所需的养料，大部分是由营养器官供应的，根、茎、叶生长瘦弱的植株必然导致结果率低。其次，营养生长与生殖生长之间也存在相互制约的关系。如果营养器官生长过旺，会影响到生殖器官的形成和发育。

（五）木本植物群体的生长发育

林木群体是由林木个体组成的，因此，林木群体的生长发育与林木个体生长发育有密切的关系，必然带有林木个体生长发育的一些特征，遵循林木个体生长发育的基本规律。

但是，由于林木群体是复杂的生态系统的组分，其生长发育不仅与林木个体自身的遗传及生理生态特性有关，而且还与林木群体结构及其生物和非生物环境有很大的关系。林木群体在其生长发育过程中，随着年龄的增长，其内部结构和对外界的要求均有所不同，并表现出一定的阶段性(表2-4)。

表2-4　林分生长发育阶段及其相应的年龄和龄级

林分生长发育阶段		相应的年龄(a)				相应的龄级
		天然林		人工林		
		一般树种	速生树种	一般树种	速生树种	
幼苗(成活)阶段		—	—	1~3	1	Ⅰ
幼苗(成活)阶段		5~10	2~3	3~7	2~3	
幼龄林阶段	幼林形成	<20	<10	<10	<5	Ⅰ
	干材林	21~40	11~20	11~20	6~10	Ⅱ
中龄林阶段		41~80	21~40	21~40	11~20	Ⅲ~Ⅳ
成熟林阶段	近熟林	81~100	41~50	41~50	21~25	Ⅴ
	成熟林	101~120	51~60	51~60	26~30	Ⅵ
过熟林(衰老)阶段		≥121	≥61	≥61	≥31	>Ⅵ

1. 木本植物群体生长发育规律

(1)幼苗阶段

从种子形成幼苗(或萌蘖出苗)到1~3龄，或植苗造林后1~3年属于幼苗阶段，也称成活阶段。这个阶段幼苗以独立的个体状态存在，苗体小，根系分布浅，生长比较缓慢，抵抗力弱。其生长特点是地上部分生长缓慢，主根发育迅速，地下部分的生长超过地上部分。

(2)幼树阶段

幼树阶段是指幼苗成活后至郁闭前的这一段时期，或称郁闭前阶段。在幼树阶段，植株仍然以独立的个体状态存在，是扎根和根系大量发生的重要时期。幼苗成活后，幼树逐渐长大，根系扩展，冠幅增加，对立地环境已经比较适应，稳定性有所增强。

(3)幼龄林阶段

林分郁闭后的5~10年或更长时间属于幼林阶段，为森林的形成时期。这个阶段是从幼树个体生长发育阶段向幼林群体生长发育阶段转化的过渡时期，幼树树冠刚刚郁闭，林木群体结构刚开始形成，对外界不良环境因素(如杂草、干旱、高温等)的抵抗能力增强，稳定性大大提高。同时，在这个阶段的前期林木个体间矛盾小，营养空间充足，有利于幼林生长发育，开始进入树高生长和直径生长的速生期。对于充分密集的幼林来说，在幼林阶段的后半段，林木开始显著分化，开始出现自然稀疏现象。

(4)中龄林阶段

这个阶段林木先后由树高和直径生长速生期进入树干材积速生期；林分密度显著降低，林分稳定；枯落物使林地土壤培肥，林分防护功能增强。在中龄林阶段，森林的外貌和结构大体定型。此阶段，由于自然稀疏或人工抚育的调节，林分密度显著下降，枯枝落叶层分解加速而下木层及活地被物层有所恢复或趋于繁茂，有利于地力恢复及森林防护作用的发挥。因此，这个阶段是森林生长发育比较稳定，而且材积生长加速、防护作用增强的重要阶段。

(5)成熟林阶段

经过中龄林阶段后，林木个体增大到一定程度，高生长开始减缓甚至停滞，树冠有较大幅度的扩展，下木层及活地被物层更加发育良好，林内生物多样性处于高峰。在林木高生长逐渐停滞的过程中，直径生长在相当时期内还维持着较大的生长量，因而材积年生长量及生物量增长均趋于高峰，并在维持一段时期后才逐渐下降。林木大量结实且种子质量最佳，为自身的更新创造条件。在这个阶段，林分与周围环境处于充分协调的高峰期，其环境功能无论是水源涵养、水土保持，还是吸收和储存 CO_2，改善周边小气候环境也都处于高效期。

(6)过熟林(衰老)阶段

过熟林阶段的林分主要特征是林木生长趋缓且健康程度降低，病虫、气象(风、雪、雾凇、冰冻等)灾害的作用增强。此阶段，木材生产率和利用率降低，但森林的环境功能仍可能维持在较好的状态，林内生物多样性丰富。

2. 木本植物群体生产力形成

(1)森林生产力的概念与决定因素

森林的生产力是指单位林地面积上单位时间内所生产的生物量。森林生产力的高低取决于一系列自然因素和人为因素的综合，常分为森林的潜在生产力和现实生产力。森林的潜在生产力是指在一定的气候条件下森林植物群落通过光合作用所能够达到的最高生产力，也可称为气候生产力。现实生产力是指现存的森林植被所具备的实际生产力，它往往低于气候生产力。

森林的物质生产以森林群体的光合作用为基础，从生理生态学角度看，森林生物产量的形成取决于群体结构及光能利用效率、光合速率、光合产物的分配和积累、叶面积、生长期和老化过程等因素。

①群体结构和光能利用率　太阳辐射直接影响森林的群体和个体的生长发育。树木在长期进化过程中形成了适应太阳辐射的不同类型，并且由此形成了森林的复层结构。森林的群体结构特征，如树种组成、密度和郁闭度、垂直层次分布、叶片倾角等，对冠层内太阳辐射的分布以及冠层对太阳辐射的吸收利用率影响很大。太阳辐射在森林群体各层的分布，也影响森林优势树种的种类、森林自然整枝进程和活树冠比例。

要获得大量光合产物及积累生物量，树木自身除了具有较高的光合效率以外，还要有足够的叶面积、合理的群体叶面积指数(LAI)及其在冠层空间内的合理分布。在一定的范围内，森林群体的光合产量随叶面积指数的增加而提高，但叶面积指数过大也会导致冠层透光性下降，有效光合面积减小，群体光合产物积累减少。树种的耐阴性(主要是补偿点)不同，其森林群体最适合的面积指数差异很大。同一树种，森林群体的叶面积指数随密度、林龄和立地指数而变化。

②光合作用及能量分配　提高光合速率是提高人工林产量的基本途径。树木的光合速率取决于自身遗传特性和外部环境条件内在因素及外界环境。不同树种之间光合速率差异很大。从外界环境方面看，光合速率受光强、气温、湿度、二氧化碳浓度、水分、养分供应状况等因素的制约。

③生长期　树木生长期的长短是长期进化形成的遗传特征，其长短对季节生长量和林地生产力都有影响。环境条件、林分结构对于树木生长期的长短也有显著的影响，如林分密度过大，树木的生长期显著缩短；过度干旱、水涝、冻害、病虫害等会延迟树木发芽，诱导提前落叶。

(2)经济产量和收获量

森林的生物产量对于它的环境功能(如吸收 CO_2量)有重要意义，但在经营上不可能全部被收获利用。森林的生物产量中有多大部分可被收获利用取决于经营的目的。有些经济林可能只利用生物量中的果实部分(如油茶、板栗等)，有些可能只利用部分叶子(如茶、桑)，有些则叶、果都用(如银杏)，而用材林则主要利用树干木材，有的还可以进一步利用枝桠材(如纸浆林、能源林)，材果兼用林则可以兼用干材和果实(如红松、核桃)。经济产量或收获量只能是生物产量的一部分，这一部分的大小取决于林分的结构状态。一般情况下，用材林的干材蓄积量与生物产量间转换的经济系数为0.30~0.70，温带林及成熟林的系数较高，而热带雨林及中幼龄林的系数较低。

(3)我国森林的现实生产力水平

从典型森林生态系统的生物量来看，我国森林的现实生产力(以下简称为生产力)水平偏低(表2-5)。我国的自然地带划分与世界上大多数国家略有不同，主要在于我国划分的亚热带北界(秦岭—淮河流域)比较靠北，在此界以南到长江以北生长的北亚热带常绿与落叶阔叶混交林在世界其他国家大多归之于暖带或温带林。另外，我国的寒温带林一般对应于其他国家的北方林。北方林从欧亚大陆的北部(从北欧到远东)到北美洲的北部，绵延万里，面积很大，但在我国只有大兴安岭北部及阿尔泰森林的一部分，比例不大。从各地带相对应的平均生产力相比，可以看到除了亚热带以外，我国的森林生产力水平都低于世界平均水平，其中也可以看到我国在自然资源方面的优势和劣势。

我国的热带森林不多，属于典型的热带雨林则更少，热带季雨林生长的地方受台风影响较大，它的生产力低于世界平均水平。我国的亚热带森林生产力较高，反映出我国亚热带的面积大、雨量多的优势。与我国亚热带相同的世界同纬度的许多地区，属于干旱半干旱地区，而我国的亚热带却是以湿润地区为主，这是我们可以引以为幸的。但我国的暖温带和温带相比之下则处于较差的地位，湿润地区少而干旱半干旱地区多。暖温带几乎没有湿润地区，最好的也只是季节性干旱明显的半湿润地区。这些都是我国的温带(暖温带)森林生产力比世界平均水平低很多的重要原因。我国的寒温带森林面积相对较小且受大陆性气候影响大，生产力也比世界平均水平低。

表2-5　中国与世界森林生态系统生产力比较

生态系统类型	生物量(t/hm^2)		生产力[t/(hm^2·a)]	
	中国平均	世界平均	中国平均	世界平均
热带雨林、季雨林	382.66	400	18.78	19
亚热带(温带常绿)林	364.42	350	16.11	13
暖温带(温带落叶)林	253.64	300	6.89	12
寒温带(北方)林	176.12	200	5.82	8

(六)植物生长发育的生理调节

1. 植物的运动现象

植物的运动是指植物的某些器官在空间上进行有限度的位置移动。它不同于动物的整体移动。植物的运动按其与外界刺激的关系可分为向性运动和感性运动；按其运动的机理可分为生长运动和膨压运动。

(1)向性运动

植物器官受到外界环境中单方向的刺激而产生的定向生长运动称为向性运动。根据刺激因素不同，向性运动可分为向光性、向重力性、向化性、向水性等。向性运动都是由于器官的不均衡生长引起的，一般是不可逆的。

植物感受单方向光信号刺激而发生弯曲的现象，称为向光性。根据植物向光弯曲的部位不同，可将植物向光性分为3种类型：正向光性、负向光性和横向光性。茎向光源方向弯曲，称为正向光性；某些植物的根具有背光生长的现象，称为负向光性。叶片通过叶柄扭转使其保持与光照方向基本垂直，称为横向光性。向光性有利于植物吸收更多的光能，是植物器官适应环境的一种生物学特性。

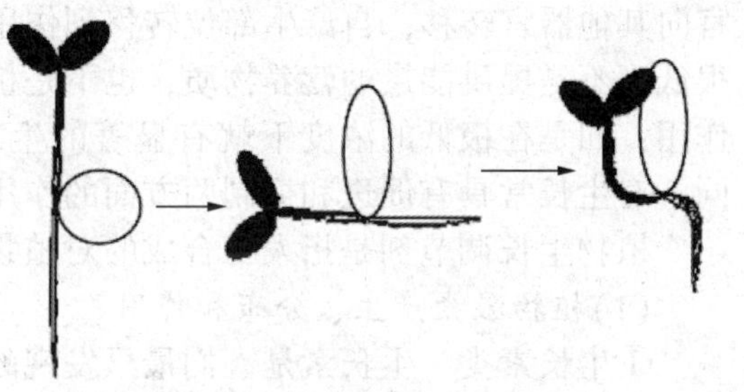
图 2-68 正向地性和负向地性

植物受重力的影响保持一定方向生长的特性，称为向重力性(或向地性)。植物根顺着重力的方向向下生长，称为正向重力性；茎背离重力方向向上生长，称为负向重力性(图2-68)；地下匍匐茎垂直于重力方向水平生长，称为横向重力性。

由某些化学物质在植物周围分布不均而引起的向性生长称向化性。如植物的根总是向着肥料较多的土壤中生长；花粉管的伸长生长总是朝着胚珠的方向进行，也是胚珠细胞分泌的化学物质所引起的向化性生长。植物也有向水性，当土壤中水分分布不均匀时，根总是趋向较湿润的地方生长。

(2)感性运动

感性运动是指没有一定方向的外界刺激(如光暗转变、气温变化等)引起的运动。根据外界刺激的种类可分为感夜性、感热性、感震性等。有些感性运动是由生长不均匀引起的，如感热性；另一些感性运动则是由细胞膨压的变化引起的，因而也称为紧张性运动或膨胀性运动，这种运动是可逆的，如感震性。

植物接受光暗信号的变化，引起植物叶片或花瓣的开合运动被称为感夜性。如一些植物的叶片白天张开，晚上合拢或下垂(如大豆、花生、合欢)。感夜性主要是由昼夜光暗变化引起的叶柄基部细胞发生周期性膨压变化引起的。

植物的感震性运动是由于机械刺激而引起的与生长无关的运动。含羞草的叶片运动就是由细胞内膨压的变化而引起的感震性运动(图2-69)。

由于气温变化而使器官背腹两侧生长不均匀引起的运动，称为感热性运动。例如，番红花和郁金香花的开放与闭合受气温变化的影响。气温升高时花朵开放，气温下降时花瓣

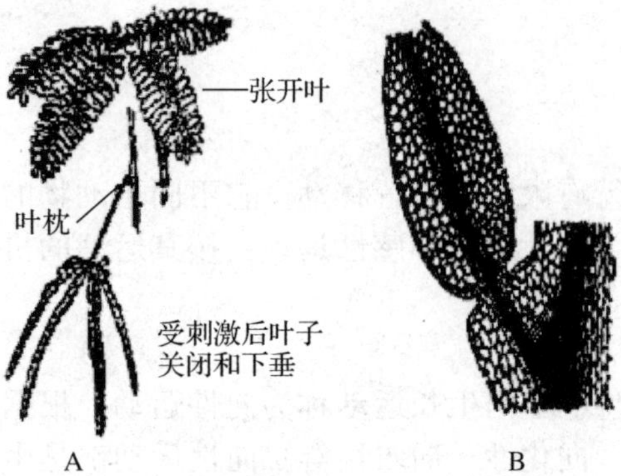

图 2-69　含羞草的感震运动

A. 显示叶片受到刺激后下垂　B. 总叶柄的叶枕结构(未受到刺激)

合拢。

2. 植物激素与生长调节剂

植物激素是指植物体内代谢产生的，并能从产生部位运送到发生作用的部位，低浓度对植物生长发育就会产生明显作用的微量有机化学物质。目前得到普遍公认的植物激素包括生长素类、赤霉素类、细胞分裂素类、脱落酸、乙烯和茉莉酸、水杨酸、油菜素甾醇、独脚金内酯 9 大类。它们具有以下共同特点：一是它们天然存在于植物体内，是植物生命活动过程中正常的代谢产物，它们本身也有自己的代谢，经常在代谢中出现或消失，增加或减少；二是它们能从合成器官向其他器官转移，自产生部位转移到作用部位时才有较大的活性；三是它们在体内含量很低，不是提供能量的营养物质，也不是植物体的结构物质，但对代谢过程起极大的调节作用；四是在极低的浓度下就有显著的生理效应；五是浓度高低不同对植物的作用也不同，对生长常具有促进和抑制两方面的作用。

植物生长调节剂是指人工合成的对植物的生长发育有调节作用的化学物质。

(1)植物激素产生、分布和作用

①生长素类　生长素是人们最早发现的植物激素，其主要合成部位是幼嫩的芽、叶和发育中的种子。

生长素在植物体内分布很广，几乎各器官都有分布，但大多集中在代谢旺盛的部位。如胚芽鞘、正在生长的茎尖和根尖、正在展开的叶片、幼嫩的果实和种子、受精后的子房、禾谷类的居间分生组织、双子叶植物茎或根的形成层等快速生长的器官。

在高等植物体内，生长素可以通过韧皮部进行非极性运输；在胚芽鞘、幼根、幼芽等幼嫩组织中，生长素也通过这些组织的薄壁细胞进行短距离单方向的极性运输，即只能从植物的形态学上端向形态学下端运输，而不能反向运输(图 2-70)。

生长素在植物体内不直接参与细胞代谢，而是给细胞传达一种调节代谢信息。生长素能促进营养器官的伸长生长。生长素促进营养器官伸长的作用有 3 个特点(图 2-71)：一是

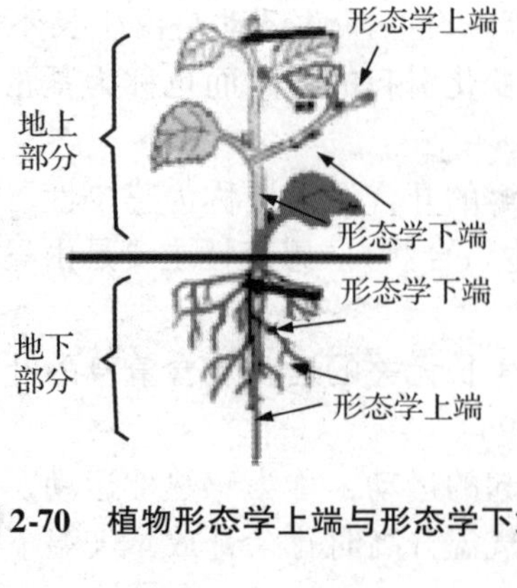

图 2-70　植物形态学上端与形态学下端

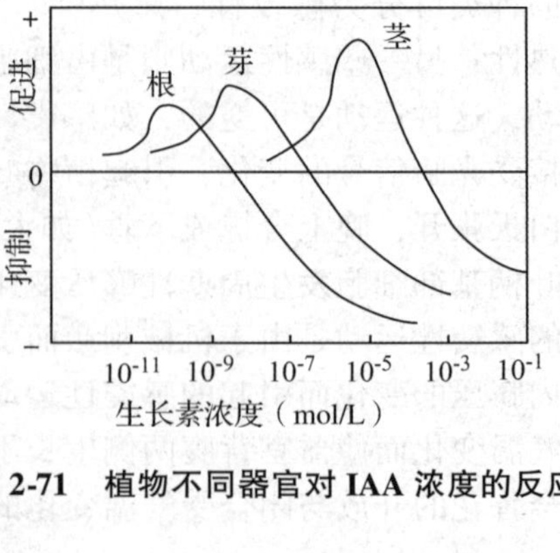

图 2-71　植物不同器官对 IAA 浓度的反应

生长素在较低浓度下可促进生长，高浓度时则抑制生长；二是不同器官对生长素的敏感程度不同，不同器官对生长素的最适浓度不相同，茎端最高，芽次之，根最低；三是对离体器官和整株植物效应不同，生长素对离体器官的生长具有明显的促进作用，而对整株植物的效果不太明显。此外，生长素还能促进器官和组织分化，对养分也起着一定的调运作用。

②其他重要植物激素

赤霉素(GA)　GA指具有赤霉烷骨架，并能刺激细胞分裂和伸长的一类化合物的总称。其主要合成部位是芽、幼叶、幼根、正在发育的种子、萌发的胚等幼嫩组织。GA在植物体内的运输没有极性，合成以后可以作双向运输，嫩叶合成的GA可以通过韧皮部的筛管向下运输，而根尖合成的GA可以沿木质部导管向上运输。GA的主要生理功能有：促进茎的伸长生长，且不存在超最适浓度的抑制作用；打破休眠；促进开花、单性结实和坐果。

细胞分裂素(CTK)　CTK是一类促进细胞分裂的植物激素。其在植物体内的合成部位是根尖，通过木质部的导管向地上部分运输。CTK的主要生理功能：促进细胞分裂，促进芽的分化，延缓衰老，促进侧芽发育，解除顶端优势，打破种子休眠。

脱落酸(ABA)　脱落酸与生长素类、赤霉素类、细胞分裂素类等生长促进物质不同，属于生长抑制物质。其存在于全部维管植物中，包括被子植物、裸子植物和蕨类植物。脱落酸主要以游离型的形式运输，也有部分以脱落酸糖苷的形式运输。脱落酸的主要生理功能：促进脱落，调节气孔运动，促进休眠，增加抗逆性和抑制生长等。

乙烯　乙烯是植物激素中比较独特的一种，它是分子结构最简单的一种挥发性气体激素。广泛存在于植物的各种组织中，但乙烯在植物体内含量非常少，在常温下呈气态，在植物体内运输性较差，短距离运输可以通过细胞间隙进行扩散，扩散的距离非常有限。乙烯的主要生理效应有：改变植物的生长习性，即“三重反应”(图2-72)，包括抑制伸长生长(即矮化)、促进增粗生长、引起横向生长；促进果实成熟；促进衰老和脱落；促进开花和雌花分化。在生产上常被应用于果实催熟和改善品质，促进开花和改变性别，促进次生物质分泌，促进种子萌发。

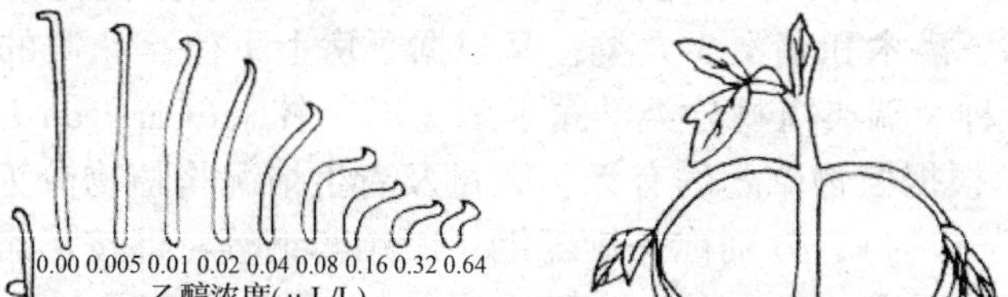

图2-72　乙烯的“三重反应”和偏上生长

(2)植物生长调节剂的应用

植物生长调节剂都是用人工方法合成的物质，从外部施加给植物，通过根、茎、叶等器官的吸收起调节作用。植物生长调节剂不是化学肥料，它不参与植物体的组成，而只是对植物的生长发育起调节作用。按照对植物生长发育所起的作用不同，可将植物生长调节剂分为植物生长促进剂、植物生长抑制剂和植物生长延缓剂等类型。

植物生长调节剂主要应用于以下方面：

①营养生长调节　延长休眠和打破休眠；促进生长和控制生长；促进插条生根；延缓叶片衰老和调节落叶。

②成花过程调节　促进或抑制花芽的形成；延迟花的开放或延长花期；性别分化和化学杀雄；切花保鲜。

③结实过程调节　花果脱落(保花保果或疏花疏果)；促进果实成熟和延缓成熟；提高产量；形成无籽果实。

④增强植物对不良环境的适应能力　包括增强抗冷、抗热、抗旱、抗病性等。

第三节　植物分类的基本知识

地球上最原始的植物大约在34亿年前的太古代出现，在历经漫长的地质变迁和气候变化，有些植物消亡了，有些新的植物种类不断产生并繁盛起来，形成了现在丰富多彩、种类繁多、形态各异的植物界。现在已知地球上的植物约60万种，这些植物形态结构、生活习性以及对环境的适应性千差万别，也是构成森林的主体。因此，认识森林首先应从了解植物及其植物种之间的关系入手。通过对种类繁多的植物进行系统的分类，是认识植物的基础。

一、植物分类的方法

植物分类的任务是将自然界生存的植物分门别类地区别开来。植物分类的方法有两种：一种是人为分类法；另一种是自然分类法。

(一)人为分类法

人为分类法是人们根据某种目的，选择植物的形态、习性或用途等方面的一个或几个特征性状进行分类的方法。这种方法应用的历史悠久，早在公元前300年，古希腊的切奥弗拉斯特(Theophrastus)在其所著的《植物历史》一书中，就根据植物的经济用途或生长习性，将植物分为乔木、灌木和草本3大类；又根据子房上下位、花瓣的合生与分离及果实类型将植物分为480种。瑞典植物分类学家卡尔·冯·林奈(Carl von Linné，1707—1778)所著的《植物种志》，根据植物雄蕊的有无、数量及着生情况将植物分为24纲，其中1~23纲为显花植物(即被子植物)，分别称一雄蕊纲，二雄蕊纲等，即按形态人为分类的。

在我国，诞生于公元前476—前221年的词典《尔雅》，按草本和木本两大类载有约300种植物。东汉末年（公元200年)完成的药学专著《神农本草经》记载有252种药用植物，根据药物性能将这些药用植物分为上、中、下三品。明代李时珍(1518—1593)所著的《本草纲目》将所收集的千余种植物分成草、谷、菜、果和木等5部30类。清代吴其濬(1789—1847)所著的《植物名实图考》，仿《本草纲目》记载植物1714种，分谷、蔬、山草、隰草、石草(包括苔藓)、水草(包括藻类)、蔓草、芳草、毒草、群芳(包括寄生担子菌)、果、木等12类。每类列若干种，每种重点叙述名称、形色、味、品种、生活习性和用途等。在诸如此类的著作中对植物的编排都是按照特定的需求，人为对植物进行的分类。

这种分类方法对植物的认识和利用具有重要的推动作用，但是按照人为分类方法建立的分类系统，不能反映植物的亲缘关系和进化顺序，常把亲缘关系很远的植物归为一类，而把亲缘关系很近的分开。但各种人为分类方法及其系统，对人类的生产和生活起着重要的作用，因此至今仍在使用。例如，依据植物用途将经济植物分为油料植物、纤维植物、芳香植物和药用植物等。

（二）自然分类法

自然分类法是根据植物进化中亲缘关系的远近作为分类标准，按照最能反映植物间亲缘关系和系统演化中的主要形状，如形态、结构、习性等的相似程度大小作为判断亲缘关系远近的依据对植物分门别类。

按照生物进化的观点，植物间形态、结构、习性等特征的相似，是由来自共同的祖先、具有相似的遗传性所致，即类型的统一说明来源的一致。因此，根据植物形态、结构、习性的相似程度，可判断它们之间亲缘关系的远近。例如，油松和樟子松相似的性状多，亲缘关系较近；而油松与菊花的相同点少，则它们的亲缘关系较远。

自然分类法是从 19 世纪后半期开始的，这种方法力求客观地反映出生物界亲缘关系和进化顺序。在随后的 100 多年间，很多植物分类学家根据各自的系统发育理论提出了许多不同的植物分类系统，其中具有代表性的被子植物分类系统有恩格勒系统、哈钦松系统、塔赫他间系统和克朗奎斯特系统。中国科学院植物标本馆的标本存放和《中国植物志》均按照恩格勒系统编排；《中国树木志》的编排次序则采用的是哈钦松系统。

随着科学技术的进步，现代植物分类还产生了许多新的分类方法，如解剖分类法、化学分类法、数量分类法、细胞分类法、孢粉分类法等。通过细胞遗传学方法，可以将植物染色体的数目作为植物分类的依据。植物的化学组成随种类而异，因此化学成分也可以作为分类的重要依据，用以研究类群之间的亲缘关系和演化规律。通过对已有的植物信息资料进行数量统计分析，客观比较各组资料间的关系，重建进化关系并判断性状和器官的进化趋向，据此进行植物分类属数量分类学的范畴。

二、植物分类单位

为了便于对植物界的所有植物进行类别区分，使所有的植物都有归属，必须基于性状的亲缘关系划分若干类群，在由大类群到小类群，再到个体为止，并分别给它们特定的名称，这就需要制定分类的各级单位。在分类学上，把“种”作为最基本的分类单位。同种植物占有一定自然分布区，具有基本相同的形态特征、生理特征和生态学特性；具有相同的遗传性状，能进行自由交配产生正常生育能力的后代；与边缘种之间有明显的差异，种间存在生殖隔离。相近的种集合为属，相近的属集合为科，依此类推还有目、纲、门、界。植物的各级分类单位，不仅表示大小或等级上的差异，而且还表明各分类单位在遗传学和亲缘关系上的密疏。界是最大的分类单位，科是植物分类系统中的重要单位。

在各级分类单位中，又可根据实际需要，还可划分更细的单位，如亚门、亚纲、亚目、亚科、亚属、组、亚种、变种、变型等。

现以桃树为例说明各级关系：

界……植物界

　门……种子植物门

亚门……被子植物亚门
纲……双子叶植物纲
亚纲……离瓣花亚纲
目……蔷薇目
亚目……蔷薇亚目
科……蔷薇科
亚科……李亚科
属……梅属
亚属……桃亚属
种……桃

三、植物的命名

在认识和描述植物种类时，给植物一个名称是分类的重要组成部分。植物的命名有两种，一种叫俗名，即一个国家或地区人们对某种植物通俗的称呼；另一种称为学名。植物俗名，不但因各国的语言、文字不同而异，即使同一国家的不同地区，也往往发生“同物异名”或“同名异物”的现象。例如，我国北方常见的毛白杨，河南叫大叶杨，陕西叫响杨，俗名的变化多，容易真假混淆，难以准确地识别植物，对研究和利用植物非常不方便，甚至造成很多的混乱。

为了解决植物名称混乱的问题，《国际植物命名法规》采用了林奈提出的双名法作为世界各国法定的通用命名方式。双名法采用拉丁文描述，其基本格式是：属名 + 种加词 + 命名人(缩写)。法规规定，每种植物只有一个合法的名称，即学名。每种植物的学名由两个拉丁词或拉丁化形式的词构成。第一个词为属名，第二个词为种加词。属名用名词单数第一格，第一个字母要大写，斜体；种加词用形容词，并要求与属名的性、数和格一致，全为小写，斜体；种加词后写命名人的姓氏或姓氏缩写，第一个字母也要大写，正体。

例如，杉木 *Cunninghamia lanceolata* Hook. 由属名 *Cunninghamia*（杉木属）、种加词 *lanceolata* 和命名人 Hook. 构成。一种植物的学名若是由两个人命名的，应将二人的缩写字均附上而在其间加上连词“et”符号。例如，水杉 *Metasequoia glyptostroboides* Hu et Cheng。如果超过 2 人，可用“et al.”表示。如果植物是由一人命名但是由另一人代为发表的，则在 2 人中间加“ex”，先写原命名人的缩写，后写代为发表人的姓氏缩写，例如，印度橡皮树 *Ficus elastica* Roxb. ex Hornem.。如果一个种的分类地位改变，则原命名人在前并加括号，修正后的作者在后，例如，圆柏 *Juniperus chinensis*（L.）Ant.。

种以下有亚种、变种和变型。亚种，在种名后加缩写词“subsp.（ssp.）”，在加亚种种加词，如中国沙棘 *Hippophae rhamnoides* L. subsp. *sinensis* Rousi.。变种，则在种名之后加缩写字“var.”后，再写上拉丁变种名。例如，红玫瑰 *Rosa rugosa* Thunb. var. *rosea* Rehd.。变型，在加缩写字“f.”后，再写变型名及缩写的命名人。例如，垂枝圆柏 *Sabina chinensis*（L.）Ant. f. *pendula*（Franch.）Cheng et W. T. Wang。

关于栽培品种，则在种名后加写“cv.”，然后将品种名用大写或正体字写出，或不写 cv. 而仅大写或正体写于单引号内，首字母均用大写，其后不必附命名人。例如，绒柏 *Chamaecyparis pisifera* Endl. cv. Squarrosa，或写为 *Chamaecyparis pisifera* ‘Squarrosa’。

用双名法定出的学名，既保证了名称上的统一，又能反映出相互之间的亲缘远近，如油松(*Pinus tabulaeformis* Carr.)与马尾松(*Pinus massoniana* Lamb.)，是同属但不同种，亲缘相近；油松和杉木是不同属，也不同种，亲缘关系就比较远。

四、植物鉴定与检索表

进行植物识别鉴定，首先需要掌握和正确运用植物分类学的基本知识，其次要学会利用各地的植物志或植物检索表等工具查阅。植物志是记载一个国家或地区植物的书籍，其中包括有科、属、种的检索表。当检索某种植物时，先以检索表中出现的2个分支的形态特征，与植物相对照，选其与植物符合的一个分支，再在这一分支下的2个分支继续检索，直到检索出植物的科、属、种名为止。通过植物的形态特征比对检索表中的描述和插图，验证检索是否正确。另外，每一种植物都有模式标本可供查对，再参阅原始文献，就可有把握地鉴定出植物，但在实际中并不是每一种植物的鉴定都需要这样做。

植物检索表是识别鉴定植物的重要工具，相当于一个索引。植物检索表的编制是运用对比的方法，逐步排列分类。将同一关键特征分成相对应的两个分支，编为相同的号码；然后将每个分支性状再分成相对应的两个分支，按顺序编上号码。依次下去，最后分出科、属及种。常用的植物检索表有平行检索表和定距检索表两种。

1. 平行检索表

平行检索表将同一关键特征的相对分支性状并列在相邻两行进行描述，每行后面注明植物学名或往下查的号码。例如：

豆科分亚科检索表

1. 花较大，花冠左右对称或略左右对称，花瓣覆瓦状排列，花通常不集成头状花序 ……………… 2
1. 花小，花冠辐射对称，花瓣镊合状排列，花通常集成头状花序 ……………………… 含羞草亚科
2. 花冠左右对称，呈蝶形，上部的一片花瓣在其他花瓣之外 ………………………… 蝶形花亚科
2. 花冠略左右对称，非蝶形，上部的一片花瓣被包于其他花瓣之内 …………………… 苏木亚科

2. 定距(等距)检索表

定距(等距)检索表将同一关键特征的相对分支性状用同一序号排列在一定的阶层，并纵向相隔一定距离；同分支下相对应的两个更细的分支编为下一序号；下一序号向右错后一位。依此类推，直到要编制的终点。例如：

榆科分属检索表

1. 叶羽状脉，侧脉7对以上
    2. 花两性；翅果，翅在扁平果核周围；叶缘常为重锯齿 ………………………… 1. 榆属 *Ulmus*
    2. 花单性；坚果无翅，小而歪斜；叶缘具整齐单锯齿 ………………………… 2. 榉属 *Zelkova*
1. 叶三出脉，侧脉6对以下
    2. 核果球形
        3. 叶基部全缘，常歪斜，侧脉不伸入齿端 ………………………… 3. 朴属 *Celtis*
        3. 叶基部全缘，不歪斜，侧脉直达齿端 ………………………… 4. 糙叶树属 *Aphananthe*
    2. 坚果周围有翅；叶侧脉向上弯，不直达齿端 ………………………… 5. 青檀属 *Pteroceltis*

五、植物的形态描述

植物的形态是植物的外部构成特征，即植物的外表，是人用肉眼可以观察到的外部特

征，包括大小、形状、颜色、附属物等。每一种植物都有自己的形态特征，与其他植物有或多或少的共同点和不同点。准确观察与判断植物的形态是鉴定植物的前提条件，是植物学工作者必备的素质。

植物各部分的形态都可以根据特征划分为若干种类型，称为形态性状。如植物叶片的质地，可根据厚薄分为膜质、草质、纸质、革质等类型。在记录和介绍某一种植物时，往往是把相应类型的形态性状用统一规范的语言，即植物形态术语来描述。这些术语既是专业工作者的标准，也容易为普通人所理解，如前述的叶片质地。植物形态性状的准确判断和术语的正确使用是植物形态描述最重要的技能，需要不断地学习和在实践中予以掌握。

植物的形态描述没有统一的程式和标准，但是通常都是按照植物的生活型、枝、叶、花、果实、种子等顺序，依具体的性状，用规范的形态术语进行描述。

例如，《中国树木志》关于银杏(*Ginkgo biloba* L.)的形态描述：

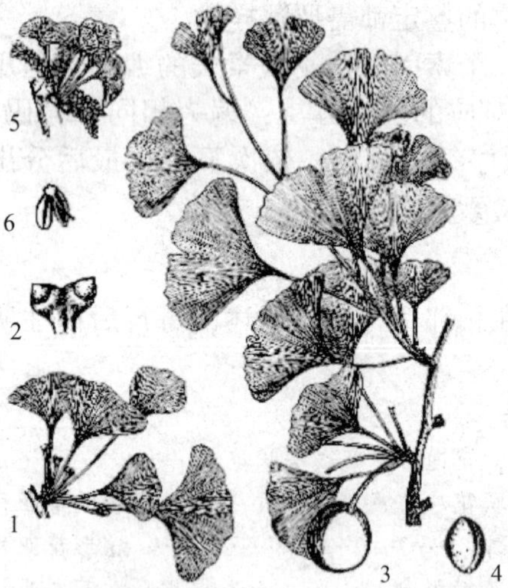

图 2-73　银杏基本形态

(张玮哲仿《中国树木志》绘)

1. 雌球花枝　2. 雌球花上端　3. 果实　4. 去外种皮种子　5. 雄球花枝　6. 雄蕊

落叶乔木，高达 40 m，胸径 4 m；幼树树皮淡灰褐色，浅纵裂，老则灰褐色，深纵裂；幼树及壮年树的树冠圆锥形，老树树冠广卵形，大枝斜上伸展。1 年生长枝淡褐黄色，2 年生以上变为灰色，有细纵裂纹；短枝色深，黑灰色。叶扇形，上部宽 5~8 cm，上缘有浅或深的波状缺刻，有时中部缺裂较深，成二裂状，幼树及萌芽枝的叶常大而深裂，长达 13 cm，宽可达 15 cm，基部楔形，淡绿色或绿色，秋季落叶前变为黄色，有长柄，短枝之叶 3~5(~8) 簇生。雄球花 4~6 生于短枝顶端叶腋或苞腋，长圆形，下垂，淡黄色；雌球花数个生于短枝顶端叶丛中，淡绿色。种子椭圆形、倒卵形或近球形，长 2.5~3.5 cm，径约 2 cm，熟时黄色或橙黄色，被白粉，肉质外种皮有臭味，中种皮白色，具 2~3 条纵脊；内种皮黄褐色；胚乳肉质，味甜略苦。花期 3 月下旬至 4 月中旬，种子 8~10 月成熟。

六、植物界的基本类群

为了了解植物界的概况和理解植物界的一些基本概念，有时人们从不同角度把植物界分成若干类群。植物界类群的划分不具有分类学上的意义，主要是依据某个特征进行的大归类。最常见的是根据植物体形态构造表现的原始与进化、生殖过程中受精卵是否在母体内发育形成胚，把植物界划分为低等植物(无胚植物)和高等植物(有胚植物)两大类。

(一)低等植物

低等植物是植物界起源早，进化较原始，构造简单的植物，绝大多数生活在水中或湿润的环境中；植物体没有根、茎、叶的分化，由单细胞或多细胞丝状体或叶状体构成；生殖器官多数为单细胞，极少数为多细胞；生殖过程中，简单的合子不形成胚，而直接萌发为新的植物体。根据植物体结构和营养方式可将低等植物分为藻类植物、菌类植物和地衣类植物 3 大类群。

1. 藻类植物

藻类植物是细胞内具有进行光合作用的色素，能进行光合作用的一类自养植物。其共同特征为植物体结构简单，大小和形态结构差异很大，没有根、茎、叶的分化，多生活于水中，适应环境的能力很强(图 2-74)。

根据植物体结构、贮藏的养料、含有的色素及生殖方式等的不同，藻类植物分为蓝藻门、绿藻门、裸藻门、轮藻门、金藻门、甲藻门、褐藻门、红藻门等。目前已知地球上的藻类植物约有 2.5 万余种，分布于世界各地。

藻类植物营养价值较高，富含矿质营养和微量元素，对人体有重要的保健作用。食用藻类植物常见的有蓝藻门的葛仙米、发菜，绿藻门的小球藻、石莼，褐藻门的海带，红藻门的紫菜等。许多藻类植物也是鱼类等水生动物的饵料，但是也有些藻类也能引起鱼类疾病。藻类植物还有固氮作用，目前已知 70 余种固氮蓝藻，我国约有 10 余种。有些藻类，如褐藻和红藻等，还可提取工业和医药原料。还有些藻类有吸收和富集毒素的能力，可净化废水，消除污染。

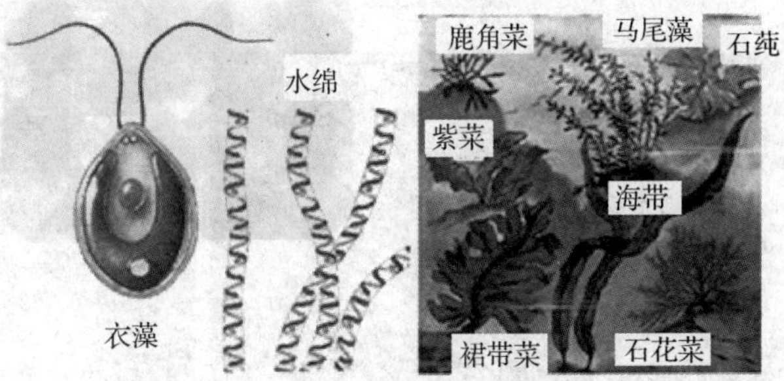

图 2-74 常见藻类植物

2. 菌类植物

菌类植物是一群没有根、茎、叶分化，大多数不含叶绿素，不能进行光合作用制造碳水化合物，大多营寄生或腐生生活的异养低等植物。它不是一个反映自然亲缘关系的类群，种类多，分布范围广，在水、空气、土壤以至动植物体内都可生存。

菌类植物形态多种多样，有单细胞的，也有多细胞的。有些体积很小，约为 1μm，在显微镜下才能看到。有些体积较大，肉眼可见，如蘑菇(图 2-75)。通常分为细菌门、黏菌门和真菌门。约有 7.2 万种，其中真菌有 7 万余种，细菌约有 2000 种、黏菌约有 500 种。

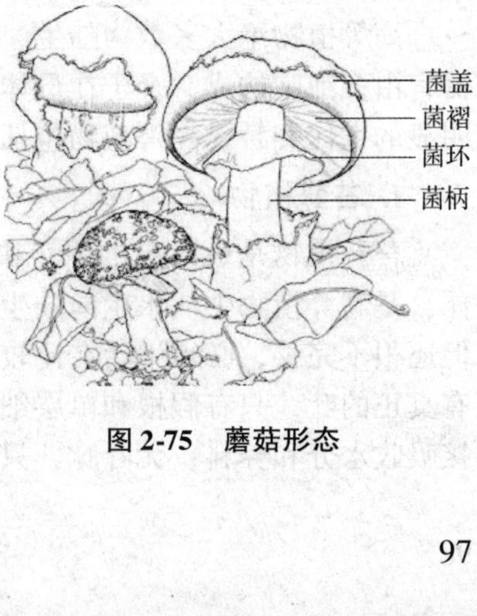

图 2-75 蘑菇形态

一些菌类植物可使动物、植物及人类致病。菌类植物在自然界物质循环中有重要意义。例如，用于矿化和固氮作用，可提高土壤肥力。许多菌类可药用、食用或工业用，有较高营养价值，如羊肚菌、木耳、银耳、蘑菇、猴头菌等真菌可食。还有些种类可以入药，提高人体免疫力，如灵芝、蘑菇等。一些菌苗、抗生素是从细菌中提取的；有些种类可制造生物农药，杀灭害虫；酵母菌、曲霉等用于酿酒和酱油制造；乳酸杆菌发酵制造酸奶等；另外，细菌在石油原油的分解、制革、造纸等工业领域也有广泛应用。

3. 地衣类植物

地衣类植物是藻类植物和真菌共同生活而形成的共生体，也简称地衣。构成地衣类植物的藻类植物主要有蓝藻和绿藻，构成地衣的真菌主要是子囊菌和担子菌。真菌菌丝围裹着藻类细胞，通过菌丝体吸收水分和无机盐，供给藻类生活并保障藻类在环境干燥时不致干死；藻类具有叶绿素，通过光合作用，制造有机养分，供给本身和菌类生长的需要。

地衣类植物根据形态可分为壳状地衣、叶状地衣和枝状地衣三种类型(图2-76)；根据内部构造分为同层地衣和异层地衣两种类型。地衣类植物约有2.5万种。

地衣类具有很强的耐旱和耐寒的能力，分布很广，从平原到高山、从热带到极地冻土地带都可见，能生长在裸露的岩石、树皮和土壤表面上。它能使岩石逐渐风化形成土壤。地衣对空气污染非常敏感，当空气中含有极微量的二氧化硫等有害气体时，就会逐渐死亡，可以通过对地衣植物存在的数量多少等指标来监测当地环境的大气污染。有些地衣种类可以食用，如石耳。有些种类可以药用，如松萝、石蕊。有些种类可以提取色素用于染料工业，如红粉地衣。

A　　B　　C

图2-76　地衣类植物形态

A. 叶状地衣　B. 枝状地衣　C. 壳状地衣

(二)高等植物

高等植物绝大多数为陆生，植物体结构比较复杂，一般都有根、茎、叶的分化；生殖器官由多细胞构成，合子在母体内发育成胚，再由胚萌发形成新的植物体；生活史中具有明显的世代交替。高等植物包括苔藓植物、蕨类植物、裸子植物和被子植物4大类群。

1. 苔藓植物

苔藓植物是最简单的绿色高等植物，植物体结构简单、植株矮小，为叶状体或枝状体，是高等植物中从水生向陆生过渡的代表类群，具有初步适应陆生环境的能力和特点，但还很不完善，必须生活在比较潮湿的地方。苔藓植物还没有产生真正的根，低等种类没有真正的叶，只有假根和单层细胞的鳞叶或拟叶，鳞叶或拟叶既能进行光合作用，又能直接吸收水分和养料；无叶脉，只有一群厚壁细胞构成的类似于中脉的构造。高等种类有茎和叶的分化。苔藓植物没有输导组织和机械组织的分化。行营养繁殖和有性繁殖，其生活史中具有明显的世代交替。孢子体退化，孢子体寄生在配子体上，配子体发达，有叶绿素，能自养生活(图 2-77)。

苔藓植物分为苔纲和藓纲 2 大类，目前已知约有 23000 种，我国有 2000 余种。

苔藓植物常常是森林中的地被物，能反映林地的状况和森林特征。与地衣一样，有促进岩石风化和土壤形成的作用。有些苔藓植物可以药用，如金发藓有解毒止血作用；蛇苔可解热毒，治疗疮痈肿和蛇咬伤等。苔藓植物对 SO_2 等敏感，可用作大气污染的监测植物。苔藓植物吸水能力很强，是园艺上用于包装运输新鲜苗木的理想材料，还可用作花卉栽培的保湿通气基质或用以铺苗床。苔藓植物在水土保持、湖泊演替为陆地、陆地沼泽化等方面均有重要作用。

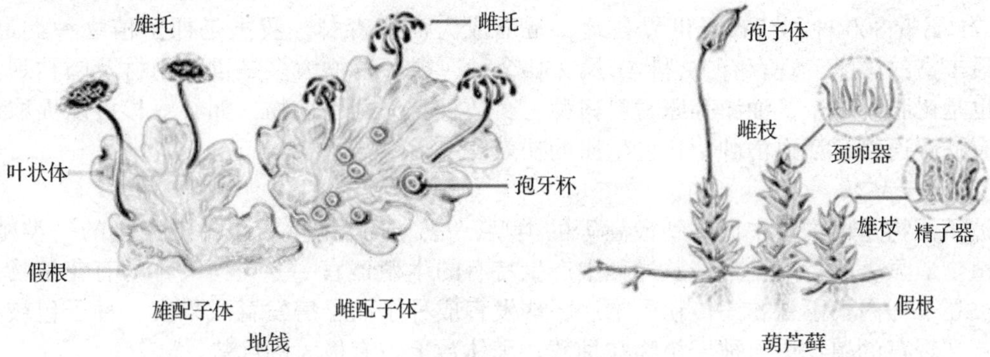

图 2-77 苔藓植物形态(李楠妮绘)

2. 蕨类植物

蕨类植物具有比苔藓植物更适应陆地生活的特性，大多为陆生，少数为水生。有明显的根、茎、叶分化，也有维管束的结构，担负着水分、无机盐和有机物的输送。蕨类植物的外形与种子植物相似，但它从不产生种子，以孢子繁殖。蕨类植物有明显的世代交替，孢子体与配子体各自独立生活。蕨类植物为须根系，茎多为地下根状茎(图 2-78)。蕨类植物的叶有小型叶和大型叶之分。

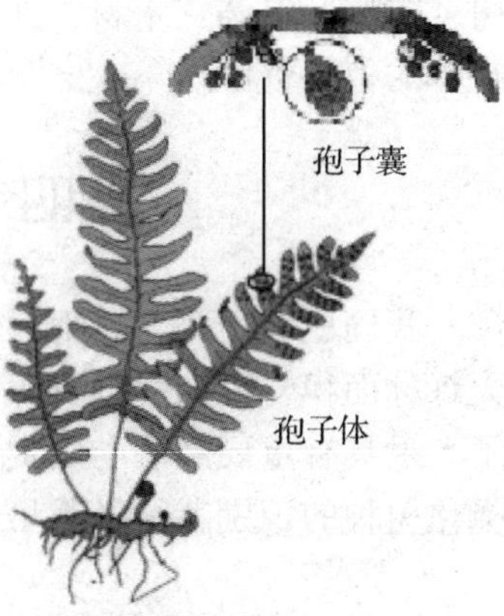

图 2-78 蕨类植物形态

蕨类植物绝大多数为草本，作为一个自然类群，分类在蕨类植物门，包括木贼纲、松叶蕨纲、石松纲 、水韭纲和蕨纲。前 4 个纲为小型叶蕨类，蕨纲为大型叶蕨类。蕨类植物有 1.2 万余种，广布全球，以亚热带、热带分布较多。我国有 2600 余种。

蕨类植物是森林植被草本层的重要组成成分。一般有蕨类植物生长的地方表示土壤比较肥沃；石松、芒萁等则为酸性土壤的指示植物。许多蕨类可食用和药用。石松的孢子是冶金工业的优良脱模剂，还用于火箭、信号弹、照明弹制造工业中。满江红、槐叶苹、四叶苹等可作肥料和饲料。许多蕨类植物形姿优美，有较高的观赏价值，已在温室和庭院中广泛栽培应用。

3. 种子植物

这是植物界结构最复杂、最进化、更完善、更能适应陆地环境的类群，是现代地球适应性最强、分布最广、种类最多、经济价值最大的一类，其中不少种类是我们衣、食、住、行不可缺少的物质资源。其最大的特征是以种子繁殖。根据种子有无果皮包被，种子植物又可分为裸子植物和被子植物。

(1)裸子植物

裸子植物的主要特征是胚珠外面没有心皮包被，因而形成的种子是裸露的。植物体都是木本，且多为高大乔木。裸子植物在植物分类系统中，通常作为一个自然类群，分类为裸子植物门。

裸子植物发生在距今约3亿年前，古老的种类至今大多已灭绝。现留存的有4纲9目12科71属近800种，广布于世界各地，常形成大面积森林。我国是裸子植物种类最多，资源最丰富的国家，现存有11科41属250余种。裸子植物大多是重要用材及园林观赏树种，也是树脂、单宁、油漆等原材料树种；少数种类为药用植物，如红豆杉可以提取紫杉醇，有祛湿通络、活血消肿、止血生肌的功效。

(2)被子植物

被子植物是植物界中进化到最高等的类型，是适应陆地生活条件最完善的一类植物。被子植物最显著的特点是在繁殖过程中产生特有的生殖器官——花，又称为有花植物。胚珠包被在子房内，不裸露，传粉受精后胚珠发育成种子而子房发育成果实，种子包被在果实内。在现存的植物中，被子植物在种数、个体数上占有极大的优势。

被子植物是植物界最繁茂、分布最广的一个类群，通常分为双子叶植物纲和单子叶植物纲。全球现已知有近30万种，占植物界的半数以上。我国有近2600属约3万种，其中木本植物约8000种，乔木树种占3000种。被子植物与人类生存关系密切，农作物、果树、蔬菜、医药、木材、纤维等绝大部分都来源于被子植物，是人民生活和国家建设不可缺少的植物资源。

第四节　中国常见造林绿化树种简介

我国地域辽阔，各地自然环境差异很大，森林类型和植物种类繁多。为发展林业，扩大森林面积，增加森林资源，长期以来，各地根据地区自然环境的实际条件，选择和引进了大量具有重要经济与观赏等利用价值的树种营造人工林。这里将我国各地最常用的造林绿化树种的识别特征及栽培应用区域等归纳见表2-6。

表2-6　中国常见造林绿化树种概览

树种名称	学　名	主要识别特征	天然分布及栽培区域
樟子松	*Pinus sylvestris* var. *mongolica* Litv.	常绿乔木，高达30 m；叶2针一束，刚硬扭曲；树干上部树皮淡黄色，内皮金黄色	产于大兴安岭北部及海拉尔以西沙丘地带。华北、西北广泛栽培

（续）

树种名称	学　名	主要识别特征	天然分布及栽培区域
油松	*Pinus tabulaeformis* Carr.	常绿乔木，高达25 m；大枝平展，老树树冠平顶；叶2针一束；球果宿存树上数年不落	产于以陕西、山西为中心的广大地区。为华北、西北中海拔地带主要造林树种
马尾松	*Pinus massoniana* Lamb.	常绿乔木，高达45 m；树皮红褐色，不规则鳞状开裂；叶2针一束，细柔，微扭曲，边缘有细锯齿	产于江苏、安徽。华中、华南、西南地区广泛栽培
湿地松	*Pinus elliottii* Engelm	常绿乔木，高达30 m；树皮灰褐色，纵裂成鳞状剥落；叶2~3针一束。小枝粗壮，粗糙	原产美国东南部暖带潮湿的低海拔地区。我国华南各地有引种栽培
火炬松	*Pinus taeda* Linn.	常绿乔木，高达30 m；树皮橘褐色，鳞片状开裂；针叶3针一束，宿存3~4年，刚硬，蓝绿色	原产北美东南部。在中国庐山、南京以南的亚热带低山、丘陵等地有引种栽培
白皮松	*Pinus bungeana* Zucc. ex Endl.	常绿乔木，高达30 m；树皮不规则薄片状脱落，老树皮灰白色；叶3针一束	产于山西、河南、陕西3省交界地区为中心的中部至西部的部分山区。华北广大地区均有栽培
云南松	*Pinus yunnanensis* Franch.	常绿乔木，高达30 m，树皮褐灰色，深纵裂；叶常3针一束，球果宿存，成熟时种鳞开裂	产于云南、西藏东南部、四川、贵州、广西等地。为西南林区主要造林树种
乔松	*Pinus griffithii* McClelland	常绿乔木，高达70 m，树皮暗灰褐色，小块片脱落；针叶细长，5针一束	产于西藏南部及东南部、云南西北部。分布区重要造林树种
华山松	*Pinus armandii* Franch	常绿乔木，高达35 m；树皮平滑，枝条平展；叶5针一束；球果长10~20 cm，成熟时种鳞张开，种子脱落	主产中国中部至西南部高山。江西庐山、浙江杭州、北京等地有栽培
新疆五针松	*Pinus sibirica*（Loud.）Mayr	常绿乔木，高达35 m；树皮淡褐色，小枝褐黄色。叶5针一束；球果成熟后种鳞不张开或微张开	产于新疆阿尔泰西北山区及俄罗斯西伯利亚。已由人工引种栽培到周围地区
红松	*Pinus koraiensis* Sieb. et Zucc.	落叶乔木，高达40 m；树皮红褐色，块状脱落；叶5针一束；球果大，成熟时种鳞不张开	产于长白山、小兴安岭。在黑龙江、吉林、辽宁的山区及河北、山东的部分地区栽培
兴安落叶松	*Larix gmelini*（Rupr.）Rupr.	落叶乔木，高达30 m；1年生枝细、色浅；叶柔软，簇生于短枝顶端；球果成熟时上端种鳞张开	产大、小兴安岭，黑龙江、吉林东部、辽宁、河北部分地区有栽培
长白落叶松	*Larix olgensis* Henry	落叶乔木，高达30 m；1年生枝淡红褐色，基部常被长毛；球果种鳞16~40，中部种鳞长宽近相等	产于东北长白山、张广才岭及老爷岭山区。吉林、辽宁东部山区荒山造林
华北落叶松	*Larix principis-rupprechtii* Mayr	落叶乔木，高达30 m；1年生枝淡黄色；叶在短枝上呈簇生状；中部种鳞近五边状卵形，种子灰白色	产于华北北部高山地带。黄河及辽河流域高山上部荒山造林和森林更新
云杉	*Picea asperata* Mast.	常绿乔木，高达45 m；树皮淡灰褐色或淡褐灰色，不规则鳞片或块片脱落；叶四棱状条形	产于陕西、甘肃白龙江流域、洮河流域、四川岷江流域上游及大小金川流域。各地有栽培

（续）

树种名称	学　名	主要识别特征	天然分布及栽培区域
新疆云杉	*Picea obovata* Ledeb.	常绿乔木，高达35 m；树皮深灰色，裂成不规则块片；1～2年生枝密生黄色短腺毛。球果幼时紫色，熟时褐色	产于新疆阿尔泰地区。是阿尔泰山区湿润阴坡、沟谷、溪旁及河流两岸造林树种
天山云杉	*Picea schrenkiana* Fisch. et Mey.	常绿乔木，高达35 m；树皮暗褐色，成块片状开裂；大枝短，近平展；球果成熟前紫红色，熟时褐色	产于新疆天山地区。为新疆山区主要用材和水源涵养造林树种
红皮云杉	*Picea koraiensis* Naka	常绿乔木，高达30 m，树皮不规则薄片脱落，裂缝常为红褐色；叶横切面菱形，四面具白色气孔线	产于小兴安岭、吉林山区。东北、内蒙古东部地区栽培
白杄	*Picea meyeri* Rehd. et Wils.	常绿乔木，高达30 m；树皮灰褐色，成不规则薄块片脱落；大枝近平展；叶四棱状条形，微弯	产于山西、河北等地山区、内蒙古西乌珠穆沁旗海拔1600～2700 m山地。华北地区均有栽培
冷杉	*Abies fabri*（Mast.）Craib	常绿乔木，高达40 m；树皮灰色或深灰色，不规则的薄片固着于树干上，球果当年成熟，直立，具短梗	产于四川西部高山上部。分布区内重要的森林更新和造林树种
新疆冷杉	*Abies sibirica* Ledeb.	常绿乔木，高达35 m；树皮平滑，灰褐色；小枝有光泽。叶斜上伸展，稀成两列状，窄条形	产于新疆阿尔泰西北山区及俄罗斯伏尔加河以东地区。用于新疆冷杉火烧迹地、林中空地的造林
柏木	*Cupressus funebris* Endl.	常绿乔木，高达35 m；树皮裂成窄长条片；小枝细长下垂，生鳞叶的排成一平面，鳞叶二型，先端锐尖	产于中国长江流域及以南地区。以重庆、湖北西部、贵州栽培最多；江苏南京等地也有栽培
侧柏	*Platycladus orientalis*（L.）Franco	常绿乔木，高达20 m；叶鳞形；生鳞叶的小枝扁平，排成一平面；雌球花近球形，蓝绿色	全国除青海、新疆、黑龙江外均有分布。淮河以北、华北石炭岩山地阳坡主要造林树种
银杏	*Ginkgo biloba* L.	落叶乔木，高达40 m；枝斜上伸展；叶在短枝上3～5枚成簇生状，有细长的叶柄，扇形。雌雄异株	浙江天目山、湖北大洪山、神农架、云南腾冲等山区有自然繁衍古银杏群。各地广为栽培
杉木	*Cunninghamia lanceolata*(Lamb.)Hook.	常绿乔木，高达30 m；树皮裂成长条片脱落，内皮淡红色；小枝近轮生，叶披针形，在侧枝扭成二列状	产于以南岭山地为中心，秦岭以南，大渡河流域以东地区。为南方广泛栽培的重要用材树种
水杉	*Metasequoia glyptostroboides* Hu & W. C. Cheng	落叶乔木，高达35 m；小枝对生，下垂；叶线形，交互对生，假二列成羽状复叶状	我国特产古老稀有树种，仅分布于鄂、渝、湘交界的局部地区。现世界各地已广泛引种栽培
柳杉	*Cryptomeria fortunei* Hooibrenk ex Otto et Dietr.	常绿乔木，高达40 m，树皮红棕色，长条片脱落；大枝近轮生，平展或斜展；小枝细长，绿色；叶钻形	原产于长江流域以南至广东、广西、云南、四川等地。江苏、安徽、河南、湖北、湖南等地均有栽培
秃杉	*Taiwania flousiana* Gaussen	常绿乔木，高达60 m；树皮裂成不规则的长条片，内皮红褐色；枝平展；叶钻形	第三纪古热带植物区孑遗植物，残存于云南、贵州、湖北、台湾等地。台湾地区主要造林树种
毛白杨	*Populus tomentosa* Carr.	落叶乔木，高达30 m；树皮由幼时暗灰色变为灰白色；小枝初被毡毛，后光滑，长枝叶下密生毡毛	产于以黄河中游流域为中心的广大地区。在北起辽宁南部，南至长江流域各地有栽培

（续）

树种名称	学 名	主要识别特征	天然分布及栽培区域
新疆杨	*Populus alba* var. *pyramidalis* Bge.	落叶乔木，高达30 m，树冠尖塔形，树皮光滑，灰白色或青灰色；叶掌状深裂，被白绒毛，基部平截	产于我国新疆。西北、内蒙古及北京等地有栽培
胡杨	*Populus euphratica* Oliver	落叶乔木，高达25 m，稀灌木状。树皮淡灰褐色；萌枝细，圆形，光滑或微有绒毛。蒴果长卵圆形	产内蒙古西部、新疆、甘肃、青海等地。是西北盐碱湿润地区重要造林绿化树种
泡桐	*Paulownia fortunei* (Seem.) Hemsl.	落叶乔木，高达30 m；幼枝、叶、花序和幼果均被黄褐色绒毛；花大，呈淡紫色或白色	产于湖北，在北京、辽宁南部、广东、广西、台湾、重庆、云南、贵州、四川都有栽培
白榆	*Ulmus pumila* Linn.	落叶乔木，高达25 m；幼树树皮平滑，大树树皮深纵裂；花先叶开放；翅果近圆形	产于东北、华北、西北及西南各地。长江下游各地有栽培
朴树	*Celtis sinensis* Pers.	落叶乔木，高达20 m。树皮平滑，灰色；叶互生，核果单生或2个并生，近球形，核有穴和突肋	产于我国淮河—秦岭以南低山丘陵地区。华东、华南、西南等地有栽培
蒙古栎	*Quercus mongolica* Fisch. ex Ledeb	落叶乔木，高达30 m；小枝细；树皮灰褐色，深纵裂。叶缘具波状圆齿。壳斗苞片鳞片状	产于东北、华北山区。世界多地有栽种
栓皮栎	*Quercus variabilis* Bl.	落叶乔木，高30 m；树皮黑褐色，栓皮层发达；叶背密被灰白色绒毛，坚果顶端平圆；壳斗包果约2/3	产于以鄂西、秦岭、大别山为中心的广大地区，南北各地中低海拔地区广泛栽培
麻栎	*Quercus acutissima* Carruth	落叶乔木，高达30 m；树皮深灰褐色，深纵裂；幼枝被黄色柔毛；叶背淡绿色；壳斗包着坚果约1/2	产于以长江流域和黄河中下游地区。南北各地广泛栽培
大叶栎	*Quercus griffithii* Hook. f. et Thoms ex Miq.	落叶乔木，高达25 m，小枝初被灰黄色毛，渐脱落；叶片倒卵形，叶背生灰白色星状毛，坚果椭圆形	产于西南各地。分布区内有栽培
水青冈	*Fagus longipetiolata* Seem.	落叶乔木，高达25 m，小枝具皮孔；壳斗瓣裂，通常有坚果2个；脊棱顶部有狭而略伸延的薄翅	产秦岭以南、五岭南坡以北各地。分布区有栽培
青钩栲	*Castanopsis kawakamii* Hay.	常绿乔木，高可达40 m；树皮裂成长条状；叶片卵状披针形，全缘；壳斗连刺；坚果密被褐黄色绒毛	产台湾、福建、广东、广西和江西南部。是中国南方速生珍贵用材树种
水曲柳	*Fraxinus mandshurica* Rupr.	落叶乔木，高达30 m，小枝四棱形。奇数羽状复叶。圆锥花序生于枝上，先叶开放。翅果倒卵状披针形	中心分布于长白山北部地区，东北及华北、西北部分地区有栽培
黄波罗	*Phellodendron amurense* Rupr.	落叶乔木，高达22 m；树皮深纵裂，木栓层发达，内皮鲜黄色；圆锥花序顶生；球形果成熟时蓝黑色	主产于东北和华北各地，河南、安徽北部、宁夏也有分布，内蒙古有少量栽种
紫椴	*Tilia amurensis* Rupr.	落叶乔木，高可达20～30 m；叶阔卵形；聚伞花序，苞片倒披针形或匙形，长4～5 cm；果球形或椭圆形	原产中国，中心分布于长白山、小兴安岭等地；中国东北、山东、河北、山西等地栽培

（续）

树种名称	学　名	主要识别特征	天然分布及栽培区域
刺槐	*Robinia pseudoacacia* Linn.	落叶乔木，高达25 m；小枝具托叶刺；叶常对生，椭圆形；花白色、蝶形、芳香，荚果扁平条形	原产美国东部。现全国各地广泛栽植
槐树	*Sophora japonica* Linn.	落叶乔木，高25 m，干皮暗灰色，小枝绿色；羽状复叶；圆锥花序顶生；荚果肉质，串珠状	原产于中国。各地广为栽培
巨桉	*Eucalyptus grandis* Hill ex Maiden	常绿乔木，高达55 m；树皮脱落后光滑，干银白色，被白粉，基部树干粗糙	产于澳大利亚和菲律宾等西太平洋岛屿。在浙江、江西、湖北、广西、海南、广东、四川、云南部分地区有栽培
邓恩桉	*Eucalyptus dunnii* Maiden	常绿乔木，高达50 m；树干通直；木材的心材呈淡棕红色，边材颜色与心材差异不明显	产于澳大利亚新南威尔士州及昆士兰州之间的约40 km的区域。华南地区引种栽培
窿缘桉	*Eucalyptus exserta* F. V. Muell.	常绿乔木，高达25 m；树皮宿存，纵裂，灰褐色；嫩枝有钝棱，纤细，常下垂；叶狭披针形，两边同色	产于澳大利亚东北部。广东、广西主要速生造林树种
尾叶桉	*Eucalyptus urophylla* S. T. Blake	常绿乔木。高可达50 m；树皮上部剥落，灰白色。叶披针形。伞状花序腋生。蒴果杯状，成熟后暗褐色	原产于印度尼西亚。广东、广西、海南等地广泛栽培
楸树	*Catalpa bungei* C. A. Mey	落叶乔木，高达30 m；树干通直，主枝开阔伸展。树皮灰褐色、浅纵裂，小枝灰绿色；叶三角状的卵形	原产中国华北地区，辽宁、内蒙古、新疆等地有引种栽培
樟树	*Cinnamomum camphora* (Linn.) Presl	常绿乔木，高达10 m；树皮幼时绿色，平滑，老时灰褐色，纵裂；叶革质，卵形，上面光亮，背面被白粉	产于长江流域以南各地。江西、浙江、广东、福建、台湾栽培最多
母生	*Homalium hainanense* Gagnep.	常绿乔木，高达15 m；树皮灰色，不裂；小枝有槽纹；叶革质，椭圆状长圆形；蒴果倒圆锥形	分产于海南。在云南、广西、湖南、江西、福建等地有栽培
檫木	*Sassafras tsumu* Hemsl.	落叶乔木，高达35 m。树皮灰褐色，不规则纵裂；花小，黄色；成熟果蓝黑色带白粉，果球呈红色	产于长江流域各地。分布区内广泛栽培
格木	*Erythrophleum fordii* Oliv.	常绿乔木，高达30 m；嫩枝和幼芽被铁锈色短柔毛；二回羽状复叶，小叶互生；总状花序，花白色	主产于越南及中国广东、广西、福建、台湾、浙江等地。产区及海南有栽培
厚朴	*Magnolia officinalis* Rehd. et Wils.	落叶乔木，高达20 m；树皮褐色，不开裂；叶大，倒卵形，先端具短急尖，基部楔形；聚合果卵圆形	主产于四川、湖北等地。陕西、甘肃、河南、湖北、湖南、四川、贵州等地有栽培
白桦	*Betula platyphylla* Suk.	落叶乔木，高达27 m；树皮灰白色，成层剥落；叶三角状卵形，厚纸质	产于东北、华北、西北、西南地区中高海拔地区。南北各地广泛栽培

（续）

树种名称	学　名	主要识别特征	天然分布及栽培区域
拟赤杨	*Alniphyllum fortunei* (Hemsl.) Makino	落叶乔木，高达 20 m；干通直，树皮灰白色，浅纵裂；叶倒卵形；总状圆锥花序腋生；蒴果长圆形	产华中、华东、华南、西南。分布区有栽培
桤木	*Alnus cremastogyne* Burk.	落叶乔木，高可达 40 m；树皮灰色，平滑；果苞木质，小坚果卵形，膜质翅宽仅为果的 1/2	产于四川盆地周围山区。西南及安徽、湖北、湖南、江西、江苏、陕西等地有栽培
南酸枣	*Choerospondias axillaris* (Roxb.) Burtt et Hill.	落叶乔木，高达 25 m。小叶褐色，皮孔明显，无毛；叶纸质，卵形至长圆状卵形，核果长圆状球形	产华南、西南、华中、西北东部。分布区有栽培
木荷	*Schima superba* Gardn. et Champ.	常绿乔木，高达 25 m；叶革质，先端尖锐，基部楔形；花生于枝顶叶腋，常多朵排成总状花序；蒴果	产于我国华南地区。是中国中部至南部的广大山区生物防火林带首选造林树种
元宝枫	*Acer truncatum* Bunge.	落叶乔木，高 8～10 m；叶纸质，常 5 裂，基部截形；翅长圆形，常与小坚果等长，稀稍长	产吉林、辽宁、河北、北京、天津、山东、江苏北部、河南、陕西及甘肃等地。华北各地大量栽培
柚木	*Tectona grandis* L. f.	落叶乔木，高达 50 m；树皮灰褐色；枝四棱形，被星状毛；叶对生，极大，卵形；秋季开花	原产缅甸，泰国，印度和印度尼西亚，老挝等地云南、广东、广西、福建、台湾等地引种栽培
梭梭	*Haloxylon ammodendron* (C. A. Mey.) Bunge	小乔木，高 1～9 m。树皮灰白色；叶鳞片状，宽三角形，稍开展，先端钝，腋间具绵毛。胞果黄褐色	产宁夏西北部、甘肃西部、青海北部、新疆、内蒙古。西北地区防风固沙造林树种
沙拐枣	*Calligonum mongolicum* Turcz.	灌木，高达 1.5 m；老枝灰白色。叶线形。花白色或淡红色，簇生叶腋；瘦果	产内蒙古中部西部、甘肃西部及新疆东部。西北地区沙荒地造林树种
柽柳	*Tamarix chinensis* Lour.	乔木或灌木；老枝直立，暗褐红色，幼枝稠密细弱，常开展而下垂，红紫色或暗紫红色	产于辽宁、河北、河南、山东、江苏(北部)、安徽(北部)等地；栽培于中国东部至西南部各地
沙枣	*Elaeagnus angustifolia* Linn.	落叶乔木或小乔木，高达 10 m；幼枝密被银白色鳞片，老枝鳞片脱落，红棕色，光亮。叶纸质，背面银白色	天然分布在新疆、甘肃、内蒙古河湖地区。东北、华北、西北等地沙荒地广泛栽培
毛竹	*Phyllostachys pubescens* Mazel ex H. de Lehaie	常绿乔木状竹类，高达 20 m；老竿无毛，并由绿色渐变为绿黄色	产于长江以南。在秦岭、汉水流域至长江流域以南和台湾，黄河流域的部分地区有栽培
竹柏	*Podocarpus nagi* (Thunb.) Zoll. et Mor ex Zoll.	常绿乔木，高达 20 m；树皮光滑，红褐色；叶对生，革质，长卵形或卵状披针形；种子圆球形	产于华南地区山地。浙江、福建、江西、湖南、广东、广西、四川等地均有栽培
木麻黄	*Casuarina equisetifolia* Linn.	常绿乔木，高达 30 m；树干通直，幼树树皮赭红色，老树树皮粗糙，深褐色；鳞片状叶	产于澳大利亚和太平洋岛屿。在广西、广东、福建、台湾的部分地区有栽培
台湾相思	*Acacia richii* A. Gray.	常绿乔木，高达 16 m；幼苗羽状复叶，后小叶退化；头状花序球形；花金黄色；荚果干时种子间微缢缩	产于台湾。广东、海南、广西、福建、云南和江西等地有栽培

（续）

树种名称	学　名	主要识别特征	天然分布及栽培区域
山桃	*Prunus davidiana* (Carr.) Franch.	落叶乔木，高达10 m；树皮暗紫色，光滑；小枝细长，红褐色；叶片卵状披针形；果小，皮毛多	产于黄河流域各地，多见于石灰岩山地。东北、华北、西北、西南等地有栽培
橡胶树	*Hevea brasiliensis* (Willd. ex A. Juss.) Muell. Arg.	落叶乔木，高可达30 m，有丰富乳汁液。掌状复叶，具小叶3片	原产于巴西亚马孙河流域。中国专用国家植胶区主要分布于海南、广东、广西、福建、云南等地
杜仲	*Eucommia ulmoides* Oliver	落叶乔木，高可达20 m；叶椭圆形、卵形或矩圆形，薄革质，折断拉开多数有细丝	产于陕西、甘肃及南方各地。南北各地广泛栽种
油桐	*Vernicia fordii* (Hemsl.) Airy Shaw	落叶乔木，高达10 m；树皮光滑；枝条具明显皮孔；叶卵形；花瓣白色，有淡红色脉纹；核果近球状	产于中国南方丘陵山地。华南、西南、华中各地山地有栽培
黄连木	*Pistacia chinensis* Bge.	落叶乔木，高达20 m；树干扭曲，树皮暗褐色，鳞片状剥落；核果压扁，成熟时紫红色	产长江以南各地及华北、西北。分布区有栽培

（敖　妍、陈　仲、彭祚登）

复习思考题

1. 基本概念解释

植物细胞　植物组织　低等植物　高等植物　种子植物　裸子植物　被子植物　子叶出土　子叶留土　光合作用　光反应　暗反应　净光合速率　光补偿点　光饱和点　呼吸作用　呼吸速率　呼吸商　蒸腾作用　春化作用　光周期现象　植物激素　植物生长调节剂

2. 基本知识解答

(1)简述植物界的6大类群及其特征。

(2)简述植物种子和幼苗的形态与功能。

(3)简述植物根、茎、叶、花、果实的形态、结构与主要功能。

(4)简述植物的分类和命名原则。

(5)简述植物光合和呼吸作用的基本概念、过程及影响因子。

(6)简述植物对水分的吸收、运输。

(7)简述蒸腾作用的作用、方式与影响因子。

(8)矿质养分的生理作用有哪些？

(9)试述植物对矿质养分吸收、运输过程。

(10)试述植物花、果的形成、传粉受精过程。

(11)试述植物生长发育的周期性规律。

(12)试述植物个体生长的相关性特征。

(13)木本植物的群体生长发育规律与生产力形成机理是什么？

(14)试述植物的运动现象和生长发育的生理调节作用。

(15)试述植物形态特征描述方法。

3. 综合应用

(1)以校园植物为对象，利用植物分类的规范性术语编制一套科、属检索表。

(2)选择自己最熟悉的一个树种，设计制作一个生长发育物候观测的方案。

推荐阅读书目

1. 植物学(第2版). 方炎明. 中国林业出版社，2015.
2. 园林树木学. 陈有民. 中国林业出版社，1990.
3. 树木学(北方本)(第2版). 张志翔. 中国林业出版社，2008.
4. 树木学(南方本)(第3版). 祁承经，汤庚国. 中国林业出版社，2015.
5. 植物与植物生理. 贾东坡，冯林剑. 重庆大学出版社，2015.
6. 植物生物学(第3版). 杨世杰，汪矛，张志翔. 高等教育出版社，2017.

第三章　森林结构与生态系统

【内容提要】本章主要概述森林种群的概念、基本特征、数量动态、种群关系及其适应对策；群落及森林群落的概念、组成、结构和森林群落演替的规律；森林生态系统的概念、组成与基本特征；森林生态系统管理的途径。

第一节　森林种群

一、种群的概念与基本特征

(一)概念

种群是指生活在同一地区中，属于同一物种的个体的集合。同一物种个体在一定的时间和空间范围内组成一个种群，而不同物种个体则形成不同的种群。种群是物种在自然界中存在的基本单位，组成种群的同种个体是随着时间的推移而死亡或者消失的，又不断通过新生个体的补充而持续。在一个较大的区域尺度上，一个物种通常包括很多种群，不同种群之间存在明显的地理隔离。长期隔离有可能演化出不同的亚种，甚至产生新的物种。因此，种群是物种具体的存在、繁殖和进化单位。

(二)种群的基本特征

1. 种群的数量特征

种群的数量特征是指种群密度以及影响种群密度的出生率、死亡率、迁入率和迁出率。种群的年龄分布、性别比例对种群数量具有重要影响。

(1)种群的密度

种群的大小或种群的数量是指一个种群内个体数目的多少。种群的密度是单位面积(或空间)内的个体数目。通常研究者所指的一个种群的生态密度，可理解为该物种适生生境范围内的种群密度。

种群个体数量的统计方法随生物种类和栖息地条件而异，一般分为绝对密度和相对密度。例如，一片面积为 10 hm^2的杨树纯林共有 10 万株，那么这个杨树种群的绝对密度就是1×10^4株/hm^2。有时候绝对密度并不容易准确测定，相比较相对密度的单位很灵活，更为人们经常使用。比如，沿着某一个调查路线，可以用单位长度或单位时间内遇到的个体数作为种群密度指标。相对密度也可以用百分比表示，如某一块样地中有很多种树木，其中某一类树木的个体数占全部树木的总数即是一种相对密度。

种群密度调查最直接的方法就是计数种群中每个体，例如，对一片沙漠区域内所有同类仙人掌个体的调查统计。但这种总数量的调查适用范围很有限。最常用的是样方法，即在若干个样方中计数全部个体，然后以其平均数推广来估计种群整体。样方必须有代表性，通过随机取样来保证结果可靠，并用数理统计法来估计其变量和显著性。

从应用的角度出发，种群密度是最重要的种群参数之一，部分决定着种群的特征、资源的可利用性，种群内部生理压力的大小及种群的散布和种群的生产力。野生动物学家需要了解猎物的种群密度，以便调节狩猎活动和对野生动物栖息地实施管理。林学家需要在树木种群密度调查的基础上对森林进行管理和评价林地质量。在森林营造过程中人工林密度的表示方法有造林密度、经营密度、合理密度。通过调整密度，改变林分群体内树木个体间的相互作用规律，从而使林分整体在发育过程中在人为措施控制下始终形成合理的群体结构，使树木个体有充分的发育空间，最大限度地利用营养空间，又使林分群体影响环境、协调各生态因子相互作用的优势得到充分发挥，达到林分高生产力、高稳定性、高生态效益的目的。

(2)种群的出生率、死亡率

种群的密度变化主要取决于种群的出生率、死亡率、迁入率和迁出率(图 3-1)。对于植物而言，由于营固着生活，因此不考虑迁入迁出问题，更多注意到的是出生率和死亡率。

出生率是一个广义的术语，有时也称繁殖率，泛指任何生物产生新个体的能力，包括分裂、萌蘖、开花结实等任何方式。出生率常常区分最大出生率和实际出生率。前者是指处于无任何生态因子的限制作用，生殖只受生理因素所限制的种群出生率；后者是在特定环境下种群实际的出生率，又称生态出生率。当然，完全理想的环境条件即使在实验室中也难以建立，我们所测定的任何种群的出生率都是实际出生率。我们观察不同生境条件中的种群的出生率情况，常常把种群处于最有利条件下的实际出生率作为最大出生率的近似值。

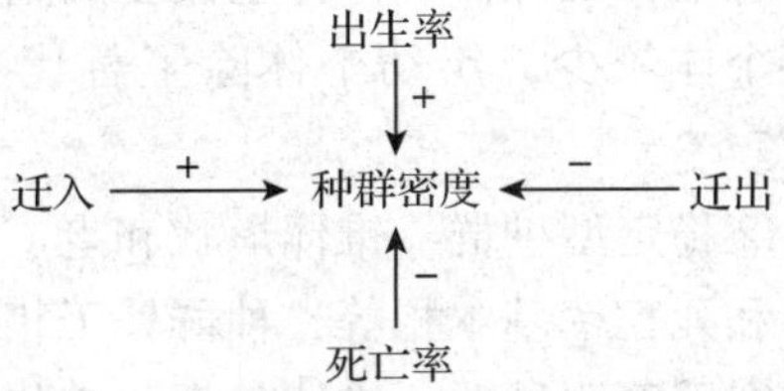

图 3-1　影响种群密度的四个种群基本参数
（引自 Kreb，1999）

死亡率是单位时间内种群死亡的个体数与初始个体数之比。同样，也有最低死亡率和生态死亡率的区别。最低死亡率是指种群在合适的环境条件下，种群中的个体只是由于年老衰亡而形成的死亡率，即生物生活到生理寿命才死亡。而实际的种群死亡率为生态死亡率。应该注意，种群中个体的生理寿命是种群处于最适条件下各个生物个体自然死亡年龄的平均值，并非某个体可能具有的最长寿命。生态寿命则是种群在某一具体环境条件下各个个体的实际寿命。实际上，任何一个自然种群，只有部分个体活到了生理寿命，多数都达不到生理寿命。

出生率和死亡率的对比关系决定着种群大小的变化，尤其是对植物种群更是如此。在某种意义上，死亡率的影响似乎更重要一些，因为高出生率可以因高死亡率而失去意义。相对而言，具有高死亡率、寿命短和高出生率的物种(如草本植物)比那些长寿的物种(如乔木）对环境变化的适应能力要高得多。

（3）种群的年龄结构和性比

种群的年龄结构是指种群内不同年龄个体的分布情况。任何种群都是由不同年龄的个体组成的，因此各个年龄或年龄组的个体在整个种群中都占有一定比例，形成一定的年龄结构。植物个体年龄通常划分为休眠期、营养生长期、生殖期、衰老期 4 个生长发育阶段。这 4 个时期的相对长短依不同的种群及在不同的生境条件下变动。

种群的年龄结构通常可以用年龄锥体表示出来，锥体的底部代表最年轻的年龄组，顶部代表最老的年龄组，宽度代表该年龄组个体数量在整个种群中所占的比例。通常把一个种群划分为繁殖前期、繁殖期和繁殖后期 3 个年龄组。按照锥体的形状，年龄锥体可以划分为 3 个基本类型（图 3-2）：

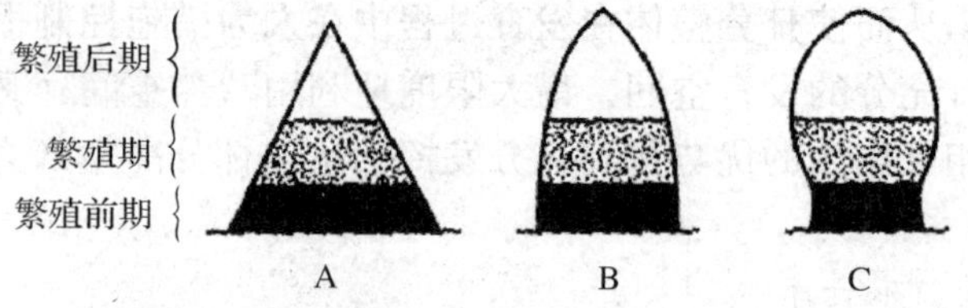

图 3-2　种群年龄结构的三种类型（引自 Kormondy，1976）

A. 增长型种群　B. 稳定型种群　C. 下降型种群

①增长型种群　锥体呈典型的金字塔形，基部宽、顶部窄，表示种群中有大量幼体而老年个体较少，年幼个体除了替代死去的老年个体外还有剩余，因此种群将继续发展壮大。

②稳定型种群　锥体形状和老、中、幼比例介于（a）、（c）两类之间，显示种群的出生率和死亡率基本相等，种群处于相对稳定状态。

③下降型种群　锥体基部比较狭，而顶部比较宽。种群中幼体的比例减少而老体的比例增大，种群的死亡率大于出生率，种群处于衰亡过程中。

由于不同的年龄或年龄组对于种群的出生率和死亡率有不同的影响，因此，种群的年龄结构对种群的数量动态有很大的影响。

种群的性比是一个种群所有个体或某一年龄级的个体雌性和雄性个体数目的比例。性比对种群的繁育有很大影响，两性个体比例相差过于悬殊，显然极不利于种群的增殖，进而影响到种群的结构及其动态。例如，某些经济林树种培育过程中，若该树种为雌雄异株，则在栽植时需要考虑雌雄株的比例、授粉树的配置问题，否则会影响到授粉受精、种实产量以及子代数量，限制该群体的增殖。

2. 种群中个体的空间分布格局

指组成种群的个体在其生活空间中的位置状态或布局。一般分为 3 种类型（图 3-3）：

（1）随机分布

随机分布指个体分布完全和几率相符合，每个个体的出现都有同等的机会。这种分布在自然界中不常见。在自然群落中种群个体的随机分布，通常只是在几种特殊的情况下出现。一种是当生境条件在水平位置上是均匀一致的；或者在一个新的荒地上侵入的种群种子散布是随机的；或者是森林群落进入稳定期时。优势乔木的分布也常常表现为随机分布，例如，我国南亚热带森林中的衰退种群多数属于随机分布(陆阳，1982；彭少麟，王伯荪，1984)。

(2)均匀分布

种群内的各个个体之间保持一定的均匀距离，在样地调查取样时，空白和密度大的样地出现的频率都极少，而接近平均株数的样地出现频率最大。均匀分布在自然群落中极其罕见，但人工植物群落中个体分布多属于这种类型。

(3)集群分布

种群个体呈现成群、成簇或成斑块状的集聚。在群、簇、块内个体密度不尽相同，但个体内群、簇、块之间留有或宽或窄的孔隙。集群的大小和距离也不尽一致，通常种群个体的分布不属于随机或均匀分布时，即可能是集群分布，或称集聚分布、核心分布。植物种群最普遍样式是集群分布。因为自然情况下，生境空间的环境条件总是会存在差异；植物种子传播，或无性繁殖体传播，也多在母株的邻近，加上自然植物群落内部各种植物种间关系的发展，也总是会导致不同种类在群落里各自占据其适合的生境而形成集群分布格局。

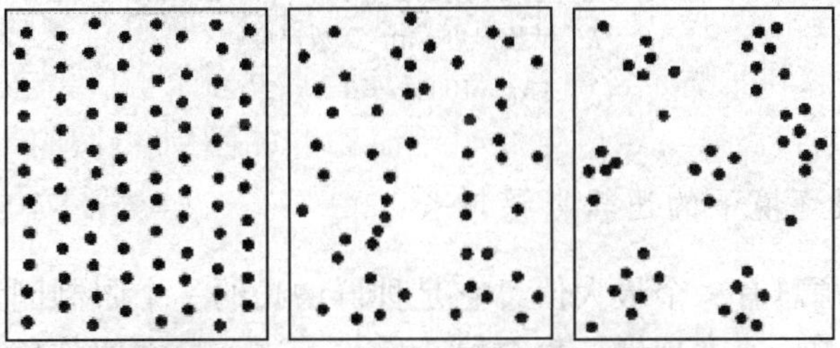

图 3-3　种群空间格局的三种基本类型

A. 均匀分布　B. 随机分布　C. 集群分布

二、种群的数量动态

(一)种群在无限环境下的指数增长

若种群世代重叠，并且增长是连续的，如寿命很长的树木、大动物或生活史极短的世代完全重叠的菌类。假定种群孤立地生活在稳定的无界环境中(不受资源和空间的限制)，种群净迁移为零，瞬时增长率(r)既不随时间而变化，也不受种群密度影响。在这样的假定条件下的种群数量增长表现为指数增长，常用微分方程加以拟合，即：

$$\frac{dN}{dt} = rN$$

式中，N为个体数目；t为时间间隔；r为瞬时增长率，是种群个体的平均变化率。

上述方程的积分式为：

$$N_t = N_0 e^{rt}$$

式中，N_t为时间t的个体数；N_0为起始个体数。

当 $r>0$ 时，种群呈无限制的指数增长；

当 $r=0$ 时，种群数量无变化；

当 $r<0$ 时，种群数量下降。

种群增长曲线为“J”形(图 3-4)。该方程未考虑生存环境对种群增长的限制，只反映了种群增长与生物自我繁殖能力的关系，因而它是一个无界的增长模型，只能适用于环境极其丰裕的条件下的特殊情况。

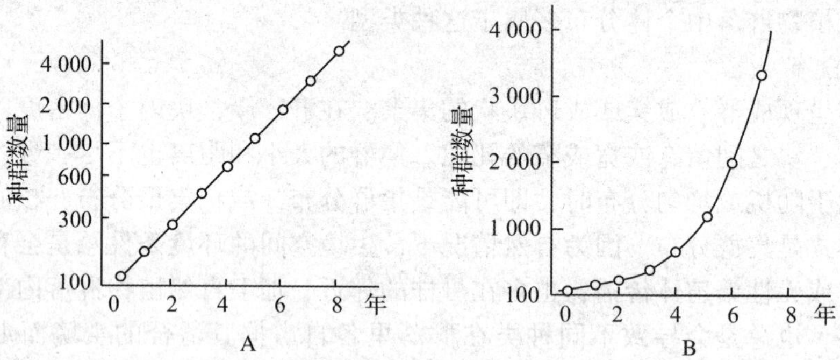

图 3-4 假定种群的几何级数增长(引自 Krebs，1978)

A. 对数尺度 B. 算数尺度

($N_0=100$，$r=0.5$)

(二)种群在有限环境下的逻辑斯谛增长

种群可利用的资源总有一个最大值，它是种群增长的一个限制因素。种群的增长速度越接近这个上限，其增长速度越慢，直至停止增长，这个最大值称负荷量或容纳量，记为 K，它取决于食物和空间等生态因子的影响。这样，在有限环境下种群数量增长的数学模型应为：

$$\frac{dN}{dt} = rN\left(\frac{k-N}{k}\right)$$

这就是逻辑斯谛(Logistic)模型。其积分形式为

$$N_t = \frac{K}{1+e^{a-rt}}$$

式中，K、e、r、t 意义同前；参数 a，其数值取决于 N。表示曲线对原点的相对位置的。

与指数方程的不同，逻辑斯谛方程的微分式：$dN/dt=rN[(K-N)/K]$ 中，增加了一个修正项($1-N/K$)。模型所描述的在有限环境下种群数量是“S”形曲线(图 3-5)。“S”形曲线有一条上渐近线，这就是 K 值所表示的环境容纳量。

模型中的($1-N/K$)项所代表的生物学意义是未被个体占领的剩余空间。若种群数量(N)趋于零，则($1-N/K$)逼近于零，则全部 K 空间几乎未被占据和利用，这时种群接近指数增长；若种群数量(N)趋近于 K，则($1-N/K$)逼近于零，全部空间几乎被占满，种群增长极缓慢直到停止增长；种群数量由零逐渐增加，直到 K 值，种群增长的剩余空间逐渐变小，抑制增长的作用逐渐增大，这种抑制性影响称为环境阻力。

逻辑斯谛曲线的直观生物学背景是：刻划了种群的密度制约因素，揭示了种群与其瞬时增长率之间存在着的负反馈机制，逻辑斯谛微分方程可表述为：

种群增长率 = 种群潜在的最大增长率 × 最大增长的实现程度

逻辑斯谛模型假定密度增加对于增长率降低的作用是立即发生的，没有任何时滞。自然界多数种群并非如此，后来又提出另外一些种群增长模型，但逻辑斯谛增长是普遍性的种群增长规律。

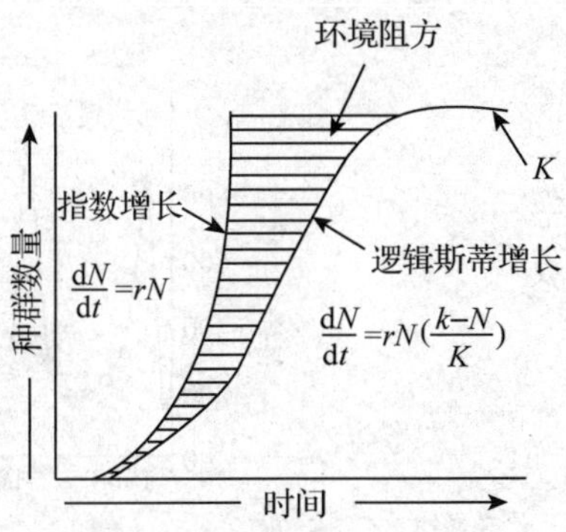

图 3-5　种群增长型比较

(三) 自然种群的数量变动

在现实中，种群的增长过程比两个模型模拟的过程并不完全按逻辑斯谛方程或指数方程形式增长。由于种种环境和生物因素的影响，自然界的种群可能存在规则或不规则的波动、爆发和衰落等数量变化形式。

1. 种群增长

自然种群数量变动中，"J"形和"S"形增长均可见到，常常还表现为两类增长型之间的中间过渡型。在图 3-6A 中我们看到绵羊引入澳大利亚塔斯马尼亚岛以后的种群增长曲线，增长初期显示出一个"S"形曲线，以后做不规律的运动。图 3-6B 的草履虫种群变化也呈现类似规律。总的说来，符合"S"形增长的自然种群不多。而根据 Odum(1971) 的研究，一种生活在玫瑰上的蓟马种群数量的年度和季节变化受环境影响较大。在环境较好的年份种群数量迅速增加，直到生长季节结束才停止，表现出"J"形增长，以后密度下降。在环境不好的年份增长曲线则更趋向于"S"形增长，因此，"J"形增长可以视为一种不完全的"S"形增长，即环境限制作用是突然发生的，在此之前，种群增长不受限制。

2. 季节消长

对自然种群的数量变动，首先应区别年内季节消长和年间变动。1 年生草本植物北点地梅(*Androsace septentrionalis*)种群个体数有明显的季节消长(图 3-7)。8 年间，籽苗数为 500~1000 株/m^2，每年死亡 30%~70%，但至少有 50 株以上存活到开花结实，产出次年

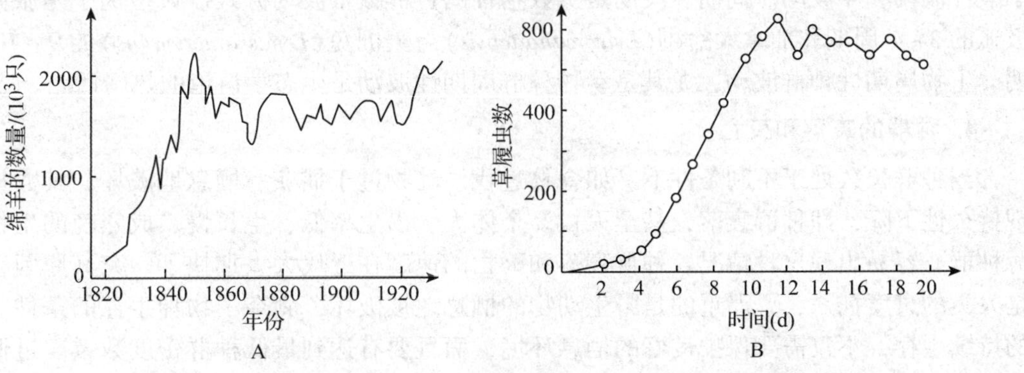

图 3-6　所观察到的实际种群增长(仿 Mackenzie 等，1980)

A. 绵羊种群增长曲线　B. 草履虫种群变化曲线

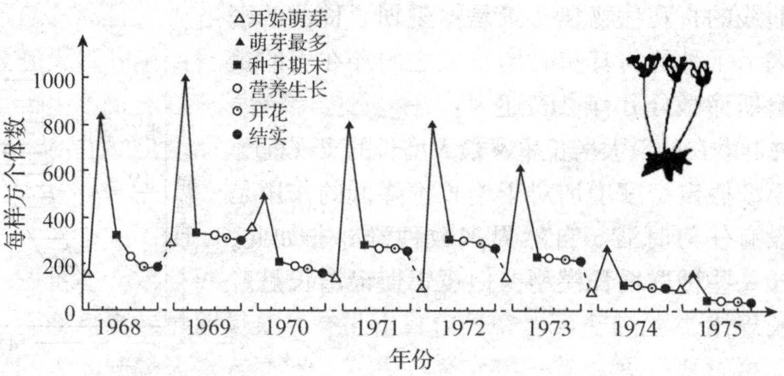

图 3-7　北点地梅 8 年间的种群数量变动（仿 Begon 等，1986）

的种子。各年间成株数变动相当少。季节性消长主要受季节环境变化引起，同时也与气候异常和大气污染有关。

3. 种群的波动

种群较长期地维持在几乎同一水平上，称为种群平衡。大多数真实的种群不会或完全不在平衡密度上保持很长时间，而是动态的和不断变化的。处于平衡状态的种群，随时间发展其种群数量围绕某一饱和量上下波动的现象，就是种群波动。影响种群波动的因素主要是出生率和死亡率的变化，以及环境条件的改变引起种群数量的波动变化。环境条件变化，如干旱、酷暑、严冬、流行疾病等因素可使种群减少数量，而温和、湿润、风调雨顺等年景会使种群数量增加。种群自身特性，如种群增长率随密度改变而变化时，种群动态可以表现为不同的类型，包括稳定、有规则波动和无规则波动等。

不规则波动是由于环境的随机变化造成的种群不可预测的波动，如冻害、干旱引起的种群数量波动。许多生物种群，其数量与好年和坏年相对应，会发生不可预测的数量波动。小型的短寿命生物，比起对环境变化忍耐性更强的大型、长寿命生物，数量更容易发生巨大变化，比如藻类是小型、短寿命，繁殖很快的植物，它们对环境变化就很敏感。

周期性波动是在捕食或食草作用下导致延缓的密度制约造成种群的规则性波动，包括季节性波动和年波动。周期性波动是少数物种的种群数量波动方式。典型例子是旅鼠、北极狐的 3～4 周期和加拿大猞猁（*Lynx canadensis*）与美洲兔（*Lepus americanus*）的 9～10 年周期。生物周期性种群波动，尤其是动物种群周期性波动是生态学讨论的热门话题。

4. 种群的衰落和灭亡

当种群长久处于不利条件下，如森林过伐、动物过于捕获、栖息地破坏，其数量会出现持久性下降，即种群衰落，甚至灭亡。个体大、出生率低、生长慢、成熟晚的生物，如鲸种群，容易出现这种情况。种群衰落和灭亡的速度在近代大大加快了，究其原因，不仅是人类的过度捕杀，更严重的是野生动物的栖息地被破坏，剥夺了物种生存的条件。种群的持续生存，不仅需要保护良好的栖息环境，而且要有达到最低种群密度数量。过低的数量会因近亲繁殖而使种群的生育力和生活力衰退。

三、种群关系

生物在自然界长期发育和进化过程中，出现了以食物、资源和空间关系为主的种内和种间关系，称为种群关系。不同生物个体共同生活在同一环境里，彼此必然发生着相互作用。生物种群内部个体间的相互作用关系称为种内关系，而将生活于同一生境中的所有不同物种之间的关系称为种间关系。生物种群关系十分复杂，通常受多种因素的影响，如种群密度和个体生长发育状况，种群内部个体和个体之间、种群之间的直接作用，群落内部的环境变化以及植物本身的生态幅、地理分布、生活型、分泌物、寄生性等，所有这些都会直接或间接地影响种群内部和种群之间个体的相互关系。

(一)种群内关系

动物种群在种内关系方面一般表现为领域性、集群、分散、利他行为、婚配制度、等级制、通信等。植物的种群内关系主要表现为个体间的密度效应，反映在个体产量和死亡率上。植物生长的可塑性很大，表现在个体的生长对外部非生物环境的响应和种群内个体之间存在着的密切关系。植物的这种可塑性使密度对于植物的影响与动物有着明显的区别。植物的密度效应有两个重要的规律，即最后产量恒定法则和 -3/2 自然稀疏法则。

1. 最后产量恒定法则

在条件相同时，一定范围内的植物种群，不管初始密度如何，其最终的生物产量都会趋于差不多一样，这就是最后产量恒定法则。该法则的数学表达模型可表达为：

$$\mathrm{Y} = \bar{W} \times d$$

式中　$\bar{W}$——植物个体平均重量；

d——密度；

Y——单位面积总产量。

很多实验证实了这一法则。最后产量恒定法则的原因在于在高密度条件下，植株对光照、水分、营养物质的争夺十分激烈，但资源是有限的，使得植株个体的生长率降低，个体生物量变小。

2. -3/2 自然稀疏法则

随着密度的进一步增大，种内竞争不仅影响到植株生长的发育的速率，也影响到植株的存活率。在高密度条件下，出现部分植株死亡的现象，这一过程称为种群的自然稀疏。1963 年，日本学者 Yoda 等把自然稀疏过程中存活个体单株的平均干重($\bar{W}$)与种群密度(d)之间的关系表示为：

$$\bar{W} = C \times d^{-\alpha}$$

式中　C——常数。

英国生态学家 J. L. Harper 等(1981)在对黑麦草进行研究后发现，上式中的 α 是一个恒定值，等于 3/2，因此该法则被人们称为 -3/2 自然稀疏法则。此法则具广泛的适用性，不仅在草本植物中，在木本植物种群关系的大量研究中都得到了证实。

(二)种群间关系

由特定生境中共同生活的许多生物种群的集合构成群落。群落内的种群间的关系，是群落内各生物种群之间相互联系，相互制约、相互促进等诸多效应的综合反映。两个物种的种间关系的性质，主要由其相互作用的效应决定。一般认为种群间相互作用的效应基本上可以归纳为促进效应、抑制效应和中性效应 3 大类。促进效应表现为以正项加入增长方程，引起数量的增加(+)；抑制效应表现为以负项加入增长方程，导致数量的减少(–)；中性效应则不表现出增加和减少(0)。据此，种间关系相互作用类型可以分为 8 种形式(表 3-1)。

表 3-1　种群间相互作用的类型

类型名称	物种 A 的反应	物种 B 的反应	种间相互作用的性质
中性作用	0	0	A 和 B 彼此无抑制或促进
竞争作用	–	–	彼此之间相互抑制
偏害作用	–	0	A 受抑制，B 无损益
寄生关系	+	–	A 为寄生者，B 为寄主
捕食关系	+	–	A 为捕食者，B 为被捕食者
偏利作用	+	0	A 获益，B 无损益
原始合作	+	+	非专性的互利
互惠共生	+	+	专性的互利

注：转引自 Odum，1971。

竞争(– ，–)是两个种群彼此发生有害影响的关系。竞争关系通常发生在两个种群利用同一资源的情况下，两个种群都因此而受到损害。资源的竞争不仅发生在不同物种的种群间，也发生在种群内的个体之间。

捕食(+ ，–)是一种群以另一种群为食，从而对被食者种群有害而对取食种群有利。狭义的捕食是指动物吃动物，即肉食；广义的捕食还包括植食、拟寄生和同种相残。植食是动物以绿色植物及其种子或果实为食，动物吃植物通常不会造成植物的死亡，但却会给植物造成损害。拟寄生是指昆虫间的寄生现象，寄生昆虫常常把卵产在其他昆虫体内(寄主)，待卵孵化为幼虫后便以寄主组织为食，直到寄主死亡为止。同种相残是捕食者和猎物均属同一物种的情况。捕食是一种重要的生态学现象。

在种群的各种种间关系中，以竞争和捕食关系最为常见。除此之外还有寄生、互惠、偏利、偏害和中性关系。

寄生(+ ，–)关系与捕食有相似之处，不同之处在于被寄生物不会被杀死，而是被缓慢地取食。中性关系(0，0)是指两个种群彼此互不影响，毫不相关，这种关系在自然界中可能极少或根本不存在。对两个种群都有利的相互关系(+ ，+)，如果这种关系是专性的(即缺少一方，另一方也不能生存)，则称为互惠共生；如果是兼性的(即解除关系后两者都能生存)，则为原始合作。当对一个种群有利而对另一个种群无利也无害时(+ ，0)，这种关系称为偏利。如果对一个种群有害而对另一个种群无利也无害(– ，0)，这种关系即为偏害。

种群间的相互作用效应会随着两个种群共同生活环境的空间和时间的变化而变动，抑制和促进、竞争和协作都可能相互转化。另外，群落中的物种数量众多，不同物种间的相互关系也很复杂，通常没有办法分清究竟哪两种物种间有明确的某种关系，而更常见的是一个物种和许多个物种通过食物链及资源利用等过程都存在复杂的关系，因此还有一些学者主张把种间关系的性质简化和集中为竞争关系、互助关系、营养(食物链)关系三类(周纪纶等，1999)。

四、种群的适应对策

种群的适应对策是指种群在其生活史各个阶段中，为适应其生存环境而表现出来的特化表型特征。根据其适应方式可分为：形态适应、生理适应、生殖适应和生态适应。

1. 形态适应对策

种群个体的大小与生物的世代长度呈显著的正相关、与种群增长率呈极显著的负相关、与环境因素也有密切关系。生物的个体形态、习性与生活环境密切相关。例如：终生营地下掘土生活的哺乳动物，一般眼睛小；典型的土壤无脊椎动物皮肤缺少骨化层；仙人掌科植物表现出叶退化为刺状、体内储水组织发达等旱生特征；柠条根系伸展广，以利于吸收干旱地区土壤深层的水分。

2. 生理适应对策

生理适应对策是植物常以不同的代谢方式适应其特殊生境。如恒温动物要维持稳定的体温，必须使产热和散热相等，在不同的环境中表现出不同的产热和散热行为。

3. 生殖适应对策

生物物种进化必然要能进行有效生殖，自然选择有利于在一生中能够产生并养活更多后代的个体。生物从外界环境中摄取的能量，一个是用于自身的生长发育，另一个是用于繁殖后代。但是亲代用在生殖上的能量都是有限的。若产生的后代数量多，个体就小；如果后代个体大，数量就会很少。亲代用于生殖的能量多，产生的后代数量多，但用于抚育的能量就少，后代得不到完善的抚育，死亡率就高；若亲代将大部分能量用于抚育，后代的死亡率低，但产生后代的数目必然就少。每一种生物的生殖适应对策就是在生殖和抚育这对矛盾之中，找出一种最优组合。

4. 生态适应对策

生态对策是指任何生物在某一特定的生态压力下，都可能采用有利于种群生存和发展的对策。这些对策要通过生物在进化过程中所形成的特有的生活史表现出来，因此又称为生活史对策或生存对策。按生物的栖息地和进化对策，将其划分为 *r* 对策者和 *K* 对策者两大类。

在气候不稳定，难以预测的天灾多的环境中，生物密度很低，基本没有竞争，种群经常处于增长状态，是高增殖率的，称为 *r* 选择，这类适应对策称为 *r* 对策，采用这类适应对策的生物称为 *r* 对策者。

r 对策的种群通常是短命的，此种类型的物种食性较广，生殖率很高，产生大量的后

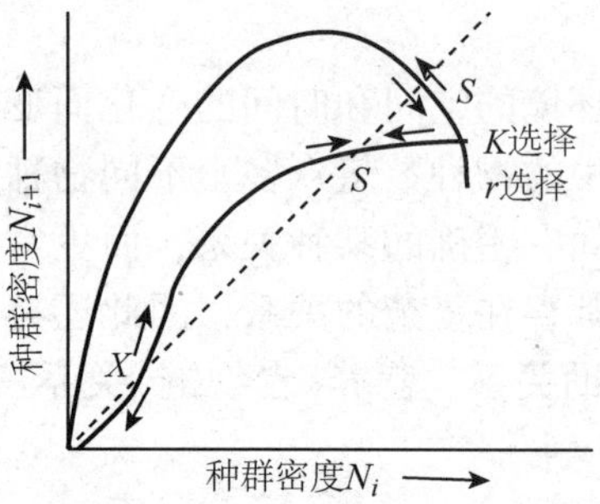

图 3-8　*K* 对策种群和 *r* 对策种群的增长曲线

S 为种群稳定平衡点；*X* 为种群绝灭点

代，但后代存活率低，发育快(早熟)，成年个体小及寿命短，且单次生殖多而小的后代。*r* 对策者是典型的机会主义者，种群数量经常处于不稳定状态，种群水平一般变幅较大，易于突然上升和突然下降。种群数量下降后，一旦环境条件转好就会以其高增长率 *r* 迅速恢复种群，使物种得以扩展。

在气候稳定，很少有难以预测的天灾环境中，生物密度很高，竞争激烈，物种数量达到或接近环境容纳量，因此，称为 *K* 选择，这类适应对策称为 *K* 对策，采用这类适应对策的生物称为 *K* 对策者。

K 对策的种群通常是寿命长，种群数量稳定，竞争能力强；此种类型的物种，一般生物个体大，寿命较长，但生殖力弱，只能产生很少的种，死亡率较低；食性较为专一，活动能力较弱，亲代对子代提供良好的庇护；其种群水平一般变幅不大，该对策适应于可预测的稳定环境，当种群数量一旦下降至平衡水平以下时，很难在短期内恢复，甚至可能灭绝。

第二节　森林群落

一、群落的概念与基本特征

(一) 概念

自然界中很多相互关联的生物种群在相似的环境下有规律地生活在一起形成生物群落，简称群落。每一个群落都有一定的物种组成、垂直结构、动态变化以及生物量、能流和营养循环的格局。也可以说，群落就是某一特定空间或生境下，不同生物种群之间形成的较为稳定的组合。为了研究和描述的目的，可将生物群落分为植物群落、动物群落和微生物群落。但需要注意的是，三者不能割裂开来。森林群落也是在一定的环境条件下，所有树木、其他植物、动物和微生物的有规律的群聚。即在一定地段上，以树木和其他木本植物为主体，并包括该地段上所有植物、动物、微生物等生物成分所形成的有规律组合。大地上的森林植被就是由多种多样的森林群落镶嵌构成。研究森林，往往是以一个个具体的群落为单元的。一个森林群落内植物之间及其聚居在一起的动物、微生物之间，存在着复杂的相互关系和作用。群落内动物、植物、微生物就是在这些错综复杂的环境中生存和发展的。一个森林群落的特征主要取决生境或立地条件、所生存的动物、植物及微生物的种类和数量、时间或历史等因素。森林植物群居在一起，占据一定的固有地段，因此，森林群落乃是具体的实体。例如，一片松林、一片栎林、一片松栎混交林、一片竹林等，都可以把它们看作一个森林群落。

(二)群落的基本特征

无论生物群落是一个独立单元，还是连续系列中的片断，群落都不是其组成物种的简单相加，而是一定区域中生物与环境作用的复合整体。所有的生物群落都具有以下共同特征：

①每个生物群落都是由一定的植物、动物、微生物种群组成的。群落的物种种类组成不仅是一个群落中种类成分的多少及每种个体的数量，也是不同群落间相互区别的标志和度量群落多样性的重要依据。

②生物群落都具有一定的形态结构和营养结构，例如：植物生活型组成、种的水平分布格局、垂直空间层次、季相等。

③一个群落中的植物个体，都具有特定的外观形态，在群落中占据不同的空间层次。同时，群落中的生物对环境的适应和生物种群之间的相互影响，达到在有序状态下共存，从而使群落表现出特定的外貌。

④生物群落对其所处环境会产生重大影响，并形成群落环境。例如：森林环境中的光照、气温、湿度与土壤等在经过了生物群落的改造后与周围裸地就有很大的不同。

⑤生物群落是生态系统中具有生命的部分，不停地运动是生命体的重要特征，因此群落也是动态的，其运动的形式包括季节动态、年际动态、演替与演化等。

⑥任何一个群落都具有一定的分布范围和特定的边界特征。在自然条件下，群落的边界有明显的也有不明显的，但在多数情况下，不同群落间存在过渡带并导致明显的边缘效应。无论从全球范围还是从区域角度讲，不同生物群落都遵循一定的规律分布。

二、森林群落的组成

森林群落是分布在一定生境下的所有与森林相关的生物种群的集合，因此种类组成的不同和变化是确定森林群落的重要依据。任何一个森林群落必然具有一定的生物种类成分和数量，这些物种并非任意组合，而是通过复杂的种内和种间关系多种成分并存。

(一)森林群落的植物种类组成

任何一个森林群落都是由一定树木及相关的植物种类组成的，可把组成一个森林群落的全部植物种类称为该森林群落的种类组成。一个详细的群落种类组成名单是这个森林群落的最基本的特征之一。一个森林群落的种类组成不仅可以反映有关生境条件的状况，而且也反映着该群落的历史渊源和更为广阔的空间上的联系。不同的森林群落，其植物种类组成的数量有差异，根据各植物种在群落中的数量和地位等可以把森林植物分为以下类别：

①优势种与建群种　优势种是指那些对群落(生物)结构和群落(物理)环境的形成有明显控制作用的植物种。通常个体数量多、盖度大、生物量高，即优势度较大。群落的不同层次可以有各自的优势种，乔木层的优势种通常称为建群种。它们常为耐阴种或中性种，早期可在林冠下更新，随后凭借高大的形体和较长的寿命，在演替的后期取胜。也有部分喜光树种，如落叶松、杨树等，在森林群落中形成建群种的。

②亚优势种　指个体数量与作用都次于优势种，但是在群落性质和控制群落环境方面仍起着一定作用的植物种。在复层群落中，通常居于下层。

③伴生种　群落中常见种类，与优势种相伴存在，但不起主要作用。

④偶见种　指那些在群落中出现频率很低的植物种。

组成群落的种类数，即一个群落内的物种数可以用物种丰富度表示。其调查方法有标准地法、样方法、样线法等。主要是在调查面积内查数物种数量。

(二)森林群落的种类数量及其测度

在森林群落的物种组成研究中，掌握了完整的植物种，仅知道了群落中有哪些种，不能说明群落的实际特征，还需要研究不同物种的数量关系。森林群落的数量分析常用以下指标。

1. 个体数量指标

多度表示一个种在森林群落中的个体数量。多度调查的常用方法有目测估计法，即按照事先划分好的多度等级(通常划分为 5 级或 10 级)，目测估计各个种的多度。也有用直接清点法，也称记名记数法，是在一定面积的样地中，直接清点各种群的个体数量。

(1)密度

密度是指单位面积上植物个体的数量。这种表示方法既可以是针对群落内全部植物的，也可以是针对群落内某一个特定的植物种。例如，群落内调查 0.1 hm^2的样地中有松树 100 株，那么，这个种的密度就可表示为 1000 株/hm^2。这个密度也可以称为绝对密度。假如该调查样地内只有一半生境条件适合该种植物的生长，其余的调查范围都是空地，那么，这个种的生态密度则为 2000 株/hm^2。在森林群落分析时，有时还用到相对密度。所谓相对密度，是指一个种的株数占样地内所有株数的百分比。在混交林内这种表示方法是常用的。例如，样地上有各种树木 100 株，其中落叶松 40 株，云杉 30 株，则落叶松和云杉的相对密度分别为 40% 和 30%，或分别为 0.4 和 0.3。

(2)盖度(显著度、郁闭度)

植物地上部分垂直投影的面积占样地面积的百分比，即投影盖度。盖度是反映群落结构特征的重要指标。可用百分比表示，也可用等级单位表示。林业上，有时也用植物的覆盖面积或树木胸高断面积来计算盖度，前者称基盖度，后者特称显著度。对于森林乔木层的投影盖度一般用郁闭度表示。对于单株树木，盖度也常用冠幅表示。

(3)频度

频度指某个物种在调查范围内出现的频率或某物种在样本总体中出现的频率。常用包含该物种个体的样方占全部调查样方的百分比表示。

反映森林群落中植物个体数量特征除了以上的指标外，还有高度、体积和重量等指标。

2. 群落内种的综合数量指标

(1)优势度

用以表示一个种在群落中的地位和作用，但是其具体定义和计算方法各家意见不一。

J. Branquet 主张以盖度、所占空间大小或重量来表示优势度，并指出在不同群落中应采用不同指标。苏联地植物学家 B. H. Cykaqeb(1938)提出，多度、体积或所占据空间大小、利用和影响环境的特性、物候动态均应作为某个种优势度指标。另一些学者认为盖度和密度为优势度的度量指标，也认为优势度即盖度和多度的综合或重量、盖度和多度的乘积等。

(2)重要值

重要值是用来表示某个物种在群落中的地位和作用的综合数量指标。重要值是在计算、评估物种多样性时的重要指标，以综合数值表示植物物种在群落中的相对重要性。由于其计算简单，被普遍采用，其计算公式如下：

$$重要值 = 相对密度 + 相对频度 + 相对显著度$$

或

$$重要值 = (相对密度 + 相对频度 + 相对显著度)/3$$

(3)种间关联系数

在森林群落中，表达种之间是否彼此贴近生长的指标常采用关联系数。如果两个种一起出现的次数比期望的更频繁，则它们具有正关联；反之，具有负关联。如果两个种均出现的样方数为 a，仅出现一个种的样方数分别为 b 和 c，均不出现的样方数为 d，关联系数就可以用下式计算：

$$V = (ad + bc)/ \sqrt{(a + b)(c + d)(a + c)(b + d)}$$

V 的数值变化是从 -1 到 $+1$，结果还可以按统计学的 χ^2 检验法测定所求得的关联系数 V 的显著性。

三、森林群落的结构

(一)森林群落的外貌和生活型

1. 森林群落外貌

群落结构与外貌具有密切关系，森林外貌是群落结构的外部表现，是植物群落对生境各种因素综合反映的具体体现。生物与环境之间相互作用并产生协同进化，生物可以从形态、结构、生理甚至行为等方面对各生态因子产生适应。森林植物对外界环境适应而形成的生活形态，可以概括为趋同和趋异适应两方面，两种适应的结果分别产生生活型和生态型，二者是研究森林群落结构与外貌的基本单元。

2. 植物的生活型

生活型是植物对生活环境适应而形成的植物类型。据统计，世界上的植物多达 50 万种，然而它们的基本生活型却只有几十种。它是植物在进化中对生活环境长期趋同适应的结果。鉴别生活型的依据主要有生长形态、季节生长节律、植株最薄弱部分对逆境的抵抗能力、营养繁殖能力等。丹麦植物生态学家瑙基耶尔以植物更新部位(芽和枝梢)为基础划分植物生活型，将全部高等植物划分为 5 大类群：

(1)高位芽植物(Ph)

植物的芽或顶端嫩枝是位于离地面 25 cm 以上的较高处的枝条上，如高大乔木、灌木和一些生长在热带潮湿气候条件下的高大草本。

(2)地上芽植物(Ch)

植物的芽或顶端嫩枝是位于地表或很近地表处，一般都不高出地表20～30 cm。植物枝条能够受到地表枯落物覆盖而被保护。在冬季地表有积雪地区，还可以被积雪覆盖。多为芽稍露出土表的平卧植物或低矮灌木。

(3)地面芽植物(H)

在不利季节，植物地上部分死亡，只有被土壤和枯落物保护的仍然活着，更新芽仅埋于土表，并且在地面处有芽。因而需要依赖于枯枝落叶或者积雪保护更新芽。主要为温带地区的多年生草本植物。

(4)地下芽植物(G)

又称隐芽植物，在恶劣的环境中，更新芽埋在地表以下或位于水体中，如根茎类、块茎类、鳞茎类草本植物以及沼泽植物和其他水生植物等。

(5)一年生植物(Th)

植物只能生长在良好的季节中，当年完成生命周期，在不良季节则以种子的形式度过，所有其他部分的器官全部枯死。这类植物在干旱的荒漠或草原中比较常见。

每一个群落都是由几种生活型的植物组成，其中有一类生活型占有优势，形成群落独特的生活型谱。生活型谱反映不同气候区森林群落的外貌和结构。

(二)森林群落的垂直结构

垂直结构是指植物群落的垂直成层现象。森林群落的地上部分常分成乔木层、灌木层、草本层和苔藓地衣构成的地被物层，以及层外植物等5个层次，有时某一层次也可能发育不完全，无法构成层次。群落的成层现象是植物与环境之间相互关系的一种表现形式，它是二者对立统一的产物。只有能够适应某种环境的植物种类，才能生活在群落一定高度范围内，形成一个层次。一个层次都有其一定的植物种类，并具有该层的小生境特点。层的分化也是植物生态位的分化和资源利用的分化。这种分化有利于植物充分占据空间，使群落在单位空间内的环境资源得到充分利用，提高同化功能的强度和效率，生产更多的有机物质。

群落层次分化的多少，与环境条件的丰富程度有关。在极端的生态条件下(严寒、干旱、水湿或土壤酸碱度大)，群落的层次结构简单。环境条件愈优越，层次结构就愈复杂。热带森林的水分和热量资源极为丰富，植物的层次分布极端复杂，层与层相连接，上下重叠交错，以至于垂直连成一体而难以分清层次。

森林群落的乔木层处于最上层，承受着直接太阳辐射、降水、极端气温的变化和风的袭击，并将这些因子的强度减弱，变幅减小，使群落内部形成稳定的环境，为下层的植物提供保护。因此，乔木层是森林群落的主要层，其他层次则是次要层。但乔木层的主要层地位是由该层的盖度维持的。如果乔木层的盖度很小，起不到外界压力的承受者和环境建设者的作用时，则主要层将由其下面盖度最大的次高层承担。例如，疏林灌丛、散生树灌丛和热带的稀树草原等。

与群落地上部分成层结构相对应的还有群落地下根系的垂直分布。一般认为，根系分布的深度与植物地上部分的高度有关，乔木层树种根系分布最深，灌木根系稍浅，草本植物根系分布得最浅。这是指根系分布范围而言，不能说明根系分布的成层性。根系分布深度受土层厚度、地下水位和永冻层分布的深浅等许多因子的限制。即使不存在这些限制因子，根系也会受土壤紧实度和土壤中氧气含量的影响，集中分布于土壤表层有限的空间范围内，很难形成与地上部分相对应的成层现象。

（三）群落的时间格局

时间结构是指群落结构在时间上的分化或在时间上的配置。它是由层片结构季节性更替、一个层片被另一个层片取代而形成的。例如，温带落叶阔叶林，早春时乔木层的树木尚未长叶，林下有很大的透光度，一些早春开花的植物层片出现。入夏后，上层林木枝叶茂密，林内光照变暗，早春开花植物层片消失。这一类随季节而出现的层片，称为季节层片。

群落中种群的年龄结构是较大尺度的时间结构。群落中的种群既是整个植物群落结构的组成部分，又以它的不同年龄或物候状态进入各个层和层片，并在不同的层或层片中具有不同的个体数。随着时间的变迁，种群年龄不断变化，它们在各个层或层片中的个体数量和所处地位也在变化。这种年龄结构变化，反映出群落结构在时间上的分化，形成群落的时间结构。异龄林的这种时间结构表现得比较明显。

（四）群落交错区与边缘效应

无论是否有明显的边界，大多数不同群落之间都存在过渡带，即群落的交错区（ecotone）又称为生态交错区或生态过渡带。它是两个或多个群落之间（或生态地带之间）的过渡区域。由于其特征是由相邻两个生态系统之间相互作用的空间、时间及强度所决定的，因此，该地带是种群竞争的紧张地带。当相邻群落在外貌上的差别很大时，例如，森林与草原之间的森林草原过渡带，这种群落交错区会十分明显。同时，当由不同优势树种构成的群丛相邻时，也存在着所谓的交错区。群落交错区的形状和大小各不相同，且其过渡方式或者逐渐或者较为突然。

在群落交错区中，两种群落类型共同受制于同一气候条件下，处于激烈的竞争状态中，各个群落类型所占据的立地由其不同的小气候和土壤质地等生境条件所决定。因而群落共同构成因地形和土壤差异而形成的镶嵌格局。所以，作为两个群落的交叉地带，在交错区内。物种的数量以及一些种的密度有增大的趋势，这种现象被称为边缘效应。比如我国大兴安岭森林边缘，具有呈狭带状分布的林缘草甸，其中每平方米的植物种数可达到30种以上，明显高于其内侧的森林群落与外侧的草原群落。

四、森林群落演替

（一）概念

在自然界中，一切事物都处于不断的发展与变化中，生物群落也是如此。在一定的地段上，一个森林群落被另一个具有不同性质的森林群落所替代的现象称为森林群落的演替，或称群落更替。

森林群落的演替是随时间变化的连续过程。前一群落被后一群落替代的过程称为演替阶段。演替过程依次连续出现的各个演替阶段组成一个系列，称作演替系列。

森林群落的演替是生态学中常盛不衰的研究领域。演替理论旨在揭示森林的动态变化模式、原因、速度以及可能达到的稳定程度，从而推测其过去，预见其未来。种群总是在不断地扩大个体的数量，补偿因个体的衰老或不利环境因子而造成的损失，使种群的生命得以延续。空间的扩展性和时间的延续性是种群的基本属性。

（二）森林群落演替的原因

森林群落演替的原因或动力可以归纳为内外部两大原因。

内因是由于群落内部生物之间以及生物与环境之间的矛盾所导致的群落演替。一方面不同物种之间为了争夺有限环境资源空间产生竞争，其结果是优胜劣汰；另一方面群落内部的建群种对生境有一定的改造作用，改变了原来的生境条件，而不再适合原建群种的繁衍而由新种取代，导致群落的演替。例如，中亚热带马尾松林一般都要被栲属树种所取代。因为，马尾松的幼树不能在郁闭的马尾松林下生长，而马尾松林的蔽荫条件却是需要适当荫蔽的栲属树种的良好生长场所，因而，马尾松林最终会被栲属林取代。

外因是由于群落以外的因素所引起的演替。例如，风灾、火灾、病虫害、气候的变迁、冰川等自然因素以及人类活动的影响所引起的群落演替。在所有外因演替因素中，人类经营、采伐活动的影响占有特别重要的地位。例如，不合理的经营方式以及乱砍滥伐森林，造成森林环境的急剧改变，为另一种树种的发生提供了新的条件。

（三）森林群落演替类型

森林生长的环境条件，差别很大，群落植物组成多种多样。根据群落发生的初始生境、演替方向与速度等的不同，可以将群落演替划分为不同的类型。

1. 按演替动力分类

可将其分为外因性演替和内因性演替。如由于河流的冲积、潮汐的升降、冰川运动、火、风、动物或人为作用等外力所引起的演替，皆为外因性演替。内因性演替是发生在气候条件与其他条件相对稳定的情况下，由群落内部被改造了的环境所引起的演替。例如：当植物生长茂密后，土壤中腐殖质增多，群落内光照减弱，气温与湿度的变幅减小。这些被原有植物种类所改变的环境条件已不利于它们本身的生存，反而适于新的其他植物种类的生长，从而导致一个群落被另一个新群落所更替。

2. 按演替趋向分类

不能认为群落演替总是从裸地开始，也不能认为群落演替总是从简单到复杂，从低级到高级，这要看群落演替的方向。根据群落演替发展方向的不同，可以划分为进展演替、逆行演替与循环演替。

（1）进展演替

进展演替是植物群落由低级阶段向高级阶段发展的演替。群落演替通常经历先锋阶段—过渡阶段—相对稳定阶段。演替群落趋向于复杂，稳定性增强，生产力提高，环境向中生化方向发展。在林区，总是先锋树种最终被基本成林树种所代替。

(2)逆行演替

逆行演替是群落由高级阶段退至低级阶段的演替。产生逆行演替的原因是外界的干扰与破坏。演替群落向简单化，稳定性减弱，生产力下降，环境趋向极端化发展。一般说来，来自外力的干扰强度越大、破坏得越严重、破坏持续的时间越长，则逆行演替的速度越快，群落退化得也越快，直至成为裸地。所以，要使群落稳定并保持一定的生产力，就必须控制群落逆行演替。

(3)循环演替

进展演替与逆行演替都是定向演替。在演替模式中也存在局部循环演替，如美园新罕布什尔州相对稳定的北方硬阔叶林中，山毛榉(*Fagus longipetiolata*)不能在自身林下更新起来，在糖槭(*Acer saccharum*)林冠下则有较好的更新，而糖槭只适于在黄桦林下更新，黄桦(*Betula alleghaniensis*)能在山毛榉林下良好地更新，并取代山毛榉，由此以山毛榉为优势的上层林木死亡后，就产生一种循环演替。黄桦种粒小散布快，首先进入林隙生长，之后糖槭在黄桦林下生长，黄桦的寿命短，在死亡后，糖槭则取而代之，此时山毛榉又进入糖槭林内，当糖槭死亡后，又形成以山毛榉为优势的上层林冠。这一循环的次序是：山毛榉→黄桦→糖槭→山毛榉……。这种循环演替的例子在英国山毛榉林分中也可以看到。森林中的某一小生境被某一耐阴树种所占有，然而又为另一树种所占有，以后第一个树种往往又返回来，到了第三代，又重新代替了第二个树种。这看起来是树种交替，但由于群落中主要树种的改变已使群落发生了演替，并且是在进行循环演替。

3. 按演替起始状况分类

可将其分为原生演替(primary sucession)和次生演替(secondary sucession)两类。

①原生演替　从天然或人工形成无植被的裸地或从水体开始的演替过程。

②次生演替　开始于原有植物群落被破坏后所形成的次生裸地上的植被退化或恢复的植物群落演替。

(四)群落演替的顶极学说

随着群落演替的发展，最后会出现一个相对稳定的群落阶段，称之为顶极群落，它是一个与环境条件取得相对平衡的自我维持系统。有关演替顶极理论主要有3种：单元顶极论、多元顶极论和顶极—格局假说。

1. 单元顶极说

单元顶极说在19世纪末20世纪初，由H. C. Cowle和F. E. Clements (1916)首创提出。该学说认为，演替是在地表同一地段顺序出现各种不同生物群落的过程。任何一类演替都要经过迁移、定居、群聚、竞争、反应、稳定6个阶段，到达稳定阶段的群落，就是和当地气候条件保持协调和平衡的群落，这是演替的终点，即演替顶极。在某一地段上从先锋群落到顶极群落按顺序发育着的那些群落，都可以称作演替系列群落。在同一气候区内，无论演替初期的条件多么不同，植被总是趋于向顶极方向发展，从而使得生境适合于更多的生物生长。演替可以从千差万别的生境上开始，先锋群落可能极不相同，但在演替过程中群落间的差异会逐渐缩小，逐渐趋向一致，因而，无论水生型的生境，还是旱生型的生境，最终都趋向于中生型的生境，并都会发展成为一个相对稳定的气候顶极。

在一个气候区内，除了气候顶极之外，还会出现一些由于地形、土壤或人为等因素所形成的稳定群落，也是顶极群落，这些顶极群落与典型的气候顶极有所不同，会表现出多种不同的特征。但是该学说认为，无论哪种形式的顶极，如果给予时间的话，都可能发展为气候顶极；并且在自然状态下，演替总是向前发展的进展演替，而不可能是后退的逆行演替。

2. 多元演替顶极说

多元顶极说由英国学者 A. G. Tansley(1954)提出。这个学说认为，如果一个群落，在某种生境中基本稳定，能自行繁殖并结束它的演替过程，就可看作顶极群落。在一个气候区域内，群落演替的最终结果，不一定都汇集于一个共同的气候顶极终点。除了气候顶极之外还可有土壤顶极、地形顶极、火烧顶极、动物顶极等；同时，还可存在一些复合型的顶极，如地形—土壤顶极、火烧—动物顶极等。一般在地带性生境是气候顶极，在别的生境上可能是其他类型的顶极。因此，一个植物群落只要在某一种或几种环境因子的作用下，在较长时间内保持稳定状态，都可认为是顶极群落。

3. 顶极—格局假说

顶极—格局假说由 R. H. Whittaker (1953)提出的假说，也称种群格局顶极理论。该假说认为，在任何一个区域内，环境因子都是连续不断地变化的。随着环境梯度的变化，各种类型的顶极群落，如气候顶极、土壤顶极、地形顶极、火烧顶极等不是截然呈离散状态，而是连续变化的，因而形成连续的顶极类型，构成一个顶极群落连续变化的格局。在这个格局中，分布最广泛且通常位于格局中心的顶极群落，称作优势顶极，它是最能反映该地区气候特征的顶极群落，相当于单元顶极说的气候顶极。

该假说还认为，一个顶极群落应具有如下特征：①群落中的种群处于稳定状态；②达到演替趋向的最大值，即群落总呼吸量与总第一性生产量的比值接近；③与生境的协同性高，相似的顶极群落分布在相似的生境中；④不同干扰形式和干扰时间所导致的不同演替序列都向类似的顶极群落汇聚；⑤在同一区城内具最大的中生性；⑥占有发育最成熟的土壤；⑦在一个气候内最占优势。

第三节　森林生态系统

一、生态系统概述

（一）生态系统的概念

生态系统是在一定的空间和时间范围内，由生物群落与其环境之间通过能量流动、物质循环和信息传递而相互作用、相互依存所形成的一个功能复合体。

生态系统是适用于任何范围或任一等级的一个很广泛的概念，小到只含有几个藻类细胞的一滴水，大到生物圈，以至整个宇宙都是生态系统。自然界实际存在的生态系统都是由微、小、中、大多级分层的系统综合而成的。小的生态系统联合成大的生态系统，简单的生态系统组合成复杂的生态系统，地球上所有的生态系统的联合构成了最庞大最复杂的生态系统——生物圈。

生态系统包括生产者、消费者、分解者和非生物环境 4 个组成成分。在一个生态系统中，各组成成分是生物和环境、生物与生物长期共同进化的结果，是协调共生、能维持持续生存和相对稳定的系统。

(二) 生态系统的结构

生态系统是一个有机的集合体，同时具有物质循环、能量流动和信息传递的功能。为维持如此复杂的功能，生态系统必然需要具有相对应的复杂结构。每个生态系统都占据一定空间并随着时间而变化，因此生态系统具有时空结构，同时生态系统中能量流动和营养物质的循环，以及信息传递功能的实现，也离不开生态系统中营养结构的支持。

1. 生态系统的时空结构

生态系统是存在的实体，在时间和空间上都占据一定的范围。时间结构主要表现在生态系统的结构和功能随着时间变化；空间结构主要表现在生态系统在空间上有一定的边界，同时生态系统在水平和垂直的空间上有不同的结构变化。

(1) 时间结构

生态系统的结构和外貌会随时间而变化。一般可以从三个时间量度上来考察，一是长时间量度，以生态系统进化为主要内容；二是中等时间量度，以群落演替为主要内容；三是以昼夜、季节和年份的等时量度的周期性变化。这种短时间周期变化在生态系统中是较为普遍的现象。绿色植物在白天阳光下进行光合作用，在夜晚则进行呼吸作用。植物群落具有明显的季节性变化。一年生植物萌发、生长和枯黄，季节性变化十分明显。这些植物的开花取决于随季节而变化的日照长度。各种植物多在最适的光周期下开花，许多植食动物也伴随而生。蓟马每年种群数量最大值就是在玫瑰花盛开的季节，而旅鼠和猞猁种群数量周期波动分别是每隔 3~4 年和每隔 9~10 年出现 1 次高峰。

生态系统短时间结构的变化，反映了植物、动物等为适应环境因素的周期性变化而引起整个生态系统外貌上的变化。这种生态系统结构的短时间变化往往反映了环境质量高低的变化。

(2) 空间结构

从空间结构来考虑，任何一个自然生态系统都有分层现象。当你进入森林，可以看见高大的乔木、低矮的灌木以及地表的草本植物，参差不齐。上层乔木高大枝叶茂密，而且喜阳光；下层灌木高度要小于乔木层，较耐阴；地表的草本层分布接近在地表的空间。从地下部分看，不同植物的根系扎入土层的深浅也是差异迥然。

动物在空间的分布也有明显的分层现象。最上层是能飞行的鸟类和昆虫；下层是兔和老鼠的活动场所；最下层是蜘蛛、蚂蚁等。

各生态系统在结构布局上有一致性。上层阳光充足，集中分布着绿色植物或藻类，有利于光合作用，故上层又称为绿带或称为光合作用层。在绿带以下为异养层或分解层。生态系统中的分层有利于生物充分利用阳光、水分、养分和空间。所有生态系统，包括草地、池塘、海洋和人工生态系统，其共同的特征之一是生产者和消费者、消费者和分解者之间的相互作用和相互联系，彼此交织在一起。

生态系统还有一个特点是其边界的不确定性。草地生态系统和池塘生态系统都是个开放系统，能量和物质不断从系统外的环境中输入，与此同时，又不断往外输出。草地和池塘生态系统的边界因外界条件的影响难以明确划分。边界不确定性主要是由于生态系统内部生产者、消费者和分解者在空间的位置上变动所引起的，其结构较为疏松。一般认为，生态系统范围越大，其结构越疏松。

2. 生态系统的营养结构

生态系统营养物质在随着取食过程流经生态系统内不同的环节，使生态系统具有蓬勃的生机，同时也形成了生态系统的营养结构。生态系统的营养结构主要表现在食物链和营养级等理论上。食物链指出了生态系统内的营养关系，营养级为营养关系的定量研究提供了基础。

(1)食物链

生态系统中各种成分之间最本质的联系是通过营养来实现的，即通过食物链把生物与非生物、生产者与消费者、消费者与分解者连成一个整体。生态系统内不同生物之间在营养关系中形成的一环套一环似链条式的关系，生产者所固定的能量和物质通过一系列取食和被食的关系而在生态系统中传递，各种生物按其取食和被食的关系而排列的链状顺序称为食物链。食物链上的每一个环节称为营养级。水体生态系统中的食物链，例如：浮游植物→浮游动物→草食性鱼类→肉食性鱼类。比较长的食物链如：植物→蝴蝶→蜻蜓→蛙→蛇→鹰。中国谚语中的“螳螂捕蝉黄雀在后”，实际上说的是一条食物链，即植物汁液→蝉→螳螂→黄雀。一个生态系统中可以有许多条食物链。根据食物链的起点不同，可以把食物链分成牧草食食物链(牧草食物链)和腐屑食食物链两大基本类型。牧草食食物链又称捕食食物链，一般是从活体绿色植物开始，然后是草食动物、一级肉食动物、二级肉食动物等。腐屑食物链又称碎屑食物链，如动物尸体→埋葬虫→鸟；植物残体→蚯蚓→线虫→节肢动物等；有机碎屑→浮游动物→鱼类。腐屑食物链是从死亡的有机体开始的。

(2)食物网

在生态系统中，一种生物不可能固定在一条食物链上，往往同时处在数条食物链中，生产者如此，消费者也如此。生态系统中的食物链彼此交错连接，形成一个网状结构，这就是食物网(food web)。如牛、羊、兔和鼠都摄食禾草，禾草就可能与4条食物链相连。再如，黄鼠狼可以捕食老鼠、鸟、青蛙等，它本身又可能被狐和狼捕食，黄鼠狼就同时处在数条食物链上。

食物网从形象上反映了生态系统内各生物有机体之间的营养位置和相互关系。生态系统中各生物成分，正是通过食物网发生直接和间接的联系，保持着生态系统结构和功能的稳定性。

生态系统内部营养结构不是固定不变的，而是不断发生变化的。一般地，具有复杂食物网的生态系统，一种生物的消失不致引起整个生态系统的失调，如果食物网中某一条食物链发生了障碍，可以通过其他的食物链来进行必要的调整和补偿。例如，草原上的野鼠由于流行病而大量死亡。原来以野鼠为食的猫头鹰并不会因鼠类数量减少而发生食物危机。因为鼠类减少了，草原上的各种草类会生长繁盛起来，茂密的草类可给野兔的生长繁殖提供良好环境，野兔数量得到增殖，猫头鹰则把食物目标转移到野兔身上。但是对于食物网中起关键作用的种，一旦消失或受严重破坏，也有可能引起整个生态系统的剧烈波动。例如，澳大利亚草原原来没有兔子，后来从欧洲引入，由于缺少了天敌，欧洲兔得到大量繁殖，数量激增，它们把当地大片的牧草啃食一光。不但使当地的食草动物得不到足够的食物，而且草场由于没有植被覆盖而变成了荒地。后来为了对付欧洲兔不得不引入一种黏液病毒(myxomatosis)，才控制住“兔害”。

(3)营养级

食物链和食物网是物种和物种之间的营养关系，这种关系错综复杂，为了便于进行定量的能流和物质循环研究，生态学家提出了营养级的概念。一个营养级是指处于食物链某一环节上的所有生物种的总和。例如，作为生产者的绿色植物和所有自养生物都位于食物链的起点，共同构成第一营养级。所有以生产者(主要是绿色植物)为食的动物都属于第二营养级，即植食动物营养级。第三营养级包括所有以植食动物为食的肉食动物。以此类推，还可以有第四营养级(即二级肉食动物营养级)和第五营养级。由于能流在通过各营养级时会急剧地减少，所以食物链就不可能太长，生态系统中的营养级一般只有四、五级，很少有超过六级的(孙儒泳，1992)。

(三)生态系统的类型

按照不同的划分方法，生态系统可以分为多种不同的类型。比较典型的生态系统分类体系是按照生态系统的非生物成分和特征，从宏观上可把生态系统分为陆地生态系统和水域生态系统。

1. 水域生态系统

水域生态系统占地球表面2/3，包括海洋和陆地上的江、河、湖沼等水域，这些水域里都有生物存在。根据水环境的物理、化学性质又可将其划分为海洋生态系统和淡水生态系统。海洋生态系统又可分为滩涂、浅海、深海生态系统；而淡水生态系统可再分为流水(江、河、溪)生态系统和静水(湖、泊)生产系统。

2. 陆地生态系统

根据地球纬度与水、热等环境因素，按植被的优势类型，可分为森林、草原、荒漠、高山、冻原等生态系统。森林生态系统又可再划分为热带森林、亚热带森林、温带森林、寒温带森林等生态系统。它们又可以根据建群种划分出级别更低的森林生态系统。

(四)生态平衡和反馈调节

在通常情况下，一个特定的生态系统会通过发育和调节所达到的一种稳定状态，包括结构上的稳定、功能上的稳定和能量输入、输出上的稳定，从而保持自身的物质和能量平衡，即生态平衡。在自然条件下，生态系统总是朝着种类多样化、结构复杂化和功能完善化的方向发展，直至达到成熟的最稳定状态为止。

生态平衡是一种动态平衡。当生态系统达到动态平衡状态时，它能够自我调节和维持自己的正常功能，并能在很大程度上克服和消除外来的干扰，保持自身的稳定性。它能忍受一定的外来压力，压力一旦解除就又恢复原初的稳定状态，这实质上就是生态系统的反馈调节。但是生态系统的这种自我调节功能是有一定限度的，当外来干扰因素超过一定限度的时候，生态系统自我调节功能本身就会受到损害，从而引起结构和功能上的失调，甚至导致生态危机。生态系统结构与功能失衡的初期往往不容易被人类察觉，一旦发展到出现生态危机，就很难在短期内恢复平衡。为了正确处理人和自然的关系，人们必须认识到整个人类赖以生存的自然界和生物圈是一个高度复杂的具有自我调节功能的生态系统，保持这个生态系统结构和功能的稳定是人类生存和发展的基础。

二、森林生态系统概念、组成和特征

(一)概念

森林生态系统是以树木为主体的森林生物群落与其环境在物质循环和能量转换过程中形成的功能系统。森林生态系统在地球陆地生态系统中利用太阳能最有效的生态系统类型。

(二)森林生态系统的组成成分

任何一个生态系统都由生物成分(生命成分)和非生物成分(非生命成分)所组成。生物成分包括植物、动物、微生物；非生物成分即自然环境综合体，包括太阳能、无机和有机物质、大气因子等。

不同的生物成分在生态系统中的功能是不同的。依据其功能，可以划分为生产者、消费者和分解者三类。

生产者(自养生物)主要指绿色植物，也包括蓝绿藻和一些能进行光合作用的细菌。

绿色植物通过叶绿素吸收太阳能进行光合作用，把从环境中摄取的无机物质合成为碳水化合物，也就是将太阳能变为化学能贮存起来，这是所有生物的最根本的能量来源，地球上其他生命都依靠植物生产的有机物质而得以生存。

消费者(异养生物)指的是各种动物，它们直接或者间接地以植物为食料。根据其食性区分为食草动物(又称为一级消费者)和食肉动物两类，以食草动物为食的动物称为二级消费者(或叫做一级食肉动物)，以一级食肉动物为食的动物称为二级消费者(或称为二级食肉动物)。寄生者是特殊的消费者，根据食性可看作食草动物或食肉动物，但寄生植物属初级生产。杂食类消费者则介于食草动物和食肉动物之间。

分解者，又称作还原者，属于异养生物，主要指细菌和真菌，也包括某些原生动物和腐食性动物(比如食枯木的甲虫、白蚁、蚯蚓以及某些软体动物)，它们把复杂的动植物有机残体分解为简单的化合物，最终分解为无机物质，归还到环境中，供生产者再利用。所以，还原者的功能是分解有机物质，它们在物质循环与能量流动中具有重要的意义。大约90% 的陆地初级生产量都需要经过还原者的分解归还大地，再输送给绿色植物进行再生产之用。

在森林生态系统中，生产者主要是乔木树种，通常还有灌木、草本植物、苔藓、地衣等。消费者主要是鸟兽和昆虫，森林生态系统中动物种类要比其他生态系统要丰富得多。在森林生态系统中，乔木树种起着主导作用，它是生态系统中的主要生产者，决定着森林生产力的高低，是划分森林生态系统类型的主要根据。这些乔木树种吸收太阳能，将简单的无机物质、CO_2和H_2O同化为碳水化合物，其产品的一部分供给自身的生长和代谢的需要，另一部分用于维持生态系统内其他生物之所需。

（三）主要特征

森林生态系统与其他生态系统在本质上没什么差异，但是与其他生态系统比较，森林生态系统还是具有以下几方面的特点：

①森林生态系统占有巨大的生态空间，其地上部分林冠可高达数十米至上百米，地下根系可深入土壤数米甚至数十米。这样大的生态空间不仅为多种生物提供了广阔的生长、栖息环境，同时也扩大了对其他生态系统的影响。

②森林中植物种类繁多，枝叶繁茂，光合面积大，能充分利用太阳能，根系发达，能充分利用营养空间，生产力高并能生产巨大的生物量。为系统中的动物、微生物区系提供了极为丰富的食物资源。

③森林生态系统具有与地理分布一致的复杂的结构类型，其生物种及其种群的数量、种的空间配置（水平分布与垂直分布）、种的时间变化（生长发育与季相）等特征与植物群落的结构特征一致的。在北半球，由低纬度到高纬度，太阳能逐渐减少，气温逐步降低，森林生态系统的结构由复杂变为简单。在同一气候区内，立地条件的好坏也直接影响到森林生态系统的结构。立地条件越好，生物种类越多，结构也就越复杂。

④森林生态系统具有明显的层次结构。地下、地上各层形成不同的生态环境，支持不同的生物区系。在某一种或几种生物成群分布并占优势的空间，可形成小型的生态系统。层与群纵横交织相互影响，构成森林生态系统整体，并形成物质循环和能量流动的渠道和环节。

⑤在森林的发展和森林演替的过程中，随着生境条件的改善，动植物种类的增加与更替，由植物、动物以及微生物成分所构成的营养级也不断增加，相应地森林生态系统的成分和结构也随之日趋复杂，修复干扰与自我调控的能力也越大，到了成熟时期，达到相对稳定的状态（生态平衡）。此时，该系统具有最高的生物量，对附近的其他生态系统具有良好的影响。

三、森林生态系统管理

森林生态系统为人类的生存提供了优质的自然环境和物质产品，然而人类生产和生活对森林资源的过度开发利用对森林生态系统又造成了严重的干扰和破坏。当今世界各国对于可持续发展已经逐渐达成共识，进行生态系统管理，合理利用和保护资源是实现人类社会可持续发展目标的根本途径。

（一）生态系统管理的概念

生态系统管理是基于生态系统的组成、结构和功能过程，在一定的时间和空间范围内将人类的物质需求和社会经济条件融合到生态系统的经营中，以恢复和维持生态系统的整体性和可持续性。实施生态系统管理的目的是合理利用和适度开发生态系统，以保持生态系统的健康和稳定，使生态系统始终保持和谐、高效和可持续。

生态系统管理的目标是生态系统健康，即对干扰具有自我调节和恢复的能力。它是维持生态系统产品和服务功能的可持续性，并在此前提下，具有可监测性和可操作性。因此生态系统管理必须是可持续的，在科学的研究的基础上制定适应性生态系统管理的策略。重视生物多样性在增强生态系统抗干扰能力上的作用以及人类活动对环境影响的双重性，有效地发挥人对环境的有利影响，最大限度地减少人对环境的破坏作用，以保证生态系统功能的实现。

（二）森林生态系统管理的主要途径

1. 林业生态工程

为发挥森林在防止水土流失、土地荒漠化和沙漠化，缓解水资源危机，改善大气质量，保护生物多样性，促进经济社会可持续发展等方面的作用，根据生态学、林学及生态控制论原理，设计、建造和调控以木本植物为主体的人工森林复合生态系统的工程，统称为林业生态工程。林业生态工程是在某一区域内设计、建造、调控人工或天然森林生态系统，其主要目的在于保护、改善与持续利用林业自然资源与环境，提高整个人工复合生态系统的经济效益与生态效益，实现生态系统的可持续经营。大力开展植树造林种草、加强森林的抚育与更新、实施森林采伐限额制度等是林业生态工程的重要内容。我国实施的“三北”防护林、长江中下游防护林、沿海防护林、退耕还林、天然林保护等生态工程使我国生态环境建设进入了新的发展阶段，是森林生态系统管理的典范。

2. 建设自然保护区

自然保护区是通过对生态系统的直接保护，而对生物进行间接保护，即通过保护物种生存繁衍的栖息地，达到实现生物多样性的持久保护。基于保护的对象和目的，自然保护区可以分为科学保护区、国家公园、自然遗迹（自然标志地）、野生生物禁猎区、风景保护区、资源保护区、自然生物区（人文保护区）和资源管理区等类型。为了保护生态系统功能，保护生物多样性不受破坏，保护濒危、珍稀、特有的动植物种类，确保生态过程的顺利进行，自然保护区的设立一般应遵循代表性、有效性、自然性、空间连续性与完整性等原则。

3. 生态安全与生态风险评估

生态安全一般是指自然生态系统或人类社会生态系统在生存和发展方面的风险大小，包括环境安全、生物安全、个体安全到社会生态系统安全等。确定生态安全与否，需要进行生态风险的评价。生态风险评价是选择那些受到社会关注、具有生物学重要性和实际可操作性强的问题，通过数据采集，建立或选择适宜的模型，进行风险源评价与效应评价，并总结危害物导致生态危机的过程。进而提出为预防生态风险的发生或增大而采取的各种实际有效的措施。

4. 受损生态系统的恢复

受损生态系统的恢复是指使受损害生态系统从远离其初始状态回到干扰、开发或破坏前的初始状态所做的努力。依据受损生态系统存在的问题和生态系统演替规律，确定恢复的最优模式，有步骤、分阶段地进行恢复。对于一般受损生态系统而言，恢复的技术体系包括非生物或环境要素的恢复技术、生物要素的恢复技术、生态系统的总体规划设计与综合配套集成技术等。

（敖 妍）

复习思考题

1. 林学术语解释

种群 优势种 建群种 伴生种 偶见种 多度 盖度 频度 群落 存在度 恒有度 确限度 群落交错区 边缘效应 森林演替 原生演替 次生演替 生态系统 生态平衡 森林生态系统 生态系统管理

2. 基本知识解答

(1)简要介绍森林种群的基本特征

(2)试述种群间关系及种群的适应对策

(3)试述森林群落的基本特征及植物种类组成

(4)森林群落演替类型及主要演替学说的要点包括哪些?

(5)森林生态系统的组成和特征是什么?

(6)森林生态系统管理的主要途径包括哪些方面?

3. 综合应用

根据我国森林生态系统的分布与特点，分析说明我国林业建设的发展方向与策略。

推荐阅读书目

1. 森林生态学(第2版). 李俊清. 高等教育出版社，2010.
2. 森林生态学(修订版). 薛建辉. 中国林业出版社，2006.
3. 森林生态学. 李景文. 中国林业出版社，1994.

第四章　森林与环境

【内容提要】本章介绍了大气、天气和气候的基本知识及其与森林的关系；土壤与土壤退化及土壤与森林的相互关系；地形的概念及地形因子对森林的影响；森林生物间的关系与生物多样性；逆境胁迫与植物的适应性，森林与环境因子作用的特点、形式与一般规律。

第一节　森林与气候

一、森林与大气环境

（一）大气环境因子

大气是地球大气的简称，指地球周围聚集着的一层深厚的气体圈层，也称大气圈。反映大气属性和大气现象的物理量在气象学上一般称气象要素。主要包括：气温、气压、湿度、风向、风速、云量、降水量、能见度等。大气是地球上一切生命赖以生存的重要环境因子。

1. 大气的组成和结构

大气是由多种气体混合组成的，按其成分可分为：干洁空气、水汽、气溶胶粒子。

干洁空气是大气中除了水汽和气溶胶粒子之外的整个混合气体。其主要成分是氮（N_2）约占78%，氧（O_2）约占21%，氩（Ar）约占0.9%，三者合占大气总体积的99.96%。从地面向上直到100～120 km处，干洁空气主要成分的比例基本上是不变的。组成干洁空气的各种气体的沸点都很低，在自然条件下永无液化的可能，因此，干洁空气又称永久气体，一般被当成相对分子质量为28.966的“单一成分”来处理。干洁空气中与地球生物圈关系最密切的主要是氮、氧、臭氧和二氧化碳。

大气中的水汽来源于地球表面江、河、湖、海及潮湿陆面的蒸发和植物的蒸腾。大气中水汽含量少，变化大，主要集中在低层大气，在地面以上10 km高度以下的水汽约占全部水汽量的99%。地球纬度越高，水汽含量越少；地势越高，含量越少；海洋上多，陆地上少。大气中水汽含量按容积仅有0.1%～4%，尽管不多，但对天气的变化影响很大。云、雨、雪、霜、露、霾等天气现象都是水汽在一定条件下发生相变所形成。大气中的水汽能强烈吸收地面长波辐射，也能吸收小部分太阳辐射，参与大气温室效应形成；同时它又向地面放射长波辐射，使地面获得热量。

气溶胶粒子是悬浮在空气中的液态和固态微粒，包括水滴、冰晶、悬浮着的固体灰尘、烟粒、微生物、植物的孢子花粉等的统称。气溶胶粒子有自然源，也有人工源。气溶胶粒子多集中于大气低层，含量随时间、地点和高度而变化，一般陆地大于海洋，城市大于乡村，冬季大于夏季，随高度增加而减少。气溶胶粒子削弱到达地面的太阳辐射，降低大气透明度，影响能见度，也吸收小部分太阳辐射和地面长波辐射，阻挡地面散热，延缓地面冷却，具有增温和保温作用。气溶胶粒子还是最好的凝结核，助长云、雨、雾的形成。

由于引力的作用，地球大气的50%集中在离地5.5 km以下的气层内，随着高度的增加，空气越来越稀薄。根据现代人造卫星探测资料推算的大气上界位置在距地2000～3000 km的高度上。世界气象组织（WMO）根据大气物理性质及其变化将地球大气结构分为5层（表4-1）。

表4-1　地球大气结构及特征

气层	空间位置	主要特征	现象与应用
对流层	从地表以上8～18 km，随纬度、季节等因素而变化	①集中了整个大气质量的3/4和几乎全部水汽； ②气温随高度的增加而降低； ③有强烈的垂直对流运动； ④温湿度及CO_2等分布不均匀	①发生云、雾、雨、雪、风等主要天气现象； ②天气变化复杂，对人类生产和生活影响最大
平流层	自对流层顶向上至55 km左右	①有大量臭氧直接吸收太阳紫外线，气温随高度增加而升高； ②大气气流平稳，空气以水平运动为主	大多数时间天气晴好，适合飞机飞行
中间层	平流层顶以上至距地面85 km左右	①气温随高度的增加迅速降低； ②有相当强烈的垂直对流和湍流混合运动	在75～90 km高度有时可见银白色的夜光云
热层	中间层顶以上至500 km左右	①气温随高度增加而迅速增高； ②大气处于高度电离状态	①可反射电波，使短波无线电通信得以进行； ②高纬度地区出现激光
散逸层	距地面500 km以上	①气温很高，随高度的增加很少变化； ②空气粒子运动速度很快； ③高速运动的大气粒子和星际空间气体分子的散逸与闯入保持着动态平衡	①存在由氢原子和氦原子辐射发出的地冕； ②是人造航天器的运行空间

2. 辐射能与大气温度

辐射是物体以电磁波或粒子流形式向周围传递或交换能量的方式。以辐射方式传递的能量称为辐射能。太阳、大气、地面以及自然界的一切物体都是辐射体，任何物体在向外放出辐射的同时，也会接受到周围物体向它投射的辐射，但投射到物体上的辐射不能全部被吸收，一部分会被反射，一部分可能透过物体。辐射具有波动性和粒子性。

辐射是太阳能传输到地球的唯一途径，也是地球大气最重要的能量来源，地球大气发生的一切物理过程和物理现象，都是由太阳辐射、地面辐射和大气辐射提供的能量。太阳辐射是生物圈内可利用的所有能量中的最主要能源。太阳辐射能是植物生活过程中不可缺少的因子，不仅影响植物的生长发育，也影响产量和质量。

太阳辐射到达地面后，被地面吸收。地球表面吸收了太阳辐射后，不仅升高了本身的温度，同时也成为大气温度的主要热量来源。当空气获得热量时，气温升高；当空气失去热量时，气温降低。引起空气热量变化的途径既有通过与外界有热量交换的非绝热变化，也有由外界压力变化使空气膨胀或压缩引起的绝热变化。空气温度的高低取决于空气的热量收支情况，低层空气的热量主要来源于下垫面。下垫面的热量不断地发生日、年周期性变化，引起空气温度随之也发生日、年周期性的变化。距离地面越近，这种变化越明显。除此之外，在大气水平运动的影响下，大气温度还会发生非周期性的变化。如南方春季的“倒春寒”现象和北方秋季的“秋老虎”现象。

大气温度状况是决定天气变化的重要因子之一。

3. 大气中的水分

大气中含有一定比例的气态水，它常以云、雾、雨、雪等形式出现在自然界中。大气从江河湖海及土壤的蒸发中或植物的蒸腾中获得水分，水分在大气中通过分子扩散和空气运动传递而散布于大气中。大气中的水分经常不断地从一种形态转变为另一种形态。

(1) 蒸发、蒸腾和蒸散

蒸发是水分子从液面逸出变成气态的过程。在气象观测中，常以某时间段(日、月、年)单位面积上应蒸发而消耗的水层厚度来表示蒸发量。蒸发是海洋和陆地水分进入大气的唯一途径，是地球水分循环的主要环节，分为水面蒸发和土壤表面蒸发两种。

蒸腾是植物体内水分通过植物叶面气孔以气态水形式向大气输送的过程。蒸腾既是物理过程，又是生理过程。植物一生中从土壤吸收大量的水分只有小部分用于植物本身，绝大部分通过蒸腾作用从叶面气孔散失到大气中。

植物蒸腾和植被下土壤表面蒸发是同时发生的，二者之和称为蒸散，它是将植被蒸腾和植物下土壤表面水分输送到大气中去的总过程。

(2) 水汽凝结和凝华

水汽有气态变为液态的过程称为凝结；水汽直接转变为固态的过程称为凝华。大气中存在凝结核或凝华核，并且水汽达到饱和或过饱和状态，凝结或凝华就会发生。自由大气中的凝结核来源很多，如火山爆发产生的尘埃、海水浪花蒸发后遗留在空气中盐粒、燃烧产生烟粒等；欲使空气中的水汽达到饱和或过饱和状态，需要增加水汽含量或降低温度使饱和水汽压减少，或者二者的共同作用。

在傍晚或夜间，地面或地物会因气温下降到空气中的气态水达到饱和而出现凝结或凝华现象，此时的气温称为露点温度。露点温度在 0 ℃以上会形成微小水滴，称为露。露点温度在 0 ℃以下则产生白色的冰晶，称为霜。在物体迎风面或细长物体(如树枝、电线杆等)上形成或堆积的白色冰晶称为雾凇。在气温低于 0 ℃以下，形成在地面或地物迎风面上的透明冰层，称为雨凇。在近地面空气中悬浮有大量的水滴或冰晶而使能见度小于 1 km 时则称为雾，雾是发生在近地层水汽凝结现象并与地面相接。悬浮于高空中的水滴、冰晶或两者混合组成的可见聚合体即是云。云有千变万化的形状，不同的云状常伴有一定的天气出现。云是降水的基础，也是地球水分循环的中间环节。

(3)大气降水

云中的水滴通过凝结、凝华或相互冲并增长至半径大于 100 μm 成为雨滴，当雨滴增长到能克服空气阻力和上升气流的顶托，并且在降落过程中不致被蒸发时，就会形成降水。降水主要来自云中，但有云不一定有降水。由液态水滴降落到地面形成降雨，由冰晶凝华增大降落到地面形成降雪。

大气降水主要以降水量和降水强度表示，降水量是指降落到地面上的液态降水或融化后的固态降水未经蒸发、渗透和流失而聚集在水平面上的水层深度，以 mm 为单位。降水强度是指单位时间内的降水量，单位是 mm/h 或 mm/d。计量时段常取 6 h、12 h 或 24 h 为一个时段，有时也以 10 min 或 1 h 为一个时段。降水强度能够反映一次降水过程的快慢缓急程度。中国气象主管部门规定的降水强度等级划分标准见表 4-2。

表 4-2　中国降水强度划分标准

降水类型	小雨	中雨	大雨	暴雨	大暴雨	特大暴雨
雨(mm/d)	0.1～9.9	10.0～24.9	25.0～49.9	50.0～99.9	100.0～249.9	≥250.0
降水类型	小雪	中雪	大雪	暴雪		
雪(mm/d)	≤2.4	2.5～4.9	5.0～9.9	≥10.0		

4. 大气的运动

(1)气压和气压场

气压指单位面积上所承受的整个大气柱的重量。地球大气受地球引力作用而具有重量，据计算，地球大气的总重量约为 5.13×10^{15}t。大气质量在铅直方向上分布极不均匀，一半集中在 5.5 km 以下的气层，3/4 集中在 10 km 以下的气层中。地球上各地气压值随时间和空间而变化。海拔越高，大气柱越短，气压越低。由于受气温和局部地形变化的作用，气压随时间变化呈现有规律的周期性波动，表现为日变化的双峰型(图 4-1)和年变化的大陆型(冬季高、夏季低)、海洋型(夏季高、冬季低)和高山型(由大气受热膨胀使气压夏季高、冬季低)变化规律。

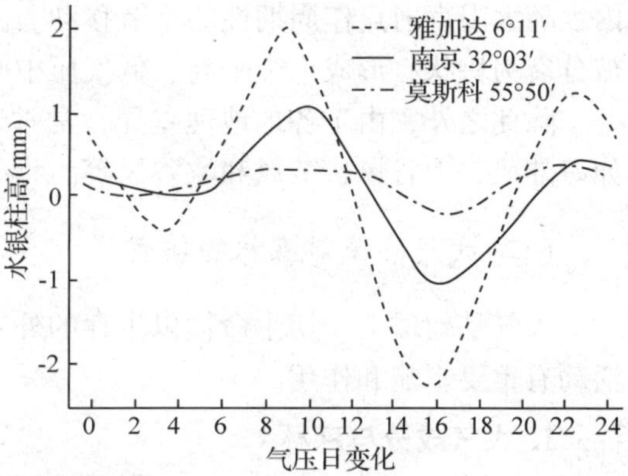

图 4-1　气压日变化示例(引自贺庆棠《气象学》)

气压的空间分布称为气压场。由于各地大气柱质量的不同，气压的空间分布也不均匀。气压的水平分布形势通常用等压线或等压面来表示。等压线是同一水平面上各气压相等点的连线。等压面是空间气压相等点组成的面。空间气压的分布状况可用一系列等压面的排列和分布来表示。低空气压场水平分布的类型，一

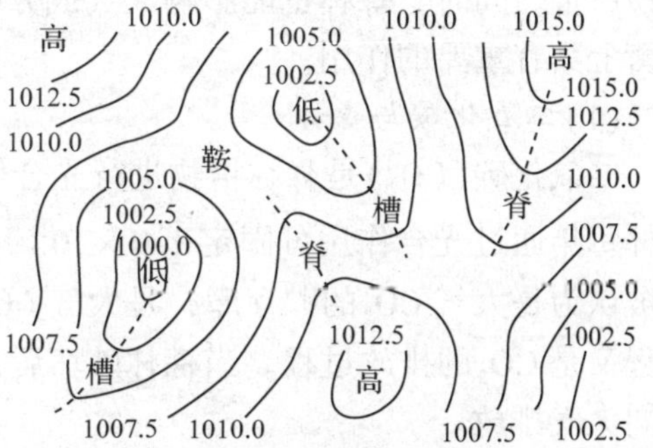

图 4-2　气压场的几种基本形式

(引自贺庆棠《气象学》)

般可从海平面图上等压线的分布特征来确定，可分为低压场、低压槽、高气压、高压脊和鞍形气压场6种基本形式(图4-2)。

(2)大气水平运动

近地面大气水平运动形成风，风是天气变化和气候形成的重要因素。大气运动是在力的作用下产生的，在近地面，风主要受气压梯度力、地转偏向力、摩擦力的影响。气压梯度是一个垂直于等压面的向量，由高压指向低压，数值等于单位距离内的气压差。水平气压梯度很小，却是推动空气运动的起始动力，是空气产生水平运动的直接原因和动力。空气在转动的地球表面按水平气压梯度力方向运动的同时，会受到地球自转偏向力的影响。地转偏向力只在空气相对于地表有运动时才产生，并且只改变空气运动的方向(风向)，而不改变空气的运动速率(风速)。大气在运动中还会受到速度不同或方向不同的相互接触的两个空气层之间和与下垫面之间摩擦力。摩擦力可减小空气运动的速度，并引起地转偏向力相应减小。

(3)大气环流

大气环流是地球上各种范围大气运动的综合表现。大气环流不仅决定一个地区的天气状况，在一定程度上也决定了气候的形成。由赤道地区热空气上升、极地地区冷空气下沉，可以知道低纬和高纬环流是热力原因形成的环流，中纬环流是动力因素形成的动力环流。由于地球的公转运动，引起太阳直射点随季节而南北移动，导致气压带和风带在一年内也随太阳直射点作周期性的季节移动。由于海陆热力性质的差异，使纬向分布的气压带被分裂为块状，形成一个个高、低气压中心，从而使气压带和风带的分布变得复杂化。

除此之外，由于各地地理差异，常常还会形成某些地方性的空气环流，即地方性风。如海陆风、山谷风、焚风和峡谷风等。

(二)大气环境对森林的作用

大气是地球上一切生命赖以生存的外界环境条件，大气环境因子对森林生物体的生命活动有重要影响和作用。

1. 大气成分与森林

大气的主要成分对森林的生长发育发挥作用，直接或间接影响着森林生物体的生长和生物产量。同时，森林也能影响大气成分的数量和变化，在调节和保持大气组成的稳定和平衡上具有重要的作用。

(1)二氧化碳与森林

二氧化碳(CO_2)是森林植物进行光合作用积累干物质不可缺少的原料。据估计，全球森林每年通过光合作用可固定$1.0\times10^{11}\sim1.2\times10^{11}$t碳，占大气总碳量的13%~16%。森林被认为是大气CO_2的贮存库，是大气CO_2的吸收“汇”和缓冲器。然而森林的采伐和利用过程又是CO_2的排放过程。当森林破坏后，森林植物和土壤中贮存的大量碳又将以CO_2形式向大气排放。

(2)氧气、臭氧与森林

森林植物通过光合作用吸收CO_2放出氧气(O_2)，又通过呼吸作用吸收氧气放出CO_2，从而起到调节大气中碳氧平衡的作用。臭氧(O_3)在大气中含量很少，特别是在近地面大气中是极稀少的，O_3阻挡太阳短波紫外线照射到近地面对生物造成伤害，对森林植物也能起到一定保护作用。

(3)氮与森林

氮(N)是地球上生命体组成成分。森林植物不能直接吸收氮，只有氮被氧化形成氮氧化物，进入土壤后才能被植物吸收利用。有的氮氧化物，如NO、NO_2的大量存在，会激发光化学反应，对人及森林植物带来一定危害。空气中的氮除一小部分在雷雨时被雨水淋入土壤形成硝态氮为植物利用外，大部分通过某些具有固氮能力的植物把空气中的游离氮转为氨和氨盐，再经硝化细菌硝化为硝态氮后被植物吸收利用。氮通过固氮、氨化、硝化、反硝化和分解过程对森林发生影响。

除此之外，森林还能对SO_2、病菌和微生物等大气污染物起到净化作用。据测定，森林中空气的SO_2要比空旷地少15%～50%。1 hm^2圆柏林每天能分泌出30 kg杀菌素，可杀死引起白喉、结核、痢疾等的病菌。

2. 辐射(光)与森林

(1)辐射(光)对树木生理和生长的影响

辐射包括太阳辐射、地面和大气长波辐射，它们都是森林生长发育所必需的能量来源。森林吸收太阳辐射进行光合作用制造有机物，地面和大气长波辐射给植物提供热量，形成一定气温环境，影响森林分布、森林生长和产量。太阳辐射是植物进行光合作用的能源，也是影响植物生长发育的重要气象要素之一。到达地面的太阳辐射光谱中的不同波段对植物生长发育有着不同的生物学意义(表4-3)，有的为植物提供热量，有的参与植物光合作用中的光化学反应等。太阳辐射中对植物光合作用有效的光谱成分称为光合有效辐射(PAR)，大致包括0.38～0.71 μm波段的辐射。

表4-3　太阳辐射光谱不同波段对植物的作用

光波段(μm)	光谱	对植物作用
>1.00	远红外光	被植物吸收转化为热量，影响植物体温度和蒸腾作用
0.72～1.00	红外光	促进植物延长生长，控制开花、种子形成和果实颜色，决定光周期
0.61～0.72	红光、橙光	可被植物叶绿体强烈吸收，光合作用最强，表现为强光周期作用
0.51～0.61	绿光	表现为低光合作用和弱成形作用
0.40～0.51	蓝紫光	可被叶绿素和叶黄素较强烈吸收，表现为强光合作用与成形作用
0.32～0.40	紫外光	主要起成形和着色的作用，使植物变矮、颜色变深、叶片变厚等
0.28～0.32	紫外线	对大多数植物有害
<0.28	远紫外线	可立即杀死植物

光照条件对植物的作用不仅取决于光的种类和性质，而且与光的强度相关。光照强度太弱时，林木光合作用所生成的有机物质比呼吸作用所消耗的物质少，林木就会停止生长；在一定范围内，植物光合作用的强度随着光照强度的增加而增加，但光照过强，则会由于破坏原生质和叶绿素，或因失水过多关闭气孔，从而使森林植物的光合作用降低直至停止。光照强度对森林植物的开花结实也非常重要。植物开花对昼夜周期变化的适应，称

为植物的光周期现象。由于长期适应不同光照周期的结果，有些植物需在长日照条件下开花，有些植物则在短日照条件下开花。光周期不仅影响植物的开花结实，还影响植物的营养生长和芽的休眠。例如，春天的长日照可促使某些树种提前萌发。

光照对树木的形态也有显著影响。在全光照下生长的孤立木，有着开阔而庞大的树冠，低矮的树干；密林中树木，因光照微弱而树冠窄小，树干细长。单方向的光照会引起树冠旗形，导致树干偏斜，髓心不正。

由于不同树种对光的需求量和适应范围不同，一些树种能适应比较弱的光照条件，可在庇荫条件下生长，而另一些树种只有在较强的光照条件下才能正常生长发育。在林业上，树种的耐阴性是指在林冠的庇荫下能否正常生长，并完成种子更新的能力。根据树种的耐阴程度，可将其分为喜光树种、耐阴树种和中性树种 3 类。

(2) 森林对辐射(光)的影响

森林对太阳辐射、地面辐射和大气辐射都有一定的影响，可以影响到光质、光强、光量等多方面，进而使林冠层内外辐射分量和蒸散耗热量发生改变。森林作为地球上生态系统的主体这种特殊下垫面，通过影响辐射从而影响地—气系统水热循环，对局地及全球气候发生影响。

太阳光投射到林冠层时，有 35%~75% 被林冠吸收，20%~25% 被反射，5%~40% 的光透过林冠照射到林内。林内光照的基本特点是光强度减弱，光质改变，分布不均以及日照时间缩短。林内光照强度与林分的树种组成及林相有密切关系。喜光树种组成的林分，常为单层林，林内光照状况好；耐阴树种组成的林分则层次多、结构复杂，林内光线弱。

不同季节，林内光照状况有较大的变化。落叶林内的光照随季节的变化最显著。落叶后和放叶前，林内光照多，放叶期光照逐渐减少，到盛叶期林内光照最少。针阔混交林内光照变化较小，而常绿的针叶林与阔叶林则变化最小。林分郁闭度大小对林内光照有很大的影响。郁闭度大的林分，林冠的透光度小，林内光照的变化也较小。

森林或森林植物通过光合作用把辐射能转变为化学能的效率称为森林的光合利用率，可用森林植被的总生产量除以同一时间、同一面积植被吸收的光合有效辐射得到。培育森林，提高单位面积木材生产量，从能源角度说就是提高太阳辐射能的利用率。广泛营造森林，充分发挥森林利用光的功能，力争摄取较多的太阳辐射能，也是人类对太阳能的利用途径。

3. 温度与森林

(1) 温度对林木生长发育与森林分布的影响

温度是森林生长发育的重要环境因子，林木的各种生命活动过程，如光合作用、呼吸作用、蒸腾作用等都与温度有密切关系。温度不仅影响森林的生长、分布界限和产量，而且对森林植被的发育期，甚至森林病虫害的发生发展等都有重要影响。在林业生产中，一般把温度分为生物学温度、界限温度和积温。

对于林木生长发育的各种生理活动起作用的温度称为生物学温度。树木的生理活动是在一定的温度变幅内，只有达到所需要的最低温度时，某一生理活动过程才开始进行，并随着温度的增高而增强。通常用生物学最低温度、生物学最适温度和生物学最高温度 3 个温度指标来表示生物学温度。生物学最适温度是林木生理活动过程最旺盛、最适宜的温度，是生物生长发育或生理活动得以正常进行的范围；生物学最低温度是林木生理活动过程起始的下限温度；生物学最高温度是林木生理活动过程能忍受的最高温度。例如，对于林木种子发芽来说，生物学最低温度一般为0～5 ℃，生物学最适温度为25～30 ℃，生物学最高温度为35～40 ℃。多数树木从萌芽、抽枝、展叶、开花结实到种子成熟，其最适温度依次增高；也有不少树种，如杨树、柳树、榆树等开花在先，放叶在后。许多寒冷地区的树种，在系统发育过程中，由于长期对冬季低温适应的结果，一定的低温则成了这些树种发育所必要的条件，如果在生活过程中得不到低温，尽管到了花期，仍然不能开花结实。温度也影响到树木根系的生长和对水分与矿质元素的吸收。过低的和过高的低温对于根系的吸收功能都是不利的。

另外，为了说明一个地区温度的平均状况，也用平均气温，包括日平均、候平均、旬平均、月平均、年平均气温，但平均气温在反映与林木生长发育的关系时还存在一些局限。例如，有时从日平均气温及年平均气温看，对林木生长是适宜的，但最高温度和最低温度仍可产生不利影响。

对林木生长发育有重要意义的指标温度还有界限温度。一般界限温度取日平均气温0 ℃、5 ℃、10 ℃、15 ℃、20 ℃，这些温度的起止日期和持续天数在林业上有重要意义。一般0 ℃表示开始冻结或解冻，0 ℃以上的持续日数为温暖期，0 ℃以下持续日数为寒冷期；5 ℃表示大多数林木开始生长或停止生长的界限，通常把日平均气温稳定通过5 ℃以上到冬季稳定下降到5 ℃以下的这一段时间称为生长期；10 ℃表示大多数林木活跃生长，通常把春季日平均气温稳定通过10 ℃到秋季稳定下降到10 ℃以下这一段时间称为活跃生长期；15 ℃ 以上的持续天数作为喜温树种的活跃生长期；20 ℃以上的持续天数是热带、亚热带树种的活跃生长期。

林木各生长发育阶段或生育期需要温度积累到一定数量才能完成其过程。林木在不同的生长发育期所需的累积温度总和称为积温。积温一般有活动积温和有效积温两种。活动积温是林木在某时期内全部活动温度的总和。而活动温度是等于或高于生物学最低温度的日平均气温。例如，某天日平均气温为15 ℃，某树木生长下限温度为10 ℃，则当天对该树木的活动温度就是15 ℃。有效积温是林木在某时期内有效温度的总和。有效温度是指日平均气温与生物学下限温度之差，它表示对林木生长发育起有效作用的温度值。

地球上各地的气温条件随纬度和地形的不同而有很大变化。一般来说，纬度每增高1°（约111 km），年平均气温大约下降0.5～0.9 ℃。因此，从赤道向两极随着气温的降低，可以划分成若干温度带。我国根据≥10 ℃的活动积温和低温为主要指标，共分为赤道带、热带、亚热带、暖温带、温带和寒温带6个热量带，每个带有不同的森林植被类型。

赤道带：≥10 ℃的积温大致在9000 ℃左右，年平均气温超过26 ℃，分布稀疏草原、红树林和椰林等。

热带：≥10 ℃积温≥8000 ℃，最冷月气温不低于16 ℃，分布热带雨林、人工种植的橡胶林。

亚热带：≥10 ℃积温4500～8000 ℃，最冷月气温0～16 ℃，分布季雨林和常绿阔叶林。

暖温带：≥10 ℃积温3400～4500 ℃，分布落叶阔叶林、松栎混交林和森林草原。

温带：≥10 ℃积温1600～3400 ℃，分布针阔混交林、草原与荒漠。

寒温带：≥10 ℃积温低于 1600 ℃，分布落叶针叶林。

每个树种分布在一定的温度范围内。除了水分和土壤条件外，树种的分布主要是受低温的限制。在一个地区，气温则随海拔的上升而下降。一般来说，海拔每升高 100 m，气温下降 0.5～0.7 ℃，于是在山地垂直带上，由于气温的不同而出现不同的森林类型。

(2)森林对气温的影响

由于日间到达林内的太阳辐射和夜间林内地面向外的长波辐射均受到林冠的削弱，使得林内和开阔地相比，林内气温日变化和年变化均比林外平缓。不同季节林内外气温差不同。冬季(12 月至翌年 2 月)林中气温全天比林外气温高，但相差不大。春季(3～5 月)白天林中气温比林外高，但夜间比林外低，这是因为春季树林没有发叶，白天获得的太阳辐射较充足，加之林内乱流较弱，所以白天林内气温比林外高；夜间林冠上有冷空气下沉和林内乱流不强，因而气温比林外低；夏季和秋季(6～9 月)白天和夜间气温均比林外低；白天因林冠稠密的树叶强烈地削弱了太阳辐射，以致林中所获得的热量较无林地少，加之森林总蒸发耗热较大，所以气温比林外低；夜间森林继续有蒸发耗热以及乱流较弱，因而气温仍旧比林外偏低。深秋因树叶脱落，林内与林外气温之差与春季相仿。

4. 风与森林

风不是林木所必需的生活因子，但它可引起气温、水分状况的改变而间接影响林木某些生理过程，也可影响森林的天然更新。一般来说，在风力不大时，风带动森林内气体的流动，促进树木蒸腾作用和枝叶的放热降温；通过气体交换，在一定程度上也会促进同化作用的进行。但是风力过大，林木蒸腾作用过强，失水过多，会产生萎蔫或干枯现象。强风还能使气孔关闭，影响光合作用的正常进行。

风对森林的天然更新有很大作用。很多树种如松树、杨树、柳树等都是靠风力来传播花粉和种实的，但大风也能吹落花朵和未成熟的果实，影响种实产量。有时还能引起林木风倒和风折，造成巨大的破坏作用。

林木的高大树干和稠密枝叶是空气流动的障碍。由于森林的阻挡，可以改变风速和风向。森林不同于其他地面障碍物，它具有复杂的层次结构，当风进入林冠层后就急剧减弱。当空旷地风速为 4.5 m/s 时，林冠内风速仅为 0.6 m/s。因此，在易遭受风沙、干旱、霜冻等自然灾害的地区，营造防护林带，能防风固沙，改善小气候，保证农作物的稳产、高产，改善生态环境。

林中风速的铅直分布随高度变化不大；水平分布在森林中由林缘向内，随着距离的不断增加，风速逐渐减弱。森林密度的不同，对林内风速减弱的程度是不一样的。此外，在天气晴朗静稳的日子里，森林与邻近的空旷地之间易形成弱的局地环流。白天，在林冠高度以上气流从空旷地流向气温较高的林冠，地面上的气流则从森林流向空旷地。夜间则相反。森林面积越大，这种局地环流越明显。

5. 大气水分与森林

水是生命的组成部分，是生物赖以生存的不可缺少的物质，所以，水在森林环境因子中占据极其重要的地位。

(1)水分对森林及树木的作用

水分既是构成树木的必要成分，又是树木赖以生存的必不可少的生活条件。水是构成植物体的无机成分之一，从原生质到种子，都含有不同分量的水分。根、茎等顶端正在生长的部分，水分约占鲜重的90%，树干的水分含量少，但也占其重量的一半左右。树木的生命活动要在有水分的条件下才能进行。光合作用需要水分作为其原料，其他生命活动中的生理生化反应也需要水分的参与。土壤中的养分只有溶解在水中才能被植物吸收，养分在植物体内运转和利用也离不开水。水分亏缺可引起原生质脱水，气孔关闭，叶形变小和叶片老化，降低光合作用的能力，导致生长减退。树木体内如失水过多，其生理活动就会受到严重影响，产生萎蔫甚至死亡。

水分条件与森林分布有紧密的关系。一些学者曾经试图确定森林分布的最低降水量。有些学者把400 mm 降水量作为森林与草原的分界线，认为降水量大于500 mm 的地区才适合森林分布。也有的学者认为，森林分布的水分界线还与气温有关，在气候温和的地区，年降水量在400 mm 以上才有森林分布，而在寒温带，年降水量在200 mm 的地方就有针叶林分布。由于森林是得到气温保证的湿润气候条件下的产物，分析气候条件的湿润程度有助于分析森林分布。我国常利用干燥度来划分气候类型。所谓干燥度(K)是指年可能蒸发量(E)与年降水量(P)的比值，即$K=E/P$。K值在1以下时为湿润，自然植被为森林；K值在1.0~1.5或1.0~1.2之间为半湿润，属森林草原地区；K值更大时，为半干旱、干旱地区，自然植被为草甸、干草原或荒漠。

树木为维持正常的生理活动过程需要保持吸收和消耗适当的环境水分。水分过多或过少，都会对树木的正常生理活动造成威胁。

水分亏缺是树木生长过程中经常会受到的一种威胁。大气干旱或土壤干旱，会降低树木的各种生理过程，影响树木的正常生长。树木对干旱有一定的适应能力，不同树种的这种能力是不同的。旱生树种在面临大气和土壤干旱时，或保持从土壤中吸收水分的能力，或及时关闭气孔减少蒸腾面积，以减少水分的损耗，或体内贮存水分和提高输水能力以度过逆境。因此，耐旱树种通常具有根系发达、控制蒸腾和高渗透势等形态和生理的适应特征。耐旱树种的叶形大都较小，梭梭、柽柳、木麻黄等树种的叶则退化为鳞片状，有些树种的叶面有发达的角质层，蜡质层或茸毛，有的气孔下陷或气孔数量减少。但是，并不是所有耐旱树种的蒸腾速率都是低的，有些耐旱树种的蒸腾速率相当高，尤其是在水分条件充足的时候。然而并非所有的耐旱树种都具有以上各种特征，自然界各种树种的耐旱性能是多方面综合的结果。

由于树木的根系生长需要一定的土壤空气条件，如果土壤水分过多，尤其是在淹水的情况下，土壤严重缺氧，导致根系呼吸作用微弱，长期会使根系窒息死亡。土壤水分过多，还抑制好氧细菌的活动，促进厌氧细菌的活跃，使土壤中甲酸、乙酸、乙醇等物质的积累，使根系中毒，引起树木死亡。不同树种对土壤水分的需求量差异很大。湿生树种是能够生长在土壤含水量很高，甚至水分过多的，大气湿度较大的环境中的树种，如落羽杉、池杉、水杉、赤杨、枫杨、柳。这些树种的特点是：根系不发达，分生侧根少，根细胞渗透压低，叶片大而薄，角质层薄或缺，气孔多而敞开等。

(2)森林对大气湿度和降水的影响

森林内空气湿度和降水量增多。在茂密的森林内，绝对湿度的日变化具有单峰形的特点，即在午后出现最大值，日出前出现最小值；在稀疏的林内，晴天绝对湿度的日变化通常表现为双峰形，在午后13:00和清晨4:00~5:00较小，而在10:00~11:00和15:00左右分别出现最大值。从年变化来看，森林内湿度变化特征与植物生长期的蒸腾作用和周围环境的气候背景有关。例如，小兴安岭松林内空气湿度的最大值出现在夏季月份，最小值出现在冬季月份，春、秋季介于其间。森林内的空气湿度几乎全年高于林外空旷地方的湿度。

森林对降水的影响主要表现在森林对水平降水、垂直降水和林冠的截留作用等方面。

水平降水一般是指夜间因有效辐射而冷却降温，在地面和低空产生的水汽凝结物，如雾、露、霜、雾凇等。森林能增加水平降水，夏季午夜形成的“森林夜雨”以及春秋季节林区夜间多辐射雾都是森林增加水平降水的例证。

森林是否会改变垂直降水目前还存在争论。有人认为，森林能增加大气的垂直降水，理由是：森林枝叶繁茂，根系发达，可从土壤中吸收足够的水分供林木蒸腾消耗，使林区的空气湿度大于无林地区，为大气的垂直降水提供了条件；森林的反射率比邻近的无林地区小，吸收率大，被森林表面吸收并用来产生降水的热量将比反射大的无林地区要多；森林高达十几米甚至几十米，气流通过森林时被迫抬升，抬升高度可达几百米甚至几千米，有利于云和降水的形成；森林使下垫面的粗糙度增大，使森林上方的乱流交换作用加强，促使水汽向上输送，降低了凝结高度，有利于降水的形成。也有人认为，森林对大气垂直降水没有影响或影响甚微，理由是：林木蒸腾使大气增加的水汽量很少，只占全球总蒸发量的1.3%；林木蒸腾的水汽进入大气后，不会停滞不前；森林对气流的抬升作用远不如地形，实际观测的林区降水多的原因是由于地形和风的作用造成的。

林冠对降水的截留作用是森林参与地球水分循环的重要环节。由于森林的存在，使到达林地的降水与空旷地有很大不同。大气降水到达林冠作用层以后，一部分被林冠截留，一部分通过林冠空隙直接到达林地表面。被林冠截留的降水一部分直接蒸发返回到大气中，一部分顺着枝条和树干流到林地表面，形成树干径流，而大部分以水滴或雪团的形式从枝叶上滴落到林地表面，形成滴流。到达林地地面的降水，一部分向地下渗透，另一部分沿地表形成径流。下渗部分，一部分被土壤吸附，另一部分渗入到土壤中通过地中而流出，成为土壤径流，还有一部分渗透到深层去形成地下径流。再有一部分被土壤直接蒸发到大气中，或由乔灌木、活地被物的根部吸收，通过蒸腾作用返回到大气，林冠截持降水的蒸发、土壤蒸发和森林植物蒸腾共同构成森林蒸散量，林地降水主要消耗用于森林的蒸散上。林地的降水量为收入，森林蒸散量和林地径流量的损失为支出，收支相抵后剩余部分储存在森林土壤中，引起土壤含水量的变化。

林冠层的水量平衡方程可表示为：

$$P_f + Q = (E_1 + E_1') + r_p + r_f + \Delta S + \Delta q$$

式中 P_f——大气降水；

Q——乔灌木根系吸水量；

E_1——林冠物理蒸发量；

E_1'——林冠蒸腾量；

r_p——透过林冠直接到达林地的降水量；

r_f——树干径流量；

ΔS——植物体含水量的变化；

Δq——林内空气水汽含量的变化。

林地的水量平衡方程可表示为：

$$r_p + r_f = (E_2 + E_2') + (F_1 + F_2) + f + Q + \Delta w$$

式中 E_2——林地表面的物理蒸发；

E_2'——林地表面的植物蒸腾；

F_1——地表径流；

F_2——土壤径流；

f——地下径流；

Δw——土壤储水量的变化；

r_p，r_f，Q 字母含义同前。

由以上两式可以得到森林(包括林冠层和林地)水量平衡方程为：

$$P_f = (E_1 + E_1') + (E_2 + E_2') + (F_1 + F_2) + f + \Delta S + \Delta q + \Delta w$$

林分状况不同，森林水量平衡方程各分量的大小也不同，森林对水量平衡各分量都有一定影响。森林通过树冠拦截降水、林下植被和枯枝落叶层对降水的理水功能，可以使地表径流转变为地下径流，从而防止水土流失，起到蓄存降水，补充河水和地下水的作用。森林的这种减少地表径流，促进水流均匀进入河流或水库，在枯水期间仍能维持一定量的水进入河流或水库的作用，称为森林的水源涵养作用。森林涵养水源，保持水土的作用是很显著的。但森林涵养水源和水土保持的作用与森林本身特征、环境条件以及人们的生产活动有着密切的联系。抚育间伐、主伐更新、林分改造等措施，都对它有一定影响，特别是不合理的经营活动，会削弱森林的有益效能，森林一旦被破坏，这种作用也就随之消失。

二、天气与林业生产

(一)天气概述

天气是指一定区域在短时段内的大气状态(如冷暖、风雨、干湿、阴晴等)及其变化的总称，包括天气现象和天气过程。同一时刻不同地区的天气不同，同一地区不同时间的天气状况也不同。天气现象一般指在大气中发生的各种自然现象，即某瞬时内大气中各种气象要素(如气温、气压、湿度、风、云、雾、雨、雪、霜、雷、雹等)空间分布的综合表现。天气过程就是一定地区的天气现象随时间的演变历程。

引起天气变化和分布的高压、低压和高压脊、低压槽等具有典型特征的大气运动系统通常称为天气系统。各种天气系统都具有一定的空间尺度和时间尺度，而且各种尺度系统间相互交织、相互作用。许多天气系统的组合，构成大范围的大气形势，甚至半球乃至全球的大气环流。天气系统总是处在不断新生、发展和消亡过程中，在不同发展阶段有其相对应的天气现象分布。一个地区的天气和天气变化是同天气系统及其发展阶段相联系的，是大气的动力过程和热力过程的综合结果。常见的天气系统有气团和锋、气旋和反气旋等。

1. 气团和锋

(1)气团

气团是指气象要素(主要指气温和湿度)水平分布比较均匀的大范围的空气团。在同一气团中，各地气象要素的重点分布几乎相同，天气现象也大致一样。气团的水平范围可达几千千米，垂直高度可达几千米到十几千米，常常从地面伸展到对流层顶。一般气团按热力性质不同可划分为冷气团和暖气团；按气团的发源地常分为冰洋(南极和北极)气团、极地(中纬度)气团、热带气团、赤道气团4种基本类型，再根据发源地的海陆位置，前3种基本类型又分为海洋型和大陆型。

(2)锋

锋是由两种性质不同的气团(冷、暖气团)相接触而形成的过渡区域。冷、暖气团间狭窄的过渡地带称为锋区，由于锋区的宽度同气团宽度相比显得很狭窄，因而常把锋区看成是一个几何面，称为锋面。锋面与地面的交线称为锋线。锋是具有三维空间结构的天气系统，其锋线长与气团水平尺度相当，长达几百千米到几千千米。锋面宽度在近地面层一般约为几十千米，到高空可增宽达200~400 km。由于冷空气密度大，锋面随高度向冷气团一侧倾斜，所以冷气团处于锋面下方，暖气团处于上方。通常暖空气会沿着锋面爬升，绝热冷却，容易发生水汽凝结，因此，锋面多预示阴雨天气。根据冷暖气团的移动方向，锋分为冷锋和暖锋，二者预示着不同的天气过程(表4-4)。

表4-4 冷锋和暖锋的特征比较

类型	冷峰	暖锋
锋面图示	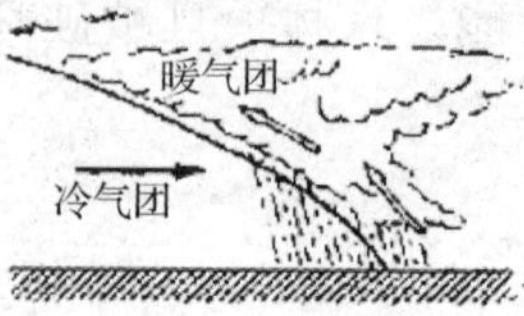	
锋面符号		
过境时天气	阴天、刮风、下雨、降温	多为连续性降水
过境后天气	温度湿度下降，气压升高，天气转晴	气温湿度上升，气压下降，天气转晴
降水时间	时间短，强度大	时间长，强度小
降水位置	主要在锋后	锋前

2. 气旋和反气旋

(1)气旋

气旋是大气中水平气流由四周向中心旋转辐射的大型空气涡旋，北半球逆时针，南半球顺时针。在同一高度上，气旋中心的气压比四周低，又称低压。气旋近似于圆形或椭圆形，大小悬殊。小气旋的水平尺度为几百米，大的可达三四千米。气旋的垂直气流是上升的，多阴雨天气。夏秋季影响我国东南沿海地区的台风就是气旋的一种。

(2)反气旋

反气旋是占有三维空间，自中心向外旋转的大尺度空气涡旋。在北半球，反气旋区气流作顺时针方向旋转，南半球作逆时针方向旋转。在天气图中，反气旋是等压线呈闭合、气压值自中心向外递减的高压区，故又称高压。反气旋水平范围比气旋大得多，发展强盛时，常常可与整个大陆或海洋相比拟。反气旋的近地面气流在水平方向由中心向四周辐射，垂直方向的空气自上而下补充。空气在下沉过程中气温升高，水汽不易凝结，所以反气旋控制的地区，多为晴朗天气。我国北方广大地区，在秋季经常出现的“秋高气爽”天气，就是在反气旋系统控制下形成的。

（二）林业主要灾害性天气

1. 寒潮

寒潮是指大范围强冷空气活动引起剧烈降温的天气过程。为了区别与一般冷空气活动，我国气象部门规定：凡一次性冷空气侵入使长江中下游及其以北地区，在 48 h 内最低气温下降达到 10 ℃以上，而且最低气温在 5 ℃以下，陆上有相当 3 个大行政区出现 5～7 级大风，沿海有 3 个海区出现 7 级以上大风，称为寒潮。若在 48 h 内降温达 14 ℃以上则为强寒潮。

寒潮是一种大型天气过程，是中国冬半年主要的灾害性天气。寒潮和强冷空气会带来大范围的大风、霜冻、雪灾、雨凇等灾害，对林业生产有很大的影响。我国北方春季寒潮大风频繁，常造成春旱，影响苗圃春播育苗生产和植树造林活动；由寒潮引发的低温、暴雪、雨凇等冰冻雪灾会造成大范围森林倒伏和森林动植物冻死冻伤等。2008 年 1～2 月中国南方 29 个省市（自治区、直辖市）曾因为遭受寒潮带来的低温、雨雪和冰冻，导致约 $860\times10^4 hm^2$ 森林受损，3 万只国家重点保护野生动物在雪灾中冻死或冻伤。

2. 霜冻

霜冻是指在植物生长季节里，地面和植物表面气温下降到 0 ℃或 0 ℃以下，引起植物体内组织冻结产生伤害或死亡的低温。霜冻和霜是有区别的。霜是指白色固体凝结物，有霜时植物不一定遭受霜冻之害。有霜冻时可以有霜出现（白霜），也可以没有霜出现（黑霜）。霜冻也不同于低温寒害。低温寒害是在植物生长季节里，当气温下降到植物生长发育所需要的生物学最低温度（通常为 5 ℃）以下，而高于 0 ℃，使植物生理活动受到障碍，甚至使植物某些组织和器官坏死的现象。0 ℃以上的寒害对热带、亚热带树木危害影响较大。

在林业生产中，对于尚未木质化的幼苗或林木开始萌芽时，突遇晚秋早霜、初春晚霜很容易受害。不同的植物及其所处的生长发育阶段不同，它们对低温霜冻的抗御能力不同。春季植物萌发的新枝、新叶不耐低温，如杏、桃、李、苹果和梨树等，在花芽期能忍受的最低气温是 -4 ℃左右，开花期的气温不能低于 -2 ℃。一般植物的营养器官的抗寒能力比繁殖器官强。花蕾尤其是雌蕊抗寒力最弱，气温在 -2～0 ℃即遭冻害。植物在幼苗期抗寒能力弱，易受冻害；大树，尤其是针叶树抗寒力极强，在 -60～-50 ℃的低温下还能生存。此外，乡土树种由于适应了当地环境，具有较强的抗寒性。

植物遭受霜冻不严重时，一般不会冻死。气温回升后，可通过缓慢的解冻而恢复生命力。但如霜冻后气温急剧上升，会使细胞间的冰晶迅速融化成水，而这些水分在还未能被细胞逐渐吸收前就被大量蒸发，这样就会造成植物枯萎，甚至引起死亡。因此，霜冻强度愈大，降温后如果天气晴朗，气温回升越急剧，则对植物危害越大。霜冻的强度越大，持续时间越长，植物受害也越重。

盆地、洼地、坡地下部和山谷等地势低洼地，夜间冷空气下沉堆积容易发生霜冻，对霜冻比较敏感的树种应尽量避开在这样的地方栽种。

3. 风害

(1) 大风

气象上规定风力达 6 级即风速≥12 m/s 的风定为大风，常见的有台风、龙卷风、雷暴大风、寒潮大风等。大风对林木的危害很大，可以造成林木风倒、风折、风压等机械伤害，也会对树木的形态结构、树木生理活动等造成影响。

台风是形成于热带海洋上的强大而深厚的气旋性空气涡旋。在西太平洋称台风，在东北太平洋和大西洋称飓风，在印度洋称热带风暴。台风的范围一般为 600～1000 km，最大可达 2000 km，最小仅为 100 km。中心附近风速越大，中心气压越低，标志着台风的强度越大。台风是世界上最严重的自然灾害之一，最强大的台风破坏范围宽达 500 km。台风具有很大的破坏力，对树木常造成风倒、风折、风拔等危害。台风影响还能造成山洪暴发、造成涝灾和严重的水土流失等生态灾害。但是台风也带来充沛降水，能解除伏旱和酷热，是我国南方主要的降水形式。

龙卷风是自积雨云底部伸出来的漏斗状的涡旋云柱伸展到地面时引起的强烈旋风。龙卷风涡旋中心风速最小或无风，中心以外数十米极狭小环带风速最大，可达 100 m/s 以上。破坏宽度多在 1 km 以内，有的仅几十米。龙卷风寿命短促，范围很小，但风力极强，破坏性极大。例如，1978 年 4 月 14 日 15:15，陕西省乾县国城乡遭受 15 min 的龙卷风袭击，合抱的大树连根拔起，折毁树木 6000 多株。

雷暴大风是一种很窄、有强风并伴随雷暴大雨的对流性天气带，是一种具有巨大破坏力的灾害性天气现象。风速可达 20 m/s 以上，生命史短促，一般 6～9 h。例如，1974 年 6 月 17 日南京发生了一次雷暴大风过境，风速达 38.9 m/s，使直径 30 cm 以上的大树被连根拔起，所经之处大小树木全部被刮倒。

寒潮大风是冬春强冷空气南下产生的寒潮带来的大风，会对林木造成不同程度的损失。寒潮大风几乎遍及全国，台风主要影响我国东南部地区，雷暴大风和龙卷风具有一定的局地性。

(2) 干热风

干热风是一种高温、低湿并伴有一定风力的农林业灾害天气，实际上是由热和干引起的旱害和热害。华北平原干热风主要由极地大陆气团南下变性增温造成。气流越过山脉下沉时绝热降温降湿形成的“焚风”，也是一种干热风。主要发生在雨季尚未到来之前的干旱少雨时期。干热风会加剧了植物蒸腾失水、破坏了植物的生理生化过程，影响植物生长，严重的可导致植株死亡。

4. 干旱灾害

干旱灾害是指某一地区长期没有降水或降水显著偏少，土壤水分不能满足植物正常生长发育而造成灾害的现象。久旱与旱灾的发生与大气环流异常紧密相关。干旱天气主要在高压长期控制下形成，发生范围较大，但在干旱、半干旱气候区发生频率比较高。我国北方春旱严重，主要由于冷高压控制，导致空气干燥，风速大，蒸发强。我国长江和淮河流域江南则以伏旱较多，主要是梅雨结束后，大气为副热带高压控制，天气晴热，蒸发强所引起。干旱灾害影响林木的正常生长以及森林生产力的发挥，严重旱灾还会导致森林植物大面积死亡。旱害还会导致森林病虫害的猖獗和增加森林火灾发生的风险。

5. 洪涝灾害

洪涝灾害是由于强降雨、长期降雨、冰雪融化、堤坝溃决、风暴潮等原因引起江河泛滥、山洪暴发、径流不能及时排出和低洼处积水，致使农林用地等渍水受淹而造成损失的灾害现象。形成洪涝灾害的原因很多，在我国主要与季风和风暴活动有关。由于从春到夏，西太平洋副热带高压逐渐增强，湿热气流随之从南到北移动，若雨带在某地区长期停留，就会导致雨量比常年偏多造成涝灾。从初夏到秋季登陆的热带气旋(台风)也常是形成涝灾的重要天气系统。根据雨涝发生季节和危害特点，可以将雨涝灾害分为春涝、夏涝、夏秋涝和秋涝等。

我国洪涝灾害相当频繁，主要发生在长江、黄河、淮河、珠江、松花江和辽河等大江河的中下游地区，其中以黄淮海平原和长江中下游地区最为严重，约占全国受灾面积3/4以上。洪涝灾害对农林业生产有严重的影响。

三、森林与气候

(一)气候概述

1. 气候的概念

气候是某一地区多年同一时段大气的一般状态，是该时段各种天气过程的综合表现。气象要素(气温、降水、风等)的各种统计值(均值、极值、概率等)是表述一个地方气候的基本依据。此外，还有若干气象要素综合的指标(如干燥度、大陆度等)。

太阳辐射、大气环流、下垫面性质是形成气候的主要因子。不同地区的气候差异和季节变化，主要是太阳辐射在地球表面分布不均及其随时间变化的结果。由于太阳辐射在地球表面分布的差异，以及海洋、陆地、山脉、森林等不同性质的下垫面在到达地表的太阳辐射的作用下所产生的物理过程不同，使气候除具有气温大致按纬度分布的特征外，还具有明显的地域性特征。按水平尺度大小，气候可分为大气候、中气候与小气候。大气候是指全球性和大区域的气候，例如，热带雨林气候、地中海型气候、极地气候、高原气候等；中气候是指较小自然区域的气候，例如，森林气候、城市气候、山地气候以及湖泊气候等；小气候是在局部地区，由于地形地势、下垫面构造和特性的不同，造成热量和水分收支差异而形成与大气候不同的特殊气候，例如，贴地气层和小范围特殊地形下的气候(如一个山头或一个谷地)。

2. 气候带与气候型

气候带是指根据气候成因和气候要素的相似性而划分的与地球纬向分布基本一致的带

状气候区域。在同一气候带内，气候的基本特征相似，与土壤风化和形成密切相关。太阳辐射是气候带形成的基本因素。气候带也体现在山地自然景观上。在水分供应充分的情况下，由于气温的垂直变化，在热带赤道地区的高山上，从山麓到山顶，可出现从热带雨林到终年积雪，即类似于从赤道到极地的各种气候带。这种气候带结构称为垂直气候带谱。

古希腊人最早提出气候带的概念，并以南、北回归线和南、北极圈为界线，把全球气候划分为热带、南温带、北温带、南寒带、北寒带5个气候带。随着气候资料的积累，人类对气候带的认识和划分也逐渐完善。柯本(W. P. Koppen)在1900—1936年以气温和降水量为指标，将全球气候划分为热带多雨气候、干旱气候、温暖多雨气候、寒冷雪林气候和冰雪气候5个气候带。中国气候学家对于中国气候带的划分进行了大量的研究工作。1959年中国科学院自然区划工作委员会根据气温指标，把中国东部地区划分为赤道带、热带、亚热带、暖温带、温带、寒温带6个气候带。《中华人民共和国气候图集》(1979)将中国东部地区划分成南、中、北热带，南、中、北亚热带和南、中、北温带等9个气候带。

气候型是由于自然地理环境差异引起的，在地球上不呈带状分布的气候类型。在同一个气候带内，可以划分出几种气候型；同类的气候型也可以分布在不同的气候带内。气候型的划分，通常是采用气温、降水量和其他要素的平均值及年变化特征作为指标。气候型有很多种，大陆性气候和海洋性气候是两种最基本的气候型，其他都可以从这两种气候型演变而来。例如，海岸气候就是大陆性气候与海洋性气候的过渡型；季风气候则是大陆性气候与海洋性气候的混合型；沙漠气候是大陆性气候的极端情况；草原气候则是大陆性气候到沙漠气候的过渡情况；山地气候虽然成因和特点都比较特殊，但是它的特点也可以从大陆性气候和海洋性气候的类比中得到。人类活动也能使气候形成某一特征，也可划为一种类型，如城市气候。

3. 中国气候特征

中国位于亚欧大陆东南部，太平洋西岸，幅员辽阔，地形复杂，气候独具特征，表现在：①盛行风向在大范围内随季节有显著改变的季风气候明显，冬夏盛行偏北风，夏季盛行东南风；随季风的进退，气温和降水都有明显的季节性变化。②气候受大陆的影响远比受海洋的影响大，所以大陆性气候强。冬夏两季的平均气温与同纬度其他国家或地区有较大差异，冬季气温低于同纬度地区，夏季气温高于同纬度地区；气温年较差大，春温高于秋温；雨量集中于夏季，多对流性降水，降水变率大。③气候类型复杂多样。不仅有地处温带、亚热带、热带等各种气候带，而且由于地形崎岖，往往在不同范围内形成不同尺度的气候型。④水热同期，但气候的稳定性差。这既有利于农林牧生产，又因旱涝、低温、冻害、台风、冰雹等气候灾害发生频率高，影响范围广，而防灾减灾的任务繁重。

(二)气候变化与森林小气候

太阳辐射在地球上分布的不一致以及地球上海陆分布及地形条件等因素，使地球形成了不同的气候带和气候型。不同的气候区域光、热、水分等有很大差异，形成了不同的自然植被类型和独特的自然景观。森林是地球陆地上一种特殊的下垫面，具有影响气候形成和变化的植被组成、结构特征、热量和水分等条件，也能使大气候受到制约和改变，影响局部气候的稳定，并对全球气候变化程度和性质产生影响。因此，森林作为地球生物圈的重要组成部分，对维护和调节地球气候环境发挥着重要的作用。在森林与气候的关系中，森林小气候特征和森林应对气候变化问题是当前人们关注的热点。

1. 森林小气候

由于森林的存在而形成的一种特殊气候类型，称为森林小气候。其形成与四周气候条件、地形特征和土壤性质等有关。其主要特征表现为白天到达林内的太阳辐射减少，夜间林内地面向外的长波辐射被阻截，林内及附近的气温变化缓和；森林内空气湿度和降水量增多；林中风速减弱等。在森林小气候的形成中，组成森林的树木品种、林龄、结构、郁闭度以及灌木层和草被的特性等，都起着很大的作用。大面积的森林除了能形成独具特色的森林小气候，还能够影响附近相当大范围地区的气候条件。

对森林及林冠下的灌木丛和草被等形成的森林小气候特征可以为森林防火、防治病虫害及其他林业生产提供气候服务。森林小气候观测，一般由定位观测和流动观测两部分组成。定位观测的任务是长期进行观测，积累森林地区的小气候、水文等方面的资料，以进行气候与林木生长关系的研究，为护林防火、防止病虫害、霜冻害的预报及育苗、更新和抚育等森林经营措施服务。流动观测常随着研究目的、任务的不同而决定其观测方法，一般不需要长年连续进行。对起主导作用的单项或几项气象要素则进行多点观测。定位和流动观测任务不同，但关系密切，可相互配合，以取得较丰富完整的资料。

2. 气候变化与森林

地球气候和其他自然现象一样，都是在不停地变化着。目前地球最大的气候变化是全球气候变暖，尤其是高纬度地区增温幅度较大。据测算，从 1880 年至今地面气温已升高了 0.5 ~ 0.7 ℃。很多学者认为全球气候变暖是由于温室气体大量集结造成的。地球大气中的 CO_2、甲烷、氮氧化物等，虽然含量很少，却能大量吸收来自太阳和地球的长波辐射，起着阻止地球向宇宙散失热量的作用，从而导致气候变暖。CO_2是这些微量气体中数量最大、影响最大的。从工业革命到现在，大气中 CO_2浓度已由 280 mg/L 上升到 353 mg/L，增长 26%。目前的年增速为 0.5%。大气中 CO_2的迅速增长主要是由于工业发展大量使用化石燃料造成的。此外，在工业发展过程中对森林的破坏也是大气 CO_2迅速增长的原因。人们普遍担忧，如果这一发展趋势保持不变或者加剧，将导致全球生态系统的破坏，出现人类生存环境丧失的灾难性后果。

地球气候变暖对森林的直接影响是干扰到树木的正常生理活动和新陈代谢途径，进而影响到树木的生长、林分结构、森林生产力以及森林植被的分布。气候变化，尤其是频繁出现的极端气候变化(如极端气温、降水、风暴等)，将对森林产生很大影响。由于全球气温上升，在一些地区出现夏季高温、干旱，造成森林火灾的发生频率增大。另外，森林病虫害的发生、分布也与气候变化密切相关。

森林植物在生长过程中，因为光合作用吸收大气中的 CO_2，并将其转变为碳水化合物贮存起来。据计算，1 m^3木材中大约含有 180 kg 碳元素，即生产 1 m^3木材，大约可吸收大气中的 $CO_2$660 kg。如果把根的生长计算在内，森林每生产 1 m^3木材可吸收大气中的 CO_2约 850 kg，森林吸收 CO_2的作用与森林生物质的净生长量成正比。在地球生物圈的各类生态系统中，森林从大气中吸收、固定和贮存的CO_2最多，占陆地全部固碳量的60%以上。地球生物年固定大气中的CO_2量占大气中总CO_2量的15.7%，而森林占6.6%。森林的存在可大量吸收和贮存大气中的CO_2，对引起气候变暖的温室效应将起到缓解作用。

森林被采伐和利用的过程是CO_2排放的过程。在全球范围内，近年森林减少速度在下降，但仍以每年约$320\times10^4\ hm^2$的速度在减少。由于对森林的采伐和破坏，使森林储存的碳正在迅速地被排放出来。这样，从总体上说，森林反而成了一个CO_2的巨大排放源。对森林砍伐造成的CO_2排放已经有许多研究。20世纪70年代以前，人们普遍认为全球的森林起到了吸收地球大气CO_2的作用，但70年代后期开始发表的大多数研究结论认为，由于全球森林受到破坏，森林正向大气释放它过去储存的碳，成为大气CO_2的一个主要排放源。

第二节　森林与土壤

一、土壤的基本知识

(一)关于土壤的概念

我们熟知的土壤概念古已有之，以“万物自生焉则曰土，以人所耕而树艺焉则曰壤”(《周礼》)，表达了“土”意指自然可生长属性，“壤”意指耕作种植技术属性。许慎《说文解字》中“土者，地之吐生物者也”也说明有植物生长的地方叫做土。“壤，柔土也”，说明壤是由土熟化而来的细软而疏松的土。现代人们普遍认为土壤是地球陆地上能够生产植物收获物的疏松表层。这个概念强调土壤的基本形态是陆地表面的疏松层；以能否生产植物收获物作为土壤标志性的重要特征。

从土地生产利用的角度，土壤可分为林业土壤和农业土壤。农业土壤属于耕作土壤，是在自然土壤的基础上，通过人类生产活动以及自然因素的综合作用下而形成的土壤，如耕地、果园、茶园里的土壤。林业土壤是属于林业主管部门管理用于培育与经营各种非农业种植的土壤类型，如森林土壤、草原土壤以及宜林的荒山荒地等。林业土壤和农业土壤可以相互转化，如有些农业土壤在退耕还林后变为林业土壤，林业土壤也可在需要的情况下开垦变为农业土壤。

森林土壤是林业土壤中十分重要的一种土壤，它是相对草原植被、荒漠植被下发育的土壤而言，在森林植被下发育的土壤，是供给森林植物生活物质的基质。森林土壤有三个特有的成土因素：森林凋落物、林木根系、依赖现有森林生存的特有生物。

土壤具有为植物生长供应和协调营养条件和环境条件的能力，一般称为土壤肥力。其中营养条件包括水分和养分，环境条件包括水分、温度和空气，水分既是环境因素又是营养因素。土壤肥力是土壤物理、化学和生物学性质的综合反映。土壤具有肥力是土壤的基本属性。土壤肥沃或者不肥沃是针对不同植物而言的，由于不同植物都有自己的生物学特性，要求有一定的生态环境条件才能正常生长发育，因此土壤肥力具有生态相对性。衡量土壤肥力高低的指标可以采用植物的干物质重、上层林木的平均树高、土壤肥力因子、林木的平均经济产量等。

(二)土壤的形成与发育

1. 土壤形成

土壤是由岩石矿物经过风化形成的，形成土壤的岩石矿物风化物通常称为成土母质。成土母质除少量堆积在原处外，大多数在外力用下(重力、水流、风力、冰川等)搬运到其他地方，形成各种沉积物。根据搬运方式和沉积特点成土母质可分为定积母质和运积母质。影响土壤形成过程的因素，既有自然成土因素，也有人为活动因素。

影响土壤形成的自然因素有气候、母质、生物、地形和时间。气候对土壤的影响一方面是直接参与母质的风化；另一方面是通过影响生物类型及其活动来间接影响土壤的性质与形成。在气候因素中，气温、水分起主要作用。母质是形成土壤的物质基础，影响土壤的形成进程、矿物组成及物理化学性质。生物是促进土壤形成和发展的最活跃因素。植物选择吸收养分，使土壤养分在土壤中富积和有效化，形成各种土壤结构。微生物促进原始土壤的形成、固氮、养分有效化，养分的迁移。不同植被类型有不同的有机质的积累与分解，产生不同的有机物质。土壤动物也参与土壤的形成，如蚯蚓、蚂蚁对土壤物质的移动有重要影响。地形的作用主要体现在对母质(矿物质)、水分、热量、养分和生物的再分配作用。除此之外，土壤形成的过程是随着时间的进展而不断加深的，地球陆地土壤的形成大约于4亿年的古生代中期。

陆地表面的岩石，经风化作用变成细碎颗粒，并释放出可溶性物质。部分碎粒和可溶性物质，经降水冲刷和淋溶，随流水最终流入海洋，沉积至洋底，形成各种沉积岩。在漫长地质年代里，由于地壳运动和海陆变迁，海洋底层的岩石又上升为陆地，岩石再次遭受风化。这个时间极长、范围极广的过程，称为物质的地质大循环。在地球生物产生以前，仅存在物质的地质大循环。生物出现后，改变了物质的去向，形成了物质的生物小循环。土壤形成过程的实质是植物营养物质的地质大循环(又称植物营养物质地质淋溶过程)与植物营养物质的生物小循环(又称生物积累过程)之间的矛盾统一过程。地质大循环为土壤的形成准备了条件，而生物小循环则使土壤的形成成为现实。没有地质大循环就不可能有生物小循环；没有生物小循环则成土母质不可能具有肥力特征而形成土壤。

对耕作土壤而言，人类通过改变地形、排水、灌溉、耕作、施肥等各种生产活动，也会影响成土过程的发育方向，对土壤肥力的发展起着重大的作用。

2. 土壤剖面及形态特征

土壤剖面是指从地表凋落物向下直到土壤母质的垂直切面。土壤剖面是土壤发育的结果，反映了由于成土作用形成的不同土壤发生状态，是土壤肥力因素的外部表现。根据土壤剖面发育的程度不同可以有不同的土壤类型。

不同的土壤发生层有不同的外部形态特征称为土壤形态特征。它是人们的感官(视觉、触觉、嗅觉)来感觉的土壤的外部特征，其中，重要的形态特征如下：

①颜色　是土壤最重要的形态特征之一，是划分土壤层次的重要依据，也是一些土壤命名的依据之一。土壤颜色主要取决于土壤化学组成和矿物组成。

②质地　是指土壤颗粒的粗细程度，质地细的土壤通常比较黏，质地粗的土壤通常比较松散。

③结构　是指土壤颗粒在各种力的作用下形成各种大小、形状的团聚体(土块)，有的呈团粒状，有的呈片状，还有的呈柱状。

④坚实度　是指土壤颗粒排列的紧密程度，土壤坚实度高则植物根系不易穿插。

⑤孔隙状况　是指土壤中孔隙的多少、大小和通连状况。大孔隙多时易于通气透水，小孔隙多时易于保水。

⑥新生体　是土壤形成过程中，由于物质的迁移、淋洗和聚积所产生的物质。

⑦侵入体　是由人类活动影响产生的。

⑧其他　还有植物根量、石砾含量和碳酸钙含量及分布等。

对于典型自然土壤，如森林土壤，一般具有完整的剖面发生层次，其关键特征如下：

枯枝落叶层(O层)　由覆盖在矿质土壤表层的有机物构成。

腐殖质层(淋溶层)(A层)　颜色较暗，根系多，动物活动明显。

淀积层(B层)　由上层淋溶来的物质淀积而成。

母质层(C层)　由岩石风化物的残积物或运积母质形成。

坚实岩层(D层)。

过渡层一般用相邻层的符号表示，例如：AB层。在黄土高原地区，由于水土流失，土壤受到侵蚀作用而失去A层，保留B、C层的剖面构型。

对于耕作土壤，如农业土壤，其土壤剖面特征与自然土壤差异较大，一般分为：

耕作层　受耕作影响，疏松，暗质，根系多集中于这层。

犁底层　颜色较浅，较紧实。

心土层　犁底层之下，颜色浅，根系少。

底土层　不受耕作影响。人们将这层土称为生土或死土。

(三)土壤的基本组成与性质

1. 土壤生物和有机质

(1)土壤生物

土壤中重要的生物有植物根系、土壤动物、微生物等。

①高等植物根系　作为地下营养器官，分布范围广，根量大，对土壤影响广泛。不同的植物有不同的根系种类，通常分为水平根、垂直根、斜生根、下垂根、下斜根等。

②土壤动物　指长期或一生中大部分时间生活在土壤中或地表凋落物层中的动物。有以植物为食的大型动物，如小哺乳动物(松鼠、老鼠、田鼠)、昆虫(蚂蚁、甲虫、蛴螬、蝗虫)、螨类、蚯蚓等，也有食肉性的大型动物，如鼹鼠、蚂蚁、蜈蚣、蜘蛛等，还有微形的小动物，如线虫、原生动物、轮虫等。土壤动物种类繁多，数量庞大，是陆地生态系统中生物量最大的一类生物，它们直接或间接参与土壤中物质和能量的转化，对土壤和土壤肥力的形成起着重要作用。

③土壤微生物　是指生活在土壤中需要借助光学显微镜才能看到的微小生物，包括细菌、放线菌、真菌和藻类。土壤微生物在土壤中数量最高，如一般土壤中细菌为10^7~10^8个/g土，真菌10^5~10^6个/g土，放线菌10^6~10^7个/g土，藻类10^4~10^5个/g土。土壤微生物参与土壤物质转化过程，在土壤形成和发育、土壤肥力演变及养分有效化和有毒物质降解等方面起着重要作用。在森林土壤和酸性环境中，有些真菌能在一些植物根上发育，共同发育成菌根。现已查明有2000种植物与真菌共生形成菌根。根据菌根的形态结构，可分为外生菌根和内生菌根。松柏科、桦木科、壳斗科、杨柳科、胡桃科等许多森林乔木的根上都生有外生菌根，大豆、玉米、棉花、马铃薯、胡萝卜等生有内生菌根。

(2)土壤有机质

土壤有机质指存在于土壤中的所有含碳的有机化合物，是土壤固相的一个重要组成部分。土壤有机质在土壤中的含量不多，但它除作为植物营养的来源之一，还对土壤的物理、化学和生物性质有着深刻的影响。

动、植物残体及微生物是土壤有机质的主要来源。自然土壤的有机质来源几乎全部(占有机质总量的4/5)是由生长在它上面的绿色植物所产生的，以植物残体和根系分泌物进入土壤中。农田土壤的有机质来源有作物根茬、有机肥料、秸秆还田、工农业和生活废水、废渣、微生物制品、有机农药等。

土壤有机质以动植物残体、半分解的中间产物(如有机酸、蛋白质、糖类等)和腐殖质3种类型存在。土壤有机质含有极为丰富的氮、磷、钾和微量元素，是植物营养的主要来源。同时，土壤有机质还可改善土壤的物理状况，促进微生物的活动等作用。对于有机质含量低于1%，且土壤的结构性差的土壤，应当通过增施有机肥等增加土壤有机质，或通过浇水、翻土措施改善土壤的温度、湿度、通气状况等，调节有机质的积累和分解。

2. 土壤质地、结构与孔性

土壤质地、结构和孔性与土壤的固相颗粒有关，是土壤最基本的物理性质。

(1)土壤质地

土壤质地是土壤固体颗粒大小组合不同而表现出来的特性。土壤中有不同大小的颗粒同时存在，有的是以相对稳定的单独存在的土壤矿物颗粒状态存在称为单粒，如沙子。大多数土粒是由若干单粒互相黏和在一起团聚而成为复粒或团聚体。

将土壤颗粒(单粒)按一定的直径范围划分为若干组合就称为粒级。土壤中颗粒粒级不同，矿物成分和性质各异；同一粒级土粒的矿物成分和性质基本一致，组间则差异较明显。土壤并不是由同一粒级的颗粒组成的。描述土壤中不同粒级的比例(重量百分比)称为土壤机械组成或土壤颗粒组成。将土壤的机械组成区分为几种不同的组合，并给每个组合一定的分类名称，即为土壤质地名，例如：砂土、砂壤土、轻壤土、中壤土、重壤土、黏土等。土壤质地分类各国标准不同，目前我国将土壤质地分为3类12级(表4-5)。

土壤质地与土壤肥力性状关系密切，不同粒级的矿物组成和性质不同。砂粒主要成分为原生矿物如石英、正长石、白云母等，这些颗粒比表面积小，养分少，保水保肥性差，通透性强。黏粒主要成分是黏土矿物，这些颗粒比表面积大，养分含量高，保肥保水能力强，但通透性差。粉粒性质介于砂粒和黏粒之间。另外，土壤中石砾对土壤肥力也有一定的影响，石砾主要成分是各种岩屑。

表 4-5　中国土壤质地分类方案

质地类别	质地名称	不同粒级的颗粒组成(%)		
		砂粒 (1~0.05 mm)	粗粉粒 (0.05~0.01 mm)	细黏粒 (<0.001 mm)
砂土	粗砂土	>70	—	<30
壤土	细砂土	≥60	—	
	面砂土	≥50	—	
	砂粉土	≥20	≥40	
	粉土	<20		
	砂壤土	≥20	<40	
	壤土	<20		
	砂黏土	≥50	—	≥30
黏土	粉黏土	—	—	≥30
	壤黏土	—	—	≥35
	黏土	—	—	≥40
	重黏土	—	—	>60

注：引自孙向阳《土壤学》。

(2)土壤结构

土壤结构是指土壤颗粒的空间排列方式。土壤颗粒的空间排列方式所呈现出的稳定程度和孔隙状况称为土壤结构性。由土壤单粒互相胶结在一起形成的团聚体称为土壤结构体。根据土壤结构体的形状和大小，可分为立方体状(块状、核状、粒状、团粒)、柱状(棱柱状)、片状、板状等土壤结构类型。土壤结构的形成需要一定数量和直径足够小的土粒、使土粒聚合的阳离子、胶结物质和外力的推动作用。

土壤结构与土壤肥力的关系密切，一般具有团粒结构或粒状的土壤，透气性、渗水性和保水性好，有利于植物根的生长。多年施用有机肥可使砂土团聚成块，增加土壤保水能力，相反可使黏土疏松多孔。

(3)土壤的孔性

土壤由固体土粒和粒间孔隙所组成，其中孔隙容纳空气和水分。土壤孔性是指能够反映土壤孔隙总容积的大小，孔隙搭配及孔隙在各土层中的分布状况等的综合特性。土壤中有不同的孔隙形状和大小，不同土壤总的孔隙量也不同。根据孔隙的粗细，土壤孔隙一般分为三类：

①非毛管孔隙(大)　孔隙直径大于0.02 mm，水受重力作用自由向下流动，植物幼小的根可在其中顺利伸展，气体、水分可在其中自由流动。

②毛管孔隙　孔隙直径在0.002~0.02 mm之间，毛管力发挥作用，植物根毛(0.01 mm)可伸入其中，原生动物和真菌菌丝体也可进入，水分传导性能较好，同时可以保存水分，水分可以被植物利用。

③非活性毛管孔隙　孔隙直径小于0.002 mm，即使细菌(0.001~0.05 mm)也很难在其中居留，这种孔隙的持水力极大，同时水分移动的阻力也很大，其中的水分不能被植物

利用(有效水分含量低)。

土壤孔隙容积的大小通常用孔隙度表示。土壤总孔隙度是指单位原状土壤体积中土壤孔隙体积所占的百分率。土壤的毛管孔隙度是指单位原状土壤体积中毛管孔隙体积所占的百分率。土壤中的非毛管孔隙度是指单位原状土壤体积中非毛管孔隙体积所占的百分率。孔隙度不能直接测定，而是按下式计算出来。

$$土壤孔隙度(\%) = (1 - 土壤密度/土粒密度) \times 100$$

式中　土粒密度——指单位体积土壤(不包括粒间孔隙)固体物质质量，g/cm^3。

它与同体积水的重量之比称为土壤比重。一般以多数土壤土粒密度的平均值2.65 g/cm^3为通用数值。土壤密度指自然状态下单位体积原状土壤的烘干质量(重量)，也称土壤容重(g/cm^3)。一般土壤的容重为1.0~1.8 g/cm^3，其大小取决于土壤矿物质、土壤有机质含量和孔隙状况。

土壤中大小孔隙同时存在。土壤总孔隙度在50%左右，而毛管孔隙在30%~40%，非毛管孔隙在20%~10%。非活性毛管孔隙很少，则比较理想；若总孔隙大于60%~70%，则过分疏松，难于立苗，不能保水；若非毛管孔隙小于10%，不能保证空气充足，通气性差，渗水不好。

3. 土壤水

土壤水是指在一个大气压下，在105 ℃条件下能从土壤中分离出来的水分。土壤中液态水数量最多，对植物的生长关系最为密切。

(1)土壤水种类

土壤液态水分为吸湿水、膜状水、毛管水、重力水和地下水，其中毛管水又分为悬着水和支持毛管水。

①吸湿水　土壤颗粒从空气中吸收的汽态水分子，是由土粒表面的分子引力作用所引起的。土壤中吸湿水的多少，取决于土壤颗粒表面积大小和空气相对湿度。由于这种作用的力非常大，植物不能利用此水，所以又称之为紧束缚水。

②膜状水　土粒吸足了吸湿水后，还有剩余的吸引力，可吸引一部分液态水成水膜状附着在土粒表面，这种状态存在的水称为膜状水。重力不能使膜状水移动，但其自身可从水膜较厚处向水膜较薄处移动，植物可以利用此水。但由于这种水的移动非常缓慢，不能及时供给植物生长需要，植物可利用的数量很少。当植物发生永久萎蔫时，往往还有相当多的膜状水。

③毛管水　是由于毛管力的作用而保持在土壤中的液态水。毛管水可以由毛管力小的方向移向毛管力大的方向。根据毛管水是否与地下水相连，可分为毛管悬着水和毛管上升水两种类型。降水或灌溉后，由地表进入土壤被保存在土壤中的毛管水就是毛管悬着水；土壤中受到地下水源支持并上升到一定高度的毛管水就是毛管上升水。

④重力水　降水或灌溉后，不受土粒和毛管力吸持，而在重力作用下向下移动的水，称为重力水。植物能完全吸收重力水，但由于重力水很快就流失，因此利用率很低。

⑤地下水　在土壤中或很深的母质层中，具有不透水层时，重力水就会在此层之上的土壤孔隙中聚积起来，形成水层，这就是地下水。在干旱条件下，土壤水分蒸发快，如地下水位过高，就会使水溶性盐类向上集中，使含盐量增加到有害程度，即所谓的盐渍化；

在湿润地区，如地下水位过高，就会使土壤过湿，植物不能生长，有机残体不能分解，出现沼泽化。

(2)土壤水分常数

在某一时间内，土壤水分的实际含量称为自然含水量或绝对含水量，以土壤中所含水分的重量占烘干土重量的百分率表示，也称重量含水量。土壤重量含水量乘以土壤密度(容重)可以换算为土壤容积含水量，即土壤容积中水分所占的容积百分比。土壤水分含量占饱和含水量的百分比或占田间持水量的百分比为土壤相对含量。

土壤含水量根据受土壤各种力的作用达到某种程度的水量，对于同一土壤来说，此时的含水量基本不变，称为土壤水分常数，又叫水分特征值，它是一些与植物吸收水分有关系的数值。常用的有以下几种：

①吸湿系数(最大吸湿水量)　是在相对湿度接近饱和空气时，土壤吸收水汽分子的最大量与烘干土重的百分率。

②凋萎系数　当植物产生永久凋萎时的土壤含水量。此时土壤水主要是全部的吸湿水和部分膜状水。其经验公式为：

$$\text{凋萎系数} = \text{吸湿系数} \times (1.34 \sim 1.5)$$

③田间持水量　当土壤被充分饱和后，多余的重力水已经渗漏，渗透水流已降至很低甚至停止时土壤所持的含水量。此时水分类型包括吸湿水、膜状水和全部毛管悬着水。

$$\text{田间持水量} = \text{吸湿系数} \times 2.5$$

④全容水量　土壤完全为水所饱和时的含水量，此时土壤水包括吸湿水、膜状水、毛管水和重力水。水分基本充满了土壤孔隙，在自然条件下，水稻土、沼泽土或降雨、灌溉量较大时可达到全容水量。

⑤有效含水量　指土壤水能被植物吸收利用的有效水范围。可用下式计算得出：

$$\text{最大有效含水量}(\%) = \text{田间含水量}\% - \text{凋萎系数}\%$$

$$\text{有效水分含量}(\%) = \text{自然含水量}\% - \text{凋萎系数}\%$$

能被植物利用的有效水的数量比较复杂，受土壤质地、结构、土壤层位及有机质含量的影响较大。

4. 土壤胶体与离子交换性能

(1)土壤胶体

一种物质(分散相)分散在另一种物质(分散介质)中所形成的体系，称为分散系。土壤也是分散系，其分散相是土粒，分散介质是水。通常土壤颗粒直径小于0.001 mm或0.002 mm的土壤微粒，就具有胶体的性质，因而被视为土壤胶体颗粒。土壤胶体分为无机胶体(黏土矿物)、有机胶体(腐殖质)和有机无机复合胶体3类。土壤胶体具有巨大的比表面积和表面能，并且都具有带电性，这是土壤产生离子吸附和交换、离子扩散和氧化还原反应的根本原因。

(2)土壤离子交换作用

土壤胶体吸附阳离子，在一定条件下，与土壤溶液中或不同胶体上的阳离子发生交换作用，称为土壤阳离子交换吸附作用。能够参与交换过程的阳离子，就成为交换性阳离子。反映土壤阳离子交换吸附能力的指标是土壤阳离子交换量(CEC)和土壤盐基饱和度。

阳离子交换量通常以 pH 值为 7 时，每千克土壤中所含有的全部交换性阳离子的厘摩尔数表示，单位为 cmol(+)/kg。土壤阳离子交换量的大小代表了土壤保持养分的数量，可以作为评价土壤保肥力的指标。

土壤交换性阳离子分为致酸离子(H^+、Al^{3+})和盐基离子(K^+、Na^+、Ca^{2+}、Mg^{2+}等)两类，盐基离子为植物所需的速效养分。土壤盐基饱和度是指土壤胶体上的交换性盐基离子占交换性阳离子总量的百分比。盐基饱和度真正反映土壤有效速效养分含量的大小。若阳离子总量大，而盐基饱和度偏小，需要采取措施对土壤加以改良。

土壤阴离子交换吸附是带正电的土壤胶体颗粒吸附的阴离子在一定条件下与土壤溶液中的阴离子发生交换的作用。根据阴离子在土壤中及土壤胶体颗粒表面的吸附特点，可分为易于被土壤吸附的阴离子[如磷酸根($H_2PO_4^-$、HPO_4^{2-}、PO_4^{3-})、硅酸根($HSiO_3^-$、SiO_3^-)及某些有机酸的阴离子(如草酸根、柠檬酸根等)]、很少或根本不被吸附的阴离子[如氯离子(Cl^-)、硝酸根(NO_3^-)、亚硝酸根(NO_2^-)等]以及介于上述两者之间的阴离子[如SO_4^{2-}、CO_3^{2-}、HCO_3^-及某些有机酸的阴离子]3 种类型。根据阴离子吸收的特点，在施肥时，应采取相应措施，磷肥施用时应防止固定，硝酸态氮肥应防止流失。

5. 土壤的酸碱性

土壤中的水分不是纯净的，含有各种可溶的有机、无机成分，有离子态、分子态，还有胶体态的，因此土壤中的水实际上是一种极为稀薄的溶液。盐碱土中土壤溶液的浓度比较高。由土壤溶液中游离的 H^+引起的，常用 pH 值表示。土壤酸碱性主要根据活性酸划分：pH 在 6.6~7.4 为中性。我国土壤 pH 值一般在 4~9，在地理分布上由南向北 pH 值逐渐增大，大致以长江为界。长江以南的土壤为酸性和强酸性，长江以北的土壤多为中性或碱性，少数为强碱性。

(四)土壤(地)退化

土壤(地)退化是指在各种自然和人为因素影响下，导致土壤生产力、环境调控潜力和可持续发展能力下降甚至完全丧失的过程。其本质是土壤(地)资源的数量减少和质量降低。土壤数量减少表现为表土丧失、或整个土体毁坏、或被非农业占用；质量降低表现为土壤在物理、化学、生物方面的特性减弱。引起土壤退化的原因是自然因素和人为因素共同作的结果。自然因素包括破坏性自然灾害和异常的成土因素(如气候、母质、地形等)，它是引起土壤自然退化过程(侵蚀、沙化、盐化、酸化等)的基础原因。人为活动不仅仅直接导致天然土壤的被占用，更危险的是人类盲目的开发利用土、水、气、生物等农业资源(如砍伐森林、过度放牧、不合理农业耕作等)，导致生态环境的恶化，造成严重的土地退化。土壤退化的标志是对农林业而言的土壤肥力和生产力的下降及对环境来说的土壤质量的下降。

土壤退化是影响人类生存环境的重要生态问题之一，其直接后果会带来陆地生态系统平衡和稳定的破坏，土地生产力和土壤肥力的降低，对区域经济和可持续发展带来严重影响。从 20 世纪 60 年代以来，世界各国对土壤退化问题就已高度关注。我国的土壤退化问题也十分严重，不仅面积大，范围广，而且类型多，其中主要以土壤侵蚀、荒漠化、沙化和土壤污染为主。

二、森林与土壤的关系

(一)土壤对森林的作用

1. 土壤物理性质与林木生长

在土壤中，固态的矿物质、有机质与液态的水以及空气同时存在，构成一个有机的能够发挥良好生态功能的系统。矿物质、有机质、水和空气，这4种基本成分的比例和含量决定了土壤理化性状和肥力。任何土壤内的空隙不被水分所填充，便被空气所充满，要使林木生长良好，既需要有足够的水分，又需要有适量的空气。一般来说，适合植物生长的土壤三相各组分的容积比例为：固相占50% 左右；液相占20%~30%；气相占20%~30%。

在相同气候和地形条件下，不同土壤母岩性质会形成具有不同理化性状的土壤，不同的土壤类型决定不同的森林类型分布及其生长。例如，南方石灰岩山地富含钙质元素，榔榆、青檀等喜钙树种在森林树种组成中极为常见，并且表现出显著的速生特性。

(1)土壤质地和结构是森林土壤最重要的物理性质

土壤质地对土壤的水肥状况影响甚大。一般而言，土壤质地越细，表面积越大，保持养分越多，土壤的肥力也越高。一般随着土壤中黏粒数量的增加，林分的木材产量也提高，但过于黏重的土壤肥力可利用性下降。因此，对林木生长最为有利的土壤质地是壤土或砂壤土。土壤结构形成与有机质关系密切，森林土壤有丰富的有机质，所以有良好的结构和较高的肥力。土壤结构主要表现在水分供应和通气性方面。团粒结构的土壤在土壤水分和透气性之间，以及在养分的供给与保持之间具有最好的平衡能力，是对林木生长最有利的土壤结构。中性质地的砂壤土更有利于土壤团粒结构的形成。

(2)土层厚度是影响森林分布和生长的重要因素之一

在江南丘陵山地，森林的分布或生长状况表现出一定的规律性。在土层瘠薄的上坡主要分布马尾松、竹林等，中部主要分布麻栎、栓皮栎、枫香等树种；在土层较厚的中下部主要有湿地松、杉木等树种，而土层肥厚、湿润的下部南方黑杨派无性系树种表现优良。另外，土层厚度决定着土壤水分和养分的总贮量大小以及林木根系可分布的空间范围，它和土壤质地、结构相配合，对森林生产力产生重要作用。所以，在我国华北石质山地划分立地条件类型时，将土层厚度作为重要依据之一。

(3)土壤温、热条件与树木生长有直接关系

林木根系生长的最适土壤温度一般为20~25 ℃，过高或过低都影响到根系的呼吸、吸收和再生能力。土壤温度还可通过对各种盐类溶解度、气体交换、微生物活动、有机质分解速率及养分转化等间接影响林木的生长发育。另外，林木种子萌发、萌条生根也必须在适宜的温热条件下才能正常进行。

2. 土壤化学性质与林木生长

土壤的化学性状包括土壤矿质养分、有机质、土壤酸碱性、土壤胶体、土壤交换性等。土壤是林木生长所需营养的主要储存库，土壤化学性质的好坏直接或间接地影响着土壤中植物生长所需的大量与微量元素的有效性和可利用性，从而也直接或间接地影响着植

物生长的好坏。

不同树种对养分的需要和适应性往往并不一致，有的树种对土壤肥力的要求较高，如杉木、福建柏、楠木、香樟、杨树、椴树、桦树等；有些树种对土壤肥力的要求不高，如马尾松、杨梅、相思树、油松、山杏等；有些树种对土壤肥力要求不高，但对某一土壤肥力因子有特别的需求，如桤木对土壤肥力要求不高，但对土壤水分要求较严，土壤水分是其生长的限制因子。再如柏木在钙质土中生长良好。

土壤有机质是土壤固相的重要组成部分，它与土壤矿质部分共同作为林木营养的主要来源，它的存在还改变或影响着土壤一系列物理、化学和生物性质。

土壤酸碱度影响着土壤各种养分元素的有效性。各种植物对土壤酸碱性的要求是不同的，有些植物对 pH 值要求不严，可在很宽的范围内正常生长，而大多数植物在 $pH > 9.0$ 或 $pH < 2.5$ 的情况下都难以生长。林木能够适应的土壤酸度的 pH 值范围为 3.5～9.0，南方林木多生长在 pH4.5～6.5；北方林木多生长在 pH6.5～8.7。适应强酸性或强碱性的树种是极少的。由于不同树种长期生活环境的不同，形成对土壤酸度特有的适应性。根据树种的这一特性，将其划分为喜酸性树种(如油茶、马尾松、橡胶等)，耐盐碱树种(如柽柳、木麻黄等)和喜钙树种(如侧柏、乌柏等)。

土壤胶体是土壤中最活跃的部分之一，土壤中的黏土矿物和腐殖质都具有胶体性质。土壤胶体性质的优劣对土壤的结构性、保水性、保肥性以及对土壤发育状况和施肥量的确定都有直接或间接的影响。土壤阳离子交换过程，就是土壤胶体表面所吸附的阳离子与土壤自由溶液中的阳离子进行相互取代过程。

土壤中存在着许多有机和无机的氧化还原物质。土壤氧化还原电位的高低与土壤的通气状况、易分解有机质状况以及植物根系的代谢作用等因素有关。土壤氧化还原过程影响着土壤中的物质转化，在这些物质的转化过程中，有的能为植物生长提供有效的营养元素；有的则会产生有毒物质，抑制或危害植物生长。

(二)森林对土壤的影响

森林对土壤的影响是通过其植被的代谢过程和选择吸收，对土壤理化性质产生作用，体现在无生命的枯落物和有生命的森林植物体对土壤性质的影响，以及森林在矿质元素循环中的作用等方面。

森林活的植物体对土壤形成和土壤性质有重要影响。林木地上部分的树冠蒸腾、截留，或通过整个树体（或林带）的屏障作用调节土壤水分并净化水质，发挥着改善小气候、保持水土、涵养水源、改良土壤等作用。森林植被的地下部分根系纵横穿插、盘结和产生根系分泌物，促进土壤的形成、发育及结构的改良；林木根系能紧紧固持土壤，使土壤免遭雨水的冲刷，有效防止了水土流失；有些固氮树种还会直接增加土壤中的氮素。

林地上的枯死地被物包括当年的凋落物、累积的凋落物和生物残骸等。森林土壤通过不断积聚的森林枯枝落叶等凋落物，增加土壤有机质和各种矿物元素的含量，成为土壤养分元素和腐殖质的主要来源。同时，积累的死地被物还像一块巨大的吸水海绵，使水分在土壤中得到充分的涵蓄，延缓地表径流，对涵养水源起着重要作用。

森林植被及其枯落物还提供了土壤动物、林下植物和微生物生存的空间，使森林土壤成为地球生物繁衍最为活跃的区域，并充分保护着生活在森林土壤中的生物多样性资源。

森林生态系统除了具有内部的生物循环外，还通过外界养分的输入和系统本身养分的损失(输出)而参与生物圈内更大范围的生物地球化学循环，森林中矿质元素参与到森林内部林木与土壤之间养分元素交换的生物循环和森林外部的生物地球化学循环之中，这个过程是通过森林植被的生长代谢过程实现对土壤矿质元素参与地球化学循环的贡献。

第三节　森林与地形

一、地形的基本知识

(一)基本概念

地形即地表形态，指地表面分布的固定物体共同呈现出的高低起伏的各种状态。其中，地表起伏的走向称地势；地表起伏的整体形态也称地貌。将地面上各种地物的平面位置按一定比例尺，用规定的符号缩绘在图纸上，这种图称为平面图。既表示出各种地物，又用等高线表示出地貌的图，称为地形图。

(二)地形的基本类型

通常按照范围的大小不同将地形分为巨地形、大地形、中地形和微地形。它们各自对环境有不同程度的影响。巨地形影响范围大，可影响区域的气候，使水、热等因素随地形分配；中、小地形影响范围小；微地形只影响局部。例如，采伐迹地利于林木更新的条件，是因为局域范围内水分、养分的良好条件。

按形貌特征，地形一般分为平原、高原、山地、丘陵、盆地 5 种基本类型。

①平原　是陆地上最平坦的地域，宽广低平，起伏很小，海拔多在 200 m 以下。分堆积平原和侵蚀平原两类。

②高原　是在长期、连续、大面积的地壳抬升运动中形成的，海拔高度一般都在 1000 m以上地域。

③山地　地球陆地的表面蜿蜒起伏的群山。山由山顶、山坡和山麓三个部分组成，平均高度都在海拔 500 m 以上。

④丘陵　是陆地上起伏和缓、连绵不断的高地。

⑤盆地　四周有高原或山地围绕，中部是平原或丘陵。

通常人们把山地、丘陵和比较崎岖的高原称为山区。中国山区面积占全国总面积的 2/3，是中国地形的显著特征之一。根据山区的山形地势条件，一般按海拔高度、相对高度和坡度还可分为高山、中山、低山和丘陵。它们划分的一般标准是：

①高山　海拔高度 3000 m 以上，相对高度大于 1000 m，山坡陡峭。

②中山　海拔高度 1000～3000 m，相对高度 500～1000 m。

③低山　海拔高度 500～1000 m，相对高度 200～500 m。

④丘陵　海拔高度 500 m 以下，相对高度 200 m 以下，形态和缓。

（三）地形的级别

①独立地形　是一级地形，并不从属于其他地形。例如，西欧平原并不从属于某个盆地。高原也如此。

②从属地形　是二级地形，五大地形除了高原之外，都有不同级别，上下级则包容。例如，西伯利亚平原从属于西伯利亚盆地，松嫩平原从属于松辽盆地，江汉平原从属于两湖盆地。

在地形的关系上，相邻的同级地形在形态上是彼此不同的，但一个大地形可由不同的下级地形组成。

（四）地形的地位

平原一般土层深厚、地势平坦、水热条件好，适合农业种植，是人类开发最早，最重视的地理区域。例如，中国农业种植主要集中在华北平原和东北平原、长江中下游平原及小型的山间平原。

油气资源多聚集在盆地，能源时代的地质学非常重视盆地研究。我国松辽盆地、渤海—华北盆地、两湖盆地、塔里木盆地、鄂尔多斯盆地、银额盆地、羌塘盆地等一直都是能源开发研究的重点地区。1901 年，里海盆地石油占当时全球原油产量的 50%，后来波斯湾盆地石油后来居上。中国大庆油田也是在松辽盆地。

山区面积广大，给交通运输和农业发展带来一定困难，但山区可提供林产、矿产、水能和旅游资源，为改变山区面貌、发展山区经济提供了资源保证。

（五）中国的地形地势

我国地形复杂，地貌类型较多，有广泛分布、纵横交错的山脉，有面积广阔、形态各异高原，辽阔广袤的平原。中国地势呈阶梯状分布，从西部的大高原，到中部的盆地，再到东部平原，继续向海面以下延伸，就是浅海大陆架。

第一级阶梯是青藏高原和柴达木盆地，平均海拔在 4000 m 以上。

第二级阶梯上分布着大型的盆地和高原，平均海拔在 1000～2000 m 之间，包括准噶尔盆地、塔里木盆地、内蒙古高原、黄土高原、四川盆地、云贵高原。

第三级阶梯上分布着广阔的平原，间有丘陵和低山，包括东北平原、华北平原、长江中下游平原和辽东丘陵、山东丘陵、东南丘陵，其海拔多在 500 m 以下。

二、地形对森林的影响

地形对森林的影响是间接的，它通过对光照、气温、水分、养分等的重新分配而对地表植被的分布起作用。山地气候随着海拔高度和局部地形特征（坡向、坡度和坡位等）而发生变化，森林植被也随之发生有规律的变化。

在经纬度一定的山地地形中，海拔高度是影响气候条件的主要因素之一。随着海拔高度的增加，空气温度下降，植物生长期缩短。由于气候土壤条件的限制，每个树种仅适宜在一定海拔高度范围内生长。到达一定高度，由于气温低、风力大，不宜树木生长，成为树木生长的上限，即高山树木线。

在北半球山地条件下，气温随坡向而变化的规律是南坡的气温高于北坡，东坡和西坡居中。所以，在自然状态下，一个树种的垂直分布是南坡高于北坡。

坡度影响太阳辐射，进而影响热量分配。在南坡，只有当坡度大小与太阳照射的方向垂直时，接受热量最多；在北坡，坡度越大，接受的热量越少。不同坡度的水文状况不同，坡度影响地表径流和排水状况，从而影响土壤厚度和土壤含水量。一般在斜坡上土壤肥沃，排水良好，对森林植物生长有利，而在陡峭的山坡，土层薄，石砾含量高，林木生长差，林分生产力低下。山地坡度一般可分为如下6级：平坦地(5°以下)，缓坡(6°~15°)，斜坡(16°~25°)，陡坡(26°~35°)，急坡(36°~45°)，险坡(45°以上)。

坡位是指山坡的部位，可分为山脊、中坡、下坡三个部分。水分、养分等土壤条件随着坡位的变化而变化。土层厚度随着坡位的降低而增加。山区还有气温逆增现象：夜间由于地面辐射的结果，冷空气积聚，谷地的气温低，即呈现随着山地高度的增加气温增加的现象。在这些谷地，早霜来得早，晚霜结束得晚，易使幼苗、幼树遭受霜冻危害，也影响森林的分布。

第四节　森林生物及其多样性

一、森林生物及其相互关系

森林中的生物包括有动物、植物和微生物，它们在利用无机环境的物质和能量过程存在着复杂的相互关系。森林生物之间存在有相互有利或不利的关系，或对一方有害或相互有害，这种利害关系可能发生在种内个体间，也可能发生在种间。发生在种内个体之间的关系，称为种内关系；发生在种与种之间的关系则称为种间关系。

(一)森林植物间的相互关系

森林中除了高大的乔木，还有种类繁多的各种植物群居在一起，各种植物由于密集生长经常不断地发生相互作用。这种作用可能是直接发生的，也可能是间接发生的。

1. 直接关系

森林植物之间的直接关系主要有以下几种形式：

(1)共生

两种植物结合在一起共同生活，两者相互有利，相互促进。最常见的是豆科植物与根瘤菌的共生。植物供给根瘤菌营养和水分，根瘤菌固氮供给植物作肥料，二者终生互助。

(2)寄生

两种植物的器官相连，一种有机体从另一种有机体上摄取食物，受害的一方称为寄主植物，得利的一方称为寄生植物。例如，一些多孔菌经常寄生在林木的树干上，常使树木腐朽，感染病虫害，直至死亡。菟丝子、桑寄生等对寄主植物有害，但是本身有较高的经济价值。

(3) 附生

一种植物栖息在另一种植物上，但自身仍能进行自养。它所需要的营养物质从降水、尘埃和腐烂树皮中获得。附生植物在热带、亚热带地区最为常见，如苔藓、地衣和蕨类，它们喜欢生长在雨水充沛、气温高和潮湿阴暗的森林中。

(4) 根系连生

在密度大的森林中，同种个体的根系可能产生连生，彼此交换营养和水分。据介绍，在稠密的云杉林和松林中的某些地段，有 30% 的树木根系发生了连生现象。

(5) 机械作用

主要表现为树木密集生长时，一株树的树体（如树冠）被另一株树的树体（如树枝）所撞击的现象。

(6) 缠绕与绞杀

一些藤本攀缘植物，本身的茎不能直立，靠攀缘在其他植物上向上生长，而被攀缘的植物因处于遮阴条件下而生长衰弱；有的紧缠树干，使被缠绕树木的形成层被扼断，最后死亡。

2. 间接关系

任何植物都要与环境发生关系，这种关系一旦发生，就必然会影响到与其相邻的其他植物。森林植物的间接关系十分常见，主要表现形式有：

(1) 竞争

植物对环境资源的要求在一定程度上超过了当时环境资源的供应能力，从而产生对空间和环境资源的争夺，就会出现竞争。竞争对于双方的数量和生长发育都有影响。在资源不足时，只有具有更强生态适应性的个体才能在竞争中获胜。

(2) 他感作用

又称异株克生。它是指一种植物产生的某些生物化学物质释放到环境中，对其他植物的生长发育产生抑制或有益的作用。这些生物化学物质可来源于植物体的任何部分，但最大浓度出现在叶片、果实和根部，通过挥发、淋洗和渗透释放出来，被其他植物从空气、土壤中吸收。

(3) 改变环境条件

在森林生态系统中，相邻的植物互为环境。某种植物在生长过程中通过改变周围的环境条件，也改变了与之相伴生的其他植物的生活条件。例如，阔叶树的枯枝落叶形成的腐殖质对其他伴生树种的生长有利，但针叶树的枯枝落叶不易分解，所形成的枯落物层，不利于其他植物的生长，就是因为枯枝落叶改变了林下土壤环境而对其他植物的生长产生了不利影响。

(二) 森林植物与动物的关系

森林与动物的关系很密切。任何森林里都有数量庞大种类繁多的动物。森林动物可以分为地上动物和地下动物。地上动物主要是森林鸟类，其次是兽类、爬行类和两栖类。生活在土壤中的动物种类繁多，主要由无脊椎小动物组成。小型的包括原生动物、线虫类和轮虫类；中型的包括许多土壤昆虫、螨类、蜗牛类；大型的包括蚯蚓、爬行类、啮齿类等。在森林土壤中，土壤动物的种类和数量占绝对优势。据研究，茂密的森林中每平方米土壤中就有线虫1000~6000只，跳虫5000~7000只，蚯蚓150~500只。

1. 森林对动物的作用

生活在森林中的动物一部分是以植物为食的食草动物，另一部分是以其他动物为食的食肉动物，还有以死亡的动物尸体为食的腐食性动物。

动物是森林的组成部分，是重要的森林资源。首先，从大的区域看，动植物的种类分布与生物气候带密切关联。例如，东北大兴安岭寒温带针叶林内生活着驼鹿、貂熊、白鼬、雪兔等动物，大部分属于寒温带动物类群。热带动物组成的复杂性，表现在具有许多特有的科、属、种。热带森林里动物种类虽多，但同种的个体却较其他森林群落少，要发现100个种，比发现同一个种的100个个体更容易。

森林中的动物种类多，数量大，这是因为森林里的动物能够得到良好的栖息和保护的条件。森林树种组成越多、结构越多样化，所能提供的栖息条件也越复杂，保护条件也越好，适合于栖息的动物也越多；森林的年龄越大，森林内各层植物的发育越丰盛，森林中的动物也就越丰富而纷杂。地球上的野生动物绝大多数生活在森林环境中，森林的破坏会造成动物物种数量的锐减，拯救野生动物已成为自然保护工作的首要任务。

2. 动物对森林植物的影响

动物对森林的作用多种多样。动物的直接作用主要表现为以植物为食物，帮助传授花粉，散布种子；而间接作用除了在一定程度上通过影响土壤的理化性质作用于植物外，森林中的鸟兽、昆虫及其他动物之间所存在的“捕食与被捕食”的关系，使森林与动物之间的关系变得错综复杂，并对森林发生不同程度的影响。据统计，有2000多种鸟类能帮助传播花粉，有些蜜源植物，例如，刺槐、椴树的花具有特殊的芳香，能招引昆虫；啄木鸟被称为“森林的医生”，因为它几乎能消灭树木越冬害虫的95%；黄鹂在春夏季节里食物中95%是有害昆虫。

土壤中的动物对林木生长也有着重要的影响。例如，蚯蚓是陆地生态系统中最重要的大型土壤动物之一，它们吞食大量土壤、有机质和土表植物残落物，参与有机物的分解、有效养分的矿化与释放、土壤稳定性团聚体与孔隙结构的营造与维持，对土壤生态系统功能发挥具有重要意义。利用蚯蚓培肥土壤是解决林业生产中土壤退化和环境问题最为有效的生物措施。

森林动物对植物也有有害的方面，部分昆虫、鸟类、鼠类、松鼠等，对森林有破坏作用。这些动物啃食幼苗、嫩芽、树皮、枝条、树根、种子。有些大型动物对森林的危害也很严重。合理地调节森林植物与动物的关系是森林经营的重要内容。混交林的结构复杂，植物和动物的种类繁多，能为动物提供多种植物性食物，从而制约和协调了取食者与被取食者之间的关系，使动物危害不至于达到猖獗的程度。通过采伐也可调节林内动物数量，及时进行抚育间伐和主伐，彻底清除采伐剩余物，改善林内的卫生状况，可大大减轻森林病虫害的发生。在林内适当放牧，可抑制林下杂草灌木过分繁茂，牲畜粪便可增加土壤肥力，对乔木树种的生长有利。森林病虫害的化学防治虽是控制病虫害大发生的有效方法，但它在消灭害虫的同时，也杀死害虫的天敌和其他有益动物，因此，在实践中越来越重视病虫害的生物防治，实现森林病虫害数量的可持续控制。

3. 土壤微生物与森林植物

森林土壤里有数量相当庞大的各种细菌、放线菌、真菌和藻类等微生物。据统计，1 g土壤里微生物的数量可达数百万至数十亿个。一般说来，土壤越肥沃，微生物种类和数量越多。它们使土壤有机物分解，释放出养分，促进了养分的循环。

固氮微生物是土壤中一类非常重要的微生物。氮素是植物生长必需的物质，但来自空气中的氮素不能直接被植物吸收，土壤微生物固氮是土壤中氮素的主要来源。据测定，土壤固氮微生物每年从空气中吸收、固定的氮素高达 20～200 kg/hm^2，约为每年进入土壤总氮量的90%。土壤中有些游离细菌，如固氮菌、梭状芽孢杆菌也可固定空气中的氮，使之进入土壤溶液为植物根系所吸收。土壤有机质虽然含有较多的氮，但是不能被植物直接吸收利用，只有经过微生物的分解才能被林木所利用。

土壤中的真菌和树木的根共生形成的菌根，可以扩大根的吸收面积，提高根的吸收能力，增加水分和养分的供应，而真菌本身也只有根的存在才生长得更好。对缺乏菌根的树种，可以人工接种菌根真菌，对提高造林成活率和树木生长有重要作用。

二、森林的生物多样性

(一)生物多样性的概念与内涵

生物多样性是指生物及其与环境形成的生态综合体以及与此相关的各种生态过程，包括动物、植物、微生物和它们所拥有的基因，以及它们与其相关环境形成的生态系统。它是生命系统的基本特征。生命系统是一个等级系统，包括基因、细胞、组织、器官、物种、种群、群落、生态系统、景观等多个层次。每一个层次都存在着丰富的变化，都存在着多样性。生物多样性是各种生命形式的资源，是人类社会赖以生存和发展的基础。生物多样性在理论与实践上较重要且研究较多的主要有基因多样性(或遗传多样性)、物种多样性、生态系统多样性、景观多样性。

1. 遗传多样性

广义的遗传多样性是指地球上所有生物所携带的遗传信息的总和。狭义的遗传多样性指种内个体间或一个群体内不同个体的遗传变异总和。所有的遗传多样性都发生在分子水平。测定遗传多样性常从染色体多态性、蛋白质多态性和 DNA 多态性 3 个方面考虑。染色体多态性涉及染色体数目、组型及其减数分裂时的行为。蛋白质多态性通过氨基酸序列分析、同工酶或等位酶电泳分析这 2 个途径认识。DNA 多态性要通过 RFLF(限制片段长度多态性)、DNA 指纹、RAPD(随机扩增多态 DNA)和 PCR(聚合酶链式反应)等技术进行分析。

2. 物种多样性

物种是形态分类学的基本单位，通常是指一类遗传特征十分相似，能够交配繁殖出有繁育能力后代的有机体。物种多样性指地球上生存的所有生物有机体的数量，以及一个地区内物种的多样化。是从分类学、系统学和生物地理学角度认识一定地区内的物种状况。

地球表面动物、植物、微生物的物种数量估计有 500 万~3000 万种，这些丰富的生物资源对人类发展的历史进程有重要的影响和巨大作用。要认识物种多样性，就要了解物种多样性的形成、现状及受威胁状况，了解物种的濒危状况、灭绝速率及原因，了解生物区系的特点，研究物种多样性的维持及演化机制等。

3. 生态系统多样性

地球上的各个区域，即使有相似的自然条件，也存在着多种多样的生态系统。生态系统多样性是指地球生物圈内生境的多样化、生物群落的多样化和生态过程的多样化，以及生态系统内的生境差异和生态过程变化。生境主要指地貌、气候、土壤、水文等无机环境，生境多样性是生物群落多样性甚至整个生物多样性形成的基本条件。群落组成、结构和动态的多样性，构成了生物群落的多样性。生态过程的多样性是生态系统的组成、结构与功能在时间和空间上的变化，以及生态系统的生物组分之间及其与环境之间的相互作用或相互关系的多样化。

4. 景观多样性

指由不同类型的景观要素或生态系统构成的景观在空间结构、功能机制和时间动态方面的多样性或变异性。景观是由相互作用的景观要素或生态系统以一定的规律组成的具有高度空间异质性的区域。景观要素可分为斑块、廊道和基质。斑块是景观尺度上最小的均质单元，它的大小、数量、形态和起源对于景观多样性的形成非常重要。廊道是具有通道或屏障功能的线状或带状的景观要素，是联系斑块的纽带，不同景观有不同类型的廊道。基质是景观中相对面积最大、连续性最高的景观要素，往往形成景观的背景。能量、物质和物种在不同景观要素中的异质分布，以及这些景观要素在大小、形状、数目、类型和外貌上的变化，会导致景观在空间结构上的高度异质性。

生物多样性是地球上生命经过几十亿年发展、进化的结果，包含着形形色色的生物体，为人类的生存和发展提供了丰富多彩的生活和环境资源，是人类的巨大财富。

（二）生物多样性的评价指标

1. 数量特征指标

反映生物多样性的数量特征，常采用丰度、多度、密度、盖度和频度等指标。物种的丰度是群落中物种的数量。多度是指群落中生物种间个体数量的对比关系。密度多指单位面积上某种生物个体的数量。盖度通常指群落中所有植物覆盖地面的百分率。频度是指群落中某种生物在调查样方中出现的百分率。为了反映群落中生物物种积累的有机物质数量，也用物种的体积和生物量指标。体积衡量生物体的大小；生物量指生物体的鲜重或干重。

测算生物多样性常采用多样性指数。计算多样性指数的方法很多，最常用的是辛普森指数和香农—威纳指数，其计算式如下：

辛普森指数：

$$D = 1 - \sum P_i^2$$

香农—威纳指数：

$$H = - \sum P_i \log_2 P_i$$

式中　D——辛普森指数值；

H——香农—威纳指数；

P_i——样本中属于 i 种的所有个体的比例。

2. 重要性特征指标

在某一个生态系统中的各物种所处的地位或重要程度有很大差别。有的物种在维护生物多样性和生态系统稳定方面起着非常重要的作用，如果它们消失或削弱，整个生态系统就可能发生根本性的变化，这样的物种称为关键种。关键种对于维持生态群落的组成和多样性具有决定性意义。在群落中对其他物种起着明显控制作用的物种称为优势种，优势种往往个体数量多、体积大或者生物量高。如果某些物种的去除不会引起生态系统内其他物种的丢失，同时，不会对整个生态系统的结构和功能产生太大的影响，这些物种称为冗余种。

(三)生物多样性保护

1. 生物多样性面临的危机

随着人口的迅猛增长和世界经济的不断发展，人类对地球资源的过度开发和浪费性的消耗，以及人类活动所导致的环境污染，全球的自然生态系统受到大面积的破坏和退化，毁林开荒、樵采、森林火灾和乱砍滥伐森林等导致地球上数以万计的动物、植物和微生物的自然栖息地遭到破坏，使得大量物种的生存受到了严重威胁，一些动物和植物种类随之消失或被迫迁移甚至灭绝，造成对生物多样性的威胁。

2. 生物多样性保护的意义

生物多样性是人类社会赖以生存和发展的基础。我们的衣、食、住、行及物质文化生活的许多方面都与生物多样性的维持密切相关。

首先，生物多样性为我们提供了食物、纤维、木材、药材和多种工业原料。我们的食物全部来源于自然界，维持生物多样性，我们的食物品种会不断丰富。人民的生活质量会不断提高，从温饱型向小康型转变。

其次，生物多样性还在保持土壤肥力、保证水质以及调节气候等方面发挥了重要作用。黄河流域曾是我们中华民族的摇篮，在几千年以前，那里还是一片十分富饶的土地。树木林立，百花芬芳，各种野生动物四处出没。但由于长期的战争及人类过度地开发利用，这里已变成生物多样性十分贫乏的地区，到处是黄土荒坡，遇到大风的天气便会飞沙走石，沙漠化现象十分严重。由于人工植树，启动“三北防护林”工程，生物多样性得到了一定程度的恢复，沙漠化进程得到了抑制，森林覆盖率逐年上升，环境不断得到改善。

再次，生物多样性在大气层成分、地球表面气温、地表沉积层氧化还原电位以及 pH 值等方面的调控方面发挥着重要作用。例如，地球大气层中的氧气含量为21%，供给人类自由呼吸，这主要应归功于植物的光合作用。在地球早期的历史中，大气中氧气的含量要低很多。据科学家估计，假如断绝了植物的光合作用，那么大气层中的氧气，将会由于氧化反应在数千年内消耗殆尽。

最后，生物多样性的维持，将有益于一些珍稀濒危物种的保存。我们都知道，任何一个物种一旦灭绝，便永远不可能再生。如今仍生存在我们地球上的物种，尤其是那些处于灭绝边缘的濒危物种，一旦消失了，那么人类将永远丧失这些宝贵的生物资源。而保护生物多样性，特别是保护濒危物种，对于人类后代，对科学事业都具有重大的战略意义。

3. 生物多样性保护途径

(1) 就地保护

为了保护生物多样性，把包含保护对象在内的一定面积的陆地或水体划分出来，进行保护和管理。比如，建立自然保护区实行就地保护。自然保护区是有代表性的自然系统、珍稀濒危野生动植物种的天然分布区，包括自然遗迹、陆地、陆地水体、海域等不同类型的生态系统。自然保护区还具备科学研究、科普宣传、生态旅游的重要功能。

(2) 迁地保护

是在生物多样性分布的异地，通过建立动物园、植物园、树木园、野生动物园、种子库、基因库、水族馆等不同形式的保护设施，对那些比较珍贵的物种、具有观赏价值的物种或其基因实施由人工辅助的保护。迁地保护目的只是使即将灭绝的物种找到一个适宜的生存空间，待其逐渐得到恢复、具备自然生存能力并得以可持续发展。

(3) 建立基因库、开展科学研究

人们已经开始建立基因库，来实现保存物种的愿望。比如，为了保护作物的栽培种及其会灭绝的野生亲缘种，建立全球性的基因库网。大多数基因库贮藏着谷类、薯类和豆类等主要农作物的种子。通过开展广泛的科学研究，不断提高生物基因资源保护的技术水平。

(4) 构建法律体系

人们还必须运用法律手段，完善相关法律制度，来保护生物多样性。比如，加强对外来物种引入的评估和审批，实现统一监督管理。建立基金制度，保证国家专门拨款，争取个人、社会和国际组织的捐款和援助，为实践工作的开展提供强有力的经济支持等。

第五节　森林与环境的相互作用规律

一、逆境胁迫与植物的适应性

在自然界经常会遇到不适于植物生长的环境条件，如干旱、严寒、水涝和环境污染等。凡是对植物生存与生长不利的环境因子，总称为逆境。逆境有自然的，也有人为的；有化学或物理的，也有生物的。任何一种使植物内部产生有害变化或潜在有害变化的环境因子，称为胁迫。植物对各种不利的环境因子都具有一定的抵抗或忍耐能力，这种能力称为抗逆性，简称抗性。抗性是植物对环境的适应性反应，是一种遗传特性，是在不良环境条件下逐步形成的。植物抗逆遗传特性在特定环境条件诱导下逐步表达的过程，称为抗性锻炼。植物通过抗性锻炼可提高抗逆性。

(一) 植物对逆境的适应方式

植物对逆境的抗性有避逆性和耐逆性两种方式。避逆性是植物通过物理障碍或生理生化途径，完全或部分排除逆境对植物体产生的直接有害效应，以抵抗逆境的方式。如植物叶片依靠蒸腾保持较低的内部温度，以避免高温的伤害。耐逆性是指植物虽然经受逆境的直接效应，但可通过代谢反应阻止、降低或修复逆境效应造成的损害来抵抗逆境的方式。如温泉中的某些藻类和细菌能在 70～80 ℃的高温下正常生活。避逆性多源于植物的形态学或解剖学特点，耐逆性往往与原生质的性质和特殊的生理机制有关。

(二)植物对逆境的生理响应

1. 逆境下植物体内水分关系的变化

许多逆境条件，如干旱、盐碱、高温、低温(冷、冻)和病虫害都能导致植物体的水分亏缺，使组织含水量下降，并产生萎蔫现象。当植物遭受轻度盐害或在受害初期，组织含水量会稍有增加，这是由于盐离子进入细胞提高了组织的亲水力的缘故。但在盐害严重或受害时间延长时，组织含水量也明显下降。

2. 逆境下植物光合作用的变化

在各种逆境条件都可导致植物光合速率的下降和同化产物的减少。

3. 逆境下植物呼吸作用的变化

在逆境条件下呼吸作用的变化有 3 种类型：一是呼吸速率下降；二是呼吸速率先出现短时间的上升然后下降；三是呼吸速率明显增强，直至植物接近死亡时才下降。冻害、热害、盐害和涝害属于第一种类型，冷害和旱害属于第二种类型，病害属于第三种类型。

4. 逆境下植物物质代谢的反应

在不同逆境条件下植物的代谢反应的总趋势是一致的，即合成作用减弱，水解作用增强，植物体内淀粉、蛋白质等大分子化合物降解为可溶性糖、肽及氨基酸等物质。

5. 逆境下细胞膜结构功能的变化

植物细胞的透性对逆境的反应比较敏感。在逆境条件下，细胞膜结构易受损。低温、干旱、水涝、高温、多盐和二氧化硫伤害都会导致原生质膜、液泡膜和细胞器膜透性的破坏，进而细胞透性也被破坏。

(三)植物对几种常见逆境胁迫的响应与适应

1. 温度胁迫

温度的三基点(最低、最适、最高)与植物的原产地有关。在自然条件下，有日温较高与夜温较低的周期性变化反应现象，即生长的温周期现象。低温对植物的伤害称为寒害，植物对低温和适应或抵抗的能力称为抗寒性。根据引起寒害的气温，寒害可分为冷害和冻害。冰点以上的低温对植物造成的伤害，称为冷害。冰点以上的低温也叫做冷胁迫。植物对冰点以上低温的适应或抵抗能力，称为抗冷性。冰点以下低温使植物组织内结冰而引起的伤害，称为冻害。植物对冰点以下低温的适应或抵抗能力，称为抗冻性。

(1)植物对冷害的响应

发生冷害后，植物表现为输导组织和水分平衡被破坏；光合速率显著下降；呼吸速率先明显上升，然后迅速下降；代谢紊乱等。近年来有学者认为冷害的发生首先是细胞生物膜膜脂发生了从液晶到凝胶的相变，导致膜的透性、膜上酶的活力等一系列的变化引起。

(2)植物对冻害响应

冻害是由于植物或植物组织结冰引起的，包括细胞间结冰和细胞内结冰。结冰可引起细胞原生质的脱水和机械损伤。原生质失水后，蛋白质分子彼此接近引起二硫键的形成，使蛋白质的正常构型被破坏。同时，在冰冻过程中，冰晶体的增大也会导致细胞膜结构破坏。

植物的抗冻方式主要是耐冻而不是避冻，因为植物无法避免低温的影响而保持一定的体温。

2. 水分胁迫

水分对植物的胁迫有旱害和涝害两种。由于干旱导致植物水分亏缺所造成的伤害称为旱害。由于土壤中水分过多对植物造成的伤害称为涝害。

(1)植物对旱害的响应

干旱对植物的危害是植物体丧失水分平衡后造成较长时间的水分亏缺，从而影响了植物的正常生命活动。植物的生长对水分亏缺高度敏感，特别是叶子，轻度的水分亏缺就足以使其生长显著减弱。水分亏缺发展到一定程度时，植物的光合作用受阻，呼吸作用在一段时间内显著增强。在重度水分亏缺下，植物会表现出叶卷曲、起皱、产生坏死斑点和过早凋落、顶梢枯死、直至整株枯死。干旱抑制生长和干旱致死都与植物细胞的生物膜损伤和蛋白质凝聚变性等有关，特别是在快速脱水或突然复水时，会导致植物体死亡。

植物的抗旱性包括避旱和耐旱两种类型，抗旱植物一般具有发达的根系；灵敏的气孔调节能力和特殊的气孔结构，如气孔内陷、发达的角质层；在干旱时，叶片卷曲或脱落，降低蒸腾面积，减少蒸腾损失；渗透调节能力强；细胞体积小，减轻脱水时的机械损伤；细胞原生质含有较多的保护性物质，如脯氨酸等。

(2)植物对涝害的响应

在积水的土壤中只有极少数树种才能维持生存，这不是水分本身对植物不利，而是由于土壤积水时，氧气供应不足，根部有氧呼吸受阻，不能为主动吸收水分和吸收矿质提供必需的能量，并产生大量有害的还原物质如硫化氢、氧化亚铁、锰以及丁酸、乳酸等有机酸直接毒害根系。因此，植物受涝致死是由于失水、饥饿和中毒引起的全部生理活动的紊乱。植物受涝后，通常表现为水分严重亏缺，蒸腾作用减弱，叶子发黄，自下而上落叶。

植物的抗涝方式以避涝为主，如水生植物体内都有发达的气隙，从叶部到根部互相连结，能保证氧气的供应。陆生植物也有从地上部向地下部输送氧气的能力，这种能力的大小与植物的抗涝性有很大关系。

3. 盐胁迫

土壤中可溶性盐类的积存过多，造成土壤盐渍化，大多数植物便不能正常生长，表现为生长受阻、叶缘枯焦、根茎腐坏等。一般植物对盐分极为敏感，在土壤含盐量超过0.1%时，就会出现盐害症状。植物发生盐害主要是植物根部吸水受到阻碍以及单盐毒害现象，影响植物生长或导致死亡。

有些植物对盐分有高度的适应能力，这类植物称为盐生植物。这类植物通过在细胞中积累大量盐分（如碱蓬），或通过根对盐的极小透性（如胡颓子），或通过茎、叶表面密布的大量泌盐腺排盐（如柽柳）等在盐渍土上保持正常生长。而一般非盐生植物的抗盐能力都有限，但不同植物在程度上也存在着差别。

4. 大气污染

人类的生产和生活向大气中排放大量有害气体，对植物造成危害。据统计，各种有害物质有400多种，通常可造成危害的有30种左右，其中以二氧化硫（SO_2）、氟化氢（HF）、臭氧（O_3）、过氧乙酰硝酸酯（PAN）和氮氧化物（NO_x）影响最广泛。大气污染物对植物伤害都有急性伤害和慢性伤害，都主要通过叶片上的气孔进入植物体，但SO_2、NO_x、Cl_2对植物的伤害从气孔周围的细胞开始，HF、O_3、PAN等则是从气孔进入后，沿着输导组织移动到海绵组织和栅栏组织。因此，在叶片的不同部位表现出坏死斑症状。大气污染物通过减弱植物的光合作用、影响正常的呼吸作用，进而减慢植物的生长甚至引起植物死亡。

植物对大气污染物的抗性有避害型和耐害型两种。避害型是通过气孔控制使污染物不进入或少进入组织和细胞内。耐害型是污染物虽然已进入细胞或组织内，但由于植物的一系列生理生化作用而限制其毒性或少受毒害。大面积的森林对大气污染具有一定的净化能力。据测算，1 hm^2的柳杉林每年可吸收SO_2约720 kg。除此之外，树木也能截留大气中的微粒污染物。据凯勒（Keller，1971）测算，1 hm^2的云杉林每年能吸积尘埃12.9 t，1 hm^2水青冈林可消除尘埃27.6 t，而且森林蒙尘经雨水冲洗后，又可恢复吸尘能力。

二、森林与环境作用的一般规律

（一）限制因子定律

1. 植物的限制因子

森林中生物的生存和繁殖依赖于各种环境因子的综合作用，其中限制生物生存和繁殖的关键性因子就是限制因子。任何一种环境因子只要接近或超过植物的耐受范围，它就会称为这种植物的限制因子。当生态因子处于最低状态时，生理现象全部停止；在最适状态下，生理活动达到最大观测值；在最大状态之上，生理现象又停止。植物对每一种环境因子都有一个耐受范围，只有在耐受范围内，生物才能存活。

如果森林植物对一种环境因子的耐受范围广，而且这种因子又非常稳定，那么这种因子就不大可能成为限制因子；如果一种植物对一种环境因子的耐受范围很窄，而且这种因子又易变化，那么这种因子就很可能是限制因子。一种植物在特定条件下生长缓慢，并非所有因子都起了限制作用，只要找出可能引起限制作用的因子，便能找出引起生长缓慢的原因。

2. 李比希最小因子定律

德国化学家李比希（Liebig）1840年在分析了土壤与植物生长的关系后提出，任何植物都需要一定种类与数量的营养元素，在必需的元素中，供给量最少的元素决定着植物的产量，即：植物的生长取决于处在最小量状况的食物的量。这就是最小因子定律。

有学者认为，最低因子并不是绝对的。这一定律只适用于物质和能量的流入和流出处于平稳的情况下。同一个生态因子，由于伴随的其他因子不同，对生物所起的作用也不一样。例如，光照强度不足时，提高 CO_2浓度可使光合作用强度有所提高。因此，生态因子间的相互作用也是需要考虑的。

(二)耐性定律

1. 植物耐性范围

森林植物对生存环境的适应有一个最小量和最大量的界限，只有处在这两个界限范围之间的植物才能生存，这个最小到最大的限度范围就是植物的耐性范围，也称生态幅。森林植物对一种生态因子的耐性是长期进化的结果，随着环境条件的变化，植物的耐性也不断变化。

植物对不同环境因子的耐性限度不同，不同植物对同一环境因子的耐性限度也不相同。植物可能对一个环境因子有较广的耐性范围，而对另一环境因子的耐性范围则很窄，如作物对磷、钾肥的耐性范围比氮肥的耐性范围宽的多。同种植物在不同发育阶段对多种环境因子的耐性范围不同，繁殖期通常是一个临界期，对生态条件的要求最严格，耐性范围最窄，生长期的耐性范围宽于繁殖期。有时，一个植物种对一个环境因子的适应范围较宽，而对另一个因子的适应范围很窄，这时生态幅常常为后面一个环境因子所限制。

2. 谢尔福德耐性定律

生物的存在与繁衍依赖于综合环境因子，只要其中一项因子的量(或质)过多或不足时，超过了生物的耐性限度，则该物种就不能生存甚至灭亡。这就是谢尔福德(Shelford)耐性定律。耐性定律表明，植物只有在环境条件完全具备的情况下才能正常生长发育，任何一个因子数量上的不足或过剩，均会影响其生长发育。由此可见，任何接近或超过耐性限度的因子都可能是限制因子。

三、森林与环境作用的特点和形式

(一)环境因子作用的基本特点

1. 生态因子的综合作用

环境中各种生态因子都是彼此联系、相互制约的，任何一个单因子的变化，都会引起其他因子不同程度的变化。生物对一个限制因子的耐受限度，也会因其他因子的改变而改变。因此，环境因子对植物的作用不是单一的而是综合的。组成森林环境的各个因子都有自己的发生发展规律，但它们作为森林环境的有机组成部分而结合在一起时，就形成了相互依存、相互制约和密不可分的整体。一个环境因子的改变必将引起其他环境因子的相应变化。因此，对森林的开发利用研究，必须从整体出发，考虑森林与环境的综合作用规律，实现森林功能效益的最大化。

2. 主导因子的作用

在植物赖以生存的各种生态因子中，对其生长发育起关键性作用的因子，这种起主要作用的因子称为主导因子，其他的因子则称为次要因子。当植物在进行光合作用时，光强是主导因子，气温和 CO_2 为次要因子；春化作用时，气温为主导因子，湿度和通气条件为次要因子。对森林植物的作用而言，主导因子和次要因子不是一成不变的，处于不同生长时期和条件下的植物对环境因子的要求和反应不同，某特定条件下的主导环境因子在另一条件下可能会降为次要因子。

3. 直接作用和间接作用

环境因子对植物的作用有直接作用和间接作用之分。如山地的坡向、坡度、海拔高度等对植物的作用不是直接的，但它们能影响光照、气温和降水等因子，从而对植物起到间接作用。

4. 环境因子的不可替代性和可补偿性

作用于森林的环境因子，都具有各自的特殊作用和功能，每个环境因子对植物的影响都是同等重要和不可替代的，但局部是可以补偿的。在一个有多个环境因子综合作用的生态过程中，其中的一个因子在量上的不足，可以由其他因子来补偿，并获得相同的生态效益。例如，在植物的光合作用中，光因子的作用是提供光能，CO_2 的作用是提供碳源，它们同等重要不可替代；但如果光照不足，可以在一定范围内通过增加 CO_2 来补偿。

5. 阶段性作用

植物生长发育的不同阶段对环境因子的需求不同，一个环境因子在一个阶段是限制因子，而在另一个阶段可能是非限制性因子；在一个阶段是主导因子，在另外一个阶段则可能是辅助因子；在一个阶段为有利因子，在另外一个阶段可能成为有害因子。例如，光照长短在植物春化阶段并不起作用，但在光周期阶段则十分重要。

(二) 植物与环境作用的一般形式

森林植物与环境之间的相互作用主要体现在生态作用、生态适应和生态反作用 3 种形式上。

1. 生态作用

环境因子对森林的作用使森林的结构和功能发生相应变化的作用。生态作用形式主要体现在生态因子的质、量和持续时间 3 个方面。环境因子的质是指环境因子的状态是否对森林有意义。例如，植物的生长发育是在太阳辐射的全光谱照射下进行的，但是不同光质对植物的光合作用、色素形成、向光性等影响是不同的。光合作用的光谱范围只有在可见光区(波长 380 ~ 760 nm)内才有意义。在环境因子的“质”对森林有意义的前提下，“量”的变化对森林的作用就会体现出来。例如，水是森林的重要环境因子，森林植物的生长发育只有处于最适水分供应范围内才能最有利。在质和量的基础上，环境因子对森林的作用必须有一定的持续时间才能起作用。例如，植物在不同季节、不同生境条件下，做出相应的节律性变化，只有一定时间的温度积累，才能呈现出不同的物候期。

2. 生态适应

森林处于特定环境条件(特别是极端环境)下发生的结构和功能的改变，这种改变对森林的生存和发展是有利的。生态适应有短期适应和长期适应两类。短期适应一般都发生在植物的生长发育当年或近年，特别是幼年时期，其结果表现为森林结构的改变，而在过程和功能上偏离了原来的状态。森林植物如果长期适应特定的环境压力，就可能引起基因的改变并保留下来。例如，长期生长在极端干旱条件下的植物形成了各种节水或贮水结构，如仙人掌和瓶子树等，这是植物长期适应干旱环境的结果。

3. 生态反作用

森林在生长发育过程中对环境也起着改造作用，森林对环境所起的反作用是人类利用和改造森林以改善环境的基础。例如，森林可以调节气候、涵蓄水分、改良土壤等。

（彭祚登）

复习思考题

1. 林学术语解释

大气　辐射能　太阳辐射　地面辐射　大气辐射　温室效应　阳伞效应　降水量　云　风　天气　天气现象　天气过程　天气系统　气团　锋　冷锋　暖锋　气旋　寒潮　霜冻　台风　冰雹　干旱　气候　气候带　气候型　土壤　土壤肥力　土壤剖面　土壤有机质　土壤质地　土壤结构　土壤孔隙　土壤容重　凋萎系数　土壤通气性　土壤胶体　土壤退化　土壤质量　地形　地形图　生物多样性　逆境胁迫　避逆性　耐逆性

2. 基本知识解答

(1)简述地球大气环境因子及其与森林的关系。

(2)常见林业主要灾害天气有哪些？

(3)简述森林小气候的特征？

(4)试述土壤形成因素和实质。

(5)土壤剖面的形态特征包括哪些？

(6)土壤的基本组成因子及其性质是什么？

(7)试述土壤理化性质与林木生长、森林对土壤的改良作用。

(8)地形对光照、气温、水分、养分等的重新分配作用及与森林的关系如何？

(9)森林中植物、动物、微生物间的相互关系如何？

(10)简述生物多样性保护的意义与途径。

(11)简述植物对逆境的适应方式及气温和水分胁迫下植物的反应？

(12)森林与环境作用的规律与一般形式是什么？

3. 综合应用

(1)气候带与森林植被的分布具有怎样的关系？

(2)地形和土壤对森林的形成和分布具有怎样的影响？

(3)在极端逆境气候条件下保持和提高森林生产力的措施和途径？

推荐阅读书目

1. 气象学(第3版). 贺庆棠，陆佩玲. 中国林业出版社，2010.
2. 植物生理学(第2版). 王沙生，高荣孚，吴贯明. 中国林业出版社，1999
3. 土壤学. 孙向阳. 中国林业出版社，2008.
4. 林学概论. 陈祥伟，胡海波. 中国林业出版社，2005.
5. 森林环境学. 贺庆棠. 高等教育出版社，1999.

第五章　森林计测与效益评价

【内容提要】本章介绍林木、林分及森林的测定理论、方法和技术，主要介绍树高、胸径、树干横断面积、单株树干材积等单木测树因子和常见测树工具；林分调查的主要内容、方法及工作步骤；林分蓄积量测定的常见方法；树木生长量测定和树干解析的基本步骤；森林效益计量的指标体系及评价方法。

第一节　森林计测因子与测量工具

一、基本测树因子

树木的直接测定因子及其派生的因子称为基本测树因子，如树干的直径、树高等。这些均是树木直接测定因子。还有一些因子，如树干横断面积、树干材积、形数等是在直接测定因子的基础上派生的。通过直接测定因子和派生因子可以直观了解单木及林分生长变化规律。

1. 树干直径

树干直径是指垂直于树干轴的横断面上的直径，用 D 或 d 表示。

树干直径分为带皮直径和去皮直径两种，测量单位是厘米(cm)。树干直径随其在树干上的位置不同而变化，从根颈至树梢树干呈现出由大到小的变化规律。其中位于距根颈 1.3 m 处的直径，称为胸高直径，简称胸径。由于胸径在立木条件下容易测定，所以胸径是一个重要的测树因子。

2. 树高

树干的根颈处至主干梢顶的长度称为树高，通常用 H 或 h 表示。单位是米(m)，一般要求精确至 0.1 m。

3. 树干横断面积

树干横断面积同树干直径一样也可以有许多个，其中位于胸高处树干横断面积是一个重要的测树因子，通常简称为树木的胸高断面积，用 g 表示。单位是平方米(m^2)。

4. 树干材积

树干材积是指根颈(伐根)以上树干的体积，用 V 表示。单位是立方米(m^3)。

二、测量工具

(一)树干直径测定工具

测定直径的工具种类有很多，常用的有轮尺、游标卡尺、围尺和钩尺等。

1. 轮尺和游标卡尺

轮尺又称为卡尺，有木制和铝合金制两种。其构造如图 5-1A 所示，可分为固定脚、滑动脚和尺身三部分。固定脚固定在尺身一端，滑动脚可沿尺身滑动，尺身上有厘米刻度，根据滑动脚在尺身上的位置读出树干的直径。

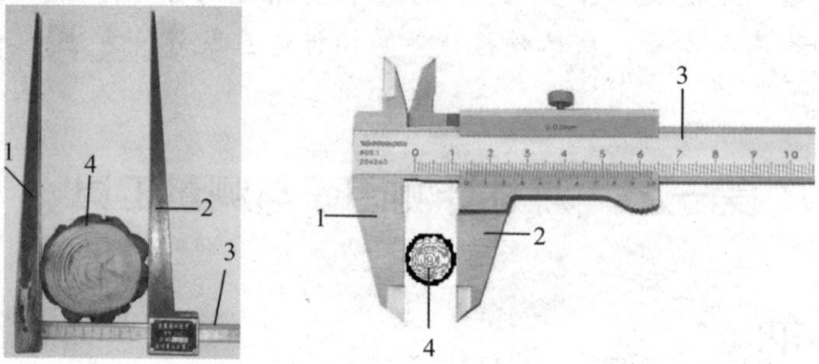

A　　B

图 5-1　轮尺和游标卡尺

A. 轮尺　B. 游标卡尺

1. 固定脚　2. 滑动脚　3. 尺身　4. 树干横断面

轮尺不仅用于测定单株树木的直径，也可作为森林调查中测定大量立木直径的工具，因而在测尺上一般都有两种刻度。一种是从固定脚内侧为零开始，按厘米刻划。可精确到 0.1 cm，用以量测实际直径；另一种径阶刻划，在森林调查时，用于大量树木直径的测定，为了读数和统计方便，一般是按 1 cm、2 cm、4 cm 分组，所分的直径组称为径阶，用其组中值表示。当按 1 cm、2 cm、4 cm 分组时，其最小径阶的中值分别为 1 cm、2 cm、4 cm。径阶整化常采用上限排外法，见表 5-1。

表 5-1　径阶范围划分

径阶(cm)	2 cm 径阶范围(cm)	径阶(cm)	4 cm 径阶范围(cm)
2	1.0～2.9	4	2.0～5.9
4	3.0～4.9	8	6.0～9.9
6	5.0～6.9	12	10.0～13.9
8	7.0～8.9	16	14.0～17.9
10	9.0～10.9	20	18.0～21.9
…	…	…	…

轮尺整化的刻度方法是把各径阶中值刻划在该径阶的下限位置上。例如，若按 1 cm 整化，则 8 cm 径阶的位置在 7.5 cm 处刻划；若按 2 cm 整化，则 8 cm 径阶的位置在 7 cm 处刻划；若按 4 cm 整化，则 8 cm 径阶的位置在 6 cm 处刻划，其余依此类推，参见表 5-1 和图 5-2。采用这种整化刻度的轮尺测定直径时，最靠近滑动脚内缘的刻度值，就是被测树木所属径阶值。

小规格的幼树和苗木的地径或胸径测量可以用游标卡尺(图 5-1B)。游标卡尺一般用铝合金制成，是一种被广泛使用的高精度测量工具，其精度可以达到 0.001 mm，但林业生产上常用的游标卡尺精度一般用 0.1 mm、0.05 mm 和 0.02 mm 3 种。

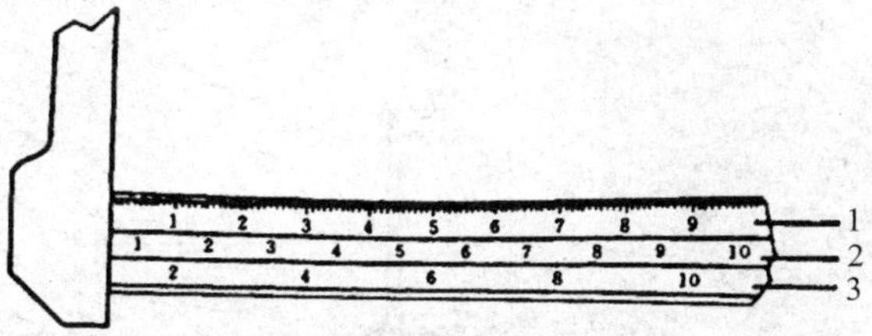

图 5-2　轮尺整化刻度

1. 米尺　2. 1 cm 整化　3. 2 cm 整化

2. 直径卷尺

直径卷尺又称作围尺。根据制作材料的不同，又有布围尺、钢围尺与篾围尺之分。通过围尺量测树干的圆周长，换算成直径。一般长 1 ~ 3 m。围尺采用双面(或在一面的上、下)刻划，一面刻普通米尺，另一面刻上与圆周长相对应的直径读数，也就是根据 $C=\pi D$ 的关系(C 为周长，D 为直径)进行刻划。如图 5-3 所示。

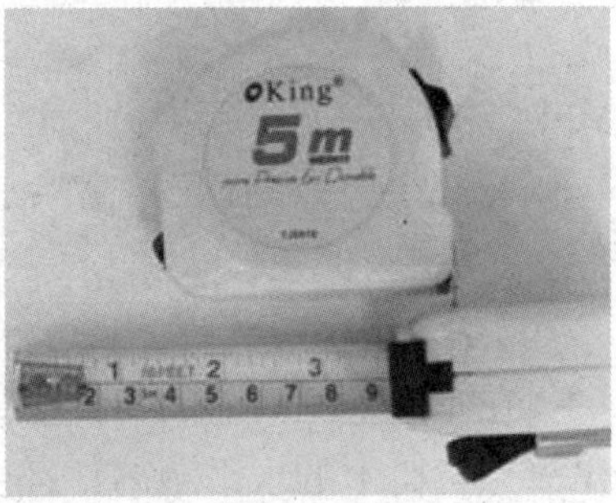

图 5-3　围尺

围尺比轮尺携带方便且测定值比较稳定。使用时，围尺要拉紧并与树干保持垂直。用围尺量树干直径换算的断面积，一般稍偏大。这是因为树干横断面不是正圆，而在周长相等的平面中，以圆的面积为最大。

3. 钩尺

钩尺又称作检径尺，它是用来测定堆积原木小头直径的工具(图 5-4)。使用时只要钩住木段断面积的边缘，使尺身通过断面积的中心与另一端边缘相切，相切处的刻度即为该断面的直径。原木小头直径均以 2 cm 进位，因而钩尺上刻有按 2 cm 整化的径阶刻度。

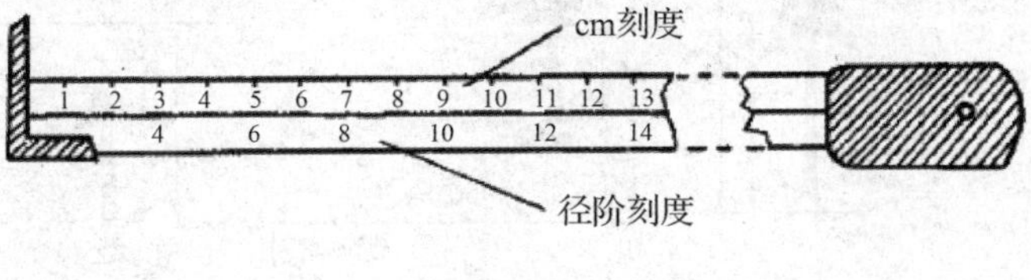

图 5-4　钩尺

（二）树高测定工具

树高一般用测高器测定。测高器的种类很多，但其测高原理均比较简单，有相似三角形和三角函数两种。

1. 布鲁莱测高器

布鲁莱测高器是目前我国最常用的测高器，其构造和测高原理如图5-5和图5-6所示。

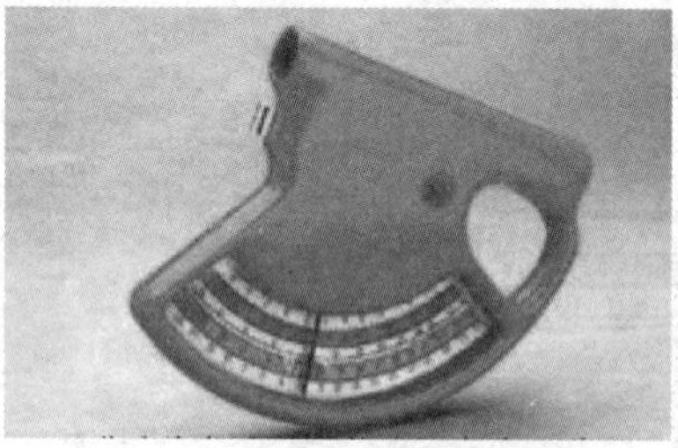

图 5-5　布鲁莱测高器

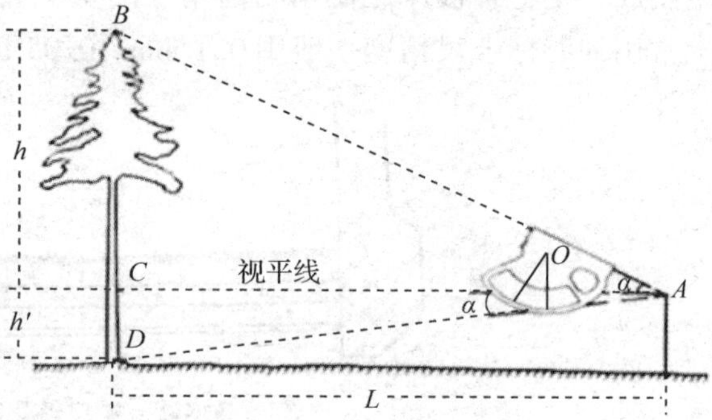

图 5-6　布鲁莱测高器测高原理

由图5-6可得全树高 H 为：

$$H = AB\tan\alpha + AE \tag{5-1}$$

式中　AB——水平距；

AE——眼高（仪器高）；

α——仰角；

$H = CB + BD$。

在布鲁莱测高器的指针盘上，分别有几种不同水平距离的高度刻度。使用时，先要测出测点至树木的水平距离，且要等于整数10 m、15 m、20 m、30 m。测高时，按动仪器背面启动按钮，让指针自由摆动，用瞄准器对准树梢后，稍停2～3s待指针停止摆动呈铅锤状态后，按下制动按钮，固定指针，在刻度盘上读出对应于所选水平距离的树高值，再加上测者眼高 AE，即为树木全高 H。

在坡地上，先观测树梢，求得 h_1；再观测树基，求得 h_2。若两次观测符号相反（仰视为正，俯视为负），则树木全高 $H = h_1 + h_2$（图5-7A）；若两次观测符号相同，则 $H = h_1 - h_2$（图5-7B、C）。

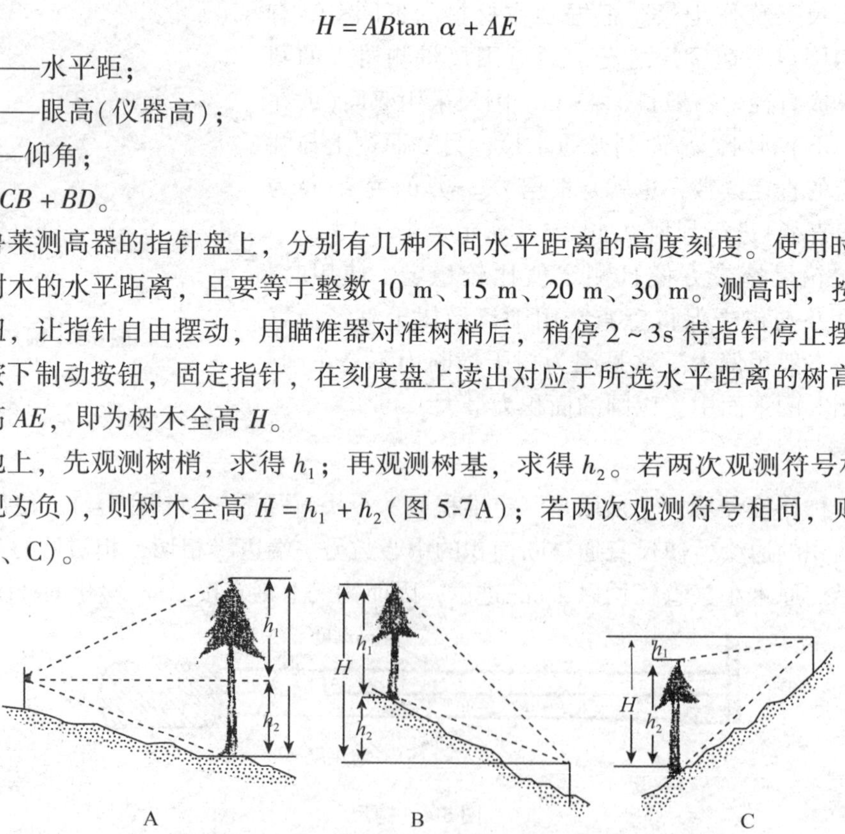

图 5-7　在坡地上测树高

2. 超声波测高器

超声波测高器是通过超声波信号发送与接收来获得准确的距离，可用来测量物体的高度和测量距离、角度、坡度和空气温度。高度是由距离和角度的三角函数关系计算得到的。超声波测高器由信号接收器和测高器组成，另外，还有一个标杆可供选用。如图 5-8 A ~ C 所示。

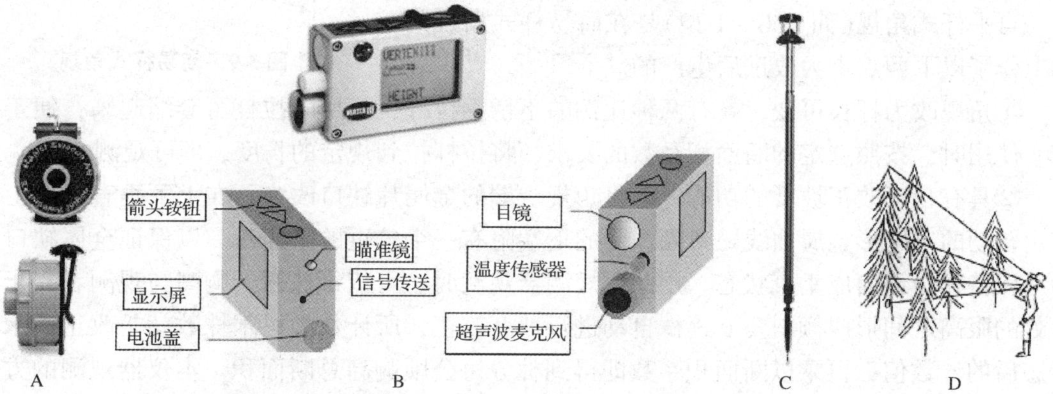

图 5-8　Vertex – Ⅲ型超声波测高器

A. 信号接收器　B. 测高器　C. 标杆　D. 操作示意

(三)角规测树

1. 角规的定义

角规(angle gauge)是以一定视角构成的林分测定工具。它是 1947 年由奥地利林学家毕特利希(W. Bitterlich)创立的用于测定林分单位面积胸高断面积的方法，现在已得到广泛应用。我国自 1957 年开始引入这一方法，现已设计制造了一些具有良好使用性能的角规测器。

角规测树理论严谨，方法简便易行，只要严格按照技术要求操作，便能获得满意的调查结果，是一种高效、准确的测树技术。

角规是为测定林分单位面积胸高总断面积而设计的，因此，林分胸高总断面积(简称断面积)是角规测树最早，也是迄今最主要的测定因子，应用也最广泛。其他角规测定因子都是由它衍生而来。角规测定林分每公顷胸高总断面积原理是整个角规测树理论体系的基础。

2. 常用角规测器

(1)不带自动改正坡度功能的角规测器

杆式角规是结构最简单的初始角规测器(图 5-9)，在长度为 L 的直杆或直尺的一端安装一个缺口宽度为 l 的金属片或硬纸(木、塑料)片，即构成一个简易杆式角规测器，$\frac{l}{L}$ 的比值按所采用的断面积系数(F_g)而定，$\frac{l}{L}$ 称作角规比例。根据公式 $F_g = 2500\left(\frac{l}{L}\right)^2$，当

选用 $F_g = 1$ 时，$\frac{l}{L} = \frac{1}{50}$，即杆长为 50 cm，缺口宽度为 1 cm；如选用 $F_g = 4$ 时，则 $\frac{l}{L} = \frac{1}{25}$，如杆长为 50 cm 时，缺口宽度应为 2 cm，其余依此类推。

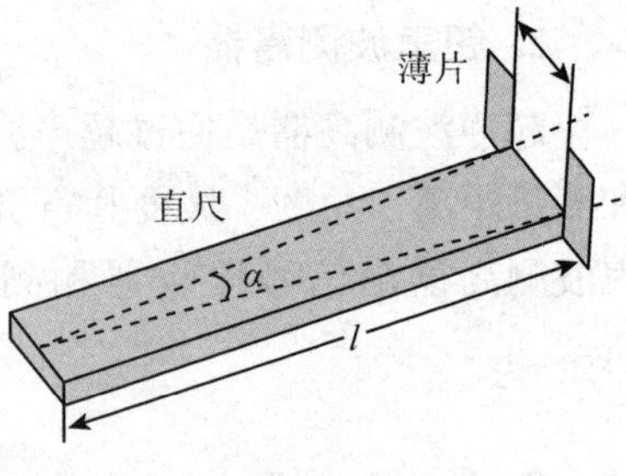

图 5-9　简易杆式角规

(2)带有自动改正坡度功能的角规测器

自平杆式角规(如 LZG－1 型)是在简易杆式角规的基础上作了以下两点重大改进后生产的。

①角规改为杆长可变，具有两种比例的不锈钢拉杆，不用时拉杆可套缩起来，便于携带。使用时，按照选定的断面积系数的要求，将拉杆拉到规定的长度，即可观测使用。

②具有自动改正坡度的功能，即将角规一端的金属片缺口改为可在上下垂直方向上能自由转动的半圆形金属曲线缺口圈，圈的下端附有一个较重的平衡座，以保证金属缺口圈始终保持在与地面成垂直状态。用此角规测器观测时，可依每株树干胸高与观测者立于样点处的眼高之间形成倾斜角 θ 逐株自动进行坡度改正，所计数的树木株数就是改正成水平状态后的计数值，再乘以断面积系数即得到林分每公顷胸高总断面积。本仪器观测的方便程度基本上同于简易杆式角规测器，但却能自动改正坡度(图 5-10)。

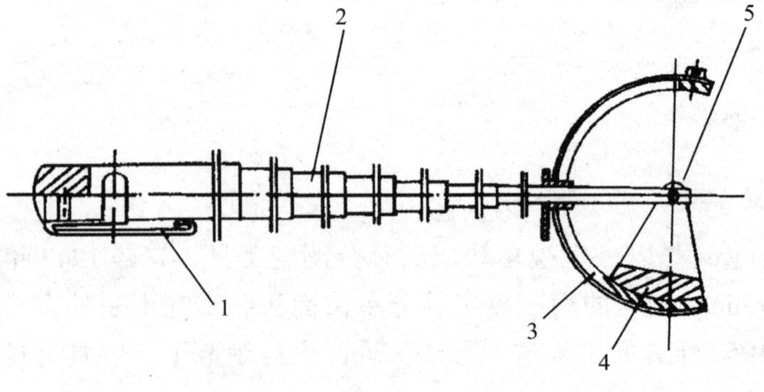

图 5-10　自平杆式角规

1. 挂钩　2. 指标拉杆　3. 曲线缺口圈　4. 平衡座　5. 小轴

第二节　林分调查

一、林分调查的概念

为了揭示森林演替的规律以及科学地经营、管理和开发利用森林，实现森林的可持续利用，有必要定期对森林的内部特征进行测定并深入地分析研究，这是林业工作者最重要的任务之一。由于森林的外貌、树种、年龄、生长率、生长密度和立地条件多种多样，全面调查是十分困难的，只有将大面积森林划分为林分才能进行。一般在实际工作中都是将大面积森林划分为若干林分，并对林分内林木资源的数量和质量进行调查，即为林分调查。林分是内部结构特征相同，而又与邻接部分有显著差别的森林地块。它是划分森林的最小单位与基本测定对象，也是开展森林经营管理最基本的单位。林分调查的目的是为正确识别与研究森林，以利于开展森林调查设计、科学经营管理森林，是林业的基础性工作。

二、林分调查因子

林区、森林都是由一个个林分构成的，能客观反映林分特征的指标，称为林分调查因子。林分调查因子也是将森林划分成林分的测树标志，一般有下列 10 种。

1. 林分起源

林分靠自然力成林的为天然林，靠人工培育成林的为人工林。当天然林或人工林被采伐或遭火灾后，有许多阔叶树种(如栎与杨树等)及少数针叶树(如杉木等)可以由根部萌芽更新，称萌生林；由种子起源更新的称实生林。萌生林比实生林生长发育与成熟得快，衰老也较早。这两种森林的经营管理不同，需要划为不同的林分。划分林分起源的依据，除访问或查阅经营档案外，可根据森林的某些特征来分辨，如人工林一般树种较单一、混交林株行距较整齐、年龄差异较小，萌生林的树干基部常有疙瘩等。

2. 林相

林分中的乔木树冠形成林冠层次的外貌称为林相，又称林层。单层林有较为整齐的一层林冠。复层林有两层或两层以上较为明显的林冠层，其中经济价值最高、蓄积量最大的林冠层称主林层，其余的称次林层。热带雨林的林冠呈垂直郁闭，无法分层。若不分别林冠层次进行调查与经营，则不必划分林层。

我国划分林层的标准是：

①相邻林层间林木平均高相差 20% 以上；

②各林层林分蓄积量不少于 30 m^3/hm^2；

③各林层平均胸径在 8 cm 以上；

④疏密度主林层不少于 0.3，次林层不少于 0.2。

林层序号以罗马数字Ⅰ、Ⅱ、Ⅲ、……表示，最上层为第Ⅰ层。

3. 树种组成

区分纯林与混交林的树种数量标志，用十分数法按树种在林分中的总蓄积量或总断面积中所占比例写成树种组成式来表示。例如，马尾松纯林的组成式为“10 马”；7 成马尾松与 3 成麻栎混交的为“7 马 3 麻”；组成树种比重相等时，把经济价值大的写在前边。如果某一树种蓄积量处在总蓄积量的 2%~5% 之间，在组成式后该树种简称前打“+”号；小于 2% 时打“-”号；如上述松栎混交林中还有 4% 的枫香混交，则记作“7 马 3 麻 + 枫”。

某一树种的蓄积量(或胸高断面积)占林分总蓄积量(或总胸高断面积)的比重称为树种组成系数。

4. 林分年龄

林分有同龄林与异龄林之分。林分的年龄通常以林木的平均年龄表示。除较少林分的树木年龄完全相同的绝对同龄林之外，林分年龄的单位是用龄级(也称龄阶)来表示。龄级根据树种的生长速率和寿命确定。分别树种生长速率的快慢，可以用5年或10年或20年为龄级单位。特别速生的树种可用2年或3年为一龄级。林分中树木年龄相差不超过一个龄级的为相对同龄林，即一般所说的同龄林。树木年龄相差两个或两个龄级以上的为异龄林。人工林的年龄可通过访问、查阅经营档案以及查数具有每年出生一轮枝特性的针叶树种轮生枝的办法确定；对于天然林，则采用计数伐根年轮或用生长锥取出木芯计数年轮法求得。对于异龄林或相对同龄林，可用调查平均木的年龄或调查随机样木的年龄求平均年龄作为林分年龄。对于复层林与混交林，则分别林冠层与混交树种求年龄。树种组成式中加注年龄时，在树种后边加圆括号填入年龄。为了简便，只以树种组成最大的优势种或经济价值最大的主要树种的年龄代表混交林的年龄。

计算林木平均年龄的方法有算术平均法和断面积加权平均法。我国龄级的划分有以下几种：

①20年为一个龄级，适用于生长慢、寿命长的树种，如云杉等。

②10年为一个龄级，适用于生长和寿命中等的树种，如油松等。

③5年为一个龄级，适用于速生树种，如杨树、杉木等。

④2～3年为一个龄级，适用于生长极快的树种，如桉树等。

5. 平均胸径

林分平均胸径常以林分平均胸高断面积所对应的直径代替，是说明林分树木粗度的指标。用林分平均胸径可以直观地比较林分的林木粗度，计算时一般用胸径平方平均数即胸高断面积算术平均数的方根，而不用胸径算术平均数。若近似求算林分平均胸径，则常用目测林分中中等大小树木3～5株，实测胸径后求算术平均数。此外，林分结构规律研究表明未经破坏的同龄纯林的树木株数按直径呈近似正态分布，中等粗细的最多，分别向最粗与最细的两端逐渐减少，同龄纯林中最粗树木的胸径一般为平均胸径的1.7倍，最小树木的胸径一般为平均胸径的0.4倍，因此，只要量出林分中最粗与最细树木的胸径，分别除以1.7和0.4，也可推算出林分平均胸径的近似值。复层混交林的平均直径按林层分别测算。

6. 平均高

说明林分高度的指标有很多，如条件平均高、优势木的平均高等。林分树木的树高与胸径存在着紧密的相关关系，常采用树高曲线法表示，或以胸径为自变量、树高为因变量的拟合树高方程。林分平均胸径在树高曲线上对应的树高为条件平均高。

同龄纯林中最高与最低树木的高度，分别为平均高的1.15倍与0.8倍。用此两倍数分别除实测最高树木的高度与最低树木的高度，可得出近似的林分平均高。在复层混交林中，应分别林层、树种测定林分平均高。

此外，林分中所有优势木或亚优势木高度的算术平均高称为优势木平均高。林分优势木平均高与林分平均高存在直线相关，还可通过每公顷典型样地中选测3～6株优势木的高度求优势木平均高。

7. 立地质量

又称地位质量，是综合评价森林生产力的指标，是对影响森林生产能力的所有生境因子(包括气候、土壤和生物)综合评价的一种数量化指标。确定地位质量一般采用依据条件平均高或优势木平均高与年龄的关系所编制的地位级表或地位指数表评定。在实际生产中，更简单的方法是以一定年龄时林分的平均高粗略评定立地质量的高低。

8. 林分密度

是林木对占有(利用)空间的程度。为生产一定规格的木材，林木需要有适当密度。表示密度的主要方法有株数密度、郁闭度和疏密度、林分密度指数等。

株数密度即单位面积林地上的林木株数。郁闭度用林冠垂直投影面积与林地面积的比值表示，小数点后面保留1位。一般来说，随林龄增加，株数密度减少，郁闭度与林分年龄有关。此外，在营林工作中，常采用郁闭度作为林分密度指标，合理经营的林分郁闭度不低0.6，郁闭度达到0.9以上林分，应进行间伐。

疏密度用现实林分单位面积林地上的蓄积量或胸高断面积，与相同立地条件下生长发育正常的标准林分的蓄积量或胸高断面积的比值来表示。标准林分是某一树种在一定年龄、一定立地条件下最完善和最大限度地利用了所占有空间的林分。为便于使用，前苏联与中国编制了与大林区主要用材树种的疏密度1.0的林分平均高对应的每公顷林地的标准断面积与标准蓄积量表，简称标准表。标准林分的疏密度为1.0，现实林分则恒小于1，否则标准林分的选定不够标准。疏密度与郁闭度在不同林分年龄时期的数值大小不同，幼林时期的郁闭度往往大于疏密度0.1~0.2，而老龄时期则相反。

疏密度以 P 表示，其计算公式为：

$$P = \frac{\sum G_{现}}{\sum G_{标}} = \frac{\sum M_{现}}{\sum M_{标}} \tag{5-2}$$

式中　$G_{现}$，$M_{现}$——现实林分的每公顷断面积和蓄积量；

　　　$G_{标}$，$M_{标}$——标准林分的每公顷断面积和蓄积量。

疏密度这个指标可以说明单位面积上立木蓄积量的多少，以十分小数表示，由0.1到1.0共分10级。它是森林调查和森林经营中最常用的林分密度指标。

9. 蓄积量

指林分中各种活立木的材积总和，简称蓄积(记作 M)。在森林调查和森林经营中，林分蓄积量常用单位面积蓄积(m^3/hm^2)表示。它是评定林分总生长量的重要测树指标，蓄积量单位为 m^3。常用的测算方法有标准木法、材积表法、标准表法、目测法以及角规测树法。在林分蓄积量调查的基础上，应木材流通、经济建设用材的需要，依国家木材标准对各种用材规格尺码及材质要求，可进一步造材，测定林分材种出材量。随着全树利用与全林利用的发展，尤其是燃料能源林的发展，树木重量(包括气干重与绝干重)即生物量的调查也日益得到重视。

10. 林型

林型是对林分的分类，是森林调查，尤其森林生态系统调查中最先确定的因子，也叫森林类型，属于森林的自然分类单位，是树种组成、其他植物层、动物区系、微生物、气候、土壤和水文条件、植物和环境之间的相互关系、森林更新过程和演替方向都类似，在相同的经济条件下需要采取相同的经营措施的森林地段。

林型采用双名法命名，以“特征因素＋优势树种”表示，如“溪旁落叶松林”“箭竹云杉林”。

三、标准地及其调查方法

(一)标准地的定义

林分调查或某些专业性的森林调查是了解森林资源状况，开展森林资源经营管理工作不可或缺的环节。在实际工作中，为了节省人力、物力和时间，一般都是按照一定方法和要求，通过进行小面积的局部实测调查，根据调查结果推算整个林分的状况。在局部调查中，选定实测调查地块的方法有样地调查法和标准地调查法两种。在林分内，按照随机抽样的原则，所设置的实测调查地块，称作抽样样地，简称样地。根据全部样地实测调查的结果，推算林分总体，这种调查方法称作抽样调查法；而在林分内，按照平均状态的要求所确定的能够充分代表林分总体特征平均水平的地块，称作典型样地，简称标准地。通过设置标准地进行实测调查，可获得林分各调查因子的数量和质量指标值，根据标准地调查结果按面积比例推算全林分结果的调查方法称作标准地调查法。这两种不同性质的局部实测调查方法，各有其适用的条件和用途。

按照标准地设置目的和保留时间，标准地又可分为临时标准地和固定标准地(又称永久性标准地)。临时标准地一般用于林分调查或编制营林数表，只进行一次调查，取得调查资料后不需要保留。固定标准地适用于较长时间内进行科学研究试验，有系统地长期重复多次观测，获得定期连续性的资料，如研究林分生长过程、经营措施效果及编制收获表等。固定标准地测设技术要求严格，需要定期、定株、定位观测，以便取得连续性的数据。因此，设置固定标准地的工作成本高，且要求有一定的保护措施。

(二)标准地的设置与测量

1. 选择标准地的基本要求

①标准地必须对所预定的调查对象有充分的代表性。

②标准地必须设置在同一林分内，不能跨越林分。

③标准地不能跨越小河、道路或伐开的调查线，且应离开林缘(至少应距林缘为1倍林分平均高的距离)。

④标准地设在混交林中时，其树种、林木密度分布应均匀。

2. 标准地的形状及面积

标准地一般为正方形、矩形或圆形，有时因地形变化也可为多边形。

标准地面积应依据调查目的、林分状况而定。一般面积不宜过小，若标准地面积过小，难以保证标准地具有充分的代表性，依此调查结果推算林分总体时，将会产生很大的偏差；但是标准地面积过大相应的工作量和成本也增大。根据我国《林业专业调查主要技术规定》(1990)中规定：天然林标准地面积，一般在寒温带、温带林区采用500~1000 m^2；亚热带、热带林区采用1000~5000 m^2。此外，也可用林木株数控制标准地面积，一般采用主林层林木株数200株左右。人工林和幼林标准地面积可以酌情减小。在实际调查工作中，一般预先选定400 m^2的小样方，查数林木株数，据以推算应设置的标准地的面积。

例如，根据林分状况，要求设置的标准地林木株数不少于250株，选定400 m^2的小样方查数林木株数为13株，则标准地的最小面积应为：

$$s = \frac{250}{13} \times 400 = 7692.3\ (m^2)$$

3. 标准地的境界测量

传统的方法通常是用罗盘仪测角，皮尺或测绳量水平距。当林地坡度大于5°时，应将测量的斜距按实际坡度改算为水平距离。在进行标准地境界测量时，规定测线周界的闭合差不得超过$\frac{1}{200}$。

在标准地的境界测量中，现代测定手段也有很多，例如，可以应用全站仪进行精确的境界确定，求算标准地面积，可以使用GPS进行精确的定位等。

为使标准地在调查作业时保持有明显的边界，应将测线上的灌木和杂草清除。测量四边周界时，边界外缘的树木在面向标准地一面的树干上要标出明显标记，以保持周界清晰。根据需要，标准地的四角应埋设临时简易或长期固定的标桩，便于辨认和寻找。

（三）标准地调查

1. 每木调查

在标准地内进行的每株树木的实测称为每木调查，也称每木检尺。这是标准地调查中最基本的工作。每木调查的主要工作是分别林层、树种、起源、年龄(或龄级)、活立木、枯立木测定每株树木的胸径，并按整化径阶记录统计各径阶林木株数，取得林木株数按直径分布规律，有时也测定部分树木的树高；同时也是计算某些林分调查因子(如林分平均直径、林分蓄积量等)的重要依据。

每木调查的主要工作步骤如下：

(1)径阶大小的确定

每木调查时，一般是按径阶进行记载、统计调查结果。径阶整化范围的大小对调查结果的精度有很大影响，因此，在每木调查之前，必须确定合适的径阶范围。

径阶整化是以径阶中值代表该径阶全部林木的直径，由此必然产生径阶整化误差。德国坤泽(M. Kunze，1891)通过对这种误差大小的近似值进行理论分析后认为：径阶阶距越大或直径越小，其误差越大。为了控制误差，整化径阶阶距的大小应由林分平均直径确定。

我国《森林资源规划设计调查主要技术规定》(2003)中规定，林木调查起测胸径为5.0 cm，视林分平均胸径以2 cm或4 cm为径阶距并采用上限排外法。在实际工作中，林分平均胸径小于12 cm时，采用2 cm为一个径阶距；而林分平均胸径小于6 cm时，采用1 cm为一个径阶距。当采用2 cm或4 cm径阶距进行径阶整化时，各径阶中值应为偶数。例如，若以 2 cm 为径阶（阶距），会有 2、4、6…等径阶，则 10 cm 径阶的直径范围为 9.0～10.9 cm，6 cm 径阶的直径范围为 5.0～6.9 cm，若以 4 cm 为径阶（阶距），会有 4、8、12…等径阶，则 8 cm 径阶的直径范围为 6.0～9.9 cm，12 cm 径阶的直径范围为 10.0～13.9 cm。

（2）起测径阶

起测径阶是指每木检尺的最小径阶。根据林分结构规律，同龄纯林中最小林木的直径近似为林分平均直径的 0.4 倍，林木胸径小于这个数值的林木可作为第二代林木或幼树看待，不进行每木检尺。因此，一般以林分平均直径 0.4 倍的值作为确定起测径阶的依据。如某林分，目测林分平均直径为 14.0 cm，则林分中最小林木的直径为 14.0 × 0.4 = 5.6 cm，则该林分的起测径阶为 6cm。在森林资源调查中，一般起测径阶定为 6 cm（起测胸径为 5.0 cm）。但在营林工作中，也可根据调查目的，确定起测径阶。

（3）划分材质等级

每木调查时，不仅要按树种记载，而且对于用材林近、成、过熟林还要按林木质量等级分别统计。材质划分是按照树干可利用部分的长度及干形弯曲、分叉、多节、机械损伤等的缺陷，划分为经济用材树种、半经济用材树种和薪材树种三类。

（4）每木检尺

分别树种、年龄（龄级）、材质等级和径阶进行调查和记录。检尺时应注意以下几点：

①测定者从标准地的一端开始，由坡上方沿着等高线按"S"形路线向坡下方进行检尺，如图 5-11 所示。

②用整化径阶的轮尺或围尺测定每株树木离根颈 1.3 m 高处的直径（胸径），在坡地应站在坡上方测定，在 1.3 m 以下分叉树应视为两株，分别检尺。

③用轮尺时必须与树干垂直，若遇干形不规则的树木应垂直测定两个方向的直径或量测胸径上下两个部位的直径，取其平均值。

④正好位于标准地境界线上的树木，本着一边取另一边舍的原则，确定检尺树木。

⑤防止重测或漏测：一般每木检尺时，测者每测定一株树，应高声报出该树的树种、林木质量等级和直径大小，等记录者复诵后再取下测尺，并用粉笔在测过的树干上作记

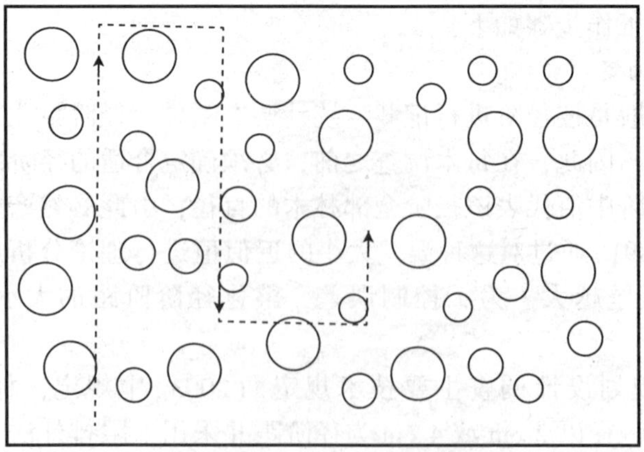

图 5-11　每木检尺路线示意

号。记录者及时在每木调查记录表的相应栏中按径阶记入，用“正”字表示，每木调查记录表见表5-3。

表5-3　每木调查记录表

树种：白桦　　　　　　　　　　　　　林层：单层

径阶	商品用材树	半商品用材树	薪材树	株数小计	断面积(m^2)合计	枯立木	倒木
4	丅			3	0.0038		
6	正正正正正丅	正正	丅	39	0.1103		
8	正正正正正正正正下	正	下	50	0.2513		
10	正正正正正正正正正正正正下	下	—	69	0.5419		
12	正正正正正正正正正正正正正正正	正	正	81	0.9161		
14	正正正正正正正正正正	丅	—	57	0.8774		
16	正正正正正丅			28	0.5630		
18	正正			10	0.2545		
20	丅			2	0.0628		
合计	300	25	12	339			

注：引自孟宪宇《测树学》，2006。

2. 林分年龄测定

在标准地调查中，可以利用生长锥钻取木芯或伐倒木(或已往伐根)确定各树种的年龄。对于复层异龄混交林，一般仅测定各林层优势树种的年龄，并以主林层优势树种的年龄为该林分的年龄。通常，幼龄林以年为单位表示林分年龄，中、成过熟林以龄级为单位表示林分年龄。

3. 林分蓄积量测定

林分中全部林木的材积称作林分蓄积量，简称蓄积(记作 M)。在森林调查和森林经营工作中，林分蓄积量常用单位面积蓄积(m^3/hm^2)表示。

蓄积是鉴定森林数量的主要指标。单位面积蓄积的大小标志着林地生产力的高低及经营措施的效果。另外，在森林资源中，经济利用价值较大的仍是木材资源。因此，林分蓄积的测定是林分调查主要目的之一，它为森林经营和采伐利用提供重要的数量依据。林分蓄积的测定方法很多，详见本章第四节。

4. 环境质量调查

一个林分的形成与其既定的生长环境密切相关。为了研究、分析、比较林分的生长规律、制定营林措施等，在标准地调查工作中，必须详细调查林分环境因子，并将其调查结果填写在标准地调查簿中。主要调查内容有：

(1)幼树、下木、活地被物及生物多样性调查

在标准地内，应分别树种、下木及活地被物种类调查它们的盖度、平均高、单位面积($1\ m^2$)上的幼树株数及生物多样性。了解其生长状况及分布特点，评价乔木林的群落结

构。并根据调查结果计算出总盖度(%)。

(2)土壤调查

在标准地内通过土壤剖面调查土壤名称、土壤厚度，以及土壤表面的枯枝落叶厚度和腐殖质层厚度、石砾含量等。

(3)环境因子调查

调查标准地位置的地貌、坡向、坡位、坡度等因子，并详细记录。

标准地调查的内容不是一成不变的，在进行标准地调查时，往往根据调查的目的和任务确定调查项目内容，并对测定方法进一步做出详细的规定。例如，为了研究林分的直径分布规律，在测定林木的直径时，就应该对达到胸高以上的林木全部测定，若规定起测径阶，有时会影响直径分布曲线的形状。

第三节　树木材积、生长量和林分蓄积量测定

一、单木材积测定

(一)伐倒木材积测定

1. 干曲线定义

沿树干中心假象的干轴将其纵向剖开(或沿树干量测许多横断面的直径)，即可得树干的纵断面。以干轴作为直角坐标系的 x 轴，以横断面的半径作为 y 轴，并取树梢为原点，按适当的比例作图即可得出表示树干纵断面轮廓的对称曲线，这条曲线通常称为干曲线。

2. 伐倒木的近似求积式

当用近似求积式来计算树干材积时，是把整个树干或部分树干当作抛物线体来处理的。由于干形的多变性，所得的结果并不是很精确的，一般产生系统偏小或偏大的误差。为了提高木材材积的测算精度，根据树干形状变化的特点，可将树干区分成若干等长或不等长的区分段，使各区分段干形更接近于正几何体，分别用近似求积式测算各分段材积，再把各段材积合计可得全树干材积。该法称为区分求积法。在树干的区分求积中，梢端不足一个区分段的部分视为梢头，用圆锥体公式计算其材积。

$$v = \frac{1}{3}g'l' \tag{5-3}$$

式中　g'——梢头底端断面积；

l'——梢头长度。

在区分求积法中，常见的有中央断面区分求积式和平均断面区分求积式。

(1)平均断面积近似求积式

将树干当作截顶抛物线体，小头直径为 d_n，大头直径为 d_0，木段长 l，则材积 V 为：

$$V = \frac{1}{2}(g_0 + g_n)l = \frac{\pi}{4}\left(\frac{d_0^2 + d_n^2}{2}\right)l \tag{5-4}$$

(2)中央断面积近似求积式

$$V = g_{\frac{1}{2}}L = \frac{\pi}{4}d_{\frac{1}{2}}^2L \quad (5\text{-}5)$$

式中　$d_{1/2}$，$g_{1/2}$——树干中央直径及相应断面积；

L——树干长度。

中央断面近似区分求积式在生产中更为常用。

(二)单株立木材积测定

1. 形数和形率

(1)形数

树干材积与比较圆柱体体积之比，称为形数，该圆柱体的断面为树干上某一固定位置的断面，高度为全树高(图5-14)，其形数的数学表达式为：

$$f_x = \frac{V}{V'} = \frac{V}{g_x h} \quad (5\text{-}6)$$

式中　V——树干材积；

V'——比较圆柱体体积；

g_x——干高 x 处的横断面积；

f_x——干高 x 处断面为基础的形数；

h——全树高。

形数主要有以下几种：

①胸高形数　以胸高断面为比较圆柱体的横断面的形数称为胸高形数，以 $f_{1.3}$ 表示，其表达式为：

$$f_{1.3} = \frac{V}{g_{1.3}h} = \frac{V}{\frac{\pi}{4}d_{1.3}^2 h} \quad (5\text{-}7)$$

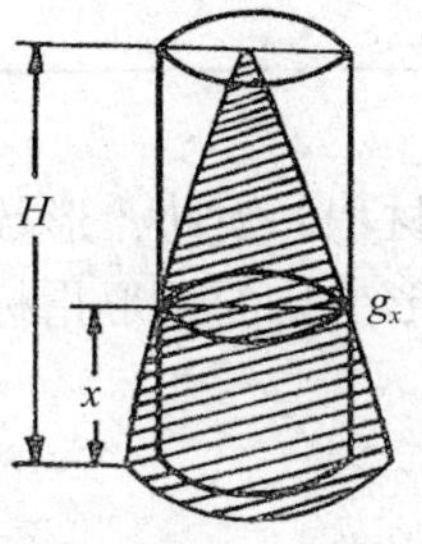

图5-12　树干与比较圆柱体

从该式可知，当胸径或树高一定时，饱满树干的材积与比较圆柱体的体积相差较小，其形数值较大；反之，尖削树干的材积较小，形数值亦小。形数仅说明相当于比较圆柱体体积的成数，不能具体反映树干的形状。其意义可由式(5-7)转换成相应的立木材积式：

$$V = f_{1.3}g_{1.3}h \quad (5\text{-}8)$$

根据材积三要素的概念，式(5-8)中的 $f_{1.3}$、$g_{1.3}$ 及 h 也可称作以胸高断面积($g_{1.3}$)为基础的材积三要素。由于我国在林分调查中，习惯上测定树木的胸径，因此，在通常的情况下，常以胸高形数($f_{1.3}$)，胸高断面积($g_{1.3}$)及全树高(h)称作材积三要素。同时由式(5-8)也可以看出，在计算树干材积中，胸高形数实质上是一个换算系数。

②正形数　斯马林(1937)首创提出正形数(标准形数、真形数、相对形数)借以克服胸高形数随树高而变化的缺点，正形数的定义为以树干材积与树干某一相对高(如0.1h)处的比较圆柱体的体积之比，记为 f_n，即

$$f_n = \frac{V}{g_n h} \tag{5-9}$$

式中　f_n ——树干在相对高 nh 处的正形数；

g_n ——树干在相对高 nh 处的横断面积；

n——为小于 1 的正数，以 nh 表示这一相对位置。

③实验形数　林昌庚(1961)提出实验形数作为一种干形指标。实验形数的比较圆柱体的横断面为胸高断面，其高度为树高(h)加 3 m，记为 f_ε。按照形数一般定义其表达式为：

$$f_\varepsilon = \frac{V}{g_{1.3}(h+3)} \tag{5-10}$$

实验形数是为了吸取胸高形数的量测方便和正形数不受树高影响这两方面的优点而设计的。

根据实验形数定义，求算材积公式为：

$$V = g_{1.3}(h+3)f_\varepsilon \tag{5-11}$$

我国主要乔木树种的平均实验形数见表 5-4。

表 5-4　主要乔木树种平均实验形数

平均实验形数		适用树种
针叶树	0.45	云南松、冷杉及一般耐阴针叶树种
	0.43	实生杉木、云杉及一般耐阴针叶树种
	0.42	杉木(不分起源)、红松、华山松、黄山松及一般喜光稍耐阴针叶树种
	0.41	插条杉木、天山云杉、柳杉、兴安岭落叶松、新疆落叶松、樟子松、赤松、黑松、油松、及一般喜光针叶树种
	0.39	马尾松及一般喜光针叶树种
阔叶树	0.4	杨桦、柳、水曲柳、蒙古栎、栎、青冈、刺槐、榆、樟、桉及其他一般阔叶树种；海南、云南等地混交林

注：引自孟宪宇《测树学》，2006。

形数是计算立木材积的换算系数。要确定形数必须先求算树干材积，因此，形数这一干形指标不能直接测定，需要寻找一个可以直接测定，又能反映干形变化的干形指标——形率。

(2)形率

树干上某一位置的直径与比较直径之比，称为形率。其一般表达式为：

$$q_x = \frac{d_x}{d_z} \tag{5-12}$$

式中　q_x ——形率；

d_x ——树干某一位置的直径；

d_z ——树干某一固定位置的直径，即比较直径。

由于所取比较直径的位置不同，而有不同的形率。

①胸高形率　树干中央直径($d_{1/2}$)与胸径 $d_{1.3}$ 之比称为胸高形率。用 q_2 表示：

$$q_2 = \frac{d_{1/2}}{d_{1.3}} \tag{5-13}$$

这是舒伯格(Schuberg，1893)最早提出形率的概念，曾作为编制欧洲银冷杉材积表的形状指标。随后由奥地利希费尔(A. Schiffel，1899)正式将其定名为形率，因此也称希费尔形率。这种形率测定简便，一般所说形率，即 q_2。

②正形率　树干中央直径($d_{1/2}$)与十分之一树高处直径($d_{0.1}$)之比，称作正形率，即

$$q_{0.1} = \frac{d_{1/2}}{d_{0.1}} \tag{5-14}$$

除以上两种形率以外，各国采用的形率种类还很多，如琼森(Jonson，1965)形率($q_{0,3}$)、吉拉德(J. W. Girard，1933)形率(q_G)，以及马斯(A. Maoss，1939)形率(q_M)等。

③形数与形率的关系　形数是计算树干材积的一个重要系数，但形数无法直接测出。研究形数与形率的关系，主要是为了通过形率求形数，这对树木求积有重要的实践意义。形数与形率的关系主要有下列几种：

$$f_{1.3} = q_2^2 \tag{5-15}$$

此式是把树干当做抛物线体时导出的：

$$f_{1.3} = \frac{V}{g_{1.3}h} = \frac{\frac{\pi}{4}d_{\frac{1}{2}}^2 h}{\frac{\pi}{4}d_{1.3}^2 h} = \left(\frac{d_{\frac{1}{2}}}{d_{1.3}}\right)^2 = q_2^2 \tag{5-16}$$

即形数等于形率的平方。式(5-16)是求算形数的近似公式。

坤泽(M. Kunze，1890)根据大量树种的胸高形数($f_{1.3}$)与形率(q_2)的关系，提出下列公式：

$$f_{1.3} = q_2 - c \tag{5-17}$$

式中，c 值对于各树种来说，都比较稳定，并近似于常数。例如，松树 $c = 0.20$；云杉及椴树 $c = 0.21$；水青冈、山杨及黑桤木 $c = 0.22$；落叶松 $c = 0.205$。

以上 c 值是根据大量实测材料求得的平均值，当树干接近抛物线体时，一般树的 c 值接近0.20，用式(5-17)求树高在18 m以上多数树干的平均形数时，其误差一般不超过±5%；但树干低矮时，c 值减少幅度大，不宜采用此式。

$$f_{1.3} = a + bq_2^2 + \frac{c}{q_2 h} \tag{5-18}$$

从形数、形率与树高关系的分析，在形率相同时，树干的形数随树高的增加而减小，在树高相同时则形数随形率的增加而增加。这样，希费尔(A. Schiffel，1899)据此提出用双曲线方程式表示胸高形数与形率和树高之间的依存关系，见式(5-19)。他先后用云杉、落叶松、松树和冷杉的资料求得双曲线方程式中的 a、b、c 各参数值，即得

$$f_{1.3} = 0.140 + 0.66q_2^2 + \frac{0.32}{q_2 h} \tag{5-19}$$

后来发现并证明云杉的经验方程式(5-19)适用于所有树种。三者的形数平均误差不超过±3%。因此，被推荐为一般式(称为希费尔公式)，应用较广。

根据形数和形率的上述关系，只要测出树高和形率，就可以比较精确地求出形数，进而较精确地求出立木树干材积。

2. 立木求积法

从单株材积测定原理来说，伐倒木各种测算方法均可用于材积测定。但由于立木和伐倒木存在状态不同，立木难以直接测定，而后产生了与其特点相适应的各种测算方法。这些方法主要是通过胸径、树高和上部直径等因子来间接求算立木材积。主要方法分述如下：

(1)近似求积法

①平均实验形数法　测出立木胸径和树高，应用表5-4中所列各种树种的平均实验形数值，按下式求出立木树干材积：

$$V = g_{1.3}(h+3)f_{\varepsilon} \tag{5-20}$$

②形率法　测出胸径 $d_{1.3}$，树高 h 和中央直径 $d_{1/2}$，计算形率，按适当的形数与形率和树高之间的经验式，如希费尔公式：

$$f_{1.3} = 0.140 + 0.66q_2^2 + \frac{0.32}{q_2 h} \tag{5-21}$$

计算出胸高形数，然后再按下述公式计算单株立木材积：

$$V = g_{1.3}hf_{1.3} \tag{5-22}$$

(2)望高法

望高法是德国普雷斯勒(M. R. Pressler，1855)提出的单株立木材积测定法。树干上部直径恰好等于1/2胸径处的部位称作望点。自地面到望点的高度称作望高，用上部直径测定仪测出胸径和望高(h_R)后，按下式即可算出树干材积：

$$V = \frac{2}{3}g_{1.3}\left(h_R + \frac{1.3}{2}\right) \tag{5-23}$$

(3)形点法

普雷斯勒(1855)提出的望高法，是将立木树干上部直径 d 为 $0.5\,D_{1.3}$ 处的点称为望点。徐祯祥(1990)依据 $y^2 = px^r$ 和望高法测定立木材积方法，提出形点法，将树干上部直径 d 为 $\sqrt{0.5}\,D_{1.3}$ 处的点称为形点(即)上部直径测点，仍把树干分为胸高以上和以下两部分计算材积。

胸高以上材积计算式为：

$$V_1 = \frac{h-1.3}{r+1}g_{1.3} \tag{5-24}$$

式中　h——全树高；

$g_{1.3}$——胸高断面积；

r——干形指数。

胸高以下材积(V_2)仍按圆柱体计算，即

$$V_2 = 1.3\,g_{1.3} \tag{5-25}$$

全树干材积(V)为：

$$V = V_1 + V_2 = \left(\frac{h-1.3}{r+1} + 1.3\right)g_{1.3} \tag{5-26}$$

根据 $y^2 = px^r$，式(5-26)中的干形指数 r 计算公式为：

$$r = \lg\left(\frac{d}{D_{1.3}}\right)^2 / \lg\left(\frac{h_1}{h-1.3}\right) \tag{5-27}$$

式中　d——树干上部测径点直径；

h_1——测径点距树梢端长度；

$D_{1.3}$，h 字母含义同前。

按形点法（$d = \sqrt{0.5}D_{1.3}$）r 的计算公式为：

$$r = \lg 0.5 / \lg\left(\frac{h_1}{h-1.3}\right) \tag{5-28}$$

在实际测定中，按式(5-28)计算出 r 值后代入式(5-26)，即可计算出立木树干材积。

二、树木生长量测定

(一)树木生长的概念

一定间隔期内树木各种调查因子所发生的变化称为生长，生长变化的量称为生长量。生长量是时间(t)的函数，时间间隔可以是1年、5年、10年或更长的期间。通常以年为时间单位。

生长量可以作为评定立地条件好坏及经营措施效果的指标，正确地分析研究并掌握林木的生长规律，采用相应的经营管理措施，可以改善树木的生长状况，提高生长量，从而达到速生、优质、高产的目的。

在树木生长量的测定中，通常只能在有限个离散的树木年龄 t 点上取样测定。根据所取年龄的方法不同，树木生产量可以分为多个不同的种类，常见的有：

①总生长量　树木自种植开始至调查时整个期间累积生长的总量。它是树木的最基本生长量，其他种类的生长量均可由它派生而来。

②定期生长量　树木在定期 n 年间的生长量。

③总平均生长量　总生长量被总年龄所除之商。

④定期平均生长量　定期生长量被定期年数所除之商。

⑤连年生长量　树木一年间的生长量。

(二)树木生长量测定的方法

1. 伐倒木生长量测定

(1)直径生长量测定

用生长锥或在树干上砍缺口或截取圆盘等办法，量取 n 个年轮的宽度，其宽度的2倍即为 n 年间的直径生长量，被 n 除可得定期平均生长量。用现在去皮直径减去最近 n 年间的直径生长量的 n 年前的去皮直径。

(2)树高生长量测定

截取圆盘后，可依据每个圆盘断面的年轮数是代表树高由该断面生长到树顶时所需要的年数。因此，测定最近 n 年间的树高生长量，可在树梢下部寻找年轮恰好等于 n 的断面，量此断面至树梢的长度即为最近 n 年间的树高定期生长量。用现在的树高减去此定期生长量即得 n 年前的树高。

(3)材积生长量测定

精确测定伐倒木材积生长量须采用区分求积法。首先按伐倒木区分求积法测出各区分段测点的带皮和去皮直径，用生长锥或在树干上砍缺口的方法量出各测点最近 n 年间的直径生长量，并算出 n 年前的去皮直径。根据前述方法测出 n 年前的树高。最后根据各区分段现在和 n 年前的去皮直径以及现在和 n 年前的树高，用区分求积法可求出现在和 n 年前的去皮材积。按照生长量的定义即可计算各种材积生长量。

2. 立木材积生长量的测定

(1)施耐德材积生长率公式

施耐德(Schneider，1853)发表的材积生长率公式为：

$$P_V = \frac{K}{nd} \tag{5-29}$$

式中　n——胸高处外侧 1cm 半径上的年轮数；

d——现在的去皮胸径；

K——生长系数；生长缓慢时为 400，中庸时为 600，旺盛时为 800。

施耐德以现在的胸径和直径为依据，在林木生长迟缓、中庸和旺盛 3 种情况下，分别取表示树高生长能力的指数 k 等于 0、1 和 2 时，曾经得到公式：

$$P_V = (k+2)P_d \tag{5-30}$$

据此，做如下推导。

按生长率的定义，胸径生长率为：

$$P_d = \frac{Z_d}{d} \times 100 \tag{5-31}$$

而 n 是胸高处外侧 1 cm 半径上的年轮数，据此，一个年轮的宽度为 $\frac{1}{n}$ cm，它等于胸高半径的年生长量。因此，胸径最近 1 年间的生长量为：

$$Z_d = \frac{2}{n} \tag{5-32}$$

由此可知，$d-\frac{2}{n}$ 为 1 年前的胸径值；$d+\frac{2}{n}$ 为 1 年后的胸径值。

若取 1 年前和 1 年后 2 个胸径的平均数作为求算胸径生长率的基础时，则

$$P_d = \frac{\frac{2}{n}}{\frac{1}{2}\left[\left(d-\frac{2}{n}\right)+\left(d+\frac{2}{n}\right)\right]} \times 100 = \frac{200}{nd} \tag{5-33}$$

将上式代入式 $P_V=(k+2)P_d$ 中，在不同生长情况下的材积生长率公式分别为：

生长缓慢时：$P_V = \frac{400}{nd}$　$(k=0)$

生长中庸时：$P_V = \frac{600}{nd}$　$(k=1)$

生长旺盛时：$P_V = \frac{800}{nd} \quad (k = 2)$

若胸径取去皮胸径，以 K 表示生长系数(400、600、800)，则有式 $P_V = \frac{K}{nd}$，这样在应用上比较方便灵活，并根据表 5-5 查定 K 值，其中，$K = 200(k + 2)$ 。

表 5-5　K 值查定表

树冠长度占树高(%)	树高生长					
	停止	迟缓	中庸	良好	优良	旺盛
>50	400	470	530	600	670	730
25~50	400	500	570	630	700	770
<25	400	530	600	670	730	800

(2)材积生长量的计算

通常是先测定材积生长率，再用下面公式计算材积生长量，即

$$Z_V = V P_V \tag{5-34}$$

立木材积生长率可用施耐德公式确定，具体步骤如下：

①测定树木带皮胸径 D 及胸高处的皮厚 B。

②用生长锥或其他方法确定胸高处外侧 1cm 半径上的年轮数 n。

③根据树冠的长度和树高生长状况用表确定系数 K。

④计算去皮胸径，$d = D - 2B$。

⑤计算材积生长率。

⑥计算材积生长量。

3. 树干解析

树干解析是分析树木生长过程的方法，作为分析对象的树木称为解析木。方法是将解析木树干截成若干段，在每个横断面上根据年轮的宽度确定各年龄(或龄阶)的直径生长量，在纵断面上，根据断面高度以及相邻两个断面上的年轮数之差确定各年龄的树高生长量，从而进一步算出各龄阶的材积和形数等。树干解析是研究树木生长过程的基本方法，在生产和科研中经常采用。

(1)树干解析的外业工作

①解析木的选取与生长环境记载　解析木的选取应根据分析生长过程的目的和要求而定，一般选择生长正常、无病虫害、不断梢的平均木或优势木或劣势木。选取解析木的数量则依精度要求而定。

在解析木伐倒以前，应记载它所处的立地条件、林分状况、解析木冠幅及与邻近树木的位置关系，并绘制树冠投影图等。

②解析木的伐倒与测定　伐倒前，应先准确确定根颈位置和实测胸径，并在树干上标明胸高直径的位置和南北方向。

伐倒后，先测定由根颈至第一个死枝和活枝在树干上的高度，然后打去枝桠，在全树干上标明北向。测量树的全高和全高的 $\frac{1}{4}$、$\frac{1}{2}$、$\frac{3}{4}$ 处的带皮和去皮直径。

③截取圆盘　在测定树干全长的同时，将树干区分成若干段，分段的长度和区分段的个数与伐倒木区分求积法的要求一致。通常采用中央断面区分求积法在每个区分段的中点位置截取圆盘。另外，在胸高处必须截取圆盘。所余不足一个区分段长度的树干为梢头木，在梢头底直径的位置也必须截取圆盘。

截锯圆盘应尽量与干轴垂直，不可偏斜，以恰好在区分段的中心位置上的圆盘面作为工作面，用来查数年轮和量测直径。圆盘不宜过厚，视树干直径大小的不同而定，一般以2～5 cm厚为宜。在圆盘的非工作面上表明南北向，并以分式形式注记，分子为标准地号和解析木号，分母为圆盘号和断面高度，如$\frac{\text{No. }3-1}{1-1.3\text{ m}}$，根颈处圆盘为0号盘，其他圆盘的编号应依次向上编号。此外，在0号圆盘上应加注树种、采伐地点和时间等(图5-13)。

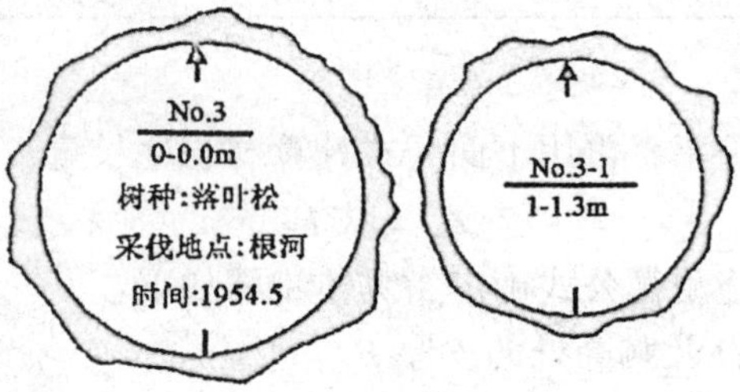

图5-13　圆盘编号

(2)树干解析的内业工作

①查定各圆盘上的年轮个数　首先将圆盘工作面刨光，并通过髓心划出东西、南北两条直径线；然后查数各圆盘上的年轮个数。其方法是：

a. 在0号圆盘的两条直线上，由髓心向外按每个龄阶(3年、5年或10年等)标出各龄阶的位置，到最后如果年轮个数不足一个龄阶的年数时，则作为一个不完整的龄阶(图5-14)。

b. 在其余圆盘的两条直线上，要由圆盘外侧向髓心方向查数并标定各龄阶的位置，从外开始首先标出不完整的龄阶位置(即0号圆盘最外侧的不完整龄阶)，然后按完整的龄阶标出。圆盘年龄查数方法如图5-15所示。

②各龄阶直径的量测　用直尺或读数显微镜量测每个圆盘东西、南北两条直径线上各龄阶的直径，两个方向上同一龄阶的直径平均数，即为该龄阶的直径。

图5-14　各径阶的确定

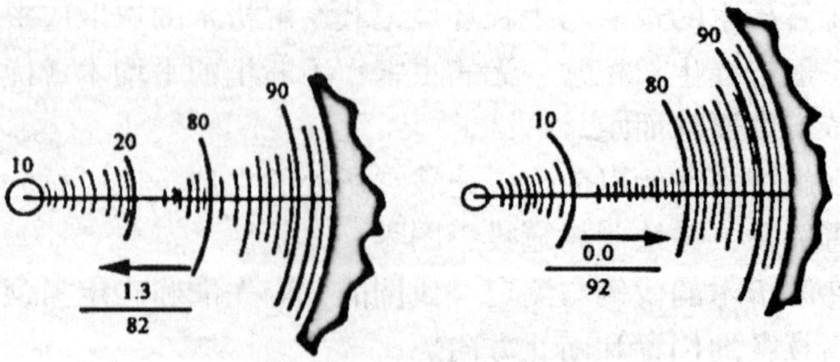

图5-15　圆盘年轮查数示意

③各龄阶树高的确定　树龄与各圆盘的年轮个数之差，即为林木生长到该断面高度所需要的年数。根据断面高度(纵坐标)以及生长到该断面高度所需要的年数(横坐标)可以绘出树高生长过程曲线(图5-16)，各龄阶的树高，可以从曲线图上查出，也可以用内插方法按比例算出。

④绘制树干纵断面图　以横坐标为直径，纵坐标为树高。在各断面高的位置上，按各龄阶直径的大小，绘成纵断面图(图5-17)。纵断面图的直径与高度的比例要恰当。

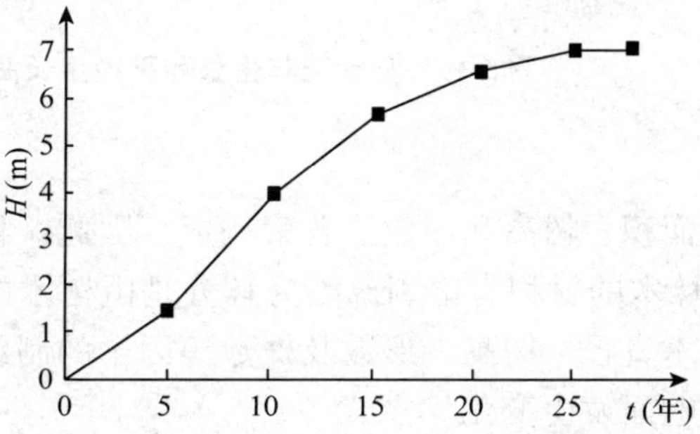

图5-16　树高生长过程曲线

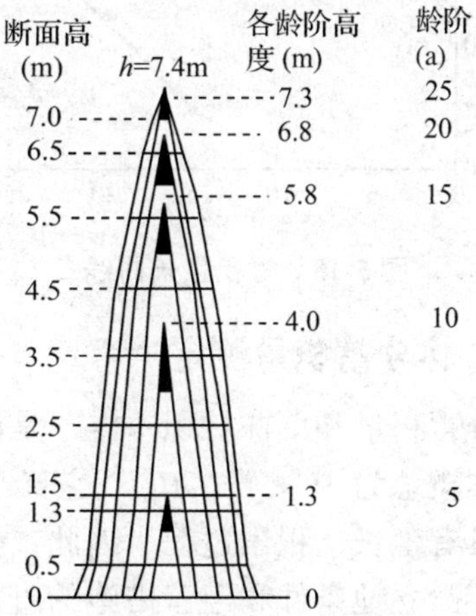

图5-17　树干纵断面图

⑤各龄阶材积的计算　各龄阶的材积按伐倒木区分求积法计算。但是，除树干的带皮和去皮材积可直接计算外，其他各龄阶材积的计算，首先需要确定某个具体龄阶的梢头长度。它等于该龄阶树高减去等长区分段的总长度，由此可知梢头底断面在树干上的具体位置；然后再根据梢头底断面的位置来确定梢头底直径的大小。它可以从树干纵断面图上查出，也可以根据圆盘各龄阶直径的量测记录用内插法按比例算出。

⑥计算各龄阶的形数　根据计算出的材积及相应的断面积和干高，按照式(5-6)算出各龄阶的形数。

⑦计算各龄阶的生长量　在一般情况下，应包括胸径、树高和材积的总生长量、连年生长量和平均生长量，并计算材积生长率(表5-6)。

表5-6　树干生长过程总表

径阶	材积	径阶	材积	径阶	材积
4	0.004 87	11	0.050 94	18	0.161 00
5	0.008 01	12	0.062 43	19	0.168 30
6	0.012 36	13	0.075 26	20	0.205 90
7	0.017 72	14	0.089 49	21	0.229 10
8	0.024 21	15	0.105 10	22	0.257 20
9	0.031 88	16	0.122 30	23	0.285 50
10	0.040 77	17	0.140 80	24	0.315 20

⑧绘制各种生长量的生长过程曲线　为了更直观地表示各因子随年龄的变化，可将各种生长量绘成曲线图，如图 5-18 和图 5-19 所示。

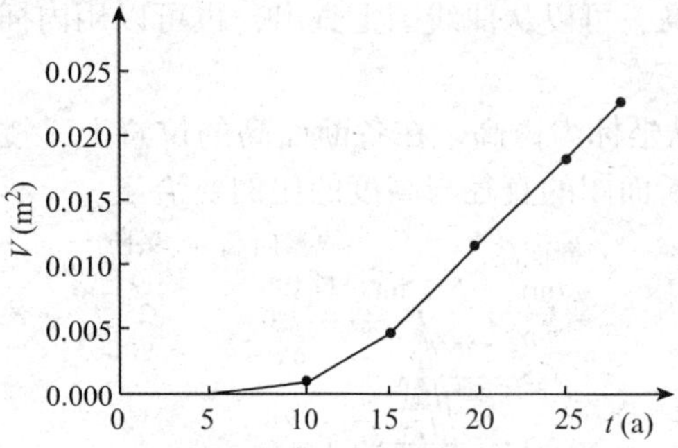

图 5-18　材积生长曲线

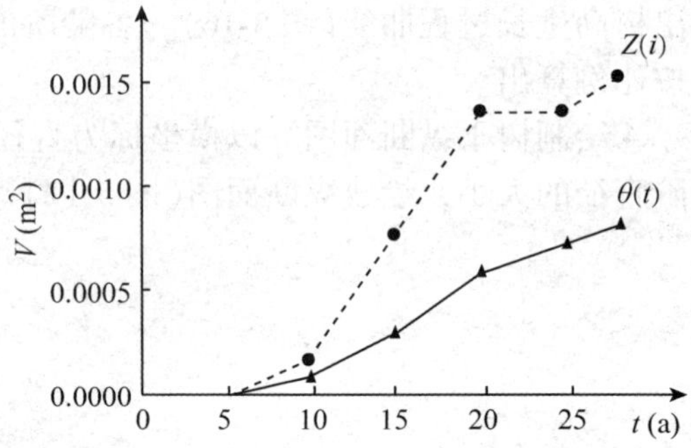

图 5-19　材积连年生长和平均生长曲线

三、林分蓄积量测定

林分蓄积量和单株材积一样，是由断面积、树高和形数三要素构成，因此，林分蓄积量的基本概念为 $M = f_{1.3}GH_D$。它又与单株木的材积有区别，因为林分是由树木的群体组成，它具有生长、积累过程。因此，受林木直径、树高、形数及株数等因子的制约，并受树种、年龄立地条件和经营措施的直接影响而发生变化。

林分蓄积量的测定方法可概括为实测法和目测法两大类。

（一）实测法

1. 标准木法

用标准木测定林分蓄积量，是以标准地内指定林木的平均材积的树木为标准木，根据标准木的平均材积推算林分蓄积量的方法称为标准木法。这种方法在没有适用的调查数表或数表不能满足精度要求的条件下，是一种简便易行的测定林分蓄积量的方法。

（1）平均标准木法

平均标准木法又称单级法（胡伯尔，1825），是不分级求标准木的方法，其步骤为：

①测设标准地，并进行标准地调查。

②根据标准地每木检尺结果，计算出平均直径（D_g），并在树高曲线上查定林分平均高（H_D）。

③寻找 1~3 株与林分平均直径（D_g）和平均高（H_D）相接近（一般要求相差在 ±5% 以下）且干形中等的林木作为平均标准木，伐倒并用区分求积法测算其材积，或不伐倒而采用立木区分求积法计算材积。

④按式（5-35）求算标准地（或林分）蓄积，再按标准地（或林分）面积把蓄积换算为单位面积蓄积（m^3/hm^2）。

$$M = \sum_{i=1}^{n} v_i \frac{G}{\sum_{i=1}^{n} g_i} \tag{5-35}$$

式中　n——标准木株数；

v_i，g_i——第 i 株标准木的材积及断面积；

G，M——标准地或林分的总断面积与蓄积。

(2)分级标准木法

分级标准木法是将标准地全部林木分为若干个径级(每个径级包括几个径阶)，在各级中按平均标准木法测算蓄积，而后叠加得总蓄积，计算公式为：

$$M = \sum_{i=1}^{k}\left[\sum_{j=1}^{n_i} v_{ij} \frac{G_i}{\sum_{j=1}^{n_i} g_{ij}}\right] \quad (i = 1,2,\cdots,k) \tag{5-36}$$

式中　n_i—— 第 i 级中标准木株数；

k——分级级数；

G_i——第 i 级的断面积；

v_{ij}，g_{ij}——第 i 级中第 j 株标准木的材积及断面积。

2. 材积表法

在森林调查中，为了提高工作效率，一般常采用预先编制好的立木材积表确定森林蓄积量，这种方法称为材积表法。

材积表是立木材积表的简称，是按树干材积与其三要素之间的回归关系编制。材积表有一元材积表、二元材积表、三元材积表和树高级立木材积表。

例如，表 5-7 为黑龙江凉水林场落叶松人工林一元材积表。

表 5-7　黑龙江凉水林场落叶松人工林一元材积表

年龄	胸径(cm)			树高(m)			材积(cm^3)				形数
	总生长量	平均生长量	连年生长量	总生长量	平均生长量	连年生长量	总生长量	平均生长量	连年生长量	生长率(%)	
5	0.5	0.10	0.10	1.5	0.30	0.30	0.0001	0.000 02	0.000 02	(40.0)	3.395
10	2.1	0.21	0.32	4.0	0.40	0.50	0.0010	0.000 10	0.000 18	32.7	0.722
15	4.0	0.27	0.38	5.8	0.39	0.36	0.0046	0.000 31	0.000 72	25.7	0.631
20	6.0	0.3	0.40	6.8	0.34	0.20	0.0113	0.000 57	0.001 34	16.9	0.588
25	7.4	0.30	0.28	7.3	0.29	0.10	0.0179	0.000 72	0.001 32	9.0	0.570
(28)	8.2	0.29	0.27	7.4	0.26	0.03	0.0223	0.000 80	0.001 47	7.3	0.571
带皮	8.6			7.4			0.0244				0.568

(1)一元材积表

根据胸径因子与材积的回归关系编制的材积数表称为一元材积表。最早是法国古纳德(A. Gurnand，1878)提出，继由瑞士比奥利(H. E. Biolley，1921)发展应用。这种表最初是应用于森林经理中为了解间隔期内林分蓄积的变化，认为接近平衡状态的择伐林木中树高依胸径的变化基本是稳定的，为掌握蓄积量的变化，每次复查时测树高的意义不大，故而采用了简便的一元材积表。因为一元材积表只考虑树干材积随胸径的变化，因而一般使用的地域范围不能太大，故又称为地方材积表。

在编表地区内，利用标准地调查所得到的每木检尺表，以径阶株数乘材积表中相应径阶的单株平均材积，即得到径阶材积，各径阶材积的合计值即为标准地林木蓄积量。如调查用表时间距编表时间过长，林分状况已有明显变化时，或扩大使用地域范围时，则应事先随机收集100株以上树木的胸径及树高的数据，绘制树高曲线与原编表数据的树高曲线相比较，并作统计检验。如基本一致(统计检验差异性不显著)，则可认为原表仍可用；若差异性显著，则需考虑重新编表。

(2)二元材积表

根据材积与胸径、树高两个因子的回归关系编制的材积数表称为二元材积表。因二元材积表的编表资料是同一树种取于较大的地域范围，其适用地域较大，故又称为一般材积表或标准材积表。在材积表中，它是最基本的立木材积表。

在应用二元材积表测算林分蓄积时，一般要经过调查取得每个径阶的株数及树高曲线，根据每个径阶的中值和从树高曲线上查出的该径阶的平均高值，就可从二元材积表中查出各径阶的单株平均材积，乘以该径阶的林木株数，可计算出该径阶的林木材积；各径阶林木材积相加，即得林分蓄积量。

(3)三元材积表

三元材积表是分别形率级(形级)编制的二元材积表。使用时要测定林木胸径、树高和一个上部直径来确定树干材积的方法。

斯泊尔(S. H. Spurr，1952)在《森林调查》(*Forest inventory*)一书中介绍过一些三元材积方程，例如：

$$V = a_0 d^{a_1} h^{a_2} d_u^{a_3} \tag{5-37}$$

$$V = a_0 + a_1 q + a_2 d^2 h + a_3 q d^2 h \tag{5-38}$$

$$V = a_0 d^{a_1} h^{a_2} q^{a_3} \tag{5-39}$$

式中 a_0，a_1，a_2，a_3——参数；

d_u——一般形率或吉拉德形级用的上部直径；

q——形率或吉拉德形级；

d，h——胸径和树高。

我国1958年曾根据舒斯托夫(Б. А. Ⅲ устов)提出过通用立木材积式：

$$V = 0.534 d^2 h q_2 \tag{5-40}$$

三元材积表的理论精度较高，但因使用较烦琐，未能在生产中推广应用。

3. 标准表法和实验形数法

(1)标准表法

标准表法是根据立木材积三要素原理提出的一种确定林分疏密度和林分蓄积量的数表和方法。

我国自20世纪50年代开始，原林业部综合调查队曾为主要林区的主要树种编制了标准表，许多省也相继进行了编制，主要应用于森林经理调查(即二类调查)。应用时只要测得林分每公顷胸高总断面积(G)和林分平均高(H_D)，就可从标准表上查出对应于平均高的每公顷标准断面积($G_{标}$)和标准蓄积($M_{标}$)。先求出林分疏密度P：

$$P = G/G_{标} \tag{5-41}$$

然后依式(5-42)求出林分每公顷蓄积：

$$M = PM_{标} \tag{5-42}$$

(2)平均实验形数法

先测出林分平均高与总断面积，再从实验形数表中查出相应树种的平均实验形数值，根据相应树种的平均实验形数代入式(5-43)计算林分蓄积量。

$$M = G_{1.3}(H_D + 3)f_\vartheta \tag{5-43}$$

例如：测得某实生杉木林分的总断面积为14.5 m，平均高为23 m，实生杉木的平均实验形数为 $f_\vartheta = 0.43$ ，则该林分的蓄积量为：

$$M = 14.5(23 + 3)0.43 = 162.11(\mathrm{m^3/hm^2})$$

(二)目测法

目测法是一种凭调查员经验目估的方法，除用于森林踏查或幼林调查要求精度不高的情况外，还广泛用于森林经理调查，但常利用一些辅助手段，如用标准表、形高表、收获表和角规进行辅助目测，对同龄纯林还可根据林分最大直径与平均直径的关系($D_{max} = 1.7\overline{D} - 1.8\overline{D}$)、最大树高与平均树高的关系($H_{max} = 1.1\overline{H} - 1.2\overline{H}$)进行辅助目测。

为了保证目测的可靠性，在对某一地区进行目测调查之前，要在有代表性的林分中设置20~30块练习标准地，用目测与实测对比进行目测训练，积累经验，达到目测及格水平的人员才能进行目测调查。

第四节　森林效益计量与评价

一、森林效益计量评价的意义

森林效益计量是对森林的价值所进行的衡量，由于森林的多功能性，其价值的计量和评估又是十分复杂的，因此也一直是林业经济学研究的重点。森林的效益一般通过森林在经济、社会和生态方面的效益体现，其计量评价可分为单项评价和综合评价。在进行森林价值的综合评价时，应做两方面的工作：一是森林自身价值的评价，即通常所说的经济效益；二是森林生态系统环境和对社会影响的价值评价，即生态效益和社会效益。

森林经济效益最主要方面是木材和林副产品的生产效益，可以通过市场价值直接测算。森林的生态效益和社会效益的评价较复杂。人们对森林生态效益进行计量研究，不是为了确定森林中凝结了多少价值量，而是为了通过货币计量，在价值方面提出一整套较完整的核算方案，以便与国民经济其他部门进行比较，反映森林资源与森林环境为社会做出的贡献，为森林经营和制定林业发展战略提供基础数据，并为政府部门制定有关方针政策提供决策依据。

二、森林计量评价的指标体系

任何指标都有特定的作用和适用范围，只能反映森林生态环境效益的某一侧面。因此，在实际评价时，往往需要通过一套相互联系，又有相对独立性，能够便于操作的诸多指标构成的指标体系，以便全面地反映其效益。

建立森林效益评价的指标体系需要把握以下原则：

①指标意义要明确，数据易得到，便于计算、比较和分析。

②指标体系要具有一定的层次性，以便于指标的计算和分类。

③要考虑指标的适用范围。根据各地区特点，应建立一套适用于不同地理条件和社会经济的规范化指标，而在实际应用时因地制宜选用。

④对计量经济评价而言，指标体系中各项指标既要相互联系，又不能重叠，而且能全面反映系统的功能与效益。

1. 经济效益指标

(1)森林收获量指标

①木材收益　木材在国家建设和人民生活中起着越来越重要的作用，任何经济建设部门都需要木材，尤其是在钢铁、煤矿和建筑等方面显得更加重要。木材经过机械和化学加工，可制成各种工业品，来满足工业、农业和人民生活需要。例如，造纸、人造丝、代替钢铁、制造板材、代用淀粉和电木纸品等。

木材收获量一般是指单位时间、单位面积上森林的蓄积量，单位是 m^3/hm^2。

②森林副产品　森林还能产生许多珍贵的副产品，如树皮、树叶、树脂(橡胶)、果实等，不仅是轻化工业和医药制造方面的重要原料，还可以食用，还有许多是重要的出口资源，经济价值有的远大于木材本身收益，在国民经济中占有重要地位。

森林副产品的计量一般是根据产品种类以单位时间、单位面积上的重量、材积等统计，单位是 kg/hm^2、t/hm^2、m^3/hm^2。

(2)货币指标

主要的林业经济货币指标有林地生产率、林地增加值率、林地净产值率和林地盈利率等，多是单位面积、单位时间的产值，单位一般是元/hm^2。

2. 生态效益指标

(1)涵养水源指标

①林冠截流量(t/hm^2)。

②土壤(包括死地被物)贮水增加量(t/hm^2)。

③土壤入渗率(mm/h)，反映地表水转化为土壤水或地下径流的能力。

④洪枯比(无量纲)，反映流域内森林减缓洪峰的能力，即洪水期的水位(或水量)与枯水期的水位(或水量)之比。

(2)水土保持指标

①土壤侵蚀模数减少量[$t/(hm^2\cdot a)$，$m^3/(hm^2\cdot a)$]，土壤侵蚀模数为土壤侵蚀总量与总土地面积之比。

②土壤营养元素流失减少量(t/hm^2)，主要指氮、磷、钾，包括速效养分和全量。

③减少江河下游河床淤积量[$m^3/(hm^2\cdot a)$]。

④河渠等坍塌减少量[$m^3/(hm^2\cdot a)$]。

⑤土壤抗冲性：土壤抵抗径流和风等侵蚀力机械破坏作用的能力，用抗冲指数表示。

⑥土壤抗蚀性：土壤抵抗雨滴打击和径流悬浮的能力，可用水稳定指数表示。

⑦径流系数＊(%)：平均地表径流深(mm)与年平均降水量(mm)之比。

⑧侵蚀速率(a)：有效土层厚度(mm)与每年侵蚀深度(mm/a)的比值，是反映土壤侵蚀潜在危险程度的指标。

⑨输移比(%)：流域输沙量和侵蚀量之比，其值越大说明水土流失越严重。

(3)改善土壤肥力指标

①土壤有机质的增加量(kg/hm^2)。

②土壤含水量的增加(%，t/hm^2)，对干旱地区而言。

③土壤营养元素的增加量(kg/hm^2)，主要反映氮、磷。

④土壤密度的降低(%)。

⑤土壤孔隙度(%)，包括毛管孔隙度、非毛管孔隙度和总孔隙度。

⑥土壤团聚体的增加(%)。

⑦土壤酶活性的增加。

⑧土壤呼吸强度(CO_2mg/g 土)。

⑨土壤微生物量的增加(个/g 土)。

⑩地下水位的降低(m)，对低湿地区而言。

(4)防风固沙指标

①农作物增产量[$kg/(hm^2 \cdot a)$]。

②稳定沙原，避免流沙吞没农田的数量($hm^2 \cdot a$)。

③对灾害风(>4 m/s)风速的降低(%)每年减少灾害日的天数(d/a)。

④干热风减少的天数(d/a)。

⑤林带疏透度(%)：表示林带疏密程度和透风程度的指标，可用林带纵面透光孔隙总面积与林带纵断面积之比来表示。

(5)调节气候和改善大气质量指标

①蒸散量(叶面蒸腾＋地面蒸发)增加量(t/hm^2)，对低湿地区而言。

②春秋增温(℃)或无霜期延长天数(d/a)。

③高温天气(>35℃)减少的天数(d/a)。

④地温上升或下降(℃)。

⑤空气相对湿度(%)的增减。

⑥释放氧气量[$t/(hm^2 \cdot a)$]。

⑦二氧化碳吸收量[$t/(hm^2 \cdot a)$]。

⑧对二氧化硫或其他有毒气体的吸收量[$t/(hm^2 \cdot a)$]。

⑨滞留灰尘量[$t/(hm^2 \cdot a)$]。

⑩负离子增加量[$kg/(hm^2 \cdot a)$]。

⑪杀菌素—芬多精增加量[$kg/(hm^2 \cdot a)$]。

(6)提高土地自然生产力指标

①总生物量增加值[$t/(hm^2 \cdot a)$]。

②光合生产力提高量[$t/(hm^2 \cdot a)$]。

③生物量转化率(%)：指次级生产力与初级生产力的比值，用百分数表示。其中，初

级生产力指植物的生物量，次级生产力指转化为动物有机体的生物量。

④病虫害减少(%)。

⑤害虫天敌的种群数量增加(%)。

⑥生物多样性增加，包括植物、野生动物、鸟类等种类组成成分和数量的变化。

(7)森林分布均衡度指标(E)

$$E=1-\frac{\sum_{i=1}^{n}|(\text{总覆盖率}-\text{第}\ i\ \text{个统计小区的覆盖率})|}{n\times\text{总覆盖率}}$$

当 $E=1$ 时，表明森林分布最均匀，最有利于环境功能的提高；当 $e=0$ 时，表明森林分布最不均匀，最不利于环境功能的提高。

3. 社会效益指标

社会效益是森林生态环境效益的一部分或延伸，由于它比生态效益更难于在货币尺度上加以定量评价，因而人们对其认识也不统一，常见的选择指标有：

(1)社会进步系数

社会进步是一个复杂而内涵丰富的概念，森林的社会效益对社会进步的影响，通常并不是直接和决定性的因素，有些影响往往不宜察觉，具有间接和隐蔽的特点。可用社会进步系数表示，它是以下 5 个反映社会进步的主要指标的连乘积。

①人均受教育年数(a)。

②人均期望寿命(a)。

③人口城镇化比重(%)。

④生育率(%)。

⑤劳动人口就业率(%)。

(2)增加就业人数

指评价区内以森林资源为基础的一切有关从业人员。

(3)提高健康水平

可由地方病患者减少人数乘上一个调整系数(一般为 0.2~0.4，表明森林经营的社会效益作用)来反映。

(4)精神满足程度

可通过对人们观感抽样调查来反映森林景观改善的美学价值。

(5)生活质量改善

可由人均居住面积变化来反映。

(6)社会结构优化

①区域产业结构变化。

②区域农业结构变化。

③区域消费结构变化。

(7)犯罪降低率(%)

三、常用的森林计量评价方法

森林功能和效益的计量评价，必须寻求与其他商品可比的计量方法，这就是货币价格计量。即以货币为统一的计量单位，对森林实现的三大效益进行综合评价，而在现实中生态和社会效益都是以实物、能量等分值为计量单位的，货币化法就是将这些效益进行货币化，以货币量来反映森林综合效益。森林的经济效益直接以货币计量，只要用实物量乘以市场价格就可以得到；而生态效益和社会效益大多不能直接计量，常用等效益物替代法、促进因素的余量分析法、相关比例法和补偿变异法等进行计算。

1. 等效益物替代法

自然环境是由各种自然资源要素相互联系、相互制约而构成的。一般来说，大部分资源都具有多种功能和多种用途，而人类社会对资源的需求也是多方面的、多层次的，在一定区域某种资源有限的条件下，人们往往可以用另一些资源作为替代物加以利用，从价值观点看，这两者之间具有等效益的必然联系性。森林一旦遭到破坏，是不易在短期内恢复的，由此导致的森林综合效益某些子项目的短缺会给环境带来损失，人们需要付出一定代价加以弥补，如水库防护林破坏，必然导致水土流失加剧、泥沙於库，为保证水库库容，必然采取一定措施加以疏於，付出一定费用，那么这种受害部门付出的费用价值大体可以反映水库防护林的水土保持效益。在农田防护林、水源涵养林、防风固沙林、珍贵野生动物保护区的生态和社会效益的计量中，等效益物替代法已经得到广泛运用。

在运用中，必须考虑两个问题：

①价格问题　价格水平的高低影响到效益值的大小，如果某些等效益物的市场价格有人为支持或限制因素在内，影响其真实性，我们可用计算价格(影子价格)代之。例如，森林减缓洪水功能的经济效益可以水库蓄洪的工程投资费用来代替，若水库蓄水拦洪 100 m^3 需工程投资 30 元，那么森林蓄涵 100 m^3 水也相应为 30 元。

②等效益物的稀缺性　对于人们需求而言，虽然重要但目前尚不稀缺的某些森林间接效益，应按一定比例折扣后再纳入综合效益计量范围，以求得既有科学性又能为社会认可的效益值。

2. 促进因素的余量分析法

社会经济的发展是包括森林在内的众多促进因素共同作用的结果，在一定的时空内，社会经济发展的增量是促进因素贡献值的总和。采用一定的计量方法，可对主要的促进因素贡献值进行分析。在贡献值总量中，扣除其他因素的贡献值后的余量，即可视为森林生态经济的效益值，这种方法称为促进因素的余量分析法。如农田防护林对促进农田粮食稳产、高产有一定作用，只要扣除了其他农业生产技术措施的增产贡献值，就可以将余量的增产粮食作为等效益物，计算出农田防护林的防护效益。这种方法理论上成立，应用上比较成熟，而且社会认可度较高，计算机和数学模型的使用更为这种方法提供了有力手段。但是在选择和确立主要的促进因素时，它需要大量翔实的资料，因而在实际应用中受到一定限制。

3. 相关比例法

森林的综合效益是一个整体，在不同的区域、不同的期间对不同的林种和树种，可通过一定的评价方法，计量出三大效益之间的比例关系。由于生态、社会效益具有外部经济性的特点，它无法通过市场的价格机制表现出来，而是作为森林经济效益的伴生物为社会无偿享用。因而，在计量时只要计算出森林的经济效益，再按比例推导出生态社会效益值即可，这种方法称为相关比例法。

在具体运用中，可就不同情况做如下处理：

①在生态、社会效益指标数据难以取得的条件下，可借鉴国内外已有的研究成果，并结合专家调查法，来确定森林的经济效益和生态、社会效益的相关比例，从而得出森林生态、社会效益的相关货币值。

②若森林经济效益和生态、社会效益的相关比例难以确定，或是确定的比例难以为社会接受，而生态、社会效益的指标数据又较为完整时，则可通过综合指数的方法，得到生态质量改善综合指数和社会进步综合指数(分别反映森林生态、社会效益的目标)。在此基础上，分别建立森林经济效益与生态、社会综合指数之间的相关方程式，并求得两者之间的比例关系，然后用内插法推出综合指数增量反映出来的相关货币值的大小，作为森林生态和社会效益的等效货币值。

4. 补偿变异法

事实上，世界上许多有价值的东西，是难以用货币衡量的，但有时又必须予以衡量，以便在这些有价值的东西被破坏或损失后，能通过一定的机制得到相应的补偿。如企业对工伤死亡者的补偿、保险公司支付的人身保险费，这些补偿的货币值，虽难以与生命价值相提并论，但从心理平衡的角度看，这笔补偿还是很有必要的。由此，一些无法用货币评价的东西，便通过心理补偿的中介与一定量的货币等效，把此原理应用于森林生态和社会效益货币化计量中，便称之为补偿变异法。如果森林生态和社会效益的受益者，要为此支付一笔金额，有了这笔支出同时享受这种效益，同非受益者没有这笔支出也没有这种受益的感觉相似。同时，森林生态和社会效益的生产者，相应得到一笔补偿收入，有了这笔收入和付出这种劳动，同非生产者没有这笔收入也没有这种产出感觉相似。这笔收入和支出，从补偿变异角度看，可视为森林生态和社会效益的货币等效值。

四、计量评价的步骤

根据森林生态系统的特点及其在环境保护和社会发展中的作用，首先确定评价对象，如农田防护林、水土保持林、防风固沙林等的生态效益评价，并确定评价的目的和要求。

1. 效益的分解

森林的生态环境效益表现形式多种多样，作用和社会效果均不同，研究方法各异，因此必须分别计量和估价。例如，水土保持林的防护效益可以分解为：①保持水土、减轻水土流失的效益；②涵养水源效益；③减少下游河床淤积的效益；④减少下游水库淤积，延长水库使用寿命的效益；⑤减少冲毁农田，扩大耕地面积的效益等。

2. 效益的计量

对分解出的各项效益分别采用适当方法和合适的量纲进行测定。例如，维持大气中氧气和二氧化碳平衡的计量，可通过光合作用的测定或净生产力的测定，直接或间接得到林地放出氧气和吸收二氧化碳的数量；水源涵养效益可通过林地死地被物和土壤的最大持水量等方法测定森林的持水能力；固土效益可在林内和无林地对比测定土壤侵蚀量，其差值即为森林固土数量。

3. 单项效益的经济评价

森林有多种生态效益，其意义各不相同，量纲各异，无法直接比较和累计。为了便于比较，必须将效益换算成统一的货币单位。

4. 生态环境效益的总体评价

在各种效益单项评价的基础上，将其累加求和就能得到某项所要评定的生态效益的总值或整个森林生态效益的总值。

（段　劼、杨　华）

复习思考题

1. 林学术语解释

林分调查　林分调查因子　材积　蓄积量　径阶　龄级　林分平均高　优势木平均高　林相　胸径　样地　标准地　临时标准地　固定标准地　形数　形率　标准木　材积表　一元材积表　二元材积表　树高级　树木生长量　树干解析

2. 基本知识解答

(1)基本测树因子有哪些？

(2)角规测树的含义及原理是什么？

(3)标准地的设置方法是什么？

(4)标准地调查因子包含哪些？

(5)林木单株材积和林分蓄积量测定的方法有哪些？

(6)树木生长量的常见因子有哪些？

(7)试述树干解析的原理、作用及操作步骤。

3. 综合应用

(1)采用平均标准木法测定林分蓄积量的方法、步骤及提高测定准确度的措施。

(2)综合分析森林效益计量评价常见方法的特点及适用条件。

推荐阅读书目

1. 测树学(第 2 版). 孟宪宇. 中国林业出版社，2006.

2. 现代森林测定法. 王雪峰. 中国林业出版社，2013.

第二篇

林木种苗繁育

本篇以良种壮苗生产的基本知识为核心，系统介绍林业生产对种子(条)和苗木的要求，以及为满足高质量造林绿化在良种壮苗生产上应采取的基本措施和途径。全篇共包括两章，即林木遗传改良与种子生产、苗木培育。

第六章　林木遗传改良与种子生产

【内容提要】本章介绍林木遗传变异的特点与林木遗传改良的实质；引种、选择、杂交育种的主要技术环节；遗传测定的意义和配合力的概念；林木种实的成熟与脱落的特点和采种方法；林木种实调制加工的概念、内容与方法；林木种子品质检验与贮藏保存的方法；地区间种子调拨的基本原则。

第一节　林木遗传改良

一、林木遗传改良基础

(一)林木遗传改良的生物学基础

1. 林木的遗传变异

遗传是指亲代产生与自己相似子代的现象。但是同一母树上所采集的种子培育的苗木在形态、结构等方面也不尽相同，并且与母树表现出一定差异。这种子代个体间和亲本与子代间表现出的各种性状差异的现象，称为变异。

遗传和变异相互依存，是物种能够延续和不断进化的根本原因。遗传保证了物种的稳定性以及延续性，变异增加了物种内的多样性，是进化的基础。其中变异分为遗传变异和不遗传变异。

2. 林木变异现象的普遍性特征

林木的形态特征、功能、物候和生理等方面普遍存在着不同程度的变异。其中最容易识别的便是形态特征。我们常常看到同一种树，在树高、冠形、枝条、叶形、叶色和花等方面都存在一定差异。林木种内的变异也包含不同层次，包括地理变异、立地间变异、林分间变异、个体间变异、个体内变异、谱系间变异和谱系内变异等。总之，这些变异都为林木遗传改良提供了丰富的种质基础。

3. 遗传变异与林木育种

物种进化的三要素是遗传、变异和选择，变异是选择的基础，遗传是选择的结果。林木育种就是根据这一原理，针对具体改良目标，选育优良的遗传种质。例如，提高木材产量、改善木材品质、提高观赏价值、增强抗病虫和逆境能力等。

（二）林木遗传改良的实质

林木遗传改良的实质是根据改良目标来发掘变异、创造变异、研究变异和利用变异，并使具有优良遗传变异性状的种质稳定扩繁，成为优良品种，在适宜生境下借助高效的技术措施栽培利用，形成具有较高价值的林木。

（三）林木遗传改良的目标

林木遗传改良目标只有满足社会需求，才会具有意义。目前，人们对于森林资源的利用从单一的木材生产转向发挥森林多种效益，育种目标也不仅仅是针对用材的优质繁殖材料，还包括非木质产品生产、防护和园林绿化等。具体的目标包括：速生性、丰产性、提高工业用材的质量、提高抗病性和抗虫性、提高抗逆性、其他非木材产品产量及质量的遗传改良等。

（四）林木遗传改良的任务

林木遗传改良的根本任务是科学管理遗传资源，选育和繁殖林木优良品种。

林木品种是指由人工选育出来，经济性状遗传稳定、优良且符合市场需要，能适应一定自然和栽培条件的树木群体、个体或谱系。林木良种是指通过审定的林木种质，在一定的区域内，其产量、适应性、抗性等方面明显优于当前主栽材料的繁殖材料和种植材料。在林业生产中，一般把通过选育，性状有一定提高的林木种质，泛称为林木良种。

（五）林木遗传改良的途径

林木遗传改良的途径主要有两条：一是充分利用现有资源，选择优良群体和优良个体，或引进外来的优良树种；二是人工创造育种材料，培育满足改良目标的新品种。具体措施包括：选育(选种、引种、杂交育种、多倍体诱导等)、遗传测定和良种繁育(有性繁殖和无性繁殖)等。

二、林木良种选育

外来树种的引进、种内变异的选择、杂交育种是林木良种选育的三个传统途径，在林木遗传改良中得到广泛应用。人工诱变育种、生物工程等是现代育种的新技术。

（一）引种

当某一树种在其自然分布区内生长时，称为乡土树种。当某一树种栽种到自然分布区以外时，该树种称为外来树种。引种是根据预定的利用目标，将某树种的群体或个体种质从原有分布区扩展栽植到分布区外，或引入非本栽植区的外来树木种质。引种改变了树木种质生境，会对其适应性和性状表现产生不同程度影响，有时，还需要采取一定的栽培甚至施加遗传改良措施后，才能实现引种目标。这种采取一定的有效措施，使外来植物种质适应引入地生境条件的过程被称为驯化。虽然说引种和驯化有时是两个概念，但引种与驯化往往是统一的，因为引种必然要进行驯化，要驯化必然先引种。为提高引种效果，引种工作往往与育种措施相结合，如选择并引进优良种源、家系、无性系、品种，以及引进花粉杂交等。

1. 引种的意义

引种是育种的一条有效途径，是实现林木栽培良种化最为简便和经济的方法，具有重要意义。首先，通过引种可获得育种原始材料，从而实现对现有品种资源的直接利用，具有简单易行、迅速见效的特点；其次，引种可以在短时间内增加引种地的树木种质资源，丰富林产品种类；第三，通过引入本地缺乏的基因资源，有可能选育出具有特殊性状的优良品种；第四，引种也是保护珍稀濒危树种和开发利用林木种质资源的有效手段。

我国曾经从世界各地引种众多的外来树种，如桉树、刺槐、湿地松等，对于促进我国木材等林产品的生产、保护环境及绿化美化等产生了重要的作用。

2. 林木引种的基本理论

(1)外来树种引种表现的一般规律

多年的引种试验已经证明，气候比较温和的地区容易接受来自气候因素变化剧烈地区的树种；地中海气候型(冬雨、夏旱)树种很多难适应大陆性气候条件，但原分布大陆气候区的树种较容易适应地中海气候或大洋性气候；高纬度、高海拔树种不宜移栽到低纬度、低海拔地区，反之亦然。但高纬度、低海拔与低纬度、高海拔间相互引种，成功的几率较大。

(2)选择外来树种引种的主要依据

我国树种资源丰富，树木种类多样，具有不同的生物学特性、生态学特性、林学特性和经济学价值，在选择外来树种时需要满足以下条件：

首先，引种必须符合引种目标，即引种区对拟引树木种质的要求。因此，了解引入树木种质在原产地的经济性状表现，也可作为引进种质筛选的初步标准。

其次，还需考虑曾经经历过的历史变迁及自然分布区的生态条件，以及原产地与引入地区的生态差异，即要考虑外来树木种质适应新环境的可能性。目前公认的原则是生态条件既要相似，但不要求严格一致。

最后，还应考虑树种分布区和种内的变异。

(3)影响林木引种成功的限制因子

限制林木引种成功的因子主要包括遗传学基础和生态环境条件。首先，引种是植物在其基因型适应范围内的迁移。基因型会严格制约这种适应范围，一般而言，分布范围广的、遗传多样性丰富的、杂和程度高的、表现出对不同环境条件具有适应性的树种利于引种。其次，引种树木有其适应的生态环境，当其从原生区引种到分布区外时，生境发生了变化，或多或少对林木的生长产生了影响：

①气候因子　气候限制因子主要包括气温、降水和湿度、光照、风等。气温是影响引种成败的重要主导因子之一，主要考虑临界温度、绝对温度外，低温持续的时间、降温和升温速率等。昼夜交替的光周期、日照强度和日照时数等日照因子对于引种也有较大影响。同时，降水量、雨型(降水的季节分布)、空气湿度等。

②土壤因子　包括土壤的理化性质、含盐量、肥力状况、pH 值、地下水位、土壤微

生物等。除沙棘、胡杨、柽柳、沙枣等耐盐植物外，大多数树种不能在含盐量超过0.2%的土壤中正常生长。

③地形因子　地形因子主要是指坡度、坡向等，其对树木生长是一个间接，但又具有综合影响的因子。

④生物因子　外来树种的病虫害是首先应考虑的因子；此外，某些树种的根系与菌类共生形成共生体，对于树木正常生长十分必要，引种时要加以考虑。

3. 引种的关键技术环节

(1)引进树木种质的筛选

根据育种目标对引入树种的分布区、种内遗传变异和改良历史，不同种质的生物学和生态学习性以及遗传多样性进行考察，分析引种的主导生态因子，判断引入种质是否适应引入地的生态条件。在此基础上筛选拟引入的树种及其群体、个体或谱系种质。

(2)种苗检疫

对引入的外来种进行严格检疫，并设置检疫圃隔离种植，避免随引种传入有害生物，如病虫害、杂草等。

(3)登记编号

收集的材料必须详细登记编号。包括名称、来源、材料种类、数量、寄送单位和人员、日期等。

(4)引种栽培试验

一般分三个阶段，首先进行多地段、小规模的引种试验，以考察树种内不同种质在引入地的适应情况；然后进行种质对比试验，以进一步考察适宜种质的经济性状以及生物学特性等；在此基础上开展区域化试验，确定外来树木种质的推广范围等。

(5)鉴定与推广应用

当外来种质达到鉴定年龄，其适应性、生长和经济现状表现符合引种目标，才可以逐步扩大种植面积，向生产推广过渡。

4. 引种注意事项

①要有明确的育种目标，重视外来树种内优良变异的选引，注意引入不同类型的群体和个体种质，特别是原产地已选育的优良种质(种源、家系或无性系)，开展外来种质的对比试验。

②引种试验成果的推广必须逐步进行，要根据外来种质及其利用目标，选择相应的生境条件进行栽培试验。

③引种必须对种苗进行检疫。

④选择适当的繁殖方式和最适于外来种质的栽培措施。

5. 树木引种成功的标准

树木在一个地区引种成功与否，一般认为主要应参考以下标准：

①能适应当地环境条件，不需要采取特殊保护措施能够正常生长。

②不降低在原有自然分布区所表现出的经济价值。

③能够用该树种常用的繁殖方式进行繁殖。

(二)选择育种

选择育种，简称选择或选种，是指从自然界挑选符合生产需要的，或淘汰不符合需要的群体或个体，通过培育、鉴定、筛选出优良的品种或类型，以供生产中繁殖推广。

选择育种的实质是进行树木种内变异的选择。当前林业中应用最多的选择途径和方式有：种源选择、优树选择和无性系选择。

1. 种源选择

(1)种源的含义

种源是指种质的产地，即某一树种的种子或其他繁殖材料的采集地区。在我国，通常种源以县为单位，繁殖材料或种子来自的县名即是种源名。在国内有时人们也将某一种源的树木群体简称为种源。种源经常与原产地混用，原产地是指种质的地理起源，即树种内某地理群体自然进化的发源地区。

(2)种源选择

种源选择是为各造林地区选择生产力高、稳定性好的种源的过程。其意义在于：首先，选用适宜的种源，能够以最小的代价在短期内获得木材及其他林产品的显著增益；其次，可使林分的抗逆性和抵御病虫危害的能力显著提高，从而提高林分和稳定性。

种源选择的中心工作是种源试验。

(3)种源试验

种源试验是在拟选种源将来推广利用的代表性生境条件下，开展的树种内多个种源群体样本间的栽培对比试验。种源试验的主要目的是为种源选择提供科学的依据。种源试验分为全面种源试验(全分布区试验)和局部种源试验(局部分布区试验)。前者参试种源为树种自然分布区内各差异生境代表性地区，试验目的是研究树种内处于不同地理环境的群体间的遗传变异(地理变异)及其规律性，进行种子区区划，为确定各种源种子的调拨范围提供科学依据，为生产选择适应性和生长表现较好的种源；后者参试种源范围为与造林地区生境相似或早期试验有良好适应性的有限种源，目的是为造林地区选择符合人工林培育需求的最优种源，并为树种遗传改良提供育种材料。

总结长期以来人们所进行的种源试验，可以发现以下规律：

①绝大多数树种有地理变异，变异可以表现在生长量、生育期、抗逆性、形态特征、生理特性、木材品质等性状上。这些性状差异可以遗传给后代。

②树种的地理变异模式与其自然分布区大小、环境变化梯度和特点等有关。

③当地种源的群体适应性一般最好，但经济性状表现不一定最优。

④一般要连续进行2~3次试验，才能确定优良或适宜的种源。

种源试验从搜集材料、选择优良株系开始，到育成新品系，由一系列的选择、淘汰、鉴定工作组成，这些工作的先后次序称为选种程序。

种源试验的技术环节主要包括：确定试验规模→确定采种点→选择采种林分→确定采种母树和采种→田间对比试验→优良种源选择。

种源试验是一种混合选择，要做到具有代表性和可比性，必须注意以下几个问题：

①采种点和造林点应有代表性；

②要保持各采种林分和采种树的可比性，做好采种记录；

③苗圃育苗试验和造林时要严防混杂；

④各种管理措施要一致；

⑤要有科学的田间试验设计。

2. 优树选择

优树，也称正号树，是指在一些主要性状上远远超过同等立地条件下周围同种、同龄林木的单株。优树选择是按一定形质和生长指标开展的单株表现型选择，入选优树子代或其繁殖的无性系表现优异度还需要进行遗传测定确定。经子代或无性系测定后复选的优树称为精选树(elite tree)。

(1)优树选择的意义

优树选择是谱系清楚的单株选择，改良效果较好，是培育树木新品种的重要途径，具有以下意义：

①优树选择是种子园和良种采穗圃建立的种质基础。

②是林木优良种质资源收集和种质基因库建设的基础工作。

③作为谱系清楚的单株选择，是生产遗传品质优良种质的方向。

(2)优树评选标准

优树评选的性状和标准根据树种、选种目的、地区资源状况而定。用材树种的优树主要指标有木材生长量、干形、材性和抗逆性等。经济林则主要包括数量指标和质量指标。其中，生长量标准一般是与林分平均值比较，优树的材积、树高和胸径应分别超过林分平均值的150%、15%和50%。质量指标则是树干通直度、冠幅、分枝角、抗逆性、结实能力等。

(3)优树选择的方法

①确定选优林分　理想的选优林分是原产地清楚，没有经过人为负向选择(大树已被择伐)，经济性状已充分表现出来的同龄人工纯林，且必须能够产生优树。

②优树评选　属多性状选择，根据选优任务与优树利用目的，拟定优树标准，以材积和形质指标，采用评分法、独立标准法、连续选择法综合评定。

3. 无性系选择

所谓无性系，是指由同一株母树上采集，采用无性繁殖方式(插条、压条、分根、嫁接、组培等)繁育出来的所有植株的总称。对繁殖成无性系的最初那株树，被称为无性系原株。由无性系原株繁殖出来的个体，被称为无性系分株。

无性系选择是指在对从普通林分中、人工或天然杂种群体选出优良单株繁殖成的无性系进行栽植对比试验基础上，根据改良目标和一定选择指标开展的优良无性系筛选过程。

无性系选择具有保留原株全部遗传信息，遗传增益较大，分株间性状一致性好，良种投产效快等优点，是易无性繁殖树种的主要遗传改良与良种繁育方向。

（三）杂交育种

不同树种间或同一树种内不同品种或不同类型间进行的人工控制交配，取得杂种的过程称为人工杂交。杂交获得的后代称为杂种后代，简称杂种。人工杂种经过栽植、试验、鉴定等选出的优良种质（杂种家系或无性系）称为原种，优良原种通过良种繁育可满足一定商品需要，并通过良种审定获得林木良种证，为优良品种，从人工杂交到获得优良杂交品种过程称为杂交育种。

根据杂交亲本双方亲缘关系的远近，可分为种内杂交、种间杂交和属间杂交。同一树种不同品种或类型间的杂交称为种内杂交，又称近缘杂交。种间和属与属以上的品种间的杂交称为远缘杂交。

1. 杂交育种的意义

杂交育种是利用亲本间基因组的重组来培育林木新品种的重要途径。通过杂交优选的杂种，可具有双亲的优良性状，在生长势、生产力或抗逆性等方面可优于双亲，杂种出现的这种优良特性称作杂种优势。优良杂种投入生产可取得显著的遗传增益，提高林业生产效益；在抗逆性方面的优势使其在困难立地造林，抵御病虫害及自然灾害中会发挥重要作用。

2. 确定杂交组合的一般原则

确定杂交组合时应遵循以下原则：①根据育种目标选择亲本；②亲本的优良性状要多面突出，双方的优缺点能够互相弥补；③亲本的地理起源和生态适应性要有一定的差异；④根据亲本性状遗传能力的大小进行选配；⑤考虑母本遗传的优势，一般选择具备有利性状较多的亲本作母本。

3. 杂交亲本植株的选择

亲本选择是指根据育种目标从育种资源中挑选最优良个体作为亲本的类型。地方品种是当地长期自然选择和人工选择的产物，对当地的自然条件和栽培条件都有良好的适应性，在选择杂交亲本时应加以重视。此外，杂交亲本还必须具有良好的可育性，如亲本败育严重，即使目的性状异常优越，由于不能获得杂交后代，也是没有用途的。

对于用材树种而言，亲本植株的选择原则可参考优树标准，一般应具备如下特点：①生长迅速、材质优良；②树干通直、圆满、尖削度小；③冠形较窄、匀称、分枝角度合适；④生长健壮、无病虫害；⑤树木性状已得到充分发育。

4. 杂交方式

在杂交育种中参与杂交的亲本数目及其次序称为杂交方式。其中，杂交时，供应花粉的植株，叫父本，以符号“♂”表示；接受花粉，而发育成果实和种子的植株，叫母本，以符号“♀”表示。“P”表示亲本双方，“×”表示杂交，母本写在前，父本写在后。从杂交所得的种子及其长出的植株，为杂种第一代，用“F_1”表示，从 F_1 所结的种子及其长出的植株为杂种第二代，用“F_2”表示，依此类推。

为了得到预期的育种效果，常常采用不同的杂交方式，杂交方式具体分为：

(1)单杂交

简称单交，是两个亲本的成对杂交，两个亲本可以互为父母本，即 A×B 或 B×A，前者称为正交，后者称为反交。当两个亲本优缺点能互补，性状基本上能符合育种目标时，应尽可能采用单杂交。由于细胞质遗传，一般母本更具优势，所以多以优良性状较多、适应性较强的材料作母本。

(2)复合杂交

在两个以上亲本之间进行杂交，称为复合杂交。一般先配成单交，然后根据单交的缺点再选配另一单交组合或亲本杂交。复合杂交又分为多种形式：

①三交　单交的 F_1 再与第三亲本杂交，即(A×B)×C。

②双交　两个单交所得到的杂种之间进行杂交，即(A×B)×(C×D)。

③回交　两个亲本产生的杂种 F_1 代再与亲本之一杂交称为回交。即(A×B)或 F_1×A 或 F_1×B。用作回交的亲本称为轮回亲本。

(3)多父本混合授粉杂交

选择一个以上的父本，把它们的花粉混合后，授给一个母本的杂交方式，称为多父本混合授粉杂交。即 A×(B+C+D+…)。如徐纬英等(1958)用钻天杨和旱柳的混合花粉与小叶杨杂交选育出群众杨。

5. 杂交技术

(1)了解开花习性

杂交之前要了解树木开花的年龄、每年开花的时间、花的结构以及授粉方式，如自花授粉或异花授粉等，以便制订适宜的杂交方案。

(2)及时取得花粉

为了保证杂交工作顺利进行，必须在雌花开放前取得足够量的花粉。多数树种的花粉，即使在常温条件下也能保持 1~2 周以上的生活力，但雌花可授期短。

(3)控制授粉

树木的授粉方式有两种，即切枝杂交和树上杂交。同时，为了防止自花授粉或自然杂交，雌花要套袋隔离。如果是雌雄同花或雌雄同株，则必须除去隔离袋内的雄蕊或雄花，即去雄。

(4)精心管理

花期过后，可以除去隔离袋，以利于正常发育。同时，要细心观察，及时防治病虫害，严防人为破坏。杂种成熟前，要及时套上纱布或尼龙袋，以避免混杂。

6. 杂种的培育、选择和推广

(1)杂种培育

要采取各种措施以达到拥有最多杂种苗的目的。因为杂种苗种群越大，可供选择的范围也越大。其次，要保证培育条件的一致性，只有这样才能进行客观地评定和选择。要避免混淆，做好挂牌、观测、登记等工作。

(2)杂种的鉴定和选择

不同的杂种个体往往具有不同的遗传基础，只有选择才能将所需个体筛选出来，选择贯穿于杂种培育的整个过程。选择应考虑不同杂交组合杂种的特点，以及不同树种的繁殖方式，采用不同的选种程序和方法。

(3)杂交品种的繁殖推广

经过鉴定，确认为具有优良性状的杂种，由于数量有限，还不能在生产上推广之前，称为原种。原种经过繁育，在保持原种优良性状的基础上大量繁殖，达到投入生产的数量时称为品种。能够无性繁殖的品种，一般通过扦插大量繁殖。

(4)杂交种种子获取途径

对目前主要依靠种子繁殖的树种，为取得大量杂交种种子，一般采用如下途径：

①利用具有杂种优势的亲本建立杂种种子园，如日本落叶松×欧洲落叶松已利用这种形式。

②用杂种第一代衍生的各种种子，包括 $F_1 \times F_1$，F_1 亲本的回交等的种子。

7. 杂交种的命名

现在主要有 3 种命名方式：

①对自然杂种，常在属名之后，加“×”，然后加上种名，如 *Populus*×*canadensis*(加拿大杨)。

②直接写出杂种亲本的组合。如 *Pinus rigida*×*P. teada*(刚松×火炬松)。

③用品种名称，如 *Populus euramericana* W. ‘I－214’(欧美杨 I－214)。

(四)遗传测定

1. 遗传测定的意义

树木的性状表现是遗传和环境共同作用的结果，科学研究证明，植物优良的表现型不一定产生优良的子代或无性系，表现型优良的亲本其遗传品质并非都优良，在优良的表现程度中，只有受遗传控制的部分才能在改良中利用。对选择出来的优树通过无性繁殖得到的植株或通过各种交配设计获得的子代进行田间对比试验，并进行遗传分析评价，这一过程就是遗传测定。遗传测定是育种工作的核心，具有重要意义，主要体现在：

①测定性状受遗传控制的程度，估算不同选择方式下的改良效果，指导性状的改良。

②评价测定对象性状表现的优异程度，为进一步的选择利用提供依据。

③研究改良性状与环境因素的相互关系，导致性状变异的主要因素，为良种的推广利用提供参考。

④收集和保存了大量的优良育种资源，可为下一世代育种提供合适的遗传材料。同时，遗传测定也是良种推广宣传的重要途径。

⑤评价亲本的一般配合力、育种值或亲本组合的特殊配合力，为回向选择亲本或组合提供依据。

按育种程序，选育出来的优树、无性系或杂种，只有经过遗传测定，确证优良后才能投入良种繁育和推广。

2. 遗传测定方法

(1)子代测定

子代测定实际就是将表型选择优树自由授粉子代或交配设计子代按环境设计要求所安排的田间对比试验，主要是用于评价某一母本或父本性状受遗传决定的程度，以及一个亲本与其他亲本交配所产生子代的遗传品质的优异程度。

①交配设计(遗传设计)

自由授粉设计　直接从选择的优树上，或从种子园的嫁接植株上采收自由授粉种实，按单株或无性系育苗、造林，对各性状进行鉴定，是属于谱系不完全清楚的交配设计。通常称为自由授粉子代测定或单亲测定。

多系授粉设计　多系授粉，又称混合授粉，就是对待测的每个无性系用本系以外的许多无性系的混合花粉授粉。

单交　单交就是在一个育种种群中，一个亲本只和另一个亲本交配，而不再和第二个亲本交配。子代双亲都清楚。单交的最大缺点是只能提供特殊配合力的估量，不能提供一般配合力的估量。由于偶然组合的机会，可能会丧失优良的无性系。

双列杂交　又称互交。包括一组亲本间所有可能的杂交和自交组合，双列杂交分为以下 4 种：

i. 包括正交、反交和自交，即共有 P^2 个组合；

ii. 包括自交和正交或反交，共有 $P+\frac{1}{2}P(P-1)=\frac{1}{2}P(P-1)$ 个组合；

iii. 包括正交和反交，但不含自交，[$\frac{1}{2}P(P-1)+\frac{1}{2}P(P-1)=P(P-1)$ 个组合；

iv. 仅包括正交或反交，不包括自交，即 $\frac{1}{2}P(P-1)$。

	1	2	3	4
1	X_{11}	X_{12}	X_{13}	X_{14}
2	X_{21}	X_{22}	X_{23}	X_{24}
3	X_{31}	X_{32}	X_{33}	X_{34}
4	X_{41}	X_{42}	X_{43}	X_{44}

图 6-1　双列杂交图示

如图 6-1 所示，X_{11}、X_{22}、X_{33}、X_{44} 为自交组合；如 X_{12}、X_{13}、…、X_{34} 为正交组合，则 X_{21}、X_{31}、…、X_{43} 为反交组合。如有 P 个无性系则可能提供 P^2 个杂交和自交组合。

部分双列杂交　可以对亲本的一般配合力作出估量，并可提供部分特殊配合力的数据及没有亲缘关系的子代。缺点是对个别无性系交配次数不等。

不连续的半双列杂交　把全部无性系分属几组，每组通常包括 6 个亲本。杂交只在各个组内进行(图 6-2)。

	1	2	3	4	5	6	7	8	9	10	11	12
1		×	×	×	×	×						
2			×	×	×	×						
3				×	×	×						
4					×	×						
5						×						
6												
7								×	×	×	×	×
8									×	×	×	×
9										×	×	×
10											×	×
11												×
12												

图6-2　不连续双列杂交图示

	1	2	3	4	5	6	7	8	9	10	11	12
A	×	×	×	×								
B	×	×	×	×								
C	×	×	×	×								
D					×	×	×	×				
E					×	×	×	×				
F					×	×	×	×				
G									×	×	×	×
H									×	×	×	×
I									×	×	×	×

图6-3　分组测交图示

测交　以4~6个无性系(测交系)为亲本的父本，与待测亲本交配。它的改进方式叫分组测交，即把需要测交的亲本分成若干组，再按测交方式组合杂交(图6-3)。

②子代测定中的配合力　配合力是指在一定交配系统中，一亲本或双亲将其优良性状的相关基因(及其表达的调控因子)传递给后代，其性状表现的相对程度。表型不能传递，传递的只是基因及其调控因子，配合力只是显示亲本对子代优异度影响的统计值，不能说明生物遗传的所谓“能力”。配合力分为一般配合力和特殊配合力两种：一般配合力(简称GCA)指一个亲本在多个交配组合中，子代某个性状平均值与子代群体总平均值的离差；特殊配合力(简称SCA)是指在一个交配群体中某个特定亲本交配组合子代某性状平均值与子代群体总平均值及双亲一般配合力的离差。

一般认为，一般配合力是由基因加性效应作用的结果，基因的作用可以累计起来，能够固定遗传，加性效应大，表明控制亲本某性状的相关基因在有性繁殖中能够稳定地传递给子代。而特殊配合力是由显性、上位作用的结果，只有当特定的基因组合在一起时的特定表现。

配合力的计算　在不考虑试验误差的条件下，某亲本一性状的一般配合力为该亲本在各交配组合子代性状平均值与所有供试组合子代性状总平均值的离差；某亲本交配组合一性状的特殊配合力为该组合性状观测值与所有组合平均值及其双亲一般配合力之和的离差。由于配合力针对的是具体性状，而每个性状观测值有特定量纲(单位)，为便于性状间配合力的比较，通常采用相对配合力，即：一性状的配合力估测值与测定群体平均值的商为相对配合力。

用通式表示：

亲本 P_i 的一般配合力公式：$g_i = \bar{X}_L - \bar{X}_{..}$

亲本 P_j 的一般配合力公式：$g_j = \bar{X}_j - \bar{X}_{..}$

亲本 P_{ij}的特殊配合力公式：$S_{ij} = \bar{X}_{ij} - \bar{X}_{..} - g_i - g_j$

配合力的应用　一般配合力、特殊配合力都是指亲本或组合的特定性状而言，而非针对亲本。一亲本可在某性状上有较高的一般配合力，而在另一性状上可有较低的一般配合力。如某个亲本可能具有一般配合力高的材积生长性状，却可能具有一般配合力低的材质性状。所以对各种性状的配合力应分别估算。

一经济性状一般配合力高的亲本，产生的子代一般表现较好。由于特殊配合力仅反映特定交配组合中父本与母本的互作效应，所以，特殊配合力大小本身不能说明亲本的好坏。在林木良种繁育中，通常选用一般配合力高的无性系建立由许多无性系组成的种子园；用一般配合力和特殊配合力均高的亲本无性系，营建由两个无性系组成的种子园。

(2)无性系测定

无性系测定是指把优树或优良杂种苗木繁殖成的无性系，在相同的立地条件下，按田间试验设计要求进行的栽培对比试验，以了解待测材料在营养繁殖条件下的遗传品质。无性系测定旨在了解优良个体在无性繁殖条件下，性状优良程度的稳定性或可重复性，是优良无性系选择的基础性工作。

无性系测定具有以下特点：

①无性系测定只能提供测定材料在无性繁殖下的遗传表现，不能准确估测该材料在有性繁殖下的遗传表现。

②年龄与位置效应对无性系测定准确性有影响。成熟效应是因树木生理老化，导致扦插繁殖力弱、苗木生根少等现象；位置效应是指成年树木树冠不同位置的枝条特征在无性繁殖植株中的重现现象，它们受非遗传的影响。

③当用嫁接苗时，砧木不同以及嫁接技术有异，都会对测定结果产生影响。

④一些非遗传的影响，会在一定程度上遮盖无性系间的遗传差异，导致错误的测定和评选结果。

3. 遗传测定的观测

(1)遗传测定的性状指标

主要根据育种目标和树种的特点来定。主要有：

①生长、树高、直径以及树积的年生长量、总生长量、生长进程及特点。

②主干通直度、圆满度、树皮厚度。

③分枝特性、侧技粗细、冠幅、自然整枝状况。

④木材比重和密度、纹理通直性、早材和晚材比率、心材和边材比率、纤维和管胞长度等。

⑤产胶量、产脂量、产品稳定性和品质；抗病虫害、耐盐渍、耐寒及对其他不良环境条件的适应性。

(2) 遗传测定试验的技术要求

为保证遗传测定结果的可靠与科学，在遗传测定试验过程中的各个技术环节，都需要严格按照设计要求进行，其中最主要的有：

①测定材料必须有代表性。

②测定方式应满足可靠评定待测性状的要求，以田间对比试验为主，有足够的重复。

③育苗和造林试验地的条件要均一，苗木的选用和栽培管理措施要一致。

④试验观测期限以能正确评定所需性状为度。如为观测用材树种生长，一般为 1/3 ~ 1/2 轮伐期；经济树种应在盛产期之后。

(3) 注意事项

①测定取样通常对全部试验材料进行全面观测。

②定量胜于定性，单因子胜于复因子。

③观测组织工作要严密有序。

④测量精度要适当。

⑤试验期间，各项试验，抚育管理措施及观测数据都要及时详细记录，并定期作试验总结。

三、林木良种基地建立

依据种源试验和种子区划，遵循种子调拨原则，这样基本解决了造林用种的地理种源问题，但在实际生产中，即使选对了种源也还存在着用谁生产的种子的问题。培育森林的周期长，一旦用劣种造林，不仅影响树木成活、成林、成材，而且损失严重，难以挽回。所以建立专门的良种生产基地，实现种子生产的专业化是保证种子质量的关键。

所谓林木良种基地，是指按照国家营建母树林、种子园、良种采穗圃等有关规定而建立的，专门从事良种生产的场所。目前，我国林木良种基地有 3 种形式：有性繁殖的良种生产方法有母树林和种子园，无性繁殖的良种生产方法有采穗圃等。

(一) 母树林

母树林又称种子林，是在现有优良的天然林或人工林中选择比较好的林分，经过采用恰当的经营管理措施，以专门生产品质优良的林木种子的林分；对生长比较快的速生树种也可选用优良苗木营造。

1. 母树林的特点

母树林具有以下特点：

①母树林生产的种子质量和产量要比一般林分好且多。

②母树林生产的种子种源清楚。

③经营技术简单，管理方便，生产成本较低，投产早，见效快。

④根据表型选择，不作遗传测定，选择强度低，遗传增益相对较小。

2. 母树林经营关键技术

(1)林分选择

选定采种林分后，要根据国家营建母树林标准选择优良母树，且必须选择优良林分。优良林分选择的基本要求是：

①一般选择同龄林，如只能选择异龄林，则母树年龄不应超过1个龄级，且林分密度大，优良林木占有优势。

②生长量优于相同立地其他林分，已经结实或接近结实。

③面积不低于50亩，且地势较平缓，林地光照条件好，交通方便。

④地理起源清楚，周围无同种劣质林分，无病虫害。

(2)经营目标树选定

为保证采种母树的品质，经营母树应具有优良的性状，一般应具备以下条件：

①树体高大，属优势或亚优势木。

②有发育正常的树干，无缺陷。

③树冠匀称，结实丰富。

④生长旺盛，无病虫害。

(3)疏伐

为进一步提高采种母树的产量和质量，改善光照、水分、养分和卫生条件，促进母树生长发育，必须对选定的母树林进行疏伐。

疏伐的原则是：去劣留优，适当照顾株间距，尽量使母树分布均匀，保证母树至少三面受光。对雌雄异株树种，还须注意雌雄株比例和分布。

疏伐强度直接影响母树生长发育和种子的产量与质量。确定疏伐强度的基本要求是：使保留母树能正常生长发育，保证母树有合理的充足的营养空间，利于母树种子生产和质量提高；树体之间既不相互遮蔽，又不形成林中空地和林窗；保证母树不遭受风倒风折、雪压雪折和日灼等危害。

为避免林地环境的剧烈变化，疏伐分2～3次进行，每次疏伐强度应以疏伐后2～4年内母树间不相互影响生长为宜。最终疏伐后的郁闭度为0.4～0.6。

(4)其他措施

疏伐后，郁闭度下降，林地暴露，容易滋生杂草，必须及时除草。同时，应加强水肥、树体管理、病虫害防治等措施。

(二)种子园

种子园是用优树无性系或家系按设计要求营建，实行集约经营，以生产优良遗传品质和播种品质种子为目的的特种人工林。所谓家系是指由同一株树所产生的种子繁殖的所有植株。

1. 建立种子园的意义

种子园是由优树的无性系或家系组成的，以大量生产优质种子为目的的特种林分。种子园生产种子具有很大的意义：①种子园生产的种子遗传品质好，遗传增益显著；②林分结实早、多且稳定；③面积集中，经营管理方便；④能为今后育种工作准备物质和技术条件。

2. 种子园营建

(1) 园址选择

种子园园址的选择在相当程度上决定了未来种子园的产量，在一定程度上也影响到种子的遗传品质和播种品质。一般而言，种子园选址主要考虑以下条件：

①位置　种子园应设在最适宜该树种生长发育的地带，如积温较高且有适度的降水，避免风口以及灾害性气候频发地区等。

②立地条件　地形平缓，地势开阔的阳坡或半阳坡；土壤结构和排水性良好，耕作层厚度 20 cm 以上，有灌溉条件。

③遗传环境　与同种或近缘树种林分有一定的花粉隔离距离。其中，松类种子园隔离带宽度 2 km 以上；落叶松大于 100 m；杉木种子园隔离带大于 600 m 等。

④其他条件　权属清楚，交通方便，劳力充足等。

(2) 种子园规划

种子园一般包括：种子生产区、优树收集区、采穗圃、子代测定区、良种示范区、苗圃、温室、种子加工设施等。此外，还有道路、防火道、隔离带、常规实验室、办公室、仓库、职工宿舍等基建项目以及必需购置的仪器、工具及运输设备等。

种子园具体区划应考虑：

①当种子园与收集圃、测定林位于同一地段时，它们要有一定的隔离距离，且应位于花粉飞散期的上风地段。

②为管理和无性系配置方便，要划分经营大区和配置小区。经营大区一般 3 ~ 10 hm^2，视经营集约程度、地形等因素划定；配置小区在 0.3 ~ 1 hm^2，主要取决于无性系配置方式、无性系数量、定植时间等。

③道路、灌溉系统以及房屋建筑和种子处理等设计应便于采种、运输和管理。同时要设置防火道以及防止人畜破坏的设施。

④区划应留有发展余地，比如供营建下一代种子园等。

(3) 育苗与造林

①苗木准备　无性系种子园苗木可以是插条苗，也可以是嫁接苗。定株采种、定向育苗。

②栽植密度　种子园栽植密度影响植株的光照条件，由此影响植株的生长发育和结实及单位面积产量。不同的树种、立地条件以及不同的管理技术水平，其定植密度存在差异。一般可以变动于 3 ~ 10 m。我国各地大多为 4 ~ 6 m。

③无性系的数目　从种子园的遗传基础、供种范围、期望产量以及去劣疏伐等方面考虑，要保证种子园建园无性系的数量。现在一般认为，一个小型初级种子园可有 30 ~ 50

个无性系，较大的有 80~100 个无性系，高阶改良周期(或高世代)种子园无性系可以 20 个，或 2 至多个无性系(特殊配合力种子园)。以种子园无性系数量越多其相应的遗传增益就越低。

④无性系配置　种子园无性系配置应遵循的原则是：同一无性系的个体，应保持最大的间距以减少自交，无性系间随机授粉，便于施工、管理和对无性系的生长和产种量进行统计分析等。

种子园的配置设计主要有重复内固定区组配置、随机区组配置、顺序错位配置等。

⑤定植　种子园定植前应清除植被和采伐剩余物。整地方式视地势而定，一般在定植一年前进行，无性系种子园都是单株定植，实生种子园在苗木富余的情况下可考虑采用群状栽植。

3. 种子园经营管理

为增加种子产量和提高种子遗传品质，种子园科学的经营管理不可缺少，主要包括补植、土壤管理、花粉管理(如辅助授粉)、树体管理(如树体矮化、整形修剪)、按需疏伐、病虫害防治和种实采收等。

(三)采穗圃

采穗圃(良种采穗圃)是以优树或优良无性系作材料，生产遗传品质优良的枝条、接穗和根段的良种基地。

1. 建立采穗圃的意义

①采穗圃生产的穗条产量高，成本低，可以直接为育苗造林提供大量优良种条或种根。

②种条生长健壮、充实、粗细适中，种条的遗传品质有保证。

③经营管理方便。

④可适时采条和避免种条的长途运输和保管，这对嫩枝种条特别有利。

2. 采穗圃的建立

优质种条的品质与繁殖材料的采条技术和生长环境条件息息相关，因此，圃地的建立和管理是优良无性系选育的一个重要环节。

①建圃材料的选择

ⅰ. 建圃材料必须来自遗传优良的植株，且在生产中保持品系的纯正；

ⅱ. 能连续多年提供一定数量的优质无性繁殖材料；

ⅲ. 提供的种条不会因位置效应而产生遗传性变异；

ⅳ. 繁殖方法简便，繁殖系数高，生产成本低。

②建采穗圃的方法　最佳种源区内，选择土层深厚、土壤肥沃、灌溉方便的地方建圃，一般多设置在固定苗圃里。以提供接穗为目的的采穗圃，通常培育成乔林式，株行距为 4~6 m；以提供枝条和根段为目的采穗圃，通常培育成灌丛式，株行距为 0.5~1.5 m。建圃材料可采用嫁接、扦插、埋根、实生苗栽培。采穗圃一般 3~5 年更新，更新时应刨除根桩，增施基肥，重新定植。

3. 采穗圃的管理

采穗圃主要管理工作有土壤管理、除蘖定干、母树复壮、防治病虫害等。

采集穗条时要分别无性系号单独采集、单独包装、单独贮运，严防混杂。乔林式注意保持树形完整，灌丛式注意根桩不宜留的过高，阔叶树一般 10~20 cm。

第二节　林木种子生产与经营

一、林木结实

(一)林木结实规律

1. 林木结实年龄

林木生长要经过幼年期、青年期、成年期和衰老期，林木必须达到一定发育时期才能开花结实。成年期是林木结实盛期，也是采种的最佳时期。

林木开始结实年龄首先取决于遗传特性，也与林木的起源和生长环境等有关。

2. 树木结实间隔期与周期性

绝大多数林木存在结实的丰歉年(大小年)现象。两个丰年相隔的年限称林木结实间隔期。林木结实丰年隔一定年限重复出现的现象称为林木结实周期。林木结实丰歉现象因树种不同而有很大差别，造成这种现象的主要原因是树木的营养消长问题。

3. 林木结实稳定性类型

树木开始结实以后，树种间结实稳定性有很大差异，主要由以下几种类型：

①产量极稳定类型　其特点是：丰、歉年不明显，几乎无小年。树种幼年期短，生长速度快，花后果实很快成熟，种粒小。代表树种：杨、柳、榆、桉和多数灌木。

②产量较稳定类型　其特点是：有丰、歉年现象，但丰年多，完全无收比较少见。果实小，花后果实成熟快。代表树种：杉木、泡桐、刺槐、臭椿、欧洲白榆、疣皮桦等。

③产量不稳定类型　其特点是：丰、歉年明显，绝收年份较少。以温带树种较多。代表树种：水曲柳、栎类、黄波罗等。

④产量极不稳定类型　其特点是：经常绝收。树种寿命长，性成熟晚，多生长在高寒地带。代表树种：樟子松、冷杉、云杉、落叶松等。

(二)林木种实产量预测

为科学制订采种计划，并为做好采种准备、种子贮藏、调拨和经营提供科学依据，往往需要对种子、果实产量进行预测和预报。

目前生产上正逐步建立一整套林木结实预测预报的体系，其内容包括：林木结实量预测在果实近熟期进行；预测方法可选用目测法、标准地法、平均标准木法、标准枝法、可见半面树冠球果估测法等；预测结果按树种、采集地区、采种林类别分别填写，将结果逐级上报。

1. 目测法

又称物候学法。本法通过观测母树开花结实情况来预估种子产量等级。根据历年的资料推算种子产量，即在开花期、种子形成期和种子成熟期观测母树林的结实情况。

2. 标准地法

又称实测法。在采种林分内，设置有代表性的若干块标准地，每块标准地内应有 30～50 株林木，采收全部果实并称重，测量标准地面积，以此推算全林分结实量。参考历年采收率和出籽率估测当年种子收获量。

3. 标准枝法

在采种林分内，随机抽取 10～15 株林木，在每株树冠阴阳两面的上、中、下三层，分别随机选 1 m 左右长的枝条为标准枝，统计枝上的花或种实的数量，再计算出平均 1 m 长枝条上的数量，参考该树种历史上丰年、平年、歉年标准枝的花朵、果实数，评估结实等级和种子收获量。

4. 平均标准木法

平均标准木是指树高，直径都是中等大小的树木。此法是根据母树直径的粗细与结实量多少之间存在着直线关系来计算产量的。

5. 可见半面树冠估测法

在采种林分内，随机抽取样木 50 株以上，站在距离与树高近似的一点，统计每株样木可见半面树冠的果实数并计算平均值，代入该树种可见半面树冠果实数与全树冠果实数的相关方程，得出平均每株样木果实数，乘以全林株数可得全林果实数。根据历年采收率和出籽率估测种子收获量。

二、林木种实采集

(一)采种林分及母树的选择

采种林分包括良种基地林分(母树林、种子园)和一般采种林分(临时采种林、散生优良母树)。一般采种林分需要选择生长发育健壮、无病虫害的优势木和亚优势木作为采种母树。不能从距林分较远的孤立木、疏林地上的树木、未经验证其种源优劣的人工林和生长畸形、干形低劣、分枝多的植株上采种。

(二)种子的成熟

1. 种子成熟的过程

种子成熟是受精的卵细胞发育成有胚根、胚芽、子叶、胚轴的完整种胚的过程。一般有以下几个过程：

(1)生理成熟

种皮松软、含水率较高，内部营养物质积累到一定程度，种子具有发芽能力时称为生理成熟。达到生理成熟种子内部含水率高，营养物质处于易溶状态；种皮不致密，保护组织不健全，不能有效地阻止水分和营养物质渗出种皮；抵抗力弱，易感染和遭致病虫害。

(2)形态成熟

果实具有成熟时的正常大小和颜色，种皮坚硬致密，种子含水率较低，内部营养物质转化为难溶状态时，称为形态成熟。达到形态成熟种子种粒饱满、种子含水量低、酶的活性减弱、呼吸作用微弱；内部营养物质的积累结束，由易溶状态转变为难溶状态的脂肪、蛋白质、淀粉等；种皮致密，坚硬，抗病力强，具有特定的色泽和气味。

(3)生理后熟

种子外部形态虽已具有成熟特征，但种胚尚未发育完全，需要经过一段时间逐渐达到生理成熟，称为生理后熟。生理后熟种子外观形态及营养物质组成和状态具备形态成熟种子的基本特征；种胚不具备发芽能力，发育过程在形态成熟完成后仍在继续；种子在脱离母树后，在适当的条件下经过一段时间，种胚发育完全后可萌发。

2. 种子成熟的外部特征

各个树种的种实达到真正成熟时，显示出各自不同的特征。主要表现在颜色、气味和果皮表面的变化，可以此来确定种实的成熟期。大多数林木种实成熟后，球果或果实皮色由绿色变成黄褐色、黄色、紫黑色等。例如，油松、落叶松球果变成黄褐色；杉木、油杉变为黄色；樟树、楠木变成紫黑色。

3. 种子成熟的鉴别方法

鉴定种子成熟的方法有很多，常见的有：

①形态鉴定法　大多数林木种实成熟后，球果或果实皮色由绿色变成黄褐色、黄色、紫黑色等，如油松、落叶松球果变成黄褐色，杉木、油杉变为黄色，樟树、楠木变成紫黑色。

②物理处理法　通过压磨、火烧、解剖等处理后，直接观察内部状态。

③比重测定法　用于判断针叶树球果，利用在一定比重的漂浮液中的沉浮特征判断。

④物候预报法　利用种实成熟时的积温值来确定。

(三)种实的脱落与采种期

1. 脱落方式

种实的脱落的特点多种多样，一般为：

①针叶树种实脱落方式　主要有：ⅰ. 整个球果脱落，如红松；ⅱ. 球果成熟后果鳞开裂种子脱落，如落叶松、云杉等；ⅲ. 球果果鳞与种子一起脱落，如冷杉。

②阔叶松种实脱落方式　主要有：ⅰ. 整个果实脱落，如肉质果类、栎类、板栗等；ⅱ. 果皮开裂种子飞散或脱落，如蒴果、荚果等多数树种。

2. 种实脱落期

大多数树种种实成熟后，由于果柄产生离层，种实散落。不同树种由于遗传特性的差异，种子的脱落期不同。同时，同一树种由于气候和土壤条件不同，其脱落期亦有早有晚。

3. 采种期的确定

采种期应根据种实的成熟期、脱落期、脱落特性及方式等来确定。其基本原则是：

①成熟后立即脱落或随风飞散的小粒种子应在成熟后立即采收。

②大粒种子成熟后，应及时从立木上采集或脱落后从地面收集。

③成熟后果实色泽鲜艳的种子，应在形态成熟后及时从树上采集。

④种实成熟后较长时间不脱落的树种，采种期可以适当延长，但最好在形态成熟后及时采收。

⑤种子休眠期较长的树种，采种可在生理成熟之后，形态成熟之前。

(四)种实采集方法

采种方法要根据种实成熟后的散落方式、果实大小，以及树体高低来决定，有以下几种：

1. 人工采收

(1)采收方式

人工采收方式主要有：

①立木采摘　包括上树采摘、立地采摘。例如，对于小粒种子或散落后易被风吹散的种子，都必须在树上采集，如杨、柳、榆、桦等，以及成熟后虽不立即散落，但不便在地面收集的种子，如臭椿、白蜡、椴树和大多数针叶树。

②地面收集　包括自落收集、振落收集、击落收集和动物穴中收集等。例如，对于某些大粒种子，待种子成熟直接脱落或打落后，可在地面收集，如核桃、板栗等。采用此法应在种子成熟前将地面杂物清理干净以便收集；对于中小粒种子，散落后不易收集时，可在母树周围铺垫尼龙网，再摇动母树，使种子落入网内。

③倒木采集　有自然倒木采集、伐倒木采集。如结合采伐工作进行采种是最经济的方法，尤其对种子成熟后不易脱落的树种，如云杉、椴树等，但只有成熟期与采伐期一致时才能用此法

④水面收集　生长在水边的树种，如赤杨、榆树等，种子成熟后常漂浮在水面上，因而可在水面上收集。

(2)采收设备

采种工具，常见的有高枝剪、采种刀、采种梳、剪枝剪、采种棍、来福枪等。

上树工具，常见的有绳套、脚踏蹬、绳梯(双绳软梯、单绳软梯)、上树梯(双杆梯、单杆梯)、爬树网、登树脚踏车、液压升降机、直升飞机和氢气球等。

种子收集器具，常见的有麻袋(不能用塑料袋)、采种兜、采种斗、果实箱、采种网等。

2. 机械采种

对于树干高大，果实单生，树上采种有困难的树种，如红松、杉木、马尾松、水杉、侧柏、樟、黄波罗、核桃楸等，通过机械动力震动摇落果实，用采种网或采种帆布收集种实。

近年来，国外采用震动式采种机和真空清扫机采种。震动式采种机把球果震荡之后，用与扫路车近似的真空清扫车收集球果，效率相当于人工采种的数十倍。

3. 采种注意事项

上树采种时系好安全带、安全绳、安全帽。采种时间最好选无风的晴天，种子容易干燥，调制方便，作业也安全。阴雨天采集的种子容易发霉。有些树种的果实，空气过干易开裂，可趁早晨有露水时采集，能防种子散落。四级风以上的天气，禁止上树操作。

树下收集种子作业者，随时注意树上操作的工具滑落或折枝掉下砸伤，并注意行人。注意保护好母株资源，特别是公园风景区，防止破坏有价值的树木，并避免大量损伤结果枝、种条，要保护种源。

三、林木种实调制加工

种实是种子和果实的总称，林业上常把种实统称为“种”，有的是种子(如油松等)，有的则是果实(如白蜡、元宝枫等)。在林业生产上为了调制加工的方便，一般把调制方法相同或相似的种实归到一起，分成球果、干果和肉质果3大类。

(一)种实调制的概念与内容

种实调制是指把采得的种实进行干燥，针对不同类型的种实，进行脱粒或清除夹杂物，使种子或果实达到适于贮藏和播种的程度。种实调制的内容包括：干燥、脱粒、净种、种粒分级等。但不是所有类型的种实都是需要经过这些工序，有的只需做其中的一项或几项。

(二)种实调制方法

1. 干燥脱粒

干燥脱粒是种实调制过程中最重要的环节之一。干燥脱粒是将采集的种实经过恰当的干燥方式干燥后将种子从果实中分离出来。不同的方法对其种子产量和质量的影响很大，不同的种实也应该选择不同的方法。一般安全含水量高的种实采用阴干法，安全含水量低的种实采用阳干法。

2. 净种

净种是为了去掉混杂在种子中的夹杂物，如鳞片、果皮、果柄、枝叶碎片、空粒、土块、废种、异类种子等。净种方法常用的有风选、筛选、水选和手选4种。

①风选　适用于中、小粒种子，利用风力、簸箕和簸扬机将它们分离。风选的工具有：风车，簸箕等。

②筛选　是根据种子与夹杂物的大小不同，利用不同大小孔径的筛子清除夹杂物。筛选时，还可利用筛子旋转的物理作用，分离空粒及半空粒的种粒，以及将种粒分级。

③水选　是利用种粒与夹杂物比重不同的净种方法。银杏、侧柏、栎类，花椒等树种，水选时可将种子浸入水中，稍加搅拌后良种下沉，杂物及空粒、蛀粒均上浮，很易分离。

④手选　也称粒选，是从种子中挑选粒大，饱满，色泽正常，没有病虫害的种子。这种方法适用于核桃、板栗、油桐、油茶等大粒种子的净种。

3. 种粒分级

种粒的大小在一定程度上能反映种子质量的优劣。种粒分级是把某一树种的一批种子按种粒大小加以分类。种粒分级有多种方法，分级标准参考国家《林木种子质量标准》。

四、种子贮藏

(一)种子寿命及其影响因素

1. 种子寿命的含义

种子寿命是从种子完全成熟到丧失生活力为止所经历的时间。由于一批种子中每粒种子都有它的生命存续期限，加之内因和外因共同作用，所以种子个体间生活力长短差异也显著。对于一批种子而言，种子寿命是指整批种子生活力显著下降，发芽率降至原来50%时的期限。在贮藏种子的过程中，人们通过控制种子内部营养物质的消耗，即呼吸作用，达到延长种子寿命的目的。

2. 影响种子寿命的因素

(1)内在因素

①种子内含物质的性质　含油量较高的种子，寿命往往比较短促，而脂肪、蛋白质含量较高的种子比淀粉含量多的种子寿命长。

②种皮的机械构造　种皮构造致密、坚硬或具有蜡质，透水透气性差的种子寿命较长。因为种皮的这些构造，都起着阻碍水分与氧气进入种子内部的作用，因而抑制了种子的呼吸作用与物质转化，有利于种子保持生命力。

③种子含水率　含水量高的种子，酶处于活化状态，呼吸作用强，代谢旺盛，促使种子发芽或使养分大量消耗，种子生活力的保持时间就愈短，寿命愈短。

贮藏种子的含水量以安全含水率为度，种子安全含水率是处于休眠状态的种子在贮藏期间保持其生命力的最适宜的水分含量。

④种子的成熟度和损伤状况　完全成熟的种子，种皮发育完善，保护性较好，呼吸作用微弱，抗性较强，比尚未成熟，含糖量高，含水分多，呼吸旺盛的种子寿命长。在调制过程中受损伤程度大的种子不利于贮藏。

(2)环境因素

①气温　前人研究发现，在0~50 ℃范围内，气温每降低5 ℃，种子寿命就提高一倍，这被称为哈林顿第二定律。实践证明，大多数林木种子，贮藏期间最适宜的温度为0~5 ℃，在这个温度条件下，种子呼吸作用微弱，也不会发生冻结，有利于种子寿命的保存。

②空气相对湿度　空气相对湿度愈高，种子含水量增加愈快，呼吸作用旺盛，反过来又释放出大量水汽。据研究，贮藏一个季度的种子，种子库的空气相对湿度应控制在65%以内；贮藏2~3年的种子应控制在45%以内；贮藏多年的种子应控制在25%左右。

③通气条件　通气条件对种子寿命的影响与种子含水量有关。含水量低的种子，呼吸作用微弱，需氧很少，在密封的条件下能长久地保持种子生命力。而含水量高的种子，呼吸强烈，如果通风不良，会导致释放的水汽、二氧化碳累积，对种子产生毒害。

④生物因子　主要是微生物和害虫两个因子。种子入库时携带细菌、真菌、放线菌以及病毒类等各种微生物，其产生的多种毒素加速种子劣变，降低种子活力。害虫会造成种子机械损伤，其繁殖也会导致种子发热腐坏。

(二)种子贮藏方法

1. 干藏法

将种子贮藏在干燥的环境中，使种子在贮藏期间始终保持干燥状态的贮藏方法，称为干藏法，干藏法适合含水量低的种子，如大部分针叶树和杨、柳、榆、桑、刺槐、白蜡、皂角、紫穗槐等阔叶树种子。干藏法一般在可控制温湿度的种子库中进行。根据贮藏时间和方式，干藏法又分为：

(1)普通干藏法

将充分干燥的种子，装入麻袋、箩筐、箱、桶、缸、罐等容器中，置于低温、干燥、通风的库内或普通室内贮藏。适用于大多数针、阔叶树种的种子进行短期(如秋采冬贮春播)贮藏。

(2)密封干藏法

将充分干燥的种子，装入已消毒的玻璃瓶、铅桶、铁桶、聚乙烯袋容器中，密封贮藏。由于种子与外界空气隔绝，能够稳定地保持种子原有的干燥状态，种子呼吸微弱，代谢缓慢，能够长期保持种子的生命力。为防止种子吸湿、受潮，容器中要留有一定空间(种子约九成满)，并放入木炭、氯化钙、变色硅胶等吸湿剂，然后加盖，用石蜡、火漆、黏土等密封。吸湿剂的用量一般木炭约为种子重量的20%~50%；氯化钙约为1%~5%；变色硅胶约为10%。

(3)低温干藏法

如紫荆、白蜡、冷杉、侧柏、铁杉等，将贮藏的温度降至0~5 ℃，相对湿度维持在25%~50%，充分干燥的种子寿命可保持1年以上，采用低温贮藏种子的方法有非常显著的效果。通常要有专门的贮藏室或控温、控湿的种子库，才能达到这种低温贮藏标准。

2. 湿藏法

将林木种子贮藏在湿润的环境中，在贮藏期间使种子经常保持湿润状态。适于安全含水率高的种子，如栎类、油桐、油茶等。湿藏法的温度应控制在0 ℃左右，最高不超过3 ℃为宜。按贮藏地点可分为露天埋葬和室内贮藏。

(1)露天埋藏

又称室外埋藏，是北方生产上常用的方法，即在室外选择地势高燥，排水条件优良，土壤较疏松，阴凉背风的地方挖坑或沟贮藏。坑深原则上应在地下水位以上、土壤冻结层以下，一般为1 m左右。

对于如栎类、板栗等种实含水量较高的大粒种子，可使用流水贮藏法。其操作方法是：选择河面较宽、水流较慢、水流稳定的河段，将种子装入麻袋或竹篓，放入河水之中。水面应刚好没过篓或麻袋顶部，并在种子袋周围用木桩、绳等固定，避免种子被水流冲走。

(2)室内堆藏

可选择空气流通、气温稳定、干燥、通风的房间、地下室、地窖或草棚等。具体方法如下：先在地面上浇一些水，铺一层 10 cm 的湿沙，然后将种子与湿沙按 1∶3 的容积比混合或种沙分层铺放。一般大粒苗木种子放置时可一层种子一层湿沙交替；中小粒种子可混沙堆放，堆成高 50～80 cm、宽约 1 m，长视室内大小而定。每隔 70～100 cm 在种子堆内竖立一个通气把。种子数最比较少时，也可将种子与湿沙混拌后装入花盆或其他保湿的容器内贮藏，放于室内。

五、种子品质检验

种子品质检验是指对种子遗传品质和播种品质的检测。目前在生产中主要是测定种子的播种品质。

(一)种子品质检验的目的

种子品质检验是为了判断各批种子的使用价值和品质。具体包括：①确定种子等级；②防止不合格种子入库或调拨，保证种子贮藏的安全；③掌握不同产地、不同林分及不同年度种子产量质量的差异和变化情况；④通过种子检验，了解影响种子质量的原因。

(二)应用途径

需要进行种子检验的生产环节主要包括：

①现场收购检验　一般采用快速检验法、测定种子的净度和优良度。

②种子入、出库检验　要求对种子进行分部项目的检验。

③库存种子每年定期检验　主要测定种子含水量的发芽率。

④播种前检验　为了计算出合理的播种量，应在播前测定种子净度、千粒重、发芽率或生活力。

(三)检验的主要环节

1. 抽样

鉴定一批种子品质时，需要从种批中随机抽取一部分种子作为样品，通过测定样品的品质来反映整个种批的质量。为了使鉴定结果具有充分的代表性，鉴定之前的取样必须按规程进行。正确的抽样程序分两个阶段：一是从一个种批中抽取若干初次样品，充分混合后形成混合样品；二是从混合样品中按规定重量分取送检样品，种子检验单位再从送检样品中用一定方法分取一定重量的测定样品。

抽取初次样品的部位应全面均匀地分布，每个取样点所抽取的样品数量应基本一致。

2. 检验

采用科学方法和必要的仪器和药品对种子各项品质进行分析鉴定，力求获得正确的检验结果。当前我国的林木种子检验，主要是室内检验。检验的主要项目有：净度、千粒重、发芽能力、生活力、优良度、含水量及病虫害感染程度的测定。这几项重要指标的定义为：

①净度　指测定样品中纯净种子重量占测定样品各成分重量总和的百分数。包括精确法和快速法。

②千粒重　指气干状态下1000粒纯净种子的重量，用以说明种子饱满程度。同一树种，千粒重越大，种子质量越好。测定方法主要有百粒法、千粒法和全量法。

③发芽率　是在一定的条件下及其规定的期限内生成正常幼苗的种子粒数占供检种子总数百分比。

④发芽势　指种子发芽数达到最大时发芽种子占全部供试种子总数的百分比。通常认为在发芽率相同时，发芽势越高的种批场圃发芽能力越强。

⑤生活力　种子生活力是用生物化学方法快速测定的种子潜在发芽能力，也是反映种子品质优劣的一个指标。

3. 检验结果的申报与申述

(1)签证

种子检验结束后，对相应项目签发种子检验证，对合格种子评定种子等级，对不合格种子应根据具体情况提出处理意见。种子田间检验与室内检验的内容很多，必须按一定程序进行。

(2)复验

以下情况需要进行复验。a. 种子贮藏时间较长，原检验结果已不适用；b. 种子检验后又经过一次调制，或贮藏期间某些意外情况可能影响到种子品质；c. 接受种子的单位对检验结果意见不统一，需重新抽样，送其他单位复检，这种情况应在种子到达后5天内进行，同时在抽样时应多取一份，以备仲裁检验。

(3)仲裁检验

当复验结果与原检验证结果间差异超过允许范围而产生纠纷时，就进行仲裁检验，由国家林业局和草原在我国南北方各设立的林木种子检验中心承担。请求仲裁检验应当在收到复验结果5天内提出申请，并要求双方共同参加取样，其检验结果是最后的裁定。

六、种子异地调拨

(一)种子区和种子区区划

种子区是指人为划定的一个树种各产地种子的供应地理区域。对某个树种不同地点采集种子的供应范围，主要根据气候、土壤条件以及营林经验和行政区界等进行的水平和垂直区划，称为种子区区划。种子区区划的基本单位是种子区。

德国、美国、瑞典、挪威等林业发达国家都开展了林木种子区区划工作，并制定了相关法律或标准。我国在经过大量种源试验的基础上，于1988年制定并颁布实施了国家标准《中国林木种子区》(GB/T 8822.1～8822.13—1988)，该标准包括了红松、华山松、樟子松、油松、马尾松、云南松、华北落叶松、兴安落叶松、长白落叶松、云杉、杉木、侧柏、白榆 13 个主要造林树种，并依据各树种的地理分布、生态特点、树木生长情况、种源等，进行了种子区和种子亚区的区划。以侧柏种子为例，根据侧柏天然分布区为区划范围，共划分 4 个种子区 7 个种子亚区，其相互关系为：西北区（Ⅰ）含西部亚区（$Ⅰ_1$）和东部亚区（$Ⅰ_2$）；北部区（Ⅱ）含西部亚区（$Ⅱ_1$）、中部亚区（$Ⅱ_2$）、东部亚区（$Ⅱ_3$）；中部区（Ⅲ）含西部亚区（$Ⅲ_1$）和东部亚区（$Ⅲ_2$）；南部区（Ⅳ）。

种子区是生态条件和林木遗传特性基本类似的种源单位，也是造林用种的地域单位。种子亚区是在一个种子区内划分为更好的控制用种的次级单位，即在同一个种子亚区内生态条件和林木的遗传特性更为类似。在造林用种时，应优先考虑造林地点所在的种子亚区内调拨种子，若种子满足不了造林要求，再到本种子区内调拨。

（二）优良种子的供应途径

1. 利用原产地的优良林分改建成母树林

母树林的建立主要用于生产遗传品质较好的林木种子，用母树林生产的种子造林，一般增益 3%~7%。由于营建技术简单、成本低、投产快、种子的产量和质量比一般林分高，因此，在一些地区仍然把母树林作为生产良种的主要形式之一。对建立的母树林加以科学合理的管理，可在短期内获得优质良种。

2. 在原产地选择优树，建立优树无性系种子园

经大量研究和生产实践证明，采用种子园生产的种子造林能较大幅度地提高林木生长量的遗传增益，一般可达 15%~40%。因此，种子园是当前世界林业先进国家良种生产的重要途径。根据建园繁殖材料经选择鉴定的情况，分为一代种子园、一代去劣种子园、一代改良种子园和高世代种子园等。高世代种子园是经过多世代的选择和培育形成的，可以提高林木群体中优良基因频率，并组合出更能符合人们所需要的优良基因型，随着种子园世代增加，改良效果能逐步提高。

3. 建立种子园或母树林

对于有希望的种源在做第二阶段试验的同时，建立种子园或母树林。

（三）种子异地调拨的原则

1. 有种子区划的树种种子调拨

应优先考虑造林地点所在的种子亚区内调拨种子，若种子满足不了造林要求，再到本种子区内调拨。

2. 无种子区划的树种种子调拨

应遵循以下基本原则：

①当地种源最适宜当地的气候和土壤条件，应尽量采用本地种子，就地采种，就地育苗造林。

②缺种地区在调进外地种子时，尽量选用与本地气候、土壤等条件相同或相似地区生产的种子。

③在垂直调拨种子时，海拔高度一般不宜超300～500 m。

④林木种子调运距离的一般规律是，由北向南和由西向东调运的范围大于相反方向的范围。经度方面，由气候条件差向较好的地方调拨范围不应超过16°。

（陈　仲）

复习思考题

1. 林学术语解释

遗传　变异　林木优良品种　引种　乡土树种　外来树种　驯化　选择育种　原产地　种源　种源选择　种源试验　优树(正号树)　无性系　家系　杂交育种　杂种优势　种内杂交　远缘杂交　遗传测定　子代测定　配合力　一般配合力　特殊配合力　无性系测定　母树林　种子园　采穗圃　林木结实间隔期　林木结实周期　形态成熟　生理成熟　生理后熟　种实调制　种子安全含水量　种子净度　种子千粒重　种子发芽率　种子发芽势　种子生活力　种子优良度　种子寿命　种子区　种子区区划

2. 基本问题解答

(1)简述林木遗传改良的生物学基础、实质与任务。

(2)在引种工作中选择外来树种的主要依据有哪些？

(3)简述林木引种的步骤、措施与必须注意的问题。

(4)林木引种成功的标准是什么？

(5)种源试验的目的与目前的基本结论有哪些？

(6)种源试验的步骤及应该注意的问题有哪些？

(7)杂交亲本组合选择的基本要求是什么？

(8)林木杂交的方式与关键技术是什么？

(9)建立母树林的意义与主要的经营管理措施是什么？

(10)试述种子园园址选择的原则与经营管理的主要技术内容。

(11)简要介绍建立采穗圃的意义与方法。

(12)种子达到形态成熟与生理成熟时的特点是什么？

(13)林木种实成熟时外部特征及鉴别方法有哪些？

(14)林木种实采集的方法及特点是什么？

(15)种实调制的主要内容及传统的林木种子净种方法有哪些？

(16)影响林木种子寿命的因素是什么？

(17)林木种子品质检验的应用范围、步骤与主要测定指标包括哪些？

(18)林木种子异地调拨的原则是什么？

3. 综合应用

(1)论述如何用露天埋藏法储藏林木种子？

(2)分析说明获取优良品种中的优质种子的途径。

推荐阅读书目

1. 林木育种学. 陈晓阳，沈熙环. 高等教育出版社，2005.

2. 森林培育学(第3版). 翟明普，沈国舫. 中国林业出版社，2016.

第七章　苗木培育

【内容提要】本章主要介绍苗圃的基本知识，以苗圃露地育苗和苗圃设施育苗两个不同的育苗系统，分别介绍了实生苗、营养繁殖苗、移植苗、设施育苗等育苗技术，以及苗木出圃与苗木质量评价的关键技术与方法。

第一节　林业苗圃概述

一、苗圃概念与分类

习惯上人们将生产苗木的土地或场所称为苗圃。随着苗圃产业的发展，现代苗圃的主体正在成为以生产苗木为主的经营实体，涉及范围不仅包括生产场圃，还包括如温室、组培车间、容器苗生产车间等各种独立的生产性设施，以及苗木生产管理与营销体系等。因此，完整的苗圃概念应是具有一定面积且满足培育苗木目的的土地，以及具有能够通过采用多种技术途径达到繁育和经销各种苗木的企业实体。

常见的林业苗圃根据使用时间的长短可分为固定苗圃和临时苗圃，二者在生产设施、生产技术水平等多方面都具有不同的特点(表 7-1)。

表 7-1　固定苗圃和临时苗圃特点的比较

比较类目	固定苗圃	临时苗圃
经营期	经营时间长，一般都是为做永久育苗场所而建立	经营时间短，大多完成 1～2 个育苗任务即撤销
经营主体	土地权属和经营主体明确且一致	一般土地权属和经营主体不一致
育苗生产能力	培育的苗木种类多，育苗技术水平高	培育苗木种类少，育苗综合技术水平低
服务范围	一般供苗距离可近可远，服务范围大	一般距造林地近，服务范围小
生产设施	具有较完善的生产设施	生产设施简陋
技术力量	具有开展科学研究与技术推广的能力，技术力量雄厚	技术力量薄弱

另外，根据不同的目的和要求还有多种不同的分类方法。

二、苗圃选址与规划设计

(一)苗圃选址考虑的因素

1. 自然条件

(1)位置

圃址的选择应以苗木主要供给地区、造林地中心或附近地区为基本条件。同时，在满足育苗生产条件的前提下，还应靠近主要交通线；为便于组织生产，有利于解决劳力、机械、通信和电力等，在可能条件下应尽可能靠近居民点。

(2)地形地势

建立固定苗圃，最好选择地势平坦、排水良好或自然坡度在3°以内的地方。但在土黏雨多的地区，苗圃地宜选用3°~5°的坡地。山地丘陵区建苗圃，因条件限制，可选择在山脚坡度在5°以下的缓坡地，或者在山区坡度较大但具备修筑水平梯田条件的地方。在坡地建苗圃，北方林区宜选在东南坡；南方林区宜选在东坡、北坡和东北坡；高山地区宜选择东南坡或西南坡。

低洼地、不透光的峡谷、密林间的小块空地、长期积水的沼泽地、洪水线以下的河滩地、风口处、坡顶、高岗等庇荫、积水、风大的地段，均不宜作苗圃地。

(3)土壤

苗圃选址时，土壤条件的选择是考虑的重要因素。苗圃地适宜土壤条件，主要表现在土壤的肥力、结构、质地和酸碱度等方面。一般苗圃地土壤以团粒结构，质地较肥沃的砂壤土、壤土或轻黏壤土为宜。土层厚度应在50 cm以上。不同树种对土壤酸碱度的适应能力不同，大多数针叶树苗木适合于pH值在5.0~7.0的中性或微酸性的土壤，大多数阔叶树苗木适宜的土壤pH值在6.0~8.0之间。土壤中的含盐量应控制在0.1%以下，较重的盐碱土，一般不选作苗圃地。

(4)水源

水是苗圃育苗不可缺少的条件，苗圃地必须有在任何条件下能够满足灌溉用水的水源。苗圃的水源可以是河流、湖泊、池塘或水库等。如无以上水源，则应考虑有无可利用的地下水。苗圃用水水源一般地上水源优于地下水源。这是因为地上水温度高，水质软，并含一定的养分，要尽量利用。灌溉用水应为淡水，含盐量不超过0.1%~0.15%。

苗圃选址时也要注意地下水位的高低。适宜的地下水位因土壤质地而异，一般砂土为1~1.5 m以下；砂壤土为2.5 m以下，轻黏壤土以4.0 m以下为宜。

(5)病虫及鸟兽害

地下害虫数量超过标准规定的允许量或有较严重的立枯病、根腐病等病菌感染的地方不宜选作苗圃地。但如果具备采取措施能够控制或根除现有病虫害，不影响育苗效果时，仍可考虑选择。

苗圃附近不可有传染病菌的树木或是病虫害中间寄主的树木，也不要有令招引病虫害的树木。尽量不要选用鸟群栖息地、鼠害和其他动物为害较重的土地作为苗圃地。

2. 社会经济条件

一般情况下，建立苗圃需要考虑苗木市场的需求，当地经济发展及其地方政府对林业建设的重视程度。同时还需要考虑苗圃建成后，开展育苗生产作业时，对周边环境可能带来的污染问题，要求应尽量远离污染源，也不能给环境带来污染。此外，新建苗圃需配备一定数量业务熟练的干部和工人队伍，并进行体制创新，创造良好的经营条件，以利于提高苗圃的经营管理水平。

（二）苗圃规划设计

苗圃规划是在已选定的土地上，根据所培育苗木种类，对圃地进行总体规划和设计。苗圃规划设计的目的在于根据建圃的目的及所育苗木的特性，在充分分析现有条件的基础上，进行苗圃功能布局规划，合理安排基础设施建设项目，科学设计育苗方案及育苗工艺等，以便苗圃实现低碳节约，且能高效培育多种高质量苗木。苗圃规划是林木种苗基地建设最重要的环节和主要内容之一。

1. 苗圃用地规划

为了充分利用土地，便于生产和管理，必须对苗圃地进行全面规划。规划时以外业测量的1/500～1/2000比例尺地形图为底图，根据各类苗木的育苗特点、树种特性和苗圃地的自然条件进行合理规划。

（1）生产用地规划

苗圃育苗生产区根据苗圃经营的目的与面积大小不同，生产区的内容有很大的差异，但林业苗圃按苗木培育的方式，一般都包括有播种育苗区、营养繁殖育苗区、移植苗培育区、设施育苗区等。规划时必须根据各类苗木生产的特点和苗圃地条件（主要是地形、土壤、水源、管理等条件）确定适宜的位置。要尽量使各生产区保持完整，不要分割成互不相邻的地块。

生产作业区宜循南北走向，且有比例适当的长度与宽度。一般要求作业区长度：大型苗圃或机械化程度高的现代化苗圃以200～300 m为宜，中型苗圃或畜耕为主的苗圃以50～100 m为宜；作业区宽度一般以长度的1/2或1/3为宜。在排水良好的地区可宽些，反之则窄些。

各种苗木生产区的面积大小不尽相同。为便于生产和管理，通常以道路为基线，将生产区再细划分为若干个作业区，其大小视苗圃规模、地形和机械化程度而定。每个作业区的面积以1～3 hm^2为宜。作业区的形状根据地形应尽量规整，如采用正方形或长方形。为了计算方便，应尽量使作业区面积为整数，如长200 m、宽100 m，则每个作业区为2 hm^2。常见的苗圃作业区布局规划要求见表7-2。

表7-2　苗圃主要生产区特点及布局规划要求

生产区	要　求	规划特点
播种育苗区	播种培育的实生幼苗对外界环境条件的抵抗力弱，要求育苗管理精细	应选择苗圃地势平坦，坡度小，土层较厚，肥力好，灌排水方便，背风向阳的地段
营养繁殖育苗区	应依据树种生物学特性，以满足扦插、嫁接、埋条、压条、分株等育苗工艺的条件	一般选苗圃土质疏松，肥力较好，灌排水良好的地段

（续）

生产区	要　求	规划特点
移植育苗区或大苗培育区	移植苗根系发达，对外界不良环境的抵抗力较强，管理可相对粗放	可选择设置在苗圃土壤条件相对较差的地段
试验区	应满足苗圃开展育苗科研试验的要求	选择便于观察和管理的场部附近
设施育苗区	温室大棚的建造要求地势平坦，背风向阳；对于建造玻璃温室，还要求地基必须稳固。对于进行有土栽培的温室，要求土层深厚，肥沃，排水良好。同时，还要有稳定的水源、电力和供热条件	一般都将其安排在场部区附近
采穗圃	采穗圃的性质是生产种条，往往会在相当长时间内固定占用苗圃地	一般在苗圃边缘地段设置采穗圃

(2)非生产用地规划

为保障苗圃育苗生产，必须规划出必要的用地用于建设辅助设施，如道路、灌排水设施、防护林带、办公区等。

①道路网　包括主干道、副道或支道、步道和周围圃道。其设计原则既要考虑运输车辆通行方便，又要降低辅助用地面积，小苗圃不必具备各种规格的道路。一般在纵贯苗圃中央设主干道，主干道连接场院，并与外部交通干线相连。主干道宽度视苗圃规模而定，一般中小型苗圃3～4 m，大型苗圃5～8 m。根据保障生产、方便管理和生活，适应机耕需要，圃内还应布设副道或支道。副道或支道应能通达各生产作业区，宽度2～5 m。必要时还可在作业区内设临时性的步道，宽0.5～1.0 m。大型苗圃，机械化程度高，为便于车辆通行，在苗圃周围可设环圃道，一般宽3～5 m。

②灌溉系统　主要由水源、提水、输水和配水系统组成。对苗圃布局影响最大的是输水系统。明渠灌溉的输水渠道分主渠和支渠，主渠的作用是直接从水源引水供给整个苗圃地的用水，规格较大。支渠是从主渠引水供应苗圃某一耕作区用水的渠道，规格较小。渠道的规划应能保证干旱季节最高速度提供苗木需水，又不过多占用土地。为减少非生产占地和减少水源浪费，宜推广采用管道输水和喷灌，尤其是在干旱缺水地区。

③排水系统　苗圃排水系统主要由主排水沟、支沟组成。区划应以保证盛水期能很快排除积水及少占土地为原则。一般应与灌水系统和道路网统一协调规划。

④防风林带　有风沙危害地区，结合苗圃用地设计防护林带，林带宜与道路网配合规划。

⑤综合服务区　根据苗圃建设的规模，都会设立相应的办公及服务区，并构筑一些建筑物。综合服务区一般设在地势较高、土壤条件差、交通方便的地方。大型苗圃一般设在苗圃地中心位置；中、小型苗圃的一些生活场所也可在圃外适宜的地点建设。

规划完成后，根据规划的结果绘制苗圃平面图，图的比例尺一般为1∶2000。平面图要标示各类苗木生产区、作业区，以及道路、水井、灌排水渠、建筑物、场院、防护林等的位置。规划图至少要标注出比例尺、方位和图例。

2. 苗圃建设单项工程设计

一个标准化苗圃一般由多个相对独立而又互相联系的工程组成。在总体规划完成后，需要对各单项工程进行设计，包括方案设计和施工图设计。常见的苗圃单项建设工程主要有：土壤改良工程、给排水工程、道路工程、防护林建设工程、供电与通信工程、积肥场、气象站、温室、房屋建筑等。各单项工程的设计需要根据规划内容和工程量，参照国家有关标准，具体由具有资质的相关专业工程设计人员完成。

为节省投资，苗圃各项工程设计应根据苗木生产的规模和技术要求，合理安排工程项目。

3. 育苗生产技术方案编制

育苗工作是一系列连续栽培工艺组成的系统工程，任何环节措施不当，都会对最终苗木产量和质量造成影响。同时，每一种苗木的培育技术都有很大灵活性和地域性。因此，必须根据培育树种的生态特性，结合当地条件，设计育苗技术及工艺，以达到最大限度地控制不利苗木生长发育的条件，发挥有利于苗木生长的资源优势，以便在最短的时间内，用最低的成本，达到优质、高产、高效的目的。

由于苗圃培育的树种很多，一般不可能对每一种树种进行详细育苗工艺与技术设计，可以按苗木类型分别编制技术方案。应设计出生产各种类型苗木所需的主要工艺与技术，要求技术上先进，经济上合理。例如，播种苗培育，要求阐明土地管理技术、施肥技术、种子处理技术、播种技术和苗期管理技术等；容器育苗要设计有关容器类型、培养基配比与装填、播种、环境控制、苗木包装与运输等技术工艺。

苗圃生产的苗木质量应达到《主要造林树种苗木质量分级》(GB 6000—1999)，育苗工艺应按照《育苗技术规程》(GB/T 6001—1985)的要求设计。

4. 苗圃经营管理制度设计

苗圃经营管理制度包括组织机构和经营管理模式等，科学的管理制度设计对苗圃的建设起着十分重要的作用。在确定机构设置、管理体制、人员定编时，要以培育优质高产苗木为中心，创造良好经济效益为目的，以市场为导向，开展多种经营，按社会主义市场经济法则建立现代企业的管理模式和运行机制，实行自主经营、独立核算、自负盈亏。我国规定，苗木生产基地人员配备按每公顷 1 人标准核定。

5. 投资概算

在完成各项设计内容之后，应进行苗圃建设投资概算，一般包括建圃一次性投入和流动资金两部分。建圃一次性投入是指建立苗圃时各项基本建设与机械设备投资，如圃地测量、平整土地、土壤改良、建筑物、道路、排灌系统、防护林、电力设施、机械设备等，以明细表和分项汇总表的形式进行统计。流动资金应参照当地种苗生产的实际情况，结合苗圃的具体条件，采用分项详细估算法估算。

在苗圃工程建设项目总投资中，用于苗木生产等项目的投资不应低于60%，辅助及配套工程投资不应超过30%。

三、苗圃土壤改良

(一)林业苗圃土壤的特点

苗圃地土壤以结构疏松、透水透气性良好的砂壤土、壤土或轻黏壤土为宜，要求土层深厚，至少 40 ~ 50 cm。然而随着苗圃经营时间的延长，其育苗地土壤会发生较大的变化，出现严重的地力衰退现象。具体表现如下：

①林业苗圃地大量的耕作层土壤随苗木一起出圃，剩余的土壤越来越贫瘠，土壤结构性较来越差。由于起苗机械的碾压，耕作层以下土壤会逐步形成板结土层，对苗木的生长会造成十分不利的影响。

②苗圃育苗是以树木营养体为产品，所消耗的土壤营养不能返还土壤中，长期经营会造成土壤有机质短缺，部分矿质营养元素缺乏。

③在苗圃生产过程中，一些生产措施，如深度灌溉，尤其是大水漫灌等，使苗圃土壤物理化学性质发生改变，并造成土壤板结和养分的大量淋失。

④苗圃表层土壤人为干扰严重，加上干湿和冻融交替，土壤微生物含量降低，影响苗木根系对养分的吸收。

总之，苗圃土壤会因生产经营造成土壤结构破坏和肥力的下降，为此苗圃经营要从改良苗圃土壤综合性状入手，全面改良土壤的物理、化学和生物学性质，从而持续地为苗木生长提供所需要的营养条件，这是苗圃经营管理长期的任务。

(二)苗圃土壤改良的基本措施

土壤是一切植物生长的根本，植物生长的质量在很大程度上与土壤有关。苗圃育苗地土壤改良与养护能够有效地促进苗木实现培育目标，保障苗圃苗木生产的效率。苗圃土壤改良的途径一般可从机械、化学、生物改良等途径入手。

1. 机械改良措施

土壤机械改良主要是通过苗圃耕作(整地)，翻动耕作层的土壤，促使深层土壤熟化，利于恢复和改造土壤的团粒结构，从而改善土壤的通透性，提高土壤温度，利于土壤微生物活动，加速有机质分解，进而促进苗木对养分的吸收作用。

机械改良的内容主要包括浅耕、耕地、耙地、镇压和中耕等 5 个基本环节。

(1)浅耕

一般在耕地前进行。其作用在于减少土壤水分蒸发、消灭杂草和病虫害；减少耕地时土壤的机械阻力；提高耕地的质量。

浅耕的时间和深度要根据耕作的目的和对象而定。苗圃在秋季起苗后应及时进行浅耕作业，使土壤形成隔离层，阻止下层毛细管水直接上升至地表，以减少土壤水分蒸发，提高土壤含水量。浅耕深度一般 7 ~ 10 cm。如在生荒地、撂荒地或采伐迹地上新建苗圃，由于杂草根系盘结紧密，伐根粗大，浅耕深度应适当加深到 10 ~ 15 cm。

浅耕作业可采用钉齿耙、圆盘耙等耕作机具进行。

(2)耕地

耕地是对苗圃地土壤进行深层的耕作，是苗圃耕作的主要环节。苗圃深耕破坏了原有的犁底层，加深了松土层，在深耕的同时如能实行分层施肥，特别是氮肥、绿肥等有机肥料，更能促使深层的土壤熟化，增加土壤的团粒结构，为苗木的根系生长发育提供良好的土壤环境。

耕地深度要根据圃地条件和育苗要求来确定。从育苗要求上说，一般在播种苗区和营养繁殖苗培育区，耕地深度应以25~30 cm为宜。移植苗和大苗的根系比较庞大，一般耕地深度应达到30~35 cm以上。同一苗木类型在不同的气候、土壤条件下培育，耕地深度也应有差别。例如，在北方干旱地区，为了蓄水保墒；在南方土壤黏重瘠薄地区，为改良低产土壤；在盐碱地上，抑制返盐和便于排水洗盐，耕地深度都应适当加深。对于沙地，为防止风蚀和土壤水分蒸发，耕地不宜过深。在北方地区为了保墒，秋耕宜深些，春耕宜浅些。

苗圃耕地时间要根据气候、土壤情况而定。秋季耕地有利于蓄水保墒，改良土壤，消灭病虫和杂草，所以北方干旱地区和盐碱地区均适于秋耕，但砂土地苗圃仅适用于春耕。山地育苗时，宜在雨季前耕地。为了提高耕地质量，必须掌握适耕时机，以抓住土壤不湿、不黏状态，土壤含水量为田间持水量的60%~80%时进行耕地为好。此时土壤的可塑性、黏着性和黏结性都小，耕地时受到的阻力小，耕地效率高。

耕地作业常用的机具有双轮双铧犁、机引五铧犁等。

(3)耙地

耙地是耕地后进行的表土耕作措施。其作用主要是耙平地面，耙碎垡块，粉碎坷垃，覆盖肥料，清除杂草，破坏地表结皮，保蓄土壤水分，防止返盐碱等。

耙地的原则是耙透、耙实、耙细、耙平，达到平、匀、细。如果耙地不好，坷垃大而多，跑墒过多，土壤水分不足，不仅影响播种质量，深浅不匀，而且幼苗被大土块压住，以致不能出土。

耙地时间取决于气候和土壤条件。在冬季雪少，春季又干旱多风的气候条件下，秋耕后要及时耙地，防止跑墒。但在低洼盐碱地区，耕后不必耙地，以便经过晒垡，促进土壤熟化，提高土壤肥力。春耕后必须立即耙地，否则既跑墒又不利于播种，农谚说："随耕随耙，贪耕不耙，满地坷垃。"如果土壤太湿，耕后立地耙地效果也不好，当能耙碎垡块时再耙。

耙地常用的机具有钉齿耙、圆盘耙等。

(4)镇压

镇压是对过于疏松的土壤进行的适度压实作业。其作用是破碎土块；压实松土层，促进耕作层的毛细管作用；在干旱无灌溉条件地区，春季耕作层土壤疏松，通过春季镇压能减少气态水的损失，对于保墒有较好的效果。

在土壤疏松而较干的情况下，为促进毛细管作用，在作床或作垄后应进行镇压，或在播种前镇压播种沟或播种后镇压覆土。耙地后如果需要压碎土块，镇压可在结合机械耙地的同时进行。

在黏重的土壤上不能实施镇压作业，否则会使土壤板结，妨碍幼苗出土。此外，在土壤含水量较大的情况下，镇压也会使土壤板结，要等土壤湿度适宜时再进行镇压。

常用的镇压机具有圷形镇压器、齿形镇压器、木磙子和水泥磙子等。

(5)中耕

中耕又称清耕，是在苗木生长期间进行的松土作业。其作用在于克服由于灌溉和降雨等原因造成的土壤板结现象，减少土壤水分蒸发，减轻土壤返盐碱现象；促进气体交换，为土壤微生物的活动创造适宜的条件，提高土壤中有效养分的利用率；清除杂草，促进苗木的生长。

中耕必须及时，每逢灌溉或降雨后，当土壤湿度适宜时要及时进行中耕。一般土壤含水量超过凋萎含水量，并低于田间持水量的70%时，最适合耕作。土壤过湿严禁耕作。

中耕的深度因苗木的大小而异，小苗因根系分布较浅宜浅，苗木大，根系分布较深宜深。一般小苗2~4 cm，逐渐加深到7~8 cm，以至十几厘米(垄作)。

常用的中耕机具有机引中耕机等。

2. 化学改良措施

化学改良措施主要是通过施用有机或无机肥料等，直接或间接地补充土壤中的养分，以供给苗木吸收利用，促进苗木生长。

根据性质和应用效果不同，苗圃使用的肥料可分为有机肥料、无机肥料和微生物肥料(表7-3)。

有机肥料又称农家肥，是由植物的残体或人畜的粪尿等有机物经过微生物的分解腐熟而成的肥料。有机肥属于完全肥料，含有氮、磷、钾等多种营养元素。

无机肥料又称化肥，是用化学和(或)物理方法制成的含有一种或几种供苗木生长需要的营养元素肥料，包括氮肥、磷肥、钾肥、微肥、复合肥料等。某些无机肥料有酸碱反应；一般不含有机质，无改土培肥的作用。

微生物肥料是用从土壤中分离出来的、对苗木生长有益的微生物制成的肥料。

此外，植物生长调节剂广义上也是一种肥料，稀土作为特殊肥料近年来在育苗中也有一些应用。

表7-3　苗圃常用肥料种类及特点

肥料类别	苗圃常用种类	特　点
有机肥料	堆肥、厩肥、绿肥、泥炭、人粪尿、饼肥和腐殖肥等	兼顾改良土壤和提供营养元素；肥效持续时间长。缺点是肥效慢
无机肥料	硫酸铵、碳酸氢铵、氯化铵、硝酸铵、尿素、过磷酸钙、钙镁磷肥、硫酸钾、氯化钾等大量元素肥料以及硼砂、硫酸锌、硫酸锰、钼酸铵、硫酸亚铁、硫酸铜等微量元素肥料	成分单纯，养分含量高，易溶于水，易被苗木吸收，肥效快。但肥分单一，对土壤的改良作用不如有机肥。使用不当，会使土壤结构变坏，肥力降低
微生物肥料	菌根菌、磷酸化菌、根瘤菌及固氮细菌肥料等	改良土壤，有益于苗木对养分和水分的吸收。间接发挥作用

(1)苗圃施肥的原则

在育苗生产中，施肥需要看目的、看土壤、看苗木、看气候、看肥料性质，确定肥料种类、施肥时间、施肥数量和施肥方法。

①根据施肥的目的施肥　施肥目的不同，则所采取的施肥方式方法是不同的。苗圃施肥的最终目的是为了给苗木提供营养或改良土壤，有时以其中某一项为主，有时是两者兼顾，如施肥是为了使苗木获得丰富的营养物质为主，可将迟效肥与速效肥，基肥与追肥相互配合使用。施肥时要集中靠近苗木根系施用，以利苗木吸收。若施肥的主要目的是要改良土壤，则要根据土壤的具体情况选用肥料，甚至可使用不含氮、磷、钾元素的物质。如用石灰改良酸性土壤，用硫黄改良碱性土壤等。通常用于改良土壤的方法还是以全面、分

层、足量施用腐熟有机肥料为主。

②根据气候条件施肥 气候直接影响土壤中营养元素状况和苗木吸收营养元素的能力，在寒冷、干旱的条件下，由于气温低、雨水少、肥料分解缓慢、苗木吸收能力也低，施肥时应选择易于分解的“热性”肥料，且待分解腐熟后再施；在高温、多雨的条件下，分解快，吸收强，且养分容易淋失，施肥时应选用“冷性”肥料，速效性肥料应少量勤施。

③根据土壤条件施肥 苗圃施肥应根据苗木对土壤养分的需要量和圃地的养分状况，有针对性地进行，缺什么肥料施什么肥料，需要多少补充多少。圃地养分状况与土壤的类型、物理性状和酸碱度等有密切关系。

不同类型的土壤，营养元素的含量不同，例如，东北平原的黑钙土，有机质含量丰富，一般为4.0%~6.0%，含氮量也比较高，为0.1%~0.5%；华北平原褐土，西北高原黄土，有机质含量较少，一般为0.5%~1.0%，含氮量仅为0.04%~0.12%；各类土壤磷的含量都比较低，为0.12%~0.15%，而钾的含量较高，为1.8%~2.6%，一般农耕地全氮量都小于0.1%，且多以腐殖质态氮和蛋白质态氮存在，苗木利用率很低，因此，在耕地上补充氮、磷肥有重要意义。

圃地的物理性状直接影响土壤的营养状况和苗木的吸收能力。沙性土壤，质地疏松，通气性好，温度较高，湿度较低，属于“热土”，宜用猪、牛粪等“冷性”肥料；黏性土壤，质地紧密，通气性差，温度较低属于“冷土”，宜施马、羊粪等“热性”肥料，且使用的有机肥料必须充分腐熟后再施。结构良好的土壤，水分、温度、空气状况良好，微生物活动旺盛，能更有效地促进土壤中有机态营养转化为苗木能够吸收利用的状态。实践证明，大量施用堆肥、厩肥、绿肥、泥炭等，对增加土壤中的有机质、改良土壤结构有显著效果。

不同树种忍耐酸碱度的程度不同，如果土壤酸碱度与所培育的苗木特性发生矛盾时，可以通过施肥加以调节，在碱性偏大的土壤上多施用有机肥和生理酸性化肥，在酸性偏高的土壤上宜施生理碱性化肥，或施石灰加以调节。

④根据苗木特性施肥 不同树种苗木，对各种营养元素的需要量不同，据分析，在苗木的干物质中，主要营养元素含量的顺序为：氮 > 钙 > 钾 > 磷。豆科树种，因有根瘤菌固定大气中的氮素，磷又能促进根瘤菌的发展，所以，豆科树种对磷肥的要求反而比对氮肥高。

同一树种的苗木在不同生育时期，对营养元素的要求不同。就一年生苗木而言，幼苗期对氮、磷敏感；速生期对氮、磷、钾要求都很高；生长后期，追施钾肥，停止施入氮肥，可以促进苗木木质化，增强抗逆性能。随着年龄的增加，需肥数量也逐渐增高，二年生留床苗比一年生苗的需用量一般高2~5倍。苗木密度愈大，需肥数量愈多，应酌情多施。

⑤根据肥料的性质施肥 苗圃施肥需要了解肥料的性质及其在不同土壤条件上对苗木的效应。为了充分发挥肥效，一般都考虑多种肥料混合施用。如有机肥与无机肥混合，速效肥料与迟效肥料混合，氮磷钾三要素按一定配比混合。试验证明，我国北方一般树种，氮、磷、钾混施配比为(3~4)∶(1~1.5)∶1效果较好，混合施肥要考虑肥料的性质，否则不会收到良好效果。

(2)施肥方法

在苗圃中常见的施肥方法有基肥、种肥和追肥3种。

①基肥　在播种或栽植育苗之前结合土壤耕作所施的肥料，其目的在于改良土壤，提高地力，供应苗木整个生长周期所需的营养。用于基肥的肥料主要是有机肥料，如厩肥、堆肥、绿肥、饼肥、人粪尿等。如果施用化学肥料，应选择不易被土壤淋洗和挥发的肥料，如硫酸铵、过磷酸钙、氯化钾等。根据实际生产经验，我国北方基肥施用量，通常每公顷为：厩肥(或堆肥)50 000～80 000 kg，人粪尿3000～4000 kg，过磷酸钙500～800 kg。基肥通常采用全层施肥方法施用，即将肥料在第一次耕地前均匀地撒在地面上，经过翻耕埋入耕作层中；精制的人粪尿、饼肥、颗粒肥料，一般多在作床(垄)时施在土壤上层(表层施肥法)。作为基肥使用的有机肥必须充分腐熟后施用，以免灼伤幼苗，造成杂草和病虫害蔓延。

②种肥　在播种时施用的肥料，其主要作用是能比较集中地给苗木初期生长提供所需的营养之素。用于种肥的肥料主要有过磷酸钙、磷酸二铵、磷酸二氢钾等。种肥施用量一般每公顷为75 kg左右。施种肥可将肥料制成颗粒状或制成种子丸施入，施微量元素可配制0.3%～0.5%的溶液浸渍种子，但催过芽的种子不能混拌和浸渍，而应先施入播种沟中。

③追肥　苗木生长期中施用的肥料，其作用在于补充基肥和种肥的不足。用作追肥的肥料多为速效性。根据树种和苗木生育时期的不同，追肥的种类和次数不一。如一年生播种苗，幼苗时期对氮、磷、钾敏感，需根外喷施1～2次氮、磷肥(如磷酸二铵等)，以促进根系生长，增加苗木抗逆性能。速生时期，苗木代谢旺盛，对氮、磷、钾要求都很高，需追施2～3次以氮肥为主的复合肥料，每隔7～10 d追施1次。苗木生长后期，为促进径向生长、根系发育、冬芽形成和苗木木质化，应根外喷洒1～2次磷、钾(如磷酸二氢钾等)。二年生留床苗，根系发育较早，应在春季苗木开始生长前追施一次以氮肥为主的复合肥料。追肥数量，一般每次每公顷为：人粪尿375～525 kg，硫酸铵75～110 kg，尿素60～75 kg，硝酸铵、氯化铵、氯化钾等为75 kg左右。例如，根外追肥，尿素为15～20 kg，磷酸二铵、磷酸二氢钾为20～30 kg。追肥方法有土壤追肥和根外追肥两种：

土壤追肥　是将肥料追施于土壤中的方法，它是苗木追肥最常采用的方法。一般应用的追肥方法有：沟施、浇施和撒施3种。沟施又叫条施，是在苗木行间开沟，把肥料施入后盖土，要求在行间、距苗木10 cm内开沟，深6～10 cm。浇施是将肥料稀释后全面喷洒于苗床上，喷洒后用清水冲洗苗株，或配合灌溉施入土中。撒施是将肥料均匀地撒在床面，然后浇水或浅耙。这三种方法，以沟施效果最好，肥料利用率高(45%)，撒施(14%)和浇施(27%)存在的共同缺点是：施肥浅，肥料不能全部被土覆盖，或不能覆土，因而肥效减低，尤其是磷肥和挥发性较大的肥料。

根外追肥　是将速效性的肥料制成溶液，喷洒在苗木的茎叶上使之吸收的施肥方法。首先，根外追肥能及时供给苗木所急需的营养元素，喷后约20～30 min后，苗木即开始吸收，约经24 h能吸收50%以上；其次，节省肥料，如柳杉苗用尿素根外追肥50 mL比土壤追肥150 mL的效果好，节省肥料2/3；第三，能严格按照苗木生长的需要及时供给营养元素。根外追肥使用的溶液浓度，一般尿素为0.2%～0.5%，每公顷每次用量7.5～15 kg；过磷酸钙为0.5%～2.0%，每公顷每次用量22.5～37.5 kg；硫酸钾、氯化钾、磷酸二氢钾为0.3%～1.0%；其他微量元素为0.25%～0.50%，小苗使用浓度要低些。喷洒时间以早、晚或阴天、空气湿润为宜。喷后两天内如遇到降雨，肥料失效，应需补施。但是根外追肥的效果有限，只能作为补充营养的辅助措施，而不能完全代替土壤追肥。

3. 生物改良措施

生物改良措施主要是通过苗圃种植方式的改变或减少杂草等对土壤养分的消耗实现改良土壤的理化性状。常见的方式是实行轮作制，即在苗圃中同一块育苗地上，将不同树种的苗木或与牧草、绿肥、农作物按一定的顺序轮换种植。轮作能调节苗木与土壤环境之间的关系，合理轮作可增加土壤有机质含量、改善土壤结构、提高土壤肥力、减少病原菌和害虫的数量，减轻杂草的危害程度，提高苗木的产量、改善苗木的质量。

在苗圃，轮作要根据育苗的任务，树种和农作物等的生物学特性，以及它们与土壤的相互关系，进行合理的安排。轮作方法主要有 3 种方式：

(1) 苗木与苗木轮作

指在同一育苗地上，不同种类树木的苗木进行轮换种植的方法，适用于育苗树种较多而苗圃面积有限的情况下采用。这是轮作方式，需了解各种苗木对土壤水分和养分的不同要求，各种苗木易感染、病虫害种类和抗性大小，以及树种间互利与不利作用。我国常用的苗木轮作模式有：油松与板栗、杨树、紫薇、紫穗槐以及针叶树种等茬地上生长良好且病虫害少；油松、白皮松与合欢、复叶槭、皂荚轮作可减少立枯病，杉木与刺槐、紫穗槐效果很好。在进行树种轮作时应注意不要选择有共同病虫害的树种进行轮作。例如，为了防止锈病就不要用落叶松与杨树、桦木轮作；云杉不要与稠李属轮作；桧柏不要与花椒、苹果、梨等苗木进行轮作。

苗木间轮作要根据育苗任务和生物学特性进行合理安排，不应为轮作插入不需要的树种。

(2) 苗木与农作物轮作

主要是指苗木与农作物进行轮换种植的方法。由于农作物收割后有大量的根系遗留在土壤中，增加了土壤的有机质，因此苗木与农作物轮作不仅可以增加粮食收入，更重要的是可以起到补偿起苗时土壤中所消耗的大量营养元素的作用，这是我国目前最切实可行的方法。

目前生产上用来轮作的农作物主要有豆类，其次有小麦、高粱、玉米、水稻等。应注意的是，苗木与农作物轮作必须防止引起病虫害，例如，在育苗地种植蔬菜或马铃薯等易感染猝倒病和招引虫害的作物。

(3) 苗木与绿肥植物轮作

指用绿肥植物(如草木犀、苜蓿等)与苗木轮换种植的方法。这种轮作方式能大大增加土壤中的有机质，促进土壤形成团粒结构，协调土壤中的水、肥、气、热等状况，从而改善土壤的肥力条件。目前在生产上应用较多的绿肥植物有紫云英、苜蓿、田菁、草木犀、紫花苜蓿、三叶草和鹅冠草等，这些植物同时还是很好的牧草。在土地面积较大，气候干旱、土壤贫瘠的地区，采用这种轮作方式是可行的。

四、苗木密度管理

(一)苗木合理密度及确定原则

1. 苗木合理密度的概念

苗木密度是指单位面积(或单位长度)上苗木的数量。合理密度实际上是合理安排苗木群体之间的相互关系，使其保证在每株苗木生长发育健壮的基础上，获得最大限度的单位面积上的产苗量的密度。这也正是苗木产量和质量之间存在的矛盾问题。

苗木过密，每株苗木的营养面积过小，通风不良，光照不足，降低了苗木光合作用效率，使光合产物减少；表现为苗木细弱，叶量少，根系不发达，侧根少，干物质重量小，顶芽不饱满，易受病虫危害，移植成活率不高等。当苗木过稀时，不仅不能保证单位面积的苗木产量，而且苗木空间过大，土地利用率低，易滋生杂草，增加土壤水分和养分的消耗，给管理工作带来困难。合理的密度可以保证每株苗木在生长发育健壮的基础上获得单位面积上最大限度的产苗量，从而获得苗木的优质高产。

2. 合理密度确定的原则

合理密度是相对的，它因树种、苗木、环境条件不同而异。育苗技术水平不同，育苗密度也不一样。在确定某一树种的苗木密度时，应结合本地区的具体情况考虑以下原则：

①树种的生物学特性　生长快，冠幅大的密度应稀，反之应密些。

②苗龄及苗木种类　培育年龄越大的苗木，密度越小。

③苗圃地的环境条件　土壤、气候和水肥条件好，并经常进行苗木移植的宜密，条件差或苗木移植管理工作差的宜稀。

④育苗方式及耕作机具　苗床育苗的密度比垄作育苗的密度大，所以产量比垄作高。另外，确定密度还必须考虑苗期管理所使用的机器、机具，以便确定合适的行(带)距。

⑤育苗技术水平　育苗技术水平高、管理精细的密度可高些；育苗技术水平较低、管理条件较差的，密度宜稍低。

苗木密度的大小，取决于株行距，尤其是行距的大小。播种苗床一般行距为 8～25 cm，大田育苗一般为 50～80 cm，行距过小不利于通风透光，也不利于管理。

(二)苗木密度管理措施

1. 间苗

苗木过密会造成光照不足，通风不良，每株苗木的营养面积过小，使苗木生长过弱，降低苗木质量。苗木过密的圃地，还易招引病虫害。为使苗木生长有一个合适的营养空间，在育苗时需除去影响正常苗木生长的受病虫害、机械损伤而生长不正常的幼苗，这一生产过程称为间苗。

间苗的具体时间因树种和地区而异。主要根据幼苗的生长速度、幼苗的密度等决定。阔叶树种第一次间苗的时间，可掌握在幼苗期的前期当幼苗展开 3～4 片(对)真叶、互相遮阴时进行；第二次间苗在第一次后 20 d 左右进行。针叶树种幼苗适于较密集的环境，间苗时间比阔叶树种晚。对生长快的树种如落叶松、杉木、柳杉等，可在幼苗期进行间苗。生长慢的树种可在速生期初期进行间苗。

间苗一般分1～2次进行，具体要以幼苗的长势、密度等情况而定，最后一次间苗又称定苗，定苗不能过晚，否则会降低苗木质量。

间苗前应先按计划的单位面积产苗数，计算出每株苗木之间的间距，在定留苗数时，要比计划产苗量多5%～10%，作为损伤系数，以保证产量。间苗时，主要间除有病虫害的苗、受机械损伤的苗、发育不正常或生长弱小的劣苗，以及并株苗、过密苗等。如为出苗不齐的苗圃，应在保证产苗量的基础上调节留苗的稀密度。

间苗前，应先灌水，使土壤松软，提高间苗效率。间苗后，要及时进行浇灌，以淤塞被拨出的苗根孔隙。

2. 幼苗移植补苗

补苗工作是补救缺苗断垄的一项措施。当出苗不齐，或遇到严重的病虫害，造成缺株断垄，影响产苗数量时，可采用补苗。补苗时间宜早不宜迟，以减少大量伤根，早补苗不仅成活率高，而且后期生长与原生苗无显著差异。

补苗时由于幼苗主根不长，同时尚未长出侧根，故可以带土或不带土，在补苗前将苗床灌足水，然后用小铲或手将密集的幼苗轻轻掘出，立即栽于缺苗处。如幼苗较大，主根较长，补苗时最好选择阴雨天或傍晚进行，避过高温强日照时段，以提高成活率。有条件的地方，补苗后进行2～3d的遮阴，可提高苗木成活率。

五、苗圃水分管理

(一)苗木对灌溉水源的要求

1. 水质的要求

水质一般指水的洁净程度，主要指pH值、含盐量等。pH值直接影响苗木对水分的利用和灌溉效果；灌溉水的含盐量一般要求小于0.2%～0.3%，pH值应为5.5～6.5。如果含盐量过高，则不宜作为灌溉水使用。pH值可用磷酸、硫酸、硝酸和醋酸等进行调节。

2. 水温的要求

灌溉水的温度对苗木吸收利用水分有直接影响。在水温过高或过低时，要采取建晒水池、人工加温或利用太阳能加温等措施予以调节。一般春秋灌溉的水温应大于10～15 ℃，夏季不宜小于15～20 ℃，但要小于37～40 ℃。

(二)苗圃灌溉方法

不同苗圃的灌水方式因水源与灌溉设施不同而异，一般都是以苗圃建立时建设的灌溉系统为基础，可分为侧方灌溉、畦灌、喷灌与滴灌等不同的方法，见表7-4。

表 7-4　苗圃主要灌溉方法比较

灌溉方法	作用形式	特点	适用范围
侧方灌溉（垄灌）	水沿苗床步道或垄沟流入，从侧面渗入床或垄中	优点是土壤表面不易板结，能够保证土壤的通气性。缺点是用水量大，灌溉效率低。若在盐碱地区，还易造成土壤返盐碱现象	适用于高床和高垄作业
畦灌（漫灌）	水在床面漫流，直至充满床面并向下渗入土壤	相对省时省工，但水及水溶性养分下渗量大，造成水、肥浪费，且容易造成土壤板结，影响幼苗出土和苗木生长	一般用于低床或大田平作
喷灌	利用水泵加压或水的自然落差将水通过喷灌设施系统输送到苗圃地，经喷头均匀地洒在育苗地及苗木上。喷灌可配合施肥装置，同时进行施肥作业	容易控制水量，灌溉效率高，不易造成土壤板结，减少了修建水渠的占地。但在灌溉时易受风的影响，易出现灌溉不均匀的现象	除大规格苗木及风大的地区外，均可应用
滴灌	通过管道输水以水滴形式向土壤供水，利用低压管道系统将水连同溶于水中的肥料均匀而缓慢地滴到苗木根部的土壤中	可将水直接输送到苗木的根系，具有节约用水、灌溉效率高、不影响土壤等优点；但所需管线多，前期投资较高	主要适用于大规格苗木培育的水分管理

六、林业苗圃经营管理

（一）苗圃经营

苗圃经营是苗木生产者为了自身生存、发展和实现预期的战略目标进行决策，以及为实现其决策目标而开展的与市场相关的各项工作。

1. 苗木市场调查

苗木市场调查是运用科学的方法和手段，系统地、有目的地收集、分析和研究苗木市场产供销的数据和资料，依据其反映的市场情况，得出结论并提出建议，作为苗木营销决策的依据。

调查的主要内容有市场环境调查、市场需求调查、消费者及消费者行为调查、苗木产品调查、价格调查、竞争对手调查，还可进行销售渠道调查、销售推广调查及技术发展调查等。

2. 苗木市场预测

苗木市场预测是在市场调查的基础上，运用科学的方法，对苗木的供求趋势、影响因素和变化状态做出推断和估计。市场预测对林业苗圃的市场营销活动起着重要的作用。

预测程序包括准备阶段、预备阶段、评价和检验阶段。

3. 苗木市场营销

能否成功开展营销活动，也是影响其生存和不断发展的重要因素。绿化工程的多样化使得苗木行情瞬息万变，众多苗圃的竞相发展导致竞争日趋激烈，想要提高培育苗木在市场中的占有率，就必须以现代市场营销的基本理论为指导，注意分析营销环境并灵活运用多种营销策略。

营销策略主要包括产品策略、价格策略、销售渠道策略和促销策略。

(二)苗圃管理

高效、先进、科学的管理是林业苗圃提高生产效率和经营效率的切实保证，苗圃管理主要包括计划管理、生产管理、技术管理、人力管理、质量管理、物资管理和财务管理等。

1. 计划管理

林业苗圃计划主要包括生产计划和经营计划。首先要明确计划指标，包括数量指标和质量指标。数量指标是表示计划期内苗圃生产经营活动各个方面的工作在数量上应达到的目标，如生产上的苗木类型、苗木产量、苗木生产面积等，经营方面的生产成本、销售额、销售利润等。质量指标表示计划期内苗圃生产经营活动中对工作质量提出的要求，如生产上的种子发芽率、移栽成活率、苗木合格率等；经营方面的市场价值信息、市场占有率等。其次要编制合理计划，最后执行实施计划。

2. 生产管理

生产管理的目的在于建立一个稳定、高效的生产过程，保证苗圃按质按量、按时、按品种生产满足市场需求的苗木产品，主要内容包括圃地区划、生产组织和控制、育苗规划。

3. 技术管理

技术管理主要强调对技术工作的管理，各种育苗技术整合运用的严格要求。林业苗圃技术管理主要包括建立健全技术管理体系和管理制度、建立技术档案。

4. 人力管理

人力管理的主要目的是人尽其才、才尽其用，充分发挥苗圃干部职工的生产积极性和主观能动性，最终提高整个苗圃的劳动生产率。人力管理的一个重要内容是技能管理，涉及生产操作人员的体质、特长、经验和个人覆盖度等。

5. 质量管理

质量管理是林业苗圃管理的重要内容之一，是为了达到一定的质量标准而进行的程序制定、执行和调节，包括依据国家和行业标准执行产品质量，进行质量分析评价，建立质量保证体系等。质量管理包括四个环节，即确定生产规程、执行规程、检查执行规程情况、纠正违规或修订规程。

6. 物资管理

物资管理是林业苗圃管理中不可或缺的组成部分，包括对苗圃所需生产资料的管理和苗圃所生产的产品的管理。前者通常包括所需物资计划的制订、采购、贮备和取用几个环节，后者则包括包装、定价、运输、售后服务和信息反馈等环节。

7. 财务管理

财务管理是组织财务活动、处理财务关系的经济管理工作。林业苗圃的财务管理就是对苗圃生产经营活动所需要的各种资金的形成、分配和使用进行计划、组织、调节、监督和核算，包括资金筹措、固定资金和流动资金管理、成本管理、利润管理、财务收支计划和经济核算等。

第二节　苗圃露地育苗

一、实生苗培育

由种子培育成合格苗木的育苗方法，又称播种育苗法。这是苗圃最先采用的育苗方式，也是最基本的育苗方式，从苗木培育技术方面比较，其他育苗方式可以看作实生苗培育方式的变形。实生苗还可根据不同苗龄类型划分出当年播种实生苗、留床实生苗、截根苗和移植苗。

（一）准备工作

播种前的准备工作包括种子准备、土地准备、人力及物资准备等，其中最重要的是种子准备和土壤处理。

1. 种子准备

播种前的种子处理对种子的萌发和当年生长至关重要，是播种育苗的关键环节之一，主要包括以下内容：

(1)检斤与精选

①检斤　为了准确计算播种量，在精选前后都要进行种子检斤，了解种子重量，以免种子在消毒、催芽后原重不清楚，影响播种量。

②精选分级　为了获得良种，在播种前要清除夹杂物，并在可能的条件下按种粒大小进行分级，以便分别播种。这样不仅发芽整齐，而且苗木生长也整齐，成苗率高。精选的方法，一般有水选、风选、筛选，大粒种子可进行手选。

(2)消毒

为了消灭附在种子上的病菌，预防苗木发生病害，在种子催芽和播种前，应进行种子消毒灭菌。常用的种子消毒方法有药剂消毒和温水浸种消毒两种。

①药剂消毒　常用的消毒药剂及处理方法有：0.15%福尔马林溶液浸种15～30 min；0.3%～1.0%硫酸铜溶液浸种4～6 h；0.5%高锰酸钾溶液浸种2 h；敌克松粉剂拌种(用药重量为种子重量的0.2%～0.5%)；1%～2%生石灰水浸种24～36 h；0.5%～1%硫酸亚铁溶液浸种2 h；800倍液退菌特(80%)浸种15 min。

以上用各种药液处理种子都是指干种子，若是处理膨胀后的种子，则应缩短处理时间，若消毒后进行催芽，则无论用哪种方法催芽，都应先把黏附的药液冲洗干净。

②温水浸种　对针叶树种子可用40～60 ℃温水浸种消毒。用水量为种子体积的两倍，但种子皮薄或不耐上述温度的种子，不适用。

(3)种子品质检测

测定种子的发芽率、发芽势、净度、千粒重等指标。测定方法详见第六章。

(4)种子催芽

种子成熟以后，即进入休眠。休眠的种子，播种以后，不能马上发芽或发了芽出土也不整齐，严重地影响苗木产量和质量。催芽是以人为的方法解除种子休眠，促进种子萌发的措施。种子经过催芽后能提高场圃发芽率，使幼苗出土整齐，缩短出苗期，并提高苗木质量和合格苗产量。催芽方法很多，目前生产上应用比较普遍的有低温层积催芽、变温层级催芽、水浸催芽等方法。

①低温层积催芽　层积催芽是将种子与湿润物分层或混合放置促使种子出芽的处理方法。催芽如果是在低温环境中进行的，称为低温层积催芽。这种催芽方法能显著地提高场圃发芽率及促进苗木生长，应用最普遍。

低温层积催芽所需的温度条件，多数树种0~5 ℃，极少树种可达6~10 ℃。

为了保证种子在催芽过程中所必需的水分，催芽时要把种子混入湿润物如湿沙或湿泥炭，其含水率湿沙以饱和含水率的60%为宜(用于抓一把湿沙用力握时沙子不滴水，松开后沙子团又不散开)，如用湿泥炭，含水率可达饱和程度。

在催芽过程中要使种子能得到所需的氧气并排出CO_2，必须要有通气设备。

低温层积催芽时间因树种而异，根据现有资料表明：强迫休眠的种子一般为1~2个月，生理休眠的种子约需2~7个月。在实际生产中，一般当观察到外种皮开裂，胚根露白达20%左右时，即可下地播种。

②变温层积催芽　是用高温与低温交替进行的层积催芽法，即先高温后低温，必要时再用高温进行短时间的催芽。

变温层积催芽的温度：先用高温(15~25 ℃)，再用低温(0~5 ℃)。一般高温时间短，低温时间长。有的树种高、低温期几乎相等，如水曲柳都是3个月；之后如果种子未达到催芽要求时，可再用高温(15~25 ℃)催芽2~3周，至达到要求时为止。

在北方地区用隔年埋藏给红松种子催芽就是变温催芽的方法之一。

③高温水浸催芽　是把种子放在高温而湿润的条件下进行催芽的方法。温度一般为18~25 ℃。凡只是因为种皮的通透性不好所形成的长期休眠种子和适用于高温浸种的种子，适于高温水浸催芽。例如，刺槐，先用70 ℃高温浸种，当种子膨胀后把膨胀的种子分出。置于18~25 ℃的环境中，上面加以覆盖，使种子保持湿润状态，每天用温水(40 ℃)冲洗1~2次，当裂嘴和发芽的种子数达到20%~30%时即可播种。

用高温水浸种，要注意：根据种子特性选用水温；为控水温也要控制水与种子比例，水为种子的2倍(容积比)；把热水倒入种子容器的同时，要充分搅拌数分钟，使种子受热均匀。

2. 土壤处理

(1)土地平整

应用物理方法在平地、浅耕、耕地和耙地的基础上，进行的平整圃地、碎土和保墒等工作。播种前整地对种子场圃发芽率、成苗率、苗木产量和质量影响很大。播种前整地要求细致，应该使圃地平坦，播种地无土块的石块。种粒越小，对播种前整地的要求越高。

(2)土壤消毒

应用化学或物理等方法，消灭土壤中残存的病原菌、地下害虫或杂草等。以减轻或避免其对苗木的危害。

苗圃中简便有效的土壤消毒方法主要是采用化学药剂处理。常用的消毒药剂及处理方法有：2%~3%硫酸亚铁粉制药土150~225 g/m²施用；敌克松以4~6 g/m²细砂土混匀做成药土施用；五氯硝基苯(75%)加代森锌或敌克松(25%)混合剂与上述敌克松相同量施用；50%辛硫磷或西维因颗粒剂按3.0~3.75g/m²用量施用；福尔马林50 mL/m²加水6~12 L在播种前10~20 d喷洒覆膜。

在柴草方便之处，也可在圃地堆放柴草焚烧，使土壤耕作层温度提高，达到灭菌的目的，这种方法不仅能灭菌，而且有提高土壤肥力的作用。日本曾研制有火焰土壤消毒机，用汽油作燃料加温，使土壤温度达到79~87 ℃，会使有机质燃烧。用这种方法不仅能消灭病原菌，而且有杀死有害昆虫、土壤微生物和杂草种子的效果。

(3)*育苗方式*

苗圃育苗有苗床式育苗和大田式育苗2种育苗方式(表7-5)。苗床式育苗的历史最久，分为高床和低床。大田式育苗是采用和农作物相似的作业方式进行育苗，即在播种前不作苗床，把林木种子直接播种在地里。大田式育苗便于使用机械，工作效率高，省劳力。由于行距较大，苗木的光照和通风条件较好，所以苗木质量好。但苗木产量比苗床育苗低。大田育苗一般分为高垄和平作两种形式。

表7-5　苗圃育苗方式的比较

育苗方式	形　式	一般规格	特　点	适用范围
高床	育苗面高出步道	床面宽80~100 cm；床高15~25 cm；床长多为10 m，如果采用喷灌，还可长些	排水良好，增加肥土层厚度，通透性较好，土温较高，便于应用侧方灌溉，床面不易板结，步道可用于灌溉和排水。做床和后期管理费工，灌溉费水	适用于对土壤水分较敏感，既怕旱又怕涝，要求排水良好的树种，如落叶松、油松等；气温较低，降水量较多的地区
低床	育苗面低于步道	床面宽100~150 m；步道宽40~50 cm；步道高15~20 cm；苗床长的确定同高床	保墒条件好，灌溉相对于高床省水。灌溉后床面易板结，妨碍土壤的通透性；不利于排水；起苗比高床费工	适用于对土壤水分要求不严，对稍有积水无妨碍的树种，如侧柏、圆柏等。一般在降水量少，较干旱、雨季无积水的地区
高垄	犁地起垄育苗的作业方式，育苗面高出步道	垄底宽60~80 cm，垄高18~20 cm	除了具备高床的优点外，苗木行距大，通风透光好，苗木根系较发达；便于机械化作业，起苗省工。单位面积产苗量低	适用树种和条件与高床相同，对速生树种尤为适宜
平作	在育苗前，将圃地整平后直接进行播种和移植育苗		可用多行式带状配置，能提高土地利用率，提高单位面积的苗木产量，同时也便于机械化作用。行距较小，播种育苗不适合速生树种	适用树种与低床相同。多用于苗圃移植育苗

(二)播种期

播种期包括播种季节和播种时间，是决定和影响苗木年生长期及苗木养护管理措施等的重要因素。南方一般四季均有适播树种，而北方则多数树种以春播为主。播种时间的确定，要依树种的生物学特性以及当地的气候条件。

1. 春播

春季是主要的播种季节，在多数地区、大多数树种都可以在春季播种。春播的具体时间以在幼苗出土后不致遭受低温危害的前提下，以早为好。春季适当早播的幼苗抗性强，生长期长，病虫害少。春播具有从播种到出苗时间短，减少管理用工，减轻鸟、兽、虫等对种子的伤害等优点。春播要注意预防晚霜危害。

2. 夏季播种

适用于易丧失发芽力，不易贮藏的夏熟种子，如桉树、杨树、榆树、桑树、檫木等。一般随采随播，种子发芽率高。播种的具体日期因地而异，但越早越好。夏播保证土壤湿润和防止高温是关键。

3. 秋季播种

一般多用大、中粒种子或种皮坚硬的、有生理休眠特性的种子，如山杏、山桃、白蜡等。秋播休眠期长的种子，冬季在苗圃地完成催芽过程，来春发芽早。种皮厚的种子通过冬冻，春化促使种皮开裂，便于种子吸水发芽。但在北方秋播时，翌春土壤容易板结，或遭风蚀、土压、圃地冻裂等自然灾害，常使场圃发芽率低，出现严重缺苗现象，影响苗木产量，浪费种子。同时秋播后种子在土中的时间长，鸟兽危害的机会多；翌春出苗早，幼苗受晚霜的影响也比较大。秋播的具体时间，要根据树种特性和当地气候条件而定，休眠期长的种子要早播，强迫休眠的种子宜晚播。在北方以当年秋季种子不发芽为原则。

4. 冬季播种

我国南方气候温暖,冬天土壤不冻结,而且雨水充沛,可以进行冬播。冬播实际上是春播的提早,也是秋播的延续。部分树种(如杉木、马尾松等)初冬种子成熟后随采随播,可早发芽,扎根深,能提高苗木的生长量和成活率,幼苗的抗旱、抗寒、抗病能力均较强。

(三)播种

1. 播种量的计算

播种量是指单位面积的用种量。播种量直接影响单位面积的产量和质量。播种量确定的原则是用最少的种子，达到最大的产苗量。适宜的播种量，需经过科学的计算，计算播种量的依据是：单位面积(或单位长度)最适宜的产苗量；种子品质指标，如种子纯度(净度)、千粒重、发芽势；种苗的损耗系数等。

计算播种量可按下列公式：

$$X = \frac{N \times W}{P \times G \times K} \times C \tag{7-1}$$

式中　X——单位面积或单位长度播种量(kg)；

N——单位面积计划产苗量；

W——种子千粒重(g)；

P——种子净度；

G——种子发芽率；

K——常数，将千粒重换算为每粒种子的重量(kg)，其数值为1000^2；

C——损耗系数。C值因树种、圃地的环境条件及育苗的技术水平而异，同一树种，在不同条件下的具体数值可能不同，需要通过试验来确定，参考值如下：

大粒种子(千粒重在700g以上)，$C=1$；

中、小粒种子(千粒重在3～700g之间)，$1<C<5$；

极小粒种子(千粒重在3g以下)，$C=5\sim20$。

经营时间悠久、技术经验丰富的苗圃，也可采用经验播种量播种。

2. 播种方法

现在应用的播种方法有：条播、点播和撒播3种方法(表7-6)，分述如下。

表7-6　苗圃几种播种方法对比

播种方法	优　点	缺　点	适用情况
条播	(1)苗木有一定的行间距离，便于中耕、除草追肥和保护工作以及机械化作业； (2)比撒播省种子； (3)苗木的行距较大，使苗木受光均匀，有良好的通风条件，苗木生长健壮，质量较好； (4)起苗工作方便	苗木生长密集，播种沟内苗木分化明显，生长发育不均匀，产苗量较低	应用最广泛的播种方法；适用于绝大多数树种
撒播	产苗量高	(1)用种量大； (2)苗木密集，通风通光性差，苗木生长不好，有时会降低苗木的抗性及苗木的质量； (3)抚育管理不便，如中耕、除草和追肥等	除极小粒种子外，一般较少使用
点播	节约种子，出苗快，苗木生长均匀整齐，当年嫁接率高，并且操作简便，易推广	(1)大面积栽培时，适用范围小； (2)播种初期的工作量和投入成本高； (3)单位面积产苗量少	只适用于大粒种子，如核桃、板栗、桃、杏等，或者不耐移植植物的育苗

①条播　是按一定行距，将种子均匀地播撒在播种沟内。条播规格一般播幅宽度为3～5 cm，为了提高产苗量，播幅可以宽到8～15 cm，甚至20 cm(称为宽幅条播)，但不能太宽。树种不同，适宜的播幅宽度也不完全一样，一般针叶树播幅可以宽些(10～15 cm以上)，阔叶树适当减小(10 cm左右)。播种沟的方向可平行床或垄的长边(纵行条播)，也可垂直于床的长边(横行条播)，注意苗行的方向应是南北向。

②撒播　是将种子均匀地播种于苗床或垄上的播种方法。

③点播　在苗床或垄上按一定的株行距将种子均匀地以穴进行播种的播种方法。容器

苗的播种也是用点播的方式。

3. 播种技术要点

为了提高播种质量，对于条播和点播，要注意做到播种行通直，开沟深浅一致，撒种均匀，覆土厚度适宜。播种中、小粒种子，一般预先备好疏松的覆土材料，如河沙、泥炭土、苗圃菌根土、新鲜锯末等，过筛后备用。播种后立即覆土，主要是保证种子发芽所需的温度和水分，避免鸟兽危害，使种子安全发芽。覆土厚度直接影响出苗率和幼苗整齐健壮，如果覆土过厚，种子发芽困难，幼芽顶不出土易闷死；覆土过薄，土壤易干燥或种子暴露于土壤外面影响发芽。覆土厚度根据树种的特性确定，大粒种子宜厚，小粒种子宜薄；子叶不出土的宜厚，子叶出土的宜薄。一般应为种子短轴的 2～3 倍，具体还应根据气候、土壤、播种期而灵活掌握。为使种子与土壤紧密结合，充分利用毛细管水，覆土以后要进行适当的镇压。

(四)育苗管理

1. 播种当年的管理

一年生播种苗可分为出苗期、幼苗期、速生期、硬化期 4 个时期，各生长期的长短，取决于树种的生物学特性、气候和土壤条件，以及育苗技术措施的影响。但就某一地区的特定树种而言，其生长规律基本一致，不同时期苗木抚育管理的中心任务也是一致的。

(1)出苗期

出苗期是从播种到幼苗地上部出现真叶，地下部出现侧根时为止。此时期对子叶出土的种子，虽然子叶出土，但未生出真叶；子叶留土的种子，真叶尚未展开；针叶树种子的子叶出土后，种皮未脱落，未出现初生叶，已有根系深入土层，但一般都只有主根而无侧根，地上部生长较慢，而根生长较快，幼苗鲜嫩，抗性弱，还不能自行制造营养物质，其营养来源主要是种子中所贮存的物质。出苗期的持续期因树种、播种期、催芽强度、当年气象条件及不同地区差异很大，春播的种子，出苗期多为 3～7 周，但生长快的树种约10 d到十几天，而生长慢的为 8～12 周。夏播的种子，约需数日至两周。

出苗期种子和幼芽的生命活动受外界因素的影响较大，主要是土壤水分、温度、覆土厚度及土壤本身的通透性影响。育苗的任务是保证幼芽能适时出土，出苗整齐、均匀、健壮，为此播种地管理要做好覆盖与撤除、灌溉、松土、除草、防鸟害等工作。

播种后用塑料薄膜等材料覆盖可以提高土温，保蓄土壤水分，减少灌溉量；防止因水分蒸发使盐碱上升或造成土壤板结，减少幼苗出土的阻力，因而使出苗期缩短，并能提高场圃发芽率与合格苗产量，同时防止鸟害。

当幼苗大量出土(出土数量达 60%～70%)时，应及时分期撤除覆盖物，以免影响幼苗接受光照，撤除工作应分 2～3 次进行，同时要注意防止损伤幼苗。

出苗期灌溉量要适宜，水分过多会使种子腐烂。有覆盖的播种地可以不灌溉，需要时灌溉次数宜少。播种小粒种子，先灌足底水后播种的育苗地，可以不灌或减少灌溉次数。灌溉要用细雾喷水，以防冲走覆土或冲倒幼苗。

在出苗期较长的播种地上，在播种前未用除草剂时，播种后或喷除草剂，或以人工除草，都要及时进行。此外，播种地土壤出现板结现象，要及时松土，以免影响幼苗出土与生长。

针叶树种种子幼芽带种子皮出土时，常被鸟类啄食致使幼苗死亡。现行有效办法是有人看管和用响乐器驱赶。

沙地播种育苗时，播种后常由于风蚀、沙打给幼苗造成灾害。在这种情况下，要设防风障，以防风吹覆土，沙打幼苗。

(2)幼苗期

从幼苗地上部出现真叶、地下部生出侧根时开始，到幼苗的高生长大幅度上升时为止。幼苗期的前期，阔叶树种地上部出现真叶，子叶留土的幼苗真叶已展开；针叶树种的子叶脱掉种皮，在生长点上出现真叶(初生叶)，叶量逐渐增多，开始高生长，地下部分生出侧根，主根逐渐向深处发展，可达10 cm，同时侧根也向四周伸展。幼苗期之初，高生长缓慢，根系生长较快，随着幼苗地上、地下部分的生长，幼苗生长由缓慢逐渐加快，直至进入速生期。幼苗期的持续期，因树种不同，变幅很大。夏季播种的树种，幼苗期的持续期约为3~5周，春季播种的约为5~7周，生长缓慢的树种可达2~3个月。

这一阶段育苗的中心任务是在保苗的基础上，加强管理，促进营养器官的生长，特别是促进根系的生长发育，给速生期打下良好的基础。这个时期苗木仍然很幼嫩，对外界不良环境因素的抵抗力弱，如遇干旱、炎热、低温、水涝、病虫则容易死亡。因此，水分、养分、气温和光照成为影响幼苗生长发育的主要外界因素。

在这个时期要采取的育苗技术措施主要有：适当灌水，每次灌溉量要足，湿润浓度应该达到主要吸收根系的分布浓度，灌溉间隔期宜适当延长；喷药防病；为防日灼，必要时可适当遮阳，以调节光照和气温；合理施肥；加强松土除草；对生长快或者生长慢而过密的针叶树苗，在这个时期，应进行间苗和定苗。

(3)速生期

是从苗木的高生长大幅度上升时开始，到高生长大幅度下降时为止，是苗木生长最旺盛的时期。在这个时期，苗木的地上部分和根系的生长量都是全年生长最多、最快的，其高生长量占全年的60%~80%，有的甚至达90%以上，这是多数树种的共同规律。一年生播种苗，在速生期中，一般要出现1次(南方树种有1~2次)高生长暂缓期，这主要是由于夏季干旱炎热(最高气温达30~35 ℃)，而使苗木的生长暂时受到抑制的结果。到了夏末秋初，雨季来临，水分充足，气温又不太高时，生长速度又逐渐上升，出现两个速生阶段。如果在干旱炎热时，加强灌溉、施肥及其他人为措施，则可消除或缩短这种由于不良外界环境条件造成的生长暂缓现象。

苗木速生期的长短因不同树种、不同地区等而有很大差异。北方树种多为1~2.5个月左右，而南方树种如杉木等可达3~4个月。北方春播苗木的速生期多在6~8个月，南方树种的持续时间更长，能延续到9月。

速生期是决定苗木质量的关键时期，育苗的中心任务是：在继续保苗的基础上，采取一切加速苗木生长的措施，这些措施包括适时适量地进行灌溉和施肥；保证有充足的光照，为此对针叶树种最迟要在速生期前期定苗；及时松土除草；注意防治病虫害；在后期，为了促进苗木木质化，提高苗木抗性，要适时停止施用氮肥和灌溉，可以施钾肥或乙烯利。

(4)苗木木质化期

是自苗木高生长量大幅度下降时起，到苗木根系生长停止时止。这个时期是苗木地上部分和根系充分木质化，进入休眠的时期。这个时期苗木生长速度减慢，高生长量仅为全年生长量的5%左右，代谢作用减弱，不久高生长停止，继而出现冬芽，但直径和根系还在继续生长。苗木体内含水率降低，营养物质转入贮藏状态，整株苗木逐渐完全木质化，这时苗木对低温和干旱的抗性提高。落叶树种苗木的叶柄形成离层而脱落，进入休眠期。一年生播种苗硬化期的持续期约为6~9周。

这个时期育苗的主要任务是促进苗木木质化，防止徒长，提高苗木对低温和干旱等的抗性，故要停止一切能促进苗木高生长的措施。例如，通过截根控制苗木吸收水分(包括灌水、施肥、松土)，能促进苗木木质化和多生吸收根，设法控制苗木生长，作好越冬防寒的准备工作，尤其是播种晚易遭早霜危害的树种。

2. 留圃苗的管理

凡在上年育苗地继续培育的苗木(包括播种苗和移植等)，称为留床苗，又叫留圃苗。二年生或以上的播种苗年生长特点与一年生播种苗的生长特点是不同的。分树种不同，表现出前期生长类型和全期生长类型两种生长特点。两种生长类型苗木的高生长期相差悬殊，但全年生长过程都可分为生长初期、速生期和苗木硬化期3个时期。

(1)生长初期

是从冬芽膨大时开始，到高生长量大幅度上升时为止。这个时期苗木高生长较缓慢，根系生长较快。

前期生长型苗木生长初期的持续期很短，2~3周即转化速生期；全期生长型苗木的生长初期历时1个多月至2个月左右。

因生长初期对肥、水比较敏感，北方早春土壤中的氨态氮常感不足，故应早追氮肥。磷肥要1次追够。对前期生长类型苗木更应早追氮、磷肥，并及时进行灌溉和中耕除草，注意防治病虫害，生长初期需要适宜光照。

(2)速生期

全期生长型苗木的速生期是从苗木高生长量大幅度上升时开始，到高生长量大幅度下降时为止。前期生长型苗木到苗木直径生长速生高峰过后为止。留床苗的速生期也是地上部分和根生长量占全年生长量最大的时期。

前期生长型苗木高生长速生期的结束期到5、6月。其持续期北方树种一般为3~6周，南方树种为1~2个月。苗木在夏季出现冬芽。高生长停止后，直径和根系还在继续生长。全期生长型苗木速生期的结束期，北方在8月至9月初；南方到9月乃至10月才结束。期持续期，北方树种为1.5~2.5个月，南方树种3~4个月。全期生长型苗木的高生长在速生期中，有2个生长高峰，少数树种出现3个生长高峰。

速生期苗木对环境条件的要求与当年生播种苗相同，所以育苗技术要点可参考当年生播种苗。

(3)苗木木质化期

从苗木高生长量大幅度下降时开始(前期生长型苗木从直径速生高峰过后开始)，到苗木直径和根系生长都结束时为止。前期生长型苗木在这个时期已形成顶芽，只是直径和根系生长，且生长量较大。全期生长型苗木，高生长在硬化期还有较短的生长期，而后出现顶芽。直径和根系在硬化期各有1个小的生长高峰，但生长量不大。

这个时期凡能促进苗木生长，不利于木质化的措施一律停止。需要越冬防寒，如浇防冻水等工作，宜在硬化期末进行。

二、营养繁殖苗培育

营养繁殖育苗是利用林木的营养器官如枝、根、茎、叶等在适宜的条件下培养成一个独立个体的育苗方法，又称无性繁殖。用营养繁殖方法培育出来的苗木，称为营养繁殖苗或无性繁殖苗。

营养繁殖育苗具有遗传变异性小，能够保持亲本的优良性状，是良种繁育的一条重要途径。适用于不结实、结实少、不产生有效种子、种子贮藏不易或生长性状独特的树种。但营养繁殖苗的根系没有明显的主根，与实生苗相比，根系欠发达，生长势易过早衰退，抗性较差，而且寿命较短。

营养繁殖育苗的方法很多，根据根系形成特征可分为自根苗和嫁接苗两大类。

(一)自根苗培育

自根苗是指苗木根系产生自繁殖材料本身的营养繁殖苗，如插条、埋条、压条、根蘖、组培繁殖的苗木等。

1. 常见自根苗培育方法

(1)插条育苗

是利用离体的植物营养器官如根、茎(枝)、叶等的一部分，插入土、沙或其他基质中，经过人工培育使之发育成一个完整新植株的繁殖方法。经过剪截用于直接扦插的部分称为插穗或插条，所培育的苗木称为插条苗。

①插穗生根类型　扦插成活的关键是不定根的形成，不定根的发源部位有很大差异，根据其形成的部位可分为皮部生根和愈伤组织生根两种类型。

皮部生根型　即以皮部生根为主，不定根从插条周身皮部的皮孔、节(芽)等存在的根原基上萌发出。皮部生根型属于易生根树种，如柳树、桂花、新疆拐枣、水杉、紫穗槐等。

愈伤组织生根型　即以愈伤组织生根为主，从基部愈伤组织或相邻近的茎节上发出很多不定根。凡是扦插成活较难、生根较慢的树种，其生根部位大多是愈伤组织生根，如桧柏、雪松、悬铃木等。

另外，也有许多树种的生根是处于中间状况，即综合生根类型，其愈伤组织生根与皮部生根的数量相差较小。

②影响插穗成活的因素　插条扦插后能否生根成活，主要取决于插条本身的条件，如树种生物学特性、插穗的年龄、枝条的着生部位、插穗的形态规格等内在因子。此外，还与外界环境因子有密切的关系，如气温、湿度、通气、光照、基质等。影响因素之间也会相互影响、相互制约，因此，扦插时必须使各种环境因子有机协调，以满足插条生根的各

种要求，才能达到提高生根率、培育优质苗木的目的。另外，脱离母体后的插枝或插穗，其水分平衡状况对其成活至关重要。生产上，通常可对其喷水或浸泡插穗下端，这不仅增加了插穗的水分，还能减少抑制生根物质。

③促进插穗生根的方法　扦插成活的标志是插穗长出新根。不同树种生根能力不同，通过对插穗的催根，能够有效地提高扦插成活率。常用的方法包括以下几种：

生长素及生根促进剂处理　常用的生长素有萘乙酸(NAA)、吲哚乙酸(IAA)、吲哚丁酸(IBA)、2，4-D，ABT生根粉系列，HL-43生根剂，3A系列促根粉等。使用方法，一是先用少量酒精将生长素溶解，然后配置成不同浓度的药液。低浓度(如50~200 mg/L)溶液浸泡插穗下端6~24 h，高浓度(如500~10000 mg/L)可进行速蘸处理(几秒到1 min)。二是将溶解的生长素与滑石粉或木炭粉混合均匀，阴干后制成粉剂，用湿插穗下端蘸粉扦插；或将粉剂加水稀释成为糊剂，用插穗下端浸蘸；或做成泥状，包埋插穗下端。处理时间与溶液的浓度随树种和插条种类的不同而异。一般生根较难的浓度要高些，生根较易的浓度要低些。

洗脱处理　洗脱处理一般有温水处理、流水处理、酒精处理等。洗脱处理不仅可降低枝条内抑制物质的含量，同时还能增加枝条内水分的含量。所谓的温水洗脱处理是将插穗下端放入30~35 ℃的温水中浸泡几小时或更长时间，具体时间因树种而异。

其他　还有各种各样的催根处理措施，包括采用维生素、糖类及其他氮素营养进行处理，醋酸、磷酸、高锰酸钾、硫酸锰、硫酸镁等化学药剂进行处理，0~5 ℃的低温冷藏处理，插床增温处理，倒插催根处理，黑暗黄化处理，环剥、刻伤机械处理等。

④扦插技术　根据扦插枝条的成熟度与扦插季节，又可分为硬枝扦插与嫩枝扦插。

硬枝扦插　又称休眠枝扦插，是用完全木质化的枝条进行扦插育苗的方法，其育苗技术要点如下：

ⅰ. 采条：落叶树种在秋季落叶后或开始落叶时至翌春发芽前剪取；常绿树种选择枝条含蓄养分最多的时期进行剪取。选用优良幼龄母树上发育充实、已充分木质化的1~2年生健壮、无病虫害的枝条。

ⅱ. 制穗：一般插穗长15~20 cm，保证插穗上有2~3个发育充实的芽，单芽插穗长3~5 cm。剪切时上切口距顶芽1 cm左右，下切口的位置依植物种类而异，一般紧靠节下。下切口有平切、斜切、双面切、踵状切等多种切法(图7-1)。

ⅲ. 扦插：春季插应气温稳定在10 ℃左右(毛白杨15 ℃左右)时进行。生长快的树种

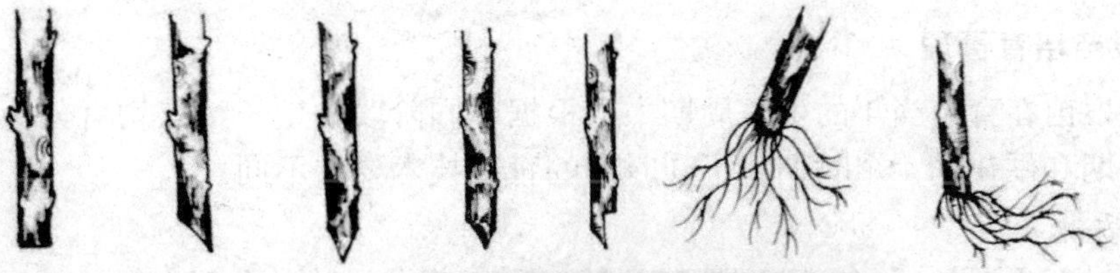

图7-1　插条下切口形状与生根(引自翟明普，沈国舫，2016)

1. 平切　2. 斜切　3. 双面切　4. 下切口平切生根均匀　5. 下切，斜切根偏于一侧

以垄插为宜，如杨、柳等。干旱地区和花灌木多用低床扦插。扦插方式以直插为好，土壤黏重时也可斜插。凡插穗较短的宜直插，既避免斜插造成偏根，又便于起苗。

落叶树春插一般将插穗上切口芽露出地面，秋插则全部插入土中，而常绿树种仅插入土壤1/2~2/3。扦插时注意保护上切口处的芽，防止倒插，下切口要与土壤密接。插后压实插条周围土壤，使插条与土壤接触紧密，随即灌水。每隔3~5 d灌水1次，连续灌2~3次，直至愈合生根后再每隔1~2周灌水1次。

嫩枝扦插　又称绿枝扦插、软枝扦插，是利用半木质化的绿色枝条作插穗进行扦插育苗。因嫩枝中生长素含量高，组织幼嫩，分生组织活跃，顶芽和叶子有合成生长素与生根素的作用，可促进产生愈伤组织和生根，容易成活。嫩枝扦插一般是在夏季进行，但夏季气温高，光照强，温度和湿度不好掌握，容易造成扦插育苗失败，一般多采用全光雾插装置扦插(详见本章第三节)。

(2)压条育苗

是将0.5~2年生未脱离母体的枝条，压入土中或在空中包裹于湿润材料(如土壤、苔藓)之中，促其枝条生根，再断离母体，使成为独立苗木的一种繁殖方法。这种繁殖方法成活率高，凡是插条难成活的树种，如玉兰、桂花、樱桃、石榴等，都可用此法繁殖。

压条法比扦插法简单易行。但压条繁殖效率较低，一次难以生产大量苗木，成本较高，不适合大规模经营。压条时期多在休眠期进行，也可在生长时期(6月下旬)进行，即利用当年生半木质化枝条压条。

(3)埋条育苗

是将不带根或带根的1年生苗木平埋到土壤表层，促其生根发芽，形成新植株，待长到一定高度，再将母条逐一切断，使之成为独立苗木的方法。其优点是埋条上一处生根，所有芽苞都能萌发生长。多用于毛白杨、河北杨、悬铃木等树种。

压条育苗方法有平埋法、点埋法、短床条梢对接埋条法。

(4)插根育苗

是利用根的再生和发生不定芽的能力，将其插入土中繁殖成苗的方法。凡根蘖性强的树种，如泡桐、楸树、火炬树、香椿、枣树、漆树、迎春、文冠果、刺槐、玫瑰、黄刺梅等，均可用此法育苗。

(5)根蘖育苗

是利用起苗时残留在圃地的根系培育成苗的方法。适用于根蘖性较强树种，如刺槐、火炬树等。此法育苗技术简单，成本较低，但苗木分化严重，成苗率低。

2. 自根苗培育管理

各种自根苗在育苗当年的生长周期中，根据不同阶段的生长特点均可分为成活期、幼苗期、速生期和硬化期4个时期，不同时期的育苗技术要求不同。

(1)成活期

从繁殖材料(插穗、穗条等)入地时开始，到芽萌发放叶，下部生根，新生幼苗能独立制造营养物质时为止。生根快的树种约需2~8周，如柳树、柽柳和杨树(青杨和黑杨)2~4周，毛白杨和黄杨需5~7周；生根慢的针叶树种需3~6个月以上，甚至达1年左右，如水杉需3~3.5个月，雪松需3.5~5个月；嫩枝插穗成活期持续时间短，如水杉需3~6

周，雪松需7～9周。

为了提高育苗成活率，在选用优良营养枝的基础上，还必须维持较高的土壤温度，适时适量进行灌溉，松土使土壤通气性良好；常绿树种在成活期还需遮阴。

(2)幼苗期

从新根发生，地上部分展开新叶开始，到幼苗高生长大幅度上升时止。常绿树种因带有木质化的地上部，故称“生长初期”。自根苗育苗当年即表现出两种生长型的生长特点。春季生长型的幼苗期约2周，全期生长型1～2个月。前期根系生长快，地上部生长缓慢；后期地上部分生长加快，逐渐进入速生期。

这个时期要适时适量进行灌溉和追肥，及时松土使土壤保持良好通气。在幼苗期前期开始追肥，并注意气象因子的变化，以便防高温或低温。对落叶树种的丛生幼茎要及时去劣选优，保留1株。

(3)速生期

从苗木高生长量大幅度上升时开始，到高生长量大幅度下降时为止。自根苗速生期持续时间与留床苗基本一致。

这个时期因苗木在这个时期地上地下的生长量都是最多的，故需要较多的肥料和水分，肥水管理要适时适量，并使土壤通气性保持良好。对侧根性强的树种，在速生期的前期要及时进行去蘖(抹芽)。

(4)苗木硬化期

从苗木高生长量大幅度下降时开始，到直径和根系生长停止时止。

这个时期苗木的生长特点和育苗技术要点基本与留床苗相同。

(二)嫁接育苗

嫁接育苗是将欲繁殖树种的枝条或芽接在另一植物体上，使其愈合形成一个单独植株的方法，其中培育目标树种的繁殖材料称为接穗，用于接受嫁接接穗的植株称为砧木。近年来，通过嫁接方式培育各种观赏性异型苗木和优良品种应用已经非常广泛。

1. 嫁接前的准备

(1)接穗的选取和处理

应采集节间短、发育充实、芽体饱满、无病虫害的1年生发育枝作为接穗。最好从采穗圃、幼树枝条、成年树干或主枝上的萌芽条上采集接穗。

接穗采集时间，可随接随采，也可在头一年秋后采集。采后去掉嫩梢，打好捆，标明树种(或品种)名称，放在窖内沙藏。为防止接穗失水，可将接穗剪制成约30 cm长，在60～80 ℃溶解的石蜡中速蘸，使枝条表面全部蒙上一层薄薄的蜡膜，然后贮藏。

贮藏状态下具有生活力的接穗，在嫁接前1～2 d需要移至常温环境中活化。每次活化数量，根据嫁接进度而定，以便控制接穗萌动。

经过活化的接穗，最好再浸水12～24 h，充分吸水，使组织松软，易于切削。如果是松类接穗，可用温水浸泡排去部分松脂，有利于接后伤口愈合。

(2)砧木的选择

砧木对接穗成活和嫁接苗的性状有较大影响，选择时需考虑砧木应容易繁殖；与培育目的树种(接穗)亲和力强；适应栽培地区气候、土壤条件，生长稳定；生长发育健壮、根系发达，对栽培目的品种的生长发育无不良影响；有符合栽培要求的特殊性状，如矮化或抗某种病虫害等。

2. 嫁接方法与技术

目前苗圃嫁接采用的方法很多，不同的方法都有它特定的条件和适用范围，必须根据当地具体情况，接穗的性质、嫁接的时期和目的选择适宜的嫁接方法。苗圃育苗常用的嫁接方法主要有以下几种：

(1)枝接

利用枝条作接穗进行嫁接的方法。枝接有多种方法，常见的有：

①切接　适用于粗度较细的砧木，在春季砧木树液开始流动时做地面嫁接(图 7-2)。选长 7 cm 左右、上带 2～3 cm 的大斜面，再于其削面背侧(切口芽一侧)削成 0.5 cm 左右长的小斜面的接穗。削口务须平滑。然后将砧木从地表以上 5～10 cm 处剪断，削平断面，按接穗长斜面宽度在砧木断口迎风面一侧，略带木质部垂直向下切开，切口长度与接穗削面长度相仿，迅速将接穗长斜面朝里插入切口，使两者形成层对齐密接，用塑料条等物绑缚或堆土封埋，也可以用石蜡、沥青涂抹，以利接穗保湿。

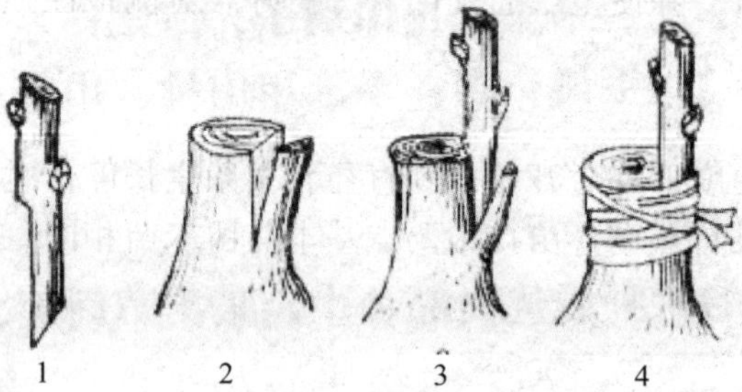

图 7-2　切接法示意

1. 接穗侧面　2. 砧木切口　3. 插入接穗　4. 捆扎

②劈接　适用于直径 2～4 cm 的砧木。将接穗削成楔形，削面长 2.5～3 cm，外侧稍厚于内侧。如果砧木较粗，则内外侧应削成等厚的正楔形，削好后保留 2～3 个芽剪断。然后将砧木从 8～10 cm 高处剪断，削平剪口，用劈接刀从砧木断面中间垂直向下劈开，深度与接穗削面长度相仿，迅速将削好的接穗插入砧木劈口中，使两者形成层对齐密接，再用塑料条绑缚或石蜡、黄泥等封接口，最后用湿润土堆封(图 7-3)。

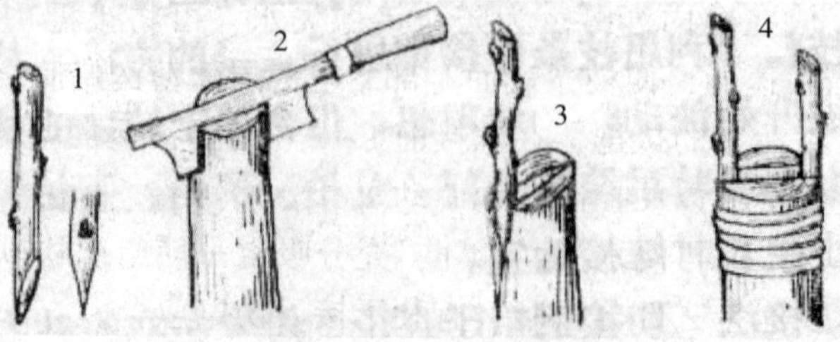

图 7-3　劈接法示意

1. 接穗正面和侧面　2. 劈开砧木　3. 接穗插入砧木　4. 捆扎

③腹接　选与砧木粗细相似的枝条作接穗，将其下端两侧各削成长约 1.5 ~ 2 cm 的平缓斜面，使靠砧木内侧一面的厚度稍大于外侧削面的厚度，呈偏楔形，在削面上部留 2 ~ 3 个芽剪断。然后再将砧木距地面 5 cm 左右处剪断、削平，选砧木皮层平滑一侧，用利刀从剪口下 1 cm 处呈 25°~ 30°斜角，往下切至砧木直径的 1/3 或 1/4 处(不要切至髓心部)，切口长度与接穗的削面长度相仿，然后将削好的接穗顺着砧木的切口插入，使双方形成层对齐密接，用塑料条绑缚或湿润土密封(图 7-4)。

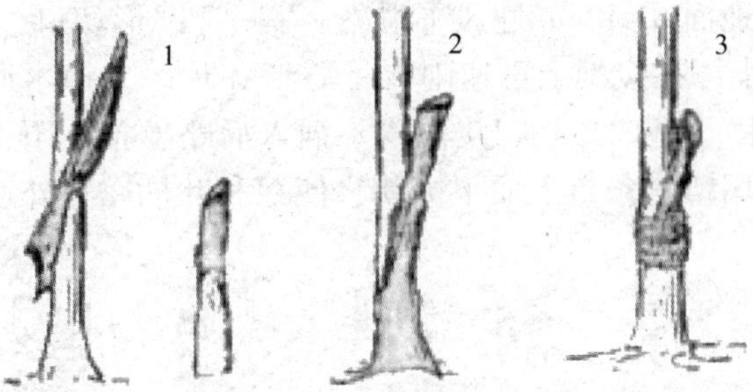

图 7-4　腹接法示意

1. 削取砧木和接穗　2. 接穗插入砧木　3. 捆扎

④髓心形成层对接　多用于针叶树的嫁接。选择具健壮顶芽的 1 年生枝条，从上部剪取 8 ~ 10 cm 作接穗，除保留顶芽以下 10 余束针叶和 2 ~ 3 个轮生芽外，其余针叶全部摘除。用锋利接刀从保留的针叶下方 1 cm 左右处下刀，逐渐向下通过髓心，平直切削成长 6 cm左右的削面，再将末端背面也削成一个小斜面。然后选用砧木主轴 1 年生枝，在略粗于接穗的部位摘掉针叶，摘叶部位长度应略长于接穗削面。自上向下沿形成层(或略带木质部)切削，削面长宽皆与接穗削面相仿，下端按接穗小斜面长度，斜切一刀去掉切开的砧木皮层。迅速将接穗长削面朝里对准髓心形成层，使小削切面插入砧木切面之切口内，用塑料条绑严(图 7-5)。

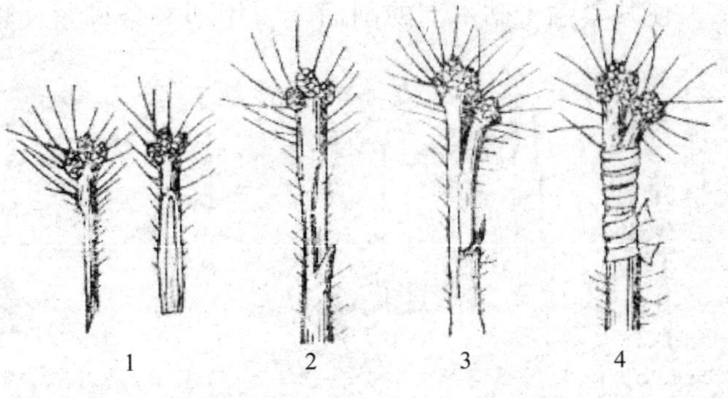

图 7-5　髓心形成层对接方法示意

1. 接穗侧面和正面　2. 切砧木　3. 接穗砧木贴合　4. 捆扎

另外，枝接还有芽苗接、舌接、合接、峰接、鞍接、榫接、皮接、袋接、靠接、桥接、根枝嫁接、二重砧嫁接。各种枝接方法中，除腹接、桥接外，其他均为截头枝接。

(2)芽接

是从作接穗的枝条上切取一个芽(称为接芽)，嫁接在砧木上，成活后萌发形成单独植株的方法。芽接优点是节省接穗，成活率高，操作简便，适用于利用1~2年生砧木进行大数量的嫁接繁殖。芽接的方法很多，生产上应用广泛的是“T”字形芽接和带木质砧芽接。

①“T”字形芽接　一般在“立秋”前后，当枝芽已经发育完全，树皮能够剥离时，先用锋利接刀，在砧木距离地面6~8 cm迎风平滑处，割一“T”形切口，横竖长度均为1 cm左右。然后再按“T”形大小，在接穗上迅速削取一盾形芽片。去掉木质部，取下芽片迅速插入(用接刀骨柄撬开砧木)呈“T”形切口皮层内。插入后略上推一下，使芽片上端与砧木横切口之皮层密接，最后用塑料条自上而下绑缚，使芽和叶柄露在外边(图7-6)。

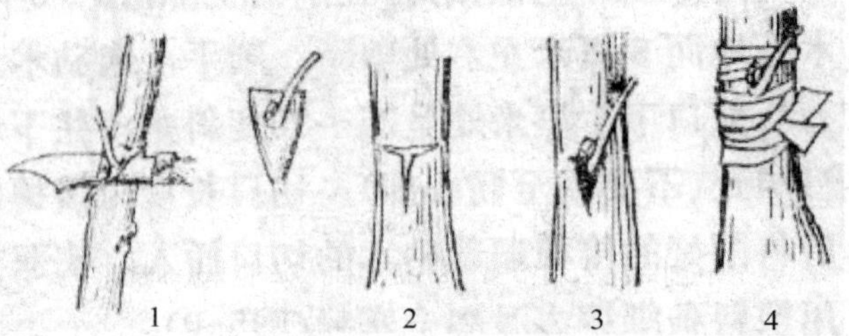

图7-6　“T”形芽接方法示意

1. 削取穗芽　2.“T”字形切口　3. 嵌入穗芽　4. 捆扎

②带木质贴嵌合芽接　带木质贴嵌合芽接又称带木质贴嵌合芽接或嵌芽接。这种方法不受离皮与否的季节限制，嫁接愈合快，成活率高，近年来生产上广为应用。具体方法是：从接穗枝条芽的上方1~1.5 cm处，用锋利接刀带木质部直向下平削，至芽基下方1.5~2.0 cm，再横向斜切一刀取下芽片。然后在砧木上距地面8~10 cm迎风面平滑处，从上向下削一与接芽片长宽相仿的切面，下端斜切一刀去掉削片，迅速将芽片插入砧木切口，削面对齐形成层，使其紧贴于砧木上的削面上，用塑料条绑紧，将芽露在外面(图7-7)。

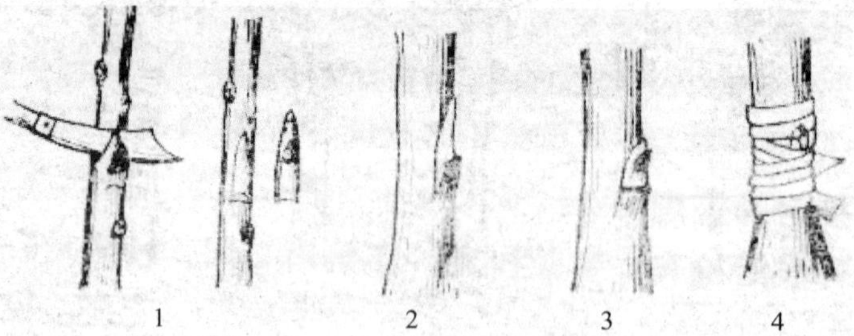

图7-7　带木质贴芽接方法示意

1. 削取穗芽　2. 削切砧木　3. 嵌贴穗芽　4. 捆扎

另外，芽片接还有方块形芽接、哨接、管芽接、芽眼接等。

3. 嫁接时期

一般在整个生长期中都可以进行嫁接，但不同季节所采用的嫁接方法不同。枝接一般在春季和秋季进行，但以春季树液流动前后嫁接为佳；一些常绿树种，如龙柏、翠柏等，适宜于夏季嫁接。芽接宜在夏季、秋季进行，尤以夏季为佳。

4. 嫁接后的管理

嫁接苗和扦插苗的区别主要是有一个砧穗愈合期，相当于扦插苗的成活期，其他管理措施与自根苗培育基本一致。

在砧穗愈合期，需经常进行成活检查。多数树种，芽接后2周、枝接后5~6周愈合成活。若是芽接，当叶柄一触即落或芽片保持新鲜，说明嫁接已成活；如枝接，接穗或针叶保持青绿色，说明嫁接可能成活。对没有接活的植株应重新补接。

多数树种成活即解绑，但落叶松可过1~2个月解绑，樟子松到翌年5月解绑。枝接应待接穗发芽后，才能将覆土轻轻扒开。

为保证嫁接苗茁壮生长，夏、秋季芽接的应在翌春剪掉接芽上部的砧木苗干，春季芽接的则在成活后剪砧。保留接穗上一个健壮芽，其余的芽全部抹去。针叶树应在接穗萌发出新的轮生枝时，剪去砧木主梢，抹去侧枝上的芽，以后逐渐去掉侧枝，待接穗能维持自身营养时再将侧枝全部去掉。

三、苗木移植培育

(一)移植育苗的意义和类型

1. 苗木移植的意义

经过移植的苗木造林成活率高，移植苗有一定的株行距，扩大了单株营养面积，且养分分配均等，有利于苗木生长。对于珍贵树种或种源稀少的树种，播种后经过芽苗移植和幼苗移栽，节约种子，便于管理，可以提高苗木的出圃率。苗木移植因为苗木位置移动，以及苗木营养空间的调整、改变而对苗木株形结构的影响。

2. 苗木移植类型

(1)芽苗移栽

大粒、特大粒种子且又具有直根系特点的苗木习性，如蒙古栎、核桃楸，实行芽苗移植时，截断胚根，播种时注意根的向地性，使保留根仍朝地心，则出苗后可代替早期直根平截。培育容器苗或良种实行定位点精播，芽苗胚根处理后移栽是很有意义的。

(2)生长期移栽

不同树种苗木生长期移栽效果差异很大。落叶松、樟子松幼苗生长期移栽远不如截根效果好。水曲柳、黄波罗、紫椴、榆树等早期雨天移栽，不论成活率还是移后苗木的生长量和株形结构都很好。

(3)休眠期移栽

苗木培育周期跨越年度，常有休眠期移苗的作法，即苗圃习见的换床育苗。培养裸根苗苗圃，换床作业是改善苗木株形结构，提高苗木栽培品质的主要手段。正确的换床制度、作业措施，对于培育高质量的苗木都是有利的。

任何裸根苗的移栽都伴有根系或轻或重的处理。不同树种移苗对株形结构的影响不同，同一树种不同时间移苗对株形结构的影响也不同。

（二）苗木移植技术

1. 移植季节

苗木移植季节，应根据当地气候条件和树种的生物学特性来决定。一般树种主要在苗木休眠期进行移植，对于常绿树种，也可在生长期的雨季进行移植，最好在雨季来临之前进行，但雨天或土壤过湿时移植，苗木根系不易舒展，破坏土壤结构，对苗木成活和生长不利。

春季是各种苗木适宜的移植时期，移植的时间在北方应以早春地解冻后苗木未萌动前进行比较适宜，每个树种的具体时间，应根据树种发芽的早晚来安排，一般针叶树早于阔叶树。

秋季移植一般应用在冬季不会遭低温危害，春季不会有冻拔和干旱等灾害的地区。移植的时间在北方应早移植，对落叶树种当苗木叶柄形成离层，叶子能脱落或能以人工脱落时即可开始移植；常绿树种的两种生长型苗木，都在直径生长高峰过后即移植。因为无论是落叶树种还是常绿树种，此时根系尚未停止生长，移植后有利于根系恢复伤口。

2. 移植密度的确定

移植密度（株行距）决定于树种的生长速度，苗圃地的气候条件、土壤肥力，移植用苗的年龄和移植后需要培育的年限。另外，即使是同一树种在同一环境条件中，由于作业方式和育苗地管理所用的机器和机具不同而有所不同，一般移植株距 5～20（～50）cm，行距为12～20（～60）cm。

3. 分级和修剪

生产上苗木分级常与起苗后的拣苗相结合。苗木分级多在野外进行，国外许多林业发达国家，起苗后将苗木用容器运入室内，在苗木分级传送带上进行分级。一般传送带的一端是进苗口，两侧是分级人员，工人根据要求对苗木进行逐一分级，带的另一端是苗木包装。分级室内气温较低，并保持较高的空气湿度，以避免苗木失水。

在培育绿化苗木时，为了提高苗木成活率、定向培育干型或冠型，通常需要剪掉部分树枝，尤其是培育灌木树种和培育特殊冠型的乔木树种移植苗。对于生根较慢的树种和常绿树种，有时需要用遮阳网遮阴保成活，在确定成活后，撤除遮阴网。培育大树冠苗木，为了防止大风造成根系与土壤分离，还需要用木杆或竹竿设置三脚架固定移植苗木。

4. 移植方法

根据作业方法可分为沟植法和穴植法，沟植法在移植时先按行距开沟，再把苗木按照株距移在沟中，填土踩实。穴植法适用于较大苗木的移植，移植时按照预定的株行距定出栽植点，挖坑栽植。

根据生产设施还可分为人工移植和机械移植，林业发达国家主要为机械移植。

5. 栽植技术要求

无论采用哪种移植方法都要做到以下几点：

①栽植时，分层填土，根系舒展，严防窝根。

②带土苗移植时，苗干要直，萌芽力强的阔叶树，还可采用截干苗移植。针叶树在移栽过程中要保护好顶芽，起出的苗木要立即移栽，移植时一次不要运苗过多。

③在夏季，移植较大的常绿树种绿化苗时，土坨上部土壤面应高于移植地土壤表面10~20 cm，以充分提高土坨土壤温度，促进新根系产生。

（三）大规格苗木移植

大规格苗木一般指在苗圃中培育时间长，具有基本成形的树干和树冠形态，胸径大于4 cm，栽植后可立即发挥绿化功能和美化环境效果的苗木。大规格苗木必须经过多次移植培育，可分为裸根移植、带土球移植和容器苗移植3种。带土球移植又可分为土球移植和箱板移植两种。移植的最适宜时期为春季，雨季可进行常绿树移植，耐寒的落叶乔木可于秋季落叶后移植。实际应用中，应根据不同树种习性选择最适宜时期移植。

（四）移植苗培育管理

移植苗一般是2年生或2年生以上的苗木，所以在移植当年的生长过程中，即表现出两种生长型的生长特点。其年生长过程可分为4个时期。

1. 成活期

从移植时开始，到根系能吸收养分和水分，地上部开始生长时为止。成活期的持续时间因树种的环境条件而异，一般约为十几天到1个月。

春季移植要尽量设法提高地温，保持适宜的土壤温度，使土壤经常处于疏松状态，以促进根系形成愈合组织和长出新根。夏季移植要防止高温和土壤水分不足。大苗移植后，应当适当剪去树冠的部分枝叶，及时灌水，创造条件来正确地调整地上部分与根系之间的生理平衡，并促进根系与枝叶恢复生长。对移栽地进行覆草覆膜，减少水分蒸发，覆草增加土壤有机质含量，保水保温，提高成活率。

2. 生长初期

是从根系能开始吸收养分和水分，地上部开始生长时起，到地上部高生长大幅度上升时为止。这个时期根系生长逐渐加快，被切断的根系断面形成愈合组织，并在愈合组织及其附近生出新根。地上部分的生长由缓慢逐渐加快。

在育苗技术上，生长初期应控制施肥量，施肥量应少，以氮肥为主，并保持充足的水分供给，防止根系缺水。

3. 速生期

从高生长量大幅度上升时起，到高生长量大幅度下降时为止。

苗木生长后期，以磷、钾肥为主，适量施以氮肥。加强田间管理，改善田间通风透光条件，进行中耕除草，消除杂草及杂物以减少病虫残留。

4. 苗木木质化期

从苗木高生长量大幅度下降时起，到直径和根系生长停止时为止。

在秋季苗木停止生长落叶前，结合深翻扩穴施入适量农家肥。做好越冬防寒工作。

第三节　苗圃设施育苗

一、设施育苗概述

(一)苗圃设施育苗的概念和特点

设施育苗是采用可改变和调节气温、湿度、光照等条件的设施设备进行苗木培育的方式，是传统育苗向现代化集约型苗木培育方式转变的重要途径，设施育苗的发展程度已成为衡量一个国家或地区林业现代化水平的重要标志之一。

设施育苗具有育苗材料萌发快，出苗率高；苗木生长速度快，生长期延长，当年生长量大；幼苗免受各种自然灾害影响；育苗不受树种生长的地域和时间限制；育苗经济与技术成本较大等特点

(二)育苗设施的类型

现阶段林业苗圃的生产设施设备很多，大致可以分为以下类型。

①苗木生长控制设施设备　例如，育苗容器、育苗基质、扦插床、种子催芽床、育苗盘、育苗架等。

②育苗环境控制设施　例如，温室、大棚、带遮阳网的炼苗场、全光下温湿度调控设施设备、水电设施等。

③育苗生产设施设备　例如，营养土装杯车间、基质粉碎机、调配混合机、消毒设备、传送带、装播作业生产线、试管育苗综合配套设施设备。

作为现代化苗圃的生产设施，主要趋向于环境可控制条件下的育苗，其设施设备也相应成型配套，常见的有温室育苗、容器育苗、组培育苗、全光雾插育苗等。

二、温室育苗

(一)温室的种类

根据不同的目的，温室可分为多种不同的类型。例如，按使用时间可分为临时性温室(如地笼式温室、塑料大棚)和长期性温室；按温室热源可分为加温温室和日光温室；按温室剖面形式可分为单栋式温室和连栋式温室；根据覆盖材料可分为单膜温室、双层充气薄膜温室、玻璃温室和聚酯板温室；根据使用目的可分为生产型温室、市场型温室和观赏型温室。

(二)温室环境控制

1. 气温及其调控

气温是影响苗木生长的主要环境因素之一。苗木只有在最适气温条件下，生长量才能达到最大，干物质重量才能增加最多。温室内的气温也随外界昼夜气温的变化而变化，一

般温室内白天的气温最好保持在 25 ℃左右，最高不超过 30 ℃为宜，夜间气温不低于 15 ℃(有的树种为 17 ℃)。如果偏离这个气温值太大，就要采取措施控制温室气温，温室内气温的管理主要反映在增温和降温两个方面。

(1)增温措施

增温的方法有火热、电热、水暖和暖风等，水暖一般用锅炉将热水通过管道在室内循环以提高气温，热风多用热风机将热空气经送风筒直接送入室内，给温室加温。对于塑料大棚，如果只在春秋两季使用，而冬季并不使用，一般情况下可不必加温。

(2)降温措施

在某种程度上，降温比升温更难，对于只在春、夏、秋三季使用的温室，降温是一项非常重要的工作，降温速度的快慢、降温效果的大小，直接影响到育苗的成败。通常采用的降温措施有以下 3 种。

①通风降温　分自然通风和人工通风两种。自然通风是利用空气的对流作用降温；当大棚内部气温比外界气温高时，可打开大棚两侧的门、侧窗、天窗等通风换气。人工通风降温是采用换气扇进行人工换气，先进的大棚在进气口安装接有循环水的湿帘，外部干热空气通过湿帘后，变成冷湿空气，降温效果明显，同时还可增加空气相对湿度。

②喷灌降温　在温室内从顶部或侧面喷水，结合灌溉，利用水蒸发吸收热量，使温室内气温降低。

③遮阳降温　在温室外架设荫棚或遮阳网，可起到降温的作用。

2. 湿度、通风环境及其调控

由于温室与外界相对隔绝，地面蒸发及苗木蒸腾的水分不能外散，在不通风的条件下，温室内比外面湿度高，容易形成空气湿度过高的状态，造成温室内空气湿度过大的主要原因是灌水和低温结露。

温室内的空气相对湿度，可通过改变气温、通风换气、喷灌来进行调节。

3. 光照条件及其调控

光照的强弱直接影响苗木的光合作用，同时也是提高温室气温的热源。温室内的光照来源，首先是依靠太阳辐射，因而任何影响太阳辐射进入温室的因素，都会影响温室内的光照，为保证充足的光照强度，需保持温室覆盖材料的高透光率。

如树种需要，可通过安装辅助照明，以延长一定的光照时间和增加照明度。常用的光照设备有：日光灯、碘钨灯、高压汞灯、生物效应灯、弧氙气灯等。

4. CO_2的补充

CO_2是植物所需的碳素来源，在温室内育苗都很重视调节 CO_2量。在冬季温室密闭的情况下，如果一天只换气两次，苗木生长会受到影响，温室内 CO_2 的最适浓度为 800～1500 mg/L。如能整天维持这一浓度，苗木干物质生长量能增加 50%～100%。

通风换气是调节温室内 CO_2浓度的有效方法。据试验，如果气流速度达到 30 m/min，就等于空气中的 CO_2含量增加 50%。早春和冬季通风困难季节，可采用施放 CO_2气的办法，常用的方法是燃烧丙烷和天然气。生产上也常用增施有机肥料，促进土壤微生物活动等方法提高温室内 CO_2浓度。

5. 灌溉与施肥

灌溉与施肥系统是温室育苗生产的核心设备。理想的温室灌溉系统应达到灌溉均匀度高；压力、流量可调；可施入肥料、农药等混灌；可根据区域定位灌溉；开关时无滴状水形成。大型温室灌溉系统主要有顶部固定式微喷灌溉系统和自走式灌溉系统两种。温室施肥可通过自动肥料配比机，同时对不同作业区使用不同肥料配比营养液进行自动选肥、定时定量灌溉。

三、容器育苗

容器育苗是指在容器中装填固体基质，将种子直接播入、扦插插穗或移植幼苗，培育苗木的方法。用这种方法培育的苗木称为容器苗。该法育苗起源于 20 世纪 50 年代后期，60～70 年代得到了迅速发展。我国于 50 年代开始采用，但直到 70 年代才有了现代化的温室容器育苗。目前容器育苗已成为各地林业苗圃设施育苗的主要形式，容器苗在干旱地区、生长季节短的地区以及土层瘠薄、造林难以成功的立地条件下被广泛应用，特别是对于种子稀少的珍稀树种和植苗造林难以成活树种的造林具有重要意义。

(一)育苗容器

1. 育苗容器的种类及特点

目前林业生产中应用的育苗容器主要有两种类型：

(1)连苗定植容器

这类容器主要用泥炭、纸、黄泥、秸秆等材料制成，在土壤中可被水溶解，可以被植物根系所分散或被微生物分解。

(2)回收容器

这类容器主要由聚乙烯、聚苯乙烯制造而成，由于这种容器能反复使用，育苗成本较低，且易于机械化生产，目前国内外应用较广。

另外，根据容器的制作材料还可把育苗容器分为纸质容器、塑料容器、泥质容器、无纺布容器、竹木容器、草泥容器、金属容器等；根据容器的组合形式，可以分为单体容器、书本式容器、蜂窝容器、穴盘容器等；根据容器的形态，育苗容器又分为杯状容器、袋状容器、筒柱状容器、砖块状容器、网袋容器等。

2. 容器的技术特性

育苗容器的技术特性主要从形状、规格等参数来体现。

(1)容器形状

常用的育苗容器有六角形、四方形、圆形、圆锥形等。由于圆筒状营养杯易造成根系在杯内盘旋成团和定植后根系伸展困难的现象，不常采用，而六角形、四方形则有利于根系的舒展，且易排列，杯与杯之间无空隙，利用土地较好，使用较多。总之，育苗容器的形状，应解决两个问题：不使苗木根系卷曲和制作应简便。

(2)容器的规格

现在国内外使用育苗容器的规格不一，大致范围是：高度 8～20 cm，直径 5～10 cm。

用于固沙造林或干旱地区造林的苗木，可用 30 cm×（5～6）cm 规格；欧洲一些国家一般用于比较干旱地区造林的聚乙烯塑料杯容器，规格大多为 20 cm×10 cm。

（二）育苗基质

育苗基质是固持苗木根系、提供苗木生长所需水分和养分元素的基本物质。良好的基质配方是培育容器苗获得成功的重要条件之一。育苗基质分为土壤基质和无土基质两大类。

1. 育苗基质的选择原则

容器育苗用的基质要求本着因地制宜、就地取材的选择原则，选用来源充裕，成本较低，理化性状良好，有较好的保湿、保肥、通气、排水性能，重量较轻，不含有对苗木有毒害的物质，不带病原菌和杂草种子的基质。

自然土壤是配制土壤基质的主要材料，自然土壤的选择要求应有一定的肥力，团粒结构较理想。自然土壤应就近选取，以免长途运输增加容器苗的生产成本。

无土基质是用物理性状较稳定的材料代替土壤，如泥炭、草炭、蛭石、珍珠岩、树皮粉、锯末、岩棉、河沙、枯枝落叶等。无土基质材料的选择，要求质地均匀致密、能固定种子和苗木根系，使苗木直立地生长；高低温和干湿变化的情况下，其体积变化不大。

2. 育苗基质配制

一般的育苗基质都是由两种以上的成分配制而成的，成分和配比是否适当，是容器苗能否成功的基本条件之一。国内外对此都做了大量的研究。

常用的配制基质的材料有：泥炭沼泽土、蛭石、珍珠岩、林内的腐殖质土，未经耕种的山地土、碎稻壳和皮粉等。其中以林内的腐殖质土为最好，泥炭沼泽土次之。树种特性不同，对基质的材料和配制比例要求不同。即使是同一树种在不同的环境条件下也有所不同。配制育苗基质时要根据不同材料的特性及育苗树种的习性通过试验来确定。

某些基质可以单独使用，也可以与其他基质配比使用。无论是有机基质或无机基质均可混合使用，但总的要求是降低基质的容重，使其比较疏松，增加孔隙度，增加透气透水性能。

基质的混合，以 2～3 种混合比较适宜。如泥炭与蛭石各占 50%，是目前国内外生产上应用较多的一种基质配方；泥炭与锯末或炭化物与蛭石各占 50% 混合的基质，育苗效果也很好。泥炭、蛭石、锯末或土壤、炭化物、蛭石或土壤、锯末、蛭石各占 1/3 的混合基质。育苗效果较好的基质应适宜多树种的使用。

3. 育苗基质的加工处理

育苗基质的加工处理包括基质原材料的加工、基质调配、基质 pH 值调整、基质消毒等的处理。

（1）基质材料的收集和加工处理

自然土壤基质需要在选好挖取的地段后，先将表土层 20 cm 深以上的表土、杂草等铲除，然后再取土。土壤取回后要经过晒干后，再粉碎过筛除去石块、草木根及其他杂物。碎好的土壤要及时归堆盖好，不让雨淋结块。塘泥、森林表土、腐殖质土等的加工也可用同样的方法处理。

无土基质常用的泥炭、蛭石、珍珠岩、岩棉等都是已加工好的商品化的材料，无需加工，买回即可使用。另一类代用基质材料，如锯末、树皮、松针、椰子壳、稻壳等材料不能取回直接应用，需要经过处理方能使用。

土壤基质加入有机肥料培育苗木，效果最佳。有机肥料包括桐籽饼、茶籽饼、猪粪、牛粪、羊粪、鹿粪、鸡粪等。用作容器育苗基质的有机肥必须经过堆腐过程，在堆腐时先加盖土壤或塑料薄膜覆盖，促进有机物质发酵分解为肥料。

(2)育苗基质的调制

育苗基质调制有机械调制和手工调制两种方法。规模较大的容器苗生产，可采用大型营养基质处理机，能同时控制两种或3种基质的定量比例粉碎、过筛、混合，并可加入化肥或有机肥料搅拌均匀一次性完成基质的混合。小规模的容器育苗所用的基质，用移动式小型粉碎机或人工打碎过筛，加入肥料混合拌匀。基质调配好以后，应及时装填容器进行育苗。

(3)pH值调节

配制的基质pH值若超出培育树种的pH值范围，应进行调整。调整pH值的方法是：基质偏酸可用氢氧化钠调整，偏碱可用磷酸调整，或用过磷酸钙水溶液调整。调整至苗木生长对pH值要求范围内即可。

(4)育苗基质的消毒处理

无论哪种育苗基质，在播种或移植幼苗前必须认真消毒。育苗基质的消毒方法有高温蒸汽消毒与化学药剂消毒两大类。常见的高温、蒸汽消毒的方法有铁板烧土法、烧土杀菌机、移动式蒸汽消毒机、简单的蒸汽消毒法。化学药剂消毒分为药剂薰蒸消毒和药液喷淋消毒两种方式。药剂薰蒸消毒一般是在装容器前处理，化学药剂喷淋消毒一般为基质装入容器后堆放于育苗床上进行消毒。常用消毒药剂有甲醛(又称福尔马林)、三氯硝基甲烷、甲基溴、甲基溴和三氯硝基甲烷的混合液、硫酸亚铁(工业用)、辛硫磷(50%)、五氯硝基苯(75%粉剂)、高锰酸钾等。

(三)容器育苗基质装填

往容器中填装基质有机械作业和手工装填两种方式，应根据容器类而定，国外已有自动化的容器装播作业生产线，但无论是培育播种还是移植苗，覆土并经过喷水后的土面都应比容器缘低1~2 cm，以防以后灌溉时水流出容器外。

容器排列的宽度一般为1 m左右，长度据具体条件而定。泥炭制的容器，如果直接放在育苗地，苗根会穿出容器直接长入土中，不易形成发达的根团。所以，容器要与地面隔绝。但是容器要保持通气性，又要排水良好，利于苗木蒸腾，促进根系生长，早形成完整的根团。

容器装填基质后须振实与否，视基质的粒径大小、容重、容器的直径和高度而定。一般基质粒径大的，容重轻的，容器直径较小的，容器高度高的，要适当振实。粒径小的和容重重的土壤基质以及容器直径大而又不太高的，不一定要振实。容器装填基质振实有机械振实、手工振实、浇水淋灌等方法。

（四）容器苗生产技术

1. 播种容器苗的生产

（1）种子准备

容器育苗的用种量较少，但要求种子的品质高。用作容器育苗的种子，应选用最适生种源区或种子园的种子。一般在播种前将待播种的种子翻晒2h后，用种子精选机或者手工方法，精选出种实饱满、发育良好、发芽率高的种子，经过包衣或消毒、催芽后作为容器育苗的用种。颗粒极小的种子以及发芽期短、种源充裕的种子，可以直接在容器中点播育苗，或者撒播在苗床上培育幼苗后再移植于容器。

（2）播种

为确保每个容器长出1株健壮苗木，充分体现出节省种子和减少间苗补苗作业的优势。对于发芽率达98%以上的种子，每个容器播种1～2粒；发芽率达90%以上的，每个容器播1～3粒，较低一些的种子播3～5粒。

播种如果采用装播作业生产线，填基质、播种、覆土可一次完成，然后运送到育苗床置放好以后，进行消毒和淋透水，并用防雨布或锯末、谷壳覆盖，防大雨冲刷。在没有装播生产线的情况下，需采用人工播种。一般在播种前将已装填基质的容器消毒12 h以上，用清水淋透至容器底部，然后进行播种。

容器苗的播种要求快速准确，要求尽可能保证每个容器内有相同数量的种子，且种子要尽量放在容器的中心。播种后应及时用基质覆土，并覆盖防雨布或锯末、谷壳、珍珠岩、腐殖土、河沙等。

2. 移植容器苗的生产

移植容器苗是将原床裸根苗，经修剪根系后移栽到容器内继续培育一段时间，然后出圃供更新造林的苗木类型。移植容器苗具移植苗和容器苗的双重优点，育苗方法简单，对植苗造林难以成活的树种，以及由于土壤瘠薄、气候干旱、植苗造林难以成功的地段造林具有重要作用。移植容器苗培育，首先需要培育芽苗或幼苗，传统的培育方法是将种子消毒后撒播于苗床上，用基质覆土，再覆盖草或锯末、谷壳等，然后淋透水。对于发芽较难的，早期幼苗需要细致管理的或者易遭虫、鸟、鼠害的种子，应采用芽苗移栽培育容器苗。相比芽苗容器移植，幼苗容器移植是将种子先在露地培育成小苗，然后把小苗移植于容器进行育苗的方法。这种方法，在国内外均有较普遍应用。如桉树已在90多个国家引种栽培，多数都是采用有2～3对真叶的幼苗移植培育容器苗。用于移植的苗龄，因树种和环境条件的不同而异，一般桉树1个月、相思树2个月左右、针叶树种2～3个月左右可移植。

3. 插条容器育苗的生产

早期容器育苗的扦插苗生产多数先在沙质的或其他基质的苗床内扦插生根，然后移植于容器内培育容器苗。近年来已发展为直接将插穗扦插于容器内育苗，经过精细管理，生根发芽成容器苗，减少了苗床扦插及移植的工序。

采用容器填入基质扦插育苗，在技术上较培育实生苗要求更严格一些。一般选择顶芽饱满、枝条粗壮、无病虫害的当年生半木质枝条或修剪后诱发的萌芽枝作为插穗。插穗应修剪为 3～12 cm 长，切口或斜口，上部(顶梢)保留叶片 2～4 张(针叶留 2～4 束)。将修剪好的插穗浸入清水中保湿。待修剪到一定数量后，按一定的穗数扎成捆浸入激素溶液中浸泡 0.5～24 h，视不同的激素及不同浓度而定。在扦插前 1～2 d 容器装填基质，并用高锰酸钾溶液 0.1%～0.2% 消毒 30 min 以上，然后用清水浇透水，再将准备好的插穗插入容器基质内育苗。插穗生根前需加强喷雾保湿、遮阴等管理措施。扦插苗生根抽芽后，适时进行根外追肥和喷药防病虫害等管理。

(五)容器苗培育管理

1. 间苗与补苗

为保证每个容器都有苗，同时调整苗木之间的营养空间，培育优质壮苗，间苗补苗就成为容器育苗技术的重要一环。

间苗是播种容器苗培育的重要环节，应从出土幼苗种壳脱落和小苗受猝倒病危害消除后开始，如果容器内苗多，可分两次进行。间苗时留下生长发育良好、健壮，而又靠近容器中心的 1 株苗木。

对缺苗的容器需补植，一般用培养在沙盘上的同一批种子的芽苗或者第一次间下来的幼苗进行补植。补植应选择下午，喷灌后，将芽苗(或幼苗)取下放在盛有清水的容器内，移栽时先在培养基中插一小孔，深度与苗根长度近似，把苗根顺孔放下，然后压实周围的培养基，并浇透水。

2. 除草

由于容器苗的生长基质有限，混入杂草对苗木的生长将极为不利，故应尽可能减少草种混入基质。一般从在配制基质时加入经试验证明有效的除草剂，比如落叶松育苗用除草醚等。如果容器内有杂草生长，要及时拔去，掌握“除早、除小、除了”的原则。

3. 水肥管理

容器育苗可以根据树种、苗龄、生长时期的不同选择灌溉的时间、次数和浇水量。一般针叶树种的幼苗不宜过湿，容器的基质经常湿润即可；阔叶树种的幼苗要潮湿些，以少量勤喷为宜。喷雾洒水次数，还应根据天气及容器基质表面水分多少而定。夏秋季高温晴天可喷洒多次，冬春季及阴天少喷。

施肥是容器育苗不可缺少的管理措施，也是确保容器苗培育质量的关键技术之一。容器育苗追肥时间、次数和肥料种类、施肥量根据树种和基质肥力而定。一般在幼苗进入速生期前开始追肥。追肥宜在傍晚进行，严禁在午间高温时施肥。

4. 根系控制

在容器苗出现的初期，人们就注意到苗根在容器内盘绕会使苗木根系畸形，在苗木过大或因干旱不能及时造林而延长育苗期时，苗根从容器中伸出扎入土，造成起苗伤根的问题。为此，人们在培育容器苗过程中，探索了多种修根方法。在设施容器育苗中常用的有空气剪根育苗法、移动容器苗法、物块铺垫容器法和化学断根法。

(1)空气剪根育苗法

该法是将容器苗放置在离地面一定距离的育苗架上，使伸出容器排水孔或底部的苗根，由于空气湿度低而自动干枯，达到剪根的目的。

(2)移动容器苗法

该法是通过人工定期移动容器，扯断伸出容器底的根系，或用偏平、薄而锋利的铁铲，双手将铁铲插入容器和苗床之间，切断入土的苗根，防止根系扎入地下过深而影响起苗，促进根团形成。

(3)物块铺垫容器法

该法是用苗根穿不透的物料铺垫于苗床面上再陈列容器进行育苗的方法。

(4)化学断根法

该法是将铜离子制剂(碳酸铜、氢氧化铜等)或其他化学制剂涂于育苗容器的内壁上，杀死或抑制根的顶端分生组织，实现根的顶端修剪，促发更多的侧根。化学断根工艺简单，价格相对低廉。但也存在污染环境，破坏土壤微生物等潜在的问题。

5. 炼苗

炼苗是容器育苗全过程对容器苗最后一项管理技术。无论是温室培育容器苗，还是露地培育容器苗，都需要有炼苗措施。炼苗是将在温室等人工条件下培育的容器苗，移出温室，用减少或停止喷水、施肥、除去遮盖物等措施，进行全天候锻炼，使苗木减缓生长或停止生长，促进木质化，以利提高苗木抗逆性，促进根团的形成，使起苗、运输、分苗造林时均有完整的根团，确保造林的成活率，使苗木尽快适应新的生长环境。一般温室容器苗在炼苗场经过 20~40 d 之后即可达到适宜出圃造林的要求。

四、组织培养育苗

组织培养育苗(试管育苗)是在无菌条件下，将离体的植物器官、组织、细胞以及原生质体，培养在人工控制的环境里使其再生形成完整植株的育苗。组织培养育苗具有培养材料来源丰富，苗木繁殖速度快，育苗周期短，能周年生产，育苗效率高，可培育无毒苗等特点。它是设施育苗的重要形式。

(一)组织培养的设施设备

组织培养是室内育苗，因而相应的房间和仪器设备是必须具备的。

1. 房间配备

根据组织培养各技术环节的要求，基本的房间配置应当包括：洗涤室、药品贮藏室、称量室、培养基配制室、培养基灭菌室、无菌操作室、培养室、细胞学实验室、暗室、物品存放室、温室(大棚)等。

2. 仪器设备与器皿

组织培养是在无菌的条件在室内进行育苗，需要有大量必备的仪器设备和器皿，归纳如下：

- 组培设备
  - 仪器设备
    - 超净工作台
    - 天平
    - 冰箱
    - 烘箱和恒温箱
    - 培养箱
    - 酸度计
    - 离子交换纯水器
    - 高压灭菌锅
    - 摇床和转床
    - 细菌过滤器
  - 器皿和用具
    - 玻璃器皿
      - 培养用器皿
        - 试管
        - 三角瓶
        - 乙形管和“T”形管
      - 分装器
      - 其他
        - 烧杯、容量瓶
        - 量筒、试剂瓶
        - 移液管等
    - 金属器械：镊子、剪刀、解剖刀、钻孔器、接种针
    - 其他：橡皮塞、棉塞、称量瓶、滤纸、工作服、工作帽、口罩等

以上是比较理想和完善条件下的配套设置，实际工作中可以根据目的和要求，结合自己的具体情况加以适当选择。

(二)组织培养育苗的技术环节

1. 各种器皿和用具的洗涤、灭菌和消毒

各种玻璃器皿和用具在使用之前，一定要洗涤干净，常用的有稀盐酸、洗衣粉液和铬酸洗涤液。

防止细菌和霉菌的污染是植物组织培养技术中极为重要的环节。在每一个环节严格按照规程对各种用品进行彻底灭菌消毒是避免污染的根本途径。常见的灭菌方法有两种：一是物理方法，如干热、湿热及射线处理以杀菌；二是化学方法，如用抗生素和消毒剂的方法杀死微生物。灭菌时根据灭菌对象的不同要选用合适的方法，才能收到良好的效果。

2. 培养基的配制

目前植物组织培养常用的培养基，一般均含有下列主要成分：

①无机盐类　大量元素和微量元素。

②有机化合物　蔗糖、维生素、氨基酸、核酸等。

③植物激素　生长素、激动素等。

④天然提取物　椰乳、酵母提取物、水解蛋白等。另外，还有水和琼脂。

在制成培养基之前，首先将化学试剂按不同的配比制成几种母液，一般有大量元素、微量元素、维生素、铁盐、植物激素等几种，其目的是为取用方便和提高各种元素用量的精确度。配制时，先称取琼脂，然后加水煮沸，依次吸取各种母液混放在容器中，待琼脂

充分溶化后，将蔗糖和混合母液倒入，加水定容，搅拌均匀，调节 pH 值，分装灭菌。

培养基种类很多，常用的培养基有 MS（Murashige 和 Skoog）、B_5、White、MT、N_6、Nitsch 等。其中以 MS 培养基应用最广泛，为组织培养最基本培养基。

3. 接种

在作好各项准备工作之后，即可进行接种。首先将金属器械浸泡在70%的酒精中，并在火焰上烧干待用，将消毒好的试验材料取出放于无菌的培养皿或滤纸上，用解剖刀切成小块，用接种针将其接种在培养基上，加盖后置培养室内培养。

4. 试管苗培养

①外植体培养　进行组织培养之前，首先要从植物器官上切取一部分作为接种材料，这个接种材料称为外植体，这一阶段的培养过程称为外植体培养。

②继代培养　继代培养是外植体在培养基上经过一段时间的培养之后，可能发生各种形式的变化，根据其变化的情况需要将其转入新的培养基上加以培养，以后也可能要继续转换几次。

③生根培养　为达到培育可移栽成型幼苗，在试管内需要使外植体萌蘖生根，形成完整苗木有机体，此培养过程需在培养室受控条件下培养直到外植体形成完整的根系。

5. 试管苗移栽

①移前炼苗　当试管内完整的独立苗木生长出 5～10 片叶时为移植标志。移前在温室内炼苗 1 周左右，给予较强的日光照射，并置于合适的气温条件下。

②营养土制备　试管苗的栽植是在人工配置的营养土上移栽。常用的营养土基质有泥炭、发酵木屑、蛭石、珍珠岩等。具体的配比根据树种的不同而有所差异，多数树种的常用土壤基质配比为泥炭∶蛭石∶珍珠岩＝1∶1∶1。

③取苗移栽　用长镊子或筷子将试管苗从培养瓶中轻轻夹出，再用温水（25 ℃）冲洗掉苗根际的培养基，并注意防止碰伤根系。在营养土充分湿润后开穴，将洗净的试管苗种植于穴中，轻轻压紧土壤基质。

6. 移栽苗管理

对移栽苗需保持较高的湿度（80%以上），方法是：在容器上盖玻璃罩或覆盖塑料布，待新根长出后，再及时除去。

移栽苗的施肥在幼苗成活后即可进行，开始时可用 1/2 MS 大量元素和微量元素溶液，以后只要单施大量元素即可。

如果试管苗最终要移至露地，则需在移栽前一周进行炼苗，待适应露地条件后再进行脱盆移栽，即第二次大田移植。

五、全光照喷雾扦插育苗

植物的带叶插穗在生根之前，叶面常有一层水膜的条件下方能保持插穗的正常生理状态。特别在炎热的夏天，停止喷雾 10 min 时，插穗便会发生不可逆转的萎蔫。但是过多的水分又会造成基部腐烂，且连续不断的喷雾还会降低扦插基质的温度等，因而都将影响插穗生根。全光雾插育苗就是在全日照条件下，利用排水通气良好的插床，并采取自动间歇喷雾技术，进行高效率的规模化扦插育苗。它具有生根迅速、育苗周期短、生产效率高等多种优点。目前较广泛地用于半木质化的嫩枝作插穗的扦插育苗。

（一）育苗设施设备

目前，在我国广泛采用的自动喷雾装置有3种类型，包括电子叶喷雾设备、双长悬臂喷雾装置和微喷管道系统，其构造的共同点都是由自动控制器和机械喷雾系统两部分组成。

1. 电子叶控制间歇喷雾装置

根据叶面的水膜有无变化控制喷雾时间和数量，从而有效地促进培育植物材料插条生根。这种装置的设备主要由喷水系统和电子叶组成（图7-8）。电子叶控制喷雾的设备，是根据水的导电原理，在一块绝缘胶板上面按一定距离嵌上2个碳精电极，在电极间电场作用下产生离子移动而传递电子，电子叶表面的干湿交替使电路断或通。将电子叶安装在插床上，即可根据喷雾和蒸发使电子叶上的水膜形成和断离，从而自动控制间歇喷雾，调节插床水分。

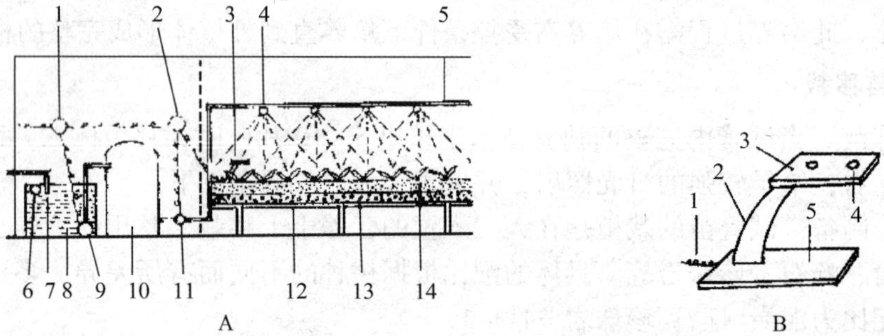

图7-8　电子叶控制喷雾装置示意

A. 电子叶喷雾系统示意：1. 电源　2. 继电器　3. 电子叶　4. 喷头　5. 水管　6. 浮标　7. 进水口　8. 水槽　9. 水泵　10. 高压水桶　11. 电磁阀　12. 温床　13. 底热装置　14. 基质

B. 电子叶装置示意：1. 电源　2. 支架　3. 绝缘胶板　4. 电极　5. 底板

2. 双长悬臂喷雾装置

该装置采用旋转扫描喷雾方式和低压折射式喷头，无需高位水压。当自来水、水塔、水泵等水源压力系统大于0.5 kg/cm^2的水从喷头喷出时，双长悬臂在水的反冲力作用下，绕中心轴顺时针旋转而进行扫描喷雾（图7-9）。

3. 微喷管道系统

该装置是以包括水源、首部枢纽、输水管网系统、定时喷雾控制器和雾化喷水器等为主要构件的喷雾系统。微喷灌定时控制器，是根据嫩枝扦插育苗在一天24 h内随气温变化对水分的需要量而设计的间歇喷雾控制器，可实现定时循环喷雾（图7-10）。采用微喷管道系统进行扦插育苗，具有节水、高效、安装使用方便、不受地形影响等优点。

图 7-9　双长悬臂喷雾装置

图 7-10　微喷管道系统

（二）全光雾插育苗技术

1. 插床准备

全光雾插育苗需要插床，多数以粗砂作为扦插基质。用来盛装扦插基质、插壤和扦插植物的器具，称为扦插容器。为了培育盆栽花卉或特种经济苗木及提高移栽成活率，采用塑料、植物纤维或泥炭等材料，制成与全光雾插育苗相结合的配套设备。

2. 穗条采集、保护与剪切

针叶树种都要求用带梢插穗，需要保留枝端部位，要想获得直立的树形，也必须从直立顶梢或向上生长的侧枝，应尽可能从 5 年生以内的母树上采条。南方的常绿阔叶树种一年四季均可采条扦插，但主要在夏季速生期后的 7、8 月采条扦插效果较好。对于桂花、栀子、黄杨等侧枝性强的树种，最好用有顶芽的侧枝，进行带梢扦插。对于杨、柳、连翘等许多很容易生根的落叶阔叶树种，普遍进行去梢扦插，以采集通直粗壮，生长良好的萌条或其他半木质化的枝条，切成多段不带顶梢插条扦插。

嫩枝穗条容易受干旱影响，采下的枝条应将基部浸泡在水中，不要长时间放在阳光和通风处，也不要堆积存放。在长途运输中，容易受干旱影响的珍贵树种枝条，应先用水藓或湿锯末包在穗条基部，再用草席包裹，然后及时运走，运到后立即解开，用清水喷洒保湿。嫩枝扦插一般都是亲本生长旺盛时期采条，正是气温比较高的时期，在此时采穗很容易因潮热而受害，因此，应尽量及时剪切和扦插，不宜长时间浸泡、堆放或运输。

插穗切制也叫穗条加工，宜在没有日光照射或风吹影响，而且气温不高的室内或背阴地尽快进行。在去梢剪切时，插穗上端切口不要远离叶或节的位置，应尽量取在节上面不远处，即从着叶处稍上一点成直角剪切。凡是有叶的插穗，在间歇喷雾条件下，不会因蒸腾而出现水分不足，都应当尽量多留叶，阔叶树条剪成 12 ~ 15 cm 长的插穗，一般留叶2 ~ 4 片；叶片宽大的或较长时，可将叶片先端部分切除；叶小的树种，可留叶 2/3 左右。插穗基部切口，一般取在节下紧靠节处的位置，切口形状多为马耳形或楔形双斜面切口。

采用全光喷雾设备扦插育苗，将间歇喷雾管道系统安装在温室、塑料大棚或是露地，都可以显著提高成活率。由于扦插规模比较大，插穗用量也比较多，一般插穗比较短，可节约大批插条。

3. 插穗消毒与生根促进处理

(1)插穗消毒处理

插条在采集、运输和剪切等处理过程中，容易受到病原菌的污染。威胁最大的主要是细菌性腐烂病原菌，它们从插穗的薄弱部位侵入，常常引起腐烂。因此，对插穗必须注意消毒处理，以减少病原菌的侵害。

插穗的切口是病原菌最容易入侵的部位，并有可能发展成为病巢，而扩散侵染其他穗条。为尽可能减轻或避免病菌的污染，应将插穗每20~50根一捆，用800倍多菌灵药液喷洒或浸蘸插穗基部；用高锰酸钾处理桉树、女贞、一品红、菊花、月季、倒挂金钟等，可对多种霉菌起到防治作用，并具有促进插穗生根的功效。与此同时，还应对插床基质、制做场地、操作工具等进行严格消毒灭菌，在插穗生根管理过程中，也要加强苗木的保护和防病工作，以便保证插穗的成活。

(2)插穗生根促进处理

①生根阻碍物质的清除　难以生根的树种，插穗中大多含有阻碍生根的物质，如单宁、树胶、松节油、树脂、氧化酶等。在处理时一般是将插穗的基部放进处理液中浸泡，要根据不同树种和亲本年龄，选择适当的溶液。例如，樟树、一品红、冬青、卫矛、大戟等插穗、用清水浸泡都能取得良好效果，用酒精1%~3%的溶液处理杜鹃花科植物或洋蔷薇6 h，以及用0.05%~0.1%的硝酸银处理杨梅、栗等，还有高锰酸钾的0.1%~1%的水溶液对水蜡、女贞等许多树种的处理一般都有效果。

②植物激素处理　植物激素种类很多，作为生根促进剂在生产上应用的有吲哚乙酸、吲哚丁酸、萘乙酸、萘乙酰胺等。植物激素的处理效果根据植物种类、药剂品种与剂量有很大的差别。

③营养物质处理　维生素、糖类、氮素化合物等物质，对植物的生根也是必要的。常用的维生素种类有维生素H、B_1、B_2、B_6、B_{12}，但维生素的适用范围有限，在生产中一般需要和植物生长素配合施用。糖类中以2%~10%蔗糖溶液浸泡插穗基部10~24 h效果最好。

④刻伤处理　用锋利的刀尖在插穗基部刻划几条纵伤口，深达木质部，然后用生根促进剂处理伤口，对生根有利。

4. 扦插

全光雾插育苗的插穗多为半木质化的嫩枝，在沙床上用插穗直接扦插，很容易受到损伤，应先打好孔再进行扦插。为了提高工作效率，保证扦插质量，根据不同树种或插穗大小所需不同扦插密度，制造出株行距不同规格的扦插打孔器。在进行大规模扦插育苗时，一般每个打孔器，一次打孔50~100个。

打好扦插孔后，需要组织很多人员随后及时扦插，根据插穗大小掌握扦插深度，一般在3 cm左右，插后随手将插孔用手指按一下压实，或用水壶水冲扦插孔，使基质与插穗相互密接。

在组织扦插工作的同时，要注意启动设备定时喷雾保湿。扦插任务完成之后，应对扦插苗喷800倍多菌灵药液消毒灭菌，以后每隔7 d左右，在傍晚停止喷雾后打药1次。

5. 扦插后的管理

(1)水分管理

采用间歇喷雾技术进行嫩枝扦插育苗，在一般情况下，只要不是停电或控制部分发生故障，其喷雾设备会充分按照插穗对水分的要求，自动控制喷雾供水。当插穗大部分生根后，应逐渐减少喷雾次数，如根系发育有二级侧根时，应停止喷雾，经过炼苗3～5 d后，及时进行移栽。

(2)光照调节

插条生根过程以散射光为宜，过强的光照会对新插枝条产生一定的伤害作用。一些地方光线太强，水分蒸发太快，如果喷水过于频繁，对插穗生根有一定的影响，这时可考虑搭建遮阳网，避免强光直射。当根系出现新根后，可逐渐增强光照强度。

(3)插穗消毒

嫩枝扦插正值夏秋季节，气温高湿度大，插条生根过程极易产生烂根烂叶现象，消毒工作贯穿扦插育苗全过程，要定期进行，一般5～7 d消毒1次。消毒要于当天最后一次喷水后进行。在雨后一定要及时喷施杀菌剂。插穗生根后可适当减少喷雾喷药次数。消毒常用高锰酸钾、多菌灵、百菌清、代森锰锌或甲基托布津交替使用。

(4)叶面施肥

在插穗愈伤组织形成后要经常进行叶面施肥，一般为1周追施1次，初期喷0.2%～0.5%的尿素，后期用0.2%～0.5%的尿素和磷酸二氢钾混喷，这对插穗生根和生长极为有利。喷药和施肥均可利用喷雾机械进行，操作方便，喷施均匀。

(5)苗床清理

插穗生根过程中，会有一些未生根的插穗死亡以及老叶脱落的现象，需要及时清理干净，保持整个苗床的清洁。床上出现的杂草也应一并除去。

待一批苗木出床后，将插床表面6 cm左右的扦插基质清除掉，换入已备好的基质，进行消毒后便可再次扦插。对于清除的扦插基质过筛，将残留的烂枝烂叶筛出，在阳光下暴晒，用光线杀死部分病菌及线虫、线虫卵，晒干后可再用。

第四节　苗木出圃

一、苗木质量标准与检测

向造林单位提供优良品质的苗木是苗圃的重要任务，因而在苗木出圃前通常应该检验苗圃所培育苗木的质量。这是用苗单位的基础要求，同时也是苗圃发现自身不足，改进育苗技术的发展需求。

(一)苗木质量分级标准

苗木分级旨在促使出圃苗木达到国家规定的苗木标准，保证使用生长良好的壮苗来造林，从而减少造林后苗木分化现象的出现，进一步提高造成活率以及林木生长量。苗木分级统计工作应在起苗后立刻移至背风荫蔽的地方开展。如今我国通用的苗木分级标准主要是根据苗木形态特征制定，包括苗高、地径以及根系状况(如根系长度、根幅、>5 cm 长Ⅰ级侧根数量)等主要指标，但就萌芽能力较弱的苗木而言，顶芽状况是首要分级标准。生产活动中按照国家或各省(自治区、直辖市)的苗木质量标准对其进行分级。符合壮苗条件和国家有关分级规定的苗木，都属于合格苗。

(二)苗木质量抽检

苗木质量抽检是指在苗木的生产地块中选取在质量上具有典型代表性的种植行或种植地块进行调查。

1. 抽样

(1)标准行法

在调查区内，每隔一定行数(如 5 的倍数)选一行(垄)作标准行，若苗木数过多，则在标准行上随机取出一定长度的地段，在选定地段上调查苗木质量和数量。然后计算调查地段的总长度，求出单位长度的产苗量，以此推算每亩产苗量和质量，最后推算出全区的苗木质量。适用于移植区、扦插区、条播、点播的育苗区。

(2)标准地法

随机抽取若干个 1 m^2的标准地于调查区内，逐株调查标准地内苗高、地径等，并计算出 1 m^2的平均产苗量和质量，最后推算出整个调查区总体的质量。适用于播种的小苗。

(3)全株实测法

对于数量不多的大苗和珍贵苗木，可以逐株调查株数，抽样调查苗木质量，计算其平均值，以掌握苗木的数量和质量。

2. 质量指标及检测

评定苗木质量的指标很多，主要包括形态指标、生理指标、活力指标 3 个方面。目前在我国国家标准中采用的苗木质量评价指标是苗高、地径、根系状况和综合控制指标(表 7-7)。

3. 检验规则

苗木质量检验工作应遵循以下规则：

①苗木应成批检验。

②检验工作限在原苗圃进行。苗木检测工作应在背阴避风处进行，注意防止根系失水风干。

③苗木检验允许范围，同一批苗木中低于该等级的苗木数量不得超过 5%，超过 5% 的应重新分级。

④检验结果不符合上一条规定，应进行复验，并以复检结果为准。

⑤检验结束后，填写苗木检验证书(表 7-8)。凡出圃的苗木，均应附苗木检验证书，向外区县调运的苗木要经过检疫，并附检疫证书。

各地区也有一些检验要求。例如，北京市园林绿化局提出“五不出”的严格要求，即不够规格的不出，树形不好的不出，根系不完整的不出，根系不完整的不出，有严重病虫害的不出，有机械损伤的不出。

表 7-7 苗木质量指标及测定要求

质量指标	含　义	测定方法	技术要求
苗高	苗木地际至顶芽基部的苗干长度	用钢卷尺或直尺测量	自地径沿苗干量至顶芽基部，读数精确到 1 cm
地径	苗木地际直径	用游标卡尺测量	如测量的部位出现膨大或干形不圆，则测量其上部苗干起始正常处，读数精确到 0.05 cm。其中，播种苗、移植苗：苗干基部土痕处的粗度；插条苗和插根苗：萌发主干基部处的粗度；嫁接苗：接口以上正常粗度处的直径
根系长度	起苗修根后应保留的根系长度	根系长度用钢卷尺或直尺测量	从地径处量至根端，读数精确到 1 cm
根幅	根系在水平方向的长度	用钢卷尺或直尺测量	以地径为中心量取其侧根的幅度，如两个方向根幅相差较大，应垂直交叉测量两次，取其平均值，读数精确到 1 cm
Ⅰ级侧根	直接从主根长出的侧根	直接查数	我国国家标准规定用大于 5 cm 长Ⅰ级侧根数作为评定指标，即指直接从主根上长出的长度在 5 cm 以上的侧根条数
苗木新根生长数量（TNR）	将苗木栽植在其适宜的生长环境中，经过一定时期后，所统计的新根生长点的数量	直接查数	以根尖带白点的新鲜生长根作为统计对象
综合控制条件	定性观察的指标	一般通过感官定性检测	无检疫对象病虫害，无机械损伤，苗干通直，色泽正常，萌芽力弱的针叶树种顶芽发育饱满、健壮，充分木质化

表 7-8 苗木质量检验证书

编号＿＿＿＿＿＿＿＿

树种＿＿＿＿＿＿＿＿ 苗木种类＿＿＿＿＿＿＿＿ 苗龄＿＿＿＿＿＿＿＿

批号＿＿＿＿＿＿ 数量＿＿＿＿＿＿ 其中：Ⅰ级＿＿＿＿＿＿ Ⅱ级＿＿＿＿＿＿

起苗日期＿＿＿＿＿＿ 包装日期＿＿＿＿＿＿ 发苗日期＿＿＿＿＿＿

苗木检疫＿＿＿＿＿＿＿＿＿＿＿＿＿＿＿＿

种子(条、根、穗)来源＿＿＿＿＿＿＿＿＿＿＿＿＿＿＿＿

苗圃土壤＿＿＿＿＿＿＿＿＿＿＿＿＿＿＿＿

作业方式＿＿＿＿＿＿＿＿＿＿＿＿＿＿＿＿

发苗单位＿＿＿＿＿＿＿＿＿＿＿＿＿＿＿＿

检验人：

负责人：

检验日期：

注：引自 GB 6000—1999。

(三)苗木等级及合格苗的判定

苗圃培育的苗木在出圃之前，应根据国家或地方标准进行分级，只有达到合格苗标准的苗木才能出圃造林。我国国家标准 GB 6000—1999 规定，合格苗木分Ⅰ、Ⅱ两个等级，以综合控制条件、根系、地径和苗高确定。

综合控制条件达不到要求的为不合格苗木，达到要求者以根系、地径和苗高三项指标分级。综合控制条件为：无检疫对象病虫害，苗干通直，色泽正常，萌芽力弱的针叶树种顶芽发育饱满、健壮、充分木质化，无机械损伤。对长期贮藏的针叶树苗木，应在出圃前10～15 d开始测定苗木TNR，TNR值应达到相应树种的要求。

根系指标以根系所达到的级别确定苗木级别，如根系达Ⅰ级苗要求，苗木可分为Ⅰ级或Ⅱ级；如根系只达到Ⅱ级苗的要求，该苗木最高也只为Ⅱ级，根系达不到要求的为不合格苗。

根系达到要求后，由地径和苗高两项指标确定苗木等级，当苗高、地径不属同一等级时，以地径所属级别为准。

起苗后应及时分级、假植，针叶树苗木分级应在庇荫背风处进行，分级后要做好等级标志。

（四）城市绿化用苗新概念——原冠苗及其优质标准

原冠苗，即相对于截干苗而言的原生冠苗，是苗木生产者根据植物生长发育的自然规律，以不破坏苗自然生长的主体结构，因势利导，培育出树形优美、枝干结构强韧、树冠饱满平衡、无大面积创伤、根系发达的苗木。在城市绿化中栽植原冠苗，已成为城市造林绿化用苗的新趋势。

目前并没有统一的原冠苗分级标准，但一般认为优质原冠苗木至少应该具备明显中央领导干，树冠浑圆饱满，树冠与树高比在60%左右；全树体不多于5%的病虫害，无大面积伤口，不存在枯、死、病、断、交差枝条；根部没有“盘根”，而呈辐射状向外；全树有良好生命力和活力，当年生枝条大小和颜色正常等要求。

二、起苗

（一）起苗季节和时间

起苗的季节和时间主要根据树苗的生物学特性来确定，有时还要兼顾苗圃的整地作业时间。一般应选择苗木新陈代谢相对较为缓慢的时期进行起苗工作。落叶树种的起苗常选择在秋季落叶后或春季萌芽前的休眠期进行，也有些树种可在雨季进行；常绿树种的起苗，北方地区大都在雨季或者春季进行，南方则在春季气温转暖后的3～4月或秋季转凉后的10月及雨季进行。

秋季起苗一方面为秋冬耕地创造了有利条件，同时削减了春季的工作量；另一方面，秋季苗木地上部分停止生长，进入休眠，根系仍旧生长，在起苗之后，如若及时移植，对根系恢复有利。翌春能尽早开始生长。秋季起苗适用于栽植树种或可以假植越冬的树种，最好随起随栽。

春季起苗要尽可能早，于苗木开始萌动前起苗。春季起苗适于不宜假植越冬的常绿树种，根部含水量较高的落叶树种（如泡桐、枫杨等）及假植不方便的大规格苗木。在春季随起苗随栽植，既能增加栽植成活率，又能节省假植的投入。

在我国许多季节性干旱严重的地区，在雨季起苗造林，土壤墒情好，一定程度上保障苗木成活率。有时对常绿针叶树种苗木也可在雨季起苗，随起苗随栽植，可提高苗木栽植成活率。

确定具体的起苗时间，要考虑当地的气候特点、土壤条件、树种特性和经营管理上的要求。无风的阴天最适宜起苗。一天中，从晚上 22:00 到第二天 6:00 的时间范围是较好的起苗时间。

(二)起苗方法

起苗有人工起苗和机械起苗两种。

人工起苗一般是在距离苗木第一行 20 cm 左右空地用小铁铲顺着苗行方向挖一条沟，然后挖一条斜槽于沟壁下部(图 7-11)，根据起苗的深度要求切断苗木根系，随后在第一、二苗行中间切断侧根，最后将苗木与土斜切到沟中即可取出苗木。人工起苗分为裸根起苗和带土球起苗。裸根起苗适用于大多数落叶树种以及常绿树种的小苗。带土球起苗有树冠捆扎、挖掘、土球包扎等工序，该方法适用于较大的常绿树苗、珍贵的苗木以及大的灌木苗。

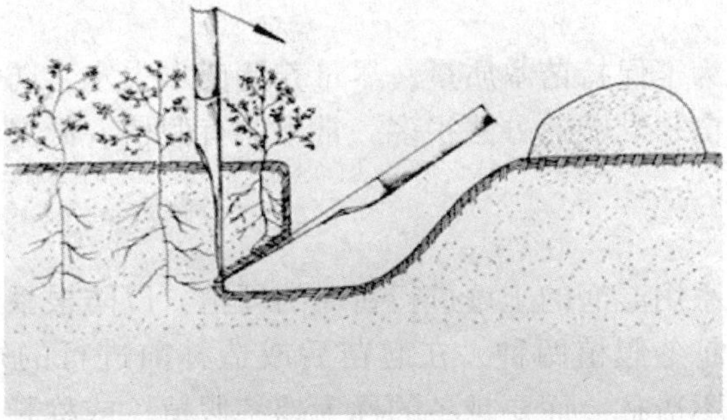

图 7-11 人工起苗示意

相比于人工起苗，机械起苗有利于提高效率，保证质量，节省劳动力，减小劳动强度，降低成本。起苗的机械常用的有弓形起苗犁、床式起苗犁、震动式起苗犁、带土起苗机、树木移植机等。

(三)起苗的技术要求

不论采用人工起苗还是机械起苗，苗木质量都必须得到保证，从技术上需做到：

①挖掘时要保证有一定的深度和幅度，以防苗木根劈裂，同时切勿损伤树皮和顶芽。

②苗圃地土壤含水量较低时，应在起苗前 3～7 d 适当进行灌溉，湿润土壤，避免起苗时损伤根系。

③对过长的根系进行适当地修剪，阔叶树苗还应该适度修剪地上部分的枝叶。无风阴天起苗是最好的选择。

④注意做好组织工作，起苗后立刻对苗木进行分级和假植，严防风吹日晒。

三、裸根苗的包装

(一)包装材料

目前常采用的包装材料有蒲包、纸箱、纸袋、塑料袋、化纤编织袋、布袋、麻袋等。不同包装材料对苗木活力的保持能力有很大差异。目前有内衬塑料薄膜的专用纸箱(简称运苗箱)用于装运苗木。由于运苗箱有较好的保水性能，可以保证苗木活力的下降速度较慢，造林成活率更高。为了保证裸根苗根系不受干燥，可用湿草包扎或蘸泥浆。

(二)包装方法

可用包装机或手工包装。先将湿润物放在包装材料上，然后将苗木根对根放在上面，并在根间加些湿润物(如苔藓和湿稻草等)，如此放苗到适宜的重量，将苗木卷成捆，用绳子捆住，并在外面附上标签。

四、苗木贮藏

贮藏苗木的目的是为了保持苗木质量，尽量养活苗木失水，防止发霉问题，最大限度地保持苗木的生命力。苗木贮藏的方法很多，常用的有假植、低温库贮藏等。

(一)假植

假植是将苗木的根系用湿润的土壤进行暂时的埋植，以防根系干燥，保护苗木活力。

假植分临时假植和越冬假植两种。在起苗后或造林前进行的短期假植，称为临时假植。凡秋季起苗后当年不造林，而要越冬的称为越冬假植，或称长期假植。假植地应选在地势较高，排水良好、背风、春季不育苗的地段。平地后挖假植沟，沟深 20～100 cm，视苗木大小而定，沟宽 100～200 cm。沟土要求湿润。阔叶树苗木单株排列在沟内，每排数量相同，以便统计，苗梢向下风方向倾斜。苗干下部和根系要用湿润土壤埋好、踏实。应掌握“疏排、深埋、实踩”的要求，防止干冷风侵袭。针叶树小苗 50 或 100 株为一捆，在假植沟内摆放整齐，根部用砂土相隔。在寒冷地区，为了防寒，可用草类、秸秆等将苗木的地上部加以覆盖。在冬季无大风的南方，为了少占地，假植大苗可使苗木直立，从假植沟两侧培土。

假植期间要经常检查，特别是早春不能及时出圃时，应采取降温措施，抑制萌发。发现有发热霉烂现象应及时倒沟假植。

(二)低温库贮藏

将苗木置于低温库或窖内保存，既能保证苗木质量，又能推迟苗木的萌发期，延长造林时间。

1. 低温贮藏的条件

为维持苗木休眠，防止腐烂菌的繁殖，需要将苗木贮藏的环境气温要控制在 0 ℃ ±3 ℃，最高不超过 4 ℃，空气相对湿度应保持在 85% 以上，并要有通气设备。

2. 贮藏方法

可利用冷藏库、冰窖、能保低温的地下室和地窖等。我国北方地区，贮藏苗木多用地窖、半地下窖、冰窖3种类型：

(1)地窖

该类窖深度1.5～2.0 m，上口宽3 m，底宽2 m，侧壁成斜坡，窖长按计划贮苗量决定，窖中部设门，上留通气孔，窖底挖宽、深各25 cm的排水沟。放苗时，先于窖底铺湿沙5～10 cm，将苗木成捆平放，根部向窖壁(距约3～5 cm)，放一层苗木，再盖湿沙3～5 cm，层层放置直到距坑沿约40 cm左右为止。当窖内气温不高于3 ℃时入窖。

(2)半地下窖

该类窖深0.6～1 m，挖出之土在窖沿做成50～60 cm土埂，在土埂上筑高50～60 cm墙，墙上筑盖，放苗法与前同，适用于土层薄、地下水位高处使用。

(3)冰窖

此法适用于能挖山洞的地方，窖内放冰块，在吉林和龙县一带，到5月下旬窖内气温仍能保持在0 ℃左右。

五、苗木运输

苗木运输是苗圃和造林单位的交接环节，而且也是苗木保护中最薄弱的环节之一。

(一)运输工具

最好的苗木运输环境，是将苗木保持在近似贮藏的温、湿度条件下，一般可用专用的苗木冷藏运输车。对于短距离的运输，卡车是最常见的运输工具。

(二)运输方法

运输过程中包装材料应根据运输距离而定。短距离运输可散放在筐篓中，但接触根系的地方要放上湿润物。在运输相间，要经常检查包内的温度和湿度，如果包内温度高，要将包打开，适当通风，并更换湿润物以免发热，若发现湿度不够，要适当加水。

运苗应选用速度快的运输工具，缩短运输时间，苗木运到目的地后，要立即将苗包打开，进行假植，但在运输时间较长，苗根较干的情况下，应先将根部用水浸一昼夜再进行假植。

(彭祚登　贾忠奎)

复习思考题

1. 林学术语解释

苗圃　基肥　种肥　根外追肥　轮作制　播种苗　留床苗　移植苗　容器苗　催芽　层积催芽　苗木合理密度　间苗　自根苗　嫁接苗　插条育苗　埋条育苗　插根育苗　硬枝扦插　嫩枝扦插　设施育苗　容器育苗　组织培养育苗(试管育苗)　外植体　继代培养　全光照雾插育苗　苗高　地径　假植　越冬假植　临时假植

2. 基本知识解答

(1)林业苗圃选址需要考虑的因素有哪些？

(2)简述苗圃用地区划的内容。

(3)林业苗圃土壤的特点是什么？

(4)苗圃土壤耕作的作用与方式包括哪些？

(5)简述苗圃施肥的作用与原则。

(6)简述苗圃轮作制的意义与方法。

(7)简述苗圃播种育苗方法及技术要点。

(8)简述苗圃1年生播种苗和留床苗的生长规律及其特点。

(9)简述提高插穗成活的技术措施及促进插穗生根的方法。

(10)嫩枝插条育苗应控制的条件包括哪些？

(11)简述移植育苗的意义、方法与技术。

(12)播种、扦插和移植容器育苗的主要技术环节是什么？

(13)设施育苗的主要特点是什么？

(14)温室育苗的环境调控措施有哪些？

(15)简述嫁接育苗的主要技术环节。

(16)为保证苗木的质量，起苗时在技术上应注意的问题有哪些？

(17)苗木质量检测规则和合格苗判定方法是什么？

(18)低温贮藏苗木应控制的条件是什么？

3. 综合应用

(1)为提高播种育苗的产量质量，在育苗过程中必须掌握哪些技术环节？

(2)根据苗圃生产的特点和当前市场对苗木的要求，分析说明我国苗圃业现代化的方向和应该体现的内容与标志。

推荐阅读书目

1. 苗木培育学．沈海龙．中国林业出版社，2017.

2. 园林苗圃学．成仿云．中国林业出版社，2012.

3. 森林培育学(第3版)．翟明普，沈国舫．中国林业出版社，2016.

第三篇

森林营造

本篇以人工林营造的基本理论与技术知识为重点，同时针对城市森林、农林复合、天然林封育及低效林改造等特殊区域的造林技术进行了系统阐释。全篇共分4章，包括人工林栽培、农林复合经营、封山育林与低效林改造、城市森林营造。

第八章　人工林栽培

【内容提要】本章介绍造林地种类、立地分类；造林整地的特点和作用，造林地清理和造林整地的具体方法与技术要求；播种造林、植苗造林、分殖造林的特点、应用条件和技术要点；造林季节和造林时间的选择等。

第一节　造林地种类与立地分类

一、造林地种类

造林地，亦称宜林地，它是造林生产实施的地方，也是人工林生存的外界环境。造林地的环境状况主要是指造林前土地利用状况、造林地上的天然更新状况、地表状况以及伐区清理状况等。为了便于造林工作的实施，根据造林地环境状况的差异性，划分出不同的造林地类别，称为造林地种类。造林地种类很多，归纳起来有以下 4 大类。

（一）荒山荒地

荒山荒地是指造林地上没有生长过森林植被，或在多年前森林植被遭破坏，已退化为荒山或荒地植被的造林地。荒山荒地是我国重要的一类造林地，土壤已失去森林土壤的湿润、疏松、多根穴等特性。根据其地上植被不同，荒山造林地可划分为草坡、灌木坡及竹丛地等。

(1) 草坡

草坡或荒草坡因植物种类及其总盖度不同而有很大差异。该类造林地在造林时的最大难题是要消灭杂草，特别是根茎性杂草（以禾本科杂草为代表）和根蘖性杂草（以菊科杂草为代表）。

(2) 灌木坡

当荒山造林地上的灌木覆盖度占植被总覆盖度的 50% 以上时即为灌木坡。灌木坡的立地条件一般比草坡好。造林时的困难主要是要消除大灌木丛对造林苗木的遮光及根系对土壤肥力的竞争作用，因此，与草坡相比，需要加大整地强度。

(3) 竹丛地

指具有各种矮小竹种植被的造林地。造林的难点是要不断清除盘根错节的地下茎。小竹再生能力极强，鞭根盘结稠密，清除竹丛要经过炼山及连年割除等工序，还要增加造林初植密度，促使幼林早日郁闭，抑制小竹生长。

(4)平坦荒地

多指不便于农业利用的土地，如沙地、盐碱地、河滩地、海涂等。它们都可以成为单独的造林地种类，均是造林比较困难的造林地，各有其特点。

(二)农村与农业用地

(1)四旁地

指路旁、水旁、村旁和宅旁植树的造林地种类。在农村地区，四旁地基本上为农耕地或与农耕地相似的土地，条件较好，其中水旁地有充足的土壤水分供应，条件更好。在城镇地区四旁的情况比较复杂，可能是好地，或者是建筑渣土，有的地方有地下管道及电缆等。

(2)农耕地

指用于营造农田防护林及林粮间作的造林地种类。农耕地土壤肥厚，条件较好，但农耕地往往存在坚实的犁底层不利于林木根系的生长，易使林木形成浅根系，容易风倒。因此，在造林时要深耕及大穴栽植。

(3)撂荒地

指停止农业利用一定时期的土地，立地条件随撂荒的原因及时间长短而定。撂荒地土壤瘠薄，植被稀少，有水土流失现象，草根盘结度不大。

(4)退耕还林地

指区域生态环境脆弱或生态地位重要，水土流失、土壤沙化等自然灾害严重的农耕地。其属于土地利用方式调整，土壤具有一些农耕地的特点，但一般比较瘠薄，易旱易涝，因此，在整地时可结合荒山荒地和农耕地等的特点。

(三)森林迹地

(1)采伐迹地

指森林采伐(皆伐)后腾出的林地。刚采伐的迹地，光照好，土壤疏松湿润，原有林下植被衰退，而喜光性杂草尚未进入，是一种良好的造林地。

(2)火烧迹地

指森林被火烧后留下来的林地。与采伐迹地相比，火烧迹地有本身的特点，往往有较多的站杆、倒木需要清理。火烧迹地上的灰分养料较多，微生物的活动也因土温的增高而有所促进，林地杂草较少，应充分利用此有利条件及时进行人工更新。

(四)未成林地及低质低效林地

这类造林地主要包括已经局部更新的迹地、次生林地及面积较大的林中空地等，其共同特点是造林地上已有树木，但其数量不足或质量不佳，或树已衰老，需要补充或更替造林。

在已经局部天然更新的迹地上需要进行局部造林，原则上是“见缝插针，栽针保阔”。已形成的次生林，如分布不均，质量不佳，无继续经营前途的，就需要用人工种植的方法进行改造。这类造林地一般土壤条件较好，但栽植时注意调节引进树种和原树种间的对环境资源的竞争性。

林中空地属于冠下造林地，是指在林分采伐之前，先在林冠下进行伐前人工更新的造林地。这类造林地有较好的土壤条件，采伐前具有良好的森林环境，可利用这一有利条件进行某些树种的人工更新或补植补造树种。

二、森林立地

（一）基本概念

1. 立地与生境

立地在传统意义上是指一个地方的环境总体，是一个林学概念，立地在一定的时间内是不变的，而且与其上生长的树种无关。生境是指林木和其他活体生物生存和相互作用的空间场所，是生态学上的概念。二者均可理解为植物生长地段作用于植物的环境条件的总体。

2. 立地质量与立地条件

立地质量是指某一立地上既定森林或其他植被类型的生产潜力，立地质量与树种相关联，并有高低之分。立地条件是指在造林地上与森林生长发育有关的所有自然环境因子的综合。在一定程度上立地质量和立地条件是可以通用的。

3. 立地质量评价

立地质量评价指对立地的宜林性或潜在的生产力进行判断或预测。立地质量评价的目的，是为收获预估而量化土地的生产潜力，或是为确定林分所属立地类型提供依据。立地质量评价的指标多用立地指数（site index），也称地位指数，即该树种在一定基准年龄时的优势木平均高。

4. 立地分类与立地类型

在森林培育学中，立地分类有狭义和广义之分。狭义的立地分类是把生态学上相近的立地进行组合，组合成的单位称为立地条件类型，简称立地类型（或称植物条件类型）。立地类型是土壤养分和水分条件相似地段的总称。广义的立地分类包括对立地分类系统中各级分类单位进行的区划和归类。一般意义上的立地分类，多指狭义分类。

5. 困难立地

困难立地，一般指造林比较艰难的立地，如盐碱地、石漠化山地、干旱贫瘠石质山地、滨海滩涂、干热河谷、风沙侵蚀土地、采矿迹地、尾矿堆积场、道路高陡边坡、水岸涨落带、重污染土地等立地。

（二）森林立地的基本构成

森林立地的构成，主要是指那些与林木生长发育相关的立地因子。其主要包括三大类，物理环境因子、森林植被因子和人为活动因子。

1. 物理环境因子

(1)气候

我国由北向南，具有寒温带针叶林、温带针阔叶混交林、暖温带落叶阔叶林、亚热带常绿阔叶林及热带季雨林及雨林等森林植被类型。在同一热量带内由于纬度不同及大地形的影响，水热条件有一定差异，使得森林植被类型的种属组成及森林的生产力发生变化。

(2)地形

包括海拔、坡向、坡度、坡位、坡型、小地形等。地形主要影响到与林木生长直接有关的水热因子和土壤条件。由于地形因子具有比其他生态因子稳定、直观，易于调查和测定；常常与林木生长高度相关，地形稍有变化就能在林木生长上明显反映出来；每一个局部地形因素，如坡向的阳坡与阴坡，坡位的山脊，山坡与山洼，都能良好地反映着一些直接生态因子(小气候、土壤、植被等)等特征，所以，多用地形来划分立地类型，并与林木生长建立回归关系，评价立地质量。

(3)土壤

包括土壤种类、土层厚度、土壤质地、土壤结构、土壤养分、土壤腐殖质、土壤酸碱度、土壤侵蚀度、各土壤层次的石砾含量、土壤含盐量、成土母岩和母质的种类等。土壤是林木生长的基质，是森林立地的基本因子。土壤因素本身受气候、地质、地形等多种因素的影响，形成不同地理区域的土壤差异性，而不同的土壤也决定了不同树种的分布和生长潜力。土壤因子具有：①对林木生长所需的水、肥、气热具有控制作用；②与林木生长均有高度相关性；③比较容易测定；④能全面反映林木根系生长空间和肥力水平等特性，在我国一般将土壤因子结合地形因子联合评价立地质量，进行立地分类。总而言之，土壤因子是森林立地基层分类与评价的重要依据。

(4)水文

包括地下水深度及季节变化、地下水的矿化度及其盐分组成，有无季节性积水及其持续期等。对于平原地区的一些造林地，水文起着很重要的作用，特别是地下水位，经常成为主要考虑的因子之一。

2. 植被因子

反映生态系统特征、组成森林群落的主要植物种的存在，相对多度及相对大小，是立地质量的指示者，从大的森林类型到林下植被，从不同生态特性的建群树种，到一些非建群植物种分布，在不同层次及不同程度上反映着森林生长的环境特征。

3. 人为活动

土地利用的历史沿革及现状，各项人为活动对上述各项因子的作用等。不合理的人为活动，如取走林地枯枝落叶、严重开采地下水，会使立地劣变，发生土壤侵蚀，降低地下水位。由于人为活动因子的多变性和不易确定性，在森林立地分类中，一般只作为其他立地因子形成或变化的原动力之一进行分析，而不作为立地条件类型的组成因子。

(三)森林立地类型的划分

森林立地类型是森林立地分类系统中最基本的分类单位，即把立地条件相近，具有相同生产力而不相连的地段组合起来，划为一类，按类型选用造林树种，设计营林措施。

立地条件类型的划分，可以分为以环境因子为依据的间接方法和以林木的平均生长指标为依据的直接划分方法。由于我国造林区多为无林地带，因此，间接的方法最为常用。

1. 利用主导环境因子分类

根据环境因子，特别是主导环境因子的异同性，进行分级和组合来划分立地条件类型，有的辅以立地指数。这种方法比较适合无林、少林地区，以及因森林破坏严重实在难以利用现有森林进行立地条件类型划分的地区。其特点是简单明了，易于掌握，因而在实际工作中广为应用。但这种方法包含的因子较少，显得比较粗放。

2. 利用生活因子分类

根据生活因子(水分、养分)划分立地条件类型，反映的因子比较全面，类型的生态意义比较明显。在立地调查过程中，一次测定代表不了造林地的情况，需要长期定位观测才能够比较客观地反映造林地的水分状况，而且水分和养分受地形的影响较大，因此，还要分别不同的地形条件测定土壤肥力，这就需要布设大量的定位观测点，这在大面积造林规划设计调查中，很难贯彻。

3. 利用立地指数代替立地类型

用某个树种的立地指数来说明林地的立地条件，具体做法见立地质量的评价。该方法的特点是：可应用于大面积人工林地区评估立地质量，易做到适地适树；能够预测未来人工林的生长和产量；编制立地指数类型表外业工作量大；某一树种的立地指数类型表，仅适用于该调查地区该树种，不同的树种要制作不同的立地指数类型表；立地指数只能说明立地的生长效果，不能说明原因。

第二节　林种规划与树种选择

一、林种的划分与区划

1. 我国林种的划分

由于对不同森林主导功能的培育目的不同，可以把森林分为若干林种，目前我国新的《森林法》已颁布，新的《森林法》按照经营管理与生态保护的需要，将森林生态区位重要或者生态状况脆弱以发挥生态效益为主要目的的森林划定为公益林，实施严格保护。未划定为公益林的森林归属于商品林。公益林包括：重要江河源头汇水区域；重要江河干流及支流两岸；饮用水水源地保护区；重要湿地和重要水库周围；森林和陆生野生动物类型的自然保护区；荒漠化和水土流失严重地区的防风固沙林基干林带；沿海防护林基干林带；未开发利用的原始林地区，以及需要划定的其他区域。商品林包括：以生产木材为主要目的的森林和林木；以生产果品、油料、饮料、调料、工业原料和药材等林产品为主要目的的森林；以生产燃料和其他生物质能源为主要目的的森林，以及其他以发挥经济效益为主要目的的森林。

2. 我国各地林种的区划

我国于20世纪80年代提出的《中国林业区划》将我国的林业区划为地区、林区、省级、县级四个级。地区级主要是按照大气候、大地貌和大林种区划，全国共有8个。林区级主要是根据独立的地理单元和具体的林种区划，共区划了50个林区。省级林业区划是在各个省内进行，根据自然条件和具体林种及代表性树种划分，共区划有168个。其中，8个地区级区划如下：

Ⅰ. 东北用材、防护林地区(7个林区)；

Ⅱ. 蒙新防护林地区(11个林区)；

Ⅲ. 黄土高原防护林地区(3个林区)；

Ⅳ. 华北防护、用材林地区(4个林区)；

Ⅴ. 青藏高原寒漠非宜林地区；

Ⅵ. 西南高山峡谷防护、用材林地区(2个林区)；

Ⅶ. 南方用材、经济林地区(18个林区)；

Ⅷ. 华南热带林保护地区(5个林区)。

二、树种选择的基础与原则

(一)树种选择的基础

我国树种资源极其丰富，有木本植物8000余种，其中仅乔木植物就有2000余种，而乔木树种中优良用材和特用经济树种就达1000余种。当前，造林树种选择的依据和基础主要是树种的生物学特性、生态学特性和林学特性。

(二)树种选择的原则

1. 基本原则

选择造林树种的基本原则可以概括为两条：一条是经济学的原则；另一条是生物学的原则。经济学的原则是指满足造林目的(包括木材和其他林产品生产、生态防护、美化等)的要求，即满足国民经济建设对林业的要求；生物学要求是指树种的特性能适应造林地的立地条件的程度。这两个原则是相辅相成的，二者不可偏废。满足国民经济建设是造林的目的，遵循生物学的基本规律是达到造林目的基础。

2. 辅助原则

(1)目的性原则

实现造林目的是实施营造林工程的主题和目标。在选择树种时，应首先考虑到要实现什么目的，实现这些目的对树种特性有什么要求，用什么树种进行组合搭配才能达到最佳效果。

(2)市场需求原则

适应市场需求是实现高效的前提，在社会主义市场经济条件下，营造商品林必须首先分析市场行情，研究市场动态，适应市场规律，生产出优质商品，达到适销对路的目的，以增强市场竞争力。

(3)高效性原则

在选择造林树种时，除要考虑既定的主要目的外，还要考虑它所具有的生态、经济和社会效益，要综合考虑森林的多功能性和实现最大效益原则。

(4)适应性原则

在选择造林树种时，除要满足上述条件外，还要适应一定的社会经济条件，如造林地的劳力条件，林农的技术水平、文化素质、劳作习惯及资金状况等。

三、适地适树

(一)适地适树的概念

适地适树是使得造林树种的特性，主要是生态学特性，和造林地的立地条件相适应，以充分发挥生产潜力，达到该立地在当前技术经济条件下可能取得的高产水平。

(二)适地适树的标准

1. 定性标准

依据造林目的，衡量是否达到适地适树有客观的定性标准。对于用材林树种来说，至少达到成活、成林、成材，还具有一定的稳定性，即对间歇性灾害有一定的抗御和修复能力。

2. 定量标准

衡量适地适树的定量标准主要有3个：一是某个树种在各种立地条件下的立地指数；二是平均材积生长量；三是立地期望值。

(1)立地指数与树种选择

立地指数能够较好地反映立地性能与树种生长之间的关系，把不同树种在同一立地条件下的立地指数进行比较，就可以较客观地为根据适地适树原则选择树种提供依据。

用立地指数判断适地适树的指标存在缺陷，它不能直接说明人工林的产量水平。不同树种，因其树高与胸径和形数的关系不同，单位面积上可容纳的株数不同，因此，其立地指数与产量之间的关系也是不同的。

(2)材积生长量与树种选择

平均材积生长量也是衡量适地适树的指标。一个树种在达到成熟收获时的平均材积生长量，不仅决定于立地条件，也决定于密度范围与经营技术水平，因此用它来作为衡量指标就比较复杂。但如果把密度规定在能够达到高产的范围内，针对一定的经营水平(或分成几个经营集约度等级，如一般措施、丰产措施、高额丰产措施等)，调查研究不同立地条件的人工林产量变化，也能够鲜明地反映出立地条件的影响，从而为制订适地适树方案提供依据。

(3)立地期望值与树种选择

为了从经济效益方面反映林地立地的产出高低，有人用立地经济评价指标中设计了立地期望值，用以评价立地经济效益水平。立地期望值实际上相当于在一定的使用期内立地的价值。算式中某些参数，例如，木材的规格和相应的价格，需要根据当时市场变动进行修正。但是，由于木材生产的长期性和市场预测的矛盾，增加了立地经济评价的难度。

(三)适地适树的途径

适地适树的途径是多种多样的，可归纳为两条：一是选择，包括选地适树和选树适地；二是改造，包括改地适树和改树适地。

1. 选地适树

即根据当地的气候土壤条件确定了主栽树种或拟发展的造林树种后，选择适合的造林地；而选树适地是在确定了造林地确定了以后，根据其立地条件选择适合的造林树种。

2. 改树适地

即在地和树在某些方面不太相适的情况下，通过选种、引种驯化、育种等手段改变树种的某些特性使之能够相适。改地适树，就是通过整地、施肥、灌溉、树种混交、土壤管理等措施改变造林地的生长环境，使之适合于原来不大适应的树种生长。

选择的途径和改造的途径是互相补充、相辅相成的。改造的途径会随着经济的发展和技术的进步逐步扩大，但是，在当前的技术经济条件下，改造的程度是有限的，只是在某些情况下使用，而选择造林树种，使之达到更适地适树的要求，仍然是最基本的途径。

四、不同林种对树种选择的要求

(一)用材林树种选择

用材林对树种选择的要求集中反映在“速生、优质、丰产、稳定和可持续”等目标上。

1. 速生性

我国森林资源严重不足，尤其是人均森林资源很低。中国的森林资源与飞速发展的国民经济和文化建设对于木材的需求产生了突出的矛盾，解决这一矛盾的唯一切实可行的措施是营造用材林。选用速生树种营造森林是带有战略意义的。

2. 丰产性

树种的丰产性就是要求树体高大，相对长寿，材积生长的速生期维持时间长，又适于密植，因而能在单位面积林地上最终获得比较高的木材产量。丰产性和速生性是两个既有联系又有区别的概念，有些树种既能速生，也能丰产，如杨树和杉木等；有些树种速生期来得早，但是维持的时间比较短，或者只适于稀植，而不宜密植，这些树种只能速生而不能丰产，如苦楝、旱柳、臭椿、刺槐等；也有些树种速生期来得较晚，但进入速生期后的生长量较大，且维持时间长的树种，如红松、红皮云杉，以较长的培育周期比较的话，这样的树种在采取了适当的培育措施之后，可以取得相当高的生产率(以年平均生长量为准)，有时可以超过某些速生树种，如日本落叶松。

3. 优质性

良好的用材树种应该具有良好的形(态)质(量)指标。所谓“形”，主要是指树干通直、圆满、分枝细小、整枝性能良好等特性。这样的树种出材率高，采运方便，用途广泛。所谓“质”，是指材质优良，经济价值较高。大部分针叶树种有比较良好的性状，阔叶树中也有树干比较通直圆满的，如毛白杨、新疆杨、欧美杨、柠檬桉、檫树和楸树等。

用材树种质量的优劣还包括木材的机械性质和力学性质。一般用材都要求材质坚韧、纹理通直均匀、不易变形、干缩小、容易加工、耐磨、抗腐蚀等。同时，也必须强调用途不同于材性的要求也不同，如家具用材除对上述特点要求外，还进一步要求材质致密、纹理美观、具有光泽和香气等；矿柱材要求顺纹抗压极限强度大。

4. 稳定性

树种的稳定性即遇到环境条件的极端变化(如特大干旱、低温或霜冻等)树木也能正常生长，或经不良条件影响后，能够迅速恢复其正常生长(罗伟祥，1984)。

(二)经济林(含油料能源林)树种选择

经济林对造林树种的要求和用材林的要求是相似的，也可以概括为“速生性”“丰产性”“优质性”三方面，但其各自的内涵是不同的。例如，对于以利用果实为主的木本油料来说，“速生性”的主要内涵是生长速度快，能很快进入结果期，即具有“早实性”；“丰产性”的内涵是单位面积的产量高，这个产量有时指目的产品(油脂)的单位面积年产量，这样的数量概念实际上融进了部分的质量概念，例如果实的出仁率，种仁的含油率等；“优质性”则除了出仁率和含油率以外，主要指油脂的成分和品质。虽然经济林对早实性有一定要求，但不像用材林对于速生性的要求那样突出。

发展经济林时，首先要考虑以发展哪一类经济林最为有利，各地区应根据本地区的气候特点、市场需求、栽培历史及传统确定其发展方向。经济林的树种选择，其实更重要的是品种和类型的选择。

(三)防护林树种选择

1. 农田防护林

农田防护林的主要防护对象是害风(干热风、风灾、尘风暴等)、平流霜冻、旱涝灾害、冰雹等自然灾害，改善农田小气候条件，它的主要功能是保证农田高产稳产，同时生产各种林产品并美化环境。因此，农田防护林的树种选择有如下要求：

①抗风力强，不易风倒、风折及风干枯梢；在次生盐渍化地区还要有较强的生物排水能力。

②生长迅速，树体高大，枝叶繁茂，能更快更好地发挥防护效能，在冬季起防护作用的林带中，应配有常绿树种。

③深根性树种，侧根伸展幅度小，树冠狭窄，对防护区内的农作物不利影响较小。

④寿命长，和农作物没有共同的病虫害。

⑤能生产大量木材和其他林产品，具有较高的经济价值。

2. 水土保持林

水土保持林的主要任务是拦截及吸收地表径流，涵养水分，固定土壤免受各种侵蚀。

对于水土保持林的树种选择有以下要求：

(1)适应性强

能适应不同类型水土保持林的特殊环境，如护坡林的树种要耐干旱瘠薄(如柠条、山桃、山杏、杜梨、臭椿等)，沟底防护林及护岸林的树种要能耐水湿(如柳树、柽柳、沙棘等)、抗冲淘等。

(2)生长迅速

枝叶发达，树冠浓密，能形成良好的枯枝落叶层，以截拦雨滴直接冲打地面，保护地表，减少冲刷。

(3)根系发达

特别是须根发达，能笼络土壤，在表土疏松、侵蚀作用强烈的地方，选择根蘖性强的树种(如刺槐、卫矛、旱冬瓜等)或蔓生树种(如葛藤)。

(4)树冠浓密

落叶丰富且易分解，具有土壤改良性能(如刺槐、沙棘、紫穗槐、胡枝子、胡颓子等)，能提高土壤的保水保肥能力。

3. 防风固沙林

防风固沙林的主要任务是防止沙地风蚀，控制砂砾移动引起各项设施(城镇、道路、通信线路、水利设施)或生产事业(农田、牧场)的危害，并合理地利用沙地的生产能力，对于防风固沙林的树种有如下要求：

(1)耐旱性强

叶要有旱生型的形态结构，如叶退化、小枝绿色兼营光合作用，枝叶披覆针毛，气孔下凹，叶和嫩枝角质层增厚等特征；有明显的深根性或强大的水平根系。如毛条、沙柳、梭梭、沙拐枣等。

(2)抗风蚀沙埋能力强

茎干在沙埋后能发出不定根，植株具有根蘖能力或串茎繁殖能力。一旦遇到适度的沙埋(不超过株高的1/2)生长更旺，自身形成灌丛或繁衍成片。在风蚀不过深的情况下，仍能正常生长。这样的灌木树种一般称为沙生灌木或先锋固沙灌木。

(3)耐瘠薄能力强

此类树种中，包括有相当一部分是具有根瘤菌的树种。如花棒、杨柴、沙棘、踏郎、沙枣等。

(四)能源林树种选择

能源林主要包括以生产燃烧利用为主要目的的燃料能源林和生产油脂以提炼生物柴油等其他生物质能源为主要目的燃油能源林。燃料能源林对树种选择的要求主要有：

①生长迅速，生物产量高，能及早获得数量较多的薪材。

②木材热值大。热值是指单位质量干物质在恒容条件下完全燃烧所释放出的热量值(汪洋等，2017；鲍雅静等，2006)。木材产热量高，且有易燃、火旺、烟少、不爆火花、无有毒气体放出的特点。一般要求薪材树种的热值在17 562 kJ/kg以上。

③具有萌蘖更新的能力，便于实行短轮伐期经营制度。一般来说，燃料能源林实行矮

林作业，希望能做到一次造林多年采收，永续利用。

④适应性强，即具有耐干旱、耐瘠薄、耐盐碱、抗风的特点，能在不良的环境条件下稳定生长。燃料能源林是一次造林，多代采割，土壤养分消耗大，故除选用较好的立地条件外，选择具有固氮能力的树种，既能自我营养，又能培肥地力，改良土壤。

燃油能源林主要包括木本油料植物和以含乳汁为主的能制成还原形式烃接近石油成分的植物。具有开发潜力的这类植物应具有含油量高，对栽培环境的适应性强，采收容易，病虫害少等特性。

(五)特种用途林的树种选择

特种用途林包括种子林、国防林、风景游憩林、环境保护林等多种类型，根据不同的功能需求及树种的特性综合考虑培育树种的选择。如在大型厂矿周围，特别是在产生有害气体(二氧化硫、氟化氢、氯气等)的厂矿周围营造人工林时，要选择那些对这些污染物的抗性强且能吸收这类污染气体的树种。在城近郊区培育风景游憩林，其树种的选择除考虑保健性能外，还要考虑树形美观、展叶期长、色彩艳丽、固碳释氧能力强等。

第三节 人工林结构

一、人工林密度

(一)基本概念

林分密度指的是单位面积人工林地上林木的数量，常用单位面积林地上林木的株数来表示，也用单位面积林地上林木的胸高断面积来表示。林分密度在森林的生长周期中动态变化。人工林的初始密度也称造林密度，是指单位面积造林地上栽植株数或播种点(穴)数。

(二)造林密度的作用

造林密度是形成林分各个生长发育时期密度的基础。在郁闭成林过程中作用较大。培育人工林时，如果需要森林尽快郁闭或者由于林分长期不郁闭导致林分难以成林，就有必要适当增加造林密度，促进幼林提早郁闭。但是林分过早郁闭也会产生消极作用，提早郁闭后，限制了树木生长空间，加剧了竞争，最终使得林木过早分化和自然稀疏，或过早要求对其进行人工疏伐，对植物正常生长发育和经济成本都是不利的。

密度对林木生长的作用从幼林接近郁闭时开始发挥，尤以中幼龄阶段最突出。一般认为，对绝大多数树种而言，在相当宽的一个中等密度范围内，密度对高生长几乎不起作用。在林分中，当林木开始出现竞争作用以后，密度对林木树冠的发育和直径生长的抑制作用是得到普遍认同的。林木单株材积取决于树高、胸高断面积和树干形数3个因子，其中直径受密度的影响最大，因而成为不同密度下单株材积的决定性因子，即密度对单株材积生长的作用规律与对直径生长的影响相同。

密度对林分蓄积量的作用取决于平均单株材积和株数两个因子的消长。大量的密度试验证明，在较稀的密度范围内，密度本身起主要作用，林分蓄积量随密度的增大而增大。但当密度增大到一定程度时，密度的竞争效应增强，蓄积量将保持在一定水平上，不再随密度增大而增大，这个水平的高低取决于树种、立地及栽培集约度等非密度因素。密度对林分生物量的作用也表现出了相似的规律。

造林密度适当增大，能使林木的树干饱满(尖削度小)、干形通直(主要对阔叶树而言)、分枝细小，有利于自然整枝及减少木材中节疤的数量及大小，从总的来说是有利的。但如林分过密，树干过于纤细，树冠过于狭窄，既不符合用材要求，又不符合健康要求，应当避免这种情况的出现。

(三)确定人工林密度的原则

1. 根据经营目的确定

营造用材林过程中，一般培育大径材(锯材、枕木、胶合板材等)的造林密度宜小，为林木个体提供较大的营养空间，也可以在初期适当密植以充分利用生长空间，随林分生长进行合理地疏伐以促进直径迅速生长。培育中小径材(矿柱、杆材、纸浆材等)为了收获更大的材积生长量可适当密植。培育超短轮伐期的能源林，可以加大造林密度来获得更大的生物产量。

对于防护林，应根据防护作用的不同确定人工林密度。水土保持林为了更好发挥其水土保持效益，要求林分迅速覆盖林地。因此，在水分较为稳定的地区可以适当采用较大造林密度，而在水分不稳定的地区可以充分利用造林地上的天然植被资源，适当降低水土保持林乔木层的造林密度，促使林地迅速形成乔—灌—草的林分结构。防风固沙林以控制就地起沙为首要目的，理论上以密植为宜，实际上因受到沙地严酷的立地条件限制，可以选择适宜的树冠较大的灌木树种，在造林密度较小的情况下，也能迅速覆盖林地。农田防护林则要求与所需透风系数相适应的造林密度和配置。

营造经济林的密度，要有利于主要利用部位或器官的生产。大多数以收获高产量果实为主要目的经济林，要求全部树冠充分见光，并且原则上在培育过程中不疏伐，因此造林密度一般较小。以利用生物量为主要目的的能源林和超短轮伐期纸浆林，一般都采用密植，争取早期充分利用空间，但在收获期以不形成过密而压抑群体产量为限。

2. 根据造林树种确定

林分密度的大小与树种喜光性、速生性、树冠特征、根系特征、干形和分枝特点等一系列生物学特性密切相关。一般喜光而速生的树种造林密度宜小，如杨树、落叶松等；耐阴而初期生长较慢的适合密植，如云杉、侧柏等；干形通直而自然整枝良好的要求造林密度较小，如杉木、檫树等；干形易弯曲而且自然整枝不良的宜密，如马尾松、部分栎类树种；树冠宽阔而且根系庞大的宜稀，如毛白杨、团花等；树冠狭窄而且根系紧凑的宜密，如箭杆杨、冲天柏等。中国各造林区域主要造林树种初植密度可以参考最新的《造林技术规程》(GB/T 15776—2016)以及相关区域标准。

3. 根据立地条件确定

在较为湿润地区，从单位面积上能够容纳一定径阶(不计年龄)的林木株数来看，立地条件好的造林地能容纳量较大，立地条件差林地则容纳量较小。但从经营要求来看，则经常恰恰相反，立地条件好而宜于培育大径阶材的宜稀，立地条件差而只能培育中小径阶材的宜稍密。立地条件好的地方林木生长快，郁闭分化也早，这是需要适当稀植的另一重要原因。立地条件差的地方往往需要早期适当密植，以求得及时郁闭，但随后就要通过疏伐，使林分保持长成一定材种的适当密度。但在干旱半干旱地区(如我国黄土高原的大部分地区)，降水相对不足但潜在蒸散量却极大，往往密度过大会超越水分环境的承载力(或水分环境容量)。在这种情况下确定林分密度的基础应该是降水资源环境容量。所谓降水资源环境容量是指在无灌溉条件以及无地下水补充土壤水分的干旱半干旱地区，在维持区域生态平衡及水量平衡的前提下，一定的降水资源所能容纳的树木种类及其数量，这个数量体现在林分结构上就是某一树种在不同发育阶段的最大林分密度或单位面积林地上所能容纳的最大林木株数。北京林业大学王斌瑞等人经 20 年努力在黄土高原半干旱地区创立的径流林业集水造林技术，其中利用水量平衡原理确立合理的栽植密度是该技术措施的核心(表 8-1)。

表 8-1 半湿润区、半干旱区合理栽植密度表

气候区	降水量(mm)	*Rpi*	树种	年龄(a)	密度(株/hm^2)	林分蓄积量(m^3/hm^2)	年均生长量[$m^3/(hm^2\cdot a)$]
半湿润区	600~500	1.00~0.36	油松	20	1584~570	92.66~33.35	4.63~1.67
	499~400	0.36~0.18			570~285	33.35~16.68	1.67~0.83
	600~500	1.00~0.36	刺槐	23	1269~457	162.31~58.43	7.06~2.54
	499~400	0.36~0.18			457~228	58.43~29.43	2.54~1.27
半干旱区	399~300	0.18~0.10	油松	20	285~158	16.88~9.27	0.83~0.46
	299~200	0.10~0.05			158~79	9.27~4.63	0.46~0.23
	399~300	0.18~0.10	刺槐	23	228~127	29.22~16.23	1.27~0.71
	299~200	0.10~0.05			127~63	16.23~8.12	0.71~0.35

4. 根据培育技术措施确定

就培育技术的总体而言，培育技术越细致，越集约，林木就越速生，就越没必要密植。20 世纪 50 年代末期有些地方在高度集约栽培的条件下，还企图利用高密度以获得用材的特高产量，其结果是以失败而告终。这是忽略了光因子的限制作用和密度作用规律的结果，应当引以为戒。就培育技术中各项措施而言，也是这样。整地越细致，供水供肥越充足，苗木规格越大，质量越高，抚育管理越加强，就越要求相对的稀植。林农间作结合幼林抚育的育林方法，也要求初植密度适当减少。但所有上述内容都需和经营目的结合起来考虑，如采用超短轮伐期培育小径阶纤维用材林和能源林，采用的是高度集约栽培措施。

5. 根据经济因素确定

密度适当与否还需要用经济效益来衡量，尤其对商品林更应如此。选择合理密度时应计算投入产出比，选择投入产出比最合理的造林密度。另外，还要考虑交通运输条件和间伐材销路问题。如小径材有销路，也有实施早期间伐的交通、劳力及机械条件，经济上也合算，那么就可采用较大的造林密度；如小径材间伐无利或条件不能满足，则密度应小些。如果是农林结合、立体经营，则造林密度的大小还必须以林产品和农产品的综合效益最大作为权衡的标准。

将以上5个方面综合起来，确定造林密度总原则应是：一定树种在一定的立地条件和栽培条件下，根据经营目的，能取得最大经济效益、生态效益和社会效益的造林密度，即为应采用的合理造林密度，这个密度应当是在由生物学和生态学规律所控制的合理密度范围之内，而其具体取值又应当以能取得最大效益来测算。

(四)确定人工林密度的方法

1. 经验的方法

根据以往不同密度的林分，在满足其经营目的方面所取得的成效，分析判断其合理性及需要调整的方向和范围，从而确定在新条件下应采用的初始密度和经营密度。采用这种方法，决策者应当有足够的理论知识及生产经验，否则会产生主观随意性的弊病。

2. 试验的方法

通过不同密度的造林试验结果来确定合适的造林密度及经营密度，当然是最可靠的。当前大部分密度试验由于所选择的密度间隔不很合理，得出许多矛盾的结论。吴增志在总结以往经验教训的基础上，提出了密度试验的间隔应遵循指数(或几何级数)设置的一般原则。由于密度试验需要等待很长时间(一般应至少达到半个轮伐期以上，最好是一个完整的轮伐期)才能得出结论，且营造试验林要花很大的精力和财力，所以一般只能对几个主要造林树种，在其典型的生长条件下进行密度试验，从这些试验中得出密度效应规律及其主要参数，以便指导生产。通过密度试验得出的是生物学范畴的结论，还需加上经济分析，才能最后确定林分密度。

3. 调查的方法

如果现存相当数量的造林密度不同的人工林，或因某种原因处于不同密度状况下的林分，或许可能通过大量调查不同密度下林分生长发育状况，再采用统计分析的方法，得出类似于密度试验林可提供的密度效应规律和有关参数。此法使用较为广泛，已得到了不少有益的成果。调查的重点项目，有树冠扩展速度与郁闭期限的关系；初植密度与第一次疏伐开始期及当时的林木生长大小的关系；密度与树冠大小、直径生长、个体体积生长的关系；密度与现存蓄积量、材积生长量和总产量(生物量)的相关关系，等等。对于用材林来说，在需要大量小径材(包括薪材)的情况下，可以根据树冠扩展速度，要求林分适时达到郁闭为标准，来确定造林密度；在一定径阶的中小径材有销路的情况下，可以根据密度与直径生长的关系等规律，按第一次疏伐时就能生产适销径阶的树种并在经济上合算为准则，来确定造林密度；在小径材无销路，并采用林农间作作为初期林地利用方式的情况下，也可以直接按主伐时所需树木大小与密度的关系来确定造林密度。

4. 编制密度管理图(表)，查阅图表的方法

对于某些主要造林树种(如落叶松、杉木、油松等)，已进行了大量的密度规律的研

究，并制定了各种地区性的密度管理图，可通过查阅相应的图表来确定造林密度。吴增志根据其发现的合理密度理论编制了华北落叶松、杨树(毛白杨、欧美杨)人工林合理密度调控图(图 8-1)，可据此确定造林密度和经营密度。如可按照第一次疏伐时要求达到径阶的大小，在合理密度管理图上查出长到这种大小而合理密度系数较高(如华北落叶松为 1.7)时对应的密度，依此密度再适当增加一定数量，以抵偿生长期间可能产生的平均死亡率，即可作为造林密度。

以上 4 种方法根据所具备的条件可参照使用，也可同时使用，相互检验。

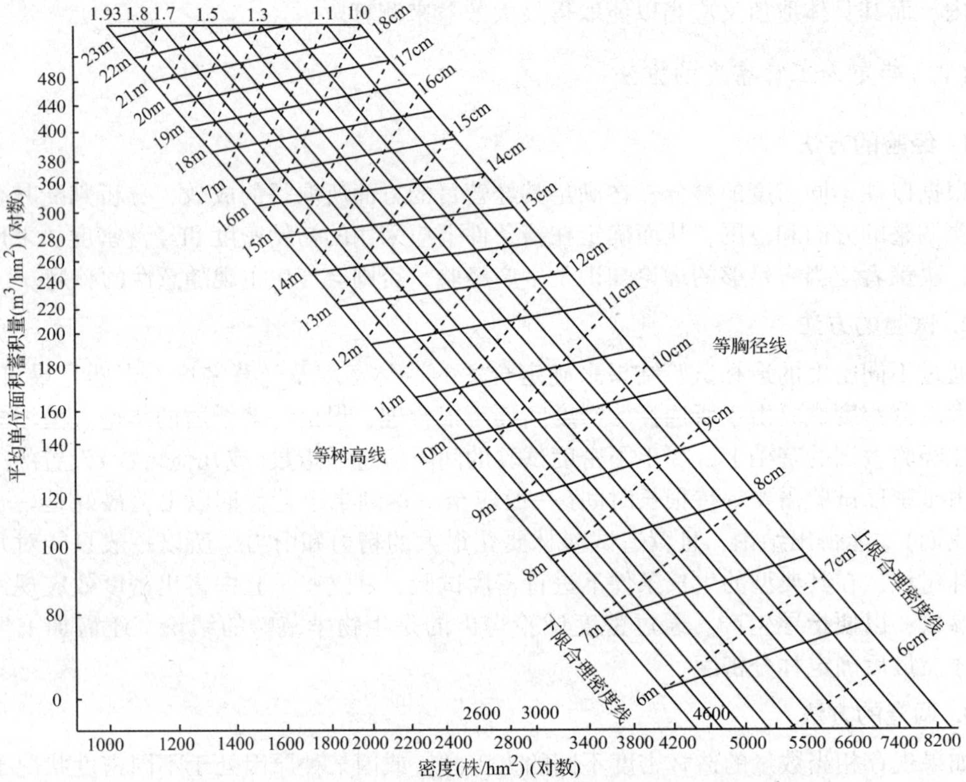

图 8-1　华北落叶松人工林合理密度管理图(引自吴增志，1997)

二、种植点配置

人工林中种植点的配置，是种植点在造林地上的间距及其排列方式。一般将种植点配置方式分为行状和群状(簇式)两大类。在天然林中树木分布也按树种及起源的不同而呈一定的规律，可以在培育过程中采用人为措施因势利导达到培育目的。

(一)行列状配置

行列状配置，是单株(穴)分散有序地排列为行状的一种方式。特点：林木能充分利用林地空间，树冠和根系发育较为均匀，有利于速生丰产，便于机械化造林及抚育施工。行状配置又可分为正方形、长方形、品字形、正三角形等配置方式。

(1) 正方形配置

行距和株距相等，相邻株连线成正方形。种植点比较均匀，具有一切行状配置的典型特点，常用于营造用材林、经济林。

(2) 长方形配置

行距大于株距，相邻株连线成长方形。特点：不如正方形配置均匀，但有利于行内提前郁闭及行间进行机械化中耕除草，在林区还有利于在行间更新天然阔叶树。长方形配置的行距和株距之比一般小于 2。实践证明，长方形配置会引起偏冠及椭圆形树干等问题，对大多数树种是不必要的。

(3) 品字形配置

强调相邻行的各株相对位置错开成品字形，行距、株距可以相等，也可不相等。有利于防风固沙及保持水土，也有利于树冠发育更均匀，山地和沙区造林普遍采用这种配置方式。

(4) 正三角形配置

最均匀的配置，要求各相邻植株的株距都相等，行距小于株距，为株距的 0.866 倍(即 sin60°)。这种配置方式能在不减少单株营养面积的情况下，增加单位面积上的株数，从而得到高产。

当行距明显地大于株距时，还有一个行向问题，应根据具体环境具体分析。在高纬度的平原上，南北行向更有利于光合作用进程，可提高生长量 15% 左右。在山区，行的方向有顺坡行和水平行两种。水平行有利于蓄水保墒、保持水土，而顺坡行有利于通风透光及排水。在风沙地区营造片林，一般都使行向与害风方向垂直。

(二) 群丛配置

群丛配置，也称簇式配置、植生组配置。植株在造林地上呈不均匀的群丛状分布，群内植株密集，而群间隔距离很大。特点：群内能很早达到郁闭，有利于抵御外界不良环境因子的危害(如极端气温、日灼、干旱、风害、杂草竞争等)。随着年龄增长，群内植株明显分化，可间伐利用，一直维持到群间也郁闭成林。

群状配置在利用林地空间方面不如行状配置，所以产量不高，但在适应恶劣环境方面有显著优点，故适用于较差的立地条件及幼年较耐阴、生长较慢的树种。

群状配置可采用多种方法，如大穴密播、多穴簇播、块状密植等。群的大小要从环境需要出发，从 3~5 株到十几株。群的数量一般应相当于主伐时单位面积适宜株数。群的排列可以是规整的，也可随地形及天然植被变化而作不规则的排列。

三、人工林树种组成

通常把由一种树种组成的林分称为纯林，而把由两种或两种以上树种组成的林分称为混交林。森林树种组成，成林一般以每一乔木树种的胸高断面积占全林总胸高断面积的成数表示，也可以每一乔木树种的蓄积占全林总蓄积的成数表示。而造林时的树种组成则以各树种株数占全林总株数的百分比表示，包括所有的乔灌木树种。

（一）营造混交林的意义

（1）充分利用林地空间

不同生物学特性的树种适当混交，能够比较充分地利用空间。例如，耐阴性（喜光或耐阴）、根型（深根型与浅根型、吸收根密集型和吸收根分散型）、生长特点（速生与慢生、前期生长型与全期生长型）以及嗜肥型（喜氮、喜磷、喜钾，吸收利用的时间性）等不同的树种混交在一起，可以占有较大空间，有利于各树种分别在不同时期和不同层次范围内利用光能、水分及各种营养物质，对提高林地生产力有着重要作用。

（2）较好改善林地立地条件

主要表现在两个方面：一是混交林所形成的复杂林分结构，有利于改善林地小气候（光、热、水、气等），使树木生长的环境条件得到较大改善；二是混交林可增加营养物质的储备及提高养分循环速度，使林地土壤地力得到维持和改良。

（3）立体利用光能热量

混交林大多立体利用光能，故总光合产量和生物量提高，可维持和提高林地生产力。

（4）充分发挥生态和社会效益

混交林的林冠结构复杂，林下枯枝落叶层和腐殖质较纯林厚，林地土壤质地疏松，持水能力与透水性较强，减少了地表径流和表土的流失。由于混交林有类似天然林的复杂结构，为多种生物创造了良好的繁衍、栖息和生存的条件，林地生物多样性得到了维持和提高。配置合理的混交林还可增强森林的美学价值、游憩价值、保健功能等，使林分发挥更好的社会效益。

（5）抗风雪灾害能力强

混交林的林冠层次多，枝叶互相交错，而且根系较纯林发达，深浅搭配，所以抗风雪等自然灾害的能力较强。

混交林优点并不是绝对的，只有在一定条件下，其优点和作用才能得以发挥。例如：混交林的培育和采伐利用技术比较复杂，施工也比较麻烦，目的树种的产量可能也较纯林为低。特别是混交林树种间关系及其发生发展规律非常复杂，在实际工作中往往难以充分把握。因此，在不同的情况下，是否营造混交林还需具体分析。

（二）培育混交林的理论基础

1. 树种种间关系实质及表现形式

混交林是由不同树种组成的植物群落，是树木在自然条件下最普遍的存在形式。营造混交林能否成功完全取决于两个树种生活要求的相同程度及发生竞争时的能力差，也即不同树种生态位的关系。从理论上讲，生长在一起的两种植物的生态位关系有以下 3 种形式：生态位完全不重叠、部分重叠、完全重叠。第一种情况下，种间无竞争发生，完全互补地利用资源，种间表现为互利作用。第二种情况下，二者在重叠部分存在竞争，在不重叠部分出现互补。种间根据竞争和互补的强度大小比有可能出现互利、单利和互害作用。第三种情况下，根据竞争排斥原理，最后有一种植物必然被排挤掉。通常在混交林中第二种生态位关系是普遍存在的。

2. 树种间作用方式

①机械作用　是混交群落中一树种对另一树种造成的物理性伤害，如树冠、树干的撞击或摩擦，根系的挤压，藤本或蔓生植物的缠绕和绞杀等，为种间的直接作用。

②生物作用　是不同树种通过杂交授粉、寄生等方式发生的一种直接作用。

③生物物理作用　一树种在其自身周围形成特殊的生物场，如辐射场、热场等对接近这一生物场的其他树种产生影响的作用方式。

④化感作用　一种树种通过它产生并释放于环境中的生化物质对另一树种产生的直接或间接的促进或抑制作用。化感物质传播的途径有水（雨水、露水、雾降等）的淋洗、植物体的分解、根系分泌、挥发及伤流等。常见的化感物质有有机酸、单宁、酚类、醌类、萜烯类、甾类、激素等 14 大类。

⑤生理生态作用　树种通过改变林地的环境条件而彼此产生影响。林地环境条件包括物理环境（光、水、热、气）、化学环境（土壤养分、pH 值、离子交换性能等）和生物环境（微生物、动物和植物）等。

3. 种间关系的主要类型

种间关系的主要类型是指树种间通过复杂相互作用而对彼此产生的利害作用的最终结果。一般当任何两个以上树种混交时，其种间关系可表现为有利（互助、促进，即所谓正相互作用）和有害（竞争、抑制，即所谓负相互作用）两种情况，是由各树种生态位的差异来决定的。任何一个混交林中的树种间相互作用，没有绝对的正相互作用，也没有绝对的负相互作用，种间关系最终表现出来的是多种作用的综合效应。因人工混交林中树种所处地位不同（主要树种、辅助树种），单方面利害 0－、0＋、－0 和＋0；2）双方面利害－－、＋＋、－＋、＋－和 00（前面为主要树种，后面为辅助树种）（图 8-2）。其意义与生态学的分类是一致的。

种间关系的表现模式还随时间、立地和其他条件的改变而相互转化，这些因素的变

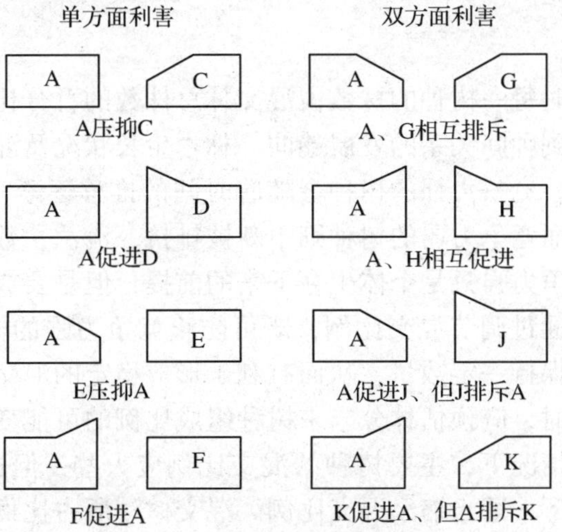

图 8-2　树种种间关系表现形式

动，有时甚至是微小的变动，都可以引起原有均衡关系的波动和破坏，使以有利为主或有害为主的种间关系向相反方向演变。

（三）混交林的营造

1. 混交树种的选配

混交树种一般指伴生树种和灌木树种，只有采用乔木混交类型时，其含义才包括相互混交的主要树种。营造混交林首先要按培育目标要求及适地适树原则选好主要树种，其次是按培育的目标结构模式要求选择混交树种。混交树种选择一般需考虑以下原则。

①选择的混交树种应该与主要树种之间在生态位上尽可能互补，种间关系总体表现以互利（＋＋）或偏利于主要树种（＋0）的模式为主，在多方面的种间相互作用中有较为明显的有利（如养分互补）作用而没有较为强烈的竞争或抑制（如生化相克）作用，而且混生树种还要能比较稳定地长期相伴，在产生矛盾时也要易于调节。

②要很好地利用天然植被成分（天然更新的幼树、灌木等）作为混交树种，运用人工培育技术与自然力作用的密切协调形成具有合理林分结构并能实现培育目标的混交林。

③混交树种最好具有较强的耐火和抗病虫害的特性，尤其是不应与主要树种有共同的病虫害。

④混交树种最好是萌芽力强、繁殖容易的树种，以利采种育苗、造林更新，以及实施调节种间关系后仍然可以恢复成林。

需要指出，选择一个理想的混交树种并不是一件容易的事情，对于树种资源贫乏或发掘不够的地区难度则更大，但是绝不能因此而不营造混交林。

选择混交树种的具体做法，一般可在主要树种确定后，根据混交的目的和要求，参照现有树种混交经验和树种的生物学特性，同时借鉴天然林中树种自然搭配的规律，提出一些可能与之混交的树种，并充分考虑林地自然植被成分，分析它们与主要树种之间可能发生的关系，最后加以确定。

2. 混交比例

混交比例是指造林时每一树种的株数占混交林总株数的百分比。树种在混交林中所占比例的大小，直接关系到种间关系的发展趋向、林木生长状况及混交最终效益。

一般在自然状态下，竞争力强的树种会随着时间的推移逐渐“战胜”竞争力弱的树种，成为混交林中的优势，而竞争力弱的树种则不断被排挤、淘汰，数量越来越少，严重的可能在林中完全绝迹。竞争力强只是个体生存下来的前提，但是要成为优势树种，还要有一定的数量基础。因此，通过调节混交比例，既可防止竞争力强的树种过分排挤其他树种，又可使竞争力弱的树种保持一定数量，从而有利于形成稳定的混交林。

在确定混交林比例时，应预估林分未来树种组成比例的可能变化，注意保证主要树种始终占有优势。在一般情况下，主要树种的混交比例应大些，但速生、喜光的乔木树种，可在不降低产量的条件下，适当缩小混交比例。混交树种所占比例，应以有利于主要树种为原则，依树种、立地条件及混交方法等而不同。竞争力强的树种，混交比例不宜过大，以免压抑主要树种，反之，则可适当增加；立地条件优越的地方，混交树种所占比例不宜太大，其中伴生树种应多于灌木树种，而立地条件恶劣的地方，可以不用或少用伴生树种，而适当增加灌木树种的比重；群团状的混交方法，混交树种所占的比例大多较小，而行状或单株的混交方法，其比例通常较大。一般地说，在造林初期伴生树种或灌木树种的混交比例，应占全林总株数的25%~50%，但特殊的立地条件或个别的混交方法，混交树种的比例不在此限。

3. 混交方法

混交方法是指参加混交的各树种在造林地上的排列形式。混交方法不同，种间关系特点和林分生长状况也不相同。常用的混交方法有下列数种：

(1) 星状混交

将一树种的少量植株点状分散地与其他树种的大量植株栽种在一起的混交方法，或栽植成行内隔株（或多株）的一树种与栽植成行状、带状的他树种相混交的方法（图8-3）。

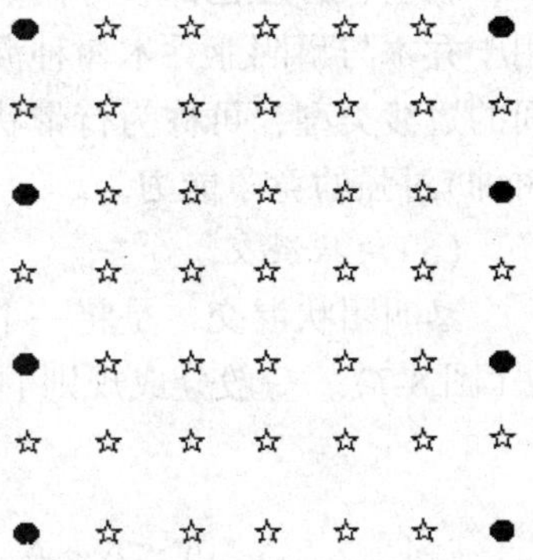

图8-3 星状混交

特点：既能满足某些喜光树种扩展树冠的要求，又能为其他树种创造良好的生长条件（适度庇荫、改良土壤等），同时还可最大限度地利用造林地上原有自然植被，种间关系比较融洽，经常可以获得较好的混交效果。

目前星状混交应用的树种有：杉木或锥栗造林，零星均匀地栽植少量檫木；马桑造林，稀疏地栽植若干柏木；侧柏造林，稀疏地点缀在荆条等的天然灌木林中等。

(2) 株间混交

又称行内隔株混交，是在同一种植行内隔株种植两个以上树种的混交方法（图8-4）。这种混交方法，不同树种间开始出现相互影响的时间较早，如果树种搭配适当，能较快地产生辅佐等作用，种间关系以有利作用为主；若树种搭配不当，种间矛盾就会比较尖锐。

特点：造林施工较麻烦，但对种间关系比较融洽的树种仍有一定的实用价值。一般多用于乔灌木混交类型。

(3) 行间混交

又称隔行混交，是一树种的单行与另一树种的单行依次栽植的混交方法（图8-5）。

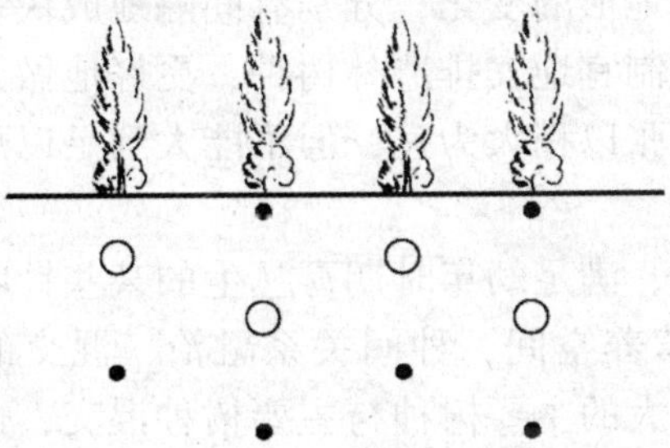

图8-4 株间混交

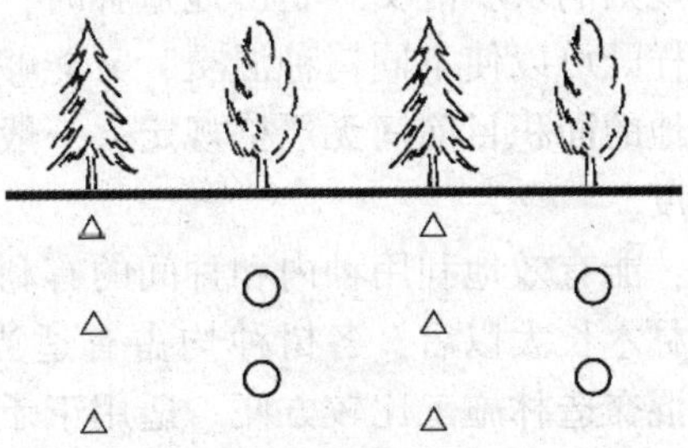

图8-5 行间混交

特点：树种间的有利或有害作用一般多在人工林郁闭以后才明显出现。种间矛盾比株间混交容易调节，施工也较简便，是常用的一种混交方法。适用于乔灌木混交类型或主伴混交类型。

(4)带状混交

一个树种连续种植3行以上构成的“带”，与另一个树种构成的“带”依次种植的混交方法(图8-6)。

特点：带状混交的各树种种间关系最先出现在相邻两带的边行，带内各行种间关系则出现较迟，良好的混交效果一般也多出现在林分生长后期。带状混交的种间关系容易调节，栽植、管理也都较方便。适用于矛盾较大、初期生长速度悬殊的乔木树种混交，也适用于乔木与耐阴亚乔木树种混交，但可将伴生树种改栽单行。这种介于带状和行间混交之间的过渡类型，可称为行带状混交。有利于保证主要树种的优势，削弱伴生树种(或主要树种)过强的竞争能力。

(5)块状混交

又叫团状混交，是将一个树种栽成一小片与另一栽成一小片的树种依次配置的混交方法(图8-7)。一般分成规则的块状混交和不规则的块状混交两种。

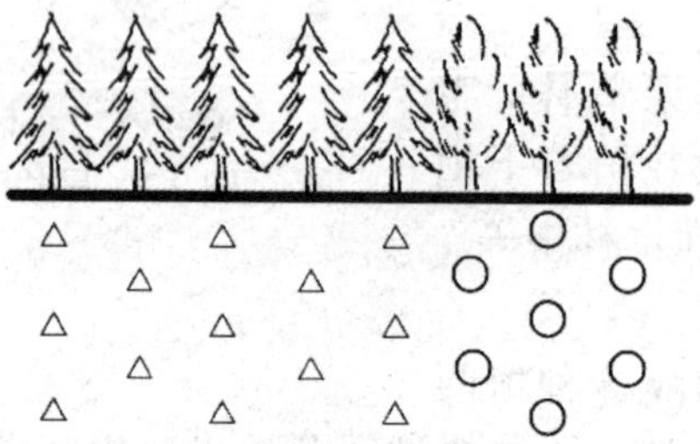

图8-6　带状混交

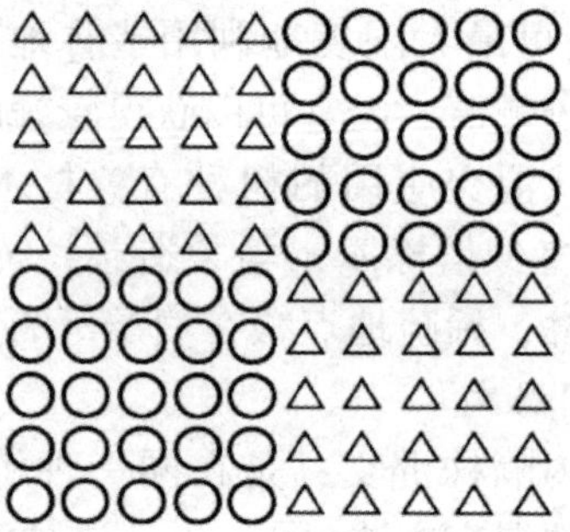

图8-7　块状混交

①规则的块状混交　是将平坦或坡面整齐的造林地，划分为正方形或长方形的块状地，然后在每一块状地上按一定的株行距栽植同一树种，相邻的块状地栽种另一树种。块状地的面积，原则上不小于成熟林中每株林木占有的平均营养面积，一般其边长可为5～10 m。

②不规则的块状混交　是山地造林时，按小地形的变化，分别有间隔地成块栽植不同树种。这样既可以使不同树种混交，又能够因地制宜地安排造林树种，更好地做到适地适树。块状地的面积目前尚无严格规定，一般多主张以稍大为宜，但不能大到足以形成独立林分的程度。

特点：能有效地利用种内和种间的有利关系，满足幼年时期喜丛生的某些针叶树种的要求，待林木长大以后，各树种均占有适当的营养空间，种间关系融洽，混交的作用明显。块状混交造林施工比较方便。适用于矛盾较大的主要树种与主要树种混交，也可用于幼龄纯林改造成混交林，或低价值林分改造。

(6) 不规则混交

指构成混交林的树种间没有规则的搭配方式，随机分布在林分中。这是天然混交林中树种混交最常见的方式，也是充分利用自然植被资源，利用自然力(封山育林、天然更新、人天然混交、次生林改造等)形成更为接近天然林的混交林林相的混交方法。如在荒山荒地、火烧迹地和采伐迹地已有部分天然更新的情况下，提倡在空地采用"见缝插针"的方式人工补充栽植部分树木，使林分向当地的地带性植被类型或顶极群落类型发展，这样形成的混交林效益好、稳定性强。在低效林改造和近自然经营实践中，充分利用自然或人为(抚育)形成的林隙(forest gap)补植或人工促进天然更新，形成的也是不规则的混交林。

特点：随机混交方法虽然人工协调树种间关系比较困难，但因为模拟天然植被演替规律，所以树种间关系一般较为协调。

(7) 植生组混交

种植点为群状配置时，在一小块状地上密集种植同一村种，与相距较远的密集种植另一树种的小块状地相混交的方法。

特点：块状地内同一树种，具有群状配置的优点，块状地间距较大，种间相互作用出现很迟，且种间关系容易调节，但造林施工比较麻烦。一般应用不很普遍，多用于人工更新、低效林改造及治沙造林等。

4. 混交林种间关系的调节

营造和培育混交林的关键在于正确地处理好不同树种的种间关系，使主要树种尽可能多受益、少受害。

培育混交林前，要在慎重选择主要树种的基础上，确定合适的混交方法、混交比例及配置方式，预防种间不利作用的发生，以确保较长时间地保持有利作用。造林时，可以通过控制造林时间、造林方法、苗木年龄和株行距等措施，调节树种种间关系。为了缩小不同树种生长速度上的差异，可以错开年限，分期造林，或采用不同年龄的苗木等。

为了避免或消除种间竞争可能带来的不利影响，更好地发挥种间的有利作用，需要及时采取措施进行人为干涉。一般当次要树种生长速度超过主要树种，由于树高、冠幅过大造成光照不足抑制主要树种生长时，可以采取平茬、修枝、抚育伐等措施进行调节，也可以采用环剥、去顶、断根等方法加以处理。另一方面，当次要树种与主要树种对土壤养分、水分竞争激烈时，可以采取施肥、灌溉、松土以及间作等措施，以不同程度地满足树种的生态要求，推迟种间尖锐矛盾的发生时间，缓和矛盾的激烈程度。由于生态因素的不可替代性，尽管其在调节种间关系上都有一定的作用，却又有很大的局限性。

在我国目前利用混交林培育珍贵阔叶树种大径材实践中，可以充分利用和调节树种间相互关系，提高培育木材质量，保持森林的恒续特征。如栎类大径材培育需要经过三个阶段：一是通过较高的初始密度以及与针叶树混交来提高种内和种间竞争度，抑制栎树侧枝生长，形成通直主干；二是选择目标树，砍除周边干扰树(包括干型较差的栎树和混交的针叶树)，为目标树树冠生长拓展空间，同时促进林下更新；三是采取进一步疏伐，促进终极目标树(每公顷仅 100 株左右或更少些)径生长，同时促进林下针阔叶树种更新和幼树生长。

（四）常见混交类型

1. 混交林中的树种分类

混交林中的树种，依其所起的作用可分为主要树种、伴生乔木树种和伴生灌木树种3类。

（1）主要树种

人们培育的目的树种，防护效能好，经济价值高，或风景价值高。同一混交林内主要树种数量有时是1个，有时是2～3个，主要树种不一定在林分中数量最多。

（2）伴生乔木树种

在一定时期与主要树种相伴而生，并为其生长创造有利条件的乔木树种。伴生乔木树种是次要树种，在林内数量上一般不占优势，多为中小乔木。伴生树种主要有辅佐、护士和改良土壤等作用，同时也能配合主要树种实现林分的培育目的。

（3）伴生灌木树种

在一定时期与主要树种生长在一起，并为其生长创造有利条件的树种。灌木树种在乔灌混交林中也是次要树种，在林内的数量依立地条件的不同不占优势或稍占优势。伴生灌木树种的主要作用是护土和改土，同时也可配合主要树种实现林分的培育目的。

2. 树种的混交类型

混交类型是将主要树种、伴生乔木树种和伴生灌木树种人为搭配而成的不同组合，通常把混交类型划分为以下几种。

（1）主要树种与主要树种混交

两种或两种以上目的树种混交，这种混交搭配组合，可以充分利用地力，同时获得多种木材，并发挥其他有益效能。种间矛盾出现的时间和激烈程度，随树种特性、生长特点等而不同。当两个主要树种都是喜光树种时，多构成单层林，种间矛盾出现得早而且尖锐，竞争进程发展迅速，调节比较困难，也容易丧失时机。当两个主要树种分别为喜光和耐阴树种时，多形成复层林，种间的有利关系持续时间长，矛盾出现得迟，且较缓和，一般只是到了人工林生长发育的后期，矛盾才有所激化，因而这种林分比较稳定，种间矛盾易于调节。需要指出的是，由于不同树种间作用方式的多样性，有时仅仅根据它们生物学特性的相似程度做出其是否适宜混交的判断未必恰当，这在营造混交林时应予以足够的重视。

由作为主要树种的多种乔木构成的搭配组合，称作乔木混交类型。采用这种混交类型，应选择良好的立地条件，以期发挥最大的生态、经济及其他效益，同时选定适宜的混交方法，预防种间激烈矛盾的发生并通过抚育及时调整。

（2）主要树种与伴生乔木树种混交

这种树种搭配组合，林分的生产率较高，防护效能较好，稳定性较强，林相多为复层林，主要树种居第一林层，伴生乔木树种位于其下，组成第二林层或次主林层。主要树种与伴生乔木树种的矛盾比较缓和，因为伴生乔木树种大多为较耐阴的中小乔木，生长比较缓慢，一般不会对主要树种构成严重威胁，即使种间矛盾变得尖锐时，也比较容易调节。

(3)主要树种与伴生灌木树种混交

由主要树种与伴生灌木树种构成的搭配组合，一般称为乔灌木混交类型。混交初期，灌木可以给主要树种的生长创造各种有利条件；郁闭以后，因林冠下光照不足，灌木寿命又趋于衰老，有些便逐渐死亡，但耐阴性强的仍可继续生存。总的看来，灌木的有利作用是大的，但持续的时间不长。混交林中的灌木死亡后，可以为乔木树种腾出较大的营养空间，起到调节林分密度的作用。主要树种与灌木之间的矛盾易于调节，在主要树种生长受到妨碍时，可对灌木进行平茬，使之重新萌发。乔灌木混交类型多用于立地条件较差的地方，而且条件越差，越应适当增加灌木的比重。采用乔灌木混交类型造林，也要选择适宜的混交方法和混交比例。

(4)主要树种、伴生乔木树种与伴生灌木的混交

可称为综合性混交类型。综合性混交类型兼有上述3种混交类型的特点，一般可用于立地条件较好的地方。通过封山育林或人天混方式形成的混交林多为这种类型，据研究这种类型的防护林防护效益很好。

第四节　造林施工技术

一、造林整地

(一)造林整地概述

1. 造林整地概念

造林地的整地是指造林前，清除造林地上的植被或采伐剩余物或火烧剩余物，并以翻垦土壤为主要内容的一项生产技术措施。

2. 造林整地特点

造林地的整地和农业整地、苗圃整地的性质基本相似，都是通过翻土和松土来改善土壤的理化性质，使之有利于栽培作物的生长，但由于栽培对象不同，因此，造林整地又具有与农业整地不同的特点。

①造林地一般面积大，地域广，地形、植被状况多变，整地花费劳力和财力较大，受当地的经济和社会条件限制较大。

②造林地一般地形比较复杂，整地容易引起水土流失。

③在某些特殊条件下，不进行整地工序，往往效果比整地的效果好。

中国造林地的种类多、自然条件差异大、造林目的各异、造林树种繁多，林木培养周期长等特点，决定了整地任务的多样性、复杂性和艰巨性，以及对整地效果长期性的要求。

3. 造林整地的作用

通过造林整地可以清除造林地上的植被、改变微地形和改善土壤理化性质，因此能有效改善立地条件，提高立地质量；保持水土；便于造林施工，提高立地质量；提高造林成活率，促进林木生长。

（二）造林地清理

造林地清理，是在翻耕土壤前，清除造林地上的灌木、杂草、杂木以及竹类等植被，或采伐迹地上的采伐废弃物（枝桠、梢头、伐根、站杆、倒木）包括伐桩的一道工序。

1. 清理方式

剩余物和植被的清理方式有全面清理、带状清理和块状清理等3种。

（1）全面清理

全面清理是全部清除天然植被和采伐剩余物的清理方式。使用的清理方法可以用割除、火烧以及化学方法。

（2）带状清理

带状清理是以种植行为中心呈带状地清理其两侧植被，并将采伐剩余物或被清除植被堆成条状的清理方式。使用的清理方法主要是割除和化学药剂处理。

（3）块状清理

块状清理是以种植穴为中心呈块状地清理其周围植被，或将采伐剩余物堆拢成堆的清理方式。块状面积根据植被及苗木的高度而定，使用的清理方法主要是割除和化学药剂处理。

2. 清理方法

清理方法是指清理时所采用的手段和措施，可分为割除、烧除、化学药剂和堆腐清理等。

（1）割除清理

对植被比较稠密的造林地，以及采伐时留下的经济价值比较低下的林木，在造林前需要进行割除清理。割除清理是最常用的一种方法，通常是把造林地上的杂草、灌木、竹类等割除或砍伐。割除的灌木、草本植物以及采伐剩余物，可以进行烧除处理或堆积处理。

割除清理一般分为全面割除和带状清除两种，一般多用带割，带宽1～3 m，随植被的高度而不同。这种方法一般适用于幼龄杂木林、灌木林、杂草繁茂的荒地及植被已恢复的老采伐迹地等，相对较费工、费时。

（2）烧除清理

在中国南方地区和部分北方地区，群众有在造林前割除和砍倒天然植被（称为劈山），并待其干燥后进行火烧（称为炼山）的传统清理习惯。灌木、杂草茂密或采伐剩余物很多的造林地，可以采用火烧清理的方法。此方法费工较少，清理彻底，同时可以消灭病虫害，提高地温，有利于森林更新。火烧清理法一般分为堆集火烧法与全面火烧法两种．

（3）化学药剂清理

化学药剂清理效果显著且具有省时、省工、经济、不造成水土流失和使用比较方便等优点。目前使用比较广泛的化学药剂主要有2,4－D（二氯苯氧乙酸）、2,4,5－T（三氯苯氧乙酸）、草甘膦、茅草枯、百草枯、五氯酚钠、阿特拉津、西玛津等。

采用化学除草剂杀死林地上的所有植被或部分植物，除草剂的效果与种类直接有关。除草剂一般通过与灌木、杂草等的器官直接接触或通过根和地上部分的吸收进入体内杀死植物，或存留于土壤中抑制杂草、灌木种子发芽等方式起到灭草杀灌的作用。

（4）堆腐清理法

堆积清理是将采伐剩余物和割除的灌草按照一定方式堆积在造林地上任其腐烂和分解

的清理方法。这种方法的优点是不破坏有机质和各种营养元素，对于土壤的改良性能好；缺点是如果堆积的时间过长或者剩余物的直径较大，这些剩余物为鼠类和可能损伤健康树木的病虫提供了栖息场所。所以，这种方法的适用条件需根据剩余物的数量和分解速率、病虫鼠害的程度决定。

(三)造林整地方式方法

随着社会经济的发展和人力成本的提高，造林整地机械化发展较快。但从总体上看，大多数的整地机械还是适用于平原地区和平缓的丘陵地区，这些地区基本上已经实现了造林整地机械化，而山地造林整地的机械化程度还相当低。

整地的方法可分为全面整地(全垦)和局部整地。

1. 全面整地

全面整地是全部翻垦造林地土壤的整地方法。

特点：改善立地条件的作用大，甚至可以改变小地形；投入多，受经济条件和劳动力条件限制；容易引起水土流失，受地形、地质、气候条件的影响较大。

适用条件：经营目的需要；技术、经济条件许可；林地条件许可。

全面整地可以提高整个造林地的土壤质量，但会对地形造成破坏，易产生水土流失，应该慎重考虑这种方式。

2. 局部整地

局部整地又可分为带状整地、块状整地以及两者的结合 3 种。

(1)带状整地

带状整地是呈长条状翻垦造林地的土壤，并在整地带之间保留一定宽度的不垦带的一种方法。其特点是改善立地条件的作用较好；有利于保持水土；比较省工，生产成本低。

一般带状整地不改变小地形，但在某些条件下需要改变局部地形。如平地可采用高垄整地。山地则可采用水平带状(环山水平带)、水平阶(条)、水平沟、反坡梯田、撩壕等整地方法。整地的具体方法如下：

①水平带状　带面与坡面基本持平；带宽一般 0.4～3 m；带的长度一般较长；整地深度一般为 25～30 cm(图 8-8)。此法适用于植被茂密、土层较深厚、肥沃、湿润的迹地或荒山，坡度比较平缓的地段。南方也可用于坡度较大的山地。

图 8-8　水平带状整地示意

②水平阶　又称水平条，阶面水平或稍向内倾；阶宽随立地条件而异，石质山地一般0.5~0.6 m，土石山地和黄土地区可达1.5 m；阶长随地形而定，一般为2~10 m；深度30~35 cm以上；阶外缘一般培修土埂(图8-9)。

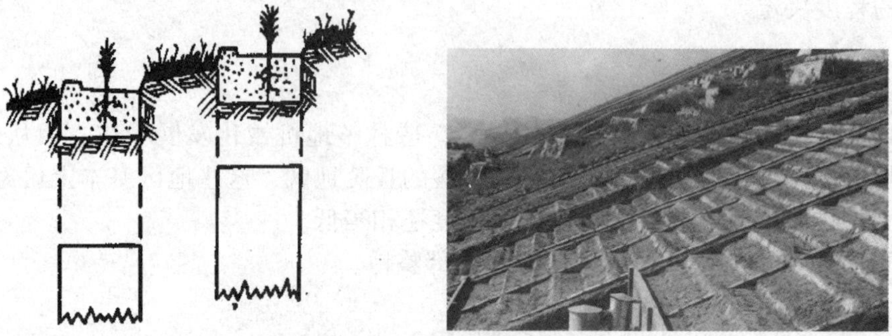

图8-9　水平阶整地示意

③反坡梯田　田面向内倾斜成3°~15°，反坡；面宽1~3 m；每隔一定距离修筑土埂，以防汇集水流；深度40 cm以上。此法适用于坡度不大，土层比较深厚的地段，以及黄土区地形破碎的地段。整地投入的劳力多，成本高，但抗旱保墒和保肥的效果好(图8-10)。

图8-10　反坡梯田整地示意

④水平沟(堑壕式整地)　沟底面水平但低于坡面；沟的横断面可为矩形或梯形；梯形水平沟的上口宽度0.5~1 m，沟底宽0.3~0.6 m，沟长4~10 m，沟长时，每隔2 m左右应在沟底留埂，沟深40 cm以上，外缘有埂(图8-11)。水平沟容积大，能够截获大量降水，防止水土流失，且沟内遮阴挡风，能够减少地表蒸发，对于干旱地区控制水土流失和蓄水保墒有良好的效果，但用工量大，成本高。

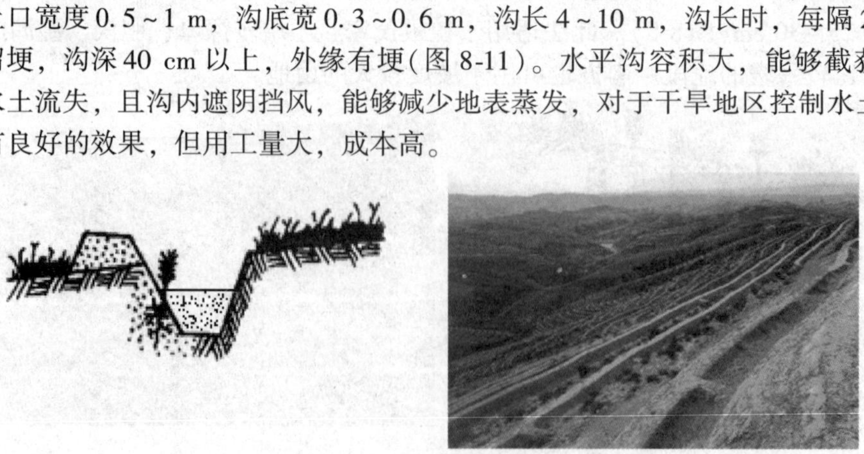

图8-11　水平沟整地示意

⑤撩壕 又称抽槽整地、倒壕整地。壕沟的沟面应保持水平，宽度和深度根据不同的要求有大撩壕和小撩壕之分，其中大撩壕宽度约 0.5 m，深度为 0.5 m 以上，小撩壕宽度 0.5 m 左右，深度为 0.3～0.35 m，长度不限，壕间距离 2 m 左右(图 8-12)。其特点是松土深度大，挖去心土，回填表土，使肥沃土壤集中于根系附近。

图 8-12 撩壕整地示意

平原带状整地应用的方法主要有：带状、高垄和犁沟等。

①带状 为连续长条状。带面与地面平。带宽 0.5～1.0 m 或 3～5 m，带间距等于或大于带面宽度，深度 25～40 cm，宽度不限。带状整地是平原地区整地常用的方法。适用于无风蚀或风蚀不太严重的地区沙地、荒地、采伐迹地、林中空地以及地势平缓的山地。

②高垄 为连续长条状。垄宽 30～70 cm，垄面高于地表面 20～30 cm。垄向的确定应有利于垄沟的排水。适用于水分过剩的采伐迹地和水湿地。

③犁沟 为连续长条状。沟宽 30～70 cm，沟底低于地表面 20 cm 左右。适用于干旱半干旱地区。平原进行带状整地时，带的方向一般为南北向，有风害的地方可与主风向垂直。带宽与山地带状整地基本相同，但可稍宽些，带宽可根据植被、土壤被破坏后是否会引起风蚀确定。带长一般较长，充分发挥机械效能。

(2)块状整地

块状整地就是呈块状翻垦造林地土壤的整地方法。块状整地灵活性较大，因地制宜应用于不同条件的造林地，尤其是地形破碎、坡度较大的造林地段，以及岩石裸露但局部土层尚厚的石质山地、伐根较多的迹地、植被比较茂盛的山地等。成本较低，较省工，同时引起水土流失的危险性较小，但改善立地条件的作用较带状整地差。

块状整地适用于山地和平原。山地应用的块状整地有穴状、块状和鱼鳞坑；平原应用的块状整地有块状、坑状、高台等。块状整地的排列方式，应与栽植行一致，在山区沿等高线排列；在水土流失地区或坡度比较大的山地，穴块以品字形排列为宜，以免造成水土流失；在平原地区南北向排列。

①穴状 为圆形坑穴，穴面与原坡面基本持平或水平，穴直径 40～50 cm，整地深度 20 cm 以上。

②块状 为正方形或长方形坑穴。穴面与原坡面持平或水平，或稍向内侧倾斜。边长 40 cm 以上，深 30 cm 以上，外侧筑埂。

③鱼鳞坑 为近于半月形的坑穴。坑面水平或稍向内侧倾斜。一般长径(横向)0.8～1.5 m，短径(纵向)0.6～1.0 m，深 40～50 cm，外侧用生土修筑半圆形、高于穴面 20～

25 cm的边埂。坑的内侧可开出一条小沟，沟的两端与斜向的引水沟相通(图8-13)。鱼鳞坑主要适用于坡度比较大、土层较薄或地形比较破碎的丘陵地区，是水土流失地区造林常用的整地方法，也是坡面治理的重要措施。

图8-13　鱼鳞坑整地示意

④高台　为正方形、矩形或圆形平台。台面高于原地面25～30 cm，台面边长或直径30～50 cm或1～2 m，台面外侧开挖排水沟。高台整地一般用于土壤水分过多的迹地或低湿地，排水作用较好，但是比较费工，整地成本高。

(3)带状整地和块状整地结合

①沟状　一种适用于干旱、半干旱地区有灌溉条件的造林地整地。在种植行中挖栽植沟，在沟内再按一定的株距挖坑栽植，并较长期的保持行沟，以便于灌溉。

②集水整地　适用于干旱、半干旱、极干旱区以及干热河谷和石漠化区。在较平坦的造林地开沟，向沟两边翻土，再将沟两旁修成边坡，然后在沟内打横埂，两边坡与两横埂之间围成一定面积的双坡面集水区，再在沟内挖穴种植林木，两边坡上所产生的径流水补给到林木根部。

(四)造林整地技术规格

整地应当在自然条件和经济条件许可的前提下，最大限度地改善立地条件和避免造成不良后果。因此，在进行整地时需要有一定的技术规格，主要包括整地的截面形式、深度、宽度、长度以及间距等。

1. 断面形状

断面形状是指整地时翻垦部分与原地面(或原坡面)构成的断面形状。断面形状一般应与造林地区的气候特点、造林地的立地条件相适应。我国山地及平原整地方法的断面形状，由干燥到湿润，条件可大体概括为如图8-14所示。

2. 整地深度

整地深度是影响整地质量的最主要的指标，整地深度的增加对于提高新造幼林的生长，尤其是促进幼林的根系发育乃至林木高生长至关重要。因此，在造林整地施工中，整地深度是必须达到的。确定深度时应考虑以下几个条件：

(1)气候特点

一般来说，干旱半干旱地区比湿润地区要求较大的整地深度，以利于蓄水保墒；寒冷

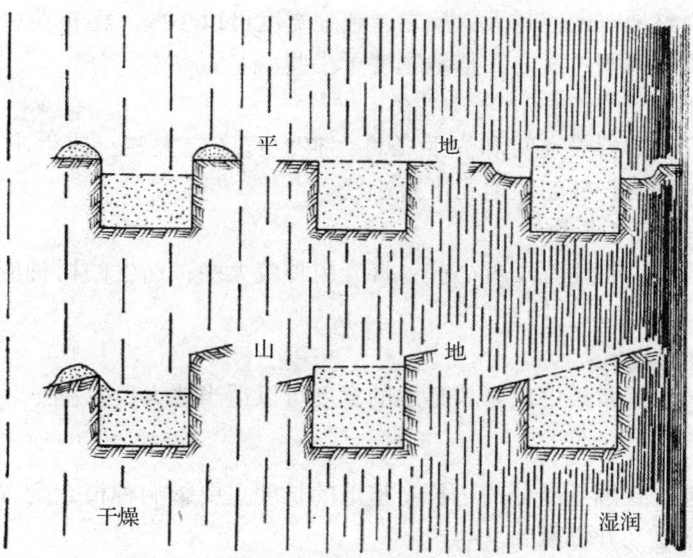

图 8-14　整地断面形状示意

的地区应适当加大整地深度，以增加土壤温度。

(2) 立地条件

干旱的阳坡应比相对湿润的阴坡整地深度深些；土层薄但母质比较疏松(如片麻岩等)的立地应尽可能加大整地深度；有壤质夹层的沙地，整地深度尽可能达壤质层，以使壤土与砂土混合；有钙积层的草原地区，整地深度应能破除或松动钙积层，以消除钙积层对林木根系的阻隔。

(3) 苗木和林木的根系特点

造林时苗木的主根长度一般为 20 ~ 25 cm，所以，20 ~ 25 cm 可以作为整地深度的下限；大多数林木的根系集中分布在 40 ~ 50 cm 的土层，所以，整地的适宜深度是 40 ~ 50 cm；营造速生丰产林和行道树、庭院绿化等使用大苗造林时，要求达到 50 cm 以上，甚至 1 m 以上。

(4) 经济条件

整地深度对于造林质量的有益作用大，但是整地的劳动强度大，成本高，不仅在技术上有困难，而且在经济上也未必合算，即林木生长量增加的收益不一定能够补偿整地深度增加所付出的费用。所以，整地深度的确定应以生物学的原则和经济学的原则相结合而确定。

3. 宽度

整地宽度主要指的是带状整地的宽度。在确定整地宽度时应综合考虑下列条件：

(1) 坡度

造林地的坡度越缓，整地的宽度越可以宽些，造林地坡度陡，若加大整地宽度，不仅会增加整地难度和整地成本，还会因为内切面过深，容易引起土体坍塌，诱发水土流失。

(2) 植被

植被状况主要是指植被的高度、盖度和灌木草本种类。植被越高，对于新造幼林的遮盖范围越广，因而整地宽度应越大；反之，整地宽度可以小些。植被茂密，萌蘖能力强的植物多，整地宽度应大些；反之，整地宽度可小些。

(3)林种特性

经济林要求充足的营养空间和光照条件，整地宽度应大些；速生丰产林也应适当大些；而一般用材林和防护林的整地宽度可小些。

(4)树种特性和苗木年龄

比较耐阴的树种，整地宽度可小些；喜光树种应大些；速生的树种应宽些，慢生的树种应窄些。

(5)经营目的及经营条件

经营比较集约，经营条件较好，整地的宽度可以适当放大。

4. 长度

长度指各整地方式翻垦部分的边长。整地的长度主要影响种植点配置的均匀程度，对林木生长的生物学意义并不重要。

确定整地长度应考虑两个因素：看作业是否便利，地形破碎、裸岩较多、迹地剩余物多、伐根多、有散生幼树等情况下，整地长度可小些，反之可以适当延长；而平原地区或较平缓的山地，整地长度可以适当延长；为发挥机械整地的效能，在条件允许的情况下，尽可能长些；山地造林整地如果长度太大，由于难以保持带面的水平而可能汇集降水，引起水土流失，所以长度不宜太大。

5. 间距

间距是指带状地间或块状地间的距离。间距的大小取决于设计的造林密度、种植点的配置方式，以及造林地的坡度和植被状况。一般坡较大，植被稀少、水土流失严重的地区，带间的间距可以适当放宽。

带状整地之间必须保留一定宽度的间隔，尤其是在水土流失地区这种间隔显得更为重要。间隔距离的大小视坡度、植被状况、造林密度等而定。间隔距离太大，土地利用率低，难以保证单位面积上种植点的数量；间隔距离太小，整地工作量大，也不利于种植点的均匀配置。原则上，保留带的宽度，应以其坡面上的地表径流能被整地带截留。保留带宽度与翻垦带宽度的比例通常为1∶1、1∶2或2∶1。

(五)造林整地时间

按照整地时间与造林时间的关系，可以分为提前整地和随整随造。

1. 随整随造

整地与造林同时进行。一般整地的有利作用不能充分发挥。采用此方法的条件：一是造林地的立地条件较好，如土壤深厚肥沃，杂草较少的耕地或土壤湿润、植被盖度不大的新采伐迹地；二是水土流失较严重地区。在一般情况下，只要时间允许，最好进行提前整地。

2. 提前整地(预整地)

提前整地的时间应该适宜，一般比造林时间提早1~2季度较好。在片麻岩等土层薄、半风化母质的立地上，采取上年干旱季节整成一个浅坑，等到雨季浅坑积存的水分促进半风化母质变松软时，再进行第二次整地以达到要求深度。

3. 具体整地时间

春季造林，可在前一年的夏季或秋季整地。

雨季造林，可在前一年的秋季整地，没有春旱的地区也可以在当年春季整地。

秋季造林最好在当年春季整地。春季整地后，可以种植豆科作物。这样既可以避免杂草丛生，还能改善土壤条件，并增加一定收入。

总之，整地季节和造林季节的配合既有生物学的问题，也有技术问题，在实施中需要根据具体情况确定。

二、造林方法

(一)播种造林

播种造林又称直播造林，是把树木种子人为播撒到造林地，利用自然力直接培育形成森林的造林方法。该种造林方法历史悠久，因其操作简单，造林成本低，在某些特定条件下至今仍然被采用。

1. 特点和适用条件

(1)播种造林的特点

①播种造林的种子直接播入造林地，不经过起苗、包装、运输和栽植等工序，苗木根系不受损伤，能保持根系的完整和分布自然、舒展。

②种子在造林地上萌发并生长，因而对造林地的气候和土壤条件比较适应；尤其是采用穴状播种，幼苗呈群丛状，形成小的群体，增强了对外界不良环境条件的抵抗能力。

③群丛状的幼苗经过自然分化和间苗作业，淘汰了形质不良的苗木，保留了健壮生长的优良林木个体。

④将种子直接播入造林地，不必进行苗木培育、起苗、运输、包装等工序，施工的全过程比植苗造林简单，可以大大节约造林成本，尤其是适合于地广人稀的边远地区大面积造林。

⑤直播造林对于造林地的水、热、植被条件要求比较严格。干旱、高温、寒冷、风沙等不良条件威胁直播造林成功的可能性；过多的杂草灌木需要进行适当清理。

⑥播种苗初期生长缓慢，达到郁闭所需要的时间长，因而要求较长时间的抚育管理；播种后的种子易遭鸟兽危害，牲畜践踏和人为破坏，需加强管护。

⑦播种造林在相对于苗圃地条件较差的造林地上培育苗木，以较多的种子换取较少的苗木，因而需要种子的量比较多。

(2)播种造林适用条件

①土壤湿润疏松、灌木杂草不太茂密的造林地；鸟兽害及其他灾害性因素不严重或轻微的地方。

②种子发芽迅速；幼苗生长速度快，适应性和抗性强；种子来源丰富，价格低廉的树

种。尤其是适合于因切断主根难以发出新根有碍于移栽的松类等，以及直播后根系能扎入下层土壤、发出许多细根、生长旺盛的栎类等。

2. 播种造林技术要点

(1)种子播前处理

是指播种前对种子进行的消毒、浸种、催芽、拌种(积极采用鸟兽驱避剂、植物生长调节剂等)，以及包衣、黏胶化等技术措施。播前处理根据树种、立地条件和播种季节等决定。易感病虫和易遭鸟兽危害的树种(如大多数针叶树种、栎类等大粒种子)，或者在病虫害严重的造林地播种，应进行消毒浸种和拌种处理。造林地土壤水分条件稳定良好的条件下，浸种催芽的效果很好；干旱的立地条件则不宜浸种。雨季造林一般播干种子，只有在准确地掌握降水过程的前提下才能浸种后播种；秋季造林，尤其是北方地区，一般希望种子当年萌发生根而幼苗不出土，以免造成冻害，所以播未经催芽的种子。

(2)人工播种方法

播种方法一般可分为穴播、条播、撒播、块播和缝播 5 种。

①穴播　即在穴中进行播种。一般多用于局部整地的造林地上，每隔一定距离挖穴播种。这种方法的整地工作量小，施工简便，选点灵活性大，应用最多。具体做法与苗圃育苗基本相似。

②条播　是在经过全面整地或带状整地的造林地上，按一定的行距进行单行或带状播种的方法。播种行连续或间断。播种后覆土镇压。具体方法类似于苗圃的条播，只是播种量较小。条播可用于采伐迹地更新及次生林改造，也可用在黄土高原等水土保持地区或沙区播种灌木。但由于地形限制，一般应用不多。

③撒播　是在造林地上均匀撒播种子的一种播种方法。撒播前一般不整地，播种后不覆土，使种子在裸露状态下发芽成苗。撒播可以人工进行播种，更多的是利用飞机进行播种。撒播工效高，造林成本低，但撒播相当粗放，如果播前准备不充分，技术措施不当，播种质量不高，成活率就没有保证。主要用于地广人稀，交通不便的大面积荒山荒地(包括沙漠)及采伐迹地、火烧迹地等。

④块播　是在经过整地的造林地上，在块状地上(面积一般在 1 m^2 以上)相对密集地播种大量种子的方法。块内可以均匀播种，也可呈多个均匀分布的播种点(又称簇播)。适用于已部分天然更新林地及低产林的改造，次生林改造和有一定数量阔叶树种的迹地引进针叶树种。

⑤缝播　又称偷播。在鸟兽危害严重，植被覆盖不太大的山坡上，选择灌丛附近或有草丛、石块掩护的地方，用工具开缝，播入种子，将缝隙踩实，地面不留痕迹。这样可避免种子被鸟兽发现，又可借助灌丛庇护幼苗，具有一定的实践意义，但不便于大面积应用。

(3)播种量

播种量的多少主要取决于种子的发芽率和单位面积上要求的最低限度的幼苗数量。由于种子的发芽率和保存率受多种因素的制约，所以要根据不同情况区别对待。一般容易发芽的树种、适应性强的树种、品质优良的种子、良好的立地条件，以及整地细致的地方，播种量可以小一些；反之，则应该大一些。播种方法不同，用种量也不相同，一些树种穴播的用种量，仅为条播、撒播 1/3～1/2，乃至 1/10 不等。根据各地长期的生产经验，在能够保证种子质量的前提下，可以按照种粒的大小粗略地确定穴播的播种量：

①核桃、核桃楸、板栗、三年桐等特大粒种子，每穴 2～3 粒。

②栎类、油茶、山桃、山杏、文冠果等大粒种子，每穴 3～4 粒。

③红松、华山松等中粒种子，每穴 4～6 粒。

④油松、马尾松、云南松、樟子松等小粒种子每穴 10～20 粒。

⑤柠条、花棒等更小粒的种子，每穴 20～30 粒。

(4)播种技术

不论哪种播种方法，在技术上都要求覆土厚度适当(除撒播外)、放置方式得当和种子撒播均匀。覆土的目的在于蓄水保墒为种子的发芽出土创造条件，同时还可以保护种子免遭鸟兽危害。因此，覆土是影响播种造林成败的重要因素之一。覆土时一定要用播种穴中刨出的湿润而疏松的细土。覆土过厚，幼芽不易出土；覆土过薄，保墒、保护效果差，种子也不易发芽。覆土厚度可根据种子大小和造林地自然条件来确定。一般为种子直径的 2～3 倍，大粒种子覆土厚度 5～8 cm，小粒种子 1～2 cm。同时注意秋季播种覆土宜厚，春季宜薄；土壤黏重、湿度较大的造林地覆土宜薄，沙质土可适当加厚。对于大粒种子来说，放置方式关系到生根发芽的难易和出土的迟早，因而也是一个重要的考虑因素。一般认为核桃、核桃楸等应使缝合线垂直于地面，而栎类、板栗等则可以横放使之平行于地面。覆土后须轻轻镇压。

3. 飞机播种造林

飞机播种造林，简称为飞播造林或飞播，是利用飞机(或其他飞行器，如无人机)把林木种子直接播种在造林地上的造林方法。飞机播种特别是在人力难及的高山、远山和广袤的沙区植树种草，在生态环境建设中有着不可替代的作用。

与人工造林相比，飞机播种造林速度快，效率高；投入少，成本低；不受地形限制，能深入人力难及的地区造林。

(二)植苗造林

植苗造林是以苗木为造林材料进行栽植的造林方法，又称植树造林、栽植造林。植苗造林是使用最为普遍而且比较可靠的一种造林方法。

1. 特点及适用条件

(1)植苗造林的主要特点

①植苗造林对于造林地的立地条件要求不高，几乎可在所有的宜林地立地条件下造林。

②植苗造林，栽植后的苗木在造林地上一般要有个根系恢复和适应过程，即经过一定时间的缓苗期。但是，比播种造林的初期生长快，郁闭来得早。

③因用种量少，所以对于种子产量少，价格昂贵的珍稀树种造林尤其适用。

④在苗木出圃和移植过程中，或多或少会损伤根系，对人工林的生长发育造成一定影响。

⑤由于苗木培育和移植过程比较复杂，提高了造林成本。

(2)植苗造林适用条件

植苗造林对于造林地的立地条件要求不苛，尤其是立地条件比较差的下列造林地：干旱半干旱地区；盐碱地区；易滋生杂草的造林地；易发生冻拔害的造林地；鸟兽害比较严重，用播种造林受到限制的造林地。

2. 植苗造林技术要点

(1)整地质量要求

植苗造林要求较高的整地质量。首先是通过合理的整地方法和整地季节，例如，干旱地区采用的水平沟整地和水平梯田等整地改善造林地的水热条件，提高土壤保蓄水分的能力，提高土壤中的有效含水率。同时，整地可以减少土壤中的石砾含量，消除盘结的草根，为土壤与新造苗木根系的紧密接触创造了有利的条件。

(2)苗木选用

植苗造林所用的苗木种类主要有播种苗、营养繁殖苗和两者的移植苗，以及容器苗等。

按照苗木出圃时是否带土，可以分为裸根苗和带土坨苗两大类。裸根苗的优点是起苗容易，重量小，包装、运输、贮藏都比较方便，栽植省工，是目前生产上应用最广泛的一类苗木；裸根苗的缺点是起苗时容易伤根，栽植后遇不良环境条件常影响成活。带土坨苗是根系带有蓄土，根系不裸露或基本不裸露的苗木，包括各种容器苗和一般带土苗。这类苗木能够保持完整的根系，栽植成活率高，但重量大，搬运费工，因而造林成本比较高。

不同种类苗木的适用条件，依据林种、树种和立地条件的不同而异。一般用材林用留床的或经过移植的裸根苗；经济林多用嫁接苗；防护林多用裸根苗；“四旁”绿化和风景林多用移植的裸根苗或大容器苗；针叶树苗木和困难立地条件下造林用容器苗。

不同林种、树种的造林使用不同年龄的苗木。年龄小的苗木，起苗伤根少，栽植后缓苗期短，在适宜的条件下造林成活率高，运苗栽植方便，投资较省，但是在恶劣条件下苗木成活受威胁较大；年龄大的苗木，对杂草、干旱、冻拔等的抵抗力强，适宜的条件下成活率也高，幼林郁闭早，但苗木培育与栽植的费用高，遇不良条件更容易死亡。一般营造用材林常用0.5~3年生的苗木，速生丰产林和防护林常用2~3年生的苗木，经济林常用1~2年生的苗木，“四旁”绿化和风景林常用3年生以上的苗木。按照树种确定苗龄，主要是考虑树种的生长习性：速生树种，如杨树、泡桐等，常用年龄较小的苗木；而慢生树种，如云杉、冷杉、白皮松等，用年龄较大的苗木。有些树种造林还常用根干异龄苗，如2(年生)根1(年生)干、3根2干等。这些苗木的根系更为发达，栽植后缓苗期短，且前期生长量大。

(3)苗木保护和处理

苗木保护与处理的目的在于保持苗木体内的水分平衡，以尽可能地缩短苗木造林后根系恢复的时间，提高造林存活率。苗木从苗圃土壤起出后，在经过分级、包装、运输、贮藏、造林地假植和栽植等工序中，必须加强保护，以最大限度地减少水分的散失，同时防止芽、茎、叶等受到机械损伤，并防止受热。为此，第一，要缩短各个工序的操作时间；第二，分级、包装要在遮阴、湿润、冷凉的环境中进行，苗木运达造林地必须及时假植在阴湿的地方，随栽随取；第三，从假植处取出苗木后的整个栽植过程中，苗木必须置于带水的或能保持湿润的容器之中。为了保持湿润，在容器中放置泥炭等保湿材料是必要的。

为了保持苗木的水分平衡，在栽植前须对苗木采取适当的处理措施。地上部分的处理措施主要有：截干、去梢、剪除枝叶、喷洒蒸腾抑制剂等；根系的处理措施主要有：浸水、修根、蘸泥浆、蘸吸水剂、蘸激素或其他制剂、接种菌根菌等。

(4)栽植方法和技术

①栽植方法　按照栽植穴的形态可以分为3类：穴植、缝植和沟植。

穴植　是在经过整地的造林地上挖穴栽苗，适用于各种苗木，是应用比较普遍的栽植方法。穴的深度和宽度根据苗根长度和根幅确定，一般应大于苗木根系。一般每穴栽植1株苗木，苗干要竖直，根系要舒展，深浅要适当，填土一半后提苗踩实，最后覆上虚土。

缝植　是在经过整地的造林地或土壤深厚湿润的未整地造林地上，用锄、锹等工具开成窄缝，植入苗木后从侧方挤压，使苗根与土壤紧密结合的方法。此法的造林速度快，工效高，造林成活率高，一般用于新采伐迹地、沙地栽植松柏类小苗。其缺点是根系被挤在一个平面上，生长发育会受到一定影响。

沟植　是经过整地的造林地上，以植树机或畜力拉犁开沟，将苗木按照一定距离摆放在沟底，再覆土、扶正和压实。此法效率高，但要求地势比较平坦。

②栽植技术　指栽植深度、栽植位置和施工要求等。适宜的栽植深度根据树种特性、气候和土壤条件、造林季节等确定。一般情况下，栽植深度应在苗木根颈处原土印以上3 cm左右，以保证栽植后的土壤经自然沉降后，原土印与地面基本持平。但是，不同的土壤水分条件下，栽植深度可以适当调整，如在土壤湿润，在根系不外露的前提下适宜浅栽，这样，在根系恢复期间既有足够的土壤水分，又能使根系因处于温度较高的地表层而有利于生根；干旱地区，地表层土壤水分条件不如深层，所以应尽量深栽一些。在其他条件相同的情况下，黏重的土壤宜浅，沙质土壤宜深；秋季栽植宜深，雨季栽植宜浅；容易生根的阔叶树种可适当深些，针叶树种多不宜过深。

③容器苗栽植技术　穴的大小和深度应适当大于容器，以便容器苗植入。栽植技术与裸根苗基本一致，栽植时要去掉苗木根系不易穿或不易分解的容器。

(三)分殖造林

分殖造林，又叫分生造林，是利用树木的部分营养器官(茎干、枝、根、地下茎等)直接栽植于造林地的造林方法。

1. 特点和应用条件

分殖造林实际上是营养繁殖，特点有：较好地保持母体的优良遗传性状；生长速度较快；但多代无性繁殖造成寿命短促，生长衰退等。同直播造林、植苗造林相比，分殖造林省工、省时、成本低；同时要求比较湿润的土壤条件和母树来源丰富。

分殖造林主要用于能够迅速产生大量不定根的树种。虽然具有这种能力的树种为数不多，但它们大多是主要的造林树种，因而这一方法的应用仍然比较广泛。

2. 分殖造林方法

分殖造林因所用的营养器官和栽植方法不同而分为插条(干)造林、分根造林、分蘖造林及地下茎造林等多种方法。分蘖造林适用于能产生根蘖和桩蘖的树种；分根造林主要适用于根系萌蘖能力强的树种。

三、造林季节选择

为了保证造林苗木的顺利成活，需要根据造林地的气候条件、土壤条件，造林树种的生长发育规律，以及社会经济状况综合考虑，选择合适的造林季节和造林时间。适宜的造林季节应该是气温适宜、土壤水分含量较高、空气湿度较大，符合树种的生物学特性，遭受自然灾害的可能性较小。

从全国来看，一年四季都有适宜造林的树种。春季是我国多数地区最好的造林季节。夏季雨量比较集中的地区，可以进行雨季造林。秋季气温下降，土壤水分比较稳定，苗木落叶，地上部分蒸腾量大大减少，而苗木根系仍有一定活动能力，有利于抗旱。在冬季土壤不结冻或结冻期很短，天气不十分寒冷干燥的地区可在冬季造林。

(一)春季造林

春季气温回升，土温增高，土壤湿润，早春栽植好与树木发芽前生根最旺盛阶段初期相吻合，有利于种苗生根发芽，造林成活率高，幼林生长期长。但春季造林不能过迟，一般来说，南方冬季土壤不冻结的地方，立春后就应开始造林(即顶浆造林)。早春，苗木地上部分还未生长，而根系已开始活动，所以早栽的苗木先生根后发芽，蒸腾小，容易成活。但早春时间短，为抓紧时机，可按先栽萌动早的树种如杨、柳、栎、榆、槐树等，而对于根系分生要求较高气温的个别树种(如椿树、枣树等)，可稍晚一点栽植；先低山，后高山；先阳坡，后阴坡；先轻壤土，后重壤土的顺序安排造林。

春季土壤水分充足，气温适宜，有利于种子发芽，尤其是松类及其他小粒种子，更适于春播造林。易发生晚霜危害的地区，春播不宜过早，应考虑到种子发芽后能避过晚霜危害。春季插条(干)造林也较为适合。

(二)雨季造林

在冬春干燥多风，雨雪少，而夏季雨量比较集中的地区，可以进行雨季造林。因此，夏季造林又称雨季造林。雨季造林，天气炎热多变，时间较短，造林时机难以掌握，过早过迟或栽后连续晴天，都难以成活。因此，雨季造林要利用雨水集中季节，空气湿度大的时间进行，一般应在连续阴雨天，或透雨后进行。雨季植树造林，阔叶树要适当剪去部分枝叶，减少苗木蒸腾，以保持苗木体内水分平衡；栽植针叶树，最好在起苗时带宿土栽植，或用泥浆蘸根，并做好包装工作。尽量做到就地取苗，就地造林，防止苗根风干。

(三)秋季造林

秋季气温逐渐下降，土壤水分较稳定，苗木落叶，地上部分蒸腾量大大减少，而苗木根系仍有一定活动能力，栽后容易恢复生机，来春苗木生根发芽早，有利于抗旱。因此，在春季比较干旱、秋季土壤湿润、气候温暖、鼠兔牲畜危害较轻的地区，可以秋季栽植。但秋植要适时，若过早树叶未落，蒸腾作用大，苗木易干枯；若过迟土壤冻结，不仅栽植困难，而且根系完不成生根过程，对成活、生长都不利。在秋季和冬季降水量很少的地区或有强风吹袭的地方，苗木易干梢枯死，为了提高造林成活率，秋季栽植萌芽力强的阔叶树种多采用截干栽植。在风大、风多、风蚀严重的沙地及冻拔害严重的湿润黏重土壤，秋植效果较差。秋季播种造林有翌春萌发早的特点，而且可以省去种实贮藏及催芽工序。秋季也可以插条造林，但插时要深埋，以免遭受冬季低温及干旱危害。

(四)冬季造林

在冬季土壤不结冻或结冻期很短，天气不十分寒冷干燥的南方地区，可在冬季植苗造林。不少树种的根系在冬季休眠很短或不明显。温暖湿润的地方，若土壤不结冻，而且不太干燥，一般从秋末到早春都可以植苗造林。因此，冬季造林实际上是春季造林的提前或秋季造林的延后。同时，冬季正值农闲季节，劳力比较容易安排，已成为南方一些地区的主要造林季节。冬季造林树种，仍以落叶阔叶树为主。

造林季节确定后，还要选择合适的天气。一般来说，雨前雨后、毛毛雨天、阴天、都是造林的好天气。要尽量避免在刮大风天造林，刮风天气候干燥，蒸发量大，造林成活率低。就晴天来讲，12:00~20:00，阳光强，气温高，应尽量避免在这一时间造林。

第五节　幼林管理与造林质量检查

一、幼林地抚育

幼林地抚育通常是指在造林后至郁闭前这一段时间里所采取的各种技术措施。幼林地抚育管理，可以提高土壤有机质含量和肥力，改善土壤理化性质，活跃土壤微生物，从而有利于林木根系生长和吸收水分与营养物质，促进林木生长。

(一)幼林地土壤管理

1. 松土除草(灌)

松土的作用在于疏松表层土壤以减少水分蒸发，改善土壤的保水性、透水性和通气性，促进土壤微生物的活动，加速有机物的分解。除草的作用主要是清除与幼林竞争水分、养分、光照等资源的各种杂草和灌木等，从而促进林木生长，破坏可能造成危害的病菌、害虫、寄生虫、啮齿动物等的栖息环境，避免竞争植被对林木造成的机械损伤，同时降低林内的火灾隐患等。

(1)松土除草的年限、次数和时间

松土除草一般同时进行，也可根据实际情况单独进行。松土除草的持续年限应根据造林树种、立地条件、造林密度和经营强度等具体情况而定。一般从造林后开始，连续进行数年，直到幼林郁闭为止。速生丰产林整个栽培期均须松土除草，但后期不必每年都进行。每年松土除草的次数，受气候条件、立地条件、树种和林龄，以及当地的经济状况制约，一般每年1~3次。

(2)松土除草的方式和方法

松土除草的方式应与整地方式相适应，即全面整地，进行全面松土除草，局部整地的进行带状或块状松土除草，具体根据实际情况灵活掌握。

松土除草的深度，应根据幼林生长情况和土壤条件确定。其原则是：(与树体的距离)里浅外深；树小浅松，树大深松；砂土浅松，黏土深松；湿土浅松，干土深松。一般松土除草的深度为5~15 cm，必要时可增加到20~30 cm。造林3~4年后深翻25~40 cm可更有效地促进幼林地下和地上生长。深翻抚育最好在秋末、冬季雨后天气进行，以便减少树木耗水、蓄水保墒、冻死病虫害等。松土除草常与扩穴(也称扩埯或扩盘)结合进行，也就是栽植穴的扩大，扩穴的规格可根据林木生长的速度以及劳力成本等来确定。

松土除草的方法有：人工松土除草、机械松土除草、生物松土除草、化学除草等。

2. 灌溉与排水

灌溉是供给林地水分以缓解林木干旱胁迫发生的抚育措施。灌溉能提高造林成活率和保存率，改善树体水分状况，提高光合速率，影响根系分布、构型和动态，从而促进林木生长和林分郁闭，大幅度提高林地生产力。此外，灌溉还能降低土壤温度，改善土壤容重和三相比结构；在盐碱含量过高的土壤上，灌溉还可以洗盐压碱，改良土壤。目前，由于条件的限制，灌溉主要用于地势平坦的速生丰产林和经济林培育，但是山地造林除了造林时实行浇水或使用保水剂外，也可通过汇集雨水的办法实现林地水分管理。

合理灌溉是指在灌溉时应该做到“四合理”，即采用合理的灌溉方式，在合理的灌溉时间，按合理的灌水量将灌溉水供给到土壤中合理的灌溉位置。一个管理较好的灌溉系统不仅能最优化灌溉水的空间和时间供给，而且还能最大化灌溉水的效益成本比。

排水的作用是减少土壤中过多的水分，增加土壤中的空气含量，提高土壤温度，激发好气性土壤微生物活动，促进有机质分解，使林地的土壤结构、理化性质、营养状况得到改善。

多雨季节或一次降雨过大造成林地积水成涝，应挖明沟排水；在河滩地或低洼地，雨季时地下水位高于林木根系分布层，可在林地开挖深沟排水；土壤黏重、渗水性差或在根系分布区下有不透水层，必须搞好排水设施。

排水分为明沟排水和暗沟排水。明沟排水是在地面上挖掘明沟，排除径流；暗沟排水是在地下埋置管道或其他填充材料，形成地下排水系统。一般排水沟的间距在100~250 m左右为宜。泥炭层下面为砂土时，排水沟的间距应大于黏土和壤土。泥炭层越厚，沟间距应越小。

3. 幼林地施肥

林地肥力的维持是保证林木生长发育，实现可持续经营的基础。由于宜林地土壤多贫瘠，需补充养分。

施肥时间一般根据林木的生长节律来确定，有效的施肥季节常为林木生长旺盛期，即春季和初夏。此外，一般情况下，在林分郁闭前进行施肥对林木生长的促进效果要高于林分郁闭后施肥。施肥量可根据树种的生物学特性、土壤贫瘠程度、林龄和施用肥料的种类来确定。适宜的氮、磷、钾比例可以提高施肥效果，其比例要根据不同的生态条件(气候、土壤)和不同的树种而定。林木施肥方法主要有基肥和追肥，追肥又分为撒施、条施(沟施)、穴施、灌溉施肥和根外追肥等。肥料类型主要有机肥料、矿物质肥料、微生物肥料和工业废水或生活污水肥料。

4. 土壤改良

在林地上引种绿肥植物和改良土壤树种，能起到增进土壤肥力和改良土壤作用。常用的绿肥植物有紫云英、苕子、草木犀、紫花苜蓿等，改良土壤的树种有紫穗槐、赤杨、木麻黄等，多为有固氮能力的植物。可以先在贫瘠的无林地上栽植绿肥植物或对土壤有改良作用的树种，使土壤得到改良后再造林，也可以在造林的同时种植绿肥，与造林树种混生或间作，也可以在主要树种或喜光树种林冠下混植固氮植物或小乔木，以期达到培肥地力的目的。

(二)林木抚育管理

幼林树木，虽然矮小抗性弱，但也是生命力最旺盛的时期。该期林木的特性表现为对营养空间的纵向和横向竞争。在进行幼林地抚育管理的同时，必须对幼林林木本身进行抚育，可促进树木生长发育尽快成林郁闭，又保证树木向目的产品的速生、丰产、优质、高效方向发展。

幼林林木抚育包括抹芽接干、修枝抚育、除蘖定株、平茬促干、定干控冠等。

1. 平茬

平茬是利用树种的萌芽能力，截去已成活苗木或幼树的大部分主干，促使保留在地表以上部分长出新干或新茎的一种技术措施。作用：一是改造主干无培养前途的乔木树种；二是更新复壮衰老的灌木树种，通过平茬，增加枝叶，扩大树冠，同时可得到工业原料、薪炭、饲料，以增加收益；三是调节种间关系的一种手段；四是矮林作业措施，能源林实行矮林作业。适于平茬的树种主要是灌木。一般3年后进行第1次平茬，以后每隔3~5年平茬1次。平茬时间一般在休眠期，有些灌木可结合提供饲料或编织原料选择平茬时间，如沙柳作编织原料，应在春季树液流动后平茬，此时树皮容易剥去。作饲料用宜在夏末秋初，此期枝条尚未完全本质化，枝条适口性好。平茬一般可在地表以上5~10 cm处截断，平茬方式有人工平茬和机械平茬(用割灌机)。

2. 除蘖

除去树木主干基部及伤口附近当年长出的嫩枝或根部长出的根蘖。避免这些枝条和根蘖，有碍树形，分散树体养分。除蘖在林木被采伐后，或被火烧死后，以及截干造林的幼树，其伐桩及树根上的休眠芽、不定芽会萌发形成新一代林分。大多数阔叶树及部分针叶树具有这种能力。除蘖是将伐桩上过多的萌芽条与过密的根蘖苗除去一部分，使保留的萌芽条得到更多的养分、水分与光照以便更好地生长。除蘖时，对每个伐桩只选留1~2根健壮萌芽条，其余全部砍除。最好在采伐或造林后萌开始发生的当年和翌年夏季实施。有些树种可能需要延长除蘖时间，反复进行，才能获得良好效果。

3. 修枝

在自然状况下，林木的下部枝条随着年龄的增长，逐渐地枯死脱落，这种现象称为自然整枝。人为地除去树冠下部的枯枝及部分活枝的抚育措施，称为林木修枝。林木修枝分干修和绿修两种：干修是去掉枝干下部枯枝；绿修是去掉部分活枝。

林木修枝能提高木材的材质，增加树干圆满度，提高林木生长量，改善林内通风透光状况及林木生长条件，对林分内林木病虫害的数量有一定影响，还能提供燃料、饲料、肥料，增加收益等。

(1)修枝抚育技术

根据林木自然整枝原理，人工修除林木下部枯枝或弱枝，是以往林木修枝的主要方法。但近年来随着中国四旁植树、林农混作和农田林网化的发展，人工整枝技术有所进展，对一些合轴分枝和假二叉分枝的阔叶树种采取整形修枝法。其方法是修除粗大的侧枝、徒长枝和竞争枝，短截细弱的顶梢，以达到“控侧(枝)促主(轴)”，延长主轴长度，培育无节高干良材的目的。

(2)修枝林分和林木的选择

在有价值的和立地条件较好的林分中进行人工修枝，对于那些干形不良树木占多数的林分和立地条件差的林分，暂不进行或不宜进行；修枝主要应在幼林和干材林中实施；对自然整枝良好不留死节的树种(如杉木等)不需要修枝，对自然整枝不良的树种(如马尾松、云南松等)才进行修枝。

需要修枝的林木，应该是生长旺盛，树干和树冠没有缺陷，有培育目的的林木。这种选择部分林木整枝的方法，不仅节省人力、物力，又能使不整枝林木的枝条为整枝林木的树干创造庇荫条件，促进伤口愈合。同时，还能抑制某些树种树干不定芽的萌发，减轻某些薄皮树种的日灼害等。在生产中往往将修枝与抚育采伐结合进行，作业效果会更好些。

(3)修枝的开始年龄、间隔期和修枝高度

国内一般以林分充分郁闭，林冠下部出现枯枝时，作为开始整枝年龄的标志。但对有些顶梢生长力弱的阔叶树，如泡桐、刺槐、白榆等，为了实现控侧枝促主轴生长的目的，造林后当年可实行抹芽，2~3 年即开始整枝。在立地条件好，林木生长较快的地方，整枝开始年龄宜早；在经济条件好和少林地区，整枝时间也应早些。

修枝间隔期是指两次整枝中间相隔的年限。大多数针叶树是在第一次整枝后又出现 1~2 轮死枝后进行第二次整枝。阔叶树早期整枝有利于控侧枝促主干生长，间隔期宜短，一般是 2~3 年。

整枝高度应视培育的材种而异。一般修到 6.5~7 m 高度，即能满足普通锯材原木的要求。造纸、火柴和胶合板材修到4~5 m，造船和水利用材要修到6~9 m。随着整枝高度的上升，整枝困难，效率减低，只有在特殊需要时，才修到 10~13 m。新西兰辐射松人工林三次修枝造林后 10 年完成(轮伐期 27~30 年)，修枝时间为造林后 3~5 年(高 5~6 m)、6~7年和 9~10 年(高 9~10 m)，每次修枝 2 m，形成 6 m 无节良材。

(4)修枝的季节

一般都是在晚秋到早春(隆冬除外)进行整枝，因这时树液停止流动或尚未流动，不影响生长，而且可减少木材变色现象。冬季林木养分大部分贮存在根部，修除一部分枝条，林木养分损失较少。晚秋整枝，切口长期暴露在寒冷气候条件下，切口附近的皮层和形成层容易受到损伤；即将进入生长季节的早春整枝，切口容易愈合，比深秋整枝效果更好，但杨树、柳树、栋类等在春季发芽前皮层极易脱离木质部，整枝时很容易撕剥树皮，应十分谨慎；有些萌芽力很强的树种，如刺槐、杨树等，宜在生长季节整枝。若在秋季整枝，翌年春季会从切口附近发出大量萌枝，影响干形，还需要再修枝。有些阔叶树种，如枫杨、核桃等，冬春整枝伤流严重，生长季节整枝，伤流会很快停止。但生长季整枝不宜在干热时期，因那时伤口组织会很快干燥，影响愈合，并且容易遭受病虫害的侵袭。

(5)修枝的强度

修枝的强度，一般是用整枝高度与树高之比，或用树冠的长度与树高之比(冠高比)来表示。整枝强度大致可分为3级，即强度、中度和弱度。弱度整枝是修去树高1/3以下的枝条，保留冠高比为2/3；中度整枝是修去树高1/2以下的枝条，保留冠高比为1/2；强度整位是修去树高2/3以下枝条，保留冠高比为l/3。

确定整枝强度因不同的树种、年龄、立地和树冠发育等情况而异。一般是耐荫树种和常绿树种保留的冠高比要大些。喜光树种、落叶阔叶树种、速生树种保留的冠高比可小些。相同树种的冠高比总是随着年龄的增长而减小，年龄越大，冠高比越小。立地条件好的和树冠发育良好的林木，整枝强度可大些，否则相反。

(6)修枝切口的愈合

在干修时，切口的愈合过程与天然整枝相同，但因枯枝去掉及时，可加快整枝速度，减少死节。绿修时，伤口周围露出的树干形成层和皮层的薄壁细胞分裂长出薄壁的愈合组织，逐渐扩大把整个切口封闭愈合。

4. 抹芽接干

抹芽是整枝的一种形式，即在侧芽膨大，芽尖呈绿色时，把芽抹掉，以省去以后修枝的一种方法。抹芽接干是指对顶芽死亡或顶端优势弱的树种保留树干上部1个健壮侧芽接干，抹除下部部分或全部侧芽，以培育高干良材的林木抚育措施。

抹芽接干可以实现连续自然接干，控制侧芽萌发成枝数量和位置，调控树冠结构，提高光合效率，合理分配光合产物，促进树干生长，培育通直、圆满、无节、少节良材。

(1)抹芽接干树种的选择

树种的生物学特性不同，抹芽接干的效果就大不相同。大部分针叶树和一部分阔叶树顶芽比侧芽大且饱满，顶端优势强，具有单轴分枝特性，无需抹芽接干，例如，红松、落叶松、柳杉、杉木、扁柏、青桐、杨树、山桐子、银杏等；部分顶芽死亡成合轴分枝的阔叶树种，人工抹芽接干的必要性相对较弱；而许多对生叶阔叶树种顶芽比侧芽小或死亡，成二叉或假二叉分枝特性，顶端优势弱，无法直接通过顶芽或侧芽实现接干，必须通过人工抹芽接干的方法来实现，例如，泡桐。剪梢抹芽接干对不同泡桐种类的效果也有差异，毛白杨、山明泡桐、豫选一号、豫杂一号、白花泡桐、楸叶泡桐的接干高、接干形率、通直圆满度均较兰考泡桐、台湾泡桐、毛泡桐、光泡桐大。

(2)抹芽接干时期和时间

抹芽接干时期易早不宜晚，一般造林当年就要进行抹芽接干，以防接干与主干年龄相差大，出现两段材，无法实现圆满，降低出材率。一般植苗造林后需要连续抹芽接干2~3次才能达到高干材培育的要求。仅仅抹除侧芽以培育无节、少节良材的，例如，马尾松，可以在造林3~5年后才开始抹芽，以免抹芽使树冠光合叶面积小而影响主干的生长。抹芽接干时间应掌握在芽开始萌动至尚未抽梢发叶时为佳，最迟应在侧枝梢的基部木质化以前。

(3)抹芽接干的方法

顶芽饱满不需人工接干的树种，除须早春芽萌动时抹除侧芽外，夏季也须及时抹除新萌发的侧芽，通过4~5年的连续抹芽，主干达7~8 m成材高度后停止抹芽。但要注意保留部分侧枝以防风折。随后，再培育侧枝，扩大光合叶面积，促进树干生长。

对二叉或假二叉分枝特性的树种进行抹芽接干时，一般在梢部迎主风方向留1个饱满健壮的侧芽，在其上部2 cm处剪去梢部，下部侧芽全部抹除或仅留1对，秋季落叶后或翌年春季萌芽前，砍除侧枝。经过连续接干2~3年即可形成通直圆满的高干，一般高度可达6 m以上。

(三)人工幼林保护

1. 防气象灾害

在我国北方某些干旱和半干旱地区(东北西部)造林时，有些树种(如樟子松、油松)在造林后一、二年内，应于秋末冬初进行埋土防寒，翌春土壤解冻时撤除，否则由于冬春旱风吹袭，苗木地上部分失水太多，造成生理干旱，引起叶、芽枯萎，甚至全株死亡。在我国北方湿润和半湿润地区排水较差或土壤黏重的低平地段以及平缓坡地上新造红松、落叶松、油松、樟子松、黄波罗、水曲柳幼林时常常易遭冻拔危害。对日灼、霜冻和雪折的危害，应结合具体地区，特别是局部地形变化的影响，采取有效防除办法，如寒冷的北方和海拔较高的山地以及某些地形低洼处，容易发生雪折和霜冻，在造林时期应注意合理选择树种或不同树种的合理搭配，成林后则应注意及时进行抚育采伐和适当修枝。对容易遭受日灼危害的树种，除注意树种组成外，还应在土壤管理上给予注意，如避免在盛夏高温季节进行除草松土等。

2. 防生物灾害

为了防治这类危害，必须认真贯彻“预防为主、积极消灭”的方针，在造林设计和施工时就应充分考虑到这些危害发生的可能性，并相应地采取各种预防保护措施：如混交、隔离、拌种、蘸根等。在人工林的培育过程中，应根据实际需要建立与健全森林病虫害防治机构，确定林木种苗检疫对象，划定疫区和保护区，对林木种苗进行检疫，防止危险性病虫害传播和蔓延。

3. 防火

人工幼林多处于人为活动比较频繁的地方，因此，幼林防火更具有特殊的重要意义。各国有林场及社队林场除应建立与健全护防林火组织、订立各种防火制度、严格控制火源外，还必须搞好森林防火规划设计，并把这一设计和造林调查设计有机结合起来，在造林的同时就应开设各种防火线，在林内的制高点架设瞭望塔，加强巡视，及时发现火警，并配齐必要数量的专职营林员负责护林防火工作。

4. 防止人畜危害

为了防止人、畜破坏，除应注意在设计时就适当考虑当地群众实际需要，合理安排土地利用外，应加强宣传教育，建立与健全护林组织，制定必要的制度。

二、新造幼林检查验收

（一）执行标准

①《造林技术规程》（GB/T 15776—2016）中附录 A：《各造林区域主要造林树种造林适宜密度表》、附录 B《各造林区域一般造林树种造林最低初植密度表》。

②《生态公益林建设技术规程》（GB/T 18337.3—2001）中附录 D：《生态公益林造林主要树种初植密度》。

③《名特优经济林基地建设技术规程》中附录 D：《主要经济林树种造林密度表》。

④速生丰产林的栽植密度执行 LY/T 1058—2013、GB/T 20391—2006、LY/T 1528—2016 的规定。

⑤国家林业和草原局对地方人工造林树种初植密度标准批复文件的规定（林造发〔2004〕57、64、87、88 号，林造发〔2005〕3、71 号，林造发〔2006〕232 号）。

（二）检查验收内容

幼林检查的目的在于考核造林效果，统计幼林成活率，分析成败原因，改进造林技术，推广先进经验，以及拟订补植和抚育措施。检查的主要内容是成活率、当年生长量及典型植株的分析等。检查的方法多采用标准行或标准地法，调查面积应占造林面积的2%~5%。检查季节应在秋冬，检查对象包括当年春季以及前一年雨季和秋季所营造的幼林，检查后填写幼林检查报告表并逐级上报。

当幼林将进入郁闭时，再进行一次较全面的调查，以便统计幼林保存率，总结造林及抚育管理的经验。

（三）造林质量评定标准

1. 造林面积核实率

年度实施造林作业的各小班相应的作业设计面积之和与各小班检查面积之和的百分比造林面积核实率应达到 100%。

2. 造林合格

达到以下造林成活率的小班，为造林合格小班：

①年降水量在 400 mm 以上地区，成活率在 85% 以上（含 85%）。

②年降水量在 400 mm 以下地区，热带、亚热带岩溶地区及干热（干旱）河谷等生态环境脆弱地带，成活率在 70% 以上（含 70%）。

3. 造林综合合格

商品林同时满足以下 3 项条件、生态公益林在混比例达到 30%（含）以上并同时满足以下 3 项条件时为造林综合合格：

①造林合格。

②未成林未受林业有害生物严重危害。须同时具备：没有林业检疫性有害生物及林业补充检疫性有害生物；蛀干类有虫株率在20%(含)以下；感病指数在50(含)以下为未受林业有害生物严重危害。

③造林施工符合作业设计。

（贾忠奎）

复习思考题

1. 林学术语解释

造林地(宜林地)　立地　立地条件　立地质量　立地条件类型　林种　适地适树　林分结构　造林密度　经营密度　合理密度　种植点配置　混交树种　造林地清理　造林整地　播种造林　植苗造林　分殖造林　飞播造林　平茬　除蘖　接干　修枝　干修　绿修

2. 基本知识解答

(1)简述造林地的类型和特点。

(2)森林立地的基本构成是什么？

(3)造林树种选择的依据和原则是什么？

(4)简述用材树种选择的基本要求。

(5)简述适地适树的标准、途径与确定的方法。

(6)试述造林密度的作用与确定造林密度原则和方法。

(7)简述混交林的特点与营造混交林的意义。

(8)造林整地的作用与技术规格的确定依据是什么？

(9)造林地清理的目的与方式方法是什么？

(10)幼林抚育管理的内容包括哪些？

(11)造林检查验收的方式、内容与造林质量评定标准包括哪些？

3. 综合应用

(1)目前关于造林整地的方法主要有哪些？试分别阐述其适用的范围。

(2)基于植苗造林成效的评判标准要求，在技术上应注意把握哪些环节才能确保造林目标的实现？

(3)试述混交林的基本理论与培育混交林的技术途径。

(4)以你所熟悉的地区为例，在宜林地造林应选择恰当的造林方式，阐述开展造林所应采取的关键技术措施。

推荐阅读书目

森林培育学(第3版). 翟明普，沈国舫. 中国林业出版社，2016.

第九章　林农复合经营

【内容提要】本章介绍林农复合经营的概念、意义和特征；林农复合经营系统包括林农(果)结合型、林牧(渔)结合型、林农牧(渔)结合型、林下特种经营型；林农复合经营系统结构包括物种结构、空间结构、时间结构和营养结构。

第一节　林农复合经营的概念和特征

一、概念

林农复合经营又称混农林业、农用林业、农林业、林农间作等，是将林业和农业、牧业或渔业等有机地结合，进行复合经营的一种传统土地利用方式。国际农林复合经营研究委员会(ICRAF)将林农复合经营定义为在同一土地经营单元上，将多年生木本植物与栽培植物或动物精心地结合在一起，通过空间或时序的安排以多种方式配置的一种土地利用制度。这个系统不同组分之间存在生态与经济方面的联系。

自21世纪初开始，与林农复合经营相似的新概念——林下经济在我国兴起，并得到社会的普遍重视。林下经济主要是指以林地资源和森林生态环境为依托，发展起来的林下种植业、养殖业、采集业和森林旅游业。林下经济是在集体林权制度改革后，集体林地承包到户，农民充分利用林地，实现不砍树也能致富，科学经营林地，是在农业生产领域涌现的新生事物；是充分利用林下土地资源和林荫优势，从事林下种植、养殖等立体复合生产经营，从而使农林牧各业实现资源共享、优势互补、循环相生、协调发展的生态农业模式。

二、林农复合经营的意义

发展林农复合经营，在生态、经济与社会效益上都有着重要的意义。

1. 协调林农争地的矛盾，实现长短效益有机结合

目前人口不断增长，对农产品需求也不断增加，需要增加农业用地，林农争地的矛盾日益突。林农复合经营作为一种土地利用制度，能较好地解决“林农争地”的矛盾，获得林农双丰收。另外，在幼林地上间种农作物与经济作物，能够起到以耕代抚的作用，可以在获得农产品的同时加快林木生长，既可减少营林支出，也可在短期内得到经济效益。

2. 挖掘生物资源潜力，增强生态系统的稳定性

林农复合经营是一项以生物措施为手段的资源管理系统，它充分利用树木的生理、生态功能、调节小气候、改良土壤，为资源利用率的提高创造有利的条件，并利用不同种群的生物学特性，实现了种群在不同生态位上的“共生互补”“相互依存”，增加了系统抵御自然灾害的能力，提高了生态系统的稳定性。

3. 促进物质多级循环利用，提高环境资源利用效率

林农复合经营作为一种多产业的有机组合，在同一地块上将“一维”的农业生态系统转为“多维”林农复合生态系统，提高了系统在空间和时间上的多样性，最大限度地提高了对生态因子和土地等资源的利用率。林农复合经营可将高投入，高产出的农业系统转变为依靠系统自给，生物自肥的人工复合系统，加快了系统的物质循环和能量流动，提高了农业生产率。

4. 提升系统综合效益，实现经济与环境的协调发展

林农复合经营实现了生态、社会和经济效益的统一，不仅增加单位土地面积的生物生产力，而且可多目标、多层次、多方位地利用林木、农作物、饲养业的主副产品，为社会提供了多种产品，增加了农民收入。林农复合经营系统与纯农系统相比，更能维持土壤肥力，增加系统的碳汇和碳储量，实现土壤可持续经营，经济、社会和环境协调发展。

总之，林农复合经营是一项多种群、多功能、低投入、高产出、持续稳定的复合经营系统，在解决农林争地矛盾、挖掘生物资源潜力、协调资源合理利用、改善与保护生态环境、促进粮食增产及经济的持续发展等方面具有重要的意义。随着我国农业产业结构进一步调整和优化，农业可持续发展战略的推进，林农复合经营将会有更广阔的发展空间。

三、基本特征

林农复合经营系统是一个人工生态系统，它与单纯农业或单纯林业明显不同。

1. 复合性

林农复合经营改变了农业经营对象单一的特点，以树木或林木的参与为前提，把林业和粮食、经济作物、药材或家禽、家畜和渔业等结合起来，打破了各部门之间和学科之间的界限，有利于加强各部门之间的协作和学科之间的渗透。

2. 集约性

复合系统有多种组成成分，比单一经营林业或某个农作物复杂得多，因此，在管理上要有更高的技术，在空间配置和时序安排上需精心搭配。

3. 系统性

林农复合经营系统是一种人工生态系统，有整体的结构和功能，在其组成成分之间有物质与能量的交流和经济效益上的联系。经营目标不仅要注意多个组成成分，更要重视系统的整体效益，将生态效益和经济效益有效地联系起来。

4. 等级性

林农复合经营系统可大可小，有不同的等级和层次。小范围的庭院经营可为一个结构单元。田间生态系统，一片山坡也可为一个结构单元；小流域或大面积的防护林体系也可以是一个结构单元。

5. 高效性

不仅体现在对自然资源(光、热、气、水、肥)和土地的高效利用上，而且有极高的综合效益(经济、生态和社会效益)。

第二节　林农复合系统分类及结构

一、林农复合系统分类

林农复合经营系统是一个多组分、多功能、多目标的综合性经营体系，在我国多样的自然、社会、经济、文化背景下，形成了不同的类型和模式。由于该系统的复杂性与多变性，目前尚无公认的分类系统和分类标准。一般将我国常见的林农复合经营模式组合为系统(或复合系统)，在系统中再划分经营类型。通常根据林农复合经营的经营目标、成分和功能的不同，区分为林—农复合、林—牧(渔)复合、林—农—牧(渔)复合和特种林—农复合四大系统。四大系统又根据空间与时间的结构，划分出不同的经营类型(图 9-1)。

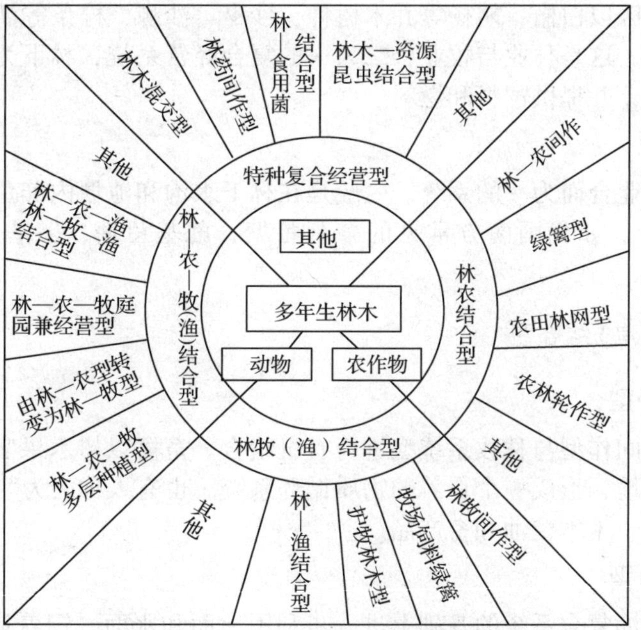

图 9-1　林农复合经营类型

(一)林农(果)结合型

1. 农林间作型

如我国北方平原地区常见的杨树(泡桐)—小麦—棉花(玉米、花生)间作、杨树(泡桐)—油菜—大豆间作等杨(桐)复合经营模式。该类型有两种模式。一种是以林为主，在幼林期内林木未郁闭前间作农作物，既可获取农作物等短期效益，又可促进林木生长，林木郁闭后采用疏伐或改种耐阴作物；另一种是以农为主，农林共存模式。

2. 农果间作型

如在我国华北和西北地区常见的枣粮间作复合经营模式。该类型还可分为以果(树)为主和以农为主两种农果共存模式。

3. 生态防护型

如我国热带地区广泛推行的林—胶—茶间作模式。在橡胶园四周建立以桉树、相思树、枫香等树种为主的防护林带并连成林网，在林带间巷状种植橡胶树和茶树，胶茶间作形成复层结构，这种间作模式的茶树可覆盖地面，减少水土流失，并充分利用土地资源，有效地提高橡胶园的生态稳定性。同时，对茶树进行水肥管理时，也有利于橡胶树的快速生长，提高经济产出。胶园内除间作茶外，也可与胡椒、咖啡、南药等经济树种间作，从而形成多种模式。

(二)林牧(渔)结合型

1. 林牧间作型

如我国西北地区以白榆、胡杨等乔木树种，沙枣、沙棘、柠条等灌木树种营建的疏林草场或护牧林类型。这是林业与牧业合二为一的复合经营系统，林下为放牧地，林木成为牲畜的绿色保护伞，并提供饲料和燃料。

2. 林渔复合型

这是林业与渔业合而为一的系统。一般是在林下水沟和池塘内养鱼，尤其当林分郁闭后更适合渔业生产。如我国南方常见的桑基鱼塘、蔗基鱼塘、果基鱼塘等就是典型的模式。

(三)林农牧(渔)结合型

1. 农林牧复合型

该类型将农林间作型与林牧系统型进行有机组合。畜禽以树木果实、叶子和林下牧草为食，粪便归还土地，形成一个自养的物质循环系统。也有人称之为“三度林业”，即在同一土地上收获木材、木本粮油和畜产品。

2. 林牧渔复合型

此类型是在林渔复合系统的基础上进一步利用地面和水面，饲养猪、牛、羊、鸡、鸭等家畜和家禽，使林、渔、牧有机结合，形成高产出。

3. 林农渔复合型

此类型通常是在造林地开沟(池)，沟内养鱼，林内间作农作物或经济作物，实行林、渔、农相结合。例如，江苏里下河地区实行的垛田造林，即在滩地开沟和筑垛抬面，然后在垛面上造林，垛沟内养鱼，林下间作芋头、油菜、黄豆等作物。

(四)林下特种经营型

特种复合经营型可分为林(果)药间作型、林(果)菌间作型等。如果果园内栽植食用菌就是典型的林(果)菌间作型。该类型利用(果树)林下弱光照、高湿度和低风速等小气候条件栽植食用菌，不仅利于食用菌的生长，而且菇类的废基料起到改良土壤结构、增加土壤养分等作用，促进果树生长。菌类在生长过程中释放的CO_2，可以促进果树光合生产，从而达到果(树)、菌互补互利的效果。在东北地区林参间作模式就是典型的林药间作复合经营模式。

二、林农复合经营系统结构

生态系统的结构是指生态系统的构成要素以及这些要素在空间和时间上的配置。目前，我国林农复合系统的结构大致可分为物种结构、空间结构、时间结构和营养结构。系统的结构状况往往决定系统的功能特性，这 4 种结构的合理性和协调性，是优化林农复合模式，提高生态、经济、社会功能及效应的关键。

(一)物种结构

物种结构是指林农复合系统中生物物种的组成、数量及彼此之间的关系。物种的多样性是林农复合系统的重要特征。适合林农复合经营的主要物种一般包括乔木(含经济林木)、灌木、农作物、牧草、食用菌和禽畜等。理想的物种结构能对资源与环境实现最大化的利用和适应，可借助于系统内部物种的共生互补生产出最多的物质和多样的产品，对比单一农业系统，可以在同等物质和能量输入的条件下借助结构内部的协调能力达到增产的效果。

确定物种结构需要掌握以物为主的原则，即一种林农复合模式只能以一种物种为主要生产者，并且要在不影响主要生产者生物生产力或生态效益的前提下，搭配其他物种，同时要注意物种之间的竞争与互补关系，以达到不同物种间的最佳组合。

(二)空间结构

空间结构是指林农复合系统各物种之间或同一物种不同个体在空间上的分布，即物种的互相搭配、密度与所处的空间位置。空间结构分为垂直结构和水平结构。

1. 垂直结构

垂直结构即复合系统的立体层次结构，包括地上空间、地下空间和水域的水体结构。一般垂直高度越大，空间容量越大，层次越多，资源利用效率则越高。但高度并不具有无限性，它受生物因子、环境因子和社会因子的共同制约。我国林农复合系统的层次结构通常可分为单层结构、双层结构和多层结构 3 种类型。

(1)单层结构

单层结构是林农复合经营系统物种空间结构的一种最古老的形式，目前仅有一些边远的少数民族聚居地区保留着这种农作形式。例如，林粮轮作，即在同一块土地上农业和林业交替经营：先将一片森林采伐，利用肥沃的森林土壤栽培作物，几年后地力衰退而弃耕，在弃耕地上造林(一般是速生树种)，10 年左右林木达到工艺成熟再次伐木农作，以此循环不止。近年来，西南和东北地区的林药轮作也属此类。这样的林农复合系统，在一定的时间来看群体的结构是单层的，但不同的时期构成的物种不同，这些不同物种又结合成一个相互联系的系统。

(2) 双层结构

双层结构是林农复合经营系统中最常见的一种垂直结构。如我国北方的桐杨粮间作(图 9-2)，即在农田中均匀地种植泡桐，每年播种农作物，几年后泡桐在行内树冠相接，从纵切面看成为两个十分整齐的层片。大多数的枣粮间作、胶茶间作也属于此类。

图 9-2　双层结构示意

(3) 多层结构

多层结构有两种类型：一是平原地区多物种的复合经营系统如水陆交互系统(图 9-3)，多物种组成的庭院经营等；二是一旦丘陵和山地依地形和海拔高度进行带状多层次组合，这在以小流域为单元的林农复合系统的立体布局中最为典型。

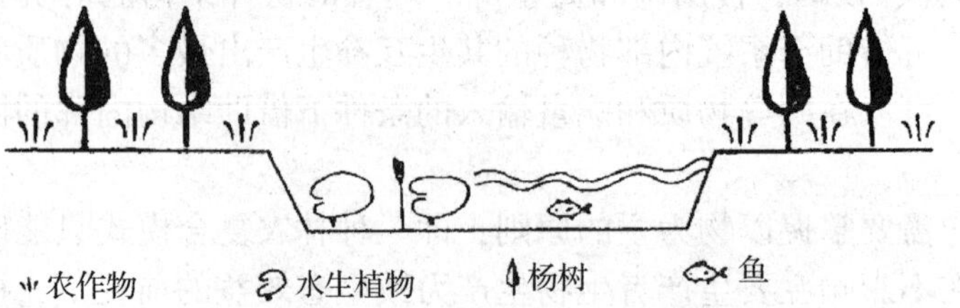

图 9-3　平原洼地多层结构示意

2. 水平结构

水平结构是指复合系统中各物种的平面布局，在种植型系统由株行距决定，在养殖型系统则由放养动物或微生物的数量决定。在种植型复合系统中，水平结构又可以分为行状间作(图 9-4)、团状间作(图 9-5)、不均匀间作(图 9-6)、水陆交互配置(图 9-7)、等高带式间作(图 9-8)和景观布局等。

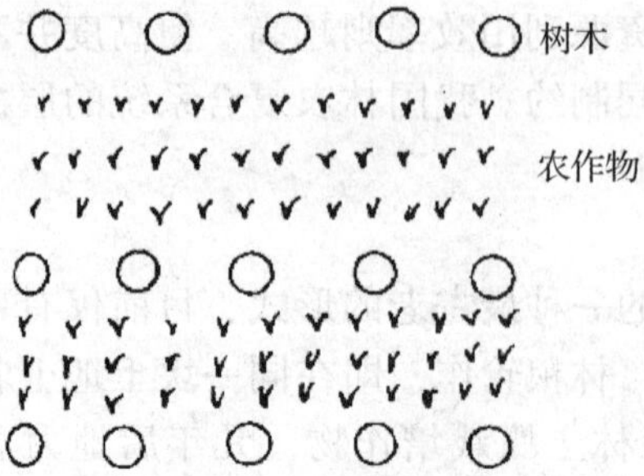

图 9-4　行状间作示意

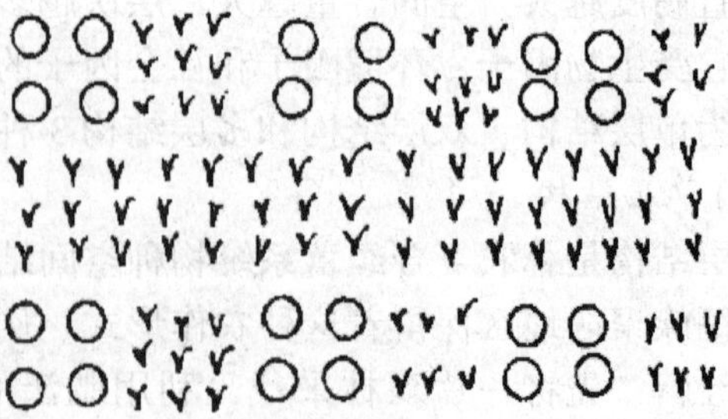

图 9-5　团状间作示意

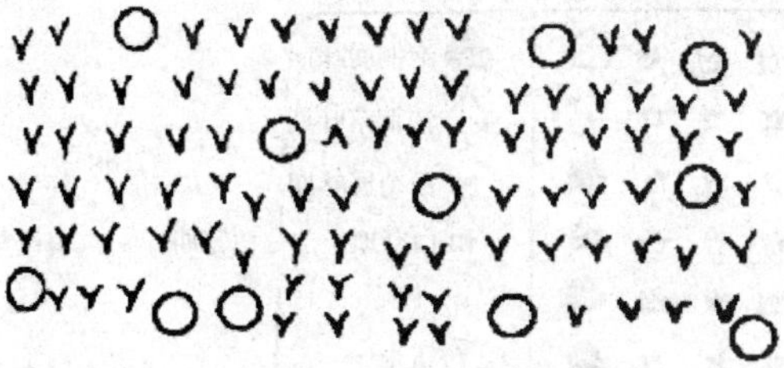

图 9-6　不均匀间作示意

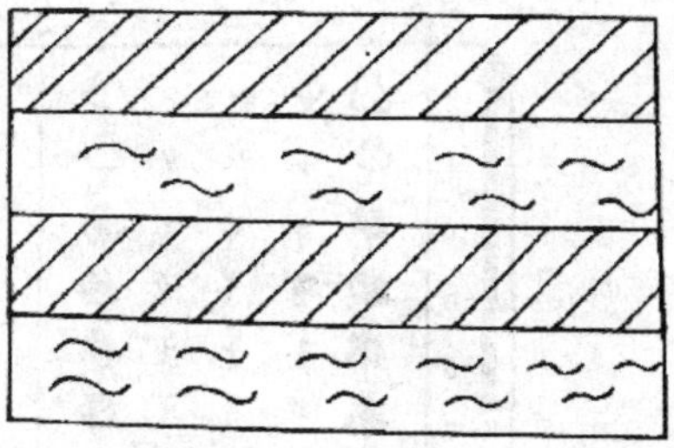

图 9-7　水陆交互配置示意

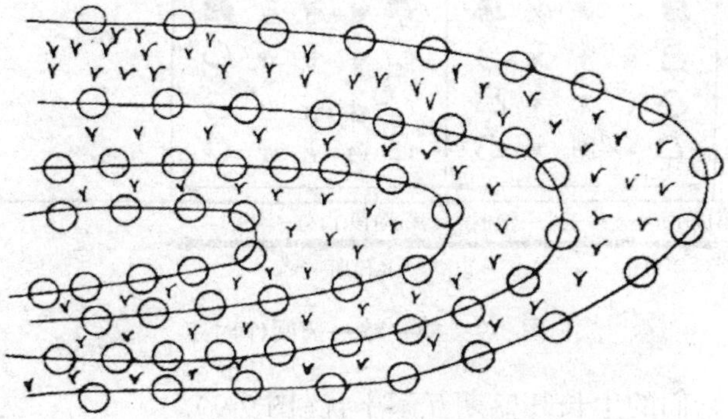

图 9-8　等高带式间作示意

林农复合经营系统空间结构的配置与调整，是根据不同物种的生长发育习性、自然和社会条件、复合经营的目标等因子，确定复合系统中不同植物的高矮搭配、株行距和不同畜禽或微生物的放养数量，使得每一物种具有最好的生长空间，并系统获得最好的生态、经济效益。农田防护林网是林农复合经营最基本的模式，其空间结构的主要技术指标有林带方位、林带结构、林带间距、林带宽度、网格规格及面积等。指标数值的确定要综合考虑当地自然灾害情况、农田基本建设及农业区划要求，遵循“因地制宜、因害设防”的基本原则。

(三)时间结构

时间结构是指复杂系统中各物种的生长发育和生物量的积累与资源环境协调吻合的情况。由于任何环境因子都有年循环、季循环和日循环等时间节律，任何生物都有特定的生长发育周期，时间结构就是利用资源因子变化的节律性和生物生长发育的周期性关系，使外部投入的物质和能量密切配合生物的生长发育，充分利用自然资源和社会资源，使得林农复合系统的物质生产持续、稳定、有序和高效地进行。

根据系统中物种所共处的时间，可分为林农轮作、短期间作、连续间作、替代式间作、间断间作和复合搭配型等多种形式。有的复合搭配较复杂有效。例如，安徽淮北泡桐造林后 1~3 年为第一阶段，未郁闭前在行间秋种小麦，春种玉米，充分利用光能资源。待泡桐林充分郁闭后进入第二阶段，林下改种芍药。芍药是多年生草本植物，较耐阴，3 月发芽，4~5 月生长旺盛，而泡桐正处于无叶期，5 月初发芽，6~8 月泡桐盛叶期时，芍

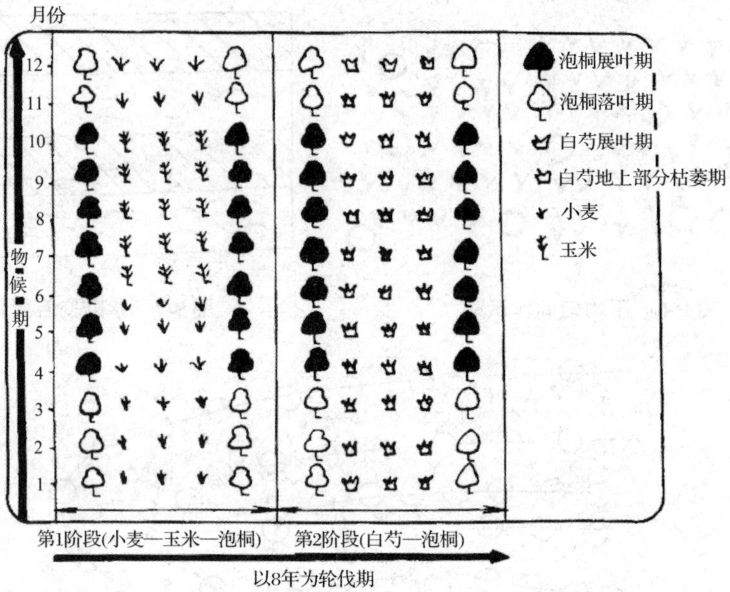

图 9-9　桐—粮—药间作时序

药地上部分已枯萎，它们的生长旺盛期互不干扰(图 9-9)。

(四)营养结构

营养结构是生物间通过营养关系连接起来的多种链状和网状结构。生态系统中的营养结构是物质循环和能量转化的基础，主要是指食物链和食物网。营养物质不断被生产者吸收，在日光能的作用下形成植物有机体，植物有机体被草食动物所食，草食动物又被肉食动物所食，形成一种有机的链索关系。这种生物种间通过取食和被取食的营养关系，彼此连接起来的序列称为食物链。食物链是生态系统中营养结构的基本单元。不同有机体可分别位于食物链的不同位置上，同一有机体也可处于不同的营养级上。这种多种食物链相互交织、相互连接而形成的网状结构，称为食物网。食物网是生态系统中普遍存在的复杂现象，是维持生态系统稳定和平衡的基础。

林农复合经营系统可以通过建立合理的营养结构，减少营养耗损，提高物质和能量的转化率，从而提高系统的生产力和经济效益。

(段　劼)

复习思考题

1. 林学术语解释

林农复合经营　林下经济

2. 基本知识解答

(1)发展林农复合经营有何意义？

(2)林农复合经营的基本特征是什么？

(3)林农复合经营的系统结构通常包括哪些类型？各有什么特点？

3. 综合应用

(1)试分别阐述在平原和山地常见的林农复合经营系统类型及其特点？

(2)结合实例，分析阐述在我国发展林下经济的现状和前景？

推荐阅读书目

森林培育学(第3版). 翟明普，沈国舫. 中国林业出版社，2016.

第十章 封山育林与低效林改造

【内容提要】本章介绍封山育林的概念；封山育林的对象和条件；封山育林的类型与方式；低效林改造的概念及其形成原因；林分改造的概念、作用及原则；低效人工林形成的原因及改造方式；次生林的概念和特点；低价值次生林形成的原因、特点及改造方式。

第一节 封山育林

一、封山(沙)育林(灌、草)的概念

封山育林是我国传统的恢复森林植被的方法，也是一种近自然营林方式。《中国农业百科全书·林业卷》将其定义为："以封禁为基本手段，促进新林形成的措施。即把长有疏林、灌丛或散生树木的山地、滩地等封禁起来，借助林木的天然下种或萌芽逐渐培育成森林"。封山育林是遵循森林演替的动态变化规律，利用树木的自然繁殖能力，以封禁为主要手段，使具有天然下种、萌芽或萌蘖更新能力的疏林，灌丛，采伐或火烧迹地、荒山荒地、低质低效有林地、宜林地等恢复或发展为森林或灌草植被的措施。

封山育林的地类包括未成林造林地的封山育林，有林地的封山育林，疏林地的封山育林，灌木林地的封山育林，人工造林困难的高山、陡坡、岩石裸露地，以及沙漠、沙地的封山育林、育灌、育草等。

封山育林从时间上可分为封山育林和封山护林。在南方从封山起的3~5年内，在北方从封山起的5~7年内称作封山育林；在这之后到主伐的期间称作封山护林。

封山育林技术：可分为一般封山育林和工程封山育林。一般封山育林指以封禁为手段，利用林木的自然更新能力和植被自然演替规律，使宜林地段的疏林、灌丛、草地、残林迹地以及荒山荒地等自然恢复成林的育林方法。工程封山育林是指以封禁为基本手段，利用林木的自然更新能力和植被自然演替规律，采取必要的造林、补植补播、抚育、防治病虫害和火灾等人工促进措施，恢复森林或灌草植被，进而增加封山育林面积和提高封山育林质量。无论采用工程措施促进植被恢复，还是借助封育措施消除外力干扰，为自然生态系统恢复创造适宜的条件，其基本前提都必须依赖所在地区的天然植被及其优势物种，充分利用自然植被的自然恢复力，发挥本土植被优势种的生态、经济功能。

二、封山育林的对象和条件

(一)封山育林的对象

根据保持水土、涵养水源、防洪固沙等方面的作用以及经济利益，选择迫切需要恢复的森林，而且封山后能依靠天然下种和伐根萌芽恢复成林的山地作为封山育林对象。主要包括：

①名胜古迹、自然保护区、森林公园辖区范围内的林业用地。

②列入天然林保护工程实施方案的无林地、疏林地、灌木林地。

③现有郁闭度在0.2~0.5，树种单一、结构简单、效益低下、主导功能目标不明确的低质低效人工林和群落结构遭受严重破坏的天然次生林。

④过陡的山坡、岩石裸露或植被一旦遭到破坏就难以恢复的林地。

(二)封山育林的条件

1. 基本条件

①自然条件 封山育林地应具备更新潜力，林地内有母树均匀分布，或有萌芽、萌蘖的伐根，或有生长好的幼苗，或可飞播或飞籽下种等；

②社会条件 封山育林应在人少、交通不便的地方实施，防止人为干扰。

2. 具体条件

①有培育前途的疏林地。

②每公顷具有天然下种能力且分布均匀的针叶母树 60 株以上或阔叶母树 90 株以上的无林地。

③每公顷有分布较均匀的针叶幼苗、幼树 900 株以上或阔叶树幼苗、幼树 600 株以上的无林地。

④每公顷有分布较均匀的萌蘖能力强的乔木根株 900 个以上或灌丛 750 个以上的无林地。

⑤分布有珍贵、稀有树种，且有培育前途的地块及人工造林困难的高山、陡坡、岩石裸露地，经过封育可望成林或增加林草盖度的地块。

三、封山育林的类型

(一)按照培育目的及目的树种比例划分

按照培育目的和目的树种比例，可划分为 5 种类型：

①乔木型 因人为干扰而形成的疏林地和在乔木适宜生长区域内，达到封育条件且乔木树种的母树、幼树、幼苗、根株占优势的无立木林地、宜林地。

②乔灌型 其他疏林地和在乔木适宜生长区域内，符合封育条件但乔木树种的母树、幼树、幼苗、根株不占优势的无立木林地、宜林地。

③灌木型　乔木适宜生长上限，符合封育条件的无立木林地、宜林地。

④灌草型　立地条件恶劣，如高山、陡坡、岩石裸露、沙地或干旱地区的宜林地段。

⑤竹林型　符合毛竹、丛生竹或杂竹封育条件的地块。

(二)按照封育区作业类型划分

为了使封、造和管有机结合，因地制宜进行封山育林，可将封育林区划分为 3 种类型：

1. 封禁类型

天然(次生)植被生长状况较好，地块比较偏远，人和牲畜活动难以到达的地块；坡度较大，有一定的灌木且人工造林(补植)比较闲难的地块划分封禁类型。封禁类型因受自然条件限制，无法进行人工干预，对其实施封禁管护，避免任何人为干扰，让其自然地恢复为森林。

2. 封育类型

母树、幼树、幼苗的数量能达到自然更新目的且分布均匀的地块，或立地条件较差，人工造林比较困难，有一定灌木覆盖的地块划分为封育类型。封育类型通过人为措施培育保护母树、幼树、幼苗，促进母树下种结实和幼树、幼苗生长，促进林分提早郁闭。

3. 封造类型

立地条件好，植被稀少，缺乏母树和幼树、幼苗的地段划分为封造类型。此类型依靠天然更新比较困难，通过人工造林措施，在不破坏原有植被条件下进行补植、补种，以期迅速提高植被盖度。

四、封山育林的方式

根据不同的封育目的和当地的自然、社会、经济条件，封山育林分为以下 3 种方式。

(一)全封(死封)

即在较长时间内(一般 3～5 年或 8～10 年)，将封山育林区彻底封闭，禁止除实施育林措施以外的各种生产、生活活动。全封适合于人烟稀少的边远地区、高山、水源涵养区、防风固沙林和风景林，水土流失严重和恢复植被较为困难的地区。采取全封方法，必须经过调查研究，区划出若干地段，作为群众必需的生产、生活基地。具体做法如下：

①设置围栏　在牲畜活动频繁的地区，采用刺丝、石料垒墙，开沟挖壕等方法设置机械围栏，或栽植有刺乔、灌木设置生物围栏，进行围封。

②设置标志　在封禁区的周边明显处，如主要山口、沟口、河流交叉点、主要交通路口等，树立永久性标牌、立牌公示。

③人工巡护　根据封护面积和人畜危害程度，设专职或兼职护林员进行巡护，必要时可在沟口和林区要道设卡。

(二)半封(活封)

将封山育林区封闭起来，平时禁止人上山，到一定季节(一般为休眠期)开山，在保证林木不受损害，不影响森林植被恢复的前提下，有计划地组织采樵、放牧和副业生产等多种经营活动。半封适用于封育用材林、能源林等，既有利于育林，也照顾了山区村民的经济利益，适用于人烟稠密的近山、低山。在封育用材林、能源林以及有一定目的树种生长良好，林木覆盖度较大的地区小班内可实行半封。

(三)轮封

将具备封山育林条件的地方，分区划片轮流进行全封或者半封。在不影响育林和水土保持的前提下，根据当地群众需要，在开封的地段有计划地组织各种生产、生活活动，从而达到恢复植被的目的，适用于培育能源林。轮封间隔期一般为2~3年或3~5年。

无论全封、半封还是轮封，在封山育林期间，禁止任何单位或者个人在封山育林区从事下列活动：非抚育性修枝、采种、采脂、掘根、剥树皮及其他毁林活动；吸烟、燃放烟花爆竹、烧荒、烧香、烧纸、野炊及其他易引起火灾的野外用火；放牧或者散放牲畜；猎捕野生动物、采挖树木或者采集野生植物；开垦，采石(矿)、采砂、采土；擅自移动或者毁坏封山育林标牌、界桩及其他管理设施；其他破坏封山育林的活动。

五、封山育林的时限

根据立地条件，母树、幼苗幼树、萌蘖根株等情况，可按以下类型确定相应的封育年限：乔木型，6~8年；乔灌型，5~7年；灌木型，4~5年；灌草型，2~4年。

第二节　低效林及其改造

一、低效林及其形成

(一)低效林的概念与分类

1. 低效林的概念

低效林一般是指受人为因素的直接作用或诱导自然因素的影响，林分结构和稳定性失调，林木生长发育衰竭，系统功能退化或丧失，导致森林生态功能、林产品产量或生物量显著低于同类立地条件下相同林分平均水平的林分总称。森林的低效和高效是相对的，人类经营中某一林分的系统功能取决于人类活动对自然、经济规律的认识和应用程度。

2. 低效林类型

根据起源的不同，低效林可分为低效次生林和低效人工林：低效次生林是原始林或天然次生林因长期遭受人为破坏而形成的低效林。低效人工林是人工造林及人工更新等方法营造的森林，因造林或经营技术措施不当而导致的低效森林。

根据经营目标的不同，低效林可分为低效防护林和低质低产林。低效防护林是以发挥森林防护功能为主要经营目的且功能显著低下的林分。低质低产林是以林产品生产为主要经营目的且产量和质量显著低下的林分。

(二)低效林形成的原因

低效林作为一种森林生态系统逆向演替形成的林分，其形成原因可分为自然地理因素和非自然因素。其中，自然地理因素是潜在因素，非自然因素是决定因素。

1. 自然地理因素

在漫长的地质年代里，由于构造运动的作川，岩石利类和岩性很不相同，使一些地段容易受到侵蚀，土壤瘠薄，植被难以良好地生长。例如，四川三江流域(涪江、沱江和嘉陵江)出露的岩石多为中生代侏罗系和白垩系的紫色砂页岩，其上发育的紫色土结构松散，可溶性物质含量高，易被水解溶蚀，所以在其上生长的林木极易被破坏成为低效林(胡庭兴，1993)。

2. 非自然因素

现实森林中只有一部分演变成了低效林，这说明自然地理只是形成低效林的潜在因素。而人类使森林系统结构发生逆向演变，并沿着逆向继续发展，才是形成低效林的决定性因素。

(1)人为活动的干扰破坏

由于人口剧增，森林遭到严重破坏。过度的砍伐超出了森林系统的承受能力(张健等，1996)，形成低密度林分。反复砍伐则形成低灌林。不仅如此，人为的砍伐活动总是根据自己的需要伐优留劣，过度采伐优良林木，剩余的低劣林木最终形成残次林。

(2)违背适地适树原则

目前有相当一部分低效林是由于造林时立地类型选择不当而形成的。

(3)经营管理粗放

人工林的抚育管理是森林经营的重要环节。但目前一些地区人工林造林措施粗放，经营处于自然状态，很难形成优质林分。负向经营，即“砍大留小”“伐优留劣”和“拔大毛”等，使林分呈现出“正常林—疏林—低产林(低效林)—皆伐更新”的负向经营格局。技术薄弱、种苗质量差和缺乏科学而有效的管理手段都会造成林分密度不合理，形成低效林。

二、低效林改造

(一)低效林改造的概念及作用

1. 概念

低效林改造是为改善林分结构、开发林地生产潜力、提高林分质量和效益水平而针对特定低效林对象开展的包括林分抚育补植和保护等措施的森林经营活动。针对自然地理因素和非自然因素导致的低效林形成原因，改造的主要特征是在“尊重生物合理性、利用自然自动力、促进自然反应力”等3个近自然改造原则的指导下开展的各类抚育性经营措施，以缓解不利于森林生长发育的因素。这类抚育性经营措施包括对低效林采取的结构调整、树种更替、补植补播、封山育林、平茬修枝、嫁接复壮等。

2. 低效林改造的作用

由于低效林林分密度低，树种组成不合理、蓄积量小以及生长能力退化而导致这类林分的稳定性差、价值低，因而林地空间利用率低下，生产力低，生态服务功能脆弱。低价值人工林涉及的树种较多，主要有杉木、马尾松、油松、杨树、榆树、刺槐、黄波罗、水曲柳等，且多表现出未老先衰的特征，所以形象地把它们称作"小老头"林或"小老树"。退化天然次生林涉及的树种主要有山杨、白桦、黑桦、栎类、落叶松、马尾松、云南松等。杨树、桦树、栎木在北方次生林区占有很大的比重，但因多次砍伐而萌生成林后，山杨的病虫害越来越严重，生长衰退；白桦则密度过低；黑桦占有较好的立地却不能生产较好的用材；栎林在严重破坏后形成一些灌丛林或干形不良。

对组成、林相、郁闭度与起源等方面不符合经营要求的产量低、质量差的林分进行改造，目标是使其转变为能生产优质木材和其他产品，并能发挥多种生态效能的优良林分。

低效林改造可以增强森林防灾减灾能力，恢复森林的防护功能；改善林分结构、提高物种多样性和森林系统的稳定性；促进森林的快速增长，提高林木蓄积量；实现在保障生态防护效益的基础上兼顾经济效益，充分利用经济杠杆带动农民参与森林经营的积极性。此外，在应对全球气候变化的形势下，低效林改造可以提升森林的固碳能力，是增加生物碳汇的重要途径。

(二)低效人工林的形成及改造措施

1. 低效人工林形成的原因

(1)造林树种选择不当

由于造林的立地条件不能满足造林树种的生物学和生态学特性的要求，人工林生长不良，难以成林成材。对这类低价值人工林，一般应根据"适地适树"原则，更换树种，重新造林。还可用当地适宜的速生型树种进行嫁接，或采用林农混合的方式进行改造。

(2)整地方式过于粗放，栽植技术应用不当

整地过程中，如果不把土壤中杂草灌木的根系挖除或整地太浅，松土面积太小，会影响幼树生长。造林时，如果栽得过浅，培土不够或覆土不实，不但降低保存率，而且会严重影响林木生长。上述原因形成的低效人工林在改造时应着眼于林地管理，清除杂草，松土，培土，深翻施肥，使林木恢复生长势。可以去掉生长极差的幼树，栽植大苗或者更换树种，如在杉木林中更换一部分檫木。

(3)造林密度偏大或保存率过低

由于密度过大，营养面积与生长空间不能满足幼树的需要，必然导致林木生长不良，易遭病虫害与其他自然灾害的危害。保存率低则林木长期得不到郁闭，难以抵抗不良环境条件与杂灌木的压制。

对于密度过大的林分，应尽快进行抚育采伐，并且结合松土，使生长衰退的幼林得以复壮。间伐时最好清除萌芽蘖强的树种的根系，以免其萌生条与林木争夺水和养分。保存率小的人工林应加以补植，在大块空地上补栽原有树种，小块空地补栽耐阴树种。补植后要做好幼树抚育。

(4)缺少抚育或管理不当

造林后不及时抚育或抚育过于粗放，经营管理不好，幼树则生长孱弱或受破坏。

2. 低效人工林改造的技术措施

(1)留优去劣，间伐补植

采用近自然经营方法，首先选择和保护林分主林层和林下幼树层中的优良林木作为目标树，然后伐除质量低劣且影响目标树生长的林木(干扰树)，并在林下按群团状原则补植其他混交树种以改善树种组成和林分结构，从而实现林分改造目标。

(2)深翻土壤

在生产上广泛应用。松土的时间，北方以雨季前最好，南方最好在秋、冬季。深松土的适宜深度，北方一般为20~25 cm，南方为30~40 cm。深松土的间隔期一般为3~4年，但在间隔期内还应每年进行1~2次一般性土壤管理。

(3)开沟埋青、施肥

此方法在杉木林区常用。开沟本身就是一种深翻改土的措施，而埋青是一种以肥促林的改造手段，能有效增加杉木根量，尤其在表层40 cm处细根量明显增加。可促进地上部分生长，使“小老树”返老还青。开沟埋青的做法，是在行间挖开宽50~60 cm的壕沟，先将表层30 cm的土壤挖出置一旁，再用锄在沟底松土20~30 cm，然后在其上撒放青草、杂肥，再将表土填回。

(4)平茬复壮

由于缺乏管护，遭受人、畜破坏而形成的低价值人工林，如果树种具有较强的萌芽能力，常采用平茬的办法去除顶芽受伤的老枝干(并伐除上方遮蔽)来促进新枝快速生长。树木平茬后，可大大加速林木生长。例如，哈尔滨林业局丹清河试验林场对生长不良、干形不好的水曲柳幼苗平茬后，生长量比平茬前提高1.5倍以上。

(5)封禁林地

离居民点近的中幼林，由于过度放牧、过度整枝、过度耧取枯枝落叶与任意砍柴等活动，形成低价值次生林，应尽快封禁，制止破坏活动，如能辅以其他育林措施，则能较好地恢复地力，提高林分生产力。此外，配合适度修枝、及时除蘖、实行林粮间作等多种措施，可在一定程度上将低产劣质的林分改造为优质、高产的林分。

(6)其他措施

对于飓风、暴雪等自然灾害和病虫害等造成的退化森林，应根据森林的受损状态制定合理的抚育措施。如清理风倒木、林窗下补植、喷施农药和伐除病虫害严重的林木等，保证人工林朝高效、高价值的方向发展。

3. 低价值次生林的形成与改造方法

(1)次生林的特点与低价值次生林的形成

次生林是原始森林经过多次不合理采伐和严重破坏以后自然形成的森林。人工林采伐迹地上栽培树种的萌生林、入侵树种形成的混交林也属次生林范畴。尽管不同地区次生林在树种、起源、群落结构、生长以及分布状况等方面很不相同，但与原始林相比，它们却有许多共同的特点，主要表现在：

①次生林树种组成多为喜光与中性树种　次生林在长期的反复干扰后，林内光照增强，温差加大，蒸发加速，多年积累的死地被物迅速分解，地表径流增加，腐殖质层变薄或消失，气候、土壤条件趋向干旱；随之而来的是植物种类和群落类型的旱生化，如苔藓层衰退或消失，原始植被中较耐阴或中性的种类逐渐被喜光和速生的类型所代替，并且组成这些林分的树种大多数为喜光和中性树种。

②无性繁殖起源的林分多　由于构成次生林的树种如桦属、杨属、栎属、椴属、槭属等阔叶树种萌生能力强，人为的反复干扰破坏又会进一步加剧这一状况。越靠近居民点，交通方便的地方，萌生的次生林比重越大。

③林木早期生长迅速，但衰退也早　构成次生林的主要树种大多为速生树种，又起源于无性繁殖。因此，次生林比原始林生长迅速，成熟早，但是寿命短，衰退得也早，不宜培育大径材。

④林分稳定性差　次生林喜光的先锋树种群落受到人为破坏程度过大，将发生逆向演替而退化为灌丛、稀树草地，甚至荒地，如人为干扰程度小，随着进展演替不断发生树种更替，原始群落中的主要种类开始出现，次生林就由不稳定演替向着更加稳定的类型发展。因此，次生林是不稳定的。

⑤次生林林分结构复杂多样　次生林群落物种丰富，多样性高，种群结构复杂，群落中除具有构成当地森林群落的主要物种外，还有一些稀有种的出现。次生林是原始林遭到严重破坏后形成的，在失去了原有的生境条件后，初期只有少数树种能够生长，因而形成少数树种占优势的林分，树种较单一，垂直结构整齐一致，表现为单层林，甚至出现同龄林。

随着群落发育，林内环境发生变化，为中性和耐阴树种的侵入和生长创造了条件，出现更新层，此时为复层结构。其林分结构特征在时间上为多代混生，中、小径木占多数，并表现出随径级增大而数量减少的趋势，表现出典型的异龄林特征。

次生林的水平结构随着外力作用强度、树种特性及起源方式的不同，表现出较大的差异性，出现多样性特征，既有单株散生，也有群团或簇状分布，还有部分均匀分布。但多数次生林的分布是极不均匀的，在水平分布上呈交错镶嵌状形式。

⑥次生林多病虫害　次生林因为林内动植物种类单纯，老树根系的部分死亡和伐根腐烂，易使病菌侵入萌生植株，造成干材心腐。多次破坏后的多代萌生林，病腐最重，且病腐率随林龄增长。不合理的人为破坏经营，使林木生长势降低，害虫往往趁虚而入，喜光性强的阔叶树害虫在种类和数量上占优势，多危害嫩枝、芽和叶。

大量的次生林生长得较好、生产力也较高，但也有一些次生林生长差，甚至完全没有培育前途。因此，将生长过早衰退，生长量很低、干形不良、材质次、郁闭度小、林木分布不均、以非目的树种占优势以及患有严重病虫害的次生林，称为低价值次生林。外力干扰作用的强度、干扰的方式、树种的更新特性以及气候与土壤等环境因素的共同作用是形成低价值次生林的因素，其中人为干扰强度过大是最重要的原因。

(2)低价值次生林的改造方法

低价值次生林的改造一般采用采伐和造林相结合的综合营林措施。但是次生林改造的采伐不同于一般的抚育采伐和主伐。就抚育采伐而言，主要区别在于次生林的改造采伐强度较大，不受限制。强度的大小决定于林分的状况和改造的要求。只有当主要树种被压制，目的在于恢复主要树种优势地位的抚育采伐，才属于改造措施之一。

次生林改造采伐与一般主伐也有区别，其不同点在于，常规的主伐任务在于利用成熟林和更新为新的森林，但是属于改造范畴的次生林采伐的目的，旨在改变林分组成及其他特征，并且常常是在不成熟林分中进行。

次生林改造的造林方法，虽与一般造林相似，但是在选择造林树种时，除应考虑引入树种是否适合次生林的立地条件外，还须考虑引入树种与原生树种可能发生的种间关系。在林冠下造林时，须考虑造林树种的耐阴性。在林中空地补植时，要考虑造林树种耐温差的能力。

对低价值次生林的改造，应根据林分具体的情况采取针对性的措施。常用的方法有：

①全部伐除，重新造林

应用对象　非目的材种占优势、无培育前途的残破林分，绝大多数林木为弯曲、多杈，受病虫危害，难以培育成材的林分。一般适用于地势平坦或植被恢复快，不易引起水土流失的地方。目的在于改变主要组成树种与整个林分状况。

技术措施　首先伐除全部树木，但应保留目的树种的幼树，然后在采伐迹地上尽量利用自然力促进其天然更新。引进树种造林要选用适宜的树种。可根据改造面积的大小，分为全面改造与块状改造。全面改造的最大面积不超过 10 hm^2，块状改造的面积则更小，每块控制在 5 hm^2以下，呈“品”字形排列。块间要保持一定的距离，待改造新植幼林开始郁闭时再改造保留区。在次生林区，次生林多分布在山地，不同坡向、不同坡位往往分布着不同类型的次生林，对某一片低价值次生林进行改造时，采用块状改造更为适用。

注意事项　要按照立地条件正确地选择造林树种，特别要避免形成针叶纯林，以提高林分对自然灾害的抵抗能力与森林的防护效能。

②清理活地被物，林冠下造林

应用对象　一般适用于郁闭稀疏的低价值林分。

技术措施　首先清除稀疏林冠下的灌木、杂草，然后进行小块整地、造林。在林冠下进行人工造林，一般用植苗或直播造林，可大大缩短自然恢复演替的过程，使森林尽快恢复为地带性植被。哈尔滨丹清河实验林场在稀疏的蒙古栎林下栽植或直播红松。栽植红松时，将上层林冠郁闭度控制在 0.3～0.4。结果发现，红松在郁闭度大和全光下的生长状况，均不如在稀植林冠下，符合红松幼年期具有适度耐阴的特性。随着红松年龄和上层林冠郁闭度的增加，需要逐步进行上层疏伐。采伐的次数及强度应根据红松的生长和林地条件而异，以避免红松因条件变化过于剧烈而发生叶黄或死亡。一般稀疏蒙古栎林的整个改造过程，只需疏伐上层林冠 1 次即可(个别的 2 次)，第二次(最后 1 次)可把剩余的蒙古栎全部伐除，促进形成红松针叶纯林。栽植密度一般为 2000～2500 株/hm^2。在阴坡或阴冷湿度大的地方也可以栽植云杉等耐阴树种。

注意事项　在林冠下不适合栽植喜光树种。林冠下用补植补播造林必须注意适时疏开上层林冠，以利于幼树的生长。在砍伐上层林木时，必须严格控制树倒方向，以免砸伤幼树。采伐时间最好在春、夏两季，此时幼树枝干较软，不易折断。

③抚育采伐，隙地造林

应用对象　郁闭度大，但组成树种有一半以上经济价值低劣、目的树种不能占优势或处于被压状态的中、幼龄林；屡遭人为或自然灾害破坏，造成林相残破、树种多样、疏密不均但尚有一定优良目的树种的劣质低产林分。

技术措施　将抚育采伐与空隙地造林相结合。实施时，首先对林分进行抚育采伐，伐去压制目的树种的次要树种和弯扭多杈、受病虫危害、生长衰退、无培育前途的林木。然后在树木间隙与林窗内栽植适宜的目的树种。有的林分呈群团状分布，其中有的群团为多代萌生，生长过早衰退，在抚育时可进行群团采伐，然后造林。有的林分分布不均匀，有很多林中空地，则应对群团进行抚育采伐，在林中空地补植目的树种。在选择造林树种时，除了要考虑与立地条件相适应，还应根据树间空隙、林中空地的大小，考虑造林树种的耐阴性。林间空地小的用中性或耐阴树种，空地大的(大于树高 3 倍以上)可选用喜光树种。在阔叶次生林中，宜选用针叶树，使其形成复层异龄针阔混交林。在立地条件较差的低价值次生林中，应特别注意引进能改良土壤的树种，提高地力。

注意事项　林窗下要尽量保留目的树种的天然更新幼苗。

④带状采伐，引入珍贵树种

应用对象　这是在生产上运用最普遍的方式，适用于立地条件好、但由非目的树种形成的低价值次生林。

技术措施　在被改造的林地上，间隔一定距离，呈带状地伐除乔灌木，然后秋季整地，翌年春季造林，待幼苗在林墙(保留带)的庇护下长大后，根据幼树对环境的需要逐次将保留带上的林木全都伐除，最终形成针阔混交林或针叶纯林。

注意事项　带状改造栽植树种与采伐带宽、坡度、坡向关系密切。采伐带宽，光照条件充足，气温变化较大，杂草灌木及萌条生长繁茂，适宜栽植喜光树种；反之，采伐带窄(5 m 以内)，适宜栽植中性和阴性树种。此外，采伐带宽与坡度和坡向也有密切关系，尤其是易发生水土流失的山地，还应注意采伐带的排列方向。

为保证栽植幼树有良好的生长条件，在幼林郁闭前，需要及时松土除草及割除萌条，抚育的次数以保证幼树的生长不被杂草灌木和萌条造成过度的竞争为准。

⑤局部造林，提高密度

应用对象　主要树种符合要求，但密度较小(郁闭度在 0.5 以下)，甚至为疏林或疏密不均的次生林。

技术措施　在稀疏处或林中空地通过补播、补植以提高林分密度。通常用块状法进行局部造林，其方法是：在林中空地上清除灌木，进行大块整地(每块整地面积为 1 m × 1 m，或 1 m × 2 m)、在块状地上进行密集造林，一般以每块播种 5 ~ 9 穴或栽植苗木 5 ~ 9 株，使种植点密集成群，幼树在块内尽早郁闭。可以灵活选用多树种，未来林分可以成为团状混交林。

注意事项　局部造林树种一般应选比较耐阴、生长速度中等或稍慢的种类。还要考虑立地条件，如果采用的树种与立地不相适应，生长很慢，以后会被原有林木所压，达不到补植目的。

⑥封山育林，育改结合

应用对象　疏林或林中空地，暂不能进行林分改造的地段。

技术措施　在充分考虑当地群众生产生活需要的基础上，选择全封、半封和轮封的方法。

注意事项　要使封山育林取得效果，必须注意全封和半封相结合，封与育相结合，乔、灌、草相结合。必须对次生林进行补播、补植和抚育，使林分有适度的密度和合理的结构。

由于低价值次生林有较多的类型，改造的措施和方法也很多，因此，应遵循以育为主，因林制宜、因地制宜，适当考虑经济条件的原则，采取综合措施。要对改造的效果进行检查，由于改造初期群落尚不稳定，一般要等到3～5年后才能进行效果评定。

（段　劼）

复习思考题

1. 林学术语解释

封山育林　全封　半封　轮封　低效林　低效人工林　次生林　低价值次生林

2. 基本知识解答

(1)封山育林技术都有哪些？

(2)封山育林的对象和条件是什么？

(3)封山育林的类型是什么？

(4)低效林的类型及其形成的原因？

(5)低效林改造的作用都有哪些？

(6)低效人工林形成的原因是什么？

(7)低效人工林改造的技术措施包括哪些？

(8)次生林的特点有哪些？

(9)低价值次生林形成的原因是什么？

(10)低价值次生林的改造方法是什么？

3. 综合应用

(1)试述城市近郊山地常见的封山育林技术措施与注意事项。

(2)论述各林种低质低效人工林改造技术。

(3)论述我国各区域低价值次生林改造技术。

推荐阅读书目

森林培育学(第3版). 翟明普，沈国舫. 中国林业出版社，2016.

第十一章　城市森林营造

【内容提要】本章主要介绍城市森林的概念，城市森林的特点和作用；城市森林的分布及规划的原则与内容；城市树木栽培的基本环节、关键技术以及城市森林管护的主要措施。

第一节　城市森林概述

一、城市森林的概念和特点

1. 概念

城市森林是指地处城市行政区域内或与城市的社会、经济及环境有密切关系地区的森林，包括：城市及其周围生长的以乔灌木为主体的绿色植物和其他相关生物群落与非生物环境。

自 1962 年美国肯尼迪政府在户外娱乐资源调查报告中首次使用“城市森林”(urban forest)这一名词后，有关城市森林的概念不断出现，但由于角度不同，目前仍没有统一、公认的标准定义。美国学者 Rowantree(1974)认为：如果某一地域具有 5.5~28 m^2/hm^2的立木地径面积，并且具有一定的规模，那么它将影响风、气温、降雨和影响动物的生活，这种森林可称为城市森林。Miller(1966)则指出：人类密集居住区内及周围所有植被的总和，它的范围涉及市郊小区直至大都市。我国也有众多学者提出了城市森林的概念，王木林(1997)等认为城市森林是指城市范围内与城市关系密切的，以树木为主体，包括花草、野生动物、微生物组成的生物群落及其中的建筑设施包含公园、街头和单位绿地、垂直绿化、行道树、疏林草坪、片林、林带、花圃、苗圃、果园、菜地、农田、草地、水域等绿地。刘殿芳(1999)城市森林为生长在城市，对所在环境有明显改善作用的林地及相关植被，它应具有一定规模，以林木为主体，包括各种类型(乔、灌、藤、竹、层外植物和水生植物等)的森林植物、栽培植物和生活在其间的动物(禽、兽、昆虫等)、微生物以及它们赖以生存的气候与土壤等自然因素的总称。彭镇华(2003)认为城市森林是城市地域内各种树木及相关植被的总和，它对城市环境有明显的改善作用，能平衡和补偿城市环境负效应，并相对于城市建设用地在面积上占有优势，是中国森林生态网络建设的重要组成部分。

2. 城市森林的特点

(1)城市森林的服务对象是城市，要满足城市的多功能需求

城市森林处于人口高度密集的城市环境之中，其主要是满足城市多功能要求。城市环境状况具有高度异质性，要求城市森林与生态环境的异质性相匹配，能够提供特殊的生态功能，应具有较强抗污染能力的生态功能，兼具提供季相和色相特征丰富的景观效果、旅游休闲娱乐场所、科普教育基地等。因此，在城市森林建设中要突出生态功能，同时也要兼顾游憩观光等多项功能。

(2)城市森林所处的地域人口最为稠密，与人的关系最为密切

城镇人生活在一个生物种匮乏，自然因素奇缺的高度人工化环境，生活的快节奏和长期远离自然的孤寂，使现代的城镇人更渴望自然的气息。在充斥着人造景观的都市里，城市森林绿地是唯一可以使人体验和谐安详的自然气息的场所，它可以为老年人提供散步休憩的场所，为年轻人提供谈情说爱的地方，为孩子们提供玩耍嬉戏的场地。城市森林与人的关系最为密切，它的建设使森林不再是遥远的自然，不再只是假日郊游或远足的奢求，直接改善人们的居住、工作、休闲环境，从而有益于人的身心健康。

(3)城市森林与其他地域的森林类型相比，受人为因素和外界不利环境条件影响最大

城市森林分布的地域是人口最为集中、人类活动最为频繁的，因此受人为因素的影响也最大。主要体现在：林地内人为活动频繁；人工雕琢的痕迹多；人工植被比重大；引进的外来物种比较多；生物多样性相对较低。

城市森林除了受人为活动的强烈影响以外，还要承受城市的大气、土壤、水等污染及热场等特殊环境所造成的压力。生长在城市地域内的树木和森林，除了要承受干旱、洪涝、病虫害、火灾、风灾等常规自然灾害的威胁以外，还要面对相对恶劣的城市环境。城市大气污染、土壤污染、水体污染、酸雨以及城市燥热等，都会对树木的生长、群落的稳定造成很大的影响。

(4)城市森林的维护费用相对较高

城市森林中人工林的比例很大，土壤、水分、大气、气温等环境条件不同于一般的天然立地条件，特别是一些景观视觉效果的保持需要特殊的管护，因此，整个林分需要较长时间的人工维护，水资源消耗也较多。同时，城市里的林木需要经常进行病虫害防治，因影响交通、电力、建筑、居民人身安全等还需要额外的修剪管护等工作，其人工费用较高。

(5)城市森林包含的内容广泛，但以城市森林培育、经营和管理为核心

从国内外对城市森林概念的界定来看，它已不仅仅指一般意义上的森林。狭义上讲，城市地域内以林木为主的各种片林、林带、散生树木等绿地构成了城市森林主体，而广义上看，城市森林作为一种森林生态系统，是以各种林地为主体，同时也包括城市水域、果园、草地、苗圃等多种成分，与城市景观建设、公园管理、城市规划息息相关。

二、城市森林的分布

(一)城市公共土地森林类型

1. 公园中的森林

(1)公园中的森林

在城市景观中，公园中的城市森林与天然森林最为相似，这一类别中的城市森林大部分是人工营造的，也有少部分是由原有森林残留的小部分次生林发展而来的。公园规模可大可小，大的如综合性公园、大型游园、郊野公园或皇家园林，小的如位于商业区域内的街头绿地、小游园或街边公园等。

(2)公共道路附属林带

城市中街区公共道路的附属林带是城市森林最主要的组成部分，它们往往与街道相毗邻或位于干道中间隔离带上，主要类型包括树木草坪、林荫大道和公园绿带。由于公共道路的宽度变化范围很大，而且经常有机动车道和人行道之分，这些地段的林木经常是以单株单列式种植的。除非是在空间相对较大的地段，可以种植多种树木、灌木和其他风景林，并且从空间构型上也可以是多样化的。

(3)铁路及高速公路附属防护绿地

城市中在铁路及高速公路两旁的绿化用地，具有卫生、隔离和安全防护等功能。在美国，高速公路两侧或线路内部的若干地段或者在干线中间，经常种植大量林木。一般县、州级高速公路的林木配置方式与街道树木的配置类似，但联邦级高速公路一般占用土地面积较大，可以栽植乔木、灌木和其他风景园林植物。铁路附属绿地在城市森林所占的比例较小，但在废弃的道路和站区广场可以种植大量林木。

(4)公共建筑附属绿地森林或林木

与公共建筑相邻或处于公共建筑之中的广场、道路、中小学校园、动物园、大学校园、医院、礼堂、博物馆、教堂及其他公用福利事业也是城市森林的一个很重要的组成部分，同时在世界各地绝大部分广场周围都种植着大量林木，它们一方面起绿化、美化效果，另一方面也可以界定广场与其他设施的位置。

(5)治外法权土地的森林

治外法权土地是指虽然从分布上不属于市区范围的土地，但土地拥有权、树木栽植、经营管理权却归市政府的土地，主要包括城郊绿化带片林、防护林带、果园等。这些地区的森林具有防风固沙、水土保持的作用，同时也可用于休闲娱乐、风景游览，甚至可用作垃圾处理场的土地，因此它们的价值是极其巨大的。

(6)河、湖、湿地岸区绿化带森林

河岸、运河、大堤、防洪堤、河槽、湖岸甚至海岸绿化带森林都属于城市森林的一部分。这些地区一般总是被造成公园或者各种休闲娱乐场所，同时为城市提供了绿化带。如果河流或湖泊本身位于市区之内，可为以水域有关的园林绿化提供了更加广阔的空间。

2. 城市私有土地森林类型

(1)居民住宅区

在住宅区，如果土地所有权归私人所有，通常分布在这些土地上的林木一般也归私人所有，尤其是在别墅区，林木花草都会影响这些建筑的价值。

(2)工业区

工业区的功利主义更明显，但许多企业还是建立了风景小区、园林植物种植区和小型公园，以及其他休闲娱乐区，并且有各种防护林带、隔离林带存在。

(3)商业区

商业区在城市的土地利用面积上所占比例小，因而森林分布面积也小。但是，近年来由于对环境问题的认识在提高，因此，林木和其他风景林设施在商业区也有所增加。

三、城市森林的作用

1. 生态作用

城市森林植物具有很好的吸热、遮阴和蒸腾水分的作用，可以有效地减轻城市的“热岛效应”。森林植物通过其叶片大量蒸腾水分，带走城市中大量的辐射热，降低城市表面低气温；同时，也提高了城市大气的相对湿度。城市森林植物还可以净化城市空气、水体和土壤，减弱噪音，保护生物多样性，保持水土，有的植物可监测环境污染，有的还可以过滤、吸收和阻隔放射性物质，具有安全防护功能。

2. 经济作用

作为物质资源的城市森林具备一定的生产能力，其木材及其他林产品能够产生直接的经济效益；城市森林会使房地产增值，促进房地产业的发展；此外，城市森林游憩已成为城市居民重要的休闲娱乐活动之一，城市森林旅游业的蓬勃发展带来了巨大的经济效益，且具有广阔的前景；城市森林还可以作为增加就业的渠道。

3. 社会作用

城市森林可以提高居民的健康水平，改善城市居民的生活环境。树木和森林可以起到遮阴作用，减少紫外线的伤害，树叶还可以吸收很多现代污染物，有利于改善城市居民的健康；另外，城市树木可以改善居民的生活方式，缓解生活和工作压力；城市森林还具有保护和美化城市景观的功能，城市绿地是城市景观效果的重要组成部分；城市森林也是开展文化教育的重要场所，为人们提供认识和热爱自然的教育作用。

第二节　城市森林培育规划

一、城市森林规划的原则

1. 社会性原则

(1)创造安静祥和的自然条件

城市森林应该创造一个使人感到自然、荒野的环境，这些给人带来的不仅仅是远离都市喧嚣的宁静与安逸，还有对自然的热爱，对生活的憧憬，对保护环境、爱护环境意识的增强。

(2)为各种社会活动提供平台

城市森林应为多种社会活动提供平台，比如散步、骑行、观光、野餐、家庭和朋友聚会等。有些活动需要热闹气氛，有些则需要僻静悠闲，满足个人多种爱好和需求。

(3)创造安全舒适的绿色环境

城市森林最为适用的作用就是为人们创造安全、舒适的绿色环境。包括街道树荫等地块，一方面为人们提供休闲场所，另一方面能使人心理上充满安全感。

2. 生态优先原则

(1)按照生态系统完整性合理规划布局森林绿地系统

在规划布局中，应强调生态平衡原理的主导作用，使森林和绿地系统的结构和布局形式与自然地貌和河湖水系相协调，并注意与城市功能分区的关系，着眼于整个城市生态环境，使城市森林和绿地不仅围绕在城市四周，而且把自然引入到城市之中，以维护城市的生态的生态平衡。

(2)符合当地自然特征，具有与区域环境条件相一致的森林类型

在规划设计时，应强调生态平衡原理的主导作用，使森林绿地系统的结构和布局形式与自然地貌和河湖水系相协调，并注意与城市功能分区的关系，着眼于整个城市生态环境，合理布局。

(3)以自然群落结构为范，保护生物多样性

在设计中应尽量多设计混交林，乔灌草结合，模拟异龄复层的自然群落结构，构成一个和谐有序、稳定的群落。一般来说，群落的物种多样性越高、结构越接近自然，其稳定性越强、抗干扰能力越强、养护成本越低。

3. 符合地方特色原则

(1)能最大程度满足人们对美的心理需求

城市森林只有具有结合当地的审美理念和四季气候特点，充分体现艺术感染力，才能给人以美的享受，才是舒适、优美的生活环境，最大程度地满足人们对美的心理需求。

(2)创造具有地方文化特征的独特绿色环境

不同地域、不同城市的气候、地理、居民生活习惯及历史文化都有不同的特点。因此，在规划设计时，应对所在地区文化特点进行深入分析。只有具有地方文化特征的绿色环境才具有特色，才具有生命力。

4. 多功能协调统一原则

城市森林规划要与多功能目标相结合，城市森林和绿地空间是人们使用频率较高的日常户外生活空间，是满足城市居民休闲、室外体育、娱乐和游憩活动需要的主要场所。因此，在城市森林和绿地环境的建造中，应尽可能从人们休憩、体育、娱乐的功能需求出发，并满足不同层次人们的需要。

二、城市森林规划的步骤

1. 资料收集

(1)基础资料

包括城市总体规划、国土利用规划、近期森林资源调查报告及森林分布图，园林绿化情况统计表，园林绿化现状图，上年度社会经济发展报告，最新版城市行政区划图及地形图等。

(2)城市林业相关规划及调查资料

包括城市林业发展规划，城市绿地系统规划，园林绿化规划、道路和水系绿带规划，近期森林资源调查报告和森林分布图，城市绿化统计报告资料。

(3)其他资料

包括自然条件、建设区土地利用现状资料、规划区域内现有植被情况、城市设施分布图纸资料、社会文化发展现状资料等。

2. 现状调查

(1)自然环境条件调查

包括：土壤调查，调查确定城市的土壤种类、分布状况、宜林程度等，一般通过剖面观察和土壤理化性质的实验分析来完成，最后形成城市土壤类型分布图；地带性植被调查；市区小气候状况调查；水资源状况调查；地形、地貌等因子的调查；城市环境污染状况调查。

(2)社会经济状况调查

包括：城市不同功能区的分布位置、面积和状态，通过调查确定市区范围内工业区、居民区、休闲娱乐区、商业区的位置和面积大小及现存的主要问题；不同地区的土地利用状况；搜集有关城市森林营造技术的经济定额；城市森林社会需求调查；城市不同区域森林营造的可行性与合理性调查；城市的历史传统和文化背景，城市人口的规模、结构和密度，市民的环境意识、教育素养及对城市森林的热爱程度，现行城市森林管理体制及政府对城市森林建设的重视程度；城市环境容量预测等。

(3)市区现有植物资源状况的调查

包括：街道、公园、庭院等绿化植物的种类、数量、配置以及生长习性与表现；造林面积及抚育采伐利用情况的调查；地被植物、花草、绿篱树种等植被类型和生长状况；植物病虫害发生与危害现状；森林发挥的效益状况调查；古树名木的数量及分布等。

3. 规划设计

(1)总体规划设计

总体规划图设计是由图纸和文字说明两部分组成。

图纸部分包括：总体规划平面图、重点森林景点平面图和效果图、公用设施、管理设施、管线的位置及走向分布图等。

说明书部分包括：设计依据、设计的规模和范围、面积、项目组成、对生态环境的影响分析等；设计构思、原则、指导思想、游览线路布置等；树种选择及配置的典型设计、功能和效益分析；技术、经济指标，用地平衡表、土石方概算、苗木及材料来源于数量概算、总投资概算等。

(2)初步设计

初步设计应在总体规划设计文件得到批准后进行。初步设计文件包括设计图纸、说明书、工程量总表和概算。

设计图纸部分包括：位置示意图、现状图、土地类型区分图(立地类型区划图)、设计总平面图、竖向平面图、道路设计图、灌溉系统布局图、典型种植模式设计图等。

初步设计说明书部分包括：针对总平面设计提出土地资源数量、现状处理、设计的技术分析及处理措施，种植材料的选配、森林结构设计的构思等。

工程量总表包括：各种种植材料的数量、规格；建筑材料及工程建设的土石方量等。

(3)施工图设计

在初步设计文件批准后，就可以进行施工图设计。施工图设计文件包括：设计图、文字说明和预算。主要种植施工图，包括：种植平面图、立面图、剖面图、局部放大图、苗木表和预算表等。

三、城市森林规划主要内容

1. 城市森林可利用土地类型确定

(1)城市的土地生态类型

城市作为一个建筑密集的地理单元，不管有多少种土地表面，基本上可分为 5 大类型：硬质表面、水面、土壤表面、植物表面和堆积物表面，可建立一个简单的城市土地表面的分类系统。

(2)城市市区森林培育用地范围

我国《城市用地分类与规划建设用地标准》(GB 50137—2011)将城市建设用地分为 8 大类，城市非建设用地分为 3 大类。该标准明确了城市林业用地为非建设用地，而将绿地归入公共开放空间用地。除此之外，其他建设用地中的附属绿地也应属于城市林业经营用地。

(3)城市郊区森林培育用地范围

城市郊区用地可分为居住、工矿、林业、农牧、道路交通、仓储、水域、特殊用地、森林公园和自然保护区等类。郊区是城市森林培育的重要舞台，上述土地利用区域都和城市森林、湿地、草地等有关，但以自然保护区和森林公园为最主要的形式。

2. 城市森林的树种选择

(1)树种选择的原则

①基本原则

适地适树原则　是指栽培的树木的生物学特性和栽植造林地区的立地条件和气候条件相适应。城市环境是完全不同于自然生态系统的高度人工化的特殊生态环境，因此，对于城市人工立地条件的适应性考虑是城市森林建设植物选择的首要原则。

生态功能优先，兼顾经济的原则　在确保适地适树的前提下，以优化各项生态功能为首要目标，尤其是主导功能。城市森林建设是以改善城市环境为主要目的，以满足城市居民身心健康需要为最终考核指标的。因此，城市森林建设的植物选择与应用的根本技术依据是最大效应地发挥植物的生态功能。

乡土树种与外来树种相结合，以乡土树种为主的原则 乡土树种是在本地区有天然分布的树种。乡土树种经过长期的自然选择，对本地区的自然环境条件适应能力较强，易于成活，用乡土树种营建城市森林，既节省经费又易于见效，并且能够体现地方特色。同时，还可积极发展已证明符合当地生长条件的外来树种，以增加城市的植物种类，提供丰富多彩的景观效果。在进行植物选择时，应以乡土植物为主，外来植物为辅，在数量上乡土植物要形成一定的优势。

景观价值原则 实现树种观赏特性多样化，充分考虑城市总体规划目标，扩大适宜观花、观形、遮阴树种的应用范围，完善城市森林的观赏游憩价值。

生物多样性原则 在适地适树的前提下，要尽量使用多种植物栽培，乔、灌、草、藤本植物综合应用，比例合理，在植物配置上应重视形态与空间的组合，使层次和空间富有变化，从而强调季相变化效果。根据生态学原理，生物多样性还能促进生态系统的稳定性。

②辅助原则

速生树种和慢生树种相结合，近期以速生树种为主的原则 速生树种早期绿化效果好，容易成荫，但速生树种的寿命通常较短，对城市绿化的长效性带来不利影响。慢生树种虽然生长缓慢，但寿命一般较长，能很好地体现城市绿化的长效性。因此，在进行植物选择时，要有机地结合二者，取长补短，并有计划地分期分批地将慢生树种替换衰老的速生树种。

落叶树种和常绿树种相结合，因地制宜地确定合理的比例 落叶树一般生长较快，每年更换新叶，对有毒气体和尘埃的抵抗力强。常绿树种分为阔叶常绿树和针叶常绿树，冬夏常青，是城市森林一年四季都有良好的绿色景色和防护作用。但常绿树种一般生长较慢，栽植时成本较高，因此在实践中，可根据各地的自然条件和施工力量来确定合理的比例。

尽可能减少培育成本的原则 城市森林建设是城市的基本建设之一，是城市生态建设的重要组成部分，是一项长期而艰巨的任务。在我国目前的经济条件下，投入不足仍然是制约城市森林发展的瓶颈。因此，在树种选择能满足城市森林培育目标的前提下，要考虑所选树种的培育成本问题，从生态效益、观赏效果和投入产出等综合考虑各种植物的比例。

(2)树种选择规划

①森林植物本底调查 包括自然植被类型和乡土植物种类调查、城市建设中保留的原生植被生长状况调查、城市中人工种植植物种类及生长健康状况调查、城市居民对城市绿化植物种类的喜好程度调查等。调查可以采用问卷法、实地调查法、资料分析法等。

②植物生态功能测定分析 在植物调查的基础上，对各种植物的生态功能进行定量化的测定，找出各种植物的突出或主导生态功能指标。测定的内容包括植物固定CO_2能力、蒸腾散水能力、遮阴降温效果、吸收(抗)污染能力、滞尘能力、是否分泌杀菌素及杀菌能

力、水源涵养能力等。

③功能及适应性评价　综合评价植物的生长适应性和生态功能，提出各种植物的适宜生长立地条件，以及在城市森林建设中可以发挥的生态功能的排序，为城市森林建设不同生态功能分区的植物选择提供科学的选择依据。

④城市森林植物规划　在城市立地类型区划基础上，调查树种生长状况，以综合生长适应性为依据，选取各立地类型上现有代表性植物。综合树种功能特性和各类立地条件下的生长适应性，根据城市森林类型的功能目标特点完成各类森林树种的选择规划。

3. 城市森林结构设计

森林结构是指组成林分的林木群体各组成成分的空间和时间分布格局，包括组成结构、水平结构、垂直结构和年龄结构。其中，垂直结构和水平结构是林分的基本结构类型，组成结构和年龄结构往往通过垂直结构和水平结构来表达。林分的结构主要取决于树种组成、林分密度、种植点配置和树木年龄等因素。其中，密度和种植点配置主要决定林分水平结构，树种组成和年龄主要决定林分的垂直结构，组成结构和年龄结构则由林分的树种比例、林木起源或经营时间决定。

(1) 栽植密度的确定

密度对林木的生长发育有重要影响，密度决定人工幼林郁闭的早晚，郁闭是森林成长过程的一个转折点。城市森林栽培密度的确定取决于所培育森林的功能目标、所选树种的特性、造林地的土壤和微气候等立地条件以及经营上的特殊要求。

(2) 树种组成的确定

一般道路林带以纯林为主，公园等片植森林绿地以混交林占比较大。混交林树种和混交比例的设计，必须根据主要树种和混交树种的生物学和生态学特性及造景要求来决定。

具体要求：

①主要树种的选择要严格做到适地适树，要特别重视乡土树种的选用。

②混交树种与主要树种在生态特性上不仅要有较大的差异，而且要有良好提升森林整体景观质量和功能效益的作用。

③城市森林树种组成在规模范围内应体现多样性。

(3) 树种的配置

①配置原则

整体协调性原则　城市森林建设中植物的配置要遵循自然规律，利用城市所处的环境、地形地貌特征，自然景观，城市性质特点等进行科学建设。要高度重视保护自然景观、历史文化景观，以及物种的多样性，把握好它们与城市森林的关系，充分研究和学习、借鉴城市所处地带的自然植被类型、景观格局和特征特色，在科学合理的基础上，适当增强植物配置的艺术性、趣味性，使之具有人性化和亲切感。

生态优先原则　在城市森林的规划和植物配置设计中，植物材料的选择、树种搭配、花卉的点缀及草坪的衬托等必须最大限度地以改善生态环境、提高生态质量为出发点。在植物种类选择上，应尽量多地选择和使用乡土植物，创造出稳定的植物群落；充分应用生态位原理和植物他感作用，合理配置植物。

可持续发展原则　要以自然环境为出发点，按照生态学的原理，在充分了解各植物种

类的生物学、生态学特性的基础上，合理布局，科学搭配，因树木是活的有机体，随着时间的更替，在不断地生长壮大，在配置时应考虑到这种发展和变动性，获得较长期稳定的效果。

结合美学与传统文化造景的原则 在城市森林建设的植物配置中坚持文化原则，可以使城市森林向充满人文内涵的高品位方向发展，使不断演变起伏的城市历史文化脉络在城市森林中得到体现。在城市森林建设过程中，把反映某种人文内涵、象征着某种精神品格、代表着某个历史时期的植物科学合理地进行配置，形成具有特色的城市森林景观。

②配置的方式方法 树木配置的方式多种多样，分类方法各不相同，通常分为规则式、自然式和混合式3种，每一种方式又有若干种方法。

规则式配置 这种方式的特点是有中轴对称，株行距固定，排列整齐一致，表现严谨规范，讲究几何造型。包括中心植、对植、列植、环植等。

自然式配置 不要求株行距一定，也无中轴对称，不同植株在空间上参差错落，变化自然。包括孤植、丛植、群植、林植、篱垣式配置。

混合式配置 在某一空间的植物造景中，采用规则式和自然式相结合的配置方式，称为混合式配置。在实践中，通常在规则式和自然式中选择一种作为主要配置方式，另一种为次要方式。混合式配置一般在较大的空间里运作，要因地制宜，转换自然，整体协调。

第三节 城市森林营造技术

一、城市森林营造的准备

1. 城市植树季节

从生物学角度讲，树木的栽植季节要选在适合根系再生和枝叶蒸腾量最小的时期，而这两者是由气候、土壤和树木的生长发育规律决定的。适合的栽植季节应是气温适宜、土壤含水量较高、苗木根系活动能力较强、空气湿度大、枝叶蒸腾量少、遭受自然灾害的可能性较小的时期。

(1)*春季栽植*

春季是适合大多数树种栽植的季节，也是我国主要的造林季节，我国的植树节定在3月12日就是这个道理。春栽的时间，一般在土壤解冻以后至树木发芽之前进行。春季栽植符合树木的生物学特性，因为一般根系生长要求的气温较低，春季在芽尚未萌动前，多数树种的根系已解除休眠、开始活动。此时栽植，土壤温度适宜，多数地区土壤湿度也较大，根系能很快恢复生长，而此时苗木的芽和叶尚未展开，加上气温低、湿度大，地上部分蒸腾少，苗木能很快建立新的水分平衡，苗木的成活率高。春季植树宜早不宜迟，在北方，只要土壤化冻就可以栽植；在南方，春季升温快，季节变换迅速，更应尽早栽植，以免延误时机。西南地区由于受印度洋季风影响，春季干旱少雨、气温高，不宜春季栽植，宜在冬季或雨季栽植。

(2)*雨季栽植*

干、湿季明显的地区，雨季是适宜的栽植季节，如华北大部和西南地区。雨季栽植主要适合某些针叶树种(如侧柏、柏木等)和常绿阔叶树种(如桉树)等，在春梢已停止生长而秋梢还未开始生长时进行。雨季气温高，树木蒸腾旺盛，如操作不当树木不易成活，关键是要掌握雨情，一般在下过一两场透雨后，出现连续阴天时栽植效果最好。在夏季栽植树木时，大部分树种要带土球，并加大种植穴的直径(通常比土球大30 cm左右)和重剪树冠。树栽好后，要注意灌水，还要往树上洒水、喷抗蒸腾剂或喷蜡等。

(3)秋季栽植

进入秋季后，树木生长减缓并逐步进入休眠状态，但树木各部分进入休眠时间不一致，一般情况下根系进入休眠的时间比地上部分晚1~2个月。因此，秋季栽植的最佳时间是地上部分已进入休眠而根系尚在活动的时期，一般北方在10月下旬至11月上旬，南方在秋末冬初，在物候上是落叶树种大部分叶片脱落以后。此时栽植，根系在当年就能恢复，翌年发芽，栽植成活率高。

(4)冬季栽植

我国北方地区冬季严寒，土壤结冰，不能栽植树木。但中部和南部地区冬季土壤很少结冰，气温虽低但土壤温度较高，这些地区，在树木的整个休眠期都可以植树造林。

除了掌握种树的最有利季节外，还应注意选择理想的天气。在阴天、雾天、小雨天、清晨或傍晚栽植，气温低、光照弱、蒸腾少，有利于苗木成活。

2. 苗木准备

城市树木栽植所用苗木应根据设计要求，在栽植前半年以上，从育苗地选择合乎树种或品种、苗龄、规格、质量、产地等要求的苗木。栽植前在冠形、活力等不受影响的前提下，科学规范地起苗、包装和运输。

(1)起苗前的准备工作

①号苗　按设计要求到现场进一步选择苗木，并作出标记，通称“号苗”。所选数量应略多些，以便补充栽植时淘汰损坏的苗木。

②包扎树冠　对枝条分布较低的常绿针叶树、冠丛较大的灌木及带刺或叶枝扎手的树木，应先用草绳和草席将树冠适当包扎和捆拢，以便操作。

③浇水和排湿　为了有利挖掘和少伤根系，育苗地过干应提前几天灌水。如果土壤过湿应提前开沟排水或松土晾晒。

④人力、工具及材料的准备　起苗前应组织好劳力，并准备好锋利的起苗工具和包扎材料和运输工具。

(2)苗木挖掘

起苗分带土球起苗和裸根起苗两种，裸根起苗需要的工具和材料少，方法简单，成本低，经济实惠，但有的树种采用裸根起苗栽植后缓苗较慢或不成活。带土球起苗需要的工具和材料多，技术性强，成本较高。

①裸根苗挖掘　大多数落叶树种可裸根起苗，苗干基径一般不超过10 cm都可以起裸根苗。裸根起苗应保证树木根系有一定的幅度和深度，乔木树种的根幅可按树木的胸径8~12倍为准，灌木树种可按灌木丛高度的1/3确定，深度要在根系主要分布层以下。起苗的方法是在定点圆外侧垂直向下挖至一定深度，随挖随切断侧根，如遇难以切断的粗根，应把周围土壤掏空，用手锯锯断，切忌强按树干并用铁铲猛切粗根，造成根系劈裂。

苗木起好后，如暂时不能运走，应在原地用湿土将根系覆盖好，进行临时性的假植；如果较长时间都不能运走，应按要求集中假植起来，干旱季节要保证覆盖土的湿度。

②带土球起苗　带土球移栽技术要求比较严格，挖树时应尽可能掘得深一些，注意保护根系少受损伤。土球大小、一般半径不得小于离地面 10 cm 高处的树干周长，厚度为土球直径的 2/5～2/3。如果距栽植地较远，必须包装。包装材料的选择要根据土球大小和土壤的质地而定。如果树龄不大，土壤黏性较大，可以用软材料包装，即用草绳、蒲包包裹缠绕土球，捆绑牢固。如果树龄较大或土壤较疏松应用软材料包装，通常多用木板包装。挖时把所带土球修成正方形，以便包装。树木包装后，应尽快运到栽植地点及时栽植。

③苗木装运和假植　运苗过程中常常会发生苗木枝干和根的表皮被损伤，有时根系和枝叶被吹干。因此，应采取一定的措施进行保护，尤其长途运苗时更应多加注意。

在同时购进大量的苗木时，在装车前，应先核对购买的苗木种类与规格，并需检查起苗的质量，对已损伤不能用的苗木要挑出淘汰，并补足苗木数量。车厢上与底部应先垫好草袋或草席，以免车底板或车厢板磨损苗木。乔木苗装车应根系向前，树梢向后，顺序码放，不可压得太紧，也不能超高(从地面车轮到最高处不得超过 4 m)，树梢更不可拖地，根部要用苫布盖严，并用绳捆牢。

带土球苗装车时，苗高不足 2 m 则可立放；苗木高度在 2 m 以上的装车时应土球在前，树梢向后，斜放或平放，并用木架或垫布将树冠架稳、固牢。土球直径小于 20 cm 时，可码放 2～3 层，并应装紧，防止开车后滚动；土球直径大于 20 cm 者，只许装一层。运苗时土球上不许站人和压放重物。运输装卸时要轻装轻放，防止根、枝折断和根部泥土散失，以利成活。远距离运输途中要适当淋水。如不能及时栽植，应放置阴凉处淋水，保持湿润。

在苗木未运到栽植地前，应做好各种准备工作，苗木运到后，应该立即栽植。但由于各种原因，如当地气候因素土壤未解冻，不能挖穴；也可能施工地地形没有整好；或是种植穴没有挖、劳力不足等，致使苗木运到后不能立即栽植。在这些情况下，必须将苗木假植起来，应视距栽植时间长短分别采取不同的假植措施。

裸根苗必须当天种植，裸根苗木自起苗开始暴露时间不宜超过 8 h。当天不能种植的苗木应进行假植，如不超过一天临时性放置，可先在根部喷水后再用苫布或草席、草袋盖好。

带土球苗木运到施工现场后应紧密排码整齐，当天不能栽植时应往土球上喷水或往土球上撒些细土或稻草，如能盖上草席更好，以保持土球湿润。1～2 d 内还栽不完，应集中码放好，周围培土；如囤放时间较长，土球间隙中也应填土。常绿树在假植期间应随时注意喷水；珍贵树种和反季节所需苗木，除应选合适的季节起苗外，一旦苗木不能立即栽植，应采用容器假植或寄植。

为了提高苗木栽植的成活率和囤苗，有些地方采取寄植的方法，寄植比苗木假植要求高。一般在早春树木发芽之前，按要求起好土球苗或裸根苗，在施工现场附近进行相对集中的培育。对于裸根苗，应先造土球再行寄植。

3. 施工方案的制订

承担绿化施工的单位，在工程开工之前，首先必须了解设计意图、明确施工任务。其次，施工主要负责人员必须亲临现场进行细致的踏勘与调查。在此基础上制订详细的施工方案。

施工方案包括工程概况、组织机构、施工进度、劳动力计划、材料工具供应计划、机械运输计划、施工预算、技术和质量管理措施、施工现场平面图、安全生产制度。

4. 施工现场的准备

主要包括：对妨碍施工的障碍物进行拆除和清理；对需要保留的市政工程和古树名木采取必要的保护措施；对可能受到施工影响的地下管线进行地面标记；按设计要求整理地形地势；查看周围环境与施工条件，如电源、水源、道路交通、市政、电信等情况；解决好各有关部门的协调配合。

5. 技术培训

开工之前，对参加施工的全体人员或骨干应进行技术培训。学习本地区植树工程的有关技术规程和规范，贯彻落实施工方案，并结合重点项目进行技能训练。

二、树木定植施工

1. 定点放线

定点放线即是在现场测出苗木栽植位置和株行距在植树施工前必须定点放线，以保证施工符合设计要求的主要措施；由于树木栽植方式各不相同，定点放线的方法也不同。常用的有以下 3 种：

(1) 自然式配置

①坐标定点法　自然式的种植设计如果范围较小，场内有与设计图上相符、位置固定的地物(如建筑物等)，可用“交会法”定出种植点。即由两个地物或建筑平面边上的两个点的位置，各到种植点的距离以直线相交会来定出种植点。若在建筑平坦的较大范围内定点，可用网格法。即按比例绘在设计图上并在场地上丈量划出等距方格。从设计图上量出种植点到方格纵横坐标距离，按比例放大到地面，即可定出。

②仪器测放法　对测量基点准确的较大范围内的绿地，用经纬仪或小平板仪依据地上原有基点或建筑物、道路将树群或孤植树按照设计图上的位置依次定出每株的位置。

③目测法　对于设计图上无固定点的绿化种植，如灌木丛、树群等可用上述两种方法划出树群树丛的栽植范围，其中每株树木的位置和排列可根据设计要求的范围用目测法进行定点，定点时应注意植株的生态要求并注意自然美观。

(2) 整行式(行列式)放线法

对于成片整齐式种植或行道树的放线法，也可用仪器或皮尺定点放线，定点的方法是先将绿地的边界、园路广场和小建筑物等的平面位置作为依据，量出每株树木的位置，钉上木桩，并标明树种名称。一般行道树定点是以路牙或道路的中心为依据，可用皮尺、测绳等，按设计的株距，每隔 10 株钉木桩作为定位和栽植依据。定点时若遇地下管线、地物障碍等，设计人员应和有关部门协商解决，定点后应由设计人员验点。

(3) 等距弧线的放线

树木栽植为一弧线，如街道曲线转变处的行道树，放线时可从弧的开始到末尾以路牙或中心线为准，每隔一定距离分别画出与路牙垂直的直线，在此直线上，按设计要求的树与路牙的距离定点，把这些点连接起来就成为近似道路弧度的弧线，于此线上再按株距要求定出各点来。

2. 整地挖穴

栽植坑(穴)位置确定之后，即可根据树种根系特点、土球大小及土壤情况来决定挖坑(或绿篱沟)的规格。带土球的应比土球大 16～20 cm，栽裸根苗的应保证根系充分舒展，坑的深度一般比土球的高度稍深 10～20 cm。挖穴时以规定的穴径画圆，沿圆边向下挖掘，保持上下口径大小一致。若遇坚实之土和建筑垃圾土应再加大穴径，并刨松穴底；若在黏重土上和建筑道路附近挖穴，可挖成下部略宽大的梯形穴；若在未经自然沉降的新填平和新堆土上挖穴，应先在穴点附近适当踏实，挖好后穴底也应适当踩实，以防栽后灌水造成土塌树斜；在斜坡上挖穴，深度以坡的下沿一边为准。

3. 苗木栽植

(1)栽植前的修剪

在栽植前，苗木必须经过修剪，其主要目的是为了减少水分的散发，保证树势平衡以提高成活率和注意培养树形，同时减少自然伤害。因此，应在不影响树形美观的前提下对树冠进行适当重剪。修剪时其修剪量依不同树种要求而有所不同。对一般常绿针叶树及用于植篱的灌木不应多剪，只剪去枯病枝、受伤枝即可。对于较大的落叶乔木，尤其是生长势较强，容易抽出新枝的树木如杨、柳、槐等可进行强修剪，树冠可剪去 1/2 以上，这样可减轻根系负担，维持树木体内水分平衡，也使得树木栽后稳定，不致招风摇动。对于花灌木及生长较缓慢的树木可进行疏枝，剪去全部叶或部分叶，去除枯病枝、过密枝，对于过长的枝条可剪去 1/3～1/2。树木栽植之前，还应对根系进行适当修剪，主要是将断根、劈裂根、病虫根和过长的根剪去。修剪时剪口应平且光滑，并及时涂抹防腐剂以防过分蒸发、干旱、冻伤及病虫危害。

(2)栽植

栽植树木，以阴而无风天最佳；晴天宜上午 11:00 前或下午 15:00 以后为好。对行道树和绿篱苗，栽植前应再进一步按大小进行分级，以使所配相邻近的苗木保持栽后大小趋近一致。尤其是行道树，相邻同种苗的高度要求相差不超过 50 cm，干径差不超过1 cm。对常绿树应把树形最好的一面朝向主要观赏面。树皮薄、干外露的孤植树，最好保持原来的阴阳面，以免引起日灼。

裸根苗栽植一般 2 人一组，先填些表土于穴底，堆成小丘状，放苗入穴，比试根幅与穴的大小和深浅是否合适，并进行适当修理。栽植时一人用物将树干扶直，放入坑中，另一人将坑边好的土壤填入，在泥土填入一半时，用手将苗木轻轻提起，使根系自然向下舒展，然后踩实，若黏土不可重踩，继续填满穴后，再踩实一次，并盖上一层土与地面相平，使填的土与原根颈痕相平或略高 3～5 cm。灌木应与原根颈痕相平。

带土球苗栽植时，应注意使坑深与土球的高度相符，以免来回搬动土球。在土球四周下部垫入少量的土，使树直立稳定，然后剪开包装材料，将不易腐烂的材料一律取出。为防栽后灌水土塌树斜，填入表土至一半时，应用木棍将土球四周压实，再填至满穴并压实，做好灌水堰，最后把捆拢树冠的草绳等解开取下。

4. 定植后的养护

为保栽植成活和正常生长，城市新栽树木在定植后的1~3年内，需要精心养护。常用措施包括：

(1)起堰浇水

树木栽植后及时沿树穴周围开起高20~25 cm的土堰。为了使根系与土壤密结，树木定植后24 h内必须浇第一遍水，且要浇透。后隔2~3 d再浇第二遍水，过5~10 d浇第三遍水。一般乔木必须连续灌水3~5年；灌木要5~6年，常绿树也要3~5年。一般1年中不能少于4~6次。

(2)加土扶正

栽植较大的乔木时，为防浇水后或者大风过后新种植的树木倾倒，定植后应加支撑；树下沉缺土时，应及时覆土填平；对非新栽植树木，如有倾斜，也要及时扶正，必要时需加支撑物。

(3)修剪与整形

修剪是使城市栽植树木树姿美观、着花繁密的重要措施。其方法主要有摘芽和修枝两种。对于偏冠或树型不整齐的树木，可通过整形措施，对一侧生长太强的主枝或侧枝去大留小。也可用绳索牵引侧枝逐渐纠正偏冠现象。

(4)松土除草

因树木浇水、降雨以及人为踩踏等原因，常使树根旁的土壤板结，影响树木根系生长发育，因此，在必要时应在树干周围松土。同时除掉杂草。一般除草松土深度8~10 cm左右为宜。在生长季节里一般20~30 d结合松土除草1次。

(5)其他促进成活的新技术措施

常用的措施有：树干包裹保温保湿，防日灼、防寒；遮阳降温保湿；树体喷雾降温，减小树木蒸腾；大树伤口涂抹愈伤膏；使用抗蒸腾剂；大树营养液补充等。

第四节　城市森林管理

一、城市森林土壤管理

1. 城市土壤的特点

(1)土壤结构紊乱

土壤压实和板结是城市土壤的物理特征之一，导致土壤紧实度增加，容重增高，孔隙度减少。土体在机械和人的外力作用下，挤压土粒，通透性良好的团粒结构遭到破坏，造成土壤内孔隙度降低，土壤通气不良，限制植物根系的伸长生长，使根系上移。一般地说，土壤中空气含量要占土壤总容积的10%以上，才能让植物根系生长良好，但在被踩踏紧密的土壤中，空气含量仅占土壤总容积的2%。

(2)土壤养分缺乏

土壤有机质是植物生长的重要营养来源，它不仅能够改善土壤物理性质，促进土壤微生物活动，而且对提高土壤保肥保水性能也有重要作用。自然土壤的有机质主要来源于植被内的微生物、动物和植物根系残体。在城市土壤中，由于卫生、防火等原因，城市绿地中的动物残体、凋落物、自然枯枝落叶及修剪枝叶皆被清除，造成土壤有机质较少。城市土壤不能似自然土壤般进行养分循环，加之施肥又较粗放，无针对性，致使土壤养分失衡。同时，植物特别是开花植物每年要从土壤有限的营养定向中吸取养分，导致城市土壤养分收支失去平衡，土壤愈来愈贫瘠，植物生长不良。

(3)土壤杂物多

由于建筑活动产生了大量的建筑垃圾，一时清运不及时，相当一部分侵入土壤各层中。而在园林绿化施工时，大都仅清理土表及表层，致使土壤中掺入大量石英残渣，同时，地下构筑物及管道等占据大量地下空间，从而影响到土壤结构、质地、孔隙度，以及土壤中水、气、热、养分的分布状况。

(4)土壤水分失衡

城市土壤由于紧实而减少了孔隙度，降低了空隙的比例，不利于土壤的通气、透水，有效水分的贮存和植物根系的生长。因此，在缺乏人工浇灌的情况下，城市树木普遍存在缺水现象，这对城市绿地系统的生长极为不利。

(5)土壤污染

大气污染的沉降物(或随降水)、污染水、残留量高且残留期长的化学农药、特异性除莠剂、重金属元素以及放射性物质等都会造成土壤污染。土壤污染的显著特点是具有持续性，而且通常难以采取大规模的消除措施，污染土壤的重金属主要来自大气和污水，其中主要是汞、砷、镉、铜和锌等。以金属汞、无机汞和有机汞等形态存在的汞污染，除来源于含汞工业废水渗入土壤外，有机汞农药的施用也是重要污染源。污染土壤的镉，来自矿山、冶炼、机电、化工等工业废水的渗入。污染土壤的铜，主要来自铜矿山和铜冶炼厂排出的废水。土壤中铜在植物根部积累过多，使新根的生长受到抑制，吸收养分的能力减弱，严重时枯死。土壤中的有机物和无机盐的污染主要来自工业废水的渗入，以及固体废弃物常年堆积在土地上而自然扩散和由雨水渗入，还有一些是合成有机杀虫剂和除草剂的污染。土壤若被长期污染，则结构破坏，土质变坏，土壤微生物活动受抑制，肥力下降或盐碱化，甚至成为不毛之地。

2. 城市森林土壤管理措施

(1)土壤改良

土壤改良是采用物理的、化学的和生物的措施，改善土壤理化性质，提高土壤肥力的方法。栽植前的整地、施基肥，栽植后的松土、施肥等都属于土壤改良，但城市森林树木是多年生木本植物，在城市森林养护管理的过程中，要掌握土壤理化性质的动态变化，及时采取措施改良土壤。具体措施有：深翻松土；化学措施增肥、调节酸碱性、疏松剂改良结构；生物措施；污染源控制等。

(2)中耕除草

中耕一般分春耕(20～30 cm)、夏耕(约20 cm)、秋耕(30～35 cm)。中耕可以切断土壤表层的毛细管，减少土壤水分蒸发，防止土壤返碱；经过中耕，使游人踏实的土壤恢复疏松，改良土壤通气和水分状况，促进土壤微生物活动，有利于难溶养分的分解，提高土壤肥力；中耕松土，还可提高土温，有利于树木根系生长和土壤微生物的活动；中耕松土的同时除去杂草，减少水分、养分竞争的消耗；清除杂草又可增加绿地景观效果，减少病虫害，做到清洁美观。

松土、除草应在天气晴朗时或者初晴之后，要选土壤不过干又不过湿时进行，才可获得最大的保墒效果。松土、除草时不可碰伤树皮，生长在地表的树木浅根则可适当切断。

(3)树基有机材料覆盖

利用有机物覆盖土壤表面，可以防止或减少水分蒸发，减少地面径流，增加土壤有机质，调节土壤温度，减少杂草生长，为树木生长创造良好的环境条件。若在生长季进行覆盖以后，把覆盖的有机物随即翻入土中，还可增加土壤有机质，改善土壤结构，提高土壤肥力。

(4)林下栽植地被植物

地被植物如作为树下的覆盖植物，要求适应性强，有一定的耐阴能力，覆盖作用好，繁殖容易，与杂草竞争的能力强，但又与树木矛盾不大。如果此处为疏林草地，人们可进去活动，则选用的覆盖植物应耐踩、无汁液流出和无针刺，最好还应具有一定的观赏性和经济价值。

二、城市森林水分管理

1. 城市森林水分管理原则

林木只有在水分供应充足的情况下才能维持正常的生命活动，发挥各种功能效益。因此，水分管理应针对气候和树木生长期合理采取水分处理措施；不同树种和栽植年限要选择不同的灌排水措施；考虑土壤情况合理进行灌排水；灌水要与施肥和土壤管理措施等配合进行。

2. 灌水管理措施

(1)树木灌溉时期的确定

①根据土壤水分亏缺确定　当树木根系分布的土壤含水量低于最大田间持水量的50%时，就需要补充水分。可以通过仪器测定土壤水分含量，也可通过触摸和目测等经验方法判断。

②确定林木灌溉的时期，要充分考虑物候期和林木的生长节律　在我国北方的大部分地区，冬春严寒干旱，应在秋末冬初土壤结冰前灌透水一次，称为灌“冻水”，灌“冻水”可提高树木的抗寒能力；在这些地区，早春也要进行一次灌水，叫灌“春水”，有利于稍后的新梢生长和开花坐果。

(2)灌溉量的确定

①根据土壤水分亏缺计算灌溉量　灌溉量=灌溉面积×土壤浸湿深度×土壤容重×(田间持水量-灌溉前土壤湿度)。

②根据树木的耗水计算灌水量　通过测定植物蒸腾量和蒸发量计算一定面积和时期内的水分消耗量从而确定灌水量。

(3)灌溉的方式方法

灌溉不仅讲究适时，而且要讲究方法。如方法不当，常达不到灌溉的效果，甚至产生危害。依据城市林地的地形、配置方式和规模大小的不同，常见的灌溉方法有围堰盘灌、挖穴灌溉、侧方灌溉、沟灌、漫灌、喷灌、滴灌、地下灌溉。

3. 排水管理措施

土壤中的水和气是一对矛盾的统一体，水多则气少，而林木生长需要水气相融的环境。因此，在地下水位过高、地势低洼积水或降水太多超过了土壤的渗透量时，就要及时排水。南方降雨多，多数土壤都比较黏重，排水工作显得尤为重要，但通常在坡地上不需要考虑排水的问题。排水方法主要有以下几种：

(1)明沟排水

在南方多雨地区，如果在平坦的地方成片栽植林木，应事先在林地布置纵横交错的排灌明沟，该沟既可作灌水用也可作排水用，为了安全，沟上应盖上盖板。明沟排水的优点是排水效果好；缺点是动土量大，成本较高，对景观可能有负面影响。

(2)暗沟排水

在地下铺设暗管或用砖石砌沟，排出积水的方法，叫暗沟排水。在积水严重的地方也可以在造林前挖深沟，沟底要略倾斜，低的一头有出口，在沟中铺上卵石、炉渣等材料，20~30 cm厚，做成暗的沥水沟，再用土壤将沟填平。暗沟排水的优点是对地面无影响；缺点是工作量较大，排水效果比明沟要差。

(3)地面排水

目前多数绿地是采用地面排水至道路边沟的办法，这种方法最经济，但对地形要进行精心的安排。

总之，不管采用哪种排水方法，都应尽可能地与城市的排水系统连结起来，在水资源紧缺的城市，在排水的出口处应设置蓄水池，将水积蓄起来，以便干旱时使用。

三、城市树木的树体管理

1. 整形修剪

(1)基本原则

①功能性原则　根据树木的防护、庭荫、观赏等功能目标选择合适的修剪方式。

②生物学原则　修剪要考虑树木的生长习性、分枝特点、花芽位置和分化期、树龄和树势、修剪反应等。

③生态学原则　修剪时应根据树木对土壤、气候等的适应性特征确定修剪的方式方法。

(2)修剪技法

①基本整形方式

自然式整形　利用各种修剪技术，按照树种本身的自然生长特性，对树冠的形状做辅助性的调整和促进，使之早日形成自然，对由于各种因子而产生的扰乱生长平衡，破坏树形的徒长枝、冗枝、内膛枝、并生枝以及枯枝、病虫枝等，均应加以抑制或剪除，维护树冠的均匀完整。自然式整形符合树种本身的生长发育习性，促进了树木生长良好，发挥该树种的树形特点。

人工式整形　由于城市绿化中特殊的目的，需要利用较多的人力、物力将树木修剪成各种规则的几何形体或非规则的各种形体。

a. 几何形体的整形：按照几何形体的构成规律作为标准来进行修剪整形，例如，正方形树冠应先确定每边的长度；球形树冠应确定半径等。

b. 非几何形体的其他形体整形

垣壁式：在庭院及建筑附件为达到垂直绿化墙壁的目的，常将树木修剪成U形、肋骨形和扇形等，该整形方法要求使主干低矮，在干上向左右两侧呈对称或放射状配列主枝，并使之保持在同一平面上。

雕塑式：根据整形者的意图匠心，创造出各种各样的形体。但应注意树木的形体应与四周环境协调，线条勿过于繁琐，以轮廓鲜明简练为佳。有时可借助于棕绳或铅丝，事先做成轮廓样式进行整形修剪。

混合式整形　主要有中央领导干形、杯形、自然开心形、多领导干形、球形、伞形、篱架形等。

②修剪方法　城市树木的修剪养护方法常见的有短截、回缩、疏剪、长放及辅助性修剪等。

短截　是剪去枝条的一段，保留一定长度和一定数量的芽，称为短截。短截对于枝条有促进作用，它能刺激剪口下侧芽的萌发，促进分枝，增加生长量。

缩剪　和短截相似，将一个枝条的上部剪除，以缩短大枝的长度。短截多年生枝称回缩修剪，又称回缩。它可降低顶端优势的位置，改善光照条件，使多年生枝更新复壮。

疏剪　将枝条从着生基部剪除的方法称疏剪，又称疏删或疏枝。疏剪使枝条密度减少，树冠通风透光，增加同化作用。保留下来的枝条和芽，其营养得到保证。

长放　又叫缓放，指对一年生枝条不做任何修剪，让其延伸。长放由于没有剪口和修剪的局部刺激，缓和了枝条的生长势，故长放是一种缓势修剪。

辅助修剪　是配合修剪措施采取的以提高树势，保障达到修剪效果的手段，常用的有：

a. 环剥(环状剥皮)：是在主枝或新梢上，用刀或环剥器切剥掉一圈皮层组织的措施。

b. 切刻：是在芽或枝的附近施行刻伤的措施。

c. 折裂：为防止枝条生长过旺，或为了曲折枝条使形成各种苍劲的艺术造型时，常在早春芽略萌动时，对枝条施行折裂处理。

d. 捻梢：将新梢屈曲而扭转不使其断离母枝的措施称捻梢。

e. 屈折：是将枝条或新梢施行屈曲、缚扎或扶立等诱引措施。

f. 摘心：将新梢顶端摘除的措施成为摘心。摘除部分长2~5 cm。

g. 抹芽：把多余的芽除掉称为抹芽。

h. 除蘗：是除去植株基部附近的根蘗或砧木萌蘗的措施。

i. 摘蕾：为了获得肥硕的花朵，常可用摘除侧蕾的措施而使主蕾充分生长。

j. 化学抑制：给树木注射生长调节剂(TGR)以控制其高生长。

2. 树根控制

常用措施是通过选择树种，深挖穴栽植，水、肥、松土诱引，直接压迫等方法控制城市树木根系上浮对地面安全造成的影响。

四、城市树木的保护管理

1. 城市树木灾害的发生

(1)自然灾害

自然灾害的种类非常多，常见的有病虫害、冻害、霜害、雪害、雨淞、涝害、旱害、风害、日灼、雷击等。

(2)人为灾害

常见的有煤气、天然气泄漏，汽车尾气，融雪盐，市政工程建设等。

2. 城市树木的保护与修复

(1)树木保护与修复原则

树木的树干和骨干枝上，往往因病虫害、冻害、日灼及机械损伤等造成伤口，这些伤口如不及时保护、治疗、修补，经过长期雨水浸蚀和病菌寄生，易使内部腐烂形成树洞。另外，树木经常受到人为的有意无意的损坏，如树盘内的土壤被长期践踏变得很坚实，在树干上刻字留念或拉枝、折枝等，所有这些对树木的生长都有很大影响。因此，对树体的保护和修补是非常重要的养护措施。

树体保护首先应贯彻“防重于治”的精神，做好各方面预防工作，尽量防止各种灾害的发生，同时还要做好宣传教育工作，使人们认识到，保护树木人人有责。对树体上已经造成的伤口，应该早治，防止扩大，应根据树干上伤口的部位、轻重和特点，采用不同的治疗和修补方法。

(2)树木保护与修复的措施

①预防潜在损伤的措施　包括牵引、支撑、捆扎、吊枝、涂白、修剪伤口等。

②对已遭到损害的林木进行修复的措施

树干伤口的治疗　常用的方法有：切除伤枝，切口清洗后及时涂蜡或保护剂；腐烂树干刮除腐烂伤口，均匀涂刷杀菌剂(如1%~3%高锰酸钾溶液等)，然后涂蜡或保护剂；

折伤枝干的修复　常用的方法有吊枝复原、伤口消毒、包扎等。

树洞修复　常用的方法是用灰乳胶、小石砾、水泥填充修补。

③林木病虫害防治措施　主要包括严格检疫制度、加强森林营造各技术环节管理、直接采取生物、化学和物理防治或进行综合防治等。

(张新娜)

复习思考题

1. 林学术语解释

城市森林　城市土地生态类型　土壤改良　短截　回缩　疏剪　长放　辅助修剪

2. 基本知识解答

(1)城市森林有哪些特点和作用?

(2)城市森林的分布及规划的原则与内容分别是什么?

(3)城市树木栽培的基本环节与关键技术有哪些?

(4)城市森林栽植后的主要管护措施有哪些?

3. 综合应用

城市森林培育的理论与技术和传统乡村森林培育存在哪些异同点?

推荐阅读书目

1. 城市森林学．叶功富，洪志猛．厦门大学出版社，2004.

2. 中国城市森林．彭镇华．中国林业出版社，2003.

3. 城市森林培育．王瑞辉．东北林业大学出版社，2004.

4. 园林树木栽培养护学．张秀英．高等教育出版社，2012.

第四篇

森林抚育、更新与保护

本篇以森林抚育管理与主伐更新经营的基本理论、森林有害生物的防治和火灾预防等森林保护的基本知识为重点，介绍了在森林形成与主伐利用后的更新过程中，森林健康恢复与质量管理应采取的关键经营技术。全篇共分 2 章，包括：森林抚育与主伐更新、森林健康经营与保护。

第十二章　森林抚育与主伐更新

【内容提要】本章介绍森林抚育间伐的概念和目的；森林自然稀疏与林木分级；抚育采伐的种类与方法；抚育采伐技术要素；森林主伐的概念、目的、要求、方式与森林更新关键技术措施。

第一节　森林抚育间伐

一、抚育间伐的概念和目的

（一）抚育间伐的概念

抚育采伐，也称抚育间伐或中间利用采伐，是在林分郁闭后直至主伐的期间，对未成熟的森林定期伐去部分林木，为保留的林木创造更好的生长环境，同时获取一部分木材的森林培育技术措施。

抚育采伐既是培育森林的措施，又是获得部分木材的手段，其重点是培育森林。

（二）抚育间伐的目的

不同的森林类型，在不同时期的抚育采伐，有不同的目的。例如，在用材林中，抚育采伐应以培育产量高、质量好的用材为主要目的；而在防护林和风景游憩林中，抚育采伐的任务就是最大限度地发挥防护功能和景观效果，并为林分创造良好卫生状况。总体而言，抚育采伐的目的可归纳为以下 7 个方面。

1. 调整树种组成，防止逆行演替

在天然林中，混交林占多数，在亚热带和热带林区更是如此。多个树种生长在一起，往往会发生互相排挤的现象，但被排挤或被淘汰的不一定是价值低的非目的树种。如果此时不通过人为干预来保证优良的树种组成，自然竞争的结果就会违背人们的意愿，发生逆行演替，形成树种组成不良的林分。所以，在天然混交林中进行抚育采伐，首先是保证理想的林分树种组成，使目的树种在林分中逐步取得优势，达到经营目的。我国人工林多为纯林，通过强度抚育采伐，可为引入新的树种留出空地，从而形成良好的混交林。

2. 降低林分密度，改善林木生境

天然幼林的密度经常过大，分布不均匀；人工林幼林虽然分布较均匀，但随着年龄的增长，林木个体的营养面积会逐渐得不到满足，从而形成对营养空间的竞争。此外，我国人工林多为20世纪50年代以来营造，密度一般在3000株/hm^2左右，多为林相较差的中幼龄人工林。据第八次全国森林资源清查，龄组结构依然不合理，中幼龄林面积比例高达65%，有17个省(自治区、直辖市)中幼龄林比例超过70%。过疏、过密的林分面积占乔木林的36%。因此，林地生产力低，森林每公顷蓄积量只有世界平均水平的69%，人工林每公顷蓄积量只有52.76 m^3。林木平均胸径只有13.6 cm。林木蓄积年均枯损量增加18%，达到1.18×10^8 m^3。因此，降低人工林密度是抚育间伐的主要任务之一。自然稀疏可使林分的密度得到一定的调节，但这种作用需要很长时间，而且对人工林而言，长期的自然稀疏未必能形成良好的林分结构和林相。在自然竞争激烈的时期，加以人为的干预，伐除部分竞争或不良林木，以促进自然稀疏过程，形成良好的适合该林龄的合理密度，为留存木创造适宜的生长空间，加速优良林木的成林、成材。

3. 促进林木生长，缩短森林培育期

抚育采伐扩大了保留木的营养空间，提高了根系的活性，其能更好地吸收养分和水分；树冠得到舒展，形成适中的冠幅和叶面积，可促进林木尤其是直径的生长加快，加快达到用材工艺标准。抚育采伐不仅可以促进林木生长，缩短用材林工艺成熟龄，也可提高森林的早期防护效能和景观价值。

4. 清除劣质林木，提高林分质量

森林在生长发育过程中，特别是在天然林中，不仅密度不均匀，而且每株树木受遗传和环境条件的影响，品质和生活力不同。随着林龄的增长，有些树木不良品质会加剧，或因其生境条件优越而影响其他树木的生长。在这种情况下就需伐除不良木、危害木，为目的优良树木创造更充足的营养空间，提高林分质量。

5. 实现早期利用，提高木材总利用量

森林生产木材的总产量由间伐量、主伐量和枯损量三部分组成。抚育采伐有效利用了自然稀疏过程中将被淘汰或死亡的林木，使生产单位能够在早期获得木材，实现“以短养长”，有利于克服林业生产周期长而给发展生产带来的困难。这部分材积可以占到该林分主伐时蓄积量的30%~50%。特别是公益林地区，严禁森林主伐，通过抚育采伐，可为其提供一定的木材收益。

6. 改变林内卫生状况，增强林分的抗逆性

抚育采伐除去了林内的枯立木、病害木、风折、雪压等不良木，改变了林分卫生状况，林木的生活力得到加强，从而增加林木对不良气候条件和病虫害的抵抗力，降低森林火灾的可能性，提高了林分对不利因素的抵抗力。

7. 建立适宜的林分结构，发挥森林多种效益

抚育采伐使林分具有适宜的树种组成、密度与郁闭度。林分适宜的结构将有效地改善森林的防护作用，尤其是涵养水源的作用。适当的抚育采伐增加林下透光度，使枯落物较好地分解，土壤微生物得以繁殖，土壤养分条件得到改善，林下植被层有了较好的生存条件，从而有效地提高了森林生物多样性。

抚育采伐的对象主要是中、幼林，抚育采伐的目的因林种不同而有主次之分。在用材林中，抚育采伐的主要目的是增加单位面积上的木材总出材量，提高材质和材种规格，缩短林木的工艺成熟期。在防护林中，抚育采伐的目的主要是维持较高的防护性能。对于风景林，主要考虑提高森林的美景度、可适度和可及度等，给游人的游憩休闲提供良好的森林景观。在同一类别的林分中，因年龄阶段不同，抚育采伐的目的也不一样。如在混交用材林幼龄时期，间伐的主要任务是调整林分组成，以后则是促进林木生长与提高林分质量。

二、森林自然稀疏与林木分级

(一)林木分化与森林的自然稀疏现象

森林内的林木高矮、粗细参差不齐。即使在同龄纯林中，各林木之间的差异也是很大的。森林内林木间的这种差异称为林木分化。

据研究，在任何充分郁闭的同龄林内，林分的平均树高若以 1 作为基数，那最高的林木是平均树高的 1.15 倍，最低的林木是平均树高的 0.8 倍；同样，如果平均直径为 1，则最大直径为 1.7，最小直径为 0.5。

引起林木分化的原因，主要是林木个体本身的遗传性和其所处的外界环境。如用同样质量的松树种子，在相同的环境条件下进行育苗试验，结果长出来的苗木大小不一，这就说明这些种子具有不同的遗传性和个体生长力。此外，即使用同一等级的苗木，在造林中起苗、假植、运输以及栽植过程中对其的影响也不同，造林后苗木所处的小环境也有差异，如不同的坡向、坡位、坡度、土壤等。

林木分化在幼苗、幼树时期已经开始。当森林郁闭后，林冠对森林内部的环境起着决定性影响，林木之间因争夺营养空间——光、热、水、养、气等而进行剧烈竞争，使分化过程更加激烈。生存能力强的植株生长势旺盛，树冠处于林冠上层，得到充足的营养空间，树冠发育较大，占据较大的空间，并抑制相邻林木。而生存竞争能力弱的植株，因为得不到充足的营养空间，生活力减弱，生长逐渐落后，处于林冠下层，并且随着林分的生长，这种差异将愈来愈大，甚至最后枯死。可见，林木分化的后果导致部分生长落后的林木衰亡。

林木分化与森林环境及林木本身之间有密切的关系。森林密度越大、生长越旺盛，林木的分化现象越强烈；壮龄林的林木分化现象比较强烈；立地条件好的林分，林木分化强烈；喜光树种组成的林分，分化强于耐阴树种。

无论是天然林还是人工林，在其生长发育过程中，密度均随年龄的增加而减小，这种现象称为森林的自然稀疏。引起森林自然稀疏的原因是环境与林木之间供需不足。

林木分化与森林自然稀疏是森林生长发育过程中，在一定营养与空间条件下，森林内林木之间相互关系的表现。森林自然稀疏无论在天然林还是人工林中都普遍存在。一般在天然林中，最初幼树相当多，通常每公顷数千株或数万株，随着林木的生长，株数逐渐减少，速生期以后就有 60% 以上植株衰落下去，变成被压木和枯死木。到成熟期，80% 以上植株被淘汰，而只留下 5%~20% 的植株，每公顷只有数百株，甚至不到 100 株。在人工林中，由于栽植密度不大而且分布均匀，自然稀疏较为缓慢。

自然稀疏是森林适应环境条件，调节单位面积林木株数的自然现象。但是通过森林自然稀疏调节的森林密度，是该森林在该立地条件、该发育阶段中所能“容纳”的“最大密度”，而不是“最适密度”。在混交林中，自然稀疏所保留下来的树种和个体，可能最适应该立地条件，但并不一定是目的树种，其材质和干形可能具有某些严重的缺陷，而淘汰掉的可能是一些树干通直的林木。并且，自然稀疏所淘汰的林木，未曾合理利用，造成资源浪费。所以应进行人为干预，通过抚育采伐，即以人为稀疏来代替自然稀疏，使森林既能保持合理密度，又能保留经济价值较高的林木，同时还利用了采伐的林木，提高总的经济效益。可见，林木分化和自然稀疏规律，为抚育采伐提供了理论依据。

(二)林木分级

当林分的生长发育阶段划分完毕后，需要进一步明确哪些林木属于伐除个体。一般需要根据林木生长状况的差异对林分内所有个体进行分组，称为林木分级。森林自然稀疏使林木在竞争中发生分化，表现在树高、直径、干形、树冠形态的不一致。根据林木生长势、干形及利用价值的不同，进行人为分级，为抚育采伐时选择砍伐木、保留木提供方便。常用的林木分级方法有以下几种：

1. 克拉夫特分级法

根据林木生长势将林木分为五级(1884，五级分类法，图12-1)。

Ⅰ级(优势)木：生长最高大，一般伸出林冠之上。

Ⅱ级(亚优势)木：略次于Ⅰ级木，树冠均匀，优良。

Ⅲ级(中等)木：生长中等，树冠位于Ⅰ、Ⅱ级木之下。

Ⅳ级(被压)木：生长落后，树冠受压挤。又分为：

Ⅳ$_{甲}$级木：冠狭窄，侧方被压，但侧枝均匀；

Ⅳ$_{乙}$级木：偏冠，侧方和上方被压。

Ⅴ级(濒死)木：生长极落后，完全处于林冠下，分枝稀疏或枯萎。又分为：

Ⅴ$_{甲}$级木：生长极落后，但还有生活的枝叶；

Ⅴ$_{乙}$级木：基本枯死或刚刚枯死。

图12-1　克拉夫特分级法示意

应用克拉夫特法对林分进行分级，主林冠层主要由Ⅰ、Ⅱ、Ⅲ级木组成，Ⅳ、Ⅴ级木组成从属林冠层。随着林分的发育，林分分化和自然稀疏的过程主要淘汰Ⅳ、Ⅴ级木，而主林冠层的林木株数也逐渐减少，一些属于高生长级的立木逐渐降到低生长级。但是，在未经人为管理的林分中，一般不会发生林木由低生长级向高生长级过渡的情况。这就是下层疏伐产生的理论基础。

此法适合于同龄纯林，尤其是针叶纯林。由于幼龄林林木分化不明显，不能分级，一般在中龄阶段采用此法。这种方法简便易行，缺点是主要依据林木的生长势和林冠的形态分级，忽视了树干形质的缺陷。

2. 寺崎分级法

寺崎根据德国林业试验林场联合会(1902)通过的什瓦帕赫分级法，参照日本落叶松单层林的具体情况，制定了应用于单层针叶纯林的分级法：首先根据林冠层的优劣分为优势木和劣势木两个大组，然后根据树冠形态和树干缺陷划分具体的林木级别。这种分级法将林木分为二组五级(图 12-2)。

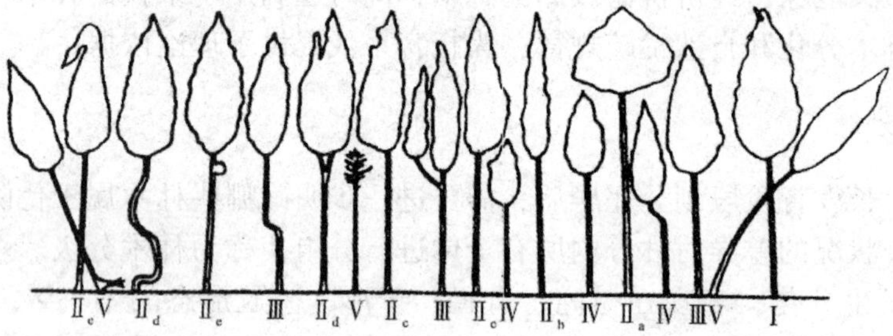

图 12-2　寺崎分级法示意

(1)优势木

组成上层林冠的总称。

Ⅰ级：树干、树冠发育均匀、良好。

Ⅱ级：树干、树冠有缺陷。又分为 5 种(图 12-2)：

a. 树干发育过强，冠型扁平；

b. 树干发育过弱，树干特别细长；

c. 树冠受压，得不到发展余地；

d. 形态不良的“上层木”或分杈木；

e. 被害木。

(2)劣势木

组成下层林冠的总称。

Ⅲ级：中庸，冠未被压。

Ⅳ级：树枝尚绿，但被压。

Ⅴ级：衰弱木，倾倒木，枯立木。

该法在日本应用较广泛。该法是根据树木干形质量把Ⅱ级木分为 5 种情况，并非全部保留Ⅱ级木，克服了克拉夫特分级法忽视干形的缺点，但应用过程较为复杂，在现实林分中有时很难判断，主要适用于同龄针叶纯林，在同龄阔叶林或阔叶混交林中难以应用。

3. 霍莱林木分级法

该方法是根据同龄阔叶林树冠竞争分化情况制定的阔叶树林木分级方法。该法认为由林木所处的地位及其扩张的情形，可判断其竞争能力与健康关系，所以可以用树冠的分级对林木生长发育进行分级。美国通用此方法。此方法简便易行，多用于同龄林。共划分 4 级：

D(优势木)——树冠超出上层林冠的一般水平，充分接受上方光照，部分接受侧方光照，树冠发达，略受邻近木的侧压。

CD(亚优势木)——处于上层林冠的中间位置，上方受光充足，也能接受少部分侧方光，树冠中庸，较多的受邻近木的侧压。

Ⅰ(中庸木)——树高较前两个级别低，树冠处于林冠中层，上方受光少，不能接受侧方光，侧方受压严重，形成窄小树冠。

O(被压木)——树冠完全在林冠下，不能接受上方和侧方光。

4. 邓宁分级法

前3种方法仅适用于同龄林，而异龄林在林木分级时需要考虑较多指标。美国最早由邓宁(Dunning，1928)为加利福尼亚州的混交针叶异龄林制定出一种林木分级标准。分级依据是个体的生长势和活力，不考虑立木个体的大小和在林分中占据的空间大小，因此，分级过程中往往将高大的上层木和处在林冠下层的更新幼树列为相同的级别。该方法主要着眼于单株树木，即当周围树木采伐以后对于留下树木的生长将产生什么影响。分级时主要参考以下因子：

①年龄—幼龄木(50年以下)，壮龄木(50~150年)，成熟木(150~300年)，过熟木(300年以上)。

②优势程度—孤立木、优势木、亚优势木、中庸木、被压木。

③树冠发育程度—树冠长度和宽度。

④立木健壮程度估计—树冠发育程度、叶色、树皮特征、抗病能力。

根据上述因子，邓宁分级法将林木分为7级：

1级木：龄级为幼龄或壮龄木；在林冠中的地位为孤立木或优势木(极少情况下为亚优势木)；冠长占树高的65%以上；树冠宽度中等或较宽；顶部形状为尖顶；活力良好。

2级木：龄级为幼龄或壮龄木；在林冠中的地位通常是亚优势木(极少情况下为孤立不或优势木)；树冠长度小于树高的65%；树冠宽度中等或较窄；顶部形状为尖顶；活力良好或中等。

3级木：龄级为成熟木；在林冠中的地位为优势木；树冠长度65%以上；树冠宽度中等或较宽；顶部形状为圆顶；活力良好。

4级木：龄级为成熟木；在林冠中的地位通常是亚优势木(极少情况下为孤立木或优势木)；冠长小于树高的65%；树冠宽度中等或较窄；顶部形状为圆顶；活力中等或不良。

5级木：龄级为过熟木；在林冠中的地位为孤立木或优势木(极少情况下为亚优势木)；树冠大小不定；顶部形状为平顶；活力不良；叶一般呈灰绿色且稀疏。

6级木：龄级为幼龄木或壮龄木；在林冠中的地位为中庸木或被压木；树冠大小不定，通常较小；顶部形状为圆顶或尖顶；活力中等或不良，受压后尚有一定的恢复能力。

7级木：龄级为成熟木或过熟木；在林冠中的地位为中庸木或被压木；树冠大小不定，通常较小；顶部形状为平顶；活力不良；严重被压，很少有能出商品材的树干。

三、抚育采伐种类和方法

(一)透光伐

透光伐在幼林时期进行，是针对林冠尚未完全郁闭或已经郁闭，林分密度大，林木受光不足，或者因其他阔叶树或灌木树种妨碍主要树种的生长而进行的一种抚育采伐方法。透光伐主要解决树种间、林木个体之间、林木与其他植物之间的矛盾，保证目的树种不受非目的树种或其他植物的压抑。在天然林中主要清除高大草本植物、灌木、藤蔓，影响目的树种幼树生长的萌芽条、霸王树，上层残留木及目的树种中生长不良的林木等，以调节树种组成和林分密度，但要注意保持生物多样。在人工纯林中主要伐除过密的和质量低劣的林木。

根据林地形状和大小，透光伐有 3 种实施方法。

1. 全面抚育

按一定的强度伐除抑制主要树种生长的非目的树种，或密度过大的人工纯林中的不良林木，在幼龄林中应用较多。在交通便利、劳力充足且林分中主要树种占优势，分布均匀的情况下适合使用这种方法。郁闭度大于 0.8，林木分布均匀，林下植被稀疏的公益林中龄林林分，采用全面透光伐，可增加林下光照，诱导天然更新，也可进行人工补植，增加下层植被覆盖度，提高林分的防护功能。伐后郁闭度不小于 0.6。

2. 团状抚育

主要树种在林地上的分布不均匀且数量不多时，只在主要树种的群团内砍除影响主要树种生长的次要树种。如群团状更新的天然幼龄林，在稠密的树丛中进行抚育采伐。

3. 带状抚育

将林地分成若干带，在带内进行抚育，保留主要树种，伐去次要树种。一般带宽 1～2 m，带间距 3～4 m，带间不抚育(称为保留带)。带状抚育在天然更新的针阔叶混交林中应用较多。带的方向应考虑气候和地形条件，例如：带的方向与主风方向垂直，以防止风害；带的方向与等高线平行，以防止水土流失等。

(二)疏伐

疏伐是指在中、壮龄林阶段进行的伐除林分中生长过密和生长不良的林木，进一步调整树种组成及林分密度，促进保留木的生长和培育良好干形。林木从速生期开始，树种之间或林木之间的矛盾焦点集中在对土壤养分和光照的竞争上，为使不同年龄阶段的林木占有适宜的营养面积，此阶段进行抚育，对林分的生长具有良好的效果。根据树种特性、林分结构、经营目的等因素，疏伐方法又分为以下 5 种。

1. 下层疏伐法

下层疏伐是砍除林冠下层的濒死木、被压木，以及个别处于林冠上层的弯曲、分叉等不良木(图 12-3、图 12-4)。实施下层疏伐时，最适宜利用克拉夫特分级法。可以明确确定采伐木。

此方法在同龄针叶纯林，如分化比较严重的北方油松防护林，应用较方便。下层疏伐获得的材种以小径材为主，上层林冠很少受到破坏，因而有利于保护林地和抵抗风倒危害。

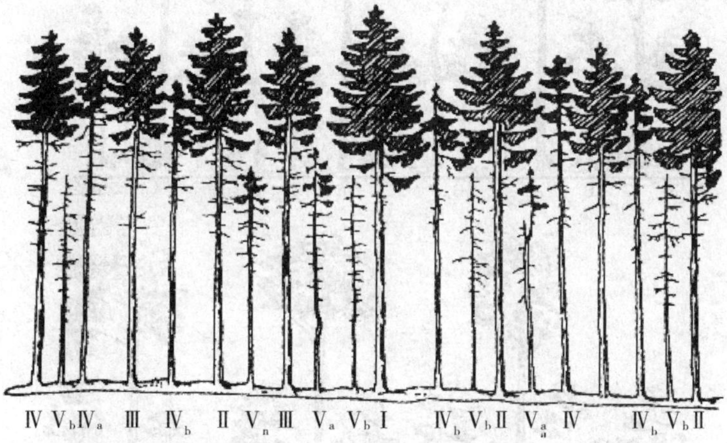

图 12-3　下层抚育伐前林分示意

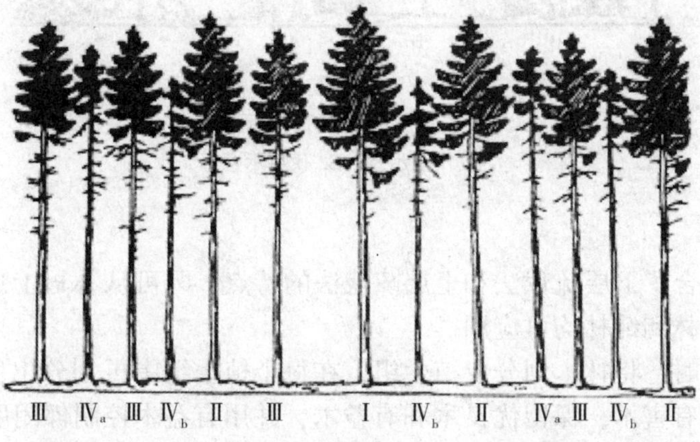

图 12-4　下层抚育伐后林分(弱度抚育)示意

2. 上层疏伐法

上层疏伐法是以砍除上层林木为主，疏伐后形成上层稀疏的复层林(图 12-5)的疏伐方法。它适用于阔叶混交林、针阔叶混交林，尤其是复层混交林。在上层林木价值低、次要树种压抑主要树种时，可应用此法。实施上层疏伐时首先将林木分成优良木(树冠发育正常、干形优良、生长旺盛，为培育对象)、有益木(有利于保土和促进优势木自然整枝)和有害木(妨碍优良木生长的分叉木、折顶木、老狼木等，为砍伐对象)3 级，然后伐除有害木。

上层疏伐法技术比较复杂，抚育后能明显促进保留木的生长。由于林冠疏开程度高，特别是在疏伐后的最初 1~2 年，易受风害和雪害。

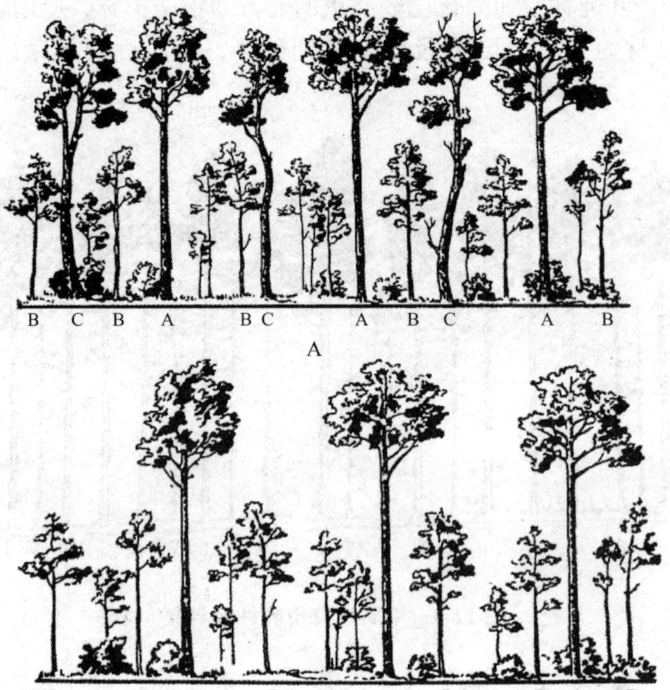

图 12-5 上层抚育法示意
A. 伐前示意 B. 伐后示意

3. 综合疏伐法

综合疏伐法综合了下层疏伐法和上层疏伐法的特点，既可从林冠上层选伐，也可从林冠下层选伐。混交林和纯林均可应用。

进行综合疏伐时，将林木划分成植生组，在每个植生组中再划分出优良木、有益木和有害木，然后采伐有害木，保留优良木和有益木，并用有益木控制郁闭度(图 12-6)。对坡度小于 25°、土层深厚、立地条件好并兼有生产用材的防护林，采用综合疏伐，伐除有害木，保留优良木、有益木和适量的草本、灌木与藤蔓。一次疏伐强度不能过大，株数不超过 20%，蓄积量不超过 15%，伐后郁闭度应保留在 0.6～0.7。立地条件好的林分保留株数应小些。

4. 机械疏伐法

机械疏伐法又称隔行隔株抚育法、几何抚育法，是指在人工林中，机械地隔行采伐或隔株采伐，或隔行又隔株采伐。例如，华北地区侧柏人工林，种内竞争比较弱，可采用该法。

5. 景观疏伐

景观疏伐是风景林(有时包括护路林)按美学原理进行的疏伐。其目的在于改造或塑造新的景观，创造自然景观的异质性，维护生物多样性，提高游憩和观赏价值。

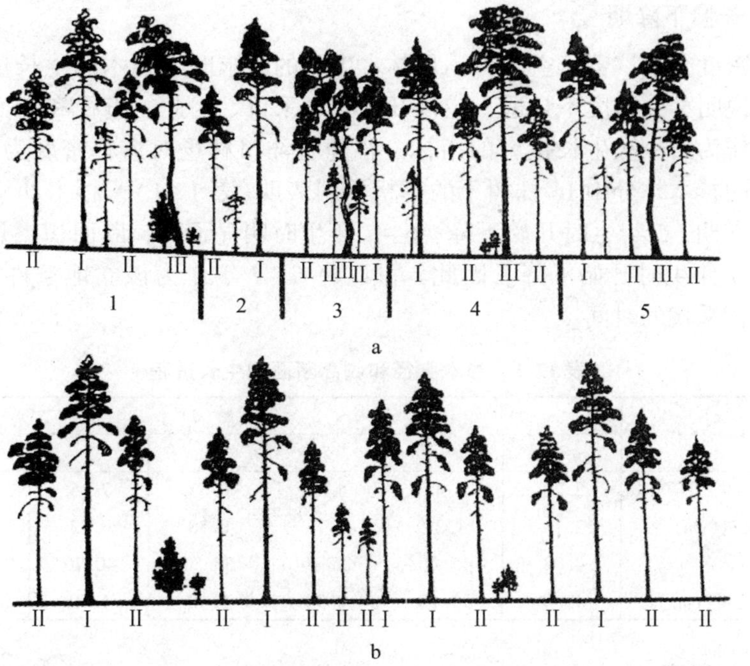

图 12-6　综合抚育伐示意

A. 伐前示意　B. 伐后示意

(三)生长伐

生长伐是为培育大径材，在近熟林阶段实施的抚育采伐方法。生长伐的方法与疏伐相似，即在疏伐之后继续疏开林分，促进保留木直径生长，加速工艺成熟，缩短主伐年龄。

(四)卫生伐

卫生伐是在遭受病虫害、风折、风倒、雪压、森林火灾的林分中，伐除已被危害、丧失培育前途林木的抚育采伐方法。病腐木不少于10%的公益林林分进行卫生伐，伐除受害林木，改善林内卫生状况，促进更新和保留木生长。

四、抚育采伐技术要素

(一)抚育采伐起始期和间隔期

抚育采伐的起始期，是指第一次开始抚育采伐的时间。开始早，对林木生长的促进作用不大，不利于优良干形的形成，也会减少经济收益；开始晚，林分密度过大，影响保留木的生长。合理确定抚育采伐的起始期，对于提高林分生长量和林分质量具有重要意义。

抚育采伐起始期的确定，根据树种组成、林分起源、立地条件、原始密度的不同而异，还必须考虑可行的经济、交通、劳力等条件。可根据以下 7 个方面确定抚育采伐起始期。

1. 林分生长量下降期

当林分的密度合适，营养空间可满足林木生长的需求时，林木的生长量不断上升。生长量降低时，说明林分密度不合适，应该开始抚育采伐。因此，直径和断面积连年生长量的变化，可以作为第一次生长抚育的指标。福建省洋口林场对造林密度为4500株/hm^2立地条件中上等的杉木林分中16株树干的解析资料表明(表12-1)，杉木幼树在4年生时为胸径生长最旺盛期，5年生时开始下降，6~7年生时明显下降；断面积生长量在5年生时达到最高，6~7年生时开始下降。因此，可以将6~7年作为该立地条件和造林密度下，杉木林首次抚育采伐的时间。

表12-1 杉木胸径和胸高断面积生长进程

项　目	年龄(a)						
	3	4	5	6	7	8	9
胸径(cm)	2.29	4.42	5.81	6.57	7.15	7.58	7.83
胸径连年生长量(cm)	2.13	1.39	0.76	0.58	0.43	0.25	—
断面积(cm^2)	4.02	15.20	26.40	35.30	40.70	45.40	47.80
断面积连年生长量(cm^2)	11.0	11.20	8.90	5.40	4.70	2.40	—

2. 林木分化程度

在同龄林中林木径阶有明显的分化，小于平均直径的林木株数达到40%以上或Ⅳ、Ⅴ级木占林分林木株数的30%以上时，应进行第一次抚育采伐。吉林省净月潭林场利用株数与胸径关系的偏态分布，发现有40%以上的林木的胸径小于平均直径时，应进行首次抚育采伐。

3. 林分直径的离散度

不同的树种，开始抚育采伐时的离散度不同。离散度越大，林木分化越明显。据研究，刺槐林直径离散度超过0.9~1.0，赤松林超过1.0，麻栎林超过0.8~1.0时，应进行第一次抚育采伐。

4. 树冠大小

在林分内，树冠的大小直接影响林木的直径，而树冠大小又受林分密度制约。林分在充分郁闭后，树冠已无扩张的空间，从而会发生自然整枝，出现树冠负生长现象。根据福建洋口林场的研究，每公顷4500株的杉木林中，6~7年生时出现大量的自然整枝现象，树冠出现负生长(表12-2)，同时直径和断面积生长量下降，此时应该开展抚育采伐。

高密度的林分内光照不足，当林冠下层的光照强度低于该树种的光合补偿点时，林木下部枝条开始枯死掉落，从而使活枝下高增高。一般当幼林平均枝下高达到林分平均高的1/3时，应进行初次疏伐。

还可用树冠长和树高的比值(冠高比)来确定抚育采伐起始期。一般冠高比达到1∶3时，应考虑进行初次抚育采伐。使用这种方式必须区别喜光树种和耐阴树种，并且要有实际经验或以其他指标加以校正。

表 12-2　杉木树冠冠幅、体积和表面积的变化

项　目	年龄(a)					
	2	3	4	5	6	7
最宽处冠幅(b)(m)	0.70	1.45	2.40	2.50	2.30	2.0
树冠长(L)(m)	0.90	2.10	3.60	4.45	3.80	3.40
树冠表面积(S)(m^2)	1.06	4.78	14.31	17.06	14.34	11.13
树冠表面积年增长量(m^2)	3.72	9.53	2.75	−2.72	−3.21	—
树冠体积(V)(m^3)	0.12	1.16	5.43	7.28	5.26	3.56
树冠体积年增长量(m^3)	1.04	4.27	1.85	−2.02	−1.70	—

5. 林分密度管理图表

在系统经营的林区，可用林分密度管理图中最适密度与实际密度对照。实际密度高于图表中密度时，表明该林分应进行抚育采伐。

6. 林分的外貌特征

林分的外貌是林分生长状况的反映，可以根据外貌特征判断首次抚育采伐的时间。

7. 经济条件

在交通不便、劳力缺少、小径材销路不畅、不能充分利用的地区，抚育采伐可适当推迟；相反，应尽量早抚育。

(二)抚育采伐的间隔期

相邻两次抚育采伐所间隔的年限称为抚育采伐间隔期，其长短主要取决于林分郁闭度增长的快慢。喜光、速生、立地条件好的林分，间隔期短。抚育采伐的强度直接影响间隔期，大强度的抚育采伐后，林木需要较长时间才能恢复郁闭度，所以需要较长的间隔期。相反，小强度的抚育采伐，间隔期较短。透光伐间隔期短；疏伐、生长伐间隔期较长，森林生长速度和树种特性也影响间隔期。速生树种容易恢复郁闭，间隔期短；慢生树种不易恢复郁闭，间隔期应长。经济条件不良时，可采用强度大而间隔期长的抚育采伐。

(三)抚育采伐强度

1. 用材林抚育采伐强度

用材林抚育采伐强度的确定，应掌握陡坡小于缓坡，阳坡小于阴坡，山地小于平地的原则。每次采伐后林分郁闭度不得低于0.6，不得形成“天窗”。短轮伐期工业原料林原则上不实施抚育采伐。

①人工幼龄林透光伐　去原有株数的25%~40%或蓄积量的10%~20%，天然幼龄林透光伐可伐去原有林分蓄积量的10%~20%。

②人工中龄林疏伐(生长伐)　可伐去原有株数的15%~30%或蓄积量的10%~20%，天然中龄林疏伐(生长伐)可伐去原有林分蓄积量的15%~30%。

2. 防护林抚育采伐强度

块状防护林抚育采伐后林分郁闭度保留在0.6以上，并不得降低其生态效益；带状防

护林抚育采伐后林分疏透度保留在0.4以上，并保持原林带总体结构不变。

①人工幼龄林透光伐　可伐去原有株数的20%~30%或蓄积量的5%~15%，天然幼龄林透光伐可伐去原有林分蓄积量的5%~15%

②人工中龄林疏伐(生长伐)　可伐去原有株数的10%~25%或蓄积量的5%~15%，天然中龄林疏伐(生长伐)可伐去原有林分蓄积量的10%~20%。

3. 特种用途林抚育采伐

①风景林　按照森林美学原则，进行有利于调整森林结构的弱度抚育采伐。

②母树林、实验林　按营建技术规定与要求进行抚育采伐。

③国防林、名胜古迹和革命纪念林、环境保护林、自然保护区林原则上不进行抚育采伐。

(四)抚育采伐的选木原则

1. 砍坏留好

淘汰低价值的或影响目的树种生长发育的树种和林木，保留目的树种和干形良好、生长健壮的立木。在风景、绿化林中，以观赏价值评定好坏；在防护林中，以防护性能评定好坏。

2. 砍小留大

这一原则仅应用于用材林纯林中，并根据立木的品质确定采伐木。

3. 砍密留稀

在任何林种，抚育种类和方法中，为调节营养面积，应遵循这一原则。

4. 保留有利于维持森林生态平衡的林木

应保留对维护生态平衡有益的树木和其他森林成分，使抚育采伐后森林生态系统的功能和稳定性得以提高。

第二节　森林主伐与更新

一、森林主伐更新概述

(一)森林主伐

对成熟林分或林分中部分成熟的林木进行的采伐，称为主伐。森林主伐的主要目的是获取木材，因此也称森林收获作业法。

1. 森林主伐的要求

为使森林在主伐后，能够尽快恢复形成新的森林，以实现森林资源的永续利用，在实施森林主伐作业时，一般要求：

①在伐去应伐木的同时，保证在预定时期内恢复或建立新的林分。

②创造良好的环境条件，促进保留木的生长。

③提供一种办法，实现有选择地只有利于某些树种而不利于其他树种。

④为了满足景观、游憩、生物多样性、碳汇、水源涵养和土壤保持等多种功能的要求，而提供各种可能的林分经营管理办法。

⑤为保持和调整林分结构创造机会。

⑥为适应经营上的需要，调整产品结构，而采取不同的采伐方式。

⑦针对存在的病虫害或火灾的危险采取相应的更新方法。

⑧为了有效地采用新的采伐工艺，新的利用方式和形成新的产品，选用相应的作业方法。

总之，森林主伐在获取木材的同时，要求森林能够越采越多，越采越好，青山常在，永续利用，以实现森林可持续经营。

2. 森林主伐的方式

主伐分为择伐、渐伐和皆伐 3 种方式。选择主伐方式必须有利于保持水土、涵养水源、生物多样性保护，发挥森林的多种功能；有利于恢复森林，尽量为森林更新创造条件；在采伐合理的前提下，有利于降低木材生产成本，提高劳动生产率。对有水土流失危险的森林不得采用皆伐方式。

由于树种、地区和经营目标的不同，同一种采伐更新方式应用于不同情形时，其具体实施办法要发生很大变化。针对不同的林分采用不同的主伐方式，例如，同龄林分采用皆伐、渐伐，异龄林采用择伐。

①皆伐　在一次采伐中伐除林分中全部林木，同时进行人工更新，或者由邻近林分或伐倒的林木下种进行天然更新。

②渐伐　在轮伐期相对短的时间内，在一系列采伐中伐除成熟林分，同时在保留母树的庇护下，形成基本同龄的新林分。

③择伐　用相对短的间隔期，以单株或以小的树木群为单位，无限期地重复伐除最老或径级最大的成熟林木，使林分不断地进行更新并维持异龄状态。

(二)森林更新

森林更新是指在林冠下、采伐迹地、火烧迹地或林中空地上，利用人力或自然力重新形成森林的过程。及时进行森林更新是维持和扩大森林资源的主要途径，是调整现有森林结构、实现永续经营的基础，这是森林主伐的依据。森林更新按更新时序可分为伐前更新、伐后更新和伐中更新。也可按更新植物材料分为有性更新和无性更新。

1. 森林更新方式

生产上采用的森林更新方式主要有天然更新、人工更新和人工促进天然更新 3 种类型。

(1)天然更新

天然更新是没有人力参与或通过一定的主伐方式，利用天然下种、伐根萌芽、地下茎萌芽、根系萌蘖等方式形成新林的过程。

①天然下种　天然下种更新是有性更新。目前大多数针叶树种依靠这种方式更新。其成功与否与树种更新能力、环境条件和主伐方法有密切关系。通常喜光树种(如白桦、山杨等)结实较丰富，种子飞散力强，幼苗生长较快，并能抗日灼、霜冻等灾害，因而在皆伐迹地或火烧迹地上可实现天然更新；耐阴树种(如红松、云杉等)的幼苗需要适度庇荫，采用择伐或渐伐方式才能实现天然更新。成功保证有性更新的措施是选好母树，做好迹地清理和整地工作。母树应具有较强的抗风能力和结实能力，干形、冠形优良，发育良好。保留母树的数量，针叶林为15~20株/hm^2。

②萌芽或萌蘖更新　是指利用林木营养器官的再生能力恢复幼林的更新万式，属于天然无性更新。大多数阔叶树种用此方式更新。其中杉、栎、柳、杨等的伐根上有较强的萌芽能力；山杨、刺槐、臭椿、毛泡桐等树种的近地表根部能生出大量的根蘖；竹林通常采用单株择伐由地下茎发笋成林，影响萌芽更新的因素有树种、年龄、采伐季节、伐根高低和环境条件。喜光、速生树种萌芽力最旺盛期出现早，消失也早；慢生树种则相反。一般秋末或冬季采伐有利于更新，伐根应距地面4~5 cm。根的粗度和分布深度对萌蘖更新也有影响。表土疏松、湿润时根蘖数量多；土壤干燥则常抑制根蘖更新。杂草、灌木过多也对天然更新有限制作用。

天然更新的优点是：充分利用原有林木的种子和幼苗幼树，节约人力和物力；更新树种均为乡土树种，适应力强，一般多形成混交或多层的林分，不易遭受病虫害；天然更新幼苗幼树生长慢，年轮密实，林木不容易出现心腐，有利于培育优质大径材。缺点是：林木结实有大、小年，不能保证年年有足够的种源，更新苗木稀密不匀，通常需要5~10年或更长时间，才能使迹地的幼苗幼树数量达到要求。

下列情况下，可采用天然更新：

a. 择伐、渐伐迹地及择伐改造的低产(效)林地；

b. 采伐后保留目的树种的幼苗、幼树较多，分布均匀，规定时间内可以达到更新标准的迹地；

c. 采伐后保留天然下种母树较多，或具有萌蘖能力强的树桩(根)较多，分布均匀，规定时间内可以达到更新标准的迹地；

d. 自然生长状态保持良好，立地条件好，降水量充足，适于天然下种，萌芽更新的迹地。

(2)人工更新

人工更新是指用人工植苗、直播、插条或移植地下茎等方式恢复森林的过程。在雨量充沛、人力不足的地方，也可采用飞机播种的方式更新恢复森林。

下列情况可采用人工更新：

a. 改变树种组成；

b. 皆伐迹地及皆伐改造的低产(效)林地；

c. 采用天然更新较困难或在规定时间内不能达到更新要求的迹地；

d. 原集材道、楞场、装车场、临时性生活区、采石场等清理后用于恢复森林的空地；

e. 工业原料林、经济林更新迹地；

f. 非正常采伐(盗伐)破坏严重的迹地。

需要注意的是，在天然林择伐迹地上有足够数量的幼苗幼树时，不宜进行人工更新。

(3)人工促进天然更新

人工促进天然更新是指以弥补天然更新过程的不足所采用的单项人工更新措施。例如，人工补播补植以弥补天然种苗的分布不匀；进行部分块状、带状松土或火烧清理，除去过厚的枯枝落叶层或茂密的草类、灌木，以改善种子发芽和幼苗幼树生长发育的条件等。

在下列情况下，完全依靠自然力在规定时间内达不到更新标准和要求时，应采取人工辅助办法，促进天然更新：

a. 渐伐迹地；

b. 补植改造或综合改造的低产(效)林地；

c. 采伐后保留目的树种天然幼苗、幼树较多，但分布不均匀、规定时间内难以达到更新标准的迹地。

2. 森林更新的技术要求

森林更新应正确选择更新方式；科学确定树种和树种配置，适地适树、适种源；良种壮苗、细致整地、合理密度、精心管护、适时抚育。具体技术要求应参照《造林技术规程》(GB/T 15776—2016)，《封山(沙)育林技术规程》(GB/T 15163—2018)和《生态公益林建设技术规程》(GB/T 18337. 3—2001)执行。

森林采伐后，宜于当年更新或翌年更新，其面积与采伐面积相等；3 年后，人工更新的苗木成活保存率宜在 85% 以上，尽可能多地保留前更幼树(采伐前长成的幼树)；天然更新不好的迹地，要用人工促进更新，在采伐当年或翌年进行人工补植、补播；在更新过程中，实行山林封禁，防止人、畜入山破坏。

世界上少林国家多采用人工更新，多林国家除仍用天然更新外，也不断增加人工更新的比重。中国森林更新的方针是“以人工更新为主，人工更新和天然更新相结合”，根据森林类型特点、迹地类别、自然条件和经济条件，采用适宜的主伐方式和更新方式；皆伐迹地和火烧迹地以人工更新为主，但天然更新力强、由喜光树种组成的森林，皆伐后可实行天然更新。渐伐和择伐迹地以天然更新为主，天然更新种苗数量不足或分布不匀处辅以人工促进更新。采用人工更新的迹地，一般栽植针叶树，适当保留天然更新的阔叶树幼苗、幼树，日后可形成混交林。

二、择伐作业与更新

(一)择伐作业的含义

择伐是森林主伐方式之一，是在预定的森林面积上定期、重复、有选择性地采伐成熟的林木和树群。其特点是林地上始终保持着多龄级林木，森林的天然更新是连续进行的，择伐后更新的林分仍是异龄复层林，能充分发挥森林的生态效益，但不能较好发挥设备效益，成本较高。择伐作业用于形成或保持复层异龄林的育林过程。择伐林的林相如图 12-7 所示。

图 12-7 择伐林的林相示意

（二）择伐作业的分类

1. 单株择伐

单株择伐是只伐去个别树木或树群，在被伐木的原地更新。这种方法只适用于能在很小的林隙下更新成活的极耐阴的树种。要求在一片森林内频繁地进行局部采伐，前后两次采伐的间隔期称为采伐周期。与同龄林的作业法不同，单株择伐没有成熟林木的轮伐期，但每个采伐周期所伐的主伐木也都到达成熟年龄，因此，林木的成熟期和采伐周期的长短决定了林区内存在多少龄级。

（1）单株择伐的优点

只有通过择伐，才能保持异龄林的结构；便于耐阴树种的更新；有较好的庇护作用，能使幼苗免受强光暴晒；可以调整采伐量，以适应市场条件的变化；与同龄林作业法相比，火灾的危险性小；即使林地面积不大，也能逐年得到投资回报；异龄林通常具有较高的景观价值，特别是采取单株择伐时。

（2）单株择伐的缺点

需要有较高技术水平的森林经营者；木材采运成本较高，因为单位面积出材量低，进出森林次数多，而且要尽量不伤害保留木；干材质量要比同样条件的同龄林低，特别是阔叶树；主伐木分散在整个林分内；为了维持适宜的龄级分布，需要对较低龄级的树木进行必要的间伐，但这点往往被忽视；森林调查和生长量及产量的估算比较困难；一般不能放牧，避免幼小树木受到伤害；不利于喜光树种的更新和生长。

2. 群状择伐

群状择伐能在异龄林内疏开较大的林冠空隙，但林隙也不能太大，以免更新的幼苗失去周围树林的庇护。一般林隙的直径以不超过树高的 1～2 倍为宜，但实际上林隙的大小还要受方位和坡度的影响。群状择伐在幼苗受到的庇护和景观美学方面不如单株择伐。其优点是：更新起来的一些小群树木是在同龄条件下生长的，干形较好；伐开的空隙较大，可以允许喜光树种的更新成长；采伐量比较集中，采运成本较低；成群采伐，对保留林木的损伤较轻；间伐的次数少，不影响正常的径级分布，但对树种组成的控制略差；森林调查略为容易。

（三）择伐作业的应用条件及评价

1. 择伐作业的应用条件

择伐作业应用很广，除了强喜光树种构成的纯林与速生人工林外，其他类型林分都可采用。有些条件下必须采用择伐，有些条件下择伐可与其他作业法相结合。其主要的应用对象为：

①择伐最适用于由耐阴树种形成的异龄林。择伐是异龄林唯一可采用的采伐方式。择伐法的设计应根据林分培育目的(商品林或公益林)、林分年龄结构、层次结构与林分组成的特点来确定采伐强度与采伐木的标准。所采用的更新方式往往为天然更新。在现有天然更新的幼苗幼树达不到更新标准时，应进行人工促进天然更新或补植。形成的下一代林分仍是异龄林。

②由耐阴性不同的树种构成的复层林、针阔叶混交的复层林以及有一定数量珍贵树种(如水曲柳、黄波罗等)的针阔叶混交林，都只能采用择伐。这些类型的林分经适度择伐后，保留的目的树种生长得更好。择伐作业不但获得了木材，而且能较好地对保留木进行抚育。

③一些次生针阔叶混交林，在实施保护的同时，对成熟的林分应采取择伐的方式进行采伐。可进行团状择伐，创造林隙，在林隙中引入针叶树种或其他珍贵树种形成针阔叶混交林，待林隙近郁闭时再进行第二择伐，可提高林分质量。

④所有陡坡、土薄、岩石裸露、高山角，森林与草原的交错区、河流两岸、铁路与公路两侧的森林，无论是商品林或兼用材，只进行低强度单株择伐，能维持较好的森林环境。

⑤自然保护区的试验区，森林公园及森林旅游区的大面积森林，为了维持其生物多样性与生态功能以及景观价值，适宜采用小强度的择伐。

⑥雪害与风倒严重的地区，采用采伐强度小、间隔期短的单株择伐，可以减轻自然灾害的发生；采伐后引起沼泽化或草原化的林分，采用择伐则可防止林地环境恶化。

2. 择伐作业的技术要求

①择伐可采用径级作业法，单株择伐或群状择伐。凡胸径达到培育目的林木，蓄积量超过全林蓄积量70%的异龄林，或林分平均年龄达到成熟龄的成、过熟同龄林或单层林，可以采伐达到起伐胸径指标的林木。例如，东北阔叶红松林择伐林保留木和应伐木的确定原则是在保护生物多样性的前提下，充分发挥立地生产力，使林分经济产出最高。具体如下：

一是采伐木。

a. 优先伐除病腐木、濒死木、双杈多梢木、弯曲木、被压木以及影响目的树种生长的非目的树种；目的树种包括红松、云杉、冷杉、水曲柳、椴树、核桃楸、蒙古栎、黄波罗等经济价值较高的树种。

b. 生长在一起的多株林木应伐除非目的树种，对于从根部分杈的林木应保留一枝干型好的。

二是保留木。

a. 珍稀树种如红松、黄波罗、山槐等应全部保留。

b. 枯立木和倒木。

c. 林分中的大树；林分中个别树种生长特别大的单株(包括非目的树种和小乔木)。

d. 能给野生动物提供栖息场所的林木，如空心大树等。

e. 高大且奇形怪状、可能有潜在艺术价值的林木。

f. 注意保护树种多样性，对于林分中个体很少的非目的树种应予以保留。

g. 特殊的经济树种等。

②择伐后林中空地直径不应大于林分平均高，蓄积量择伐强度不超过40%，伐后林分郁闭度应当保留在0.5以上，以0.6~0.7为宜。

③回归年或择伐周期不应少于1个龄级期，下一次的采伐量不应超过这期间的生长量。

④下一次采伐时林分单位蓄积量应高于本次采伐时的林分单位蓄积量。

⑤首先确定保留木，将能达到下次采伐的优良林木保留下来，再确定采伐木。

⑥竹林采伐后应保留合理密度的健壮大径母竹。

3. 择伐作业的评价

(1)择伐作业的优点

①形成复层异龄混交林，提高生物量　森林是一个群体，在这个群体内的树木新生、生长、衰老和死亡共存，但不是所有的树木同时新生或死亡，因此，森林本身具有整体性、连续性、再生性、长期性、动态性的特点。森林作业法应使森林的这些特性不受破坏，使作业后的林木作为整体仍处于永续生存的状态，保持良好的更新与结构，并一直保持多树种、多层次、多龄级的状态，这样才能发挥森林的多种功能，有较高的生产力，而只有择伐作业才能体现与保持森林的这些特性。择伐林近似于原生天然林，具有异龄多层的特点，可充分利用光能，因此能提高林分的生物量。

②缩短轮伐期　择伐作业在采伐成熟木的同时，也对保留的林木尤其是中小径木进行了抚育，改善了林分结构与卫生状况，因此使中小径木得以更好地生长，更快地提高生长量。

③增加生物多样性　在森林新占据的地上地下空间内，还分布着多种多样的植物、动物与微生物，形成一个复杂的生态系统，该系统中的这些生物成分之间及其与无机环境之间始终存在矛盾与调控，从而推动了系统的演化与物种的进化，使森林生态系统具有最高的生物多样性。

④保护环境　择伐可以保证林地上永远有森林植物的庇护，保持一个稳定的环境，因此能较好地涵养水源，防止土壤侵蚀、滑坡与泥石流，同其他采伐方式相比，择伐林的环境保护作用是最好的。这与欧洲近自然林业的经营措施基本一致。

⑤减少生物灾害　择伐后形成的异龄复层林，比皆伐、渐伐形成的同龄林具有更好的抵抗风倒、风折与病虫害的能力。在择伐林中有较多的昆虫、微生物，但它们很少发生危害，更不会成灾。

⑥利于更新　择伐林内存在永久的母树种源，幼苗又可以得到林冠的庇护，不易遭到日灼、霜冻、风暴等危害。因此，即使在不良的气候条件下，幼苗、幼树也能成长起来，特别是对耐阴树种的更新有更好的条件，可以有效地恢复森林，大量降低更新费用。

⑦提高森林美景度　择伐林的林木具有大小参差不齐的多层性，并有单株与群团采伐后形成的林隙，可以美化风景，有更好的旅游与保健价值。

⑧实现森林可持续经营　由于择作业法始终是边采伐利用，边更新边抚育，是最适于

森林资源可持续经营的作业方法。

(2)择伐作业的缺点

①作业成本高　择伐采伐强度小，间隔期短，采伐分散，除采伐老龄木外，还兼顾抚育中小径木，因此，采伐集材较费工，木材成本较高。

②作业难度大　择伐作业过程中，伐倒木很容易砸坏中小径木与幼树，一般损伤率在10%左右。当用机械集材时，破坏更为严重。现在东北林区已多用人力和畜力集材，将原木原条单根拉出林外。

③技术条件要求高　在伐区调查设计时，要按照树种、立地条件、林分状况和林种确定采伐强度与间隔期，使伐后的林分变成异龄林状态，因此，选择采伐木须十分慎重。同时，还要考虑现有幼苗幼树能否达到更新标准，是否需要补植，补植点的需要量以及补植树种等。

④森林调查和林分生长量、产量的估算较困难且费时　由于择伐林中除树种外，其他植物种类也比较多样，分布不均，因此在对中草药、山野菜等多资源利用量的调查与产量估算也十分困难，需要比皆伐和渐伐后形成的林分设置更多的样点。

择伐显然不利于喜光树种的更新与成长，虽然在大的林隙中喜光树种可以更新，但抚育工作量较大，因此择伐林也难以培育成速生丰产林。

(四)择伐更新

择伐更新主要在择伐后的林隙中进行，可以采用人工促进更新与人工更新来更好地加快目的树种的生长和成林的进程。为取得较好的更新效果，还应选择林隙中适宜的位置来确定栽植点。

三、渐伐作业与更新

(一)渐伐的概念和特点

渐伐是指为了在老林的上方或侧方庇护下形成新林，在近乎单层的成熟林中进行的更新法。具体是指在成熟林伐区内 2～4 次逐渐地伐除全部林木。目的在于防止林地突然裸露，通过采伐的渐进使伐区保持一定的森林环境，以便于林木的结实、下种和保护幼树，达到更新的目的。

渐伐主要在天然更新能力强的成、过熟单层林或接近单层林的林分中应用。

渐伐作业属于前更作业性质，即更新是在林木采伐前完成的。采伐的过程也即更新的过程，一般相当于 1～2 个龄级期，形成同龄林。

渐伐法的另一个特点是在一个轮伐期(即更新周期)内进行多次采伐，每一个采伐环节都是为了保证更新。在实际操作中，各个阶段还可以合并或舍弃。

(二)典型的渐伐作业

典型的渐伐作业可分 4 次，即预备伐、下种伐、受光伐和终伐。

1. 预备伐

在接近轮伐期末所进行的采伐作业，其目的是使林冠永远疏开和使母树的树冠扩展以改善林木树冠发育状况，促进枯落物分解，以期改进结实条件和天然更新条件，为种子发芽创造条件。预备伐操作一般在种子年的前几年进行。

预备伐是一种轻度的局部采伐，目的在于补救发育不良、树木树冠不发达的林分状况，改善林木的抗风性能或不良的下种地条件。预备伐可进行几次。在林冠已经开始疏开的老龄林内，一般不需要进行预备伐，但是林冠完全郁闭的林分，未经人工管理过的林分以及壮龄林内，往往需要进行预备伐。

2. 下种伐

在成熟林分中伐除若干树木，使林冠永远疏开，为更新保留母树的下种创造条件。如果不为此进行预备伐时，则下种伐为若干次渐伐的第一次采伐。

下种伐只进行1次，是在预备伐3～5年后，结合种子年进行，将林冠疏开到一定程度，除去非目的树种，以利于目的树种种子的发芽和幼苗早期生长，促进更新。

3. 受光伐

受光伐是指在渐伐作业法中，下种伐和终伐之间的采伐。在下种伐创造了适宜的更新条件并且更新苗长到足够高时，要进行一次或几次受光伐，目的是帮助更新幼树逐步减少遮阴和增加光照，保证林分正常生长。受光伐一般在下种伐后3～5年进行。受光伐的次数，要根据幼苗对突然失去荫蔽的“敏感”程度而定。除了避免让幼苗受到过分急剧的环境刺激外，当幼苗有被地被植物压抑的危险时，也要放慢清除上层林木的进程，因为上层林木能控制地被植物竞争。保留的上层林木可继续生长，增加木材产量，同时对头几次受光伐中伤苗的地段还可起补播作用。

4. 终伐

终伐也称后伐，一般指对林分中最后保留的林木的采伐。严格来说，终伐是在渐伐作业中，认为幼林生长达到更新要求后，即在最后一次受光伐之后，对最后保留的母树或庇护树的全部采伐。终伐作业多在受光伐后3～5年进行，目的是给幼树充分的光照。采伐强度为一次伐除全部成熟林木。

在实际工作中，如果树种特性、生境条件和经济条件都许可，也可将渐伐简化为一次下种伐和一次受光伐或终伐。如果一片林地在采伐前已有合格的更新幼苗，等于完成了下种伐的过程，则可将渐伐进一步简化为最终一次的受光伐，只要在采伐时注意保护幼苗，保证成活即可。

(三)几种渐伐类型

1. 全面渐伐法

全面渐伐的特点是每次采伐都均匀地在全林内进行，可保证得到一致的同龄林。

(1)全面渐伐的优点

可控制生境条件，保证更新的是同龄林；对于种子质量大的树种，这是最好的作业方法；能最有效控制幼林的树种组成、株数和分布；既适用于耐阴树种，也适用于喜光树种；能很好地保护土壤；产生良好的景观作用；在大面积应用时不受生物学上的任何限制。

(2)全面渐伐的缺点

采伐时由于要注意相同面积的出材量，同时不损伤保留的树木，采运成本较高；需要有熟练的技术；只适用于能抗风倒的树种；会对剩余林木造成损伤，也会伤及正在更新的幼苗；强喜光树种需要在更新幼苗出现以后迅速除去上层林木。

2. 带状渐伐法

带状渐伐法是将全部采伐的林分划分为若干带，按一定方向分带采伐。采伐由一端开始，在第一带内首先进行预备伐，其他带保留不动。经几年后，在第一带进行下种伐的同时，在第二带进行预备伐。再经几年，在第一带进行受光伐的同时，第二带进行下种伐，第三带进行预备伐。依此类推。

带状渐伐的要点在于把大面积林地上的木材蓄积量分配在一个较长的时期内采伐；迎着主风方向向前渐伐，可以减少风倒的危险；在进行下种伐的伐带上创造良好的下种地条件；在进行受光伐的伐带上为了避免损伤幼苗，可以通过下种伐的伐带进行集材；在进行伐除以后，可以从邻近的林带中得到一部分种子来源；在采伐过程中要注意景观影响。

3. 渐伐的变型

①群状渐伐　以一些小的更新群为中心，围绕中心进行同心圆带状渐伐，直至全林更新完成为止。

②瓦格纳氏渐伐　在一片森林的北缘按由强到弱的梯度向南疏开上层林木，创造适合天然更新的条件，等更新苗出现以后，再用同样方式向南进行渐伐。

③带状皆伐式渐伐　皆伐带的宽度应不超过北侧林缘木的荫蔽范围。当皆伐带得到更新以后，再向下一个伐带推进。

(四)渐伐的应用条件与评价

1. 渐伐的应用条件

①天然更新能力强的成、过熟单层林。全部采伐更新过程应在1个龄级期内。

②在山区，坡度陡、土层薄、容易发生水土流失的地方或具有其他特殊价值的森林，以及容易获得天然更新但土层浅薄的林分。

③渐伐的采伐次数和采伐强度具有很大的灵活性。皆伐天然更新有困难的树种，应用渐伐更新，尤其是幼年天然需要遮阴的树种。

④许多森林内，前更幼树在更新中起着重要作用，可根据林下更新的数量采取不同采伐强度的渐伐，促进更新或加快幼苗生长。如果林下有足够的更新幼苗、幼树，可以采用更大的采伐强度或伐光老林。成功的条件取决于前更幼树的数量和伐木、集材中对幼树保护的程度。

⑤林冠下更新的幼树较多、上层木限制幼树生长时。

2. 渐伐作业评价

(1)优点

①渐伐因有丰富的种源和上层林冠对幼苗的保护，比皆伐或留母树皆伐法的更新更有保证，且幼苗分布均匀。目的树种的种粒大，不易传播，或幼树需要老林庇护时，渐伐是最可靠的作业方式。渐伐既适用于耐阴树种，又适用于喜光树种。

②渐伐形成的新林发生在采完老林之前，不仅缩短了轮伐期，而且在山地条件下，森林的水源涵养和水土保持作用不会受到很大影啊。渐伐还能保持环境的美化。

③渐伐不仅皆伐作业比较集中，而且加速保留木生长，提高木材利用价值的能力。比如，第一、第二次采伐后保留的林木，由于林冠疏开，能加速直径生长成为大径材。渐伐与皆伐相比，在森林更新期内，能更充分地利用生长空间，增加林木的生长量。

④渐伐虽比皆伐需要更高的经营技术和采伐工艺，但对经营管理者来说，与择伐相比，渐伐更有条不紊。由于渐伐主要用于单层林与同龄林，与择伐相比作业较简单。

⑤每次采伐后的剩余物较少，同时在遮阴条件下容易分解，降低了火灾的可能性。

⑥渐伐保留的林木具有美学价值。

(2)缺点

①采伐和集材时对保留木和幼树的损伤率较大，同时不利于采伐和林地清理。因此，合理设置集材道，采用正确的采伐和集材技术非常必要，否则会使前更幼树遭受严重破坏而不能成林。

②渐伐中的采伐、集材费用均高于皆伐，第一次采伐的多为有缺陷的林木，经济收益不大。但只要林区道路网能够全面铺开，使下种伐和后伐同时在不同的地方进行，就能克服这些缺点。

③渐伐是分 2~4 次将成熟木砍完，每次采伐时对确定采伐木与保留木、计算采伐量的技术要求较高，对树种的生物学与生态学特性、林分状况与幼苗、幼树生长状况都要有一定的认识。

④林分稀疏强度较大时(如简易渐伐)，保留木由于骤然暴露，容易发生风倒、风折和枯梢等现象，耐阴树种这种现象会更为严重。

(五)渐伐更新

渐伐作业的根本意义就是通过主伐林木的庇护，实现森林的更新。渐伐法可以在林地上形成不同程度的庇荫条件，并且具有调整林木密度的作用，在各种林地上可以为一个或几个树种创造出更新所需的环境条件。渐伐更新的种子来源丰富，下种比较均匀，因此便于达到更新的目的。

四、皆伐作业与更新

(一)皆伐作业的概念和特点

皆伐作业的特点是在更新前把全部林木伐去，更新地上空旷状况占绝对优势，林缘状况占最小比例，更新是在没有林缘树林的庇护下完成的。从概念上讲，皆伐是更新老龄林分最简单的方法，常常导致同龄纯林的形成，但不一定形成纯林。对于森林来说，皆伐模拟了某种相当大的灾难性事件，能够导致某类树种，尤其是非耐阴性树种和耐全光照树种的更新。实行皆伐育林作业，其生产水平可能是最粗放的，也可能是最集约和最昂贵的。皆伐法不是形成同龄林分的唯一方法。

皆伐作业法的基本目的是伐去成熟林木以后重新长成同龄林。皆伐的原因也可能是为了改善各种不利的情况，如虫害、病害、火灾或林相衰残；也可能是改变树种、引进较好的基因型或者增加木材产量。

用材林皆伐一般适用于人工成、过熟同龄林或单层林，中小径林木株数占总株数的比例小于30%的人工成、过熟异龄林。

（二）皆伐作业应用条件

①皆伐人工更新最适于喜光树种构成的人工单层林。

②皆伐最适用于全部是成、过熟木的林分，或者需要进行林分改造更换树种的林分。

③皆伐不选在沼泽水湿地，或水位较高排水不良土壤上的森林。

④山地、陡坡和容易引起土壤冲刷或处在崩塌危险地森林不宜皆伐。

⑤森林火灾危险性大的地域，如沿铁路和公路干线两侧，也不宜选择皆伐。

⑥原计划进行皆伐的地区，遇到游览和风景价值极大地地段，尽量改用其他采伐方式，如渐伐、单株择伐或群状择伐。

（三）皆伐作业的方式

1. 皆伐后天然更新

选用这种方法，树种的林学特性是关键，如果从林分的历史情况来看，一个树种在天然条件下适合或者要求空旷地的条件才能更新成林，就值得考虑进行皆伐。皆伐后的极度空旷状况在天然条件下很少出现。最近似的是林木遭到火灾后，但即使在这种情况下根系竞争已经消除，被烧死的枯立木还可起到一定的庇护作用，土壤侵蚀的危险也较小。如果要利用皆伐达到天然更新，要根据边缘树木的下种性能确定伐区的宽度。

下种地条件会影响种子与苗木比，这一比值又影响保证天然更新所需的伐区最适宽度。通常的有利下种地条件意味着无机土的表面易于接受种子，并使种子易于得到覆土。有利的生长条件则要求林地上的杂草和灌木愈少愈好。由于皆伐会使林地条件迅速恶化，所以要得到适当的更新苗株数，需要经过一个或多个种子丰年。为缩短这一过程，整地工作应该在下种前不久进行，不要在采伐后立即进行。

天然更新的皆伐作业有3种常用的变型，选用时要根据总采伐面积的大小、林缘的最佳下种距离、保留林带有无风倒危险、保留林带最后的更新成本以及需要的木材材积而定。

（1）简单带状皆伐

其伐区大小取决于多种因素，包括种子的飘散距离；经济方面，如木材采伐量与工厂的加工能力之间是否适合等。要将某个特定龄级的树木均匀分配到整个采伐周期，不要集中到某一年；伐区面积尽量小一些，以免造成景观破碎化和对环境的不良影响。

(2) 交互带状皆伐

如果一片同龄林需要在短时间内得到大量木材，采用简单带状皆伐的采伐周期过长，在这种情况下可选择交互带状皆伐或渐进带状皆伐。

交互带状皆伐即实行隔带采伐，所有间隔的伐带在1年内伐完，皆伐作业法中以这种方式的采伐量最大。当采伐后的带状迹地得到更新以后，再将保留的林带伐去。

交互带状皆伐的保留林带存在容易发生风倒、保留林带砍伐以后更新困难，需要人工造林或采取渐伐更新和在景观效果不佳等诸多问题。

保留林带的最小宽度依风倒的危险程度，对砍伐带的下种能力，以及保留林带自身的采伐成本和更新费用而定。

(3) 渐进带状皆伐

应用时，将一片森林分成几组连续的带状地，然后分组进行渐伐。一组内的带数，要根据一个伐带达到天然更新目标所需的时间而定，也要考虑维持同龄林所能容许的各带之间的最大龄差。渐进带状皆伐可以减少风倒的损失。最后一批保留林带才能避免这种危险。最后一批保留林带的面积较小，伐后的更新问题也较小。与交互带状皆伐相比，渐进带状皆伐的采伐速度较慢，对景观的影响也较小。

2. 植苗造林的皆伐作业

伐后植苗的皆伐作业应用广泛，因为这种方法可以使森林迅速更新，而且能保证株行距适当。人们往往认为植苗更新失败是由于所栽的树种不能在空旷的条件下成活。其实植苗失败的原因多半在于整地方法不当、苗木质量低劣以及栽植方法的不完善，并非树种本身的特性。

(1) 植苗造林皆伐作业的优点

伐后植苗可使迹地得到及时更新；缩短了轮伐期；便于控制植被竞争、更换树种或引进优良的基因型；株行距均匀一致，可以不进行非商品材间伐；伐区面积可以不受限制；可以简化施业方案；从长远看，植苗更新较有利，特别是在天然更新较困难或缓慢的情况下。

(2) 植苗造林皆伐作业的缺点

栽植成本较高；栽植成本必须作为一项长期投资而看作资本，而不是管理费用；有更新失败的危险；单位面积株数不如天然更新多；需要大量季节性劳动力；由于苗木生命力和株行距很一致，所以必须进行间伐，否则可能生长停滞；人工林通常是单一树种的纯林，因此有纯林的优点和缺点。

3. 直播造林的皆伐作业

直播造林要有良好的整地和种子保护措施。直播造林已在美国的南部、西北部太平洋沿岸和加拿大等地成功应用。直播造林的成本比植苗造林低得多，但失败的风险也较大。直播造林一般只适用于特殊情况，如刚遭到火灾的不便通行的林地或大面积的新火烧迹地等。

(四) 皆伐作业技术要求

一般用材林主伐年龄以数量成熟龄和工艺成熟龄为主要依据，参考经济成熟龄确定；工业原料林主伐年龄以工艺成熟龄和经济成熟龄为主要确定依据。皆伐面积最大限度地根据坡度确定(表12-3)，并按所在区域不同生态条件向下调整。

需要天然更新或人工促进天然更新的伐区，采伐时保留一定数量的母树、伐前更新的幼苗、幼树以及目的树种的中小径林木。

伐区周围要保留相当于采伐面积的保留林地(带)。保留林地(带)的采伐要在伐区更新幼苗生长郁闭成林后进行，一般北方和西北、西南高山地区在更新后5年采伐；南方在更新后3年采伐；采伐带或块的区划，应依山形地势进行设计。

表12-3　皆伐面积限度

项　目	坡度(°)			
	≤15	16~25	26~35	>35
皆伐面积限度(hm^2)	≤20	≤10	≤5	不采伐

注：a. 对于土壤肥沃的地方，在皆伐面积限度内，皆伐面积可大些，否则应小些；

b. 因严重自然灾害(如严重火烧、病虫害等)、征占用林地等引起的必要皆伐，可依实际情况。

(五)皆伐作业评价

皆伐作业是清除全部植被，用伐后天然或人工更新的方法形成同龄林分，使其迅速占据空出的生长空间。当保留的林木在价值增值、种源、庇护新幼林、动物栖息、环境美化和其他目的方面，不再具有保存意义时，可采用皆伐法作为更新方法，而不应采用其他局部采伐作业。皆伐仅适用于全光条件下具有更新能力的树种。一些强喜光先锋树种不仅能忍耐这种条件，而且也需要这种条件。

在对充分成熟或过熟的林分进行主伐时，使用皆伐法的原因是显而易见的。如果局部采伐作业成本较高，或者皆伐后能用优良林分代替不良林分时，就应该考虑采用皆伐法。如果目的树种在生态特性上能适应皆伐后形成的林地条件，实行皆伐可能具有比其他更新方法更明显的优越性。

皆伐作业的优点：采伐成本较低，对立木没有损伤；与其他作业法相比，不需要复杂的技术；可以通过植苗引进改良树种，解决槲寄生等的卫生问题；对种子不能自由散落的树种来说，这是唯一的作业方法；在更新起来的幼林长到一定高度后，可以允许放牧而不致造成损害；生长衰退的过熟林可以用这种方法实行更新；窄伐带也适用于大面积的森林。

皆伐作业的缺点：只适用于能在空旷地上成活的树种；不易控制树种组成；土壤侵蚀和林地退化的危险较大；更新有可能延误，生长条件有可能迅速恶化；种子必须很轻，以保证有足够的下种距离；一些尚未成熟的林木也被砍掉；在所有作业法中，皆伐作业对景观的影响最大，特别是在幼苗长成幼树以前的阶段。

(六)皆伐迹地的更新

1. 天然更新

皆伐迹地天然下种更新，就是依靠天然种源形成森林。皆伐后的迹地天然更新通常要具备种子年，并配合有适于种子发芽和幼苗生长的气候条件，才能有更多的幼苗。更新延缓时间越长对更新越不利，杂草、灌丛大量侵入会阻碍更新。皆伐迹地天然更新的种源主要来自于邻近林分、采伐木及地被物。根据伐区排列的不同有不同的更新方法。

(1)带状间隔皆伐迹地更新

第一次采伐的伐区，两侧保留的林墙可下种，保护更新的幼苗和幼树。一般第一次采伐的伐区应配置在下风方向，有利于天然更新下种。第二次采伐的伐区已无周围林墙，可以人工更新，保留母树，于种子年采伐和改用渐伐等。

(2)带状连续皆伐迹地更新

带状连续皆伐是每个新伐区紧靠前一个伐区设置。在林地面积很大时，为了采伐集中，通常将林地划分为若干个采伐列区，在每个采伐列区中划分 3 个或 3 个以上的采伐带，前一带采伐之后，迹地得到更新，再接着砍伐第二采伐带，依此类推。

与带状连续皆伐相比，带状间隔皆伐的优点是采伐集中，采伐年限缩短；缺点是不能利用侧方林墙下种的较大面积，且易遭风害。

(3)块状皆伐迹地更新

块状皆伐伐区面积不得超过 5 hm^2，而坡陡与立地条件很差的地段，皆伐面积应缩小到 1~3 hm^2，全伐区采伐之后，有可能全部天然更新，并形成同龄林。

2. 人工更新

皆伐迹地主要以人工更新为主。人工更新通常采用的方法是植苗更新和直播更新。直播更新还存在一些技术问题，通常最常用的是植苗更新。植苗更新节省种子，保存率高，幼林郁闭早，抚育管理较容易且成林、成材较快。在中国北方林区更新的树种一般以落叶松、红松、樟子松、油松、云杉等针叶树为主，水曲柳、黄波罗、核桃楸等硬阔叶树种为辅。中国南方杉木林皆伐人工更新，传统做法是在采伐之后的第二年放火烧山，用牛耕犁土壤，将烧成的草木灰翻入土内，增进土壤的肥力，然后进行插条造林。

采用人工更新必须根据立地条件类型、树种特性做到适地适树。人工更新树种的选择，应根据当地经营目标的需要、立地条件及树种习性确定。由于各类树种的适生土壤条件不同，所以更新时一定要因地制宜地选择更新树种。

皆伐迹地的更新应充分利用新迹地杂草、灌丛较少和土壤疏松的条件，及时采用人工更新，最好当年采伐当年更新。

（段　劼）

复习思考题

1. 林学术语解释

抚育间伐　自然稀疏　林木分级　疏伐　主伐　皆伐　渐伐　择伐　森林更新

2. 基本知识解答

(1)抚育间伐的目的有哪些？

(2)林木分级的主要类型有哪些？

(3)抚育采伐的种类有哪些？

(4)疏伐的方法有哪些？

(5)抚育采伐的技术要素有哪些?

(6)抚育采伐的选木原则包括什么?

(7)森林主伐方式有哪些?

(8)森林更新的方式是什么?

3. 综合应用

(1)试述异龄复层人工林疏伐方式的选择原则及主要技术内容。

(2)综合分析各主伐方式采取的更新技术及适用条件。

推荐阅读书目

1. 林学概论. 陈祥伟，胡海波. 中国林业出版社，2005.

2. 森林培育学(第3版). 翟明普，沈国舫. 中国林业出版社，2016.

第十三章　森林健康经营与保护

【内容提要】本章介绍森林健康经营的概念及基本思想，森林健康经营的常用技术措施；森林有害生物发生的基本常识，森林病虫害防治的技术途径及常用方法；森林火灾的基本知识，森林火灾预防的方法和措施。

第一节　森林健康经营概述

一、森林健康的提出与内涵

（一）森林健康的提出

森林健康理论是20世纪后期指导森林经营管理和森林有害生物治理的一种全新的理念。20世纪随着工业化发展带来的环境污染导致有害物质在森林中的沉积，使森林在不同程度上受害，出现大面积森林生长衰退、树冠层变稀、叶子褪色发黄和脱叶、直至森林死亡的现象。20世纪70年代末期德国人将发现的这种森林生活力缺失情况称为新型森林受害现象，首先提出了森林健康状态的概念并开始了观测工作。从德国开始的森林健康状态监测和评价工作随后迅速扩大到了整个欧洲。

美国于20世纪80年代末针对森林病虫害防治和森林防火等问题，提出并制订了森林健康计划。这个计划将森林病虫、火灾等灾害的防治思想上升到森林保健的高度，将森林健康融于森林生态系统管理之中，并贯穿于整个森林资源管理计划全过程。森林健康计划具体有疏伐、杜绝林火、死树利用、控制主要森林病虫害流行等内容，提出根据不同的森林植被类型，森林健康恢复可采取不同的措施。目前，森林健康经营理念已成为美国林业的核心价值观念，森林健康监测已成为美国森林资源经营管理的一项日常工作。

目前森林健康经营思想已经在国际上产生了广泛的影响。2003年，联合国森林论坛和第12届世界森林大会两个国际性林业会议都将森林健康作为会议的重要专题，各国政府官员专家学者均对森林健康表现出了极大的兴趣，已有越来越多的国家正在将森林健康作为本国林业发展的重要理念之一。

（二）森林健康的内涵和实质

森林健康就是要保持或恢复森林的健康状态，建立和发展健康的森林，是森林生态系统能够维持其多样性的同时，又能持续满足人类对森林的自然、社会和经济需求的一种状态。一个理想的健康森林应该是在这样的森林中，生物因素和非生物因素，如病虫害、空气污染、营林措施、木材采伐等对森林的影响，不会威胁到现在或将来森林经营的目标。森林经营的目标既是指商业产品，也包括森林的多种用途和价值，如森林游憩、野生动物保护、木材资源、放牧和水源涵养等。因此，森林健康的实质就是要使森林具有较好的自我调节并保持其系统稳定性的能力，从而使其最大、最充分地持续发挥其经济、生态和社会效益的作用。

(三)健康森林的特征

1. 多功能性特征

健康森林具有足够的物理环境因子、生物资源和食物链，具有丰富的生物多样性，能够最大限度地满足人类不断增长的物质、文化和愉悦身心等方面的要求，能在水源涵养、水土保持、防风固沙、风景游憩等方面提供多样化的生态服务功能。

2. 稳定性特征

人们最初提出森林健康就是用以表示森林生态系统在满足人类需求的同时又保持自身复杂性的一种状态，即森林健康是基于森林生态系统提出来的。持续维持复杂而稳定的森林生态系统的健康和活力，使森林形成和保持健康的状态是森林健康经营的目标。因此，健康森林具有较高的稳定性。这并不意味着在健康森林中就一定没有病虫害、没有枯立木、没有濒死木，而是它们一般均在一个较低的水平上存在，它们对于维护健康森林中的生物链和生物的多样性、保持森林结构的稳定是有益的。

3. 可恢复性特征

健康森林具有一定的自我调节能力。人类及极端自然条件对森林的影响往往是不可避免的，然而一个健康的森林对于人类的有限活动的影响、对自然灾害的短期破坏活动应该是能够承受或可自然恢复的。

4. 功能目标最大化特征

在健康森林中，优势植被生长所必需的物质与营养资源间存在一种动态的平衡，在这种平衡下具有较高的生物产量，可以在保持生态系统稳定的同时，满足现在和将来人类所期望的多目标、多价值、多用途、多产品和多服务水平的需要，并服务于森林可持续经营和区域可持续发展的需要。

二、森林健康经营技术措施

森林健康经营强调充分发挥森林的多种功能，以实现满足人类对森林的多种需求为最终目标，这与现代林业提倡可持续发展的理念完全一致。与传统森林经营相比，森林健康经营强调通过科学经营实现森林的综合功能健康，使森林的多重功能能够得到最大限度的发挥。目前全世界有关森林健康经营已经实践形成了多种模式，主要有以经济、生态、社会效益一体化经营的德国模式，森林多效益主导利用经营的法国模式，森林多效益综合经营的美国模式，以及分类经营模式和可持续森林资源经营模式等。上述模式均从森林的功能目标出发考虑经营的技术措施。目前有关森林健康经营的技术有很多，其中最重要的有以下近自然经营、以天然林结构为参照指导的现有林经营、林地生产力维持、森林灾害预防等几种：

(一)林分的近自然经营

1. 基本概念

近自然森林经营思想起源于18世纪初的德国，提出近自然森林经营的想法是基于当时德国大面积的针叶纯林遭受风害易折，然后病虫入侵，损失很大。另外，连续种植的针叶林土地，因土地灰化而使地力不断衰退，林分的生产力逐代衰减，直至土地废弃，要改良土壤需要花费大量资金。为避免这种情况发生，德国在下萨克森州开展了以营造混交林为特征的试验，这些森林被称为近自然森林的示范。因而，所谓近自然森林就是指与原生森林植被为参照而培育和经营的，主要由乡土树种组成且具有多树种混交，逐步向多层次空间结构和异龄林时间结构发展的森林。近自然森林可以是人为设计和培育的结构和功能丰富的人工林，也可以是经营调整后简化了的天然林。

近自然森林经营就是主张充分利用森林生态系统内部的自然生长发育规律，从森林自然更新到稳定的顶极群落来计划和设计各项经营活动，不断优化森林的结构和功能，使森林达到更加接近自然状态的一种森林经营技术模式。近自然森林经营以森林生态系统的稳定性、生物多样性和系统多功能及缓冲能力分析为基础，以整个森林的生命周期为时间设计单元，以目标树的标记和择伐及天然更新为主要技术特征，以永续的森林覆盖、多功能的经营和多品质产品生产，最终实现最合理地经营接近自然状态的森林为目标。

2. 近自然森林经营的基本原则

近自然森林经营理论认为，在一个特定的立地条件下，如果我们培育的森林和完全自然的状态下该立地生长的森林有相似的树种组成，且林分的结构和演替动态也能与这个生长环境下自然的结构和过程类似的话，这种森林应该具有更大的稳定性，可以抗拒各种物理的或生物的危害，其生物多样性和其他生态及社会效益都将达到一个满意的水平。因而经营这种近自然的森林能够以最少的经营管理投入最终获得在这个立地条件下可能得到的最高产出量。理解森林才能按森林的发展规律进行森林经营活动。为实现近自然森林的理想目标，制定经营措施一般需要考虑如下原则：

①保持林地在自然景观、生态效能、经济产出和文化教育等方面的功能效益能够持续发挥。

②抚育采伐和主伐以单株或团状择伐方式收获林木，以保持森林健康、稳定和混交的状态。

③基于现实立地条件下的自然群落生境，开展更新树种的选择和符合最佳组成与结构的培育。

④注意保护所有原生和适应了当地环境的引进植物、动物和其他遗传变异的物种，除小面积特殊地区外，在不致带来严重病虫害和火灾发生的情况下，不做清林处理，而要让林木和生物自然枯死和再生，不在大面积范围内使用化学杀虫剂和高富集可能性的有机化学处理方法。

⑤通过林分结构调整、林内有机质的积累分解循环措施来提高和保持森林土壤的肥力。

⑥在采伐、作业道路和沟渠建设中应用各种可能的技术保护土地、固定样地和森林的近自然环境状态。

3. 近自然经营林分作业法

把现有的森林逐步导向到自然演替的顶极稳定群落状态，是近自然森林经营制定森林作业计划的基本思路。采用林分作业法是森林经营的核心，其基本目标是连续地收获尽可能多的木材并实现森林更新。传统的林分作业一般包括皆伐作业、带状皆伐作业、抚育间伐作业、渐伐作业、单株择伐作业和群团择伐作业等类型。除皆伐作业外，其他林分作业法由于具有保持森林结构和物种的多样性功能而被认为是符合近自然森林经营目标的。其中以单株木为林分作业对象的目标树经营体系，是近自然森林经营区别于其他森林经营且特征最为显著的部分。下面仅以目标树单株作业法为例说明近自然森林经营林分作业的方法。

以单株林木为对象的目标树经营是在理解和尊重自然，充分利用森林自身更新生长的潜力，以采伐收获为手段介入森林自然发生的结构和动态过程中，在保持生态系统稳定的基础上最大限度地降低森林经营投入并生产尽可能多的森林产品。其主要技术要素包括林木定向分类、单株木抚育择伐、林区作业道路计划3个方面。作业程序包括林分作业调查设计、林木分类标记、抚育择伐、效果监测和分析评价。

目标树单株作业主要技术特征之一是对林分或标准地中的所有林木进行分类，分为目标树、干扰树、特殊目标树(生态目标树)和一般林木4种类型。分类的具体要求如下：

(1)目标树

目标树是长期保留、完成天然下种更新并达到目标直径后才采伐利用的林木。在选择时，一般是在一定面积的林分中选一株最好的林木作为目标树，标记为“Z”。目标树选择的标准包括树种、优势度、干形、冠形、生活力、起源、损伤情况及年龄等方面。在近自然森林中目标树代表着主要的生态、经济和文化价值的少数优势单株林木，其经营过程主要以目标树为核心进行，定期确定并伐除与其形成竞争的树木，直到其达到目标直径后采伐利用。

(2)干扰树

干扰树是直接影响目标树生长，需要在本次经营计划期内采伐利用的林木，记为“B”。干扰树一般也是生长势头较强的林木，作为抚育采伐的对象，在抚育经营的过程中有一定的木材收获。

(3)特殊目标树

为增加混交树种、保持林分结构或生物多样性等目标服务的林木，记为“S”。特殊目标树一般包括：在国家和地方保护树种名录上的树种；在林中可作为非木材资源用途的林木，例如，作为生产油脂、水果、坚果、药材等非木材产品的树木、稀有树种、更新母树等，部分已成为微生物、昆虫、鸟类的重要栖息环境因素的濒死木或枯立木，所有已经有鸟巢的林木。在近自然森林经营中，特殊目标树都是需要保留并加以保护的林木。

(4)一般林木

不作特别标记。特殊情况下可在抚育过程中按需要采伐利用一定数量以满足当地的用材需求。

全林的林木都分类后，需要永久地标记出林分的特征个体—— 目标树(Z)，并对其进行单株木抚育管理，目的是在保持森林生态功能的前提下实现高价值林木成分最大的平均生长。

对林分全部林木进行分类并完成标记后，即可开展持续的抚育择伐作业，通过抚育调节单株林木的营养面积，调整林分混交比例和格局，培育目标树的材质，并不断生产木材及其他林副产品，直到目标树的终伐利用。为便于开展作业，就要有一个较好的森林道路网络，设计一个有秩序的作业和集材系统，进行作业工人的抚育择伐技能培训，特别是控制伐倒树木的倒向和保护更新幼树方面的知识和技能。

(二)以地带性天然林结构为参照指导现有林的经营

地带性天然林具有稳定的系统结构，通过研究天然林的树种组成、树龄结构、林分密度和蓄积量等，可以指导现有次生天然林及人工林的改造和营建。

在现有林中，确保有足够大的保护区面积来维护乡土树种群落，改造培育多层次多树种的混交林，利用乡土树种引入和更新保护，以恢复具有天然植物区系组成和结构的生物群落，增加生物多样性，对于森林植被的恢复与保持其健康状态具有积极作用，也是符合森林健康经营目标和原则最重要的途径之一。

根据森林健康经营的要求，在进行现有林组成和结构的改造中，必须对外来生物种的引入给予严格的限制。同时为保持森林中各种生物间的平衡和制约关系，有利于形成持续稳定的森林生态系统，对少量的倒木、枯立木以及低水平的病害虫害(外来生物等毁灭性病虫害除外)等应作为健康森林的有机组成部分，它对于淘汰劣质个体，保持森林生物多样性，构建复杂稳定的生态系统结构是有益的。

(三)林地生产力维护管理

林地生产力是指在单位面积上林木(竹林)及其动植物的生长量、利用量和蓄积量，是综合评价森林资源生长潜力的指标，一般包括林业用地利用率和有林地的生产力。从森林资源形成的结构看，林地生产力受自然生产力和劳动生产力两个方面的影响。自然生产力主要体现在林地资源本身的性质，如光、热、水、气、矿质营养等。不同质量的林地会有不同的林木产量。劳动生产力反映现有科学技术水平对林地限制条件的克服、改造能力和林地利用的集约程度对林业生产的影响。在生产中，可以通过多种措施来提高林地生产力，如可以通过造林整地强化林地养分循环，通过合理施肥提高林地有可持续养分供应，加强抚育管理提高养分良性循环，采取科学的轮伐方式遏制林地地力的衰退，以保障林地有可持续的生产力。

土壤是森林生态系统的重要组成部分，具有不间断地为林木提供并协调营养条件和环境条件以维持林木生长的能力，是林木生存、生长和发挥生态功能的基础，还具有阻滞酸沉降和污染物危害的重要作用，是保障森林健康状态的重要资源。林地生产力问题的核心是土壤健康，健康的土壤在森林生态系统中具有持续地发挥森林植物的生产力、保持森林环境质量以及促进动植物维持活跃生命力的能力。

健康的森林土壤一般具有土壤疏松柔软、土层深厚、颜色深黑、含水量适宜、排水性能好、石砾含量较低、有蚯蚓等改土动物生存等特征。

土壤健康经营的技术措施常用的有：

①充分利用在森林抚育管理过程中产生的剩余物，通过就地粉碎、沤制、腐熟等措施制作成有机堆肥，施入到森林中，达到补充林地土壤有机营养，改良土壤理化性状，改善林地卫生状况，减少病虫害和火灾发生发展的可能性等多种目的。最终提高林分生产力，维持和提高森林的健康状况。

②在水分缺乏地区，限制林木健康生长的主要因素往往是水分，加强林地土壤水分的管理成为维持林地生产力，提高森林健康状况的基本措施。常见的方法有：造林前整地和造林后加修土堰以集蓄补充的自然来水；可能条件下的灌溉；种植穴周围通过覆盖地膜、碎石、植物材料及专用保水生态垫等以保水；在树基周围土壤中加入吸水剂以吸附外围土壤中的水分到树木根系供吸收利用。在干旱地区，一些抗旱保墒措施对于维持和提高林地生产力，保证土壤水分对树木健康生长的供给，促进树木对养分的吸收，进而提高森林的健康状况是最重要的技术措施。

(四)森林灾害防控

对森林生态系统的稳定性造成影响的灾害因素包括病虫害、火灾、环境污染、人为过度采伐、自然灾害等，将这些可能的灾害因素对森林造成的损害控制在允许的经济水平以下本身就是森林健康理论提出的初衷。从技术层面讲，其中以病虫害和火灾对森林健康的危害最突出(详见本章第二、三节)。

第二节 森林有害生物防控

一、森林病害及其防控

(一)林木病害的概念

林木病害是指林木在生长发育过程中，由病原物(包括菌物、细菌、病毒、线虫、寄生植物等)侵染或不利环境条件刺激所导致的林木正常生理活动受到明显影响的生物现象。受害林木生长发育受到显著影响，并表现出异常症状，严重时造成林木死亡。

林木病害是以人类生产需要为核心进行讨论的，有些植物的不正常现象不但不造成经济损失，反而产生更好的经济价值，这些不正常现象不属于植物病害的范畴。例如，有一些观赏性花卉受病原物侵染后使花色更加丰富多样，从而提高了它的经济价值和观赏价值；许多豆科植物受根瘤菌侵染后，会在植物根部形成根瘤，根瘤菌将空气中的氮转化为植物能吸收的含氮物质，而植物为根瘤菌提供有机物。此外，林木病害的发生一般存在明显的病理学过程，林木受风折、雷击或一些生物因素等瞬间发生的机械作用就不能称为林木病害，而应理解为林木损伤。

(二)林木病害常见的症状类型

林木受生物(病原物)或非生物因素(不良环境条件)影响后，会在生理上、组织结构上和外部形态上产生一系列局部或系统的异常变化，这些异常变化称为病理变化，简称病变。一般顺序是：生理上的病变→组织上的病变→形态上的病变，而受害林木在形态上的不正常特征称为症状，包括病状和病征。病状指的是植物体本身所表现出的异常变化，如腐烂、叶片变色、萎蔫等；而病征是指病原物在寄主植物上产生的肉眼能够看得见的菌体，如白粉、锈斑、霉点等。有的林木病害其病状不明显，而病征明显；有的林木病害其病状表现突出，而病征不表现或不明显。例如，常见的植物白粉病，受害植物叶片只有轻微褪色，而其病原菌的菌丝体和孢子在叶片上形成明显的白色粉霉层；受病毒侵染或者不良环境引起的植物病害，其病征表现不明显或不表现病征。

植物病害的症状表现是多种多样的，为了便于研究和分析，一般将林木上常见的病害症状划分为 7 大类，具体类型如下：

1. 褪绿或花叶

由于病原物侵染或不良环境条件，如关键营养元素的缺失或光照不足等导致植物叶绿素形成不均匀或不能正常形成，从而引起植物花叶(叶片上出现深绿和淡绿相互间杂的现象)、褪绿、黄化或白化等症状。

2. 坏死

受病原物侵染或不良环境条件影响，植物细胞和组织出现死亡的现象，包括腐烂、溃疡、斑点等常见病害症状。例如，金黄壳囊孢菌[*Cytospora chrysosperma* (Pers.) Fr.]侵染杨树枝干后，通过分泌相应的水解酶分解植物细胞壁，从而使组织解体，最终引起树干腐烂；溃疡是一种特殊的腐烂病斑，植物枝干上局部坏死，形成凹陷的病斑，病害周围常为木栓化愈伤组织所包围，如由细菌侵染或机械损伤造成的溃疡病；斑点是植物组织局部坏死的表现，包括由菌物、细菌、冻害、药害等因素引起的植物叶片、果实和种子等组织的坏死。

3. 畸形

畸形是因细胞或组织过度生长或发育不足引起的，包括瘿瘤、丛生、变形、疮痂等症状。瘿瘤是受害植物组织细胞局部增生的结果，如栎柱锈菌[*Cronartium quercuum* (Berk.) Miyabe]侵染松树枝条或主干后，导致寄主植物木质部膨大形成球形木瘤；丛生是由于植物的主、侧枝顶芽受抑制，腋芽提早发育或不定芽大量发生，节间缩短，使枝叶簇生呈扫帚状，称为丛枝病或扫帚病，如泡桐丛枝病；变形是指受害植物的器官或组织失去原来的形状，如由畸形外囊菌[*Taphrina deformans* (Berk.) Tul.]引起的桃缩叶病；疮痂是指植物受害处细胞局部增生并木栓化而形成的小突起。

4. 枯萎

植物受病原物危害或不良环境条件影响导致植物水分输导受阻，从而引起植物失水出现萎蔫枯萎的症状，例如，臭名昭著的松材线虫病[*Bursaphelenchus xylophilus* (Steiner et

Buhrer) Nickle］和由大丽轮枝菌(*Verticillium dahliae* Kleb.)引起的黄栌枯萎病。

5. 流脂或流胶

植物受病原物危害或不良环境条件影响，导致树体病部有胶质或松脂流出。

6. 粉霉

植物受病原物侵染后，在受害部位产生各种类型和颜色的霉层或粉状物的症状。粉霉是植物病害发展过程中形成的病征，如白粉病、煤污病、发霉病等。

7. 腐朽

由高等担子菌引起的树木木质部分解变质的病状，后期常在树木上长出大型的担子果，如大型的木腐菌。

(三)林木病害的病原

引起植物发病的直接原因称为病原，按照病原的性质分为侵染性病原和非侵染性病原两大类。

1. 侵染性病原

生物因素是引起植物发病的直接原因，通常称它们为病原物。已经知道的植物病原物主要包括：菌物、细菌、病毒、寄生性种子植物(列当、菟丝子、云杉矮槲寄生)、线虫、植物菌原体等。由侵染性病原造成的植物病害具有传染性，因此称为侵染性病原。

2. 非侵染性病原

非生物因素是引起植物发病的直接原因，包括不利于植物生长发育的各类环境因素。由该类病原引起的植物病害称为非侵染病害，该类病害不能相互传染，也称为生理性病害。引起植物非侵染性病原的因素有多种，例如，气温过高或过低引起的病害；土壤湿度过高或过低引起的病害；光照不足或过强引起的病害；缺氧引起的病害；大气污染引起的病害；营养元素缺乏引起的病害；金属离子中毒引起的病害；农药毒性引起的病害；栽培措施不当引起的病害等。

(四)林木病害的防控

林木病害防治，即通过人为措施对林木病害的发生发展进行干预，从而维持森林生态系统稳定，保持森林健康，以实现森林经营的目标。目前，我国林木病害的防治方针是："预防为主，科学防控，依法治理，促进健康"。在采取植物病害防控措施前，应该充分地了解植物病害发生发展规律，找到影响植物病害发生的关键因素，做到有的放矢，才能更加有效地进行植物病害防控。对于非侵染性植物病害而言，改善影响植物病害发生的不良环境因素或选择抗逆性更强的树种能够有效地防止病害发生；对于侵染性植物病害而言，充分了解寄主植物、病原物和环境条件三者的相互作用模式，通过调节、提高或改善三者中一种或多种因素，从而使其不利于植物病害的发生。例如，提高林木的生活力，增强林木的抗病力、杜绝或减少病原物的种群数量、改善条件使其不利于病原菌侵染、繁殖、传播等。

林木病害防治方法很多，常用的有：

1. 植物检疫

侵染性植物病害的发生与寄主植物、病原物和环境条件三者相互关联。通常情况下，受地理、气候条件、寄主分布范围等自然条件的影响，植物病害的分布常被局限在一定的区域内。但随着社会经济的发展，人为活动为植物病害的传播扩散创造了有利条件，已经成为影响林木病害发生不可忽略的重要因素。例如，榆树枯萎病，病原为 *Ophiostoma novo-ulmi* Brasier，由于最先在荷兰分离到该病菌，因此又名榆树荷兰病(Dutch elm wilt)。由于人为活动，该病自20世纪发现后，迅速传遍欧洲、中亚、北美洲等30多个国家和地区，造成数百万棵的榆树枯萎死亡。

植物检疫，又称法规防治，就是利用立法和行政措施防止危险性病害通过人为活动进行传播，包括对外检疫和国内检疫两类。目前，我国已经制定了一系列的植物检疫法律、法规和操作规程等，如《中华人民共和国植物检疫条例》(1983，1992年修订)。自20世纪80年代以来，我国林业主管部门先后4次发布森林植物检疫对象或林业检疫性有害生物名单，2次发布林业危险性有害生物名单。2013年1月9日我国第4次发布的检疫性林业有害生物共有14种，其中检疫性林业病害有松疱锈病[*Cronartium ribicola* J. C. Fischer ex Rabenhorst]、落叶松枯梢病菌[*Botryosphaeria laricina* (Sawada) Shang]、松材线虫病[*Bursaphelenchuh xylophilus*(Steiner & Buhrer) Nickle]。

2. 营林措施

采取适当的营林措施，能够提高林木树势，增加林木生产力，保持森林健康，提高森林生态系统的稳定性，增强对林木病害的抗性，从而形成不利于病害发生的条件。营林措施防治林木病害主要包括：适地适树、营造混交林、合理的抚育管理措施等。

在苗木培育过程中，应该选择健康、活力高的种子、插条、插穗、接穗等繁殖材料，根据苗木生长的要求来选择育苗地；在森林营造过程中，应努力使造林树种的生物学、生态学特性与造林地的立地条件之间相适应，以充分发挥生产潜力，使林木对不良环境因素及病原物保持较高的抗性。例如，根据造林地的气候、地形、土壤等因素，配置与之相适应的造林树种，优先考虑利用乡土树种进行造林。

营造混交林可以增加森林生态系统的复杂性，促进林木生长，提高树势，从而有效地抑制林木病害的发生和发展。但在营造混交林的过程中，应该选择生态学特性互补的树种，尤其要避免选择具有相同病虫害的树种。例如，苹果亚科的植物(苹果、梨、海棠等)与圆柏混交，会促进植物锈病的发生。

林地的抚育管理，不仅有利于增强树势，提高林木的抗病性，而且也是林木病害防治的重要方法。例如，病死木、衰弱木的及时清理、修枝，合理的水肥管理，松土除草等措施都有利于林木病害的防治。

3. 选育抗病树种

种植抗病树种是林木病害防治最有效的方法之一，而抗病树种的选育也是林业工作中的一项核心任务，具有重要的意义。选育一个成功的抗病品种，可以对病害起到较为长效防治作用，从而节省大量的人力、物力和财力。抗病树种的选育途径包括引种、选择育种、杂交育种、生物工程育种等。目前，随着生物技术的发展，一些基因编辑技术也广泛运用于林木育种工作中，如 Crisper Cas9 技术。然而，由于林木生长特性的限制，一个林木抗病品种的选育成功往往需要花费几年甚至几十年时间，因此在一定程度上限制了林木抗病品种的选育。

4. 物理化学防控

物理防治也是林木病害防控中常用的方法之一，对于有些病害的防治也能起到较好的防治效果。例如，利用高温处理土壤，可以达到清除病原物的目的；用温水浸泡播种的种子、接穗、插条等，也有利于杀死繁殖材料表面的病原物，从而有效地阻遏林木病害的发生。

化学防治是林木病害防治过程中非常重要的一个手段，它可以用于植物病害发生的各个时期，由于它适用范围广、见效快等特点，使其大量的使用在各类林木病害的防治中，特别是在一些突发的、急性的林木病害发生过程中。但是随着社会经济的发展，人们渐渐发现广泛的使用化学农药出现了农药残留（residue）、有害生物抗药性（resistance）、有害生物再猖獗（resurgence）的“3R”问题。农药残留可能会深入到土壤、空气和水中，导致人和动物直接或间接中毒，并且化学农药会通过食物链进行富集，严重地危害了生态系统中其他种群的生存安全；随着化学农药使用频率的不断升高，加速了有害生物变异频率，诱导有害生物产生抗药性，导致农药用量不断加大，防治成本不断提高；另外，由于农药的广谱性和高毒性，在对有害生物进行作用的同时可能误杀有害生物的天敌和其他生物，导致有害生物的发生更为严重。目前，对林业有害生物防控要求全面开展无公害防治，尽可能使用高效、低毒、低残留的化学药剂，并采取对环境影响最小的施药方式，如选用一些生物源的化学农药，以减少对环境的破坏。

5. 生物防控

林木病害的生物防控是指利用生态系统中生物之间的相互作用关系来防治林木病害的一种方法，例如，抗生作用、寄生作用、竞争作用、诱发抗性、形成菌根等。目前，国内市场有许多用于林业有害生物防控的生防菌剂，如对多种林业病原物有颉颃作用的枯草芽孢杆菌菌剂以及对于根癌病（病原：*Agrobacterium* spp.）有很好防效的 k84 菌剂。此外，利用生物工程技术对生防菌株进行改造也是一个重要的研究方向，改良后的生防菌株能够产生更多的颉颃物质。植物病害的生物防治对环境造成污染的风险小，但存在见效慢、受外界环境因素影响大、防治效果不稳定等问题。

二、森林害虫及防控

任何森林中都生活着大量的昆虫，各种昆虫由于食性不同，和人类构成了不同的利害关系。通常人们认为，对人类经营目的产生消极作用的森林昆虫被统称为害虫；反之，产生积极作用的昆虫被统称为益虫。但是昆虫的益与害是相对的，它们与在森林中的数量及其在时间和空间上的变化联系密切。但是无论是直接取食林木的森林害虫，还是益虫以及害虫的天敌，或以倒木及枯枝落叶为食的昆虫，它们都对森林生态系统有着重要的作用。

（一）昆虫的形态、特征与类目

昆虫是节肢动物门(ARTHOPODA)昆虫纲(INSECTA)中动物的统称。昆虫物种繁多，形态多样，几乎见于各类陆地及淡水生态系统。各类昆虫为适应不同的生活环境及生活方式而具有千变万化的形态，但所有昆虫其基本形态构造具有其相似性。

昆虫与其他动物的区别特征是：①肢体分节，具外骨骼。足、触角、口须等附肢也明显分为多个亚节；肢体外表大部覆盖以外骨骼，为其内柔软的肌肉、内脏等组织提供保护与支撑。②具3对足。昆虫仅有3对足，这是其与节肢动物门其他各类群的关键区别。③昆虫成虫躯干分头、胸、腹三个基本体段：头部是取食与感觉的中心，不具明显分节，其上一般生有口器、1对触角、1对复眼及单眼0~3枚。胸部是运动的中心，分为前、中、后胸3节，各节生有1对足，多具2对翅，分别生于中胸与后胸上，但在许多昆虫类群中均出现翅退化或消失的现象。腹部是消化与繁殖的中心，通常呈简单的筒形，无具运动功能的附肢，一般分为10或11节，第8、9两节有生殖器官，末节有时生有1对尾须(图13-1)。

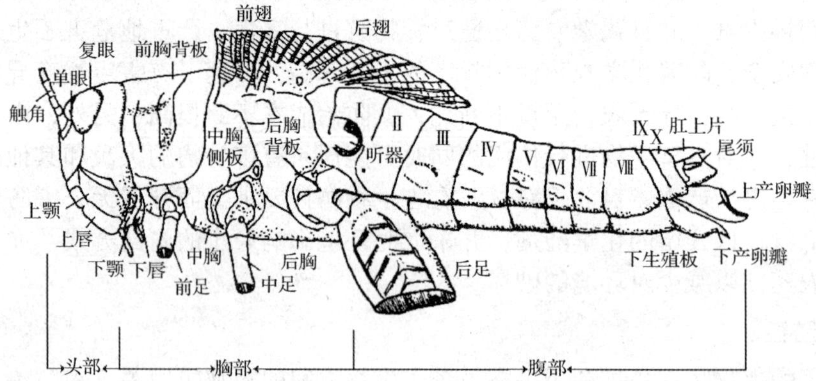

图13-1　蝗虫体区的基本结构(张玮哲绘制)

昆虫在从卵到成虫的发育阶段要经过一系列形态变化，称为变态。昆虫的变态分为5个类型：增节变态、表变态、原变态、不完全变态、完全变态。其中前3个变态类型为昆虫中最原始的几个目所特有，而不完全变态与全变态是昆虫中最常见的变态类型。不完全变态类昆虫一生经历卵、幼期、成虫3个阶段，幼期通常与成虫形态相似，具有相近的生活习性与食性，此时幼期称为若虫，如蝗虫、蟑螂。完全变态类昆虫一生经历卵、幼虫、蛹、成虫4个阶段。完全变态是最进化的变态类型，较其他变态类型具有更强的适应性。多数林木害虫均属完全变态类，如松毛虫、天牛、叶蜂等。

昆虫纲通常分为33个目，其中与林业生产关系十分密切的有以下7个目。

(1)直翅目(Orthoptera)

俗称蝗虫、螽蟖、蟋蟀、蝼蛄，全世界已知2万余种。其主要识别特征是：前翅革质、狭长，后翅膜质、宽大，后足膨大适于跳跃，产卵器高度发达，具尾须。直翅目昆虫多为植食性，多数啃食叶片，少数危害植物根系。有些蝗虫食性很广，种群数量极大，具迁飞习性，是农林业毁灭性的害虫。

(2)等翅目(Isoptera)

俗称白蚁，世界已知3000余种，多分布于热带地区。等翅目昆虫触角念珠状，工蛩常为乳白色，兵蛩头部发达，有翅的繁殖蛩具两对等长的膜质翅。集群营造大型巢穴。以朽木、真菌为食，可对衰弱木、木材、木制建筑、堤坝、道路等造成严重破坏。

(3)半翅目(Hemiptera)

俗称蝽、蝉、蚜虫、蚧虫等，世界已知9万余种。半翅目昆虫口器刺吸式，渐变态，无尾须；蝽类多具发达三角形小盾片，前翅为半覆翅；蝉类多善跳跃，前翅革质或膜质。半翅目多为植食性，以刺吸式口器吸取植物汁液，一般不直接造成林木死亡，但可导致营养缺失而叶片枯黄、早落以及树势衰弱。许多半翅目害虫可分泌蜜露或蜡质，影响植物光合作用并增加病害发生；另一些蚜虫可制造虫瘿危害；而盲蝽、叶蝉等则可协助传播植物病毒。

(4)鞘翅目(Coleoptera)

俗称甲虫，世界已知38万余种，是昆虫纲中最大的目。该目昆虫体壁坚硬，前翅为鞘翅，后翅折叠收纳于鞘翅下，前胸背板发达，触角多为9~11节。甲虫生活习性与食性多样，有的甲虫为天敌昆虫(如瓢虫)，而另一些甲虫是生态系统中重要的分解者(如蜣螂)。鞘翅目是蛀干害虫中最重要的类群，一旦暴发可对单一林分造成毁灭性灾害，如天牛、小蠹、象甲、吉丁等。此外，甲虫对林木的危害方式还包括：直接取食叶片(如叶甲)、地下食根(如金龟、叩甲)、蛀食种子(如豆象)等。

(5)鳞翅目(Lepidoptera)

俗称蝶、蛾，世界已知18万余种，为昆虫纲第二大目。其主要识别特征是：鳞翅，口器虹吸式；幼虫俗称毛虫，通常具3对胸足，5对腹足。成虫善于飞行，仅取食液体食物，包括花蜜、腐烂水果、树液等，一般不造成显著危害，部分蝶、蛾可有助于传粉。幼虫多为植食性，多直接啃食叶片，危害严重时可将大面积森林叶片取食殆尽，是最重要的食叶害虫类群，如松毛虫、美国白蛾等。另外一些鳞翅目幼虫可蛀食树干(如木蠹蛾)，钻蛀枝梢(如一些螟蛾)，蛀食果实(如食心虫)，或潜叶危害(如潜蛾)。

(6)双翅目(Diptera)

俗称蚊、蝇、虻，世界已知10万余种。该目昆虫前翅膜质，后翅特化为平衡棒，口器退化或特化为刺吸式、舐吸式等类型。多种蚊蝇取食腐败物或吸血，为重要卫生害虫；一些虻类和蝇类为捕食性或寄生性天敌；而许多蝇类为传粉昆虫。双翅目中林业害虫种类较少，例如，瘿蚊科多在叶片制造虫瘿，实蝇科幼虫蛀食果实，球果花蝇属危害针叶树球果。

(7)膜翅目(Hymenoptera)

俗称蜂、蚁，世界已知15万余种。该目昆虫翅膜质，前大后小，以翅钩连锁前后翅，通常具咀嚼式口器，体壁坚硬。膜翅目依据腹部1~2节间是否收狭分为广腰亚目和细腰亚目2个亚目：前者以植食性为主，包括一些重要的林木害虫，例如，叶蜂为食叶害虫；树蜂为蛀干害虫。后者包括膜翅目的多数物种，多为寄生性或社会性昆虫，许多寄生蜂是重要的生物防治资源，但其中也包括了少数林木害虫，如瘿蜂可制造虫瘿危害多种林木，而一些小蜂可危害林木种实。

此外，一些不属于昆虫的有害无脊椎动物，其危害林木的方式与昆虫类似，通常也被归入森林害虫的范畴中，比较重要的有：①叶螨，俗称红蜘蛛，属蛛形纲蜱螨目，其体型微小，身体分节不明显，多具4对足。螨类主要危害植物叶片，以口器刺入植物取食汁液。②蜗牛与蛞蝓，属软体动物门，主要危害植物幼苗与叶片，通过直接啃食造成叶片损伤。

(二)森林虫害的类型

根据对林木的危害部位与方式，林木害虫可分为5大类：食叶害虫、刺吸害虫、钻蛀性害虫、地下害虫、种实害虫。

1. 食叶害虫

食叶害虫具咀嚼式口器，直接取食植物叶片，有时也取食嫩茎、花蕾等组织。通过啃食对植物直接造成机械损伤，影响光合作用，严重时可将叶片吃光。食叶害虫以幼虫(如鳞翅目、叶蜂)，或成虫、幼虫共同(如叶甲、蝗虫)危害健康林木植株，造成林木生长势减弱，为蛀干害虫和林木病害的侵入创造条件，因此食叶害虫又称初期性害虫。

根据食叶害虫的危害方式，可分为裸露危害、卷叶危害、潜叶危害、致瘿危害4类。其中以裸露危害者最为重要，其成虫幼虫活动能力强，通常具有主动迁移能力，且产卵量大而集中，可在短时期内扩大危害范围，暴发成灾。裸露危害的食叶害虫多在树叶表面生活，受气候、天敌的影响较大，一般在温暖干旱的年份容易严重发生。卷叶害虫是指幼虫吐丝卷叶或将植物叶片缀连形成虫苞，隐匿其内食叶的害虫，如卷蛾科、螟蛾科等。潜叶害虫体型扁平，生活于叶片上下表皮间，制造潜道，取食叶肉组织，如潜蛾科、潜蝇科、跳象等。致瘿害虫可导致植物畸形生长而形成虫瘿，昆虫生活于其内取食虫瘿组织，如某些蚜虫、瘿蜂科、瘿蚊科等。

食叶害虫中最重要的类群是鳞翅目，其中枯叶蛾科、灯蛾科、尺蛾科、毒蛾科、卷蛾科等许多科都包括了众多重要的森林害虫。鳞翅目仅以幼虫期危害，末龄幼虫食量暴增，危害最为显著。许多鳞翅目害虫可在阔叶树叶片造成连片的大量食痕，发生严重时可将成片森林的叶子吃光，如舞毒蛾；一些种类在低龄幼虫期可制造大型网幕集群危害，如美国白蛾；取食针叶树的害虫不造成显著食痕，但暴发时可将松针吃光，如各种松毛虫。此外，食叶害虫的主要类群还包括叶甲科、金龟科、叶蜂总科、蝗虫、蜗牛与蛞蝓等。

我国重要的林木食叶害虫有落叶松毛虫、油松毛虫、马尾松毛虫、天幕毛虫、舞毒蛾、灰斑古毒蛾、杨毒蛾、杨扇舟蛾、杨小舟蛾、美国白蛾、槐尺蛾、桦尺蛾、春尺蠖、落叶松鞘蛾、黄刺蛾、杨叶甲、柳蓝叶甲、椰心叶甲、泡桐叶甲、落叶松腮扁叶蜂、松阿扁叶蜂、黄脊雷蓖蝗等。

2. 刺吸害虫

刺吸害虫以刺吸式口器吸取植物汁液，危害部位多为植物幼嫩组织，可导致植物营养缺乏、叶片变黄、畸形生长、提前落叶、长势缓慢，严重时可致寄主死亡。许多刺吸害虫可协助传播植物病毒，而蚜虫等会分泌蜡质和蜜露覆盖植物表面，从而影响光合作用并增加病害发生。

半翅目是最重要的刺吸害虫类群，常见的林木害虫类群包括蚧虫、蚜虫、木虱、叶蝉、蜡蝉、蝉、网蝽、盲蝽等。此外，缨翅目的蓟马和红蜘蛛(叶螨)也属刺吸害虫。

我国重要的林木刺吸害虫有松突圆蚧、日本松干蚧、湿地松粉蚧、草履蚧、吹绵蚧、杨笠圆盾蚧、落叶松球蚜、雪松长足大蚜、柏长足大蚜、秋四脉棉蚜、槐木虱、大青叶蝉、黑尾叶蝉、斑衣蜡蝉、悬铃木方翅网蝽、梨冠网蝽等。

3. 钻蛀性害虫

钻蛀性害虫幼虫期生活于植物茎干内，蛀食植物组织。根据危害部位不同可分为钻蛀性枝梢害虫与蛀干害虫两大类。

钻蛀性枝梢害虫幼期蛀食树木的顶芽、嫩梢及幼嫩枝干部分，对幼龄林期的林木威胁较大。其危害可影响幼树的高生长，严重的可导致幼干顶端死亡，侧枝替代主枝生长，从而造成树干分杈、畸形生长或产生萌条，严重影响材质。如微红梢斑螟幼虫可在松类幼树韧皮部蛀食危害，被害木的材积增长量仅为健康木的1/3，亦可危害主梢，使侧梢丛生，树冠畸形。钻蛀性枝梢害虫的主要类群有螟蛾科、麦蛾科、卷蛾科、象甲科、距甲科、天牛科等。

蛀干害虫以幼虫蛀食林木主干，多于木质部危害，但小蠹类主要蛀食韧皮部。其危害会破坏寄主植物的输导组织，常导致林木死亡，并降低木材的经济价值。多数蛀干害虫无法攻击健康林木，这是由于健康的林木通常会分泌树脂以抵抗害虫的蛀食。但对于林中由于年老、染病、根系损伤或其他原因而生长衰弱的林木，以及新伐倒木的树干，其树脂分泌能力大幅降低，蛀干害虫极易侵入。因此，蛀干害虫经常发生于成、过熟林分内，是加速树木枯死的主要原因之一，在树势衰弱的林分内，蛀干害虫常在局部地区大量发生，严重的可引起成片森林枯死。一些蛀干害虫可危害伐倒的原木，甚至蛀食木材制品，如家茸天牛可危害建成多年的木制房屋。蛀干害虫的主要类群有：鞘翅目的天牛科、小蠹科、象甲科、吉丁虫科，鳞翅目的木蠹蛾科、透翅蛾科，膜翅目的树蜂科，等翅目的白蚁等。

我国重要钻蛀性枝梢害虫有微红梢斑螟、楸蠹野螟、桃条麦蛾、松梢小卷蛾、夏梢小卷蛾、松梢象甲、青杨楔天牛等。我国重要的蛀干害虫有松墨天牛、光肩星天牛、双条杉天牛、松幽天牛、桑天牛、家茸天牛、红脂大小蠹、华山松大小蠹、云杉八齿小蠹、白蜡窄吉丁、日本松吉丁、沟眶象、松瘤象、杨干象、榆木蠹蛾、小线角木蠹蛾、沙棘木蠹蛾、杨干透翅蛾、松树蜂、烟扁角树蜂等。

4. 地下害虫

地下害虫多以幼期危害为主，生活于土壤当中取食苗木根系；另一些害虫白天躲在土中，夜间取食低矮植物的地上部分，也归入地下害虫类。地下害虫的危害对成年林木的影响通常较小，但若在苗圃中大量发生，可导致严重缺苗甚至断垄。林业苗圃的许多地下害虫同时也是重要的农业害虫。

我国的苗圃地下害虫以地老虎类、蛴螬类、蝼蛄类3类危害最为严重。此外，蟋蟀、叩甲、蝉、拟步甲等类群中也有一些苗圃地下害虫，但危害相对较小。

地老虎为鳞翅目夜蛾科切夜蛾亚科(Agrotinae)中的鲁夜蛾属(*Xestia*)和地老虎属(*Agrotis*)幼虫的总称。地老虎生活于地下，出土取食林木幼苗，严重时可咬断主茎，导致幼苗枯死。我国常见的地老虎类害虫有黄地老虎、小地老虎、八字地老虎等。

蛴螬为鞘翅目金龟科幼虫的通称。蛴螬生活于土壤中，取食幼苗的地下部分及萌发的种子，成虫出土后为食叶害虫。我国常见的蛴螬类害虫有华北大黑鳃金龟、大云鳃金龟、铜绿异丽金龟等。

蝼蛄属直翅目蝼蛄科，在地下取食苗木根部，并且钻筑隧道，破坏苗木根系及土壤结构。我国常见的蝼蛄类害虫有华北蝼蛄、东方蝼蛄。

5. 种实害虫

种实害虫以林木的果实及种子为食，主要危害林木种子生产及林果产业，严重时可导致种子园或母树林绝收。

种实害虫涵盖诸多类群，其中对于林木种子生产比较重要的类群包括：卷蛾科、螟蛾科、小蜂总科、象甲科、豆象科、花蝇科等。

我国常见的林木种实害虫有云杉球果小卷蛾、红松球果螟、紫穗槐豆象、柠条豆象、球果角胫象、刺槐种子广肩小蜂、圆柏大痣小蜂、黄尾球果花蝇等。

(三)森林虫害防治措施

森林虫害主要防治措施有以下5方面：植物检疫、营林技术、生物防治、物理防治和化学防治。其中，营林技术和植物检疫是虫害预防的基础；生物防治重在长效控制害虫种群；化学防治见效快，可迅速控制暴发虫情；而物理防治可针对害虫的特定习性，一定程度上控制种群数量。

1. 植物检疫

植物检疫是依据国家法规，对植物及其产品实行检验和处理，以防止人为传播蔓延危险性病虫害的一种措施。严格的植物检疫措施，既能有效阻止外来入侵害虫进入我国，又可减少国内已有虫害的跨区传播，是预防危险性虫害发生的重要措施。对森林植物检疫而言，需在木材及木制品、种子、苗木及其他繁殖材料等的调运、邮寄、进出口过程中，执行严格的调查检验及除害处理，防止检疫害虫随上述材料传播蔓延。

植物检疫分为对外检疫和对内检疫两种。对外检疫的主要目的是禁止危险性害虫随植物及其产品由国外传入，其检疫对象均属危害严重，防治不易，主要由人为传播的国外危险性害虫。对内检疫的主要目的是将发生危险性害虫的国内局部地区封锁，使其无法传播到未发生区。凡已传入国内的对外检疫对象及国内原有的危险性害虫，当其在国内的发生地还非常有限时应列入对内检疫对象。

我国列入林业检疫性有害生物共计22种，其中昆虫有以下14种：红脂大小蠹、椰心叶甲、松突圆蚧、杨干象、苹果蠹蛾、美国白蛾、双钩异翅长蠹、蔗扁蛾、枣大球蚧、红棕象甲、青杨脊虎天牛、刺桐姬小蜂、枣实蝇、扶桑棉粉蚧。

2. 营林技术防治

营林技术是应用林业技术措施预防森林虫害的发生，即在选种、育苗、造林、经营管理、采伐、运输、贮藏等各种林业措施中都要考虑防虫的问题，创造不利于森林害虫生长发育的环境。营林技术防治是森林虫害预防的基础，常见的措施包括：选育抗虫性强的造林树种；依据适地适树原则选择造林树种；合理营造混交林；封山育林；合理修枝、疏伐；清除人工林内杂草、灌木；适当进行卫生伐；在林木到达过熟期之前采伐；采伐后的原木及时运出林外等。

3. 物理防治

物理防治指使用简单的器械消灭害虫的措施，通常是针对特定害虫的特殊生物学特性而设置，包括人工捕杀、物理阻隔、诱杀法、高温处理、放射性处理 5 个主要方面。一般来说，在害虫种群到达一定密度时物理防治效果较好。物理防治见效快，对环境影响较小，并且诱杀法还可同时监测害虫的发生动态；但特定的物理防治措施一般仅对具有特殊习性的害虫有效。

(1)人工捕杀

适合于个体较大、具假死性、或集群营巢的害虫，在劳动力充足的条件下，更容易实施。

(2)物理阻隔

指人为设置各种障碍，以阻断害虫的侵害、迁移途径。常见的措施，例如，在树干胸高处设置塑料薄膜环或胶带环以阻止或黏杀从地面爬上树的害虫，多针对一些鳞翅目幼虫；在幼林和苗圃周围开沟，以阻止无飞行能力的地面害虫侵入。

(3)诱杀法

指利用害虫的趋性，人为设置引诱物或陷阱诱杀害虫。常见的诱杀方法包括以下几种。

①灯光诱杀　利用害虫的趋光性，设置人为灯光诱捕，可结合高压电网将其直接杀灭，多针对蛾类成虫。

②潜所诱杀　利用害虫越冬、越夏、白天隐蔽等习性，人为设置杂草堆或绑扎树干以模拟类似环境来将其诱杀。

③食物诱杀　利用饵木、诱剂、寄主植物挥发物等诱捕害虫。

④信息素诱杀　利用人工合成的对特定害虫有特异性的性信息素、聚集信息素等进行诱捕、诱杀。

⑤色板诱杀　许多喜食嫩叶、嫩茎的害虫对黄色有很强的趋性，可设置黄色胶纸黏捕。

(4)高温处理与放射性处理

一般适用于播种、栽植前的林木种子、苗木，适当利用高温与放射性直接杀灭其中的害虫。

4. 生物防治

利用生物活体或自然生物产物来防治林木虫害的方法都属生物防治的范畴。生物防治的核心任务是创造良好的生态条件，增加天敌种群数量及效能，将害虫危害抑制在一定水平之下，其主要途径包括保护和利用本地天敌、引入外地天敌和人工繁殖天敌。生物防治措施对环境友好，一旦天敌生物在本地成功定殖，能使天敌、害虫和林木三者间达到稳定平衡，便可长效控制害虫的种群数量；但生物防治也有见效慢、防治成本高等劣势。

根据所利用的天敌类群，生物防治主要包括：

（1）天敌昆虫的利用

包括人工繁育并释放天敌昆虫以及保护、招引本地天敌昆虫。如人工释放白蛾周氏啮小蜂以防治多种鳞翅目害虫；苗圃地四周种植蜜源植物以招引寄生蜂、寄蝇等天敌昆虫。

（2）病原微生物的利用

人工释放昆虫病原细菌、真菌、病毒等，以造成害虫发病死亡。例如，利用白僵菌防治松毛虫和蛴螬，以核多角体病毒防治枣尺蠖，利用苏云金芽孢杆菌防治各类鳞翅目害虫。

（3）捕食性鸟类的利用

如通过人工悬挂鸟巢招引啄木鸟，在防治杨树蛀干害虫上已取得了一定的效果。

5. 化学防治

化学防治作用快、效果好、使用方便、防治成本较低，短时间内即可大范围降低虫口密度，因此在历史上得到了广泛的应用。但传统农药污染环境，同时对天敌伤害较大，害虫易产生抗药性，可能再度猖獗暴发。近年来，通过开发高效低毒、低残留、有选择性的新型杀虫剂，化学防治对环境的污染已经有所降低。

对于森林虫害的防治，只有在害虫已经暴发或预测其危害将达到经济损失水平时方可考虑使用化学防治措施。应避免使用高毒的有机磷、有机氯类杀虫剂，在施用时间上尽量避免杀伤天敌，遵循对症下药、适时施药、交替用药、混合用药、安全用药的原则。

按照杀虫剂对昆虫的毒性和作用方式可分为：触杀剂、胃毒剂、内吸剂、熏蒸剂等。触杀剂只需触及昆虫体壁即可进入虫体而毒杀昆虫，适用于暴露生活的害虫。胃毒剂必须在害虫取食之后才能发挥作用，适用于咀嚼式口器的食叶害虫。内吸剂易被植物组织吸收，当昆虫取食时摄入药剂而中毒，对于刺吸式害虫效果最好。熏蒸剂易于挥发，通过昆虫体壁进入虫体而发挥作用，在密闭条件下使用效果最好，多用于种子、种条的消毒以及设施育苗场所虫害的杀灭。

在森林生态系统中，较高的植物群落与物种多样性可使生态系统具有较强的稳定性。一般情况下，除非环境发生剧烈变化或受到人为干扰，森林昆虫的种群密度不会发生急剧变化，而是以平衡密度为中心往复波动，这一过程即是生态系统对昆虫种群的自然控制。自然控制力的本质是森林群落或生态系统的稳定性，强的稳定性能长期维持生态系统处于平衡状态。因此，充分利用森林生态系统对昆虫的自然控制力，可有望将害虫种群在一定时期内控制在经济损失水平以下。森林虫害防治应当基于林木害虫的监测与预警，充分发挥森林生态系统对害虫种群的自然控制功能，多种防治措施相结合，构建综合的防治体系。对于主要害虫需持续监测预报，在适当时机合理使用人工防治措施，将害虫种群控制在经济损失水平以下，避免大规模暴发，对于入侵有害生物则尽量彻底扑灭，以长久维持森林生态系统的整体健康。

三、森林鸟兽害及其防控

鸟兽是森林中最重要的生物群体，是人类的宝贵财富，但是在特定的情况下，一些鸟兽，如麻雀、老鼠、兔等生物取食于树木个体，会造成对林木的伤害，当这种伤害超过了一定限度后就会产生危害，需要加以防控。

鸟兽害是指当某些种鸟兽达到一定数量，并在某一地区或某个时期活动，给人类带来某种经济损失的结果，而有害鸟兽是指在一定时间、地点、条件下，给人类社会造成某种经济损失的鸟兽类群。因此，鸟兽害和有害鸟兽是两个完全不同的概念。

森林中的鸟兽与人类关系密切，是人类的朋友，要加以保护。但少数鸟兽类在成为破坏森林的罪魁祸首的时候，我们才会将其定义为有害生物类群，但尽管如此，对它们的防治，只能是加以控制而已。

鸟类大多以取食林木种实谋生，除非是珍贵树种或苗圃播种受鸟类取食危害树木结实和种子萌发时需哄赶外，一般不需进行特别的防治。

目前在林业生产上破坏较严重的是鼠兔类。以鼢鼠、野兔为主的鼠兔类在我国“三北”地区新造林地曾经危害猖獗，对未成林造林地林木构成严重威胁。近年来我国鼠兔危害林地面积年均发生 $100\times10^4hm^2$，占全国林业生物灾害发生总面积的10%。鼠兔危害一是通过啃食树皮或咬断树根，造成大面积的人工林被毁坏；二是通过盗食苗圃播种或直播造林的种子。在东北地区常见的有害鼠兔种类有大林姬鼠、红背䶄、东方田鼠、东北鼢鼠(阿尔泰鼢鼠)、蒙古兔(草兔)等；在西北地区常见的有高原鼢鼠、大沙鼠、达乌尔鼠兔等；在华北地区常见的有中华鼢鼠等。

在林业上，鼠兔类防控常见的方法有以下措施：

(一)器械捕杀

在鼠兔活动期，于林地用鼠夹、鼠笼、竹筒套、铁钩夹、地箭等布防。使用该法需了解鼠兔危害活动情况，用好诱饵和捕鼠工具。一般大多在林地放置铁钩夹，每公顷放100个。

(二)药物灭杀

利用药物灭鼠兔，应用于大面积人工林。方法简单，速效。常用药剂有抗生育药剂，如雌性抗生育药剂0.2%莪术醇饵剂、雄性抗生育的贝奥不育灭鼠剂；防啃食药剂，如P-1拒避剂、多效抗旱驱鼠剂等；药杀的毒饵，如0.01%的溴敌隆毒饵鼢鼠灵药剂等。

(三)生物防控

利用鼠兔类的天敌灭鼠兔的措施，也是林区常见的鼠兔防控方法。常见的鼠兔类天敌动物有蛇类、猞猁、狸、豹猫、黄鼬、赤狐、鹰等。可在森林适当位置设置招引天敌动物的设施。

利用微生物病原体人为地造成鼠兔间致死性传染病，也可有效地控制鼠害。

(四)生态防控

通过破坏鼠类适宜的生活条件和环境条件，影响其种群数量增长的辅助措施，如断绝鼠粮，破坏森林中鼠类栖息地；保护天敌，利用采伐剩余物供害鼠采食，以减轻鼠类对林木的危害。

第三节 森林火灾预防与控制

一、森林火灾的概念与类别

（一）概念

森林火灾是指失去人为控制，在林地内自由蔓延和扩展，对森林、森林生态系统和人类带来一定危害和损失的林火行为。森林火灾突发性强、破坏性大、处置救助较为困难，被联合国列为世界八大自然灾害之一。

（二）森林火灾的类别

1. 根据起因划分种类

根据起因的不同，森林火灾分为自然火和人为火。

(1) 自然火

由自然界中的天然火源引起的森林火灾，包括雷电火、泥炭自燃火、火山爆发、滚石火花等。自然火中最常见的是雷击火，主要发生在人烟稀少、交通不便的边远原始林区。

(2) 人为火

指由人为因素引起的森林火灾，一般是人们用火不慎造成的。根据世界各国火灾资料统计，人为因素引起的火灾占森林火灾总数的90%以上，我国占99%。按其性质可分为生产用火、生活用火、外来火和人为放火。

2. 根据火烧部位划分种类

根据火灾性质和燃烧部位可分为地表火、树冠火和地下火三类；根据火灾蔓延的速度又可分为稳进火、急进火。

(1) 地表火

亦称地面火，是一种最常见的火。火从地表面地被物开始燃烧，地表火沿着地表面蔓延，主要燃烧森林枯枝落叶层、枝桠、倒木、活地被物、灌丛和危害幼树、下木，烧伤大树的根部，从而影响树木生长，引来森林病虫害，有时造成大面积林木枯死，改变森林生态系统。地表面上可燃物特别多时，易转为树冠火和树干火。

按地表火蔓延速度和对林木的危害，又可分为急进地表火和稳进地表火。急进地表火蔓延速度快，每小时4～7 km，有时可以达到每小时10 km。这种火往往燃烧不均匀，常常烧成“花脸”，有的乔灌木没有被烧伤，危害轻，火烧迹地与风速有直接关系，一般呈长椭圆形或顺风伸展成三角形。稳进地表火蔓延速度缓慢，每小时2～3 km，有时很缓慢，仅前进几十米或几百米。这种地表火主要烧毁地被物，有时能烧毁幼树和乔木，对森林危害严重，火烧迹地呈椭圆形。

(2) 树冠火

地表火遇强风或遇到针叶幼树群、枯立木、风倒木或低垂树枝，烧至树冠，并沿树冠蔓延和扩展，称为树冠火。通常情况下树冠火易出现在树脂成分较多的针叶林。上部烧毁针叶，烧焦树枝和树干；下部烧毁地被物、幼树和下木。

根据蔓延情况，树冠火可分为急进树冠火和稳进树冠火。急进树冠火也称为狂燃大火，火焰跳跃前进，蔓延速度快，每小时可达 8～25 km，火舌向前伸展，烧毁林木的树冠，烧焦树皮使树木致死，火烧迹地呈长椭圆形。稳进树冠火又称遍燃火，火焰全面扩展，火前进速度较慢，一般情况每小时2～4 km，顺风每小时可达5～8 km。这种火可以烧毁树冠的大枝条，烧着林内的枯立木，像一支大蜡一样燃烧，是危害最为严重的火灾。火烧迹地呈椭圆形。

(3)地下火

由林地腐殖质层或泥炭层燃烧引起的火。地面看不见火焰，只有烟，一直烧到矿物质层和地下水的上部。地下火对树木的根部危害极大，经过地下火的树木、灌丛的根部被破坏，树木死去。在泥炭层或腐殖层燃烧的火又分别称为泥炭火或腐殖火。

二、森林火灾的发生

(一)森林火灾发生的条件

森林燃烧必须同时具备三个条件，即可燃物、氧气(助燃物)和一定的温度。

1. 可燃物

森林中所有有机物质均属于可燃物，如树叶、树枝、树干、树根、枯枝落叶、林下草本植物、苔藓、地衣、腐殖质和泥炭等均可以燃烧。大量细小可燃物，如枯草、枯枝落叶属于易燃物，最危险，又称为引火物。

2. 氧气

森林燃烧是森林可燃物与氧化合再生新物质的过程，在燃烧过程中，必须有足够的氧气作为助燃物。空气中含有21%的氧气时，能够维持森林可燃物的燃烧。如果空气中氧气的浓度小于18%，燃烧就会减弱，甚至熄灭。

3. 一定的温度

可燃物必须处于一定温度之上，燃烧才能得以产生和维持。随着温度的升高，可燃物开始着火的温度成为燃点。不同可燃物的燃点各不相同，干枯杂草燃点为150～200 ℃之间，当温度达到260～305 ℃时，干木材可以燃烧。要达到这样的高温度，必须要有外来火源，而木炭的燃点可高达300～600 ℃。

(二)影响森林火灾发生的因素

森林火灾的发生受很多因素的影响，例如：可燃物、火源、天气条件、地形条件等。根据影响因素的变化情况，可以分为以下三类：

1. 稳定因素

不随时间变化，对火灾发生起长期影响作用的因素，包括气候、地形等因素。

气候对森林火灾的影响主要表现在两个方面，一是决定火灾季节的长度和严重程度；

二是决定特定地区的森林可燃物的负荷量。不同气候区发生森林火灾的特点不同。海洋性气候，降水量大，森林火灾较少；干旱半干旱气候，森林火灾较为频繁。

地形对林火的影响是多方面的，对林火影响较大的地形因子有坡向、坡度、海拔。阳坡日照强，气温高，蒸发快，可燃物易干燥而燃烧，火势强、蔓延快；阴坡日照弱，气温低，蒸发慢，林内湿度大，可燃物不易燃烧，火势弱、蔓延较缓慢。

坡度大小影响可燃物湿度变化。陡坡水分容易流失，可燃物容易干燥；相反，坡度平缓，可燃物不容易干燥，不容易着火。坡度不同对林木危害程度不同，坡度与火的蔓延速度呈正比，而与林木的死亡数量呈反比。

随着海拔的升高，气温逐渐降低，林内相对湿度增大，地被物含水量愈高，也就不易燃烧。

2. 缓变因素

指随时间变化不明显的相对稳定的因素，主要包括火源密度、物候、可燃物特征等因素。

就某一地区来看，火源不是固定不变的，它是随着时间、社会动向及人们思想觉悟而变化。人为火源出现的频率与居民密度、人的活动相关。一般说来，居民密度高，火灾次数也高，居民少或无人区火灾次数也少些；次生林发生森林火灾的次数一般高于原始林区。

火灾的发生季节性明显。火灾季节主要特征是降水量较少、空气湿度低、干燥大风，易发生火灾。一般来讲，这个时期多为植物的非生长季，如东北的春秋两季、华北和华中的冬春季、南方的干季。

不同可燃物类型、不同树种的易燃性不一样，例如，马尾松、云南松、油松、红松、侧柏、桉树、桦树等树种容易燃烧，落叶松、云冷杉、水曲柳、楠木、茶树等较难燃烧。

3. 易变因素

指随时间和地点时刻变化的因素，主要包括气温、湿度、降水、风速等气象要素。

气温越高，水分越易蒸发，并会引起空气湿度的改变，促使森林可燃物干燥，提高易燃性，使可燃物达到燃点所需热量大大减少。

相对湿度直接影响林火的发生和发展，湿度小时可燃物水分蒸发快，林火发生可能性大；反之，林火发生可能性就小些。根据调查，月平均相对湿度在75%以上，不发生林火；55%~75%时，可能发生林火；30%~55%时，可能发生森林火灾和大森林火灾；30%以下时，可能发生特大森林火灾。

降水能直接影响森林可燃物湿度的变化。据调查，每月平均降水量大于100 mm时，一般不发生或很少发生林火。当降水量1 mm时，对林内地被物湿度几乎没有影响；2~5 mm时，能降低林分燃烧性；大于5 mm时，才能使林地可燃物吸水达到饱和状态，不易发生火灾。

风速能加强水分蒸发，促使森林地被物干燥，有利于火的发生；能不断补充氧气，增加助燃条件，加速燃烧过程；能改变热对流，增加热平流，缩短热辐射的距离，加快林火的蔓延速度。

（三）森林火灾的等级

依据2008年修订的《森林防火条例》规定，按照受害森林面积和伤亡人数，森林火灾分为一般森林火灾、较大森林火灾、重大森林火灾和特别重大森林火灾。

一般森林火灾：受害森林面积在1hm^{2}以下或者其他林地起火的，或者死亡1人以上3人以下的，或者重伤1人以上10人以下的。

较大森林火灾：受害森林面积在1 hm^{2}以上100 hm^{2}以下的，或者死亡3人以上10人以下的，或者重伤10人以上50人以下的。

重大森林火灾：受害森林面积在100 hm^{2}以上1000 hm^{2}以下的，或者死亡10人以上30人以下的，或者重伤50人以上100人以下的。

特别重大森林火灾：受害森林面积在1000 hm^{2}以上的，或者死亡30人以上的，或者重伤100人以上的。

三、森林火灾的预防

森林火灾预防是林火管理的重要组成部分，森林火灾预防工作的主要任务是通过各种林火管理措施，减少森林火灾的发生和降低火灾损失。我国森林火灾预防的方针是“预防为主，积极消灭”，其具体措施有行政管理和技术措施两个方面。

（一）林火行政管理

1. 组织机构

我国森林防火实行各级人民政府行政领导负责制，国家和地方政府设立森林防火指挥部，由政府主要领导或主管领导任指挥部总指挥，有关部门和当地驻军领导为指挥部副总指挥、成员。

2. 宣传教育

森林防火宣传教育内容主要包括：森林火灾的危险性、危害性；森林防火的各项规章制度；森林火灾预防和扑救林火的基本知识；森林防火的先进和火灾肇事的典型案例。

3. 依法治火

依法治火就是森林防火工作有法可依，并依据法律手段加强对森林防火工作的管理。做到见火就查、违章就罚、犯罪就抓、绝不姑息迁就，通过法律的威慑力，促进森林防火工作的开展。

4. 火源管理

在林区进入防火季节，严防闲杂人员进山；森林防火戒严期内，林区禁止一切生产用火和野外用火。

（二）林火预防技术措施

1. 林火预报

林火预报是林火管理工作中的重要环节，通过林火预报，可以掌握未来的火险形势，使森林火灾预防工作更加有的放矢。林火预报一般可分为火险天气预报、林火发生预报和林火行为预报3种类型。

2. 瞭望台观测

瞭望台观测是指利用瞭望塔登高望远来发现火情，确定火场位置，并及时报告。这是我国南北方林区主要的林火监测手段。目前瞭望塔视频监控火情应用越来越普遍，瞭望塔视频监控可分为可见光和红外探测两种。

3. 飞机巡护

飞机巡护是指利用飞机沿一定的航线在林区上空巡逻，观察火情并及时报告给基地和防火指挥部。包括无人机火情监测和红外探火新技术等。

4. 卫星林火监测

卫星林火监测是利用安装在卫星遥感器(高分辨照相机、辐射仪、扫描仪等)，接受地面林火信息，通过传输处理形成图像，对地面的林火发生和发展进行传输处理成图像，对地面的林火发生和发展进行监测的一种空间探测方法。

卫星探火具有范围广、全天候观测、成本低廉等特点，是目前林业发达国家进行火灾监测主要采用的方式之一。目前我们国家主要采用的林火监测卫星有MODIS、NOAA气象卫星和风云系列卫星。

5. 防火线

防火线是为阻隔林火蔓延而采取的一种有效的防火措施。防火线是在林区有计划、成带状地消除地表可燃物，用于控制火源和制止林火蔓延扩展及作为扑救大火灾中以火攻火的依托，为实现防火目的的一种技术手段。

6. 防火林带

防火林带是隔离带的一种。它是利用林带来防止火灾的传播。在营造大面积针叶林时，在林子外围或内部有计划地种植一些阔叶树种或耐火树种，使大面积针叶林分割成块，可使火灾的传播被隔离，尤其对防止树冠火的传播比较有效。

南方地区防火林带所用树种，主要有山茶科的木荷、茶树；壳斗科的苦槠、石栎、青冈；蔷薇科的灰木、石楠、椤木；冬青科的冬青；忍冬科的忍冬、接骨木和杜鹃花科的常绿杜鹃。防火林带已成为南方各省(自治区、直辖市)一项重要的防火措施。

7. 防火沟

近年来一些地区采取挖防火沟的办法来防止火灾的传播，有效地隔离地下火，而且对弱度地表火的传播也能起到防止作用。林区仓库、工业建筑等地段的四周可以挖防火沟。沟的深度、宽度可根据当地火灾情况和地形条件灵活确定。防火沟内的杂草及灌丛，应尽可能除掉，枯枝落叶也要清除。

8. 生物和生物工程防火

生物工程防火是指利用生物、生物工程、营林综合措施，调节森林组成、结构和植物成分以达到减少森林可燃物，降低森林燃烧性，增强林分抗火性，加强森林阻隔林火和控制林火能力的一整套过程，称为生物和生物工程防火。

开展生物和生物工程防火，主要是营造防火林带和防火灌木林带，以及耐火植物林带等。生物和生物工程防火是利用生物减少可燃物的一项重要措施。

9. 防火公路网

防火公路可以起防火隔离的作用，形成网状分布的防火公路，也是隔离带网。修建重点区域是闭塞林区、老火灾区和边境地区。这些地区一般是人烟稀少、交通不便，有的火情不易发现，一旦有火情不能迅速上人扑灭，有火就成灾。修建防火公路既有利于防火又有利于林业生产和战略交通。

10. 防火通信网

防火通信网是森林防火工作的重要组成部分。通信网可以准确迅速传递火情，及时组织人力扑救火灾；及时报告火情、受理火情、火场通信，及时指挥扑火工作。各级防火机构都应配置防火专用电话。有条件的还可配置无线电或无线电通信，构成防火通信联络网。各基层林业站、防火站、瞭望台、林业作业点和当地防火指挥部之间用电话线或用小功率报话机进行防火联络。设在深山密林里的防火站、临时防火外站、临时工作点，没有能力架设电话线，要配置无线电台，以达到能和地方防火指挥部随时对话。

四、森林火灾扑救

(一)森林火灾扑救的原则

我国森林火灾扑救的基本原则是“打早、打小、打了”，将森林火灾损失降到最低，有效地保护森林资源、生态环境和人民生命财产安全。

(二)森林火灾扑救的方式方法

目前扑灭森林火灾的方法主要有两种：一种是直接灭火法也称积极灭火法；另一种是间接灭火法，也称建立防火线隔离法。

1. 直接灭火法

这类灭火法，适用于弱度、中等强度的地表火，因使用方法不同，又可分为以下几种。

(1)扑打法

一种最常用、最古老而又最有效的方法。就是用灭火工具，手工直接扑火。它可用树枝直接扑打；也可用湿的麻袋片绑在木棍上(即现今“二号”工具)扑打。

(2)土灭火法

这种方法适用于枯枝落叶层较厚，森林杂乱物较多的地方。如果林地土壤结构疏松，用土灭火是较有效的。目前主要是用锹铲土埋，对消除平定阶段和熄灭阶段的林火，土灭火法效果明显。

(3)水灭火法

水是最普通的灭火剂，火场附近有水源条件，可以采用此法。水可以直接熄灭火焰，也可以防止复燃火。

(4) 风灭火法

利用强风将火扑灭的方法。一般常用风力灭火机扑灭林火，就是用高速大量的强气流吹散燃烧产生的热量，使可燃物温度下降到燃点以下，达到灭火的目的。

2. 间接灭火法

这类灭火方法主要是建立防火隔离带、挖防火沟等，它适用于燃烧猛烈的地表火、树冠火和难灭的地下火。

(1) 挖沟

用铁锹挖沟或用开沟机开沟，一直挖到矿物层以下 20 cm，可以阻挡地下火蔓延。

(2) 隔离带

在草地、土层较厚的地段，使用拖拉机开设生土带或伐开树木、灌丛，阻隔林火蔓延。此外，还有化学隔离带，即在火势发展前方采用飞机喷洒、人工喷洒化学灭火剂，建立隔离带，从而达到阻火目的。

(3) 以火灭火

以火灭火是一种有效的灭火方法。按点火时间和地点不同可分为两种：

①火烧法　在沟塘缓坡草原的地方或风口处，当隔离带不能起到有效隔火作用时，同时使用机械或人力加宽也不允许时，可采用此种方法。

②迎面火法　当大火逼近或遇到猛烈树冠火时，用人力难以扑灭，又来不及开防火线的情况下，就可使用迎面火法。

(三) 森林火灾扑救的程序

根据森林火灾发生规律和扑火特点，扑救森林火灾必须遵循“先控制，后消灭，再巩固”的程序，分阶段地进行。

1. 控制火势阶段

初期灭火阶段，主要任务是封锁火头，控制火势，把火限制在一定范围内，是扑火的最紧迫阶段。

2. 稳定火势阶段

封锁火头，控制火势后，采取有效措施扑打火翼，防止火向两侧蔓延，是扑火的最关键阶段。

3. 清理余火阶段

火灾扑灭后，火场里面还有余火，特别是各种隐蔽的残余火必须消灭，否则就有可能造成余火复燃成灾。

4. 看守火场阶段

留守人员看守火场，防止余火复燃，一般需监守 24 h 以上，方可考虑撤离。

(彭祚登　熊典广　史宏亮　陈　锋)

复习思考题

1. 林学术语解释

森林健康　森林健康经营　近自然森林　近自然森林经营　目标树　干扰树　特殊目标树　林木病害　病原　病变　害虫　益虫　若虫　昆虫变态　森林火灾　森林防火

2. 基本知识解答

(1)森林健康的实质是什么?

(2)健康森林的特征包括哪些?

(3)近自然森林经营的目标是什么?

(4)试述近自然森林经营目标树单株择伐林分林木分类标记的原则和方法。

(5)林木病害的主要类型有哪些?

(6)林木病害常用防控措施包括什么?

(7)林木害虫主要类型有哪些?

(8)试述常用林木害虫防控措施。

(9)森林火灾发生的条件及类型是什么?

(10)叙述森林火灾发生的要素及影响因素。

(11)森林火灾预防的具体措施包括哪些?

(12)森林火灾扑救的程序和方法是什么?

3. 综合应用

(1)采用综合措施防控森林有害生物的途径和措施包括哪些?

(2)基于森林健康经营的基本思想，你是如何看待森林有害生物防治的原则与方法的?

推荐阅读书目

1. 林木病理学(第3版). 叶建仁，贺伟. 中国林业出版社，2011.
2. 森林昆虫学. 李成德. 中国林业出版社，2011.
3. 林火生态与管理. 胡海清. 中国林业出版社，2005.
4. 森林防火学概论. 舒立福，刘晓东. 中国林业出版社，2016.

第五篇

森林资源经营管理与利用

为了保护、培育和合理利用森林资源，加快国土绿化，发挥森林蓄水保土、调节气候、改善环境和提供林(林副)产品的作用，适应社会主义建设和人民生活的需要，1984年，我国制定了《中华人民共和国森林法》(简称《森林法》)，分别于1998年、2009年和2019年进行了修订。在中华人民共和国领域内进行森林、林木、林地的经营管理活动，如从事森林、林木的培育种植、采伐利用都必须遵守《森林法》。

森林资源经营管理与利用是以可持续经营为目标，以期达到无限地维持某种资源的能力，从而保持森林资源数量和质量的稳定。森林资源管理与利用不仅与木材生产经营管理相关，还与野生动植物资源、休闲娱乐，以及与其他环境和社会服务相关。

本篇将重点介绍森林资源经营管理、森林资源综合利用的基本理论和方法。

第十四章　森林资源经营管理

【内容提要】本章介绍森林资源、森林资源经营管理的基本概念、主要内容和方法，包括森林区划、调查、森林经营方案编制、检查修订等。

第一节　森林资源经营管理概述

一、森林资源

根据《中华人民共和国森林法实施条例》(2000 年发布，2011 年、2016 年修订)第二条，森林资源，包括森林、林木、林地以及依托森林、林木、林地生存的野生动物、植物和微生物。森林，包括乔木林和竹林。林木，包括树木和竹子。林地，包括郁闭度 0.2 以上的乔木林地以及竹林地、灌木林地、疏林地、采伐迹地、火烧迹地、未成林造林地、苗圃地和县级以上人民政府规划的宜林地。

森林资源是林业生产的物质基础，森林资源状况是衡量林业工作成效最重要的标志。在自然因素和人为活动的影响下，森林资源处于消长动态变化之中，因此，必须加强对森林资源的管理与监督工作，建立科学有效的森林资源管理体系。

二、森林资源经营管理

森林资源经营管理也通常称为森林经营管理(forest management)，更为专业的称谓是森林经理，它是对森林资源进行区划、调查、编制规划、评价决策、信息管理等一系列工作的总称。

森林经理(forest management)一词，1925 年由日本传到中国沿用至今。18 世纪末，以德国为代表的欧洲林业国家，在森林的组织经营管理过程中，逐步形成了森林经理技术体系。森林经理德文的词意为森林的组织安排。

森林经理工作是科学组织经营管理森林资源的一整套技术体系，是合理地组织、有序地导向的森林经营活动。在地域上把森林分成便于经营管理的、具有不同功能的等级单位，全面掌握其自然、经济信息并按自然和经济规律制定决策和经营方案，在实施过程中定期复查资源动态，检查评价经营效果，不断修订和完善原订方案。在此基础上加强森林经营的质量管理，实现合理开发森林资源、充分发挥森林的再生作用和多种效益，达到可持续经营的目的。

三、森林资源经营管理的目的和任务

森林资源经营管理的目的，是以可持续发展为指导、以分类经营为原则，将森林纳入区域社会、经济、资源与环境协调发展之中，对现实森林进行合理的经营和科学的管理，使森林达到能够最大限度地发挥其经济效益、生态效益和社会效益，进而实现森林的可持续经营。森林资源经营管理的任务以森林结构(林种、树种、蓄积量、年龄、径级、密度、林层等)调整为手段，充分发挥森林的经济、生态及社会三大效益，以达到林业可持续发展的目的，在时间、空间层次上，依据不同经营目的对森林资源实行科学的、动态的经营管理，使其所具有的效益，能够永续、均衡、持久地发挥作用。

四、森林资源经营管理的原则

(一)森林可持续经营原则

森林可持续经营是指如何经营有形的森林资源，尤指对指林木和林地资源的经营管理。联合国环境与发展大会文件《关于森林问题的原则声明》中指出："森林资源和森林土地应以可持续的方式进行管理，以满足这一代人和子孙后代在社会、经济、文化和精神方面的需要。这些需要是指森林产品和服务，例如，木材、木材产品、水、粮食、饲料、医药、燃料、住宿、就业、娱乐、野生动植物住区、风景多样性、碳的汇合库以及其他森林产品。"

森林可持续经营的基本思想是可持续发展，"既要满足当代人的需要，又不对后代人满足其需要能力的构成危害的发展。"

森林可持续经营是一种包括行政、经济、法律、社会、技术以及科技等手段的行为，涉及天然林与人工林。是有计划地实施各种人为干预措施，目的是保护和维持森林生态系统及其各种功能。

(二)森林永续利用的原则

森林永续利用是指在一定经营范围内能不间断地生产经济建设和人民生活所需要的木材和林副产品，持续地发挥森林的生态、经济和社会效益，并在提高森林生产力的基础上，扩大森林的利用量。每年林业生产中采伐与栽植尽可能保持均衡，且长久持续的进行。这种每年连续进行相同的林业生产叫做永续。

对于林业局、林场和森林经营单位(森林经营类型)，森林经营活动的实施应将遵循自然规律作为前提，从而实现森林经济效益、生态效益、社会效益的永续利用。通过调整树种结构、年龄结构、径级结构、蓄积结构、生长量等，达到林地数量和质量稳定提高及各种用途森林的数量和比重保持适当比例的状态目的，实现木材收获的永续、林地生产力的永续、林木生长的永续和货币收益的永续性，同时，发挥森林蓄水保土、调节气候、改善环境、森林游憩等多种用途的永续性。

针对用材林的蓄积结构，应保持成熟林、近熟林、中龄林、幼龄林林分比例适宜，且大、中、小径级林木组成合理的蓄积结构，以满足社会的需求。

一般情况下，从林木产品永续的角度，每年的收获量(更确切地说是消耗量)如果小于或等于林木的蓄积生长量就可以做到永续利用。

五、森林资源经营管理的内容

森林资源经营管理就是森林经理学，它是一门具有独立的理论基本和技术体系的一门林学应用学科。森林经理学的理论是建立在森林永续利用基础上，如何实现森林永续利用，通过林业生产进行森林调整，如何针对现实林的具体结构，运用林木生长量和蓄积量间的关系，经济成本与收益的关系，合理地经营和利用现有林，解决这些问题的一系列理论与技术，如森林成熟、合理采伐量等，在森林经理学中都有专门论述。森林经理调查、森林区划和经营单位的组织、编制森林经营方案等森林经理工作也是森林经理学的重要内容。简而言之，森林资源经营管理内容由森林经理的基本理论和森林经理工作实施两个部分组成。森林经理的基本理论包括森林资源经营管理的指导原则，森林调整的理想森林结构、森林成熟与经营周期、森林采伐量。森林经理工作实施内容为森林区划、森林经理调查、组织经营单位、森林经营方案的编制与修订。

六、森林资源经营管理的理论

传统的森林经理是以获取木材为对象，实现森林最大生产能力，以采伐森林的数量与面积控制为手段，调整森林的空间和时间分布状态，以达到森林永续利用目的，开展组织、制订经营计划及安排落实经营技术等工作。

为实现森林永续利用，理想的森林状态是什么，如何把现实森林秩序(空间秩序和时间秩序)调整到合理的森林秩序，一直是林学家长期以来研究和解决的问题。

(一)法正林

1826年，德国洪德斯哈根(J. C. Hundeshagen)提出法正林概念，1841年德国海耶尔(C. Heyer)加以完善，形成法正林学说，成为森林经理学的理论基础。法正林结构有4个条件：在龄级分配上，经营单位内从幼龄林到成熟林各林分的面积应相等；在林分排列上，经营单位内各林分在地域(空间)上的配置应有利于采伐集材、天然下种及防风等要求；各个不同龄级林分的生长量应与年龄大小呈正比，即法正生长量；在达到上述3个条件的情况下，各林分的蓄积量必然与林龄呈正比，而最老龄级的蓄积量必然等于各龄级林分生长量的总和即法正蓄积量。但法正林虽是多年来森林经理工作者所追求的标准模式，实际却由于生态环境的变化和人类的技术活动，使林木生长不可能长期停止在处于一个稳定状态，法正林虽是多年来森林经理工作者所追求的标准模式，现实中却难以实现。因此，根据永续利用原则的要求，只能对现实森林不断地进行调整。

(二)龄级法

在法正林思想指导下，在作业级内按龄级高低顺序，将最近应采伐的老龄林林分编入经理期内，以控制其年伐面积。采伐面积的大小根据法正龄级分配与现实龄级分配差异加以调整，即调整森林的龄级结构，在同龄林森林经理中曾得到广泛应用。

(三) 收益性原则学说

从十九世纪开始，收益性原则以森林收获调整为目的，形成了永续与收益两个原则为两极对立面的两种学说，包括森林纯收益学说和土地纯收益学说。尤代希(F. J. Judeich，1871)在龄级法基础上提出林分经济法。以林地纯收益(土地的期望价)高低来决定作业级的轮伐期，林分成熟以利润率高低作为林分成熟的标准，凡符合理财上收益最大的林分，即编入采伐计划内的林分，参考龄级分配情况，对年伐量加以调整。林分经济法，以林分为施业单位，林分经济法适用在经营水平高的地方。只要各林分在经济上合理，林分总和的整个森林也必然合理，后来产生的检查法、小班经营法均受这一观点的影响。

(四)恒续林

德国林学家盖耶尔(Gayer)于1882年提出恒续林思想，恒续林是指在一块林地上永远覆盖树木的森林。经莫勒(Möller)等加以发展形成恒续林经营理论。森林经营应回归自然，尊重自然规律，应利用自然的全部生产力。把森林当作有机体，以森林生态系统为基础，使经济与环境保护的关系求得某种和谐、协调。

恒续林经营是以恒续维持森林有机体为经营目标，可以通过多种方法，维持健全的森林有机体的构成与状态，恒续林的择伐作业并非是维持森林有机体唯一作业法，在同一块林地上，各种育林措施如抚育、更新和采伐等可同时进行，采用取单木利用而非皆伐的方式，不采用皆伐，避免破坏林地的整地方式。凡以恒续维持森林有机体为最高经营原则的作业法都是恒续林经营法。

①在全林每年进行单株挂号采伐，正确区分采伐木与保留木。

②为维持或营造异龄混交林，对于单纯林来说必须人工植植栽混交树种。以天然更新为主，不排除人工更新。在皆伐迹地或无林地，主要依赖人工更新来尽快实现森林有机体的营造。恒续林经营采用本地固有树种的种子和苗木。

③恒续林必须是异龄林，但并不要求在同一林地上是全龄级林分。恒续林经营者要事先了解经营对象、自然条件、经营方式的影响，各个林分10年、20年、30年经营后的龄级结构变化及其经营方法。

④森林采伐收获是以在全部经营面积上的抚育为主。在森林生态系统中，林木的不同发育阶段不被林分条块分割，无龄级之分，也没有成熟龄、轮伐期的概念，在时间和空间上都处于同一经营单元，不同年龄或不同种的树木相互依存、相互制约，形成马赛克式的镶嵌体，使森林内部具有持续稳定性。

(五)检查法

法国林学家古纳德(Gurnaud，1878)提出异龄林经营的检查法(Control method)，瑞士林学家比奥利(Biolley)加以发展。检查法根据森林实际生长情况确定采伐量。通过定期(5～10年)不断检查连年生长量与采伐量，从生产量多、质高的木材原则出发，根据实际调查结果决定蓄积量的增减，以及各径级比例。在瑞士云冷杉高地位级条件下，基本蓄积量以每公顷350～400 m^3时，生长量及生长率最大。小径木(20～30 cm)、中径木(35～50 cm)、大径木(55 cm 以上)三个直径级组的蓄积比例2:3:5为最理想。美国、加拿大及北欧国家开展的连续清查体系也是在此法的基础上发展起来。它不限于择伐林，而且是在大面积林区范围内以数理统计为基础的抽样调查样地上进行。

(六)完全调整林

美国林学家戴维斯(K. P. Davis，1954)、克拉特(J. L. Clutter，1982)、鲁斯克纳(William A. Leuschner，1984)先后提出用完全调整林(fully regulated forest)概念来代替古典的法正林理论。

根据实现永续利用森林结构秩序的要求，通过人为措施调整现实森林结构，经过不断调整后的森林，基本能符合永续利用的要求。对于同龄林完全调整林既要切合森林的自然规律，也要结合林业生产要求，逐步达到永续利用。

(七)森林多效益理论

1867年于德国产生的森林多效益理论，到二战后才得以实施，经过了近100年。1960年以后，随着林业生产社会化程度的提高，人类对森林资源从单一的木材利用进展到发挥森林多种效益，保护自然资源和优化土地利用。又发展到更加重视各个组成结构及其与功能的相互关系，从森林生态系统的概念出发处理和解决林业问题。

(八)近自然森林经营

近自然森林经营理论起源于欧洲，基于恒续林的思想发展起来，近自然林业理论的创始人盖耶尔(Gayer)于1898年提出。主张严格避免皆伐作业，用单株择伐作业，形成异龄混交林。1950年，近自然林业工作组(GER)成立，该小组的成员主要是从事林业工作者和森林所有者，该组织的理念基于一些原则，而不是管理制度。1989年在欧洲成立Pro Silva组织，至今25个国家参加，提倡“接近自然”，以可持续性原则，充分发挥森林的生态与社会角色，同时，通过模仿自然过程，来实现生产高质量的森林产品。

(九)森林可持续经营

1992年，联合国世界环境与发展大会，通过了《21世纪议程》《关于森林问题的原则声明》等，大会提出可持续经营，森林可持续经营理论主要是指森林生态系统的生产力、物种、遗传多样性及再生能力的持续发展，以保证有丰富的森林资源与健康环境，满足当代人和子孙后代的需要。森林可持续经营作为林业发展的战略和基本原则。

(十)森林生态系统经营

1992年，美国林务局提出了对于美国的国有林要实行“生态系统经营”，生态系统经营从思想认识到林业实践，均在美国国有林的经营思想和经营体系中得到应用推广。美国林学会将定义森林生态系统经营概念定义为“森林资源经营的一条生态途径。它试图维持森林生态系统复杂的过程、途径及相互依赖关系，并长期地保持它们的良好功能，从而为短期压力提供恢复能力，为长期保护提供适应性”。

森林生态系统经营从森林生态系统整体功能出发，以维持森林生态系统复杂的过程、路径及相互依赖关系，并长期保持森林生态系统良好功能、自身健康为目标，按照生态系统发生、发展的演替规律，通过公众参与、分层次协调和控制，主要在生态系统层次上进行森林动态管理的一种经营管理模式。

第二节　森林调整的理想森林结构

森林调整是森林经理的核心内容。森林调整是通过适宜的森林经营措施将现实森林逐步导向满足森林经营目标的技术方法。对一个林业局(场)范围的经营目标，森林在不同地域上分布，森林功能不同，经营目标也不相同。用材林经营目标是收获量最大或实现永续利用，获得最大的经济效益；防护林则有水源涵养、水土保持、防风固沙等功能，以期发挥最大生态效益。通过调整现实林的林分结构，使之趋于理想的森林结构，充分发挥森林的效益。

一、理想的森林结构

森林收获量调整方法与现实林的年龄结构有关，理想的森林结构分为同龄林的理想结构和异龄林理想结构。

(一)理想的同龄林结构

法正林是在同龄林实行皆伐作业和一定轮伐期的前提下，完全具备实现永续收获条件的森林，法正林是一种理想的同龄林结构。法正林的对象不是指一个林分，而是一个经营单位，即经营目的相同的多个林分的集合体。同龄林林分结构株数和径级(年龄)分布是正态分布，经过一个轮伐期，经营单位内每一个林分都采伐一遍。法正林理论简单易懂，可操作性强。该理论已有上百年的历史，至今仍然是森林调整的目标之一。

1. 法正林

在一个森林经营单位内具备实现法正状态的森林应满足 4 个条件：法正的龄级分配、法正的林分排列、法正生长量、法正蓄积量。

(1)法正的龄级分配

具备 1 年生到轮伐期(u)年生的林分，并且各龄级的面积相等。设经营单位森林面积 F，轮伐期 u 年，每年采伐 u 年生的林分面积 F/u，即法正年伐面积。第 2 年造林，形成 1 年生林分，其他林分都长 1 年。每年采伐相同面积成熟林木，每年持续收获等量木材，又保持龄级结构不变。

法正龄级分配主要指在时间秩序上林分按龄级分配均匀。具有从小到大各个龄级的林分，且各龄级林分所占的面积相等。

(2)法正的林分排列

这是每年相等的收获。在经营单位内，在林分空间秩序上，各个龄级林分的排列合理，便于林木采伐、保护和更新。

在林分配置及森林采伐时，有利于采、集、运或在采伐之后有利于防风害及天然下种更新。如考虑到当地有害的主风方向，如图 14-1 所示，采伐(皆伐)方向与风向相反，成熟林采伐后，留存的树木不易遭受暴风、强光危害，利用风力天然下种，采运时保护幼树，便于采运木材。

(3)法正生长量

这些森林具有正常的生长量。在经营单位内各个龄级林分，具有与年龄和立地条件相应的正常生长量，经营单位能经常保持一定的总生长量(图 14-2)。

假设一个经营单位内，林分符合法正龄级分配和法正林分排列，且各林分每年的生长量相同，分别记为 Z_1，Z_2，Z_3，…，Z_{u-1}，Z_u，各林分的蓄积量分别为 m_1，m_2，m_3，…，m_{u-1}，m_u。则

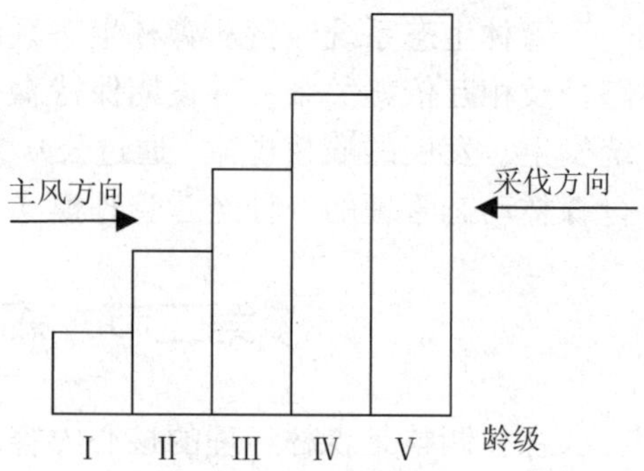

图 14-1　法正林排列

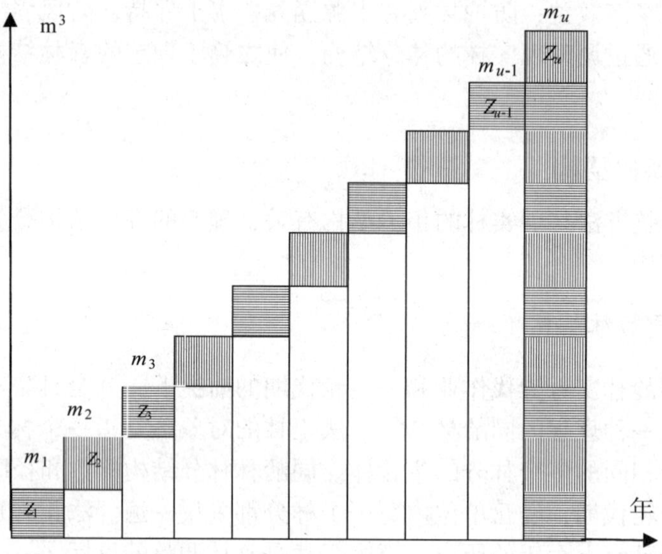

图 14-2　法正生长量和蓄积量图解

$$Z_1 = m_1$$
$$Z_2 = m_2 - m_1$$
$$Z_3 = m_3 - m_2$$
$$\cdots$$
$$Z_{u-1} = m_{u-1} - m_{u-2}$$
$$Z_u = m_u - m_{u-1}$$

$$Z = \sum_{i=1}^{u} Z_i = m_u$$

法正生长量，为法正林一年的总生长量 Z，即各林分连年生长量 Z_1，Z_2，Z_3，…，Z_{u-1}，Z_u的总和，也等于最老林分(u 年生)的蓄积量 m_u，即年采伐量。

用轮伐期期间的平均生长量(Z_h)代替各林分的连年生长量，

$$Z_h = \frac{m_u}{u}$$

又因为

$$Z = m_u$$

则总生长量为：

$$Z = u \cdot Z_h \tag{14-1}$$

每年采伐最老林分，即每年收获总生长量 Z，且每年收获相等，维持法正状态，可以永续利用。

(4)法正蓄积量

在一个经营单位内，从1年生到轮伐期的各龄级的林分蓄积量的总和，称为经营单位的总蓄积量，即法正蓄积量。

根据法正理论，法正蓄积的计算方法与法正生长量、轮伐期和作业种类有关。

以皆伐作业为例，采用平均生长量法计算法正蓄积量。设轮伐期 u，最老林分（u 年生）的蓄积量 m_u，即年采伐量。生长量 $Z_h = \frac{m_u}{u}$，则单位面积上的蓄积量为林木年龄乘生长量 Z_h。

年龄	1	2	3	…	$u-1$	u
材积	z_h	$2z_h$	$3z_h$	…	$(u-1)z_h$	uz_h

最老林分采伐后的春季法正蓄积量：

$$V_n = \{0 + (u-1)z_h\}\frac{u}{2} = \frac{u \cdot u z_h}{2} - \frac{u z_h}{2}$$

最老林分未采伐前的秋季法正蓄积量（采伐前）

$$V_n = \{z_h + u z_h\}\frac{u}{2} = \frac{u \cdot u z_h}{2} + \frac{u z_h}{2}$$

两式平均的夏季法正蓄积量为：

$$V_n = \frac{u \cdot u z_h}{2} \tag{14-2}$$

式中　u——轮伐期；

$u z_h$——经营单位内达到主伐年龄时的林分蓄积量，也是该经营单位内的年生长量。

按照式(14-2)，可以看出法正蓄积量 V_n 等于经营单位内最老林分蓄积量与轮伐期半数的乘积或经营单位内各林分平均生长量乘以轮伐期的半数。

法正蓄积量（V_n）也可表示为以轮伐期 u 为底边，最老林分蓄积量（V_u）为高的直角三角形面积（图14-3），计算式为 $V_n = u \cdot V_u/2$。

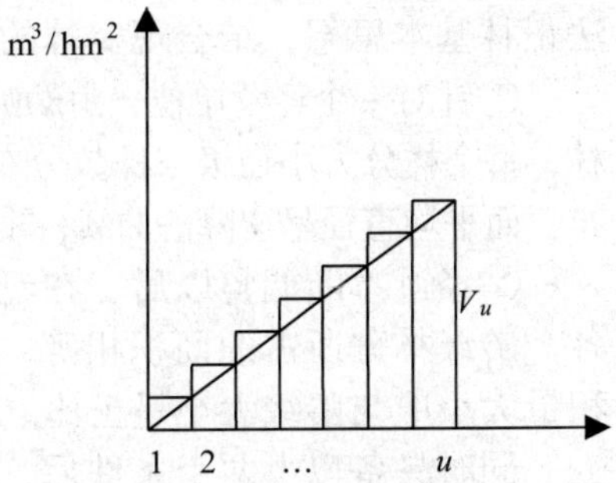

图 14-3　法正蓄积示意

若每年采伐量等于年生长量，法正采伐量等于达到轮伐期时最老林分的蓄积量，也就是经营单位内所有林分的总生长量（法正生长量）。

$$E_1 = m_u = u Z_h$$

法正利用率是法正年伐量 E_n 与法正林蓄积量 V_n 的百

分率，记为：

$$P = \frac{E_n}{V_n} \times 100\% \tag{14-3}$$

当采用皆伐作业时，

$$E_n = m_u$$

$$V_n = \frac{u}{2} \times m_u$$

$$P = \frac{m_u}{\frac{u}{2} \times m_u} \times 100\% = \frac{200}{u} \tag{14-4}$$

即法正利用率 P 是与轮伐期 u 呈反比的一个常数。在法正状态的条件，法正利用率才能适用，否则相差较远。

根据法正林的理论，在具备法正条件的经营单位内，每年的采伐量都是每年的生长量，则经营单位的总蓄积量始终保持不变，采伐更新，年年复始，永续均衡地利用森林。

利用法正林的 4 个基本条件(指标)去检查、衡量现实林与永续利用或理想状态差距，仍具有现实意义。特别是 4 个条件中的法正龄级分配是森林调整的首要条件。从有利于天然更新及采运、保护等条件出发的法正林分排列，对于生态环境建设、国土保护还有积极意义。

法正林是木材资源的永续利用的重要理论模式，年伐量(消耗量)等于年生长量就能实现永续利用的原理，至今仍有现实意义。我国《森林法》规定，国家根据森林资源的消耗量低于生长量的原则，严格控制森林年伐量，就是根据这个原理制定的。

法正林是实现森林永续利用的保证，但很难见到现实林的法正状态，是不容易在短期内实现的一种理想森林结构，法正林采伐面积和更新面积相等，是一种简单的再生产方式。法正林只从森林内部条件出发来考虑它的永续利用的，显然没有考虑社会、经济条件的可持续发展。由于森林调整(往往是通过采伐或更新)的过程相当缓慢，因此导向法正状态的过程需要几十年。

2. 完全调整林

完全调整林通常是理想的同龄林结构，也可应用于异龄林。法正林的要求严格，一片现实林往往要经过几个轮伐期才能达到理想的法正林结构。维持生长量与采伐量长期平衡状态，不符合扩大再生产的要求，完全调整林根据实现永续利用森林结构秩序要求，依据法正林基本思想，结合现实林的特点进行调整。同龄完全调整林的条件如下：

①针对一个经营单位，由幼龄林至成熟林，每个林分大小径级与株数分布是正态分布，而平均直径呈递降的曲线(图 14-4)。

②经过不断调整以后，在经营单位内各个龄级林分所占的面积相等，各林分蓄积量大小应与龄级大小呈正比。

同时具备以上两个条件后，则调整林的蓄积量与采伐量(间伐与主伐)相等，实现森林永续利用。完全调整林不要求达

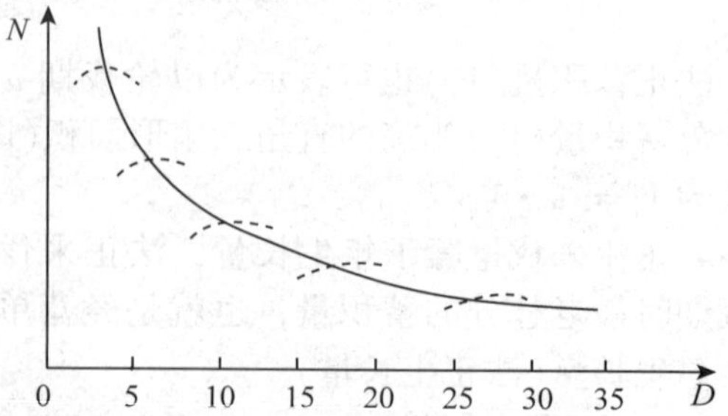

图 14-4　同龄林经营单位内各年龄林分的径级与株数分布

到法正林条件下的法正生长量、法正蓄积量、年伐量，它们的大小取决于经营水平。

(二)理想的异龄林结构

异龄林是在同一林分内具有各种年龄林木的多层结构。通过择伐作业法，能够高度发挥森林生产力而保持连续生产。从森林多功能经营来看，异龄林更有利于发挥森林多种效益，维持森林生态平衡。

理想的异龄林结构主要表现为株数按径级(龄级)分配。在正常的异龄林林分，株数按径级(年龄)的分配为反“J”形分布。每隔一定的间隔期(回归年)进行一次择伐(图 14-5)。

一百多年前，根据异龄林的自然规律，法国林学家古纳德(A. Gurnaud)和瑞士林学家比奥利(H. Biolley)提出了针对异龄林择伐作业的森林经理方法“检查法”。比奥利在瑞士西部库维(couvet)云杉和冷杉的混交林检查法实验中，得出择伐林的法正状态为小径级(17.5~32.4 cm)、中径级(32.5~52.4 cm)、大径级(52.5 cm 以上)的蓄积量分配分别是 2:3:5，每公顷蓄积量为 350~400 m^3，具有健全的森林结构和持续的最高生长的状态。

二、现实森林的调整

(一)现实同龄林调整

在一个经营单位(林业局或林场等)内，根据不同林种进行区划，确认林种并了解效益，然后确定主要树种，按林分龄级序列和各龄级面积分配来组织经营类型，通过采伐、更新、抚育、间伐、造林补植、林分改造等不同经营措施对现实林分进行调整，调整到符合森林永续利用的状态(图 14-6)。

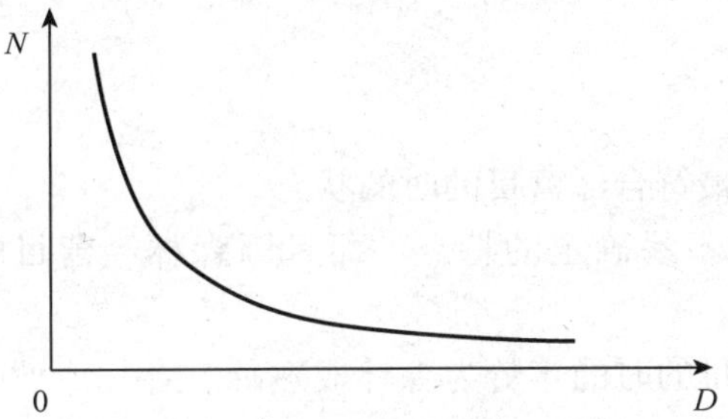

图 14-5　异龄林株数与径级的分布

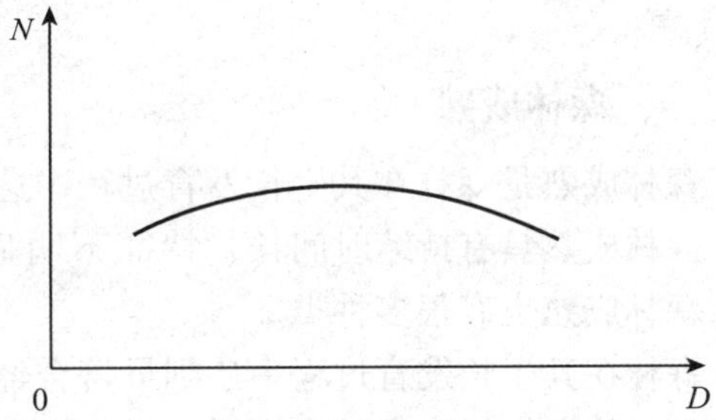

图 14-6　同龄林株数与径级的分布

现实同龄林的调整措施特点：

①同龄林调整以整个经营单位组织永续利用为目标。

②以达到空间秩序和时间秩序为调整目标。

③调整措施通过造林、育林、采伐、更新各个生产环节来实现，合理的采伐量确定是完成调整森林秩序的必要手段。

古典的森林收获调整方法，是以同龄林为对象、以法正林为目标而进行的调整。实现永续利用的森林调整方法有很多，如区划轮伐法、材积配分法、平分法、法正蓄积法、龄级法、生长量法等。

(二)现实异龄林调整

异龄林在同一个林分内往往“多代同堂”，随着径级增大，其株数分布曲线呈反“J”形。在异龄林的经营单位里，不需要组织更大的森林经营类型单位，调整对象就是林分本身的结构。现实异龄林林分结构也存在着差异，如单纯的异龄林与混交异龄林，两者应采取不同的经营措施。

异龄林一般采用择伐作业法，可采用单株择伐作业或群状作业。异龄林经营主要以提高生态效益、改善环境为目的，异龄林调整至少应包括下列3种调整目标：

①树种结构调整；

②年龄结构调整；

③株数按径级结构调整。

依据树种的生长和目的树种，通过各径级主伐(择伐)或间伐，伐除非目的树种，各个径级的株数分布调整则依据反“J”形的曲线变化，即每个径级株的比例。择伐周期的长短说明经营精细的强度。

检查法是异龄林择伐作业的收获调整法，以林分一定期间的生长量为标准控制采伐量，通过定期测定异龄林林分生长量，定期择伐，调节林分内株数，控制径级分布的比例。

森林调整是一项长期性任务，结合整个森林生产环节(从营林到采伐更新)，调整现实林结构，逐步达到森林的可持续经营，这也是森林经理工作的基本任务。

第三节　森林成熟与经营周期

一、森林成熟

森林成熟是森林在其生长发育过程中达到最符合经营目的时的状态。

森林成熟具有持续时间长、特征不明显和不易确定的特点，而且因森林经营目的不同，森林成熟也有很多种类。

森林在其生长发育过程中达到最符合经营目的时的年龄为森林成熟龄。森林成熟龄是林学和经济学上树木或林分的最佳采伐利用时期，是确定轮伐期和主伐年龄的依据。

(一)数量成熟

数量成熟是树木材积生长量或林分蓄积平均生长量达到最大时的状态，达到该状态的年龄，称为数量成熟龄。在此年龄采伐(皆伐)，能保证在单位时间单位面积上获得最高的木材产量，充分利用土地生产力。

数量成熟龄因树种组成、起源、立地条件及经营措施而异。同一树种，萌生的较实生的数量成熟龄小；生长立地条件好的较立地条件差的数量成熟龄小。

一般生长迅速的喜光树种，较生长慢的耐阴树种数量成熟龄小；软阔叶树比硬阔叶树生长快，其数量成熟龄也相对小。

连年生长量是一年间的生长量，通常用定期平均生长量代替。总平均生长量是总生长量除以总年龄，简称平均生长量。

林木生长达到材积平均生长量的最大值时，也是材积连年生长量曲线与材积平均生长量曲线的相交点，该点对应的时间即是数量成熟龄。

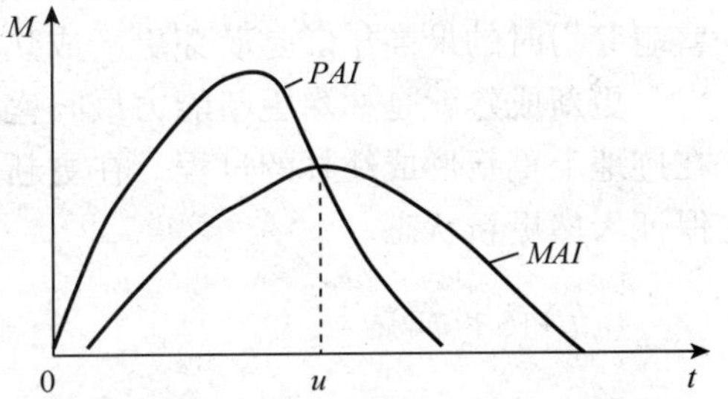

图 14-7　连年生长量(*PAI*)与平均生长量(*MAI*)示意

如在数量成熟之前过早采伐林木，连年生长量大于平均生长量，平均产量正在上升，则没有充分利用土地生产力；反之，如到数量成熟之后采伐，连年生长量小于平均生长量，平均产量已处于下降趋势，又会使土地生产力利用变得不合理(图 14-7)。

(二)工艺成熟

树木或林分在生长发育过程中，目的材种平均生长量达到最大时的状态所对应的的年龄称为工艺成熟龄。与数量成熟相比，工艺成熟不仅考虑木材数量的多少，而且还要符合一定长度、粗度和质量的材种(如矿柱材、建筑材等)规格，从而确定相应的工艺成熟龄。

(三)自然成熟

自然成熟也称生理成熟，是树木或林分生长发育到开始枯萎时的状态，这时的年龄称为自然成熟龄，它是林木的自然寿命。

单株树一般比林分的自然成熟龄长，有些树种可达到数百年甚至几千年。如陕西黄帝陵的巨大侧柏树，据传是轩辕黄帝在5000多年前亲手种植，称“轩辕柏”。

林分达到自然成熟时的活立木生长量低于枯损量，产生所谓的负生长。这是确定自然成熟龄的重要标志。此外，还可根据树木或林分的外部特征判断自然成熟，如树高生长停止、直径增长缓慢，树冠扁平、枝条稀疏，针叶变暗、不再发生嫩枝、梢头干枯，树干上常有地衣苔藓、树皮呈现宽大裂片，开始心腐、根系破坏，个别树木或成群树木发生折断、倾倒现象等。

用材林一般不应保留到自然成熟龄。但自然成熟龄对合理经营风景林、各种防护林、自然保护区森林等具有重要意义。

(四)更新成熟

树木或林分在采伐后能保证天然更新时的状态，称为更新成熟。这一时期的年龄称更新成熟龄。根据林木起源划分，更新成熟龄有种子更新成熟龄和萌芽更新成熟龄两种方式。

1. 种子更新成熟

树木或林分开始大量结实的最低年龄为种子更新成熟龄。从该年龄起能保证更新所需的种子。

2. 萌芽更新成熟

树木或林分采伐后，具有旺盛萌芽力时的状态，为萌芽更新成熟。树木或林分保持旺盛萌芽力时的最高年龄是萌芽更新成熟龄。

更新成熟就是林木更新能力最旺盛的时期。森林的天然更新就是利用自然恢复的能力在迹地上重新形成幼林的过程。在更新成熟龄前对森林进行天然更新的措施和抚育采伐可保证天然更新状态。

（五）防护成熟

树木或林分发挥防护作用最大时的状态所对应的年龄称为防护成熟龄。

由于防护林种类很多，防护效能指标各不同，因此，有很多确定防护成熟龄的方法，目前有的用土壤蓄水量（水源涵养林）、有的用落叶覆盖率和枯枝落叶不同层重量、上层林木有关因子为指标（水土保持林）。结合林分年龄，确定各种防护成熟龄。

在论证防护成熟时，不仅需要考虑与防护性能大小有关的主导因素，而且还应考虑木材材种出材率的变化，将发挥防护性能与木材利用结合起来以获得最大效益。

（六）经济成熟

在森林生长发育过程中，货币收入达到最多时的状态称为经济成熟，此时的年龄称为经济成熟龄。

经济成熟是在市场经济条件下，用货币收入量来评价衡量经营效果。经济成熟不仅可用于薪炭林、用材林、经济林等林种经营评价，还可应用于防护林和特用林的经营中，同时森林的防护效益、观赏价值、物种多样性效益等评价也可用货币量表示。

经济成熟龄种类有：

①森林总收益最高的成熟龄　以年平均总收入最多的年龄作为成熟龄，只考虑收入，不考虑支出。

②森林纯收益最高成熟龄　从森林总收入中减去支出的费用，得到森林的纯收入，当纯收入最大时的年龄，就是森林纯收益最高的成熟龄，它既考虑收入也考虑支出。

③土地纯收益最高成熟龄　也称为理财成熟龄或土地期望价最高成熟龄。土地期望价是指经营林地能永久取得土地纯收益，并用林业利率将收益贴现为前价，包括主伐收入、间伐收入和管理费用以及造林费等都贴现为前价，合计来评定地价。将土地当作资本，获得的土地纯收益即土地期望价达到最高时为经济成熟。

此外，还有收益率最大成熟龄（考虑收益与投资之比率）和社会公益（包括间接效益的货币收益在内）最大成熟龄等。

（七）竹林及特用经济林成熟

竹林的成熟与一般林木不同。竹子不形成年轮，木质而中空。直径和株高 1 年之内即可成型，以后不再生长；但纤维硬度、比重等力学性质则随年龄变化，超过一定年龄后，会降低工艺价值，以致最后自然枯朽。

竹林有工艺成熟和自然成熟，根据出笋的盛期还有更新成熟。

判断竹林的年龄往往凭借外部特征加以记载的办法。中国南方经营竹林历史悠久的地区流行有“存三去四勿留七”和“造一育二存三留四五六采七”等谚语。说明毛竹一般四度(一度近2年)即可采伐利用，最多不宜超过七度。

竹林的工艺成熟龄，一般因竹种、经营目的、立地条件及抚育管理措施而异。以毛竹为例，造纸材一般以1年生为宜；手工编制用材以2~4年生为宜；建筑材以5~8年生为宜。

经济林和特种经济林，其经营目的往往以利用果实、种子、树皮、树液、树根、树叶及内含物等其他形式的林产品为主，常可在生长发育过程中多次提供产品，但过了一定年龄，则产品的数量和质量就下降，可据此确定各种经济林木的成熟龄。

经济林龄组幼龄林、中龄林、成熟林、过熟林与产前期、初产期、盛产期、衰产期依次对应。经济林生产期可分为产前期、初产期、盛产期、衰产期。

在森林经理工作需要研究的各种森林成熟期中，一般是更新成熟到达最早，自然成熟最晚，数量成熟和工艺成熟介于前二者之间。数量成熟龄是确定轮伐期及主伐年龄的最低限度，自然成熟龄是最高限度。但由于平均生长量最高峰有一段持续时间，因此要尽量把数量成熟与工艺成熟以及经济成熟结合起来综合运用，以达到同时兼顾土地利用、目的材种和经济收益各方面的要求。

二、经营周期

经营周期是指一次收获到另一次收获之间的间隔期。经营周期的长短关系到森林经营过程中生产计划、经营措施等一系列生产活动的安排。

森林经营周期主要有轮伐期、伐期龄、回归年(择伐周期)等概念。轮伐期用于同龄林、择伐周期用于异龄林森林经营中。

(一)轮伐期

轮伐期是一种生产经营周期。轮伐期是指林分的培育、采伐、更新全过程所用的时间。也就是成熟龄加上更新期。

轮伐期概念的形成与法正林思想有密切联系，为保证森林永续利用，在一个森林经营类型内，培育方向相同的林分组成经营类型(作业级)，用轮伐期作为经营类型的时间秩序，如在皆伐作业的森林经营单位内，把全部林分轮伐一遍所需的时间或对同一林地，林木成熟采伐后，通过更新、培育又达到成熟，再度进行采伐的间隔期限，它适用于同龄林皆伐或渐伐作业。

森林成熟是确定轮伐期的主要依据，轮伐期一般不应低于数量成熟龄，还应考虑更新方式，考虑更新成熟龄，对于防护林还应以防护成熟龄和自然成熟龄为主。经营单位内中幼龄林比重过大；轮伐期相对较长，成、过熟林比重过大，轮伐期可缩短。

(二)伐期龄

伐期龄是指在同一经营类型中，树木或林分达到成熟而进行主伐的最低年龄，或称为主伐年龄。主伐年龄只适用于皆伐作业的同龄林，通常以龄级符号表示，如Ⅲ、Ⅳ、Ⅴ等。

世界各国对轮伐期的理解不尽相同。日本把森林成熟龄与主伐年龄等同，称伐期龄；美国不分成熟龄、主伐年龄，称轮伐期；苏联从1952年起以主伐年龄代替轮伐期。中国在20世纪50年代普遍采用主伐年龄，60年代在以场定居、以场轮伐的方针指导下，逐渐采用轮伐期的概念，至今这两种概念都在生产中应用。

(三)回归年(择伐周期)

在择伐作业中，采伐符合一定尺寸(如直径尺寸)的林木后，保留的林木继续生长至再恢复到能够采伐利用大小为止的经营周期。一般轮伐期为回归年的整数倍。

回归年长短与经营水平有关系。回归年越短，经营水平越高，每年择伐面积越大，抚育管理的面积也越大。

树种、立地条件及林况与回归年长短都有关系。此外，择伐强度或径级的分配状态也直接影响回归年长短。例如，喜光树种，为了给幼林生长创造条件，有时加大择伐强度，此时回归年可长些。耐阴树种若进行弱度择伐，反复多次，回归年就要短些。

(四)调整期

当经营单位内，林分按龄级分配均匀或接近均匀时，可用轮伐期求算年伐量，并可长期按此年伐量采伐成熟林分，但经营单位内龄级分配不均匀时，则用调整期代替轮伐期，经过一段时间，改善龄级结构，逐步按照轮伐期进行生产。

第四节　森林采伐量

森林采伐量的确定，是森林经理的核心问题，根据森林永续利用的原则，预估未来一定时期内的采伐量，调整现实森林不合理的森林结构。

14世纪欧洲一些国家首先提出区划轮伐法，以面积控制采伐量。1759年德国的贝克曼分配法，是把经营类型现有蓄积量及达到轮伐期时预期生长量的总和分配到轮伐期各年。1826年德国洪德斯哈根提出法正林学说后，又有法正蓄积法和龄级法。1836年德国马尔丁(K. L. Martin)则提出按材积平均生长量计算采伐量。19世纪中，瑞士比奥利提出对异龄林采用检查法，是在异龄各径级间按蓄积量保持一定比例关系，以获得目的树种的最大生长量和优良材种。中国从20世纪50年代开始进行大规模森林经理工作，在《国有林森林经理规程》中提出按成熟度、林龄、林况、生长量等公式分别计算采伐量。

一、基本概念

森林采伐量按照不同的采伐方式，有不同的计算方法。森林采伐一般可分为主伐、抚育采伐(间伐)和补充主伐。

森林主伐是对成熟林分的采伐利用，森林主伐方式分为皆伐、渐伐和择伐三大类。主伐是以更新为目的，主伐是森林培育过程中最主要的也是最终的木材收获，收获的数量为主伐量。

补充主伐是对疏林、散生木和采伐迹地上已失去更新下种作用的母树的采伐利用。在森林经理中，纳入主伐量计算的均属有林地范围的森林资源，而将疏林、散生木和母树等资源采伐利用，称为补充主伐。

抚育采伐(间伐)是森林达到成熟以前，定期伐去部分林木的采伐，使得保留木获得更多的生长环境条件，促进其生长发育，同时，也能获得一部分中小规格材，增加经济效益，其所获得的采伐量，称为间伐量。主伐前合理地间伐，其间伐量可以达到林分木材总量的50%~60%。抚育采伐一般分为透光伐、除伐、疏伐和生长伐4种。在同龄林，通过疏伐和生长伐，可获得中小径材。

在一个经营单位里，主伐量和间伐量构成森林生产过程中主要采伐量。通常用年伐面积(hm^2)和年伐蓄积量(m^3)两种指标表示年伐量。年伐面积和年伐蓄积量都是调整森林结构、编制采伐计划、组织生产作业的重要指标，因此都应加以计算。

1. 年采伐量

森林经营单位在一年内采伐的森林蓄积量。一个森林经理对象的总年伐量是由森林主伐量、间伐量和补充主伐量3部分组成。

2. 年伐面积

森林经营单位在一定时期内年均采伐森林的面积。

3. 年伐蓄积量

由于不同森林经营单位的森林资源条件存在着千差万别，所以，在计算采伐量时不可能只利用一种公式或企图找出一个通用公式，每一种采伐量计算公式，只适用于某一特定条件下的森林经营单位。森林采伐量的计算和确定，根据森林资源和经济条件的变化，需要不断定期复查森林资源和重新计算采伐量，以达到森林调整和实现永续利用的目的。通常，这种森林经理工作每隔10年进行一次，称为经理期。森林调整按同龄林和异龄林分别进行。一般对同龄林采取皆伐或渐伐作业，对异龄林采取择伐作业。不同的作业方式需有不同的计算方法。目前世界各国计算采伐量公式已有100余种。

二、主伐年伐量的计算

(一)同龄林年伐量的计算方法

同龄林实现永续利用理想的森林结构是要求轮伐期内各龄级的林分面积相等。现实同龄林的森林调整，主要调整各龄级不合理的面积分配。

1. 面积控制法

(1)按面积轮伐计算年伐量

面积轮伐计算年伐量是森林经理确定采伐量常用的方法，首先确定年伐面积量，再确定年伐蓄积量，为实现永续利用，通过采伐利用达到调整龄级结构均匀分配。其计算公式为：

$$年伐面积 = \frac{经营单位总面积}{轮伐期}$$

$$年伐蓄积量 = 年伐面积 \times 成、过熟林平均每公顷蓄积量 \tag{14-5}$$

根据面积轮伐公式计算的年伐量使得一个经营单位内所有林分在一个轮伐期内都要采伐一遍。该公式计算方法简单，在龄级结构不均匀情况下，按面积轮伐是调整龄级结构较为简单方法之一。

它的特点是在轮伐期内采取一次调整的方法，经过一个轮伐期后，使各龄级的森林面积保持相等，为实现永续利用创造条件。按面积轮伐公式较适用于成、过熟林占优势的原始天然林，应尽量考虑在一个轮伐期内实现按面积采伐的采伐量相对均衡，更新面积均匀分布。原则上现有成、过熟林到轮伐期的末期不应超过自然成熟龄，那么按面积轮伐公式的计算值就是合理的年伐量。若在轮伐期内现有成、过熟林将超过自然成熟龄，则优先采伐过熟林，以便在达到自然成熟龄前，伐完过熟林。若缺少成熟林时，按此式计算结果进行采伐，可能会在经理期内采伐未成熟的林分，所以，按面积轮伐公式不适用于幼、中龄林占优势的经营单位。

按面积轮伐公式的缺点是只考虑经营面积，按面积来控制采伐量，一方面它没有考虑龄级结构，在龄级结构极端不均匀时，难以在一个轮伐期内将现实林调整为理想的森林结构；另一方面，这公式也没有考虑不同的林况和立地条件下，单位面积蓄积量的变化。因此，按面积计算和控制采伐量，年伐蓄积量会有变动。如在经营单位内包含有不同立地条件的小班，立地条件好则单产高，立地条件差，单产就低。即使年伐面积相等，而年伐蓄积量可能相差甚大。为了克服上述缺点，可按蓄积量、龄级分配和立地级，调整年伐面积和年伐蓄积量。在此情况下，计算年伐量，需进行面积改算(表 14-1)。

表 14-1　面积轮伐法面积改算年伐量

地位级	Ⅰ	Ⅱ	Ⅲ
面积(hm^2)	250	300	350
成熟林每公顷生长量(m^3)	6	5	3
改算系数	0.75	0.9	1.5
平均年伐面积(hm^2)	15	18	30

设年伐期 30 年：

$$经营单位的平均生长量 = \frac{250 \times 6 + 400 \times 5 + 300 \times 3}{900} = 4.5(m^3/hm^2)$$

设当平均生长量 4.5 m^3/hm^2时，地位级Ⅰ林地上改算系数为 4.5/6 = 0.75，平均年伐面积 = 0.75 × (900/30) = 22.5 hm^2，即能达到年伐蓄积量的要求。

在实际生产中，若年伐面积分散到各种地位级的林分中，其林地的平均地位级基本相等，则不需要进行面积换算。

在调整过程中，对于暂不实行轮伐或按龄级分配不均的经营类型和林场，可根据各龄级林分所占比例，采伐和更新能力，按其他公式计算年伐量，确定适宜的主伐量，使其逐步实现轮伐。

(2)按成熟度计算年伐量

在一个龄级期间采伐完现有的成、过熟林资源。其计算公式为：

$$年伐面积 = \frac{成、过熟林面积}{一个龄级期的年数}$$

$$年伐蓄积量 = \frac{成、过熟林蓄积量}{一个龄级期的年数} \tag{14-6}$$

当经营单位内，林分龄级结构比较均匀，在一个龄级期间采完成熟林后，将有相应面积(也可能略大或略小)的近熟林进入成熟林，到下一龄级期又有成熟林可采，这样可以保持年伐量的相对稳定；龄级结构不均匀时，轮伐期内年伐量会有很大的波动，每年采伐量的急剧变化不符合合理经营的要求。

若在成、过熟林占优势时经营单位内，采伐期限延长，过熟林的面积增加，过熟林一般生长量降低，病腐率增长，采伐期限过短，没有足够的近熟林过渡到成熟林。采伐期限要适当，保证永续收获。

按成熟度公式计算的年伐量说明在一个龄级期限内每年采伐成熟林的数量，这公式考虑的范围较窄，它只考虑现有的成、过熟林资源的及时利用，没有顾及成熟林以下后备资源的多少。

(3)按林龄公式计算年伐量

按林龄公式计算年伐量是按面积调整龄级结构的一个重要公式。它在计算年伐量时，除了将成、过熟林纳入计算范围外，还考虑了近熟林，甚至中龄林的一部分面积和蓄积量。计算期是2~3个龄级期，其目的是在2~3个龄级期间，使采伐量保持相对稳定。

根据计算期的长短，区分为第一林龄公式和第二林龄公式两种计算方法。

①第一林龄公式　把成、过熟林和近熟林面积被两个龄级期除，用面积表示的年伐量公式为：

$$年伐面积 = \frac{成、过熟林面积 + 近熟林面积}{2\ 个龄级期的年数}$$

年伐量在两个龄级期间按面积保持均衡，而不是按整个伐期调整龄级结构。

这里假定只采伐成熟林，经过1个龄级期后，现有的近熟林将全部进入成熟林，而在计算年伐蓄积量时，考虑由近熟林过渡到成熟林这段时间的生长量。故第一林龄公式的年伐蓄积量应按下式计算：

$$年伐蓄积量 = 年伐面积 \times 成、过熟林平均每公顷蓄积量 \tag{14-7}$$

当经营单位内成、过熟林和近熟林的面积相差悬殊的情况下，利用第一林龄公式计算采伐量不可避免要出现以下情况：a. 当成熟林少，而近熟林多，在经理期内成熟林资源不够采伐，就有可能将一部分近熟林过早地采伐掉，为了达到调整龄级结构的目的，按第一林龄公式计算的年伐量进行采伐，可延长现有成、过熟林的采伐年限。只要在达到自然成熟龄之前，采完现有成、过熟林，就可以认为是合理的。b. 如果成、过熟林比得过大，现有过熟林在两个龄级期的末年，将超过自然成熟龄，这就会造成资源腐朽的损失，可采用第二林龄公式。

②第二林龄公式　中龄林、近熟林和成、过熟林总面积被3个龄级期除，用面积表示的年伐量计算公式为：

$$年伐面积 = \frac{成、过熟林面积 + 近熟林面积 + 中龄林面积}{3\ 个龄级期的年数}$$

如式中中龄林林龄包括两个以上龄级时，只取其靠近近熟林的一个龄级纳入计算范围。

$$年伐蓄积量 = 年伐面积 \times 成、过熟林平均每公顷蓄积量 \tag{14-8}$$

第二林龄公式的目的是在更长的时间内，使采伐量保持稳定。如果以 20 年为 1 个龄级期，则将保持在 60 年内采伐量实现相对稳定。并把计算期延长至 3 个龄级期。该公式适用经营单位内有大面积成熟林的情况。

(4)按林况计算公式

$$年伐面积 = \frac{按林况需要进行采伐的小班总面积}{采伐期限}$$

$$年伐蓄积量 = \frac{按林况需要进行采伐的小班总蓄积量}{采伐期限} \tag{14-9}$$

列入按林况计算采伐量的小班包括：林分平均年龄已超过自然成熟龄的过熟林；小班内林木已遭严重病虫害，需要及时采伐利用。

2. 材积控制法

材积控制法计算年伐量是期望在轮伐期间每年有等量的年伐蓄积量，并用材积控制收获量。该方法调整的目的是把现实林蓄积量调整为具有最高产量的法正蓄积状态。实际中将材积控制法和面积控制法结合，解决面积控制法中年伐蓄积不稳定的缺点。

影响年伐量的主导因子是现实林的蓄积量、生长量。按蓄积量或生长量计算和调整采伐量有很多计算公式。

(1)按法正蓄积量计算年伐量

以法正蓄积量(理想森林结构)作为调整目标，将现实林经营单位中各林分的总蓄积量与相应面积的法正蓄积量进行比较，把现实林调整为符合森林永续利用条件的法正蓄积量。

法正蓄积量公式：

$$V_n = \frac{u_{Zh} \cdot u}{2}$$

若每年采伐量等于年生长量(u_{Zh})，则整个轮伐期内采伐量为：$u_{Zh} \times u$

年伐蓄积量：

$$u_{Zh} = \frac{2\,V_n}{u} \tag{14-10}$$

式中 V_n——法正蓄积量；

u_{Zh}——经营单位内的法正生长量；

u——轮伐期。

德国曼特尔(V. Mantel)根据法正林理论，用现实林的蓄积量 V_w 代替公式中的法正蓄积量 V_n，轮伐期 u，则年伐蓄积量为：

$$年伐蓄积量 = \frac{2 \times V_w}{u}$$

$$年伐面积 = \frac{年伐蓄积量}{成、过熟林平均每公顷蓄积量} \tag{14-11}$$

(2)按平均生长量计算年伐量

此法最初是由德国学者马尔丁在 1832 年提出，故也称马尔丁法。其理论根据也是来源于法正林理论。在经营单位内龄级结构调整到均匀分配的法正状态时，使收获量等于各林分的连年生长量，用生长量来控制收获量，以实现经营单位内的永续利用。由于在实际工作中，对大面积的森林难以测定其连年生长量，马尔丁提出用各龄级平均生长量之和代替各林分的连年生长量之和，以求其近似值。其公式如下：

$$\text{年伐蓄积量} = Z_1 + Z_2 + \cdots + Z_n = \frac{m_1}{a_1} + \frac{m_2}{a_2} + \cdots + \frac{m_n}{a_n}$$

式中　$Z_1, Z_2, \cdots, Z_n$——各龄级平均生长量；

$m_1, m_2, \cdots, m_n$——各龄级的蓄积量；

$a_1, a_2, \cdots, a_n$——各龄级年龄中值。

$$\text{年伐面积} = \frac{\text{年伐蓄积量}}{\text{成、过熟林平均每公顷蓄积量}} \tag{14-12}$$

(3)按蓄积量结合生长量计算年伐量

①较差法　这公式最早出现于奥地利，最初称卡美拉尔塔克斯(Kamcraltaxe)法即奥地利评价法，后经海耶尔(C. Heyer)修改，所以又称海耶尔公式。年伐蓄积量(E_W)由下式求得：

$$E_W = Z_W + \frac{V_W - V_n}{a} \tag{14-13}$$

式中　Z_W——现实林连年生长量；

V_W——现实林蓄积量；

V_n——法正蓄积量；

a——调整期。

这个公式的基本思路是经过一定的调整期 a，将经营单位现实林蓄积量调整为法正蓄积量，即 $V_W = V_n$。

为达到调整目的，年伐量是以现实林的生长量为基础来确定。因现实林蓄积量与法正蓄积量相比有一定差数。为使现实林蓄积量导向法正蓄积量，要使年伐量在现实林连年生长量基础上，再加上或减去 $\frac{V_W - V_n}{a}$ 的数值来进行调整。当 $V_W > V_n$ 时，$\frac{V_W - V_n}{a}$ 为正值，也即当现实林以成过熟林占优势，则现实林蓄积量就大于法正蓄积量。此时年伐量应大于现实林生长量，为此需将数值为 $V_W - V_n$ 这部分蓄积量于调整期 a 年间平均分配采伐，使现实林蓄积量导向法正蓄积量。

相反，如果在现实林中以中、幼龄林占优势，则 $V_W < V_n$，此时 $\frac{V_W - V_n}{a}$ 为负值，调整措施是使年伐量小于现实林生长量，目的是使现实林积累蓄积量，逐步将现实林导向法正蓄积量。

海耶尔公式虽然简单，但它说明了森林经营单位内采伐量和生长量、蓄积量之间的相互关系。海耶尔公式不仅适用于皆伐作业的同龄林，也能用于择伐作业的异龄林采伐量计算。此法至今仍被许多国家采用，特别在近年来，有可能准确查定生长量，所以本法有重要实践意义。

②利用率法

洪德斯哈根公式　由奥地利保尔森(C. Paulsen，1787)和德国洪德斯哈根(J. C. Hundeshagen，1821)分别提出，利用率法也称为 Paulsen-Hundeshagen 公式，其年伐量计算公式为：

$$E_W = V_W \cdot \frac{E_n}{V_n} \tag{14-14}$$

式中 E_W—— 年伐蓄积；

V_n——法正蓄积量；

V_W——现实林蓄积；

E_n——法正收获量。

V_W是从现实林中测定计算而得。V_n法正蓄积量可从收获表中查得。E_n(法正收获量)用收获表中伐期林分材积，也等于法正林各龄级林分连年生长量之和。

洪德斯哈根把$\frac{E_n}{V_n}$称为利用率(采伐比)。在经营单位中，龄级结构均匀，接近法正状态情况下，用此公式计算年伐量，即由现实林蓄积量方法适宜。

曼特尔利用率法　在法正林条件下，年伐量等于年生长量。在整个轮伐期间所获得的全部采伐量为uz_u，也就是等于法正蓄积量的两倍，即$2V_n$。由此得法正年伐量E_n。

$$E_n = \frac{2V_n}{u} = \frac{V_n}{\frac{u}{2}}$$

德国曼特尔(V. Mantel)把上式中的法正蓄积量V_n用现实蓄积量V_W代替，即得下述公式，即 Mantel 公式：

年伐蓄积量：
$$E_W = \frac{2V_W}{u}$$

年伐面积：
$$S_W = \frac{E_W}{m} \tag{14-15}$$

式中 m——成、过熟林平均每公顷蓄积量。

在曼特尔公式中，把$2/u$看成利用率，所以把它看成法正蓄积法中一种利用率公式。

因为公式是根据法正林理论推导而来，所以当经营单位内龄级结构均匀分配条件下，采用本公式才较合适。由于公式计算简单，常作粗略计算年伐量之用。

与洪德斯哈根利用率相比较，这个方法除不用计算现实林生长量外，没有收获表地区仍可使用，只要知道现实林蓄积量即可求得年伐量。

(二)异龄林年伐量的计算方法

异龄林应采用择伐作业，采伐少数林木后，仍维持异龄林结构。择伐量计算方法，可根据实际情况选择。

1. 按择伐周期和平均每公顷择伐量计算

径级择伐只是采伐合乎经营目的要求的一定径级范围的林木。根据各径级的采伐蓄积量和择伐周期(回归年)，确定径级择伐的采伐量，以保持稳定的径级结构为目的。

$$年伐蓄积量 = \frac{经营单位面积 \times 平均每公顷择伐蓄积量}{平均每公顷择伐蓄积量}$$

$$年伐面积 = \frac{年伐蓄积量}{平均每公顷择伐蓄积量} \tag{14-16}$$

或

$$年伐面积 = \frac{经营单位面积}{择伐周期}$$

这种计算方法是一种粗放的计算方法，没有考虑在择伐周期内各采伐径级林木的生长量、自然枯损量以及小径木进入采伐径级的径级株数。

2. 检查法

检查法是一种集约择伐作业采伐量的计算。它是用定期平均生长量调节控制采伐量，并要求在择伐后使保留林木的各径阶之间按蓄积量仍保持一定的比例，以获得目的树种最大生长量的优良材种。这种方法要求定期对全林进行每木调查，根据前后两次调查结果，计算林分定期生长量：

$$Z = \frac{M_1 - M + C}{a} \tag{14-17}$$

式中　Z——经营类型材积定期平均生长量；

M_1——本次调查的全林蓄积量；

M——上次调查的全林蓄积量；

C——调查间隔期内的择伐量；

a——调查间隔期。

计算的所得定期平均生长量 Z 是作为调节控制下一间隔期每年择伐量的尺度。根据现实林各径阶的蓄积量比例和调整森林结构的要求，确定每年择伐量是大于、小于或等于定期生长量。

三、补充主伐的采伐量计算

面积调整法和蓄积调整法纳入采伐量计算的只是属于有林地的面积和蓄积量，并且不包括疏林、散生木、母树等资源。补充主伐是指疏林、散生木和采伐迹地上已失去作用的母树的采伐利用。

疏林地是指疏密度 0.1～0.3 的中龄林和成、过熟林。

散生木是散生于幼、中龄林中的过熟木，呈单株或群状分布，影响周围幼、中龄林的生长，又称为“霸王树”或“老狼木”。

母树林采伐迹地上留作天然更新的母树，在下列情况下应该给予采伐：①已完成天然下种作用；②所留母树没有起到预定的更新作用，并发生风倒或其他原因而接近枯死；③伐区上被其他树种更替，使保留母树不能发挥作用。

采伐期限长短，不必与经理期相等，可根据具体经营条件，在若干年内采完，补充采伐的采伐量计算方法比较简单。

四、间伐量的计算

皆伐作业的经营单位，在主伐前进行抚育性质的采伐利用，间伐利用有抚育采伐和卫生伐两种。

(一)抚育间伐年伐量的计算

抚育间伐是一种森林经营措施，一般分为透光伐、除伐、疏伐和生长伐。主要目的是通过间伐提高保留木的生长量和材种质量，也是获得中小径木材的一种重要手段，其间伐量可达木材总产量的50%~60%。

计算抚育间伐的采伐量，要预先确定4个因子，即：需要进行抚育间伐的面积；间伐开始期；每次间伐强度和抚育间伐间隔期。

$$\text{抚育间伐年伐面积}=\frac{\text{需要进行抚育间伐的面积}}{\text{抚育间伐间隔期}}$$

$$\text{年伐蓄积量}=\text{年伐面积}\times\text{平均每公顷蓄积量}\times\text{间伐强度} \tag{14-18}$$

(二)卫生伐年伐量的计算

在一定年限内应及时伐除那些因森林灾害造成的枯死木、损伤木和病害木，卫生伐是不断改善森林卫生状况，防止病虫害蔓延，促进林木生长的一项重要经营措施。

$$\text{卫生伐年伐面积}=\frac{\text{需要进行卫生伐的总面积}}{\text{采伐年限}}$$

$$\text{卫生伐年伐蓄积量}=\frac{\text{需要伐除的枯死木、受害木总蓄积量}}{\text{采伐年限}} \tag{14-19}$$

采伐年限根据具体林况和经营条件规定，一般1~5年。

五、合理采伐量

森林采伐量的计算方法很多，经过计算和分析论证后，所确定的森林采伐量的合理定额，称为标准年伐量。

计算年伐量的公式有很多，对于根据不同林种和经营类型的森林结构，可选用几个适用公式进行计算，得出几种不同数值的年伐量，然后根据不同林种的经营要求，以可持续经营为基本原则，统筹考虑当前需要和长远利益，结合具体经济条件与森林资源特点加以分析论证；最后得出一个最合理的年伐量数值作为一个经理期的标准年伐量。它是经理期(一般10年)内的平均年伐量，而不是整个轮伐期内的平均年伐量。在一个经理期内确定的年伐量，不轻易变动。在一个经理期后，需要复查森林资源，根据其具体变化，重新计算和调整年伐量。标准年伐量是上级主管部门下达计划和生产部门编制计划的依据。

(一)用材林年伐量的确定

用材林主要经营目的是生产木材，同时发挥森林的作用。其年伐量的确定，当龄级结构不均匀时，要起到调整和改善龄级结构的作用，不应造成森林资源过伐，保证之后可持续地生产木材；当龄级结构均匀分配时，虽然可选用多种计算公式，但以生长量公式最为合适。

在成、过熟林占优势时，要尽量延长现有成熟林资源的采伐年限，使现有成、过熟林达到自然成熟龄之前及时采伐利用，并及时采伐林况不良的林分，以免木材质量下降，可用面积轮伐公式、生长量公式、林龄公式等计算合理的年伐量。

当幼、中龄林占优势人工林区，只能在经理期内采伐成熟林，逐渐调整龄级结构，可按成熟度计算式、第一林龄公式计算确定年伐量。

(二)防护林年伐量的确定

经营防护林的主要目的是增强防护作用和充分发挥森林的多种效益，采伐利用处于从属地位，可采用更新采伐。由于对各小班因地因林，确定采伐方式，其采伐量的计算方法要根据各小班林分的具体条件而定。若需要进行更新采伐的林分，根据林种的和经营目的不同，以防护成熟龄、更新成熟龄、自然成熟龄等为采伐年龄。

(三)薪炭林年伐量的确定

薪炭林主要依据数量成熟和更新成熟龄确定薪炭材的轮伐期。其年伐量一般采用面积轮伐公式计算。

六、采伐限额确定的依据

采伐限额依照法定的程序和方法，通过对本地区内森林、林木进行科学的测算而确定的，并经国家批准，在本地区或经营区内，各单位每年以各种采伐方式对森林资源采伐消耗的最大限量。它是国家对森林资源实行限额消耗的法定控制指标。国家根据用材林的消耗量低于生长量的原则，严格控制森林年采伐量。

(一)采伐限额确定的依据

依据《森林法》(2019)规定国家严格控制森林年采伐量。省、自治区、直辖市人民政府林业主管部门根据消耗量低于生长量和森林分类经营管理的原则，编制本行政区域的年采伐限额，经征求国务院林业主管部门意见，报本级人民政府批准后公布实施，并报国务院备案。重点林区的年采伐限额，由国务院林业主管部门编制，报国务院批准后公布实施。

(二)林木采伐许可证

采伐林地上的林木应当申请采伐许可证，并按照采伐许可证的规定进行采伐；采伐自然保护区以外的竹林，不需要申请采伐许可证，但应当符合林木采伐技术规程。

农村居民采伐自留地和房前屋后个人所有的零星林木，不需要申请采伐许可证。

非林地上的农田防护林、防风固沙林、护路林、护岸护堤林和城镇林木等的更新采伐，由有关主管部门按照有关规定管理。采挖移植林木按照采伐林木管理。

采伐许可证由县级以上人民政府林业主管部门核发。农村居民采伐自留山和个人承包集体林地上的林木，由县级人民政府林业主管部门或者其委托的乡镇人民政府核发采伐许可证。

非林地上的农田防护林、防风固沙林、护路林、护岸护堤林和城镇林木等的更新采伐，由有关主管部门按照有关规定管理。

第五节　森林区划

森林面积辽阔，为合理组织林业生产，便于森林经营管理，需要适当的森林区划。森林区划是针对林业生产的特点，根据自然地理条件、森林资源以及社会经济条件不同，对整个林区进行地域上的划分，将林区区划为若干个不同的单位。合理的区划，可便于调查统计和分析森林资源的数量和质量，便于组织经营单位开展营林活动和进行技术经济核算，有效地管理森林资源，从而为林业的行政管理、资源管理和林业生产组织提供条件。

我国各大林区多为五级区划，一些少林省份或地区多采取四级区划。其区划系统为：

①林业局→林场→营林区(作业区、工区)→林班→小班；

②自然保护区(森林公园)→功能区(景区)→林班→小班；

③县→乡镇→村(林班)→小班。

世界各国的森林区划各有特点，但多数林业发达国家一般都分 4 种区划单位，即施业区、施业分区、林班、小班。施业区类似中国的林业局或独立的国有林场。

一、林业局区划

林业局是独立的林业生产和经营管理的企业单位。在林业局范围内，具备一定数量和质量的森林资源时，有一定的林地面积及森林蓄积量，才能保持长期经营和森林永续利用。林业局的经营面积，一般以 15×10^4~30×10^4 hm^2 为宜。在我国南方林区，有些地区森林资源比较分散，此地区林业局的面积可小些，经营面积在 5×10^4~10×10^4 hm^2。

一般是在林业局(企业)下划分若干个林场，林场内再划分若干个林班；一个林班又可划分为若干小班。林地比较分散的地区，也可直接划分为独立的林场。

在国有林区有林业局、国有林场等企业单位，为全民所有制；在集体林区或农村地区，有乡办或村办的林场，为集体所有制。

以大的山系、水系等自然界线和永久性的地物(如公路、铁路)作为林业局的境界，对于经营、利用、管理、运输、生活等方面均有重要作用。确定林业局边界时，应尽量与行政区划相一致，这样有利于林业企业与地方机构协调关系，特别是对林政管理、护林防火、劳动力调配等方面。

二、林场的区划

林场是林业局下属的一个具体实施林业生产的生产单位，也有的林场是具备法人资格的企业单位。

林业局(企业)属下的林场，经营面积一般为 1×10^4~2×10^4 hm^2。独立的国有林场(中国)的经营面积一般为 1×10^4 hm^2左右，较大的可达 3×10^4 hm^2。在少林地区，国有林场的经营面积大都为 100~2000 hm^2。集体林区民办林场的面积从几公顷到几千公顷不等。

林场、自然保护区、森林公园等森林经营单位应在有关境界线上设立不同的标牌、标桩等标志。已经区划的森林经营区划界线，如经营区界线、功能区界线、林班界线等，应相对固定，无特殊情况的则不宜更改。

经营区划系统应同经营范围或行政范围界线保持一致，视行政界线为森林经营区划界线，分别经营管理层级区划到林班，集体林一般区划到行政村，如行政村的面积较大时，可在村内区划林班。

三、营林区的区划

在林场内，为了合理地进行森林经营利用活动，开展多种经营以及考虑生产和职工生活的方便，根据有效经营活动范围，特别是护林防火工作量的大小，将林场再区划为若干个营林区。营林区是林场内的管理单位。营林区界线一般与林班线一致，即将若干个林班集中在一起组成营林区。

四、林班

为便于森林资源经营管理、合理组织林业生产而划分的一种长期性的、最小的森林经营管理区划单元，称为林班。林班区划是森林区划的核心。

在林场范围内，把林地划分为若干面积大小比较一致的永久性地段，作为森林经营活动和生产管理的单位，其主要作用是便于面积测算、林地定位、森林资源清查、护林防火和进行经营利用的规划设计等。

(一)林班区划方法

1. 人工区划法

将林地区划为正方形或长方形的规整地块，林班线用人工伐开。其优点是设计简单，林班面积基本相等，便于定位定向；缺点是不便于在地形起伏较大的山地森林中采用。

2. 自然区划法

以河流、沟谷、山脊、道路等自然界线或永久性的人工地物作为林班线，林班呈不规则图形。其优点是考虑到地形特点；缺点是林班面积不等，同时林班线不能用来定位、定向，也给经营管理带来不便。

3. 综合区划法

人工区划法和自然区划法的综合应用，在地形平坦处，用人工区划法，在地形复杂的山地，则用自然区划法，林班形状不求统一，但划分时应尽量考虑同一集材和运材系统。

(二)林班区划的内容

区县各乡镇以村为林班，村界为林班界；林场、自然保护区(森林公园)的林班区划原则上根据大的山脊、沟谷等明显的自然地形，用自然区划或综合区划方法确定林班，以保持自然地形的完整性，便于经营管理。

地形平坦、地物点不明显的平原地区，可以采用人工区划法来确定林班。已区划的林班，应相对固定，若极不合理，可重新区划。

林班面积一般为 100～500 hm^2。自然保护区(森林公园)、东北与内蒙古国有林区、西南高山林区和生态公益林集中地区的林班面积根据需要可适当放大。

林班的编号用阿拉伯数字从西向东、由北到南依次排列。在林班界线相交处埋设标桩。

林班区划线应相对固定，无特殊情况不宜更改。对于自然区划界线不太明显或人工区划的林班线应现地伐开或设立明显标志，并在林班线的交叉点上埋设林班标桩。

五、小班

小班是内部特征基本一致，与相邻地段有明显区别，而需要采取相同经营措施的森林地块或小区。

根据林班内土地利用状况和林分调查因子的差别而划分的地块。小班是森林资源规划设计调查、统计和森林经营管理的基本单位。

(一)小班区划原则

以小班内自然特征基本相同，与邻近小班有明显的差别为原则，应尽量以明显地形地物界线为界，同时兼顾资源调查和经营管理的需要，考虑到土地类别、林种、优势树种或优势树种组、龄级、郁闭度或疏密度、立地类型或林型、地位级或地位指数、出材率等级、林权等各种小班调查因子。

(二)小班划分条件

①权属不同；

②森林类别及林种不同；

③生态公益林的事权与保护等级不同；

④林业工程类别不同；

⑤地类不同；

⑥起源不同；

⑦优势树种(组)比例相差二成以上；

⑧Ⅵ龄级以下相差1个龄级，Ⅶ龄级以上相差2个龄级；

⑨商品林郁闭度相差0.20以上，公益林相差1个郁闭度级，灌木林相差1个覆盖度级；

⑩立地类型不同。

各指标含义详见下节内容。

(三)小班变更

森林资源复查时，应尽量沿用原有的小班界线。但对上期划分不合理、因经营活动等原因造成界线发生变化的小班，应根据小班划分条件重新区划。

(四)小班面积

小班最小面积和最大面积依据林种绘制基本图。所用的地形图比例尺依据经营水平而定。最小小班面积在地形图上不小于4 mm^2，对于面积在0.067 hm^2以上而不满足最小小班面积要求的，仍应按小班调查要求调查、记载，在图上并入相邻小班。

南方集体林区商品林最大小班面积一般不超过 15 hm^2，其他地区一般不超过 25 hm^2。

国家生态公益林小班，应尽量利用明显的地形、地物等自然界线作为小班界线或在小班线上设立明显标志，使小班位置固定下来，作为地藉小班统一编码管理。

无林地小班、非林地小班面积不限。

非林地小班面积不限，但同一个小班不得跨越两个地貌。

林相在图上以村(林班)为单位按从上到下、从左到右的顺序进行小班编号(用 1、2、3、…表示)。

第六节　森林经理调查

以森林经营管理单位或行政区域为调查总体，查清森林、林木和林地资源的种类、分布、数量和质量，客观反映调查区域森林经营管理状况，为编制森林经营方案、开展林业区划规划、指导森林经营管理等需要进行的调查活动，称为森林资源规划设计调查。

一、调查范围

以森林经营管理单位为调查总体时，应调查经营管理范围内的所有土地；以行政区域为调查总体时，一般只调查行政区域内的森林、林木和林地。

二、基本调查内容

①核对森林经营单位的区划界线，并在经营管理范围内进行或调整经营区划；

②调查各类林地的面积；

③调查各类森林、林木蓄积量；

④调查与森林资源有关的自然地理环境和生态环境因素；

⑤调查森林经营条件、前期主要经营措施与经营成效。

三、主要调查指标

(一)权属

权属包括所有权和使用权(经营权)，分为林地所有权、林地使用权和林木所有权、林木使用权。

①林地所有权分国有和集体，林木所有权分国有、集体、个人和其他。

②林地与林木使用权分国有、集体、个人和其他。

(二)森林类别

森林按照其经营目的或所发挥效益的不同而划分的分类单位。森林类别分为公益林和商品林。

依据《森林法》第四十七条：国家根据生态保护的需要，将森林生态区位重要或者生态状况脆弱，以发挥生态效益为主要目的的林地和林地上的森林划定为公益林。未划定为公益林的林地和林地上的森林属于商品林。

1. 公益林划定

公益林由国务院和省、自治区、直辖市人民政府划定并公布。下列区域的林地和林地上的森林，应当划定为公益林：①重要江河源头汇水区域；②重要江河干流及支流两岸、饮用水水源地保护区；③重要湿地和重要水库周围；④森林和陆生野生动物类型的自然保护区；⑤荒漠化和水土流失严重地区的防风固沙林基干林带；⑥沿海防护林基干林带；⑦未开发利用的原始林地区；⑧需要划定的其他区域。

2. 公益林、商品林管理

国家级公益林划定和管理的办法由国务院制定；地方级公益林划定和管理的办法由省、自治区、直辖市人民政府制定。公益林划定涉及非国有林地的，应当与权利人签订书面协议，并给予合理补偿。公益林进行调整的，应当经原划定机关同意，并予以公布。

国家鼓励发展下列商品林：①以生产木材为主要目的的森林；②以生产果品、油料、饮料、调料、工业原料和药材等林产品为主要目的的森林；③以生产燃料和其他生物质能源为主要目的的森林；④其他以发挥经济效益为主要目的的森林。

在保障生态安全的前提下，国家鼓励建设速生丰产、珍贵树种和大径级用材林，增加林木储备，保障木材供给安全。

采伐森林、林木应当遵守下列规定：①公益林只能进行抚育、更新和低质低效林改造性质的采伐。但是，因科研或者实验、防治林业有害生物、建设护林防火设施、营造生物防火隔离带、遭受自然灾害等需要采伐的除外。②商品林应当根据不同情况，采取不同采伐方式，严格控制皆伐面积，伐育同步规划实施。

(三)林种

《森林法》第八十三条，按照用途我国森林分为防护林、特种用途林、用材林、经济林和能源林 5 个林种。

①防护林　以防护为主要目的的森林、林木和灌木丛，包括水源涵养林，水土保持林，防风固沙林，农田、牧场防护林，护岸林，护路林。

②特种用途林　以国防、环境保护、科学实验等为主要目的的森林和林木，包括国防林、实验林、母树林、环境保护林、风景林，名胜古迹和革命纪念地的林木，自然保护区的森林。

③用材林　以生产木材为主要目的的森林和林木，包括以生产竹材为主要目的的竹林。

④经济林　以生产果品，食用油料、饮料、调料，工业原料和药材等为主要目的的林木。

⑤能源林　以生产生物质能源为主要培育目的的林木。这里能源林与薪炭林的概念内涵一致，外延扩大。

在上述林种中，防护林和特种用途林为生态公益林(地)，用材林、经济林和能源林为商品林(地)(表14-2)。

(四)地类

森林资源二类调查的土地类型是根据土地的覆盖和利用状况综合划定的，分为林地和非林地2个一级地类。其中，林地划分为8个二级地类，13个三级地类；非林地分为4个二级地类，详见表14-3。地类划分的最小面积为0.067 hm^2。

1. 林地

《森林法》(2019修订版)规定：林地是指县级以上人民政府规划确定的用于发展林业的土地。包括郁闭度0.2以上的乔木林地以及竹林地、灌木林地、疏林地、采伐迹地、火烧迹地、未成林造林地、苗圃地等。

专门用于林业生产土地的总称。包括8个类型。

(1)有林地

附着有森林植被、郁闭度大于或等于0.20的林地。包括乔木林、红树林和竹林。乔木林

表14-2　林种分类系统

森林类别	林种	亚林种
公益林	防护林	水源涵养林
		水土保持林
		防风固沙林
		农田牧场防护林
		护岸林
		护路林
		其他防护林
	特种用途林	国防林
		实验林
		母树林
		环境保护林
		风景林
		名胜古迹和革命纪念林
		自然保护区林
商品林	用材林	短轮伐期工业原料用材林
		速生丰产用材林
		一般用材林
	经济林	果树林
		食用原料林
		林化工业原料林
		药用林
		其他经济林
	能源林	燃料能源林(薪炭林)
		油料能源林

表14-3　土地分类系统

一　级	二　级	三　级
林地	有林地	针叶林地
		阔叶林地
		混交林地
	疏林地	疏林地
	灌木林地	国家特别规定灌木林地
		其他灌木林地
	未成林地	未成林造林地
		未成林封育地
	苗圃地	苗圃地
	无立木林地	采伐迹地
		火烧迹地
		其他无立木林地
	宜林地	宜林荒山荒地
		宜林沙荒地
		其他宜林地
	林业辅助生产用地	林业辅助生产用地
非林地	农地	农地
	水域	水域
	未利用地	未利用地
	其他土地	其他土地

可划分为针叶林、阔叶林和混交林。竹林为附着有胸径 2 cm 以上竹类植物的林地。

(2)疏林地

附着有乔木树种，郁闭度在 0.10～0.19 的林地。

(3)灌木林地

附着有灌木树种或因生境恶劣矮化成灌木型的乔木树种，以经营灌木林为目的或起防护作用，覆盖度在30%以上的林地。

灌木林地分为两种类型，国家特别规定的灌木林地和其他灌木林地。

(4)未成林地

①未成林造林地　人工造林(包括植苗、穴播或条播、分殖造林)和飞播造林(包括模拟飞播)后不到成林年限，尚未郁闭但有成林希望的林地。

②未成林封育地　采取封山育林或人工促进天然更新后，不超过成林年限，天然更新等级中等以上，尚未郁闭但有成林希望的林地。

(5)苗圃地

固定的林木、木本花卉育苗用地。不包括母树林、种子园、采穗圃、种质基地等种子、种条生产用地以及种子加工、储藏等设施用地。

(6)无立木林地

①采伐迹地　采伐后保留木达不到疏林地标准、尚未人工更新或天然更新，达不到中等等级的林地。

②火烧迹地　火灾后活立木达不到疏林地标准、尚未人工更新或天然更新，达不到中等等级的林地。

③其他无立木林地，例如：

造林更新后，成林年限前达不到未成林造林地标准的林地；

造林更新到成林年限后，未达到有林地、灌木林地或疏林地标准的林地；

已经整地但还未造林的林地；

不符合上述林地区划条件，但有林地权属证明，因自然保护、科学研究等需要保留的土地。

(7)宜林地

经县级以上人民政府规划为林地的土地。

①宜林荒山荒地　包括未达到上述有林地、疏林地、灌木林地、未成林造林地标准，规划为林地的荒山、荒滩、荒沟、荒地等；

②宜林沙荒地　未达到上述有林地、疏林地、灌木林地、未成林造林地标准，造林可以成活，规划为林地的固定或流动沙地(丘)、有明显沙化趋势的土地等；

③其他宜林地　经县级以上人民政府规划用于发展林业的其他土地。

(8)林业辅助生产用地

直接为林业生产服务的工程设施与配套设施用地和其他有林地权属证明的土地，包括：

①培育、生产种子、苗木的设施用地；

②贮存种子、苗木、木材和其他生产资料的设施用地；

③集材道、运材道、作业道；

④林业科研、试验、示范基地内的工程设施用地；

⑤野生动植物保护、护林、森林病虫害防治、森林防火、木材检疫设施用地；

⑥森林经营单位范围内修建的直接为林业生产服务的供水、供热、供气、通信等基础设施用地；

⑦其他有林地权属证明的土地。

2. 非林地

林地以外的农地、水域、未利用地及其他土地。

①农地　各种农、牧业用地。

②水域　内陆自然水域和水利设施的常年正常水面，包括河流水面、湖泊水面、水库水面、水塘水面及其他用途的水面。林区内林分郁闭覆盖下的小溪划归所属林地，不列入水域。

③未利用地　因自然、经济条件和当前科学技术水平所限而难以利用的土地，包括滩涂、盐碱地、沼泽地、裸土地、裸岩地等。

④其他土地　包括交通、城镇、乡村居民点、工矿用地，以及其他未列入上述各种地类的土地。

(五)起源

①天然林　由天然下种或萌生形成的森林、林木、灌木林。

②人工林　由人工直播(条播或穴播)、植苗、分殖或扦插造林形成的森林、林木、灌木林。

③飞播林　由飞机播种或模拟飞播造林形成的森林、林木、灌木林。

(六)树种(组)、优势树种(组)与树种组成

1. 树种(组)

主要调查树种(组)原则上与《国家森林资源连续清查技术规定》一致。各地可依据《中华人民共和国主要林木目录(第一批)》等规定，根据当地实际增加调查树种(组)。

2. 优势树种(组)

在乔木林、疏林小班中，按蓄积量组成比重确定，蓄积量占总蓄积量比重最大的树种(组)为小班的优势树种(组)。

未达到起测胸径的幼龄林、未成林造林地小班，按株数组成比例确定，株数占总株数最多的树种(组)为小班的优势树种(组)。

经济林、灌木林按株数或丛数比例确定，株数或丛数占总株数或丛数最多的树种(组)为小班的优势树种(组)。

3. 树种组成

乔木林、竹林按十分法确定树种组成。复层林应分别林层按十分法确定各林层的树种组成。组成不到5%的树种不记载。

（七）龄级、龄组、竹度与生产期

1. 龄级、龄组

乔木林的龄级与龄组根据优势树种（组）的平均年龄确定。主要树种（组）的龄级期限和龄组的划分（表 14-4）。

表 14-4　主要树种龄级与龄组划分

树种	地区	起源	龄组划分					龄级期限
			幼龄林	中龄林	近熟林	成熟林	过熟林	
红松、云杉、柏木、紫杉、铁杉	北部	天然	≤60	61～100	101～120	121～160	>161	20
	北部	人工	≤40	41～60	61～80	81～120	>121	20
	南部	天然	≤40	41～60	61～80	81～120	>121	20
	南部	人工	≤20	21～40	41～60	61～80	>81	20
落叶松、冷杉、樟子松、赤松、黑松	北部	天然	≤40	41～80	81～100	101～140	>141	20
	北部	人工	≤20	21～30	31～40	41～60	>61	10
	南部	天然	≤40	41～60	61～80	81～120	>121	20
	南部	人工	≤20	21～30	31～40	41～60	>61	10
油松、马尾松、云南松、思茅松、华山松、高山松	北部	天然	≤30	31～50	51～60	61～80	>81	10
	北部	人工	≤20	21～30	31～40	41～60	>61	10
	南部	天然	≤20	21～30	31～40	41～60	>61	10
	南部	人工	≤10	11～20	21～30	31～50	>51	10
杨、柳、桉、檫、楝、泡桐、木麻黄、枫杨、软阔	北部	人工	≤10	11～15	16～20	21～30	>31	5
	南部	人工	≤5	6～10	11～15	16～25	>26	5
桦、榆、木荷、枫香、珙桐	北部	天然	≤30	31～50	51～60	61～80	>81	10
	北部	人工	≤20	21～30	31～40	41～60	>61	10
	南部	天然	≤20	21～40	41～50	51～70	>71	10
	南部	人工	≤10	11～20	21～30	31～50	>51	10
栎、柞、槠、栲、樟、楠、椴、水、胡、黄、硬阔	南北	天然	≤40	41～60	61～80	81～120	>121	20
	南北	人工	≤20	21～40	41～50	51～70	>71	10
杉木、柳杉、水杉	南部	人工	≤10	11～20	21～25	26～35	>36	5

2. 竹度

竹林的龄级按竹度确定。一个大小年的周期一般为 2 年，称为一度。一度为幼龄竹，二、三度为壮龄竹，四度以上为老龄竹。

3. 生产期

经济林划分为产前期、初产期、盛产期和衰产期四个生产期。

（八）立地因子

1. 地貌

①极高山　海拔5000 m（含）以上的山地。

②高山　海拔为3500～4999 m的山地。

③中山　海拔为1000～3499 m的山地。

④低山　海拔低于1000 m的山地。

⑤丘陵　没有明显的脉络，坡度较缓和，且相对高差小于100 m。

⑥平原　平坦开阔，且相对高差小于50 m。

2. 坡度

Ⅰ级为平坡0°～5°。

Ⅱ级为缓坡6°～15°。

Ⅲ级为斜坡16°～25°。

Ⅳ级为陡坡26°～35°。

Ⅴ级为急坡36°～45°。

Ⅵ级为险坡46°以上。

3. 坡向

按东、南、西、北、东北、东南、西北、西南及无九个方位确定坡向。

4. 坡位

分脊、上、中、下、谷、平地六个坡位。

5. 腐殖质层厚度和土层厚度

①腐殖质层厚度　腐殖质层厚度分三个等级：厚：>5 cm；中：2～4.9 cm；薄：<2 cm。

②土层厚度　土层厚度根据土壤的A层+B层厚度确定，厚度等级见表14-5。

表14-5　土层厚度等级　cm

厚度级	A层+B层厚度	
	亚热带山地丘陵、热带	亚热带高山、暖温带、温带、寒温带
厚层土	>80	>60
中层土	40～79	30～59
薄层土	<40	<30

（九）天然更新等级

天然更新等级根据幼苗各高度级的天然更新株数确定（表14-6）。

表 14-6　天然更新等级　株/ hm^2

等级/高度	≤30 cm	31 ~ 50 cm	≥51 cm
良　好	>5000	>3000	>2500
中　等	3000 ~ 4999	1000 ~ 2999	500 ~ 2499
不　良	<3000	<1000	<500

(十)林木质量

用材林近、成、过熟林林木质量划为三个等级：

①商品用材树　用材部分占全树高 40% 以上。

②半商品用材树　用材部分长度在 2 m(针叶树)或 1 m(阔叶树)以上，但不足全树高的 40%。在实际计算时一半计入经济用材树，一半计入薪材树。

③薪柴树　用材部分在 2 m(针叶树)或 1 m(阔叶树)以下。

(十一)林分出材率等级

用材林近、成、过熟林林分出材率等级由林分出材量占林分蓄积量的百分比或林分中商品用材树的株数占林分总株数的百分比确定，见表 14-7。

表 14-7　用材林近、成、过熟林林分出材率等级表　%

出材率等级	林分出材率			商品用材树比率		
	针叶林	针阔混交林	阔叶林	针叶林	针阔混交林	阔叶林
1	>70	>60	>50	>90	>80	>70
2	50 ~ 69	40 ~ 59	30 ~ 49	70 ~ 89	60 ~ 79	45 ~ 69
3	<50	<40	<30	<70	<60	<45

(十二)可及度

用材林近、成、过熟林可及度分为即可及、将可及和不可及。

①即可及　具备采、集、运条件的林分。

②将可及　近期将具备采、集、运条件的林分。

③不可及　因地形或经济原因暂时不具备采、集、运条件的林分。

(十三)径阶与径级组

林木调查起测胸径为 5.0 cm，视林分平均胸径以 2 cm 或 4 cm 为径阶距并采用上限排外法。径级组的划分标准为：

①小径组　6 ~ 12 cm。

②中径组　14 ~ 24 cm。

③大径组　26 ~ 36 cm。

④特大径组　38 cm 以上。

(十四)大径木蓄积比等级

对本经理期主伐利用的复层林、异龄林，以小班为单位，将林分中达到大径木标准的林木蓄积量占小班总蓄积量的比率，分为以下 3 级：

①Ⅰ级　大径级、特大径级蓄积量占小班总蓄积量大于 70%。

②Ⅱ级　大径级、特大径级蓄积量占小班总蓄积量为 30%~69%。

③Ⅲ级　大径级、特大径级蓄积量占小班总蓄积量小于 30%。

(十五)林层

林层划分应同时满足以下 4 个条件：

①各林层每公顷蓄积量小于 30 m^2。

②相邻林层间林木平均高相差 20% 以上。

③林层平均胸径在 8 cm 以上。

④主林层郁闭度大于 0.30，其他林层郁闭度大于 0.20。

(十六)郁闭度、覆盖度等级

1. 郁闭度等级

①高　郁闭度 0.70 以上。

②中　郁闭度 0.40~0.69。

③低　郁闭度 0.20~0.39。

2. 覆盖度等级

①密　覆盖度 70% 以上；

②中　覆盖度 50%~69%；

③疏　覆盖度 30%~49%。

(十七)群落结构类型

①完整结构　具有乔木层、下木层、草本层和地被物层 4 个植被层的森林。

②复杂结构　具有乔木层和其他 1~2 个植被层的森林。

③简单结构　只有乔木 1 个植被层的森林。

(十八)自然度

天然林按照植被状况与原始顶极群落的差异，或次生群落位于演替中的阶段划为 3 级：

①Ⅰ级　原始或受人为影响很小而处于基本原始的植被。

②Ⅱ级　有明显人为干扰的天然植被或处于演替中期或后期的次生群落。

③Ⅲ级　人为干扰很大，演替逆行处于极为残次的次生植被阶段或天然植被几乎破坏殆尽，难以恢复的逆行演替后期。

(十九)散生木和四旁树

1. 散生木

生长在竹林地、灌木林地、未成林造林地、无立木林地和宜林地上达到检尺径的林木，以及散生在幼林中的高大林木。

2. 四旁树

在宅旁、村旁、路旁、水旁等地栽植的面积不到 0.067 hm^2 的各种竹丛、林木。

(二十)森林覆盖率与林木绿化率

1. 森林覆盖率

$$森林覆盖率(\%)=\frac{有林地面积}{土地总面积}\times 100+\frac{国家特别规定灌木林面积}{土地总面积}\times 100$$

2. 林木绿化率

$$林木绿化率(\%)=\frac{有林地面积}{土地总面积}\times 100+\frac{灌木林面积}{土地总面积}\times 100+\frac{四旁树占地面积^{(1)}}{土地总面积}\times 100$$

注：(1)四旁树占地面积按 1650 株/hm^2(每亩 111 株)计。

四、小班调查因子

小班调查因子是指在调查时对各小班应记录的因子，主要调查因子见表 14-8。

表 14-8 小班调查因子

调查因子	记录	调查因子	记录
空间位置		林层	
权属		群落结构	
地类		自然度	
工程类别		优势树种(组)	
事权		树种组成	
保护等级		平均年龄(龄组)	
地形地势		平均树高	
土壤/腐殖质		平均胸径	
下木植被		优势木平均高	
立地类型		郁闭度/覆盖度	
立地质量		每公顷株数	
天然更新		散生木	
造林类型		每公顷蓄积量	
林种		枯倒木蓄积量	
起源		健康状况	

五、调查方法

（一）样地法

在小班范围内，通过随机、机械或其他的抽样方法，布设圆形、方形、带状样地，在样地内实测各项林分调查因子，由此推算小班调查因子，抽样误差、精度满足精度要求。

（二）目测调查法

当林况比较简单时采用此法。

调查前，调查员要通过30块以上的标准地目测练习和一个林班的小班目测调查练习，并经过考核，各项调查因子目测的数据80%项/次以上达到允许的精度要求时，才可以进行目测调查。

小班目测调查时，应深入小班内部，选择有代表性的调查点进行调查。为了提高目测精度，可利用角规样地或固定面积样地以及其他辅助方法进行实测，用以辅助目测。

（三）其他方法

1. 航片估测法

航片估测时，先在室内对各个小班进行判读（可结合小班室内调绘工作），利用判读结果和所编制的航空像片测树因子表估计小班各项测树因子。然后，抽取5%～10%的判读小班到现地核对，各项测树因子判读精度达到精度要求的小班超过90%时可以通过。

2. 卫片估测法

卫片的空间分辨率应达到3 m。

（1）建立判读标志

根据调查单位的森林资源特点和分布状况，以卫星遥感数据景幅的物候期为单位，每景选择若干条能覆盖区域内所有地类和树种（组）、色调齐全且有代表性的勘查路线。将卫星影像特征与实地情况对照获得相应影像特征，并记录各地类与树种（组）的影像色调、光泽、质感、几何形状、地形地貌及地理位置（包括地名）等，建立目视判读标志表。

（2）目视判读

根据目视判读标志，综合运用其他各种信息和影像特征，在卫星影像图上判读并记载小班的地类、树种（组）、郁闭度、龄组等判读结果。

对于林地、林木的权属、起源，以及目视判读中难以区别的地类，要充分利用已掌握的有关资料、询问当地技术人员或到现地调查等方式确定。

（3）判读复核

目视判读采取一人区划判读，另一人复核判读方式进行，二人在“背靠背”作业前提下分别判读和填写判读结果。当两名判读人员的一致率达到90%以上时，二人应对不一致的小班通过商议达成一致意见，否则应到现地核实。当两判读人员的一致率达不到90%以上时，应分别重新判读。对于室内判读有疑问的小班应全部到现地确定。

(4)实地验证

室内判读经检查合格后，采用典型抽样方法选择部分小班进行实地验证。实地验证的小班数不少于小班总数的5%(但不低于50个)，并按照各地类和树种(组)判读的面积比例分配，同时每个类型不少于10个小班。在每个类型内，要按照小班面积大小比例不等概选取。各项因子的正判率达到90%以上时为合格。

六、森林图面材料

(一)林相图

反映森林经营单位的地物、地类及森林按优势树种及龄组分布特征的图。其特点是按不同的地类、不同的优势树种、不同的龄组进行着色。

(二)森林资源分布图

以林相图为基础，反映地类和林班内优势林分空间状况的图件资料。

(三)小班调查簿

森林资源规划设计调查的小班调查簿格式由各地自定。

(四)统计表

①各类土地面积统计表。
②各类森林、林木面积、蓄积量统计表。
③林种统计表。
④乔木林面积、蓄积量按龄组统计表。
⑤生态公益林(地)统计表。

第七节　组织经营单位

在森林区划和调查的基础上，将经营目的和内部特征一致的小班，制定相应的经营制度和经营措施，组织成为长期的经营单位，可简化规划设计和执行经营管理过程，为编制森林经营方案提供有利条件。

组织经营单位一般是指林种区(经营区)、经营类型(作业级)和经营小班。建立各种组织经营单位是组织经营基础，是森林经理工作的重要环节。

一、林种区或经营区

根据《森林法》(2019修订版)第八十三条，森林，包括乔木林、竹林和国家特别规定的灌木林。按照用途可以分为防护林、特种用途林、用材林、经济林和能源林。

依据林种所占的地区范围，划出不同的经营单位，在森林经理中称为林种区，林种区命名冠以林种名称。在林业局或林场范围内，可能包括一个林种区或几个林种区。一个林种区通常是地域上相互连接的，以林班线为境界的地域范围划定的经营单位，林种区的界线可以和行政管理区界线一致或营林区界线一致，林种区是对行政管理区的补充，有关的森林资源的统计，通常以林种区为单位汇总。

在某些林业局或林场范围内，受面积大小限制，有可能全林场只有一个林种区，为了进一步细化，将森林功能一致，地域上一般相互连接的林班，以林班线为境界的地域范围，根据经营目的进一步划定经营区。在我国经营区组织、使用没有统一的标准，可依据林业局或林场的资源状况和管理水平，灵活地组织经营区，但它也应该是一个相对固定的经营单位，不应随着经营措施不同而改变。

二、森林经营类型

森林经营类型是指在林场同一林种或经营区范围内，将经营目的相同、能采取统一林学技术体系、在地域上不一定相连接的小班组织起来的集合体，又称作业级。

组织经营类型的主要依据树种、森林起源、立地质量和经营目的等四个因子。

森林经营类型主要对同龄林，特别是用材林采用龄级法的森林经理工作有积极意义。因为一个同龄林分通过皆伐，主伐利用是间断的，欲达到连续不断永续利用，就必须把许多林分(或小班)组成年龄序列的林分集合体之后才能实现。在用材林中，森林经营类型是确定主伐方式和采伐量、选择主伐地点和配置伐区等一系列经营措施的单位。

三、经营小班

经营小班依据林分特点、自然条件及经营目的，将地域相连的若干调查小班合并而成，设为固定的经营小班，在现地上区分出班界线和埋设标桩，设计相应的从现阶段直至采伐的经营措施，每个经营小班均设计一套与其经营目标和林分特点相适应的森林作业法。

林分经营法和异龄林的择伐经营的检查法，就是以林分为经营对象，制定经营利用措施，进行收获调整并实现永续利用，这两种方法都称为小班经营法，适用于经营水平较高的林区。

第八节　森林经营方案的编制

一、森林经营方案的概念与作用

(一)森林经营方案

森林经营方案是森林经营主体为了科学、合理、有序地经营森林，充分发挥森林的生态、经济和社会效益，根据森林资源状况和社会、经济、自然条件，编制的森林培育、保护和利用的中长期规划，以及对生产顺序和经营利用措施的规划设计。

对一定地域内的森林资源按时间顺序和空间秩序安排林业生产措施的技术性文件。它是在森林区划、森林资源调查的基础上，通过一系列科学论证而编制成的。以林业局或林场为对象编制的森林经营方案是森林经理工作的基本形式。

（二）森林经营方案作用

森林经营方案是森林经营主体和林业主管部门经营管理森林的重要依据。编制和实施森林经营方案是一项法定性工作，森林经营主体要依据经营方案制订年度计划，组织经营活动，安排林业生产；林业主管部门要依据经营方案实施管理，监督检查森林经营活动。

森林经营方案编制与实施要有利于优化森林资源结构，提高林地生产力；有利于维护森林生态系统稳定，提高森林生态系统的整体功能；有利于保护生物多样性，改善野生动植物的栖息环境；有利于提高森林经营者的经济效益，改善林区经济、社会状况，促进人与自然和谐发展。

二、森林经营方案的编制程序

编制森林经营管理方案首先要确定森林经理的对象，也就是编案单位。它是从事森林经营、管理，范围明确，产权明晰的单位或组织。

编案程序是由主管部门给森林经营方案编制单位下达计划任务书，编案工作组应以编案单位为主、林业规划设计单位、林权所有者代表及林业主管部门代表和社区代表共同参加。

（一）编案准备

组建编案小组，基础资料收集。确定主要技术经济指标等，编写工作方案和技术方案。

（二）调查评价

进行编案补充调查，对上一经理期森林经营方案执行情况进行总结；对本经理期的经营环境、森林资源现状、经营需求趋势和经营管理要求等方面进行系统分析，明确经营目标、编案深度与广度及重点内容，以及森林经营方案需要解决的主要问题。

（三）规划设计

在分析评价的基础上，以上位森林经营规划或相关林业规划为宏观指导，进行森林经营类型设计、森林经营项目规划和时空安排，形成经营方案的主要成果。

（四）公告公示

对森林采伐、抚育、改造等经营规划应进行公告、公示，征求利益相关者的意见。

（五）审批

编制成果经承担规划设计的单位签署意见后，由编案单位和林业主管部门共同论证。

①论证由指定的专业委员会或专家小组执行，可采用召开论证会或函审的方式。

②论证人员应由技术专家、管理者代表、业主代表、相关部门和相关利益者代表等组成。

（六）上报备案

《森林法》(2019 修订版)第五十三条规定，国有林业企业事业单位应当编制森林经营方案，明确森林培育和管护的经营措施，报县级以上人民政府林业主管部门批准后实施。重点林区的森林经营方案由国务院林业主管部门批准后实施。国家支持、引导其他林业经营者编制森林经营方案。编制森林经营方案的具体办法由国务院林业主管部门制定。

三、森林经营方案规划期

（一）森林经理期

森林经营主体为实现其阶段目标任务，在一定时段内按照既定的经营方针、目标与任务，对所属森林资源进行资源调整、配置的适宜时间间隔期。

（二）森林经营方案规划期

森林经营方案规划期为一个森林经理期，一般为 10 年。以工业原料林为主要经营对象的编案单位经理期可为 5 年。

四、编案内容

森林经营方案的基本内容一般包括：

①森林资源状况、经营环境、经营需求趋势和经营条件评估。

②确定经营目标与主要经济技术指标。

③明确森林类别(公益林/商品林)、森林林种区域经营区。

④组织森林经营单位(森林经营类型/经营小班)。

⑤森林培育规划与作业安排。

⑥森林采伐规划与作业安排。

⑦森林多资源利用规划与安排。

⑧森林资源及生物多样性保护规划。

⑨森林经营成本、管理成本和投资概算与效益分析。

五、检查与修订

森林经营方案编成并由上级主管部门审查批准后交付编案单位执行。编案单位应建立健全有关技术管理的各项规章制度和有关森林资源管理、森林经营的档案制度，以保证方案的贯彻实施。

森林经营方案经过一定施业时期以后，森林资源本身和森林结构会由于各种经营措施和自然原因的影响而发生消长变化；同时社会经济的发展也会对林业提出新的要求。因此，有必要对原来编制的森林经营方案在定期检查评定其执行情况的基础上加以修订。此项定期性工作通常称作森林经理复查与修订，简称修订。通过这一工作，确定今后的经营利用措施。

（杨　华）

复习思考题

1. 林学术语解释

森林资源　森林经理　二类调查　法正林　恒续林　森林永续利用　森林成熟　经营周期　轮伐期　回归年　林班　小班　林相图

2. 基本知识解答

(1) 从网上获取《森林法》《森林法实施条例》，并了解《森林法》《森林法实施条例》的基本内容。

(2) 我国的森林区划系统是什么？

(3) 我国森林资源调查体系是什么？

(4) 什么是理想的森林结构？

(5) 编制《森林经营方案》的主要内容有哪些？

3. 综合应用

某落叶松经营类型各龄级的面积和蓄积量分配见表 14-9 和表 14-10，落叶松的轮伐期为 10 年一个龄级，主伐年龄为 40 年，采伐后立即更新，所以轮伐期等于主伐年龄，即轮伐期为 40 年。各林龄组的划分为：采伐年限定为 10 年，试用区划轮伐、成熟度公式、林龄公式计算其年伐量。

表 14-9　落叶松经营类型各龄组划分

龄级	龄组	龄级	龄组
Ⅰ	幼龄林	Ⅴ	成熟林
Ⅱ	中龄林	Ⅵ	过熟林
Ⅲ	近熟林	Ⅶ以上	过熟林
Ⅳ	成熟林		

表 14-10　落叶松经营类型各龄级的面积和蓄积分配

龄级	面积(hm^2)	蓄积(m^3)
Ⅰ	88	640
Ⅱ	69	2073
Ⅲ	101	5122
Ⅳ	65	4791
Ⅴ	119	10 215
Ⅵ	76	7765
Ⅶ以上	70	8520
合计	588	39 126

推荐阅读书目

1. 森林经理学(第 4 版). 亢新刚. 中国林业出版社，2011.

2. 森林经理学(第 2 版). 于政中. 中国林业出版社，1993.

第十五章　森林资源利用

【内容提要】森林资源是可再生资源，随着人类对森林功能的认识不断提高，森林可持续利用步入一个多功能利用的阶段。本章主要介绍森林资源为满足人们的生产和生活需求，在木质资源供给、非木质资源利用、生物质能源原料以及森林旅游与游憩等方面的内容。

第一节　森林木质资源利用

木材及其加工产品是国民经济建设和人们日常生活中用途最广泛的一种基本材料，其独特的材料性能与优良的环境学特性深受人们的喜爱。当今时代，木材和各种林产品消费总量在绝大多数国家持续上升，它们在工业原料(主要是建筑、家具、人造板和制浆造纸等)、能源结构(主要是发展中国家)以及木材化学加工利用等方面占有极其重要的地位。

一、木材机械加工利用

木材机械加工是以木材为基本原料，主要用机械或物理方法进行的加工，其产品仍保持木材的基本特性。包括原木机械加工和人造板加工，二者同为森林采伐运输的后续利用产业，是木材资源综合利用历史最悠久的领域。

(一)原木加工利用

原木指树木伐倒后，去枝的树干部分。其加工利用与人们的生活息息相关，用于工业、农业、交通、体育、国防、居民生活等多个方面。原木木材的利用受木材本身构造特性及物理性质制约，不同树种的木材有不同的特性，自然有其不同的用途。在木制品的生产过程中，要遇到大量的切削锯解、干燥、弯曲成型、胶接油漆等基本加工技术以及木材保护、木材改性等功能处理技术。

(二)人造板

木材胶黏剂与胶合技术的出现与发展，不仅是木材加工技术水平提高的主要因素，也是再造木材和改良木材，如各种层积木、胶合木等产品生产的前提。如今木材胶合已是木材的基本加工技术之一，它通过改变木材的属性，而提高了木材的利用率。人造板包括胶合板、刨花板、纤维板等。

1. 胶合板

(1)概念

胶合板是由木段旋切成单板或由木方刨切成薄木，再用胶黏剂胶合而成的三层或多层的板状材料。其中最外层单板称表层单板，正面表板称面板，反面表板称背板，内层单板称芯板或中板。一组单板通常按相邻层木纹方向互相垂直组坯胶合而成，层数一般为奇数。常用的胶合板类型有三合板、五合板等。

胶合板能提高木材利用率，是节约木材的一个主要途径。胶合板是家具常用材料之一，可供飞机、船舶、火车、汽车、建筑和包装箱等用材。

(2)结构特点

①对称性　以胶合板的对称中心平面向两测分部的对应层，其单板的树种、厚度、纤维方向、层数、制造方法和含水率等，都必须相同，以避免产生应力和翘曲变形。

②奇数层　奇数层的胶合板，其对称中心平面在中心层单板的中心平面上。当胶合板被弯曲时，恰好是落在中心层的木材上，而不是作用在胶层上。这就保证了胶合板的强度。

③纹理交错　组成胶合板的相邻层单板的纤维方向互相垂直或成某一角度。这样，胶合板的横纹抗拉强度较木材大为增强，而顺纹抗拉强度比木材有所减少。从而使胶合板横、顺纹方向抗拉强度趋于一致，使木材的各向异性转化为各向同性，使用强度获得提高。

(3)种类

胶合板的种类很多，根据普通、特殊以及耐水性和耐久性，可以分为以下类型：

①普通胶合板

Ⅰ类(NQF)：耐气候、耐沸水胶合板。此类胶合板的胶合树脂为酚醛树脂，具有耐久、耐煮沸、耐干热及抗菌的特点，常用于室外。

Ⅱ类(NS)：耐水胶合板。此类胶合板的胶合树脂为脲醛树脂，胶合板具有耐冷水浸泡、抗菌，但不耐煮沸的特点。

Ⅲ类(NC)：耐潮胶合板。此类胶合板的胶合树脂为血胶，带有多种填料的脲醛树脂，胶合板能耐短期冷水浸泡的特点，适用于室内。

Ⅳ类(BNS)：不耐水胶合板。此类胶合板的胶合树脂为豆胶树脂，此板适于在室内常态条件下使用。

②特殊胶合板　包括航空胶合板和船舶胶合板。

(4)生产方法

胶合板生产方法分为湿热法、干冷法和干热法。

干和湿是指胶合时用的是干单板还是湿单板；热和冷是指用热压胶合还是冷压胶合。

湿热法旋制的单板不经干燥，直接涂胶后热压成板。因合板的含水率高，所以，需对合板进行干燥。过去血胶常用于此法。此法出板率高，但合板质量差，现生产中很少应用。

干冷法旋制的单板经过干燥后涂胶，在冷压机中胶压，合板需要进行干燥。豆胶或冷固性树脂胶用于此法，适于小型工厂。

干热法旋制的单板经干燥后涂胶，在热压机中胶合。几乎各种胶合剂都适用于此法。此法胶合时间短，生产率高，合板质量高，所以现在生产中被广泛采用。

2. 纤维板

(1)概念及特点

纤维板又名密度板，是以木质纤维或其他植物纤维为原料，施加脲醛树脂或其他适用的胶黏剂制成的人造板。纤维板具有材质均匀、纵横强度差小、不易开裂等优点，用途广泛。是木材资源综合利用的有效途径。

(2)分类

纤维板的分类方法很多，可按原料、生产方法、密度、结构、用途和外观等进行分类。按密度分为三类：密度在 $0.8g/cm^3$ 以上的称硬质纤维板；密度在 $0.4\sim0.8g/cm^3$ 的称中密度纤维板；密度在 $0.4g/cm^3$ 以下的称软质纤维板。

(3)用途

纤维板在制造过程中，可根据不同用途，采取相应措施，使纤维板具有所要求的性质，如防火、防腐、防射线等性质。

①硬质纤维板　强度大，多用于车辆、轮船、飞机的装修、建筑业及家具制造等方面。

②软质纤维板　具有绝缘、隔热、吸音等性能，主要用于建筑的内部装修。例如，做播音室、影剧院的壁板及天棚等。

③中密度纤维板　是家具制造、建筑内部装修的优良材料。随着二次加工工艺的不断发展，制品种类越来越多，用途也越来越广泛。

(4)纤维板生产工艺

纤维板生产方法很多，按成型介质分为湿法和干法两大类。

①湿法　是目前主要的制造工艺，其特点是以水作为纤维运输和板坯成型的介质，成型后的湿板坯含水率为60%~70%。借助于板坯内水的表面张力和塑化作用，在热压过程中纤维与纤维之间能形成较为牢固的结合力。其缺点是需大量用水，造成纤维流失和环境污染。可用封闭水循环或废水处理的方法达到允许排放的标准。

②干法　是以空气作为纤维运输和板坯成型的介质，成型后板坯含水率仅为5%~10%。整个过程是：纤维分离、浆料处理、干燥、气流成型、热压而制成两面光纤维板。因板坯缺乏水分，单凭热压过程中的压力和温度的作用，在纤维与纤维之间不能形成足够的结合力，故需加胶黏剂，以提高产品强度和耐水性。干法的优点是用水少，基本上不产生污水，可在水源缺乏地区建厂；热压周期短，生产率高对原材料要求低。缺点是用胶量大，成本高；细纤维粉尘和树脂挥发物对环境有污染。

③半干法　属于干法范围，与干法不同之处在于将板坯的含水率提高到25%~35%(纤维不预先干燥)，以达到不加或少加胶黏剂的目的。产品为一面光或两面均有网痕的硬质或半硬质纤维板。

3. 刨花板

(1)概念及特点

刨花板又称蔗渣板，由木材或其他木质纤维素材料产生的碎料，施加胶黏剂后在热力和压力作用下胶合成的人造板，又称碎料板。刨花板有良好的吸音和隔音性能；原料来源广泛，工艺简单，在生产过程中，用胶量较小，环保系数相对较高。主要用于家具制造和建筑工业及火车、汽车车厢制造等。

(2)分类

刨花板分类方法很多，目前尚无统一的分类方法。

①按刨花板密度分类　分为低密度刨花板(250～400 kg/m^3)、中密度刨花板(400～800 kg/m^3)和高密度刨花板(800～1200 kg/m^3)

②按制造方法分类

a. 平压法刨花板：刨花平铺在板面上，垂直于板面加压。这种刨花板强度高，纵、横向强度相差很小，吸温膨胀在长、宽方向上变化小，而厚度方向变化则大些。

b. 辊压法刨花板：刨花平铺在板面上，板坯在钢带上前进，回转压辊加压，压力垂直于板面。这种刨花板在性质上与平压法刨花板相同。

c. 挤压法刨花板：是用碎料制作的，所以又称作碎料板。制造时碎料平行于板宽方向分布，加压压力方向与刨花板面平行。此种板平面静曲强度低，特别是纵、横向强度差异明显，吸湿膨胀在长度方向上大，在厚度方向上小。

③按结构分类

a. 单层刨花板：在板的厚度方向上，刨花形状、尺寸大小没有变化，施胶量也相同。

b. 三层刨花板：上、下表层用专门生产的平刨花或微型刨花、木纤维等组成，中层用大刨花或废料刨花。

c. 渐变结构刨花板：在垂直板面的断面上，从表面到中心，刨花由细逐新变粗，表层和芯层无明显界限。

(3)生产工艺

生产工艺流程因使用原料、产品品种、设备等的不同而不同，但作为工艺流程的主要工序则是相同的，如原料准备、刨花制造、刨花干燥、拌胶、板坯铺装、热压、最后加工等。

二、木材造纸

在纸张中，植物纤维占的比例最大，其中木材是植物纤维的主要来源。木材制浆造纸是指将木材纤维解离成纸浆再抄造成纸的生产过程。木材纤维在国外造纸原料中占90%以上，在中国约占20%。

(一)木材造纸原料

针叶树种木材纤维较长，适宜生产优质纸浆，抄造高级纸张。阔叶树种木材纤维比针叶材短，适合抄造匀度较好、强度适中的纸张。阔叶材最明显的优点是生长速度快，分布广，是制造机械浆的好原料。中国常用于造纸的树种有云杉、冷杉、红松、落叶松、马尾松、云南松、杨树、桉树、桦树和泡桐等。

(二)木材造纸的基本过程

1. 中国古代造纸过程

造纸术的产生已有1900多年，各朝各代对造纸术的产生均有贡献。其中，古代造纸技术的代表为蔡伦造纸技术。中国传统手工纸生产中具有特色的技术主要有发酵制浆、分级蒸煮、日光漂白、高浓打浆、使用植物黏液作抄纸助剂、流法抄纸、精制草浆生产高级纸以及丰富多彩的加工纸技术等八个方面。

2. 现代制浆造纸过程

现代制浆造纸技术始于19世纪，随后传入中国。造纸原料由韧皮纤维扩大到草类，再发展为木材。木材制浆造纸发展很快。世界主要纸浆和纸生产国家有美国、加拿大、日本、俄罗斯、中国、瑞典、芬兰、德国等。纸和纸板总产量已超过1×10^8 t。造纸方法由原始的发酵法逐步发展为机械制浆、化学制浆(亚硫酸盐法和碱法)、半化学制浆、化学机械制浆等，并发明了长网造纸机、圆网造纸机和近代的夹网造纸机。

(1)备料

造纸植物纤维原料在化学蒸煮或机械磨解之前需进行必要的处理，以除去树皮、树节、穗、鞘、髓、尘土和砂石等杂质，并将原料按要求切成一定的规格。因此，备料就是为满足生产需要对贮存的原料进行加工处理的生产过程。

备料的基本过程大致分三步：①原料的贮存；②原料的处理；③处理后料片的输送和贮存备用。我国是植物纤维原料多样化的国家，原料种类不同，其备料过程也不同。

(2)制浆

制浆方法很多，包括化学制浆、机械制浆及化学机械法，不同方法有其不同的特点。

①化学制浆　是用化学方法，尽可能多地脱除植物纤维原料中使纤维黏合在一起的胞间层木质素，使纤维细胞分离或易于分离，成为纸浆。主要包括酸性亚硫酸盐浆(SP)和硫酸盐浆(KP)(又称牛皮纸浆)。

②化学机械制浆　半化学浆(SCP)和化学机械浆(CGP)的结合，即木片先经化学处理，再经机械磨碎制成，具有介于化学浆和机械浆之间的性质和得率。它包括化学预处理和机械后处理两个阶段，由于化学处理比化学制浆法温和，所以纸浆获得率较高，在纤维分离点以上。根据木浆的生产实践，按化学处理程度上的不同，半化学浆获得率可以达到65%~85%，化学机械浆可高达85%~90%，纸浆获得率远远超过普通化学浆(40%~50%)。

③机械制浆　机械制浆以磨盘机械浆(RMP)和预热机械浆(TMP)为代表。自RMP和TMP实现工业化后，由于是用木片磨浆，充分利用磨石磨木机不能使用的林区和制材厂废料(如板皮、边材、梢头、木刨花、锯末等)，使机械浆的生产扩大了原料的使用范围；木片磨浆可采用大功率盘磨机，单机生产能力可达250 t/d，占地面积小，自动化程度高，提高了劳动生产率；盘磨机械浆和预热机械浆的生产操作稳定，控制方便，磨出的浆含中、长纤维多、强度好、不透明度和印刷性能亦高，配抄某些产品时，可减少化学浆的配比；盘磨机械浆和预热机械浆不使用化学药品，对环境污染小。

(3)纸浆洗涤、筛选、净化和漂白

无论任何方法生产的纸浆或多或少都含有杂质，包括纤维性杂质与非纤维性杂质。

①洗涤　纸浆的洗涤是将溶解的有机组分以及所消耗的无机化学药品等从浆料和纤维中分离出来的一系列操作过程，主要是为了尽可能地除去纸浆中残留的蒸煮废液，同时还要求尽量保证所回收蒸煮废液的浓度、温度以及提取效率。此外，通过洗涤过程还应该减少废液的排放，降低环境污染负荷。

②筛选与净化　浆料悬浮液中存在各种不同的杂质，在生产过程中一般采用根据杂质与浆料纤维在尺寸或密度上不同的原理对杂质进行分离。根据杂质尺寸大小和形状与纤维不同，通过合理地设置筛板上开孔或狭缝的尺寸与形状，达到使杂质和良浆分离的目的称为筛选。而利用纤维和杂质密度的不同，采用重力沉降或离心分离的方法，使杂质与良浆分离的过程，称为浆料的净化。

③漂白　主要目的是除去纤维内的有色物质，获得具有一定白度和适当的物理及化学性能的纸浆。纸浆颜色的产生不仅与纤维原料本身有关，也与制浆方法、条件有密切关系。为了扩大工业应用，提高纸浆的白度，必须经过漂白处理，以除去浆的有色物，并赋予纸浆一定的特性。

(4)纸的抄造

纸的抄造方法分为两大类：即干法和湿法。两者的主要区别在于分散介质的不同，前者是以空气为分散介质，而后者则是以水为分散介质。由于湿法以水为介质，因而在抄造之前，要加入大量的水，制成均匀的纤维悬浮液，而在抄造过程中又要脱去大量的水。干法造纸则以空气为分散介质，是将纤维分散在空气中，然后脱除空气来进行抄造。目前，主要以湿法抄造为主。

纸张抄造的过程为：制浆成型、湿纸脱水、压榨、干燥、压光与取卷、纸页整理。

三、木材化学加工利用

(一)木材热解

木材热解是在隔绝空气或通入少量空气的条件下，将木材加热使其分解并制成各种热解产品的方法。包括木材干馏、木材炭化、烧炭、木材气化、明子干馏、桦皮干馏和以木质原料为基础的活性炭制造等。

木材热解的原料来源广，产品种类多，是开展森林资源综合利用的主要方法之一。

1. 木材干馏

原料木材在干馏釜中隔绝空气的条件下加热使其分解，可以得到液体产物木醋液和木焦油等主产品。此外，还可得到木煤气和木炭。

木材干馏过程可分为四个阶段：

①木材干燥至120~150 ℃，主要是水分的消失，木材的化学组成几乎不变；依靠外部供给热量进行干燥。

②加热至150~275 ℃时木材开始分解，其化学组成亦开始变化；随着木材分解，不稳定的组成部分就形成 CO_2 与 CO，同时也生成醋酸；此过程与第一过程一样，需要外界供应热量。

③加热至275~450 ℃时，木材分解产物大量生成，蒸发并蒸馏出来，同时放出大量

的热。

④加热至400～500 ℃时，依靠外面送入的热量，木炭进行煅烧。同时排出残留的易挥发物质。在此阶段木材干馏结束。

2. 木材气化

以森林采伐和木材加工剩余物为原料，在煤气发生炉内高温作用下，转变为木煤气的方法。木煤气是主产品，有时也收集液体产物。

发生炉煤气主要的可燃烧部分形成反应可用下列方程表示：

$$2C + O_2 = 2CO + 246\ 129\ kJ$$

该方程式表示在煤气炉内发生不完全的氧化过程，空气中的氧和灼烧的木炭作用生成一氧化碳。

3. 活性炭制造

以植物原料(木屑、木炭、果壳、果核、水解木素等)、矿物原料(煤、石油焦炭等)和其他含炭工业废料作原料，在炭化和活化炉内进行炭化、活化制取活性炭的方法。

4. 木材炭化和烧炭

以薪炭材或其他植物原料，在炭化炉或炭窑中通入少量空气进行热分解，得到木炭作为主产品。木材烧炭以堆积烧炭和炉烧炭为主，堆积烧炭可分为直堆法和横堆法两种。

堆积炭时必须遵守下列的规程：空气通过未炭化的炭堆部分，即通过薪材部分送入，而在烧炭堆中生成的气体直接由炭化区域中放出，以使其不致与制成的木炭或未炭化的木材相接触。炭化由上端向下部进行。分解区域由中心逐渐向周围和由上端向下部扩展；分解区域内的温度为590～600 ℃。烟和气体开始由烧炭堆覆盖物上部的小孔放出，以后烟孔逐渐下移，而将上部的烟孔封闭。

炭化过程的终点可由出现蓝烟的现象和炭堆的均匀下沉来决定。如已呈现这些现象时则关闭所有的烟孔，经过一昼夜以后将炭堆拆开。大型材堆的炭化过程，每15 m^3的半干薪材需要一昼夜的时间，而小堆的炭化需要的时间更久。

(二)木材水解

木材水解又称木材糖化，是将木材废料(如木屑、木片等)与盐酸或硫酸共热，使纤维素和半纤维素水解而成葡萄糖和木糖等。所得浆状混合物可直接用作饲料，或再经发酵而成乙醇，并可得糠醛、甲醇、木素等副产品。混合物中所含的葡萄糖可再经分离和精制而供食用。木材水解成乙醇等可燃液体是第三代生物液体燃料的主要方法。

第二节　森林非木质资源利用

人类对森林非木质资源利用主要包括森林食材、森林药材、工业原料等三大方向。人类对这些资源的利用有很长历史，随着社会和工艺的发展，人们的加工和利用方式也在不断变化。更好地开发和利用森林非木质资源对于改善人民生活、满足人民生产生活的需要有很大作用。

一、森林食材

森林食材是人类的食物来源之一，主要包括果品、木本食用油料、木本淀粉、食用调料、森林蔬菜等。

(一)果品

包括人类食用的鲜、干果品和可作为饮料、各种食品加工原料的果品。主要有水果和干果两类。

1. 水果

根据果实形态结构特征以及分布情况，主要包括以下几类：

(1)仁果类

食用部分主要是由花萼筒和花托发育而成的肉质部分，心皮形成果心，内有数个小型种子，属植物学假果中的梨果。花芽多为混合花芽，多数种类有明显的中心主干，分枝多呈层性。例如，苹果、梨、山楂、木瓜等。枇杷在植物学上也属于梨果，因多分市在亚热带地区，所以园艺学多把它列入亚热带和热带果树类。

(2)核果类

食用部分主要是由子房发育成的肉质中果皮部分，个别的种类食用其种仁，内果皮木质化形成坚硬的核，属植物学真果中核果。花芽多为纯花芽，多数种类没有明显的中心主干，树冠多呈开心形。例如，桃、李、杏、梅、樱桃等。杨梅、橄榄、核桃等果实在植物学上也属于核果，但在果树学上前两种列入亚热带和热带果树类，后一种列入坚果类。

(3)浆果类

食用部分主要为内果皮，果实柔软多汁，种子小而数多。果树学上的浆果是一个复合词，除包括植物学中的浆果外，还包括一些聚合果、聚花果和其他一些柔软多汁的果实。例如，葡萄、猕猴桃、沙棘、越橘、树莓、草莓等。

(4)柑果类

食用部分主要为果实内的多汁肉质瓤瓣，由多心皮的子房发育而成，外果皮革质坚韧具油室，中果皮疏松为白色海绵状，其间分布许多维管束，内果皮膜质，分为若干室，其内壁向囊内生出许多肉质多汁的囊状毛，称为汁胞，是主要食用部分。例如，梅、橙、柚和柠檬等。

(5)热带及亚热带果树类

此类主要是根据生态条件，把产于热带和亚热带的果树均包括在内。果实构造、树体结构及生长习性等差异均较大，是一种习惯分类的方法。例如，香蕉、凤梨、椰子、龙眼、荔枝、杧果、杨桃、番木瓜、番荔枝、木菠萝、油橄榄、腰果、鳄梨、面包果、人心果等。

2. 干果

果实果皮成熟后为干燥状态的果实称为干果，多为坚果类。食用部分多系种仁，果实外部多具坚硬或革质的外壳。此类除包括植物学上的坚果外，还包括其他一些果实类型，如核果类的核桃和山核桃，裸子植物中的种子类型银杏和香榧等。常见的坚果类有板栗、榛子、核桃、山核桃、银杏、香榧等。

果实及其加工制品含有丰富的营养物质，具有较好的医疗保健效能，是加工果汁、果酒、各种冲剂、果酱、果冻、果膏、果干、果脯、蜜饯和罐头等的上好原料。发展果树生产和开发利用果树资源，对促进食品和饮料工业的发展具有重要的意义。果品的加工方式目前较普遍的有罐藏、制汁、干制、酿酒、糖制等。

(二)木本食用油料

油脂是人类食物的主要营养物质之一，它所构成的元素具有大量的碳和少量的氧，在人体内能发出更大的热量。我国是开发利用油脂植物较早的国家之一，近年来对木本油料植物的开发利用也渐渐成为热点。

我国木本油料植物主要有油茶、油橄榄、牡丹、油棕、文冠果、毛梾等。

油茶种子和种仁含油率均较高。据中国科学院植物研究所分析，种子含油量为36.6%，种仁含油量为55.9%，油的脂肪酸组成主要为油酸78.6%、棕榈酸为9.6%、亚油酸为8.8%，硬脂酸为2.2%。油的折光率(20 ℃)1.4590，比重(26 ℃)0.9144，皂化值192.2，碘值85.3，酸值8.2。油茶油主要供食用，被称为“东方橄榄油”。因其具有很好富氧能力，可抗氧抗疲劳。

油橄榄果实含油率较高。油橄榄是世界上著名的高产优质木本油料植物。橄榄油中的脂肪酸以油酸、亚油酸等不饱和脂肪酸为主，极易被人体吸收，且几乎不含胆固醇，味道清香可口，营养极其丰富，医疗保健作用十分明显，素有“植物油皇后”的美誉。此外，其鲜果可以盐浸或制成罐头后食用。

油用牡丹是指结实能力强，能够用来生产种籽、加工食用籽油的牡丹类型。目前，在我国具有良好油用表现的主要是凤丹牡丹(*Paeonia ostii*)和紫斑牡丹(*Paeonia rockii*)。油用牡丹籽油不饱和脂肪酸含量高达92.26 %，其中构成人体脑细胞和组织细胞重要成分的α-亚麻酸含量达42%以上。油用牡丹是我国新型的、发展迅速的木本实用油料树种。

(三)木本淀粉

我国淀粉植物资源极为丰富，木本植物以壳斗科植物为主。我国主要的木本淀粉植物为栎类，可利用其坚果的种仁制取淀粉。栎属植物核仁中含淀粉30%~70%、水分10%~20%、单宁2%~18%、糖类8%~10%、油脂3%，橡碗(壳斗)含单宁73%。栎实是木本粮食、饲料和工业用淀粉的主要来源，产量很大。在利用栎实代替粮食酿酒方面，我国已做了大量工作，但未形成产业化产品。食用产品呈疏松、多孔、脆性颗粒状，具有风味浓郁，甜度适宜，无焦糊味及其他异味，在80 ℃以上热水中能迅速完全溶解等优良特性。

(四)食用调料

有些植物体器官中含有芳香油，因而具有香味。人们利用这个特性，将其用于食品的调味中。应用比较广泛的有八角茴香、山胡椒、花椒等。

八角茴香主要是利用其成熟干燥的果实，果中含大量挥发油(称八角油或茴香油)。其鲜果的含油量为2%~3%，干果的含油量为8%~12%，鲜叶的含油量为0.3%~0.5%。八角油中主要成分是大茴香脑(反式茴香醚)，含量达80%~90%，其次为黄樟素、大茴香醛、大茴香酮等。八角油日常生活、医药和轻化工方面有广泛应用。

花椒为北方著名的香料及油料树种。果实、种子是重要的出口物资。花椒果实含精油4%~7%，精油精制后可用于调配香精。种子含脂肪25%~30%，可作工业用油。精油主要成分有花椒烯、水茴香萜、香叶醇及香茅醇等，可作为调制薰衣草香型香料的原料。果实具特殊的辛辣香味，被用作食品调味香料。

(五)森林蔬菜

森林中根、茎、叶、花或果实等器官可作蔬菜的植物。以其天然无公害、营养价值高、药食同源、风味独特而日益受到人们的青睐，被誉为天然“绿色食品”“森林食品”。

森林蔬菜种类繁多，吃用方法多样。有的适合鲜食，如蒲公英、鱼腥草、苣荬菜等；有的适合炒食，如香椿芽、竹笋、莼菜、猴腿儿等；还有的可供炝拌、烧汤、作馅、调味或作配料菜，熘、烩、煮、炖及焯后蘸酱食用；也有许多野菜经盐渍或干制后，品质变佳，如蕨菜盐渍后可除去其毒性成分；蕨菜、薇菜干制后炒食比鲜食口感、品味更佳。

森林蔬菜加工品主要有盐渍品和干制品两类。加工方式有罐藏、制汁、脆片、颗粒菜等。

二、森林药材

森林药材含有药用成分，具有医疗用途，可以作为植物性药物开发利用，我国现有药用植物种类繁多，森林药材是其中的重要部分。除了野生的药用植物，人工种植林药的产业也正在发展。据调查，今后具有以下功能的药用植物资源国内外需求量将会越来越大：调节机体免疫功能、抗心脑血管系统疾病、抗风湿病与类风湿病、抗肿瘤、抗过敏、增强妇幼保健、防治性病与艾滋病、抗衰老、防治肥胖和促进健美以及美容和药膳。上述各类野生药用植物资源将是未来筛选、研究、开发和利用的重点。森林药材有茯苓、灵芝、人参、杜仲、刺五加、银杏等许多种，此处仅简单介绍几种。

1. 茯苓

大多生活在松树根上，为兼性腐生真菌。以干燥的菌核入药，为利水渗湿药。性平，味甘、淡。有利水渗湿、健脾和中、宁心安神等功效。用于水肿尿少，便溏泄泻、心神不安、惊悸失眠、健忘等症。茯苓皮健脾，治皮肤水肿。赤茯苓用于小便短赤，淋沥不畅。茯神用于心神不宁，惊悸健忘等症。据统计，以茯苓为原料的中成药多达293种。除可作中药外，也可作保健食品。

2. 银杏

其种子和叶均作药用，分别称“白果”和“银杏叶”。为化痰止咳平喘药。性平，味甘、苦、涩。白果有润肺定喘、止带浊、缩小便的功效。用于痰多喘咳、带下白浊、遗尿、尿频等症。银杏叶有敛肺、平喘、活血化瘀、止痛的功效。用于肺虚咳喘、冠心病、心绞痛、高脂血症。近年除入药外，一批银杏功能性食品及保健品相继问世。

3. 铁皮石斛

其药用历史悠久，已被列为国家保护植物。药用部位为干燥的茎。味甘，微寒。归胃、肾经。益胃生津，滋阴清热。用于热病津伤，口干烦渴，胃阴不足，食少干呕，病后虚热不退，阴虚火旺，骨蒸劳热，目暗不明，筋骨痿软。近年的研究表明其有降血糖作用，还可增强机体免疫力。

4. 红豆杉

红豆杉是第四纪冰川时期孑遗植物，世界珍稀濒危物种。内含物紫杉醇具有独特的抗癌机理，在治疗多种癌症方面取得了显著临床效果，尤其是对卵巢癌及乳腺癌的治疗有效率较高，是目前世界上公认的治疗癌症最好的药物。紫杉醇主要从红豆杉的根、皮、茎、叶中提取，由于提取工艺复杂，紫杉醇产量十分稀少，有"植物黄金"之称。红豆杉不仅可以提取抗癌物质，还可以吸收甲醛、甲苯、二甲苯等致癌物质，起到防癌作用。

三、工业原料

森林可产生的工业原料包括纤维、树脂、树胶、鞣料等。

(一)树脂

树脂的重要产品有松脂、生漆、枫脂、络石树脂等，其中尤以松脂和生漆最为重要。

松脂加工成松香和松节油，松香工业用途极为广泛。在造纸工业上可以作胶料和耐水剂，能使纸张遇水不松，质地坚韧；在肥皂工业上，可增加肥皂的泡沫性和去污能力；在制漆工业上，用来制造干燥剂、溶剂、柔软剂和人造干性油；在电器工业中，可以制造绝缘材料、电缆填充剂；在橡胶工业中，可以作为软化剂；在油墨制造中可起黏合、乳化和光亮作用。此外，在国防、水泥、火柴、酿造、塑料、文教用品等亦需松香作原料。松节油则是一种重要的溶剂，广泛用于造漆工业、皮革工业以及其需要溶剂的工业中。松节油在印染工业上可作媒染剂；在油漆工业中作油漆溶剂；可以用来制造人造樟脑、人造薄荷油以及其他人造香料；可以聚合生产花烯树脂；并可直接药用，作皮肤兴奋剂、抗毒剂、驱虫剂、利尿剂和祛痰剂等。

生漆是一种含酶树脂，也是一种好涂料，作涂料有很好的耐酸性、耐水性、耐油性、耐热性和绝缘性，因而广泛用于涂刷房屋、家具、船舶、机械设备。其防腐性能远远超过其他油漆，而且漆面光亮持久。生漆可直接作为涂料使用，经过加工(精制)或改性后再用，性能更好。精制后的生漆广泛应用于军工、轻工、纺织、建筑、石油、化肥、化工、印染、冶金、采矿和国防等工业部门。

(二)树胶

由多糖类组成的胶质类物质，是一种复杂的混合物。天然树胶多从植物体中分离提取，是重要的工业原料。多存在于一些植物的树皮、树干、块茎、鳞茎和种子中，是植物新陈代谢中的产物。

树胶的种类较多，用途也较广泛。常用的树胶有阿拉伯胶、瓜儿胶、桃胶等。产自蔷薇科的桃、李、杏、樱桃等属的桃胶，可药用，也用于印刷、纺织、水彩颜料等方面。产自含羞草科的金合欢属的阿拉伯胶，可作乳化剂、上浆剂、稠厚剂，用在胶水、墨水、糖果业上；在石蜡切片技术中用作封片剂；也可作医药工业中制片剂的赋形剂；在印染工业中作调制织物的印花浆等，近年来这种胶需求量不断增长，常供不应求。

(三)鞣料

又称植物单宁，是鞣制生皮革的一种化工原料，是棕黄色到棕褐色的物体，呈粉状、粒状、块状或浆状，工业称栲胶。多从富含单宁的树皮、果实、果壳、根茎中提取和制备。在裸子植物中，松科、柏科、紫杉科植物中含量丰富，尤以落叶松、云杉等含量高、质量好；双子叶植物中，壳斗科、蔷薇科、桦木科、胡桃科及槭树科的大多数种类均含丰富鞣质。

我国皮革工业所用的栲胶主要从盐肤木的五倍子、松科的树皮、壳斗科壳斗、蔷薇科的红根皮、杨梅科的杨梅树皮及根皮等原料中提取。

第三节　林业生物质能源

一、林业生物质能的概念和意义

(一)概念

林业生物质是指森林中各类植物通过光合作用生成的生物质资源。林业生物质能源，指由林业生物质通过物理、化学、生物化学和热化学等技术转化产生的可再生能源，包括燃料乙醇、生物柴油等液体燃料、固体成型燃料、生物质气化物燃料。

专门为提供生物质能源而培育的森林称为能源林。根据利用的对象区分，可以将能源林分为油料能源林、木质能源林和淀粉能源林三大类。油料能源林主要生产富含油脂的林木果实、种子等器官，目的是将其所含油脂转化为生物柴油或其他化工替代产品；木质能源林主要生产高生物量、高热值的木质材料，主要目的是提供薪炭材、生产颗粒成型燃料、提供生物发电原料等，目前代表先进生物燃料发展方向的纤维素、木素液体燃料也源于此；淀粉能源林主要生产富含淀粉的林木种子等器官，用于制备燃料乙醇。

(二)意义

发展林业生物质能源可以保障国家能源安全。随着经济社会的快速发展，人类对能源的消耗日益增加，然而石油、煤炭、天然气等化石能源已日渐枯竭。我国是一个矿物质能源较为短缺的国家，到 2018 年石油对外依存度已高达 69.8%。因此，加速发展林业生物质能源是我国今后能源发展的重要目标。

林业生物质能源具有资源量大、可再生、低污染性和非粮等特点，是能源银行。燃烧过程中生成的硫、氮化合物较少；生物质作为燃料时，原料生产所需的二氧化碳量与其排放量相当，可有效减轻温室效应，减少生态环境污染。因此，积极发展林业生物质能源，目的是利用选育出的速生、高产、高能值的能源树种良种，以定向优化集约栽培技术获取高产能源收获物，通过加工利用替代化石能源，以解决目前严重的能源危机问题。

二、我国林业生物质能源资源

现有林木资源中可作为能源利用的主要是木质资源、木本油料和淀粉植物，我国已确定的第一批主要能源树种共有 31 科 69 属 102 种。

(一)木质资源

木质资源主要是薪炭林、木竹生产的剩余物、灌木林平茬和森林抚育间伐产生的枝条、小径材，经济林和城市绿化修剪枝杈等。其利用方式包括木质直接燃料使用，木质碳化、压缩固化成型制备固体清洁能源，燃烧发电，以及木纤维降解气化、液化制备液体、气体燃料。

我国现有薪炭林超过 170×10^4 hm^2，蓄积量逾 $5900\times10^4 m^3$，集中分布于云南、辽宁、陕西、湖北、贵川等 15 个省(自治区)。年可产生采伐、造材剩余物 1.1×10^8 t。现有灌木林地总面积 5300×10^4 hm^2，每年灌木平茬复壮可采集木质燃料 1×10^8 t 左右。全国大约 7000×10^4 hm^2 的中、幼龄林，通过正常抚育间伐每年可获取 0.2×10^8~0.4×10^8 t 原料。另外，经济林修剪、城市绿化修枝还能提供一些原料。我国现有林木资源可用作木质能源的潜力约有 3.5×10^8 t，全部开发利用可替代 2×10^8 t 标准煤。

1. 刺槐(*Robinia pseudoacacia*)

全国均有分布，以华北地区、西北地区为主。刺槐具有生物量大、耐平茬、速生的优良特点，热值 17.7~19.5 kJ/g，可生产颗粒燃料、木质燃料和纤维素乙醇等。

2. 栎类(*Quercus* L.)

包括岩栎、麻栎、槲栎、大叶栎、辽东栎、栓皮栎、蒙古栎等。木材热值 18 kJ/g 以上，具有发热量高、火力强、耐燃烧、污染小的特点，可生产颗粒燃料、木质燃料等。果实产量高，可生产燃料乙醇、生物化工基础材料。

3. 柳树类(*Salix* spp.)

包括乔木和灌木，广泛分布于华北、东北、西北、长江中下游地区、青藏高原等。生物量大、耐平茬，其中灌木热值 18.7~19.1 kJ/g，乔木热值约 15.3~19.2 kJ/g。柳木、柳枝是很好的薪炭材。可生产颗粒燃料、木质燃料和纤维素乙醇等燃料。

4. 铁刀木(*Cassia siamea*)

产于福建、台湾、广东、海南、广西、云南等地。生长迅速、生物量大、耐平茬，热值约 15.9~17.1 kJ/g。木质坚硬，耐水湿，不受虫蛀，为上等家具原料；亦可制备颗粒燃料、木质燃料等。

5. 桉树类(*Eucalyptus* spp.)

产于福建、广东、广西、云南、四川等地，具有速生、生物量大、耐平茬等特点，热值 17.2~18.2 kJ/g。可生产颗粒燃料、木质燃料和纤维素乙醇等。

6. 木麻黄(*Casuarina equisetifolia*)

产于广西、广东、福建、台湾等地。生长迅速，萌芽力强，根系深广，具有耐干旱、抗风沙和耐盐碱的特性，因此成为热带海岸防风固沙的优良先锋树种。生物量大，热值19.5～20.8 kJ/g，是优良薪炭材，可生产颗粒燃料、木质燃料等。

7. 相思类(*Acacia* spp.)

产于台湾、福建、广西、广东、云南、海南等地。生长快，生物量大，易燃耐燃，热当量高，热值约18.9～20.6 kJ/g。台湾相思引种历史最长，是当地传统的薪炭材树种。可生产颗粒燃料、木质燃料等。

8. 柠条(*Caragana korshinskii*)

是中国西北、华北、东北西部水土保持和固沙造林的重要树种之一，即使在降水量100 mm的年份，也能正常生长。柠条的枝条含有油脂，燃烧不忌干湿，热值18.83 kJ/g，是良好的薪炭材。

9. 沙棘类(*Hippophae* spp.)

分布于河北、内蒙古、山西、陕西、甘肃、青海、四川等地。沙棘是经济植物，产品既可食用，又可药用。此外生物量大，热值18.5～19.2 kJ/g，可用于制备可生产颗粒燃料、木质燃料和纤维素乙醇等燃料。

10. 沙柳(*Salix cheilophila*)

分布于内蒙古、河北、山西、陕西、甘肃、青海、四川等地。沙柳用于作北方防风沙的主力，是“三北防护林”的首选之一。沙柳的热值可达21 kJ/g，可发展成每3～6年砍一次的能源林。

(二)木本油料

研究发现，植物油分子一般由14～18个碳链组成，与柴油分子中碳数相近，一些木本油料树种器官、组织内富含有类似石油成分的乳汁、油脂等，可通过化学催化、生物催化等技术，制备脂肪酸甲酯或脂肪酸乙酯等，即生物柴油，作为燃油替代物。我国已查明的油料植物中，种子含油量40%以上的植物有150多种，能够规模化培育的乔灌木树种有30多种。

1. 小桐子(*Jatropha curcas*)

产于福建、台湾、广东、海南、广西、贵州、四川、云南等地。种仁含油率40%～74%，可用于生物柴油、生物化工基础材料等。树籽油与甲醇进行交酯化反应可获得脂肪酸甲酯，由于它流动性好，且与柴油、汽油、酒精相互掺合后长时间内不分离，所以可转化为驱动内燃机的燃料，是一种理想的生物柴油原料。

2. 光皮树(*Swida wilsoniana*)

产于陕西、甘肃、浙江、江西、福建、河南、湖北、湖南、广东、广西、四川、重庆、贵州等地。果实含油率33%～36%，种子含油率16%～20%。既是高产油料树种，又是山地造林、水土保持的优良树种。以光皮树油制取的生物柴油的物化性质与0#柴油相似，其运动性好，运转平稳，安全、洁净，是一种理想的柴油替代品。

3. 文冠果（*Xanthoceras sorbifolia*）

产于我国北部及东北部，西至宁夏、甘肃，东北至辽宁，北至内蒙古，南至河南，是我国特有的珍贵油料树种。种子含油率约59%，是我国北方重要的油料能源树种。分布广，可栽培面积大，果实采收容易，而且具荒山绿化、水土保持、防风固沙和观赏诸多生态功能。

4. 无患子（*Sapindus mukorossi*）

产于我国东部、南部至西南部。种仁含有丰富的植物油脂，其含油量高达40%以上，主要是C18～20不饱和脂肪酸，总质量分数达91.85%，是极具开发前景的生物柴油原料。果皮含皂苷10%～27%，是重要的天然表面活性剂，可实现油—皂—林—炭高效多联产产业链发展。

5. 黄连木（*Pistacia chinensis*）

产于长江以南各省（自治区）及华北、西北，果实含油率26%～53%，是一种非干性油，可用作工业原料或食用油。油脂脂肪酸碳链与普通柴油主要成分的碳链长度极为接近，因此，黄连木油脂非常适用于生产生物柴油。

6. 山桐子（*Idesia polycarpa*）

产于甘肃南部、陕西南部、山西南部、河南南部、台湾北部、西南四省（直辖市）、中南二省、华东五省、华南二省（自治区）等18个省份。果肉含油率约44%，种子含油率22%～26%。其油为半干性油，可代桐油，亚油酸含量较高，中国四川部分区域还有作为食用油的历史习惯。

7. 油棕（*Elaeis guineensis*）

产于海南、台湾及云南等热带地区，果肉含油率40%～80%，有"世界油王"美誉。棕油精炼后营养价值极高，物美价廉，可制造人造奶油；棕油还能用来制造肥皂、润滑油、化妆品等，也是纺织业、制革业、铁皮镀锡的辅助剂。其也是重要的生物柴油原料树种。

（三）淀粉植物

我国淀粉植物资源极为丰富。果实含淀粉的有锥栗、甜槠、麻栎、栓皮栎等，根茎含淀粉的有葛根、野山药、百合、蕉芋、木薯等。淀粉植物具有生产液体燃料的广阔前景。以栎类为例，全国现有栎类面积约1600×10^4 hm^2，主要分布在内蒙古、吉林、黑龙江等地，栎类林可年产种子1000×10^4 t以上，可用于生产250×10^4 t燃料乙醇。全国葛类总面积约40×10^4 hm^2，年资源总量150×10^4 t以上，可用于生产50×10^4 t燃料乙醇。

1. 栎类（*Quercus* L.）

广泛分布全国各地，多为组成森林的重要树种。栎类植物核仁中含淀粉30%～70%、单宁2%～18%、糖类8%～10%、油脂3%、壳斗含单宁73%。可用于生产燃料乙醇、生物化工基础材料等。

2. 葛根(*Pueraria lobata*)

分布于我国南北各地，除新疆、青海及西藏外，遍布全国。葛根利用部位是其地下块根。每100 g鲜根含淀粉20 g以上、总糖27.8 g。此外，含有功能因子——异黄酮类化合物、葛根苷、皂角苷、三萜类化合物及多种人体必需氨基酸。葛根主要利用方式为食用和药用，此外亦可用于生产燃料乙醇、生物化工基础材料等。

3. 芭蕉芋(*Canna edulis*)

我国南部及西南部有栽培，主要从根状块茎中提取淀粉，每100 g块茎中含淀粉12～14 g。芭蕉芋淀粉可生产味精，还可生产口服和注射用葡萄糖、高粱饴糖等类淀粉糖，以及代藕粉等多种副食品。可用于生产燃料乙醇、生物化工基础材料等。

三、林业生物质能源资源的利用途径

目前林业生物质能源的利用途径主要包括以下几种：

(一)生物燃油转化技术

目前，生物燃油制备方法主要有直接混合法、微乳化法和酯交换法。直接混合法就是将植物油与石化柴油以一定的比例混合，可用于农用机械和柴油机；微乳化法是用乙醇、甲醇和丁醇等与植物油制成微乳液体系，其性质与柴油相似。这两种方法属于物理方法。生产生物柴油主要方法是酯交换法，即在油类酯交换反应中，甘油三酸酯与醇在催化剂作用下酯交换得到脂肪酸甲酯和甘油。

生物燃油转化技术能产生巨大社会与经济效益，正得到人们的关注。

(二)生物质发电技术

生物质发电是可再生能源发电的一种，包括农林废弃物直接燃烧发电、农林废弃物气化发电、垃圾焚烧发电、垃圾填埋气发电、沼气发电。目前林业生物质利用形式主要是直接燃烧与气化发电。最近的研究提出了林业生物质气化发电联产炭、肥、热技术，在生产过程中不仅可以气化发电、供暖、供热，还可产生活性炭、工业用炭、机制炭等生物质炭以及炭基肥、液体肥等生物质肥，有效解决了之前的气化发电技术中产品单一、废水废渣污染、生产规模小且连续稳定性差、经济效益不佳等突出问题。

(三)成型燃料加工技术

生物质成型燃料是以农林剩余物为主原料，经加工制成成型环保燃料，具有热值高、燃烧充分的优势。采用热解气化技术可将生物质高效转化为可燃气并产生固体炭，我国还开发了锥形流化床热解气化联产活性炭、气化固体炭产品高值化利用等技术，并建成了世界最大规模的气化供热联产活性炭生产线，技术水平处于国际领先。

(四)燃料乙醇转化利用技术

燃料乙醇即以生物质为原料通过生物发酵等途径获得的可作为燃料用的乙醇。第一代是以糖质和淀粉质作物为原料生产乙醇，但原料供给无法实现可持续。第二代是采用木质纤维素为原料生产乙醇，原料供应得以解决，但单一纤维素乙醇工艺无法商业运营，成本比一代乙醇约高50%，而副产品均为低价值产品。针对这一现状，目前开发了副产低聚木糖及纤维二糖等功能寡糖，既能满足市场需要，又可获得丰厚的经济效益。

（五）多联产产业链构建

多联产产业链正逐渐取代单一产品，成为我国林业生物质能源产业的发展方向。近年来，我国对无患子的利用提出了“林油一体化”多联产产业链可持续发展模式。模式包括无性系种植园原料培育、生物燃油及其低凝润滑油生产、生物皂苷及其高值化产品生产、种壳活性炭—热—气—电联产等子系统，各子系统相互衔接、实现多联产。此外，如前文所述，还有林农生物质气化发电联产炭、肥、热，农林剩余物多途径热解气化联产炭材料等技术。目前，我国自主创新的多联产路线图及产业链已初步形成并将继续深入发展。

总体看来，我国生物质能源领域的发展较发达国家起步晚、技术落后、利用途径单一、缺乏创新技术。但近年来已经在很多领域取得突破。在国家的高度重视和资金支持下，我国林业生物质能源领域的发展前景一片光明。

第四节　森林旅游与游憩

一、相关概念及发展的意义

（一）有关概念

1. 森林旅游和森林游憩

森林旅游是人们为了消遣、观光、商务、会议、探亲访友等非就业、非定居等目的，离开常住地去林区旅行和暂时居留而引起的现象和关系的总和。森林游憩是人们利用休闲时间，自由选择的、在森林环境中进行的、以恢复体力和获得愉悦感受为主要目的的所有活动的总和。

森林旅游和森林游憩在字面意义、时空限定、访问目的三方面有所差异。从字面上讲，“旅游”是旅行和游览，而“游憩”是指游览和休息。从时空上讲，旅游概念具有明确的时间或空间条件限定，而“游憩”没有这方面的限定。从访问目的上讲，旅游是非定居者的旅行和暂时居留而引起的现象和关系的总合，具综合性、异地性、暂时性、非就业性等特征；游憩是人们利用休闲时间，在日常环境之外进行的旨在恢复脑力和体力、获得愉悦感受的所有活动的总称，具非义务性、可选择性和享受性等特点。

2. 森林康养

狭义上讲，森林康养是以丰富多彩的森林景观、沁人心脾的森林空气环境、健康安全的森林食品、内涵浓郁的生态文化等为主要资源和依托，配备相应的养生休闲及医疗、康体服务设施，开展以修身养性、调适机能、延缓衰老为目的的森林游憩、度假、疗养、保健、养老等活动的统称。广义上讲，森林康养是依托森林及其环境，开展维持、保持和修复、恢复人类健康的活动和过程。

3. 森林体验

森林体验是指游客通过各种感官感受、认知森林及其环境、回归自然的活动。森林体验主要包括森林食品体验、森林文化体验、回归自然体验、森林休闲体验、森林住宿体验等。

目前，以上众多概念也可用“森林旅游”一词概括。

(二)发展的意义

随着经济的快速发展、城市化进程加快和人民生活质量不断提高，城镇居民利用周末和节假日进入城郊休闲游憩已成为生活时尚，森林区域成为休闲游憩的主要目的地及背景。同时，通过城镇居民进入森林区域休闲游憩，也能促进乡村和山区的产业结构调整、促进区域经济发展，解决发展不平衡的问题。森林旅游业的起源以 1872 年世界上第一个国家公园——黄石国家公园建成为标志。20 世纪 60 年代，美国森林立法就把游憩作为国有林的第一功能，成立了户外游憩局，20 世纪 90 年代美国每年参与森林旅游的人数是国家总人数的 10 倍。

我国森林旅游兴起的标志是 1982 年建立的张家界国家森林公园。近年来，我国森林公园建设和森林旅游业发展极为迅速(表 15-1)。2018 年全国森林旅游游客量超过 16 亿人次，同比增长 15%，占国内旅游人数近 30%，创造社会综合产值近 1.5 万亿元。而且，森林旅游业还在不断地快速发展。

表 15-1　我国森林公园近几年发展状况

年份	2003	2009	2013	2017
数量(处)	1658	2458	2948	3505
面积($\times 10^4 hm^2$)	1390.0	1652.5	1758.0	2028.2
接待游客量(亿人次)	—	3.33	5.89	13.9
直接收入(亿元)	50	225.9	491.1	—
综合收益(亿元)	>1000	>1700	>4700	10 000

二、森林旅游资源

森林旅游资源系指以森林景观为主体，其他自然景观为依托，人文景观为陪衬的一定森林旅游环境中，具有游览价值与旅游功能，并能够吸引旅游者的自然与社会、有形与无形的一切因素。森林旅游资源有各种分类系统。

(一)森林保健资源

森林环境中具有康体保健功能的所有生物和非生物因子的总合。一般森林保健资源被表达为“五觉”：基于嗅觉的资源包括空气负离子、植物精气、低空气污染度等；基于视觉的资源包括视觉环境保健因子(森林景观美、森林色彩)等；基于听觉的资源包括声学环境

(低噪，鸟鸣、松涛等天然声学因子)等；基于味觉的资源包括森林水环境、森林食品等；基于触觉的资源包括低辐射、森林小气候、触摸类植物保健因子等。但笔者认为，森林对人心理的抚慰，才是森林疗养的核心机制！森林像母亲的怀抱，给我们心理抚慰、心理暗示，步入其中会静下来、慢下来……

(二)森林旅游景观资源

1. 地文资源

地文景观是因地质作用形成的具有美学观赏价值的地表形态景观，森林和地文资源往往密不可分。地文景观资源包括熔岩地貌、火山地貌、石质地貌(图15-1)、土质地貌、地表岩溶地貌(图15-2)、地下岩溶地貌、风蚀地貌、风积地貌等。

图15-1　三清山花岗岩峰林与植被

图15-2　路南石林岩溶地貌与植被

2. 水文资源

水文景观资源包括泉水景观、河流景观、瀑布景观、湖泊景观(图15-3)、沼泽景观、海洋景观和冰雪景观等。

图15-3　塞罕坝七星湖与人工林

3. 天象资源

天象景观是一种自然现象，同时可以看作一种自然资源，即天象景观资源。天象景观资源包括日出、朝霞、夕阳(图15-4)、云雾、雨景、极光、蜃景、自然声像、龙卷风、避暑气候等天象景观。

图 15-4 御道口牧场晚霞与植被

4. 森林景观资源

森林景观资源包括雨林、珊瑚岛常绿林、季雨林、红树林、常绿阔叶林、落叶阔叶林、常绿落叶阔叶混交林、常绿针叶林(图 15-5)、落叶针叶林(图 15-6、图 15-7)、针阔叶混交林(图 15-8)、竹林等。

图 15-5 西藏鲁朗常绿针叶林景观

图 15-6 塞罕坝落叶针叶林景观

5. 其他生物资源

生物资源包括灌木和灌丛景观、草本植物景观、珍稀植物景观以及动物资源(鸟类、兽类、两栖爬行类、鱼类、昆虫类等)(图 15-9)。

6. 人文资源

包括古迹(图 15-10)、建筑物(图 15-11)、风物等。

图 15-7　大兴安岭火烧迹地更新景观

图 15-8　小兴安岭针阔叶混交林秋季景观

图 15-9　西藏阿里藏野驴与植被

图 15-10　八达岭红叶岭

图 15-11　榕江大利侗寨

三、森林旅游与森林游憩的功能

（一）森林的美学价值

1. 森林美的形态

森林美的形态具有多重性。森林的美由于组成森林的树种不同而表现出差异，每个树种都具有其他树种所无法模仿的形态特征，形成迥然不同的情调。根据森林植物的观赏部位，可将其分为以下部分的美学特性。

（1）树木外形

各具明显的特征。挺拔的杨，苍劲的松，柔曲的柳，飘逸的竹，所表现出来的各具情调的曲线特征给景观带来了特别的效果。不同形状的树木经过自然的安排往往产生韵律感、层次感等艺术组景效果，尖塔形和圆锥形的乔木严肃端庄，柱状狭窄的乔木高耸静谧，圆钝钟形的乔木雄伟浑厚，垂枝林木优雅平和。

（2）植物叶片

不同森林植物的叶片同样具有差异，它们的大小、形状、质地和色彩各不相同，也丰富了森林的形貌，单叶与复叶，针形叶与条形叶，革质叶与纸质叶，绿色叶与彩色叶……千变万化，各不相同，极具观赏价值。

（3）植物开花

森林植物中争奇斗艳的花朵也产生了不同的观赏效果，开花的大小、形状、颜色、季节、花期均影响着花的观赏效果。此外，由单位花朵聚合又能形成各式各样的花序，让花朵有了更多的观赏选择。

（4）植物果实

具有独特形态或色彩的果实，同样有一定的观赏性。例如，铜钱树的果实仿若铜钱，象耳树的豆荚状似象耳，腊肠树的果实好像香肠等，这类奇异果实极具观赏性。

此外，枝、干、皮、根枝条的外形、主干的形态、树皮的差异、根部的特征等，也形成了不同特色的森林美。如红瑞木的红色枝条，白皮松的斑块树干，热带树木的板状根等。

2. 森林美的成分

森林是以木本植物为主体的一个生态系统总体，各种成分起着不同的美学作用。森林不仅包括林内的乔木、灌木、草本、藤本、苔藓、地衣等植物种类成分，还包括鸟类、兽类、昆虫等各种动物成分以及微生物类群。森林不仅占据地上空间，还占据地下空间。动物是森林生态系统的重要组成部分，与森林相互依存、相互适应；微生物在森林生态系统中对于物质循环和能量传递也有着不可替代的地位和作用。环境因子对森林发生作用，使森林的结构和功能发生着变化，而森林在生长发育过程中也对环境起着改造作用。

森林美的成分是多重的，主要成分区分为森林植物的美、森林动物的美、森林地貌的美、森林空气的美、岩石和特殊地质构造的美、森林区域的水体美等。

3. 森林美的认识层次

对森林美的认知层次由浅及深可分为形式美和意境美。森林的形式美指观察者通过感知直接获得的森林表象之美，是森林的形态、色彩、音韵对人的视听的直接冲击，展现的是观察者对森林景观的直接感受。森林的意境美是对形式美的升华。人们对森林的鉴赏，显然不能只停留在形式美的层次，而是在感知的基础上加深、升华，通过情感、联想、理解等审美活动获得森林内在的美。即超越具体的、有限的物象、事件、场景，进入无限的时间和空间，即所谓“胸罗宇宙，思接千古”，从而对整个人生、历史、宇宙获得一种哲理性的感受和领悟。如象征常青不老的松、象征君子之道的竹、象征冰清玉洁的梅三种植物组成傲骨迎风，挺霜而立“岁寒三友”等。

（二）森林的医疗保健功能

1. 森林对人生理的医疗保健功能

森林环境有利于对人体起生理放松作用。其可以调节人体内分泌系统，显著降低男性和女性尿中应激激素肾上腺素和去甲肾上腺素的水平及唾液中的皮质醇浓度，可影响人体的免疫系统及交感神经和副交感神经系统，还可能对血清 DHEA－S 和脂联素水平产生有益影响；森林浴之旅对于睡眠时间和日常体力活动水平具有有益影响；森林环境能引起荷尔蒙分泌变化和减缓精神紧张，消耗能量和提高胰岛素敏感度，还能降低血糖水平；经常在森林环境中行走能够通过减少交感神经活性来降低血压值，对增加血液脂联素及硫酸脱氢表雄酮水平起到有益作用。

森林环境能增强免疫力，森林旅游可能对癌症的产生和进展有预防作用。当人处于森林环境中时，会增强血液中的自然杀伤细胞（NK 细胞）的活性，增加抗癌蛋白量。据日本的科学家研究表明，森林三天两夜均可提高人体血液中自然杀伤细胞（NK）活性，并可保持 30 d，一日游效果也很明显。

2. 森林对人心理的调节功能

森林能带给人们心理抚慰和心理暗示、回归自然天性，仿佛母亲怀抱。森林游憩区对心理健康产生影响的机制之一是通过影响人体脑功率谱实现的。笔者研究表明，环境视频对脑电功率谱的影响主要表现在 *Delta* 和 *Theta* 频带，且“天然林与山水结合环境”诱发出更大的 *Delta* 和 *Theta* 活动，有利于游憩者放松心情、激发灵感和创造力。经常进行森林浴可有助于降低与心理压力相关的疾病，降低焦虑、抑郁、愤怒、疲劳、困惑等负面情绪。

3. 森林对人类身体的综合影响

传统观念认为神经系统、内分泌系统以及免疫系统之间相互独立，然而现在则广泛认为它们之间通过心理—神经—内分泌—免疫网络相互作用。森林环境能够通过该网络对人体健康产生积极影响，增强免疫力，调节内分泌，舒缓心情，预防忧郁症等。

四、森林旅游和森林游憩类型

(一)观光

观光游已与过去有了很大不同，向多元化、自然化与野性、慢与悟、体验式等方向发展。森林旅游刚刚起步时，观光仅仅是“下车—拍照—上车”的重复，且多为“跟团游”。而今天更多的游客则倾向于“事先攻略，游中感悟，回家复习，个个导游”的深度观光。观光目标地多向荒野迈进，《中国国家地理》2005 年“选美中国”，新的“十大名山”八座在青藏高原与云贵高原，老的“十大名山”只三座入选。

(二)徒步

指游憩者以徒步为主要旅行方式的一种自助游形态，游憩者具有明确的游憩意识，游憩行程可以弹性变化。徒步游是森林游憩的主要形式之一。徒步使游憩者从自然和人文景观中获得强烈游憩体验，而且步行作为重要健身方式，能有效增强游憩者体质，锤炼游憩者意志，因此，徒步游已成为一种国际时尚游憩方式。

根据徒步路线不同，徒步游可以分为河道型、峡谷型、山体型、环湖型、海岸线型、穿越型、古道型等。根据强度，徒步游又可以分为硬型徒步游和软型徒步游。硬型徒步游：有一定的危险性，且花费巨大，持续时间长，对参与者的体力、相应技术要求比较高，如我国的珠穆朗玛峰登山徒步游，穿越撒哈拉大沙漠徒步探险等。软型徒步游：以较小的经济投入和时间投入为特点，各年龄层次均适合参与，对体力、技术均无特殊要求。徒步游需要事先规划路线，准备合适的工具和衣物，根据行程可以选择个人行动或组成小团体，但一定要注意安全，出发前要留有紧急联系方式。

各国政府也越来越注重森林徒步游的开发。尼泊尔喜马拉雅山脉的安娜普纳环线(Annapurna circuit)成为世界十大徒步线路之手。新西兰政府推出了九大经典森林游憩徒步路线，更有多达 61 条记录在旅游局中文网站上的徒步小径(每条最长都需 3 ~ 5 d 的行程)。我国也已经推出了秦岭、太行山、大兴安岭、罗霄山、武夷山、天目山、南岭、苗岭、横断山九条国家森林步道，最短的道 3000 km，最长的道 1000 km。

(三)骑行

骑行即骑车旅行，是一种健康自然的运动旅游方式，能充分享受旅行过程之美。一辆单车，一个背包即可出行，简单又环保。在不断而来的困难当中体验挑战，在旅途的终点体验成功。

骑行运动一般为小群体组织，团队合作，事先规划好活动路线。选择骑行路线时要根据区域坡度和自身能力选择恰当的速度与强度，活动前要准备必备的装备，如单车、头盔、食物和水等，做好安全措施。

随着时代的变化，骑行运动也逐渐成为森林游憩活动的一支强大力量。甘肃丝绸之旅的骑行路线，长达 1100 km，每年都吸引着无数“驴友”前往。318 国道，也成为我国趋之若鹜的骑行大道。

(四)疗养

森林疗养就是充分利用森林环境和林产品，科学地发挥森林浴的效果，使患者达到增进身心健康和预防疾病的目的。森林疗养线路不同于登山和徒步线路，它追求给到访者带来最大的安全感和舒适感。在森林中静坐(坐观)的心理治疗效果更好，所以森林疗养线路上常设有很多坐观场所。森林疗养活动也需在专业森林疗养师的组织下开展。

森林保健功能的利用，最早起源于德国。据文献记载，德国现已建立了 350 处森林疗法基地，每个森林疗法基地都配备具有专门执业资格的医生和理疗师。

(五)野营

野营是暂时性离开都市或人口密集的地方，利用帐篷、房车、小木屋、睡袋等在郊外过夜，享受大自然的野趣和优美的自然环境，并参与其他保健、休憩和娱乐活动。

根据野营目的不同，野营可分为登山营地、教育训练营地、娱乐营地、休闲式汽车营地等；根据住宿设施不同，野营可分为营帐式野营地、野营车或野营拖车式营地、其他营宿式营地(小木屋、高架帐篷床)等；根据区域位置不同，野营可分为湖畔营地、河边营地、高原营地、海滨营地、山区营地等。

随着经济的发展，野营活动也越来越受到人们的青睐。美国每年有 5300 万人开车到户外野营；仅在 1991 年全欧洲就有营地 50 万个，平均每 2000 人使用 1 个。在英国每年有 1300 万人在营地住宿。

(六)亲水

亲水活动是在湖泊、河流、海岸、泳池等水环境及周围进行的活动，包括在水中嬉戏玩耍，感受人与水的融合和快乐，抑或是感受水的平静。亲水活动包括游泳、垂钓、划船、漂流等。亲水的环境可以选择大自然天然形成的河边或湖边，也可以选择设施更加完善，并搭配有各种娱乐设施的人工乐园。在进行亲水活动时，要根据水深做好安全措施，使用器材进行娱乐时，要合理规范使用，孕妇和儿童必须有成人陪同，并对一些活动进行限制。

目前，亲水活动也越来越被游客所关注，在夏季前往郊野进行漂流逐渐成为新的时尚。湖南连云山峡谷漂流，整个漂流河道由 30 多条小山溪汇集而成，长达 30 km，总落差 160 m，漂流时间超 2 h，每年都吸引了大量游客。

(七)其他游憩活动

除了上述 6 种主要的森林游憩活动之外，还有一些其他丰富多彩的森林游憩活动渐渐兴起。例如，野外实战游戏、极限运动、森林狩猎等。

（贾黎明）

复习思考题

1. 林学术语解释

木材加工　胶合板　纤维板　刨花板　木材制浆造纸　木材热解　木材水解　林业生物质能源　森林旅游资源　森林游憩　森林康养　森林体验

2. 基本知识解答

(1)简述现代制浆造纸过程。

(2)森林作为食材主要体现在哪些方面？

(3)林业生物质能利用的意义是什么？

(4)我国林业生物质能源资源的利用途径包括哪些？

(5)森林旅游资源的特征有哪些？

(6)森林游憩的特性是什么？

3. 综合应用

(1)根据你对森林特性的认识和理解，分析说明森林的多功能性体现在哪些方面？

(2)森林的多功能性对人类的生存和生活具有怎样的影响？

推荐阅读书目

1. 木材学．徐有明．中国林业出版社，2006.

2. 制浆造纸概论．刘忠．中国轻工业出版社，2007.

3. 木材加工工艺学．顾炼百．中国林业出版社，2011.

4. 森林旅游学．吴章文，吴楚材，文首文．中国旅游出版社，2008.

参考文献

G·克吕斯曼，1985. 苗圃学[M]. 郭连生，译. 呼和浩特：内蒙古人民出版社.
鲍雅静，李政海，韩兴国，等，2006. 植物热值及其生物生态学属性[J]. 生态学杂志(9)：1095－1103.
北京市园林绿化局，2010. 大规格苗木移植技术规程：DB11/T 748—2010 [S]. 北京：北京市园林绿化局.
曹慧娟，1992. 植物学[M]. 北京：中国林业出版社.
陈超然，王刊，2018. 世界森林面积正日益缩减[J]. 生态经济，34(9)：2－5.
陈祥伟，胡海波，2005. 林学概论[M]. 北京：中国林业出版社.
陈鑫峰，沈国舫，2000. 森林游憩的几个重要概念辨析[J]. 世界林业研究（01）：69－76.
陈有民，1990. 园林树木学[M]. 北京：中国林业出版社.
成仿云，2012. 园林苗圃学[M]. 北京：中国林业出版社.
崔玲华，2005. 植物学基础[M]. 北京：中国林业出版社.
邓华锋，王小平，陈峻崎，等，2010. 北京市高保护价值森林经营指南[M]. 北京：科学出版社.
杜新，王力，吴光华，等，2005. 论林业苗圃灌溉工程和灌溉效益[J]. 节水灌溉(3)：50－51.
干铎，1964. 中国林业技术史料初步研究[M]. 北京：农业出版社.
顾炼百，2011. 木材加工工艺学[M]. 北京：中国林业出版社.
国家林业和草原局森林资源管理司，2019. 中国森林资源报告(2014—2018)[R]. 北京：国家林业和草原局.
国家林业局森林病虫害防治总站，2009. 中国林业生物灾害防治战略[M]. 北京：中国林业出版社.
国家林业局森林病虫害防治总站，2010. 林业有害生物防治历(一)[M]. 北京：中国林业出版社.
何国业，罗胜万，谢能坚，等，2004. 营造林工程信息管理系统的设计与应用[J]. 广西林业科学，33(4)：197－200.
胡海清，2005. 林火生态与管理[M]. 北京：中国林业出版社.
胡延杰，2017. 全球化背景下的世界林业发展新理念[J]. 林业经济(5)：46－50.
胡延杰，2018. 世界林业发展七大趋势[J]. 中国林业产业，173(Z2)：152－155.
贾东坡，冯林剑，2015. 植物与植物生理[M]. 重庆：重庆大学出版社.
金铁山，1992. 树木苗圃学[M]. 哈尔滨：黑龙江科学技术出版社.
亢新刚，2011. 森林经理学[M]. 4 版. 北京：中国林业出版社.
李宝银，周俊新，2010. 生物质能源树种培育[M]. 厦门：厦门大学出版社.

李二波，等，2003. 林木工厂化育苗技术[M]. 北京：中国林业出版社.

李娟，崔永三，宋玉双，等，2013. 我国林业检疫性和危险性有害生物新名单[J]. 中国森林病虫，32(5)：42－47.

李俊清，牛树奎，刘艳红，2018. 森林生态学[M]. 3版. 北京：高等教育出版社.

李卿，2013. 森林医学[M]. 北京：科学出版社.

李文哲，2013. 生物质能源工程[M]. 北京：中国农业出版社.

联合国粮食及农业组织(FAO)，2016. 2015年全球森林资源评估[M]. 罗马：联合国粮农组织，21－26.

梁玉堂，1995. 种苗学[M]. 北京：中国林业出版社.

刘睿颖，2012. 园林苗圃[M]. 北京：化学工业出版社.

刘晓东，韩有志，2011. 园林苗圃[M]. 北京：中国林业出版社.

刘巽浩，1994. 耕作学[M]. 北京：中国农业出版社.

刘忠，2007. 制浆造纸概论[M]. 北京：中国轻工业出版社.

绿供，2018. 世界林业发展十大热点与趋势[J]. 中国林业产业，169(3)：76－82.

罗伟祥，1984. 谈谈适地适树问题[J]. 陕西农业科学(06)：37－41.

马建新，2018. 全光照喷雾扦插育苗技术在昌吉的应用[J]. 新疆林业，258(2)：21－23.

马履一，1998. 林学概论[M]. 北京：经济科学出版社.

马炜梁，王幼芳，李宏庆，2009. 植物学[M]. 北京：高等教育出版社.

孟宪宇，2006. 测树学[M]. 北京：中国林业出版社.

苗峰，2018. 浅析苗圃地土壤的应用发展趋势[J]. 中国园艺文摘，34(5)：176－177.

莫翼翔，等，2002. 实用园林苗木繁育技术[M]. 北京：中国农业出版社.

彭邵锋，陈永忠，杨小胡，等，2012. 油茶苗木质量分级标准研究[J]. 中国农学通报，28(25)：101－105.

彭镇华，2014. 中国城市森林[M]. 北京：中国林业出版社.

彭祚登，王小平，安永兴，等，2009. 北京森林健康经营实践及其借鉴作用[J]. 林业科技开发，23(1)：1－4.

齐明聪，1992. 森林种苗学[M]. 哈尔滨：东北林业大学出版社.

祁承经，汤庚国，1994. 树木学(南方本)[M]. 2版. 北京：中国林业出版社.

钱金娥，杜文明，毛富玲，1998. 全光雾插育苗管理技术要点[J]. 河北林业科技 (1)：37.

阮逸，叶胜忠，杨雪芹，等，2013. 绿色觉醒与林业绿化简明知识[M]. 北京：科学普及出版社.

沈国舫，1989. 林学概论[M]. 北京：中国林业出版社.

沈国舫，2001. 森林培育学[M]. 2版. 北京：中国林业出版社.

沈国舫，2009. 天然林保护工程与森林可持续经营[J]. 林业经济(11)：15－16.

沈海龙，2017. 苗木培育学[M]. 北京：中国林业出版社.

史玉群，2001. 全光喷雾嫩枝扦插育苗技术[M]. 北京：中国林业出版社.

舒立福，刘晓东，2016. 森林防火学概论[M]. 北京：中国林业出版社.

宋墩福，刘郁林，翟学昌，2013. 现代林业概论[M]. 北京：科学出版社.

孙时轩，1985. 林木种苗手册(上册)[M]. 北京：中国林业出版社.

孙时轩，1992. 造林学[M]. 2版. 北京：中国林业出版社.

孙时轩，2002. 林木育苗技术[M]. 北京：金盾出版社.

汪洋，苗琳琳，于丹，等，2017. 青藏高原3种生活型水生植物的热值及环境的影响[J]. 植物生态学报，41(02)：209－218.

王百田，2010. 林业生态工程学[M]. 3版. 北京：中国林业出版社.

王斌瑞，王百田，张府娥，1996. 黄土高原径流林业技术研究[J]. 林业实用技术（9）：13－15.

王瑞辉，2004. 城市森林培育[M]. 哈尔滨：东北林业大学出版社.

王小平，陆元昌，秦永胜，2016. 北京近自然森林经营技术指南[M]. 北京：中国林业出版社.

王雪峰，2013. 现代森林测定法[M]. 北京：中国林业出版社.

吴章文，吴楚材，文首文，2008. 森林旅游学[M]. 北京：中国旅游出版社.

吴征镒，1983. 中国植被[M]. 北京：科学出版社.

肖刚柔，李镇宇，2019. 中国森林昆虫(彩图版)[M]. 4版. 北京：中国林业出版社.

新岛善直，村山酿造，2011. 森林美学[M]. 高文琛，译. 北京：中国环境科学出版社.

熊大桐，1995. 中国林业科学技术史[M]. 北京：中国林业出版社.

徐斌，张德成，胡延杰，等，2013. 世界林业发展热点与趋势[J]. 林业经济(1)：99－106.

徐小牛，2008. 林学概论[M]. 北京：中国农业大学出版社.

徐有明，2006. 木材学 [M]. 北京：中国林业出版社.

薛良儒，魏峰，2015. 苗圃高效滴灌系统典型设计及技术推广——以新沂市苗圃灌溉系统应用为例[J]. 安徽农业科学，43(02)：368－370.

杨利民，2008. 植物资源学[M]. 北京：中国农业出版社.

杨银虎，吕新梅，2017. 绿化苗木扦插繁育技术[J]. 科学种养（12）：21－22.

姚敦义，2003. 植物学导论[M]. 北京：高等教育出版社.

姚延梼，等，2016. 林学概论[M]. 2版. 北京：中国农业科学技术出版社.

姚延梼，杨秀清，杜鹃，等，2008. 林学概论[M]. 北京：中国农业科学技术出版社.

叶功富，洪志猛，2005. 城市森林学[M]. 厦门：厦门大学出版社.

佚名，2018. 世界森林与林业发展现状与趋势[J]. 中国林业产业，170(4)：79－82.

于政中，1993. 森林经理学[M]. 2版. 北京：中国林业出版社.

袁嗣全，1997. 中国乔灌木病害[M]. 北京：科学出版社.

翟明普，沈国舫，2016. 森林培育学[M]. 3版. 北京：中国林业出版社.

翟明普，尹伟伦，2011. 我国林学学科发展概览[J]. 西南林业大学学报，31(1)：1－4.

张立斌，2014. 造林规划设计和造林检查验收方法分析[J]. 科学技术创新（17）：266－266.

张秀英，2012. 园林树木栽培养护学[M]. 北京：高等教育出版社.

张志翔，2008. 树木学(北方本)[M]. 2版. 北京：中国林业出版社.

赵忠，2007. 林学概论[M]. 北京：中国农业出版社.

赵忠，2015. 林业调查规划设计教程[M]. 北京：中国林业出版社.

郑湘如，王丽，2007. 植物学[M]. 北京：中国农业大学出版社.

中国农业百科全书，1996. 植物病理学卷[M]. 北京：中国农业出版社.

中国药典委员会，2010.《中华人民共和国药典》[M]. 北京：中国医药科技出版社.

周畅，2006. PLC在苗圃节水灌溉中的应用[J]. 电脑知识与技术（35）：140，155.

周雪松，2009. 人工幼林的抚育间伐[J]. 中国林业（7）：46.
朱洪革，2013. 森林资源经济学[M]. 北京：科学出版社.
朱绍文，蔡永茂，赵广亮，2014. 北京市八达岭林场森林健康经营技术指南[M]. 北京：中国林业出版社.
邹秀华，周爱芹，2014. 植物与植物生理[M]. 重庆：重庆大学出版社.